범죄교정상담학

Peter C. Kratcoski 저

사) 한국상담학회 교정상담학회 편 | 전요섭 · 박안나 · 박성은 공역

CORRECTIONAL
COUNSELING
AND TREATMENT

7th ed.

학지사

First published in English under the title
Correctional Counseling and Treatment
by Peter C. Kratcoski, edition: 7

추천사

사단법인 한국상담학회 산하 교정상담학회에서 금번 『범죄교정상담학』(7판) 번역서를 출간하게 된 것을 축하합니다. 저자인 크랫코스키(Kratcoski)가 1981년에 이 책을 처음 출간한 지 올해로 45년이 지났습니다. 그 사이 개정을 거듭하여 7판에 이르게 된 것은 교정상담의 필요성과 현장 적용 및 관련 연구 노력이 지속되고 있음을 보여 주는 것이라 하겠습니다.

우리나라에서도 교정 분야에 상담 및 심리치료를 적극 적용하는 노력이 이어지고 있습니다. 관련하여 한국교정상담학회가 2009년에 창립되어 교정상담의 활성화를 위한 다각적인 노력을 펼치고 있습니다. 정기적인 학술행사 개최, 교정상담 사례 발표 및 슈퍼비전, 교정상담의 현장 적용 및 관련 연구 등의 활동을 지속하고 있습니다. 이런 점에서 한국교정상담학회의 이름으로 크랫코스키(Kratcoski)의 『범죄교정상담학』(7판)을 번역, 출간하는 것은 매우 의미 있고 시의적절한 노력으로 평가됩니다.

교정시설 수용자에 대한 교정치료, 즉 교정상담의 효과성에 관한 논쟁이 약 20년간 이어졌지만, 이제는 수용자들에 대한 심리상담을 포함한 특별 치료 프로그램 제공은 필수적인 요소로 받아들여지고 있습니다. 하지만 교정상담은 그 역할과 과제 측면에서 발전을 위한 부단한 노력이 요구됩니다. 예를 들면, 범죄 유형에 기반한 개인 및 집단상담 모형 개발 및 적용, 재소자 특성에 따른 집단상담 및 교육 프로그램 내용 구성 및 운영, 교정상담 전문가 양성 및 전문성 강화 프로그램 개발 및 운영, 교정상담의 효과를 뒷받침할 증거 기반의 양적 · 질적 연구 활성화 등입니다.

한국교정상담학회 전요섭 회장님의 열정과 지도력으로 이 번역서가 출간됨을 매우 기쁘게 생각하며, 한국상담학회 4만 3천여 회원을 대신하여 거듭 축하의 말씀을 드립니다. 이 책이 교정상담 종사자뿐만 아니라 상담을 통해 마음 건강의 회복을 조력하는 전문 상담사 모두에게 유용한 자료가 될 것입니다. 동시에 이 책이 널리 보급되어 우리나라 교정상담의 실천적 적용과 연구 노력이 한층 탄력을 받기를 기대합니다.

(사) 한국상담학회 13대 회장 김장회

역자 서문

이 책은 미국에서 출판된 피터 크랫코스키(Peter C. Kratcoski)의 저서 『Correctional Counseling and Treatment』를 우리말로 『범죄교정상담학』이라고 번역한 책입니다. '교정상담'이라는 용어가 다른 학문(치과)에서도 사용(orthodontics)된다는 것 때문에 오해를 피하기 위해 이 책의 제목을 『범죄교정상담학』이라고 옮기게 되었습니다. 원문에 범죄(Criminal)라는 단어가 없지만, 교정은 대개 범죄 상황에서 다루어지는 주제이므로 의미를 명확하게 하고자 번역위원들의 논의 끝에 우리말 제목이 바뀌었음을 밝혀 두는 바입니다.

이 책은 사단법인 한국상담학회 교정상담학회가 공식적으로 선보이는 첫 번역서라는 점에서 그 의미가 깊다 하겠습니다. 현재 국내에는 교정 및 교정상담 분야의 전문적인 국문 단행본 도서나 영문 번역서가 많지 않은 실정입니다. 이러한 학술적 공백을 인지하며, 이 책은 교정 관련 분야 연구와 실무의 학문적 지침을 제공하는 이정표가 될 것이라 사료됩니다.

이 책은 법무부 산하 범죄예방정책국의 소년원, 보호관찰소 및 교정 본부 산하 교도소, 소년교도소 등 주요 교정기관에서 활용할 수 있는 전문 상담 실무를 심도 있게 다루고 있습니다. 따라서 독자층이 일반 대중에 국한되기보다는 전문 교정인력에게 집중되는 특수성을 지닌 것이 사실입니다. 그럼에도 불구하고, 학지사 김진환 사장님께서는 "이 책의 수요는 다소 제한적일지라도, 이 책은 교정/교화 분야의 발전에 필수적인 학술자료이므로 반드시 소개되어야 한다."라는 출판 철학을 바탕으로 이 도서의 출간을 결정해 주셨습니다.

교정/교화라는 영역은 범죄자(수용자, 수형자, 재소자)를 다루는 특성상 일반 시민에게는 다소 낯설고 접근하기 어려운 영역으로 인식되기 쉽습니다. 따라서 이 책의 내용은 일반 독자들에게 다소 거리가 멀게 느껴질 수 있습니다. 그러나 우리 사회의 건강한 통합을 위해서, 교정시설을 거쳐 지역사회로 복귀하는 시민들을 어떻게 이해하고 포용적으로 대처해야 하는지에 대한 범시민적 지식과 인식이 필요합니다. 이러한 관점에서 이 책은 단순히 교정 실무자들의 전문성 강화만을 위한 책이 아니라, 사회 구성원 모두가 공감하고 숙지해야 할 사회통합적 내용을 담고 있다고 볼 수 있습니다.

교정 및 보호관찰 제도의 근간은 미국에 있습니다. 미국은 오랜 역사와 더불어 방대한 사례 연구, 체계적인 교정/교화 프로그램, 그리고 실증적 결과들을 축적해 온 선진국입니다. 한국 교정 분야가 정책 방향을 수립하고 실무 역량을 고려하는 데 있어, 이러한 선진 학문과 제도적 모범을 학습하는 것은 필수 불가결한 일이라 생각됩니다. 이 책은 바로 그러한 시대적 요구에 부응하며, 교정정책의 방향 설정 및 실무 영역의 새로운 지침을 확립하는 데 기여할 것입니다. 국내 교정 관련 분야의 학술적 갈증을 해소해 줄 대안적 자료로서 그 가치가 충분하다고 확신합니다.

이 책의 제1장부터 제5장까지는 박성은, 제6장부터 제9장까지는 박안나, 제10장부터 제15장까지는 전요섭이 번역했습니다. 번역 과정에서는 미국 현지 제도와 용어 가운데 한국의 교정 환경에 개념적 대응 체계가 부재하거나, 우리말로 자연스럽게 옮기기 어려운 전문 용어들이 많았습니다. 이에 번역위원들이 수차례의 회의를 거쳐, 원문의 취지를 최대한 살리면서도 한국적 맥락에서 논리적 정합성을 갖추도록 용어를 정립하고자 노력했습니다.

교정상담학회는 교정 분야의 학술 발전이라는 사명을 최일선에서 담당해야 할 책무를 담당하는 중, 이번 출간은 소중한 첫걸음이었기에 미흡한 부분이 있을 수 있지만, 앞으로도 지속적인 연구와 후속 작업을 통해 한국 사회에 교정상담의 귀한 가치를 심고 봉사하는 데 최선을 다하고자 합니다. 이 번역서의 성공적인 출간을 위해 큰 결단과 지원을 아끼지 않으신 학지사 김진환 사장님과 헌신적으로 수고해 주신 편집부 직원들께 깊은 감사를 드립니다. 또한, 사단법인 한국상담학회 김장회 회장님의 추천사로 이 책이 더욱 빛나게 되었기에 깊은 감사를 드립니다. 무엇보다도 귀한 번역 작업에 열의를 다해 참여해 주신 학회 번역위원님들의 수고와 헌신을 이 지면을 빌려 진심으로 위로하고 치하합니다.

2026. 1. 25.

사단법인 한국상담학회 교정상담학회

회장 전요섭(성결대학교 파이데이아교양대학 학장)

저자 서문

『범죄교정상담학』 제7판은 현재 미국의 지역사회 교정과 교정시설에서 활용되고 있는 상담 및 심리치료 방법에 관한 정보를 제공하기 위해 집필되었다. 이 책은 형사사법기관에서 가장 흔히 활용되는 상담 및 심리치료 방법과 접근 방식을 제시하며 교정직원들에게 가장 유용하다고 판단되는 방법들을 중점적으로 다루고 있다. 각 장에서 제시되는 상담 및 심리치료 방법은 교정시설의 실제를 반영하기 위해 형사사법기관 실무자와 면담을 통해 얻은 실제 사례와 함께 설명된다. 이번 7판에는 저자나 공동 저자가 집필한 모든 내용이 전면적으로 개정 · 보완되어 범죄 및 비행행동에 대한 형사사법체계의 최근 대응 동향, 그리고 효과가 입증된 교정상담 및 심리치료 프로그램에 관한 연구 결과와 교정 현장에서 근무하는 실무자와의 면담 내용도 포함되었다.

1981년 이 책의 제1판이 출간되었을 당시 교정치료의 목적과 효과성에 대한 논쟁이 있었다. 크랫코스키(Kratcoski, 1981, p. vii)는 "치료 효과에 대해 제기된 논쟁의 핵심은 교정치료의 목적이 재범 방지에만 간주되어 온 것에 있다."라고 지적했다. 점차 다른 생각을 가진 사람들의 의견이 주장되었다. 크랫코스키(1981, p. vii)는 "그 당시 교정기관에서 근무하던 많은 사람들은 교정치료의 목적이 보다 폭넓게 정의되어야 한다고 주장했고, 성공적인 상담 및 심리치료는 역시 단순히 재범률의 감소뿐만 아니라, 정신건강의 증진, 근로 상황에서의 적절한 수행능력, 지역사회에서의 성공적인 적응, 그리고 대인관계의 적절한 대응과 다양한 영역에서도 평가되어야 한다고 보았다."라고 설명했다.

교정상담 및 심리치료의 목적 및 효과성에 관한 논쟁은 20세기 후반에도 지속되었다. 당시 수행된 연구들은 형사사법체계가 소년범 및 성인범의 처벌과 치료 방향을 설정하는 데 큰 영향을 주었다. 연구들은 소년범 및 성인범을 가능한 한 제한이 적은 환경에서 상담 및 심리치료하는 것이 그들을 지역사회의 발전적인 구성원으로 이끌고, 교정시설 장기수형과 같은 형벌로 처벌하는 것보다 지역사회를 더 안전하게 만드는 가능성이 높다는 주장을 뒷받침했다.

이 책의 제5판이 출간된 2004년에 크랫코스키(Kratcoski, 2004, p. xiii)는 "최근 수년간 확정적인 형량 선고와 응보적 정의(retributive justice)를 지향하는 추세로 한동안 교정에서 상담 및 심리치료의 중요성이 약화되는 듯했다. 그러나 교도소가 과밀화되면서 범죄자를 처리할 대안이 필요하게 되었고, 이러한 교정 현장의 어려움은 지역사회 교정에 대한 새롭고 혁신적인 접근 방식의 개발을 촉진함과 동시에 기존의 지역사회 교정 중 신뢰할 수 있는 방법이 확대되는 효과를 가져왔다. 새로운 지역사회 기반 프로그램들은 흔히 '중간 제재(intermediate sanctions)'라고 불리며 강화된 감독과 치료 프로그램에 대한 의무적 참여를 강조했다. 이러한 프로그램의 가장 큰 강조점은 범죄자에 대한 감독에 있었지만 그와 함께 치료 목표 또한 분명히 드러났다."라고 언급했다.

이 책의 제6판이 출간된 2017년에는 범죄나 비행으로 유죄판결을 받은 사람들에게 지역사회 환경에서 상담 및 심리치료를 제공하려는 경향이 다시 두드러졌다. 교도소나 구치소에 수감된 수용자의 수가 감소했고, 형사사법체계로부터 전환되어 사회복지기관 및 정신건강기관에서 상담 및 심리치료를 받거나 지역사회 교정 환경에서 상담 및 심리치료를 제공받는 수용자의 비율이 증가했다는 사실이 이를 뒷받침한다(Kratcoski, 2017).

오늘날 교정에서 강조되는 방향은 초기 목표의 많은 부분들을 포함하고 있다. 그러나 목표는 확장되었고 감독과 상담 및 심리치료를 제공하는 새로운 접근 방식이 추가되었다. 21세기 초반에는 소년범 및 성인범을 형사사법체계를 통해 처리하는 과정에서 회복적 정의가 상소되어 널리 받아들여졌다. 이러한 접근법은 범죄자에 대한 치료와 제재에 관한 결정에서 범죄자의 필요, 피해자의 필요, 그리고 지역사회의 필요를 모두 고려하며, 교정과정에서 교정치료 목표와 범죄자에 대한 적절한 제재 사이의 균형을 이루고자 한다.

회복적 정의 접근에서 중요한 것은 범죄 피해자에게 권리가 있다는 점을 인정하는 것이다. 즉, 범죄자 처리와 관련된 모든 결정에서 피해자의 권리가 고려되어야 한다는 것이다. 형사 범죄자 처리의 어느 단계에서든 피해자가 참여하거나 의견을 개진할 권리가 있다는 인식은 유죄판결을 받은 범죄자가 받는 형의 유형과 그 제재 내용에 직접적인 영향을 미쳐 왔다.

회복적 정의의 강조는 범죄자 처리를 위한 많은 새로운 프로그램들과 접근법들의 탄생으로 이어졌다. 특히, 정신질환자, 노숙인, 약물 남용자와 같은 특별 관리가 필요한 범죄자의 치료에 있어 정신건강 접근은 범죄자를 위한 특별 프로그램에 예산을 집행하는 입법자들뿐만 아니라 법집행기관 직원들로부터 더 큰 호응을 얻게 되었다. 이에 따라 정신질환자, 약물 및 알코올 남용자, 특별 관리 대상 범죄자, 가정폭력 범죄자, 정신질환 재향군인 등 다양한 대상자들을 위한 프로그램과 특별 법원이 설립되었다. 이러한 특별 프

로그램의 목표는 범죄자들을 형사사법절차에서 전환하거나 지역사회 기반 프로그램에서 처리 및 치료하도록 함으로써 사회복귀를 목적으로 상담 및 심리치료를 제공하는 것이다, 만약 교도소에 수감되더라도, 이러한 범죄자를 대상으로 하는 특별 치료 프로그램이 시설 내에 마련되어 있다.

21세기 초반에는 교정치료와 프로그램에 있어 많은 새로운 접근들이 개발되었다. 그 대다수는 지역사회 교정과 관련되며, 특히 선도와 특별 관리 대상 범죄자들을 위한 프로그램에 중점을 두고 있다. 오늘날 많은 범죄자들, 특히, 경미한 마약 관련 범죄로 유죄판결을 받은 범죄자들에게 교정시설 수감 대신 보호관찰이나 지역사회 기반 거주형 교정시설 위탁 등의 지역사회 제재가 강조되면서 이러한 치료 프로그램의 효과에 대한 의문이 제기되고 있다. 교정에서 치료(재활) 접근을 비판하는 사람들은 과거 막대한 재정이 투입되었음에도 불구하고 긍정적인 결과가 나타나지 않았던 많은 교정치료 프로그램들을 사례로 들었다.

최근 강조되는 증거 기반 프로그램(evidence-based programming)은 교정치료의 새로운 접근 방식과 프로그램 수립이 실패로 이어질 가능성을 크게 줄이는 데 기여하고 있다. 현재 연방 및 주 정부 차원의 예산지원을 위한 제안은 프로그램이 시행되기 전에 사전 검증과 평가가 요구된다. 즉, 이론과 연구에 근거하고 있음을 입증해야 한다. 예를 들어, 주 전체 차원의 보호관찰 사례관리 제도를 도입하는 경우, 최종안을 확정하고 채택하기까지 수년에 걸친 평가와 의견이 필요할 수 있다.

Peter C. Kratcoski

Kent, OH, USA November, 2023

참고문헌

Kratcoski, P. (1981). *Correctional counseling and treatment* (1st ed.). Duxbury Press.

Kratcoski, P. (2004). *Correctional counseling and treatment* (5th ed.). Waveland Press, Inc.

Kratcoski, P. (2017). *Correctional counselling and treatment* (6th ed.). Springer Natural.

차례

○ 추천사 _ 3
○ 역자 서문 _ 5
○ 저자 서문 _ 7

제1부 교정상담 및 심리치료: 과거와 현재

제1장 교정상담 및 심리치료의 범위와 목적 · 23

서론 _ 23
교정, 상담, 치료, 재활의 정의 _ 23
재활 _ 25
재활을 목표로 하는 교정상담 및 심리치료 _ 25
처벌 대 치료 _ 29
정의 모델 _ 29
지역사회 기반 교정상담 및 심리치료 _ 32
지역사회 치료에서 교정상담사의 역할 _ 32
처벌과 교정상담 및 심리치료의 상호작용 _ 35
교정상담 및 심리치료의 효과에 대한 평가 _ 37
요약 / 40
토의 문제 / 41
참고문헌 / 42

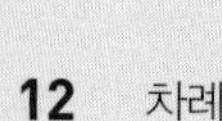

제2장 교정과정에서 회복적 정의 모델 적용 · 45

서론 _ 45

회복적 정의의 한 형태로서 공동체 배상과 봉사활동 _ 47

재판 전 감독 _ 48

회복적 정의 대면 회의 _ 51

소년범을 위한 회복적 정의 대면 회의 _ 53

경찰의 소년범 선도 _ 53

중재 _ 56

중재 과정 _ 57

요약 / 59

토의 문제 / 59

참고문헌 / 61

제3장 전환기 형사사법체계: 범죄 피해자 지원 · 63

서론: 역사적 관점 _ 63

범죄 피해자 지원을 위한 경찰 훈련 _ 66

범죄 피해자에 대한 형사사법기관의 대응 _ 68

피해자 권리를 보호하는 최근 법안 _ 73

피해자 지원기관에서 제공하는 지원 _ 73

위기 상황 시 사법기관과 지원기관의 협력 _ 76

스타크 지방 피해자/증인 프로그램 _ 77

지역사회 지원기관 _ 85

피해자를 위한 임시 보호소 _ 86

피해자 지원 확대 _ 87

노인 피해에 대한 형사사법 대응 _ 90

지적 또는 발달장애를 가진 피해자 _ 93

요약 / 94

토의 문제 / 94

참고문헌 / 95

제2부 교정상담 및 심리치료에서 상담사의 다양한 역할

제4장 교정직원의 역할: 지속성과 변화 • 101

서론: 교정직무의 성격과 범위 _ 101
교정직원의 역할 _ 102
아동 및 청소년 대상 교정직무 _ 118
성인범 대상 교정직무 _ 121
요약 / 125
토의 문제 / 125
참고문헌 / 126

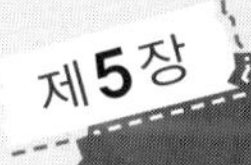

제5장 소년범 상담 및 심리치료: 선도와 공식 처리 • 129

서론 _ 129
경찰의 비행 청소년 선도 _ 130
학교 전담 경찰관 프로그램 _ 135
소년법원의 선도 _ 143
청소년 법정: 청소년 선도 프로그램 _ 143
특수 비행 청소년을 위한 상담 및 심리치료 프로그램 _ 149
청소년 성범죄자를 위한 상담 및 심리치료 _ 150
소년범을 위한 마약전담법원 _ 152
소년 마약전담법원의 목적 _ 152
비행 청소년을 위한 거주형 교정 _ 153
요약 / 157
토의 문제 / 158
참고문헌 / 158

제6장 특별 관리 대상 범죄자에 대한 지역사회 기반 치료적 선도 · 161

서론 _ 161

정신질환이 있는 범죄자의 선도 _ 162

마약전담법원 _ 171

경범죄자 선도 _ 177

요약 / 183

토의 문제 / 184

참고문헌 / 185

제7장 교정상담 및 심리치료에서 분류 모형 및 평가 모형의 기능 · 187

서론: 분류 모형 개발 _ 187

미국 보호관찰제도의 분류제도 활용 _ 189

미국 각 주별 보호관찰 및 가석방 분류제도 _ 191

위스콘신 분류제도 _ 192

오하이오주 사례 _ 194

증거 기반 분류 모형 비교 _ 197

교정시설 수용자 분류 _ 199

소년범의 분류 _ 202

요약 / 205

토의 문제 / 206

참고문헌 / 207

제8장 지역사회 기반 제재: 보호관찰 및 가석방 후 감독 · 209

서론 _ 209

보호관찰의 역사 _ 210

보호관찰의 유형 _ 211

보호관찰관의 역할 _ 212

집중감독 보호관찰 _ 213

주 및 지방 보호관찰 지원 _ 215
미국 보호관찰 및 재판 전 제도 _ 224
보호관찰의 효과 _ 238
보호관찰관의 전문역량 강화 _ 239
조건부 석방, 가석방 및 수감 후 감독 _ 241
국가가 감독하는 사회복귀 계획 _ 242
가석방 및 출소 후 사회감독의 효과에 관한 연구 _ 245
자원봉사 및 자조 단체 _ 246
요약 / 247
토의 문제 / 248
참고문헌 / 249

제9장 지역사회 거주형 교정시설 및 치료 • 251

서론: 범죄자들을 위한 지역사회 거주형 교정시설의 발전 _ 251
재활 지원시설의 현재 운영 현황 _ 253
전문적 치료과정 _ 254
옥스퍼드 하우스 _ 255
지역사회 교정협회 _ 257
오리아나 하우스 역사 및 프로그램 _ 261
교정시설 내 프로그램 운영 _ 269
미국 연방 교정국 _ 272
재향군인을 위한 구역 _ 274
교도소 경험 _ 275
고령 수용자를 위한 특별 프로그램 _ 276
요약 / 278
토의 문제 / 279
참고문헌 / 280

제 3 부 교정상담에서 활용되는 치료 모델

제10장 면담: 교정상담 및 심리치료에 활용되는 기본 도구 • 287

서론 _ 287
면담의 다섯 가지 W _ 287
형사사법체계 상황에서의 면담 _ 289
기술 학습 주기 _ 291
정보 기록과 코딩 _ 296
면담의 유형 _ 297
면담의 구조화 및 진행 과정 _ 306
면담을 완료하는 방법 _ 307
면담 일정 _ 309
요약 / 310
토의 문제 / 311
참고문헌 / 312

제11장 교정에 사용되는 행동수정 프로그램 • 313

서론 _ 313
행동수정 프로그램의 구현 _ 315
행동 계약 _ 318
상담 및 심리치료 기법으로서 행동수정 _ 319
특별 상담 및 심리치료를 위한 행동수정 _ 322
보호관찰/사후 관리 감독에서 조작적 조건 형성 적용 _ 325
즉결 집행이 수반된 기회 보호관찰 _ 326
지역사회 치료 교정시설에서의 행동수정 프로그램 _ 327
요약 / 330
토의 문제 / 331
참고문헌 / 332

제12장 교정에서의 집단상담 · 335

집단상담의 정의 _ 335

집단상담의 기원 _ 336

집단상담의 장단점 _ 340

집단상담에서 활용되는 상담 및 심리치료 유형 _ 341

집단상담 과정 _ 341

집단 발달과정 _ 342

집단상담의 지도력 유형 _ 345

성범죄자 집단상담 _ 345

가족을 위한 집단상담 _ 346

집단상담과 관련된 문제 _ 348

요약 / 349

토의 문제 / 349

참고문헌 / 350

제13장 단기 치료와 위기개입 · 353

위기개입 및 단기 치료 _ 353

단기 치료: 정의 _ 354

가족상담 및 소년범에 대한 단기 치료의 활용 _ 356

약물 남용의 단기 치료 _ 358

선별 및 평가 _ 359

초기 상담 _ 359

상담 및 심리치료 목표 _ 360

후속 상담 _ 360

유지관리 전략 _ 361

치료 종료 _ 361

교도소, 정신건강시설, 지역사회 치료시설 및 교정시설에서의 단기 치료 _ 362

위기개입 _ 366

위기개입 상담 _ 369

위기 상황 대응을 위한 교육 _ 370
요약 / 372
토의 문제 / 373
참고문헌 / 374

제14장 교정상담에 활용되는 인지행동치료 • 377

서론 _ 377
합리적 정서행동치료 _ 378
약물 남용자를 위한 인지행동치료 _ 385
중독 회복: 자조 방법 _ 386
청소년 성범죄자를 위한 인지행동치료 _ 387
노인 범죄자 상담 및 심리치료 _ 389
교정직원의 치료방법으로서 인지행동치료 활용 _ 390
요약 / 393
토의 문제 / 393
참고문헌 / 394

제15장 범죄자 상담 및 심리치료에 대한 미래 관점 및 비행 범죄자 • 397

서론 _ 397
지역사회 교정시설 _ 399
시설 치료 _ 400
특별 관리 대상 범죄자 _ 403
정신질환자의 교도소 수용 _ 405
약물 남용자, 성범죄자, 정신질환 범죄자 치료에 있어서 민간 부문의 역할 _ 407
요약 / 409
토의 문제 / 410
참고문헌 / 411

○ 찾아보기 _ 413

제1부

교정상담 및 심리치료: 과거와 현재

제1부에서는 교정상담 및 심리치료의 역사를 살펴보고, 형사사법체계 내에서 범죄자 대응 방식에 영향을 미친 경제적, 사회적, 그리고 정치적 요인들을 살펴본다. 제1장에서는 교정상담 및 심리치료의 목표와, 그 목표를 달성하기 위해 교정직원들이 활용하는 기법들을 구체적으로 제시한다. 교정상담 및 심리치료의 목표는 범죄자가 사회 규범과 규칙을 준수하면서도 개인적으로 건전한 삶의 방식을 확립하도록 돕는 것과 범죄자의 위험한 행동으로부터 지역사회를 보호하는 것으로 폭넓게 정의된다. 범죄자와 비행 청소년을 처벌하고 교정하기 위해 사용되어 온 여러 가지 치료 모델들이 설명된다. 1960년대에는 치료에 초점을 맞춘 '의료 모델'이 강조되었으나, 1970년대에 들어 범죄율의 상승과 범죄에 대한 공포가 커지고, 정치인들이 선거에서 범죄 통제를 선거 공약으로 내세우자, '의료 모델'은 점차 '응보적 정의 모델'과 '정의 모델'로 전환되었다. 이러한 변화는 특정 범죄에 대해 의무적으로 징역형을 부과하는 법률 제정으로 이어졌으며, 교도소나 지역사회 교정에서 상담 및 심리치료 프로그램이 점차 축소되는 형태로 드러났다. 1990년대 후반부터 현재에 이르기까지, '회복적 정의 모델'이라고 불리는 또 다른 모델이 형사사법 관계자들과 입법자들로부터 많은 지지를 얻었다. 이 접근법은 기존의 치료 모델과 처벌 모델을 통합한 형태이다. 이 회복적 정의 모델은 제2장에서 더 자세히 설명된다. 이 모델에서는 범죄자, 피해자, 그리고 지역사회가 범죄자의 사회복귀 과정에 함께 참여한다. 회복적 정의 모델에서 범죄자는 개인이나 지역사회에 발생시킨 피해에 대해 책임을 져야 하며, 금전적인 배상이나 지역사회 봉사를 통해 그 피해를 보상해야 한다. 미국에서 회복적 정의 운동이 일어난 것은 여러 요인의 결과로, 처벌 중심 모델과 치료 중심 모델 그 어느 것도 원하는 결과를 만들어 내지 못했다는 인식에서 시작됐다. 이 회복적 정의 모델은 범죄자, 피해자, 그리고 지역사회의 요구를 균형 있게 충족시키는 것을 목표로 한다. 회복적 정의에서 활용되는 여러 프로그램에는 중재, 보상, 배상, 그리고 가족상담 등이 포함된다. 이러한 접근법들은 범죄자에게 주어지는 치료와 처벌의 균형을 이루기 위한 것으로, 증거 기반 프로그램들에 바탕을 두고 있다. 제3장에서는 형사사법절차 속에서 범죄 피해자가 어떻게 핵심적인 구성 요소로 자리 잡게 되었는지를 살펴본다. 범죄 피해자를 지원하고 그들의 권리를 보장하려는 움직임은 20세기 후반 미국에서 일어났던 다른 사회 운동들과 밀접하게 연결되어 있다. 대중매체가 사법체계의 불평등에 주목하기 시작하면서, 소수집단과 여성, 아동, 범죄 피해자 등 여러 집단의 요구와 권리가 사회의 주목을 받게 되었다. 1970년대, 그 이후에 제정된 연방 및 주 정부의 법률은 범죄 피해자 지원 프로그램의 시행을 위한 재정을 마련했고, 피해자들이 단순히 증인의 역할에 머무르지 않고 형사사법절차에 적극적으로 참여할 수 있는 길을 열어 주었다.

제1장 교정상담 및 심리치료의 범위와 목적

… 서론

이 책은 교정직원들이 자신들의 업무 목표를 효과적으로 달성하는 데 도움이 되는 다양한 상담 및 심리치료 기법들을 소개하고 설명하는 것을 목적으로 한다. 이러한 목표는 크게 두 가지로 정의된다. ① 범죄자 개인이 건전한 생활 방식을 확립하고, 사회적 규범과 규칙을 준수하도록 돕는 것이다. ② 교정직원의 감독을 받고 있는 범죄자들의 위험한 행동으로부터 지역사회를 보호하는 것이다. 교정직무에는 서로 다른 두 가지 요구가 항상 함께 따른다. 하나는 범죄자에게 지원과 상담 및 심리치료를 제공하는 일이고, 다른 하나는 그들이 지역사회에 미칠 수 있는 위험을 최소화하는 것이다. 이러한 이중적인 역할은 청소년상담사, 교도관, 보호관찰관, 청소년 사후 관리감독관, 가석방 담당관, 사회복지사, 심리학자, 그리고 교육이나 취업 프로그램 관리자 모두에게 적용된다.

… 교정, 상담, 치료, 재활의 정의

교정(corrections), 상담(counseling), 치료(treatment), 재활(rehabilitation)이라는 개념은 사용하는 사람이나 맥락에 따라 서로 다른 의미로 이해될 수 있다. 가장 일반적인 의미에서 '교정'이라는 말은 타인이 저지른 잘못을 바로잡는 것을 뜻한다. 예를 들면, 학생이 교수의 설명이 사실과 다르다는 것을 알고 있을 때 그 잘못된 정보를 바로잡을 수 있다. 또는 한 기자가 어떤 사람이나 사건에 대해 사실 확인 없이 기사를 썼다면, 나중에 잘못된 내용을 수정하거나 철회해야 할 수도 있다. 레이너와 로빈슨(Raynor & Robinson, 2009,

p. 5)은 "교정 모델은 범죄자에게 특정한 개입이나 프로그램, 혹은 규율을 적용하면 긍정적인 변화를 이끌어 낼 수 있다고 전제하며, 적절한 개입이 이루어진다면 범죄자는 법을 준수하고 사회적 규범에 부합하도록 변화될 수 있다고 가정한다."라고 설명했다. '교정'이라는 개념과 마찬가지로, '치료'라는 용어도 여러 가지 다른 의미로 사용될 수 있다. 예를 들면, 교도소 수용자들에게 치료를 받은 적이 있냐고 물었을 때, 다른 수용자들에게 협박을 받았거나, 따돌림을 당했거나, 교도관에게 괴롭힘을 당했던 경험을 떠올리기도 한다. 교정시설 관리자는 치료라는 말을 수용자의 안전과 통제를 유지하기 위해 계획된 모든 형태의 활동으로 이해한다. 이처럼 교정기관 내 사람들은 역할에 따라 치료에 대한 인식이 서로 다를 수 있다. 같은 교정시설 내에서조차도 교정직원들은 수용자를 통제하고 질서를 유지하기 위한 방법들을 일종의 치료로 볼 수도 있는 반면, 전문 사회복지사나 심리학자는 치료를 수용자의 행동 변화를 이끌기 위해 계획적으로 설계된 개입 기법으로 정의할 가능성이 높다. 이러한 의미에서 상담 및 심리치료는 치료 기법을 활용할 수 있도록 전문적으로 훈련받은 사람에 의해 이루어진다. '상담'이라는 용어 또한 다양한 의미로 사용될 수 있으며, 사용되는 맥락 속에서 해석되어야 한다. 일반적으로 '상담'은 상대방이 어떤 문제를 해결하거나 의사결정을 내리는 데 도움이 될 만한 조언이나 정보를 제공하는 것을 의미해 이럴 경우 상담은 반드시 전문적인 훈련을 받은 사람만이 수행하는 것은 아니다. 예를 들면, 부모가 자녀에게 조언을 해 주거나, 친구의 문제해결을 위해 행동 방향을 제시하는 것 역시 상담의 한 형태라고 할 수 있다. 교정 분야에서는 상담 및 심리치료가 매우 밀접하게 연결되어 있으며, 교정과정에서 상담은 하나의 치료 기법으로 활용된다.

일반적으로 상담 및 심리치료는 범죄 혐의를 받거나 유죄판결을 받은 사람들에게 보장된 권리는 아니다. 그러나 예외적인 경우가 있다. 예를 들면, 경제적으로 궁핍하여 변호사를 선임할 수 없는 피의자는 국선변호사의 도움을 받을 권리가 보장된다. 또한 피의자가 정신질환이나 심신미약의 가능성이 있는 경우, 국가는 그가 선악을 구별할 정신적 능력이 있는지를 판단하기 위해 심리학자나 정신건강의학과 전문의를 지정하여 평가를 실시해야 한다. 위의 예시에서 제공되는 상담 및 심리치료는 개인의 행동 교정 자체에 초점을 두고 있지는 않다. 그러나 형사사법절차 전반에서 어떤 형태로든 상담 및 심리치료가 활용될 수 있다는 점은 주목할 필요가 있다. 또한 이후 장에서 살펴보겠지만, 공식적 사법절차에서 벗어난 사람들이라 하더라도 공식적 제재의 일환으로 지역사회 봉사활동에 참여하거나, 약물 및 알코올 상담 프로그램에 참여하는 등 일정한 형태의 상담 및

심리치료를 요구받을 수 있다.

… 재활

'재활되었다(rehabilitated)'라는 것은 교정과정에서 이루어진 상담과 다양한 형태의 상담 및 심리치료가 어떤 방식으로든 바람직한 변화를 이끌어 내는 데 기여하였음을 의미한다. 즉, 범죄자가 이제 사회적 규범과 법을 준수하며 생활할 준비와 의지를 갖추게 되었음을 뜻한다. 레이너와 로빈슨(2009, p. 6)은 재활의 개념에 대해 "재활이라는 개념은 범죄의 원인을 분리하거나 규명할 수 있다고 가정하고, 그 원인이 범죄자의 성격, 도덕성, 성향, 심리적 구조 또는 선택의 문제 중 무엇과 관련되어 있든 간에, 이러한 원인들을 제거하기 위한 개입이 가능하다고 본다."라고 설명했다.

앨런(Allen, 1964)에 따르면, 재활의 이론적 기반은 인간의 행동이 선행 요인들의 산물이고, 이러한 요인들은 다시 물리적 · 사회적 환경의 일부라는 생각에 기초하고 있다. 이 개념은 또한 인간 행동의 원인을 알게 된다면, 그 행동을 과학적으로 통제할 수 있다는 전제를 포함하고 있다. 따라서 유죄판결을 받은 범죄자에게 부과되는 조치들은 치료적 기능을 수행해야 하고, 그 개인에게 최선의 이익이 되는 방향으로 행동 변화를 가져와야 한다.

교정 재활을 한 개인의 발달과정에서 그의 행동이 바람직했던 시점으로 되돌리는 과정으로 보는 관점은 일부 학자들로부터 비판받아 왔다. 그 이유는 많은 범죄자들이 그들의 삶에서 '바람직한 적응 상태'를 경험한 적이 없으며, 이러한 사람들은 재활보다는 오히려 '사회적응훈련(habilitation)'의 대상이라는 지적 때문이다. 여기서 '사회적응훈련'이란, 정상적인 사회에 익숙해지고, 공동체의 규범과 법에 부합하는 가치관을 형성하며 살아가는 것을 배우는 과정을 의미한다. '사회적응훈련'을 중시하는 교정직무는 바람직한 행동으로의 지도뿐만 아니라, 개인이 사회에 제대로 적응하지 못하게 만든 근본적인 원인들(가정 문제, 실업, 교육 결핍 등)을 해결하고 개선하기 위한 노력을 함께 포함한다.

… 재활을 목표로 하는 교정상담 및 심리치료

교정상담 및 심리치료란, 범죄자가 앞으로 범죄 행위를 피할 수 있도록 재활 또는 사회

적응훈련을 목표로 세심하게 계획되고 관리되는 일련의 프로그램이나 활동을 의미한다.

교정상담 및 심리치료는 대개 범죄자를 관리하거나 감독할 책임이 있는 정부기관(연방 및 주, 또는 지방)에서 제공된다. 대부분의 비행 청소년이나 범죄자는 정부 소속 전문가들로부터 지원을 받지만, 최근에는 민간기관이나 기업에 위탁하여 교정상담 및 심리치료를 제공하는 추세가 눈에 띄게 증가하고 있다. 이러한 변화의 결과로 범죄자를 다루는 많은 전문가들이 형사사법이나 교정 분야가 아닌 다른 전문 분야의 자격을 갖춘 경우가 많다. 그 예로는 심리학, 재활 상담, 교육학, 사회학, 사회복지학 등이 있다. 또한 상담 및 심리치료 활동을 통해 범죄자와 직접적으로 접촉하는 직종으로는 가석방 담당관, 아동복지 사례관리자, 여가 활동 지도자, 집단 사회복지사, 학교 교사, 직업훈련 교사, 교정상담사, 정신건강의학과 전문의 등이 포함된다.

전통적으로 교정직원의 역할은 도움을 제공하는 동시에 감시와 감독을 수행하는 것으로 이해해 왔다. 따라서 교정직원은 이 두 가지 역할 사이의 균형을 유지하면서, 특정 행동을 허용하는 것이 범죄자에게 더 이익이 되는지, 아니면 지역사회 구성원들에게 더 이익이 되는지를 판단해야 했다. 교정의 목표는 오랜 세월 동안 크게 달라지지 않았으나, 그 목표를 달성하기 위한 방법과 강조점은 상당히 변화해 왔다. 범죄 행위를 감소시키는 데 있어, 단일 치료 방법이 완전한 해결책이 되지 않는다는 점은 이미 입증되었다. 교정상담 및 심리치료가 재범(즉, 추가적인 범죄 행위) 감소에 실제로 효과가 있는가에 대해서도 오랫동안 논쟁이 있었다. 만약 교정상담 및 심리치료가 효과가 없다면 그 시도 자체를 중단해야 하는가? 또는 재범률의 감소만이 치료의 성공 여부를 판단하는 유일한 기준이 될 수 있는가? 나아가, 일부 재범이 발생하더라도 범죄자가 사회 환경에 어느 정도 적응하게 되는 부분적 성공이 있다면, 그것만으로도 교정상담 및 심리치료를 제공할 정당한 이유가 되는가? 최근에는 또 하나의 중요한 질문이 제기되고 있다. 교정상담 및 심리치료를 적용하는 것이 아무런 개입도 하지 않는 것보다 실제로 범죄자의 행동 변화를 더 잘 이끌어 내는가? 만약 그렇지 않다면, 교정 철학을 다시 처벌 중심으로 되돌려야 하는가?

교정상담 및 심리치료와 범죄자의 사회복귀 가능성은 1970년대에 들어 심도 깊은 재검토의 대상이 되었다. 이는 사회학자 로버트 마틴슨(Robert Martinson)이 1945년부터 1967년까지 영어권 국가에서 시행된 교정상담 및 심리치료 프로그램들을 광범위하게 조사하고 분석하여 그 결과를 연재 논문으로 발표하면서 본격적으로 주목받기 시작했다. 이 논문들에서 제시된 근거들은 실증적 연구에 기반을 두고 있었으며, 이후 더글러스 립튼(Douglas Lipton), 로버트 마틴슨, 주디스 윌크스(Judith Wilks)가 공동 저술한 『교정치

료의 효과』(1975)에 수록되었다. 그들은 "몇 가지 예외적인 경우를 제외하면, 지금까지 보고된 재활 노력들은 재범률에 유의미한 영향을 미치지 못했다"(Lipton et al., 1975, p. 15)라고 결론지었고, 이 주장은 당시 교정 분야에 커다란 파장을 불러일으켰다. 형사사법체계가 범죄 피해자의 권익보다 범죄자의 권리를 지나치게 보호하고 있다고 느낀 사람들은 연구자들의 결론을 단순화하여, "범죄자의 행동을 바꾸는 데 효과적인 것은 아무것도 없다."라고 주장했다. 그리고 이 주장을 근거로 범죄자 사회복귀 노력을 중단하고, 보다 강력한 처벌 중심의 접근으로 돌아가야 한다고 주장했다.

『교정치료의 효과』(Lipton et al., 1975)와 「마틴슨 보고서(The Martinson Report)」(1974)로 알려진 출판물이 교정 분야에 큰 영향을 미쳤음은 의심의 여지가 없다. 이러한 영향 속에서 보호관찰 중심의 접근에서 교정시설 수용 선고로 전환하는 경향이 나타나 확정형 선고가 요구되었고, 교정 프로그램들의 초점이 재활에서 처벌로 옮겨 가는 변화가 뒤이었다. 즉, '아무것도 효과가 없다.' 혹은 '범죄자 특히, 중범죄로 공식적 사법절차의 대상이 된 청소년 및 성인의 행동이나 범죄 방식을 변화시키는 데 할 수 있는 일이 거의 없다.'라는 인식이 확산되면서 교정의 방향은 점점 재활 중심에서 처벌 중심으로 이동하게 되었다.

애덤스(Adams, 1976)는 『교정치료의 효과』에서 인용된 여러 개별 프로그램 평가 결과를 다른 연구자들이 수행한 동일 프로그램 평가와 체계적으로 비교했다. 그 결과, 프로그램의 효과성에 대한 결론이 연구자에 따라 상당히 다르게 나타난다는 사실을 발견했다. 예를 들면, 팔머(Palmer, 1978)는 『교정치료의 효과』에 포함된 231개 프로그램 평가 중 약 40%가 최소한 부분적으로 긍정적인 결과를 보였다고 보고하며, 이를 '부분적 혹은 완전한 성공'이라고 표현했다. 반면, 마틴슨은 동일한 프로그램들을 '극히 제한적이고 단편적인 성공'에 불과하다고 보았다. 또한 애덤스(1976)는 일정한 성공을 거둔 프로그램의 핵심 요인은 변화 촉진자라고 결론지었다. 그는 변화 촉진자를 범죄자가 변하도록 영감을 주거나, 자극하거나, 설득하거나, 때로는 두렵게 만들어 변화를 이끌어 낼 수 있는 매우 드문 개인이라고 설명했다.

마틴슨은 이후에도 교정치료 프로그램의 성공 정도를 계속해서 탐구했다. 그는 「새로운 발견, 새로운 관점: 형량 개혁에 대한 신중한 제언(New Findings, New Views: A Note of Caution Regarding Sentencing Reform)」(1979)이라는 논문에서 추가 연구 결과를 발표했다. 이 연구에는 치료를 받은 실험집단과 대조집단을 비교한 평가 연구뿐만 아니라, 형을 선고받은 범죄자들의 교정과정에서의 변화와 진전을 분석한 연구들도 포함되어 있었다. 마틴슨(1979, p. 257)은 '재범(recidivism)'이라는 용어가 다소 혼란스럽다고 판단하고, 이를 대신해 '재사법 처리과정(reprocessing)'이라는 개념을 사용하여 연구를 진행했다. 그는 이를 "범죄자가 다시 체포, 유죄판결, 혹은 수감되는 것"으로 정의하고, 555개의 연구 결과를 체계적으로 비교하고 분석했다. 그 결과, 마틴슨은 이전에 내렸던 "지금까지 보고된 재활 노력은 재범률에 거의 영향을 미치지 않는다."라는 결론을 철회했다. 대신 그는 일부 프로그램은 유익하고, 일부는 중립적이며, 또 다른 일부는 오히려 해롭다고 밝혔다. 또한 치료 프로그램의 성공을 좌우하는 핵심 요인은 '프로그램이 시행되는 환경'이라고 지적했다.

젠드로와 로스(Gendreau & Ross, 1987)는 1981년부터 1987년까지 수행된 범죄자 재활 관련 연구들을 종합적으로 검토했다. 그들은 다양한 형태의 치료 프로그램이 실제로 얼마나 효과적인지를 다룬 연구 문헌들을 분석한 결과, '아무것도 효과가 없다.'라는 주장은 잘못된 것이라고 결론지었다. 또한 그들은 새로운 방식의 교정치료 접근법들이 매우 유망한 결과를 보이고 있음을 발견했는데 이러한 접근법들 중 일부 방법은 립튼, 마틴슨, 윌크스가 연구를 수행하던 당시에는 아직 적용되지 않았던 것이었다.

젠드로와 로스(1987, p. 395)는 "'아무것도 효과가 없다.'라고 말하는 것은 정말 터무니없는 일이다. 이번 검토 결과는 범죄자 사회복귀가 과거에도 이루어졌고, 지금도 가능하며, 앞으로도 실현될 수 있음을 분명히 보여 준다. 효과적인 사회복귀의 원리는 다양한 개입 전략과 범죄자 집단 전반에 걸쳐 일반화될 수 있을 만큼 일관된 것으로, 결코 사소하게 치부될 수 없다."라고 연구 결과를 요약하였다.

팔머(2000)는 마틴슨의 연구 결과가 촉발한 논쟁을 검토한 뒤, 1980년대 후반에는 교정치료의 효과성에 대해 두 가지 상반된 관점이 나타났다고 결론지었다. '회의적 입장(skeptical camp)'에 속한 사람들은 재활의 실질적인 가능성이 거의 없으므로 교정에서 부차적인 역할만 해야 한다고 보거나, 재활의 효과나 프로그램의 실행에 관한 연구가 너무 많은 결함들이 있어서 그것이 실제로 재활에 효과가 있는지조차 알 수 없다고 주장했다. 이에 반해 팔머가 '낙관적 입장(sanguine camp)'이라고 부른 집단은 비록 많은 범죄자들이 긍정적인 변화를 보이지 않더라도 일부 프로그램은 특정 범죄자들에게 효과가 있음이 입증되었다고 주장했다. 어떤 접근을 사용하느냐와 외부 조건이 범죄자가 치료 프로그램에 긍정적으로, 중립적으로, 혹은 부정적으로 반응할지를 결정하는 핵심 요인이라고 보았다. 최근 이러한 연구들은 증거 기반 프로그램에 초점을 맞추고 있다. 지역사회 기반 프로그램이나 시설 기반 프로그램에서 증거 기반 감독과 치료의 구체적인 목표

는 치료 또는 재활 프로그램이 실제로 감독 대상자의 행동을 변화(교정)시키고 있는지를 과학적으로 개발된 평가도구를 활용하여 검증하는 것이다. 지역사회 교정에서 가장 널리 사용되는 증거 기반 평가도구의 한 형태는 범죄 위험성 및 범죄 욕구 평가이다. 한때 범죄 교정의 만병통치약처럼 주목받으며 크게 홍보되고 막대한 예산이 투입되었던 여러 프로그램들도, 실제로 평가가 이루어진 후에는 의도한 성과를 내지 못한 비효과적인 프로그램으로 판정되었다. 현재 연방 및 주 정부 또는 지방 정부로부터의 보조금으로 운영되는 대부분의 프로그램은 평가 절차를 반드시 포함해야 한다. 그리고 프로그램의 목표가 달성되지 않을 경우 해당 재정지원이 중단된다.

… 처벌 대 치료

포겔(Fogel, 1975)은 저서 『우리는 살아 있는 증거이다(We Are the Living Proof)』에서, 모든 유형의 범죄자에게 재활 중심 교정치료를 적용하는 것이 타당한가에 대해 두 가지 입장이 형성되었음을 지적했다. 한쪽은 형사사법 및 교정정책이 제대로 기능하지 못한다는 사실에 실망하고, 높은 범죄율, 범죄에 대한 시민들의 두려움, 그리고 재범 방지에서 교정치료가 충분한 효과를 거두지 못하고 있다는 사실을 근거로 들어, 보다 엄격하고 처벌 중심적인 접근을 지지했다. 반대 입장은 효과적인 교정 재활 치료의 가능성을 포기하지 않았다. 그들은 교정정책과 프로그램의 실패 원인이 불충분한 자원, 미비한 전문인력 양성, 정치적 간섭, 그리고 거대하고 비인간적인 교도소(범죄를 배우는 장소가 되어버린 교도소)의 존재에 있다고 보았다. 이들은 이러한 문제들이 개선된다면, 교정 재활 치료는 여전히 성공할 수 있다고 확신했다.

… 정의 모델

포겔은 이 두 입장 사이에서 범죄자 개인의 행위에 대한 책임과 책무를 다시 강조하면서, 사회복귀를 돕는 상담 및 심리치료는 제공 가능하지만 강제적이지 않은 접근 방식을 제시했다. 포겔(1975, p. 247)은 이러한 접근을 "교정을 위한 정의 모델(the justice model for corrections)"이라고 명명했다. 이 모델에서 그는 "정의와 공정성이 모든 교정 시도의 목표가 되어야 하며, 모든 형사사법기관은 범죄자에 대한 조치를 합법적으로 수행해야 한다."라고 주장했다. 또한 그는 범죄자가 자신의 행위에 대해 책임을 지는 문제를 강조하면서, 범죄의 성격에 따라 가혹한 처벌 대신 배상(restitution)이 대안이 될 수 있다고 지적했다. 그는 불확정 형벌에 대한 대안적 형벌 제도를 제안했는데 불확정 형벌을 대신해 '고정형(flat time)', 즉 정해진 형기 동안 복역하되, 그 기간은 치료 프로그램 참여가 아니라 '선행 점수(good time, 즉 모범수 감형점수)'를 통해서만 단축될 수 있는 제도였다. 법적 책임을 강조하는 이러한 정의 모델은 교도소뿐만 아니라 보호관찰, 가석방, 지역사회 거주형 프로그램 등 시설 외 교정제도에도 합리적으로 적용될 수 있는 접근으로 제시되었다.

많은 연방 및 주 정부의 교정제도는 '정의 모델'의 기본 전제를 빠르게 받아들였고, 모든 유죄판결을 받을 범죄자에게 확정형 제도를 적용하는 정책을 도입했다(Champion, 1990, p. 123). 한편, 일부 주(state)들은 불확정 형벌을 완전히 폐지하지는 않았지만, 유죄판결을 받은 범죄자에 대한 재활과 치료 중심의 접근보다 처벌을 강화하는 방향으로 제도를 수정했다(Hamm, 1987; Moore & Miethe, 1987).

그러나 확정형 제도가 기대만큼의 효과를 내지 못한다는 연구 결과들이 늘어나면서, '정의 모델'에 대한 열기는 점차 식어갔다. 예를 들면, 웨이크필드(Wakefield, 1985)는 44개 주의 형량 제도 개혁을 조사한 결과, 형량 개혁 이후 마약 밀매범들이 더 엄격한 처벌을 받기는커녕, 오히려 이전보다 짧은 형을 선고받는 사건이 많아졌다는 사실을 발견했다.

유죄판결을 받은 범죄자들을 위한 치료 프로그램이 완전히 사라진 것은 아니었다. 범죄 행위의 상당수가 약물 남용, 문해력 부족, 정신질환, 실업 등과 직접적 혹은 간접적으로 관련되어 있으며, 이러한 문제들이 해결되지 않는 한 범죄자가 생산적인 사회 구성원으로 변화하기 어렵다는 증거가 축적됨에 따라, 적용되는 치료 방안의 수와 종류는 오히려 다양해지고 확대되었다. 정의 모델은 '치료받을 권리가 없다(no right to treatment)'라는 원칙을 제시하며, 연방 및 주, 지방 차원의 감독을 받고 있는 유죄판결을 받은 범죄자들에게 시설 및 지역사회 내 상담 및 심리치료 프로그램 참여를 강제해서는 안 된다고 주장했지만, 그렇다고 해서 미국의 교정기관들이 치료와 사회복귀(재활)의 개념 자체를 완전히 포기한 것은 아니었다. 1990년대 후반에서 2000년대 초반에 들어서면서, 치료와 재활에 대한 관심이 다시 강조되기 시작했으며, 치료와 처벌의 균형을 추구하는 회복적 정의 모델이 등장했다. 이 시기에 일부 범죄자 대상 프로그램의 성격도 변화했다. 겉으로 보기에는 처벌 중심적으로 보였지만, 실제로는 범죄자가 자신의 행동에 대한 책임을

인식하고, 규율을 배우며, 자립심을 기르도록 고안된 체계적인 프로그램들이었다. 치료가 반드시 즐거운 경험일 필요는 없으며, '치료'의 개념 역시 확장되어, 노동 프로그램과 교육 프로그램까지도 이제는 치료의 범주에 포함하게 되었다.

노동이나 교육과 관련된 사회복귀 활동은 수용자가 출소 후 사회에 성공적으로 적응할 수 있도록 준비시키는 가장 효과적인 방법으로 입증되었다. 교정시설 관리자부터 교도관에 이르기까지 교정 현장에 직접 종사하는 사람들은, 수감 생활이 단순히 처벌로만 구성되어서는 안 된다는 사실을 잘 알고 있었다. 무기력함과 지루함은 교도소 내 혼란과 갈등의 주요 원인이 되기 때문이다. 따라서 교도소 기업활동이나 교육 프로그램과 같은 생산적인 활동에 수용자를 참여시키는 것은 수용자 개인의 성장뿐만 아니라 교정제도 전반에도 긍정적인 효과를 가져왔다.

세이터(Seiter, 1990, p. 12)는 연방 교도소 기업(Federal Prison Industries: FPI)이 연방 교정국(Federal Bureau of Prisons)을 위해 생산적인 노동 프로그램을 어떻게 제공해 왔는지를 설명했다. 그는 연방 교도소 기업이 일반 기업과 유사한 방식으로 운영되지만, "이윤을 극대화하기 위한 사업이 아니라, 수용자들에게 일자리와 직업훈련을 제공하는 교정적 사명을 수행하기 위한 조직"이라고 강조했다. 현재 미국 전역의 여러 연방 교도소 기업에 수천 명의 수용자들이 고용되어 있으며, 이곳에서는 수백 종의 다양한 제품들이 생산되고 있다. 생산되는 물품에는 섬유 제품(매트리스, 의류, 침대시트, 수건), 목재 가구, 금속 사물함과 의자, 그리고 정보 입력 체계와 같은 복잡한 전자 장비 등이 포함된다. 이러한 교도소 기업은 주 교정제도에도 존재하지만 일반적으로 연방 제도만큼 발달되어 있지 않으며, 연방 교도소에서처럼 다양한 직종과 폭넓은 일자리 기회를 제공하지는 못한다. 교도소 기업 일자리와 기타 노동 프로그램의 부족은 종종 일할 자격이 있는 수용자의 수가 실제 일자리 수를 훨씬 초과하는 상황을 초래한다. 이로 인해 한 사람이 전일제로 충분히 감당할 수 있는 업무에 두세 명의 수용자가 시간제로 배정되는 경우도 자주 발생한다.

교정시설에 수감된 범죄자들뿐만 아니라, 사회감독하에 있는 중범죄자들 사이에서도 문해력 부족의 문제가 존재한다. 이로 인해 그들은 각종 서류를 작성하거나 규정과 지침을 읽는 데 어려움을 겪으며, 의미 있는 직업을 얻을 기회도 매우 제한적이다. 이에 따라 일부 주와 미국 연방 교정국은 기초 문해 능력이 부족한 수용자들을 대상으로 한 의무교육 프로그램을 시행하고 있다.

 … 지역사회 기반 교정상담 및 심리치료

재활 지원시설(halfway house) 운동은 1960년대 종교단체나 공공복지 단체의 후원으로 시작되었다. 처음에는 노숙인이나 알코올 중독자에게 기본적인 생계 지원을 제공하는 것에서 출발했지만, 1990년대에 들어서는 범죄자와 교정시설의 다양한 요구들을 충족시키기 위한 또 다른 형태의 치료 프로그램으로 부흥기를 맞이했다. 법원은 수감 직전 단계의 마지막 수단으로 범죄자를 재활 지원시설에 수용하기 시작했고, 가석방위원회는 출소 전 일정 기간을 재활 지원시설에서 거주하게 함으로써 지역사회 복귀와 자립생활을 준비하도록 허용했다. 정부기관과 민간 재단이 지역사회에 이러한 시설을 설립하도록 보조금을 지원하면서, 거주형 교정은 교정상담 및 심리치료의 새로운 대안으로 부상했다. 대부분의 거주형 교정시설은 소규모 집단환경을 특징으로 하는데, 이는 집단상담 기법을 적용하기에 매우 적합했다. 이로써 지역사회 기반의 재활 치료에 대한 새로운 가능성이 열리게 되었다. 또한, 시설 수용에 비해 지역사회 치료가 훨씬 낮은 비용으로 운영될 수 있다는 점, 그리고 범죄자에게 직업 알선이나 교육 기회를 제공할 수 있다는 점이 더해지면서, 이러한 프로그램은 교정상담의 실질적 대안으로 큰 주목을 받게 되었다.

 … 지역사회 치료에서 교정상담사의 역할

오늘날 교정직원의 역할, 특히 지역사회 기반 프로그램에서 일하는 교정직원의 역할은 한층 더 복잡해졌다. 예를 들면, 보호관찰관의 전통적인 역할은 보호관찰 대상자에게 지원과 감독을 제공하는 것이었으나, 현재 보호관찰 업무는 매우 전문화되었다. 규모가 큰 보호관찰소일수록 각 보호관찰관의 전문 역량을 최대한 활용할 수 있도록 조직이 체계적으로 구성되어 있다. 이에 따라 일부 보호관찰관은 신원조사를 전담하고, 다른 보호관찰관은 저위험군 범죄자를, 또 다른 보호관찰관은 집중감독이 필요한 고위험군 범죄자를 맡는다. 또한, 보호관찰 처분을 받은 범죄자들의 특성은 범죄 통제 및 예방에 대한 정치적 분위기나, 보호관찰 제도를 운용하는 판사의 성향 변화에 따라 시기적으로 달라질 수 있다. 원래라면 교도소에 수감될 수준의 범죄자들이 지역사회 교정 프로그램에 배치되는 경우도 있다.

오하이오(Ohio)주 스타크(Stark) 지방에서 약 15년 동안 집중감독 보호관찰관 및 집중감독 보호관찰소장으로 근무하고, 현재는 스타크 지방 고등법원 부국장으로 재직 중인 얼룬 컬러(Arlune Culler)와의 면담(Kratcoski, 6/5/2023)에서, 25년 이상의 교정 분야 근무 경험에 대해 질문하자, 컬러는 "저는 전문적인 경험을 쌓기 위해 성인 중범죄자와 함께 일하기로 결정했습니다. 이후 스타크 지방 고등법원에서 일하게 되면서 제 고향인 오하이오주 캔턴(Canton)과 가까운 곳에서 근무할 수 있는 기회를 얻었습니다. 저는 처음에 집중감독 보호관찰관(Intensive Supervision Probation Officer: ISP)으로 일을 시작했습니다. 성인범들과 함께 일하기 시작하면서 곧 깨달은 것은, 보호관찰 중인 성인 대상자들은 소년범들에게는 흔히 제공되는 통합지원이나 가족의 지지를 거의 받지 못한다는 사실이었습니다. 집중감독 보호관찰 대상이 된 성인들은, 이용 가능한 사회 자원에 접근하고 연결될 수 있도록 보호관찰관의 도움이 반드시 필요합니다. 집중감독 보호관찰관으로서 저는 개별 범죄자들과의 면담을 통해 그들의 요구와 지역사회에 대한 위험 요소를 논의하고, 이를 바탕으로 개별화된 사례계획을 수립했습니다. 또한, 파악된 구체적 요구와 위험 요소를 해결하기 위해 적절한 프로그램 및 지원기관으로의 연계하는 역할도 함께 수행해야 했습니다.

지역사회 내에서 적절하고 활용 가능한 자원과 지원을 찾아내는 일은 쉽지 않았으며, 동시에 위기 상황에서 성인 보호관찰 대상자들이 필요한 지원을 받는 데 얼마나 많은 장벽들에 부딪히는지 깨닫게 해 준 경험이었습니다. 적절한 지원과 연계되는 과정에서 많은 성인범들이 길을 잃고, 희망을 잃고, 결국 포기하는 모습을 자주 보았습니다. 과거에 소년범들을 보호관찰한 경험은 이러한 성인범들을 돕는 데 큰 도움이 되었습니다. 저는 개입이 효과적이기 위해 어떤 절차를 밟고 어떤 기관과 협력해야 하는지를 알고 있었습니다. 성인범들이 지역사회에서 다시 자리를 잡는 과정에서 마주하는 장벽을 극복하도록 돕는 일은 저의 큰 관심사가 되었습니다. 그리고 제가 보호관찰 대상자들을 감독하면서 제공한 공감과 신뢰를 바탕으로 한 일관되고 공정한 지원은 그들로부터 좋은 평가를 받고 신뢰를 얻었습니다."라고 말했다.

"국장으로 재직하시는 동안 집중감독 보호관찰의 중점 방향이 변화한 적이 있습니까? 새로운 접근법이나 프로그램이 도입되었나요?"라는 크랫코스키의 질문에 대해, 얼룬 컬러는 "그렇습니다. 예전에는 법원이 명령한 사항의 준수 여부와 불이행 시 제재 조치의 관리에 초점이 맞춰져 있었다면, 지금은 증거 기반 개입으로 방향이 전환되었습니다. 즉, 범죄자의 태도와 행동 변화를 목표로 하는 지원과 프로그램 제공에 중점을 두고 있습니다. 현재는 동기강화 면담과 인지행동치료가 핵심적 접근으로 자리 잡았고, 보호관찰관의 역할은 단순한 감독을 넘어, 성인범에게 실제적인 지원과 변화를 돕는 지원자 역할로 확대되었습니다. 또한 정신건강 문제와 약물 남용 장애가 동시에 나타나는 이중진단 사례가 많기 때문에, 이러한 기법들이 범죄자와의 관계 형성 및 실질적 변화를 이끌어 내는 데 가장 효과적입니다. 스타크 지방 고등법원의 집중감독 보호관찰 프로그램에서는 최근 사전 교육 단계를 새롭게 도입했습니다. 이 과정은 보호관찰 초기 단계에서 보호관찰 대상자에게 필요한 정보를 제공하는 수업 형태로 운영됩니다. 사전 교육에서는 보호관찰 기간 동안 무엇을 기대해야 하는지, 절차가 어떻게 진행되는지를 설명하고, 변화의 단계를 안내하며, 보호관찰 대상자가 법원과 보호관찰 과정에서 제공되는 지원에 신뢰를 가질 수 있도록 동기를 부여하는 것을 목표로 하고 있습니다."라고 답했다.

보호관찰과 기타 지역사회 교정 프로그램에서 교정상담의 또 다른 핵심 요소는 평가, 분류, 그리고 연계 활동이다. 범죄 위험성 및 범죄 욕구 평가도구와 같은 표준화된 평가 방식의 개발은 지역사회 교정 대상자에게 어떤 수준의 감독과 어떤 지원이 필요한지를 결정하는 과정에서의 추측을 줄이는 데 큰 도움이 되었다. 많은 경우, 교정상담 담당자는 직접 전문 상담을 제공하기보다는 범죄자에게 가장 적절한 상담이나 지원을 연결할 수 있는 가능성을 잘 파악하고 그중에서 가장 적합한 치료 방식을 결정하는 역할을 수행해야 한다.

교정상담 담당자는 지역사회 상담 및 심리치료 상황에서도 여전히 전통적인 역할을 수행하고 있지만 동시에 새로운 역할을 맡기도 한다. 그중 하나가 바로 '내담자 옹호자'의 역할이다. 이는 권위자에 맞서 범죄자를 대신해 싸운다는 의미가 아니라, 범죄자에게 필요한 지원을 찾고, 그 지원을 실제로 이용할 수 있는 방법을 찾도록 돕는 역할을 뜻한다. 상담 및 심리치료 중심의 지역사회 교정직원은 종종 '지원 연결 담당관(broker)'으로서의 역할을 수행한다. 즉, 지역사회 내에서 어떤 자원이 이용 가능한지를 파악하고, 특정한 지원을 필요로 하는 사람들을 그 지원을 가장 효율적이고 효과적으로 제공할 수 있는 기관과 연결해 주는 역할을 맡는다. 이러한 역할을 수행하기 위해서는 지역사회 교정직원들이 폭넓은 지식과 잘 구축된 기관연계망을 충분히 갖추고 있어야 한다. '지원 연결 담당관'이 연계해야 하는 지원 유형에는 심리검사와 상담 및 심리치료, 사회복지지원, 직업재활, 그리고 학습능력 평가 및 해당 프로그램에 배치 등이 포함된다. 또한 범죄자가 도움을 받을 준비가 되었거나 도움을 받아들이려는 시점에, 어디에서 어떤 도움을 받을 수 있는지를 정확히 안내하는 것이야말로 교정상담 담당자가 수행하는 가장 핵심적인 역할이라 할 수 있다. 이러한 모든 조정 과정에서 범죄자의 노력과 자기 변화에 대

한 의지를 간과해서는 안 된다. 오늘날 교정의 초점이 '정의'에 맞춰지고 있는 만큼, 자신의 잘못에 대해 정당한 처벌을 받고 이를 받아들인 범죄자는, 비록 치료나 지원이 더 이상 성인범의 권리로 보장되지 않는다 하더라도, 그것을 진심으로 요청할 경우에는 공정하고 자비로운 지원을 받을 수 있어야 한다. 얼룬 컬러(Kratcoski, 2023)에게 "스타크 지방 프로그램에서 근무해 온 동안 집중감독 보호관찰 대상자들의 특성에 큰 변화가 있었습니까? 또한 보호관찰 대상자들을 감독하기가 더 어려워졌습니까?"라는 질문을 했을 때, 그는 "그렇습니다. 보호관찰 대상자들이 감독하기 더 어려워졌다기보다는, 그들이 보이는 태도와 행동이 보호관찰관으로 하여금 더 많은 공감 능력과 개별화된 접근, 창의적인 감독기법을 활용하도록 요구하고 있습니다.

최근에는 집중감독 보호관찰 프로그램에 참여하는 범죄자들의 연령이 확실히 더 낮아지고 있습니다. 과거에는 대부분 20대 후반에서 30대 초반이었지만, 지금은 10대 후반에서 20대 초반의 젊은 범죄자들이 많습니다. 이 젊은 범죄자들 대부분은 갱단 활동, 폭력범죄, 약물 관련 범죄와 연관되어 있으며, 청소년기 범죄 기록을 가진 경우도 많습니다. 젊은 범죄자들은 변화를 더 거부하고, 도덕적 가치나 윤리의식이 부족하며, 태도와 행동에서 방어적이거나 자신의 범죄 행위를 미화하는 경향이 있습니다. 그러나 이들은 변화의 과정에서 형사사법체계가 자신들의 최선의 이익을 위해 기능할 수 있다고 믿도록 학습해 왔습니다.

또한, 약물 및 알코올 관련 범죄자의 비율이 크게 증가했습니다. 현재 집중감독 보호관찰 대상자의 대부분은 약물 및 알코올과 관련된 범죄로 유죄판결을 받은 사람들입니다. 이들 중 상당수는 범행 당시 약물 및 알코올에 취해 있었거나, 약물 및 알코올이 관련된 범죄 행위에 가담하고 있는 경우가 많았습니다. 또한 과거의 트라우마가 제대로 다루어지지 않은 채 남아 있는 경우가 많아, 그로 인해 정신건강지원 의뢰도 증가했습니다. 이러한 정신건강 문제들은 범죄 행위를 저지르게 된 주요한 요인 중 하나로 작용했을 가능성이 높습니다."라고 말했다.

… 처벌과 교정상담 및 심리치료의 상호작용

교정상담에 대해 논의할 때는 인도적 개혁, 교정, 사회복귀(재활), 치료 등의 용어가 서로 혼용되어 사용되는 경우가 많다. 이 때문에 교정치료가 정확히 무엇을 포함하는지에 대한 혼란이 생기곤 한다. 또한, 수용과 의무적 보호관찰이 교정치료 과정에서 어떤 역할을 수행하는가 역시 핵심 쟁점으로 제기된다.

인도적 개혁(humanitarian reforms)은 일반적으로 범죄자의 신체적 복지와 직접적인 삶의 질 향상을 목표로 한 제도적 변화를 의미한다. 예를 들면, 장기간의 독방 수용이나 신체적 처벌의 폐지는 이러한 인도적 개혁의 대표적인 사례이며, 최근에는 수용자에게 여가 시설을 제공하거나 교도소 제복 대신 개인 의류 착용을 허용하는 변화도 이에 포함된다. 또한 선정된 일부 수용자에게 교도소 밖 대학 수업 참여나 주말 가정 방문을 허용하는 정책과 같은 보다 자유로운 개혁 조치들도 시행되어 왔다. 하지만 일부 비평가들은 이러한 변화가 지나치게 인도적이라며, 교도소가 마치 '사교 클럽'처럼 변해 수감의 본래 목적이었던 처벌의 효과가 약화되었다고 비판한다. 그러나 이러한 시각은 교정상담 및 심리치료에서 개인의 동기가 얼마나 중요한 요인인지를 간과하거나 과소평가하는 태도이기도 하다.

말 그대로 '교정'이라는 단어는 바람직하지 않거나 잘못된 상태를 변화시켜, 바람직하고 적절한 상태로 되돌리는 것을 의미한다. 교정과정에서는 범죄자의 행동을 사회적 규범과 법에 부합하도록 변화시키기 위한 여러 조치들이 취해진다. 교정은 형이 선고되었거나 집행이 유예된 유죄판결을 받은 범죄자에 대한 보호, 관리, 감독을 수행하는 것을 의미한다. 교정과정은 연방 및 주립 교정시설에서 이루어질 수 있고, 그 시설에서의 가석방 과정의 일부로도 진행될 수 있다. 지방 교도소나 강제 노동시설 또는 연방 및 주 또는 지방 차원의 보호관찰 과정에서도 이루어진다. 재판 전 개입, 기소유예, 선도 등 다양한 제도의 도입으로 인해, 범죄자가 사법기관과 접촉한 이후 형사사법절차의 어느 단계에서든 교정이 이루어질 가능성이 있다고 말하는 것이 타당하다. 교정의 가장 중요한 목표는 범죄자의 비행행동을 사회의 법이 규정한 바람직한 행동으로 변화시키는 것이다. 18세기 이전까지만 해도, 유럽 사회에서 교정의 핵심은 '처벌'이었다. 당시의 사법체계는 신체적 고문이나 절단형, 추방, 노예화, 혹은 노역형과 같은 형태로 정의를 집행했으며, 교도소는 주로 재판을 기다리는 사람이나 정치범을 수용하는 공간으로 사용되었다. 18세기에 이르러서야 체사레 베카리아(Cesare Beccaria, 1738~1794)가 쾌락과 고통의 원리(pleasure-pain principle)를 제시했다. 그는 처벌은 오직 범죄자가 다시는 잘못된 행동을 반복하지 않도록 억제할 정도로만 엄격해야 한다고 주장했다(Sutherland & Cressey, 1974, p. 50).

같은 시기에 제러미 벤담(Jeremy Bentham, 1748~1832)은 영국에서 공리주의 이론을 발전시켰다. 베카리아와 벤담은 공통적으로, 합리적인 인간이라면 자유로운 선택의 상황

에서 처벌이 확실한 행동은 피할 것이라고 보았다. 벤담은 교도소를 지역사회 안에 위치한 교정시설로 구상했다. 그 시설은 법을 어긴 사람들에게는 처벌의 장소이지만, 동시에 일반 시민들에게는 법 위반의 대가를 상기시키는 '일상적 경고'의 공간이 되어야 한다고 보았다(Reid, 1976, p. 106). 이후 '처벌은 범죄에 상응해야 한다(fit the crime)'는 원칙이 교정실천의 핵심으로 자리 잡았고, 이를 바탕으로 다양한 유형의 교도소와 강제 노동시설이 세워지며, '교정시설(house of correction)'이라는 개념이 본격적으로 등장하게 되었다.

앞에서 언급된 맥락에서 '교정'은 아직 재활을 핵심 요소에 포함하지 않았다. 그러나 시간이 지나면서 처벌만으로는 범죄자의 범행을 줄일 수 없다는 사실이 분명해졌고, 결국 사회로 복귀할 사람들에게는 사회적으로 바람직한 삶으로 나아갈 수 있도록 지도와 기회를 제공해야 한다는 인식이 점차 받아들여지기 시작했다. 오늘날의 '교정'은 '재활'과 동일한 개념은 아니지만, 서로 매우 밀접하게 연결되어 있는 개념으로 이해되고 있다.

1990년대 후반에서 2000년대 초반에 들어서면서, 지역사회 교정과 교정상담 및 심리치료 방법에 대한 관심이 다시 높아졌다. 이 시기의 특징은 시설 수용 대신 지역사회에 남게 된 범죄자들에 대한 밀착 감독과 감시에 초점을 맞춘 것이다. 현재 교정상담 및 심리치료로 간주되는 프로그램의 유형에는 단기 교정(shock incarceration), 전자 감시(electronic monitoring), 법원 명령에 따른 약물 남용 상담 및 심리치료, 그리고 지역사회 교정치료시설에서 제공되는 각종 활동 등이 포함된다. 또한 경범죄나 특정 범죄에 대해 기소유예를 허용하는 법률의 제정, 약물법원을 통해 참여자에게 의무적인 약물 남용 상담 및 심리치료를 받도록 하는 제도, 그리고 경미한 범죄자를 형사사법체계의 공식절차로부터 전환시키기 위한 중재의 활용 등으로 선도에 대한 관심이 다시 높아지고 있다. 이러한 변화들로 인해, 오늘날의 '교정상담 및 심리치료'의 개념은 과거보다 훨씬 넓고 포괄적인 맥락 속에서 이해되어야 하는 개념이 되었다.

… 교정상담 및 심리치료의 효과에 대한 평가

교정 분야에서 시행되는 상담 및 심리치료 프로그램의 평가는 일반적으로 대상자의 범죄나 비행행동 감소 효과를 중심으로 이루어져 왔다. 그러나 교정 프로그램의 관리자들은 이제 프로그램 평가가 단순히 효과 측정에 그치지 않고, 새로운 정책을 개발하거나 기존 정책을 수정하고 보완하는 데에도 유용하게 활용될 수 있다는 사실을 인식하게 되었다.

일반적으로 연방 및 주 정부의 전액 혹은 일부 지원을 받기 위해 신청되는 교정상담 및 심리치료 프로그램에는 반드시 평가절차가 포함되어야 한다. 이에 따라 지원 대상자 수, 교정직원의 근무 시간, 프로그램으로 직접적이거나 간접적인 영향을 받은 지역사회 구성원의 수, 참가자의 재범률 등을 중심으로 한 통계 보고서가 작성된다. 오늘날 교정 분야에서는 특정 상담 및 심리치료 방식이 다른 방식보다 효과적인지, 또는 특정 형태의 상담 및 심리치료나 감독을 받은 대상자가 지역사회에 더 잘 적응하고 재범 없이 지내는 비율이 더 높은지를 검증하는 일이 매우 중요한 과제가 되었다.

여러 형태의 상담 및 심리치료 프로그램으로 의미 있고 효과적인 평가를 수행하는 일에는 많은 어려움들이 따른다. 우선, 치료를 받은 집단과 비교할 수 있는 통제집단을 설정하는 것이 어렵고, 현실적으로도 비실용적이다. 또한, 평가 연구를 위해 일부 범죄자에게만 상담 및 심리치료를 제공하고 다른 이들에게는 의도적으로 제공하지 않는 것이 윤리적 문제를 야기한다는 우려도 있다. 게다가 프로그램이 시작된 시점과 평가 보고서 제출 기한 사이의 기간이 짧기 때문에, 의미 있는 실험집단과 통제집단 간 비교를 설정하기가 어렵다. 이로 인해, 실험집단과 통제집단의 무작위 배정이나, 또는 연령, 전과 횟수, 배경 특성 등에 따라 집단을 일치시키는 정교한 방법은 현실적으로 적용되기 어렵고, 그 대신 상대적으로 의미가 떨어지는 비교 방식이 사용되는 경우가 많다.

재범률 이외의 다른 지표를 평가 기준으로 사용할 경우, 평가자의 편향문제가 더 커질 수 있다. 예를 들면, 개인 적응 점검표나 보호관찰관과 가석방 담당관의 사건 보고서와 같이 범죄자의 지역사회 재적응 정도나 문제해결 노력의 수준을 기록하는 도구들은, 결국 보고자의 주관적 인상과 태도에 영향을 받을 가능성이 크다. 또한, 객관적인 평가자와 명확한 기준에 의해 프로그램이 성공적이라고 판정되더라도, 그 성공의 이유는 프로그램 관리자나 직원의 헌신과 역량, 혹은 참여자의 인종적, 상황적 특성에서 비롯된 것일 수 있다. 따라서 다른 상황이나 집단에서 동일한 수준의 성과를 재현할 가능성은 낮다.

허버드(Hubbard, 2007, p. 2)는 교정상담 및 심리치료의 효과성에 대한 회의적인 시각이 여전히 존재함에도 불구하고, 실증적 연구들이 교정상담 및 심리치료의 유의미한 효과를 입증하고 있다고 주장한다. 허버드는 앤드루스와 본타(Andrews & Bonta, 1999), 본타(1995), 젠드로(1996) 등의 연구를 비롯한 다수의 과학적, 경험적 연구 결과를 인용하며, 적절한 치료 방법이 범죄자의 특성에 맞게 적용될 경우, 일부 교정상담 및 심리치료 프로그램은 분명한 효과를 보인다고 설명했다. 또한 그는 이러한 연구들이 상담 및 심리치료 프로그램의 효과성을 평가하기 위한 구체적인 지침을 제공하고 있다고 덧붙였다.

허버드(2007, pp. 2-3)는 '효과적인 개입의 원칙'이란 개념이 범죄자 치료 프로그램을 설계하고 운영하는 데 지침이 되는 기준이라고 설명했다. 그는 이 원칙에는 재범 위험 수준에 따라 범죄자를 분류하기 위한 평가의 활용, 상담 및 심리치료 과정에서 범죄 유발 요인을 중점적으로 다루는 것, 그리고 범죄자의 특성에 맞는 상담사나 상담 및 심리치료 유형의 맞춤형 연결 등이 포함된다고 덧붙였다.

앤드루스 외 연구진(Andrews et al., 1990)은 교정상담 및 심리치료 프로그램을 개발하고 실행하는 과정에서 '반응성 원칙'을 적용할 경우, 프로그램의 성공률이 훨씬 높아질 가능성이 크다고 주장했다. 이는 프로그램의 성공이나 실패에 영향을 미치는 요인을 측정하지 않은 채 운영되는 상담 및 심리치료 프로그램보다 훨씬 효과적이라는 것이다. 허버드(2007, p. 2)는 "일반적 반응성은 역할극, 모델링, 문제해결, 단계적 강화와 같은 행동치료 기법을 활용할 때 상담 및 심리치료 프로그램의 효과가 극대화된다는 개념을 의미한다. 반면 특수 반응성은 치료 과정에서 다루어야 할 것은 내담자의 개인적 특성이라는 점을 강조했다. 이러한 개인적 요인은 상담 및 심리치료 과정에서 어떤 기법을 활용해야 가장 효과적인지를 결정하는 핵심 요인이 된다."라고 설명했다. 허버드(2007, p. 2)는 또한 "프로그램이 효과적이기 위해서는, 이러한 반응성 특성을 평가하고, 범죄자를 적절한 담당관과 올바른 치료 유형에 연결해야 한다."라고 강조했다. 그는 또한 인종, 성별, 성적 학대 경험, 우울, 자존감, 지능, 연령 등과 같은 개인적 요인들이 어떤 유형의 상담 및 심리치료 프로그램이 가장 효과적인 결과를 낼 수 있는지를 결정하는 핵심 요인이라고 지적했다. 라테사 등(Latessa et al.)은 오하이오주에서 사회감독 대상인 소년범 및 성인범을 위한 교정 모형을 개발하는 데 중요한 역할을 했다. 특히, 유죄판결 후 범죄 위험성 평가도구(The Post Conviction Risk Assessment: PCRA)가 개발되어, 2010년부터 미국 연방 보호관찰제도에서 사용되고 있다(Alexander et al., 2014, p. 1). 현재 대부분의 주에서도 각 주의 특성에 맞게 설계된 범죄 위험성 및 범죄 욕구 평가도구를 경험적으로 검증한 뒤 실무에 활용하고 있다.

감독과 상담 및 심리치료 프로그램에 대한 평가 결과만 보면, 이들 프로그램이 그다지 효과적이지 않은 것처럼 보이기도 한다. 그러나 그 이유를 깊이 들여다보면 문제는 프로그램 자체가 아니라, 그 운영 방식에 있다는 사실이 드러난다. 많은 경우, 치료 직원이 제대로 훈련되지 않았거나, 직원이 부족하고 감독이 부실하며, 예산이 충분하지 않다. 또한 적절한 절차가 지켜지지 않거나, 일부 교정직원들이 기존 방식이 최선이라고 믿으며 변화에 저항하는 경우도 있다. 알렉산더 외 연구진(Alexander et al., 2014, p. 7)은 미국 연방 보호관찰소에서 사용 중인 유죄판결 후 범죄 위험성 평가도구의 광범위한 평가를 통해 "증거 기반 감독으로 가는 길은 지금도 진행 중이며, 앞으로도 발전해 나가야 할 과제입니다. 보호관찰관들은 위험 요소에 대한 분석을 보다 정교하게 수행하는 법을 배우고 있으며, 더 다양하고 효과적인 개입 방법을 개발하고 있습니다. 관리자는 직원들이 이러한 역량을 발전시킬 수 있도록 지도하고, 위험성 기반 감독(risk-based supervision)을 활용한 성과를 인정하며, 우리의 노력을 체계적으로 측정하여 필요한 변화를 만들어 가는 방법을 배우고 있습니다."라고 결론지었다.

범죄자를 위한 상담 및 심리치료 프로그램을 설계할 때는 여러 가지 요소들을 종합적으로 고려해야 한다. 우선 구조적 요인으로는 참여자들이 저지른 범죄의 유형, 상황적 요인으로는 범죄의 횟수와 중대성, 그리고 프로그램이 시행될 장소(지역사회 내인지, 교도소와 같은 보안시설 내인지) 등을 들 수 있다. 또한 범죄자인 참여자들의 특성 역시 반드시 고려되어야 한다. 예를 들면, 참여자가 성인인지 청소년인지, 또는 남성 또는 여성으로 구성된 동질집단인지, 성별이 섞인 이질적 집단인지, 그리고 지역사회 내에서 상담 및 심리치료를 받는지 혹은 보안이 강화된 시설 내에서 진행되는지에 따라 프로그램의 구조와 운영 방식은 달라져야 한다. 특히, 보안시설 내에서는 엄격한 통제와 제한이 상담 및 심리치료 과정에 방해가 될 수 있으므로, 그럴 경우에는 대면 회의와 같은 대안적 접근 방식을 병행하는 것도 고려할 수 있다.

요약

범죄자에게 상담 및 심리치료와 재활을 제공하는 것이 범죄 대응의 주요 방식으로 자리 잡은 이후, 그에 대한 중요성의 강조 정도는 시대에 따라 여러 차례 변화해 왔다.

1950년대에는 사회복귀(재활) 이념이 주 입법부와 형사사법 행정가들 사이에서 폭넓게 받아들여졌다. 이에 따라 연방 및 주 정부는 범죄 문제를 해결하기 위해 치료 중심의 정책과 프로그램을 도입하는 법률을 제정했다. 그러나 1970년대에 들어, 치료 프로그램이 기대한 만큼의 효과를 내지 못하자, 일반 국민과 정책입안자들 모두 사회복귀 이념에 대한 환멸을 느끼기 시작했다. 그 결과, 방향 전환이 이루어지면서 '정의 모델', 즉 처벌 중심의 교정철학이 부상했다. 하지만 이 접근 역시 예상된 효과를 내지 못했을 뿐만 아니라, 교도소 과밀화와 수용자 간 폭력 증가와 같은 예기치 못한 부작용을 초래했다.

1990년대 후반에는 '회복적 정의'라고 불리는 새로운 관점이 등장했다. 이 모델은 범죄자뿐만 아니라 피해자와 지역사회의 필요를 함께 고려하여 범죄자와 비행 청소년에게 어떤 방식의 제재를 가할 것인가를 결정하는 데 초점을 둔다. 또한, 노숙인이나 알코올 중독자의 기본적 생계 지원 프로그램이 1990년대에 다시 활성화되면서, 범죄자의 다양한 필요를 충족시키는 또 다른 형태의 교정적 접근으로 자리 잡았다. 법원은 수감 이전의 최종 단계로 재활 지원시설을 활용하기 시작했고, 증거 기반 전문 치료 프로그램들도 새롭게 개발되었다. 21세기 초부터 현재까지의 경향을 보면, 대다수의 유죄판결을 받은 범죄자들을 보안 교정시설에 수용하는 방식은 점차 줄어들고, 그 대신 치료적 개입이 의무화된 선도 및 지역사회 교정 프로그램의 활용이 강조되고 있다.

토의 문제

1. 교정제도와 관련된 입법 과정에 대중의 여론은 어떤 영향을 미치는가?
2. 법원의 판결은 교정상담 및 심리치료에 어떤 영향을 미치는가?
3. '정의 모델'과 '회복적 정의 모델'은 어떻게 다른가?
4. 재활과 상담 및 심리치료의 의미는 무엇이며, 각각은 어떻게 정의될 수 있는가?
5. 증거 기반 치료의 의미는 무엇인가? 또한 교정치료 프로그램이 증거 기반이어야 하는 이유는 무엇인가?
6. 미국에서 최근 확산된 지역사회 기반 치료 경향의 발전에 영향을 미친 요인들은 무엇인가?
7. '지원 연결 담당관'으로서 보호관찰관 또는 가석방 담당관이 수행하는 활동에는 어떤 것들이 있는가?
8. 교정치료 프로그램을 의미 있고 효과적으로 평가하는 과정에서 발생하는 한계점들은 무엇인가? 또한 이러한 한계들을 극복할 수 있는 방법에는 어떤 것들이 있는가?
9. 재범 방지가 치료의 가장 중요한 목표라고 생각하는가? 그렇다면 혹은 그렇지 않다면 그 이유는 무엇인가?
10. 교도소 기업(prison industries)은 사회복귀 과정에서 얼마나 중요한가? 또한 수용자가 교도소에서 배운 직종으로 출소 후 취업하지 못하더라도, 교도소 기업 참여를 통해 얻을 수 있는 다른 이점에는 어떤 것들이 있는가?

참고문헌

Adams, S. (1976). Evaluation: A way out of rhetoric. In R. Martinson, T. Palmer, & S. Adams (Eds.), *Rehabilitation, recidivism, and research* (pp. 75-91). National Council on Crime and Delinquency.

Alexander, M., Whitley, B., & Bersch, C. (2014). Driving evidence-based supervision to the next level: Utilizing PCRA, "drivers" and effective supervision techniques. *Federal Probation, 78*(3), 2-8.

Allen, F. (1964). *The borderland of criminal justice*. University of Chicago Press.

Andrews, D., & Bonta, J. (1999). *The psychology of criminal conduct*. Anderson Publishing.

Andrews, D., Bonta, J., & Hogue, R. (1990). Classification for effective rehabilitation: Rediscovering psychology. *Criminal Justice and Behavior, 17,* 19-52.

Bonta, J. (1995). The responsivity principle and offender rehabilitation. *Forum on Corrections Research*, 7(3), 34-37.

Champion, D. J. (1990). *Probation and parole in the United States*. Macmillan.

Fogel, D. (1975). *We are the living proof*. Anderson.

Gendreau, P. (1996). The principles of effective intervention with offenders. In A. Harland (Ed.), *Choosing correctional options that work: Defining the demand and evaluating the supply*. Sage.

Gendreau, P., & Ross, R. R. (1987). Revivification of rehabilitation: Evidence from the 1980s. *Justice Quarterly*, *4*(3), 349-408.

Hamm, M. (1987). *Determinate sentencing in Indiana: An analysis of the impact of the justice model*. Unpublished paper presented at the American Society of Criminology meeting.

Hubbard, D. (2007). Getting the most out of correctional treatment: Testing the responsivity principle on male and female offenders. In *Federal probation* (pp. 2-8). Administrative Office of the U.S. Courts.

Kratcoski, P. (2023). *Interview of Arlune Culler*. Completed electronically July 6, 2023.

Lipton, D., Martinson, R., & Wilks, J. (1975). *The effectiveness of correctional treatment: A survey of treatment evaluation studies*. Praeger.

Martinson, R. (1974, Spring). What works? Questions and answers about prison reform. *The Public Interest*, *35*, 25-54.

Martinson, R. (1979). New findings, new views: A note of caution regarding sentencing reform. *Hofstra Law Review*, *9*(2), 243-258.

Moore, C., & Miethe, T. (1987). *Can sentencing reform work? A four-year evaluation of*

determinate sentencing in Minnesota. Unpublished paper presented at the American Society of Criminology meeting.

Palmer, T. (1978). *Correctional intervention and research: Current issues and future prospects*. Lexington Books.

Palmer, T. (2000). The "effectiveness" issue today: An overview. In P. C. Kratcoski (Ed.), *Correctional counseling and treatment* (3rd ed., pp. 15-30). Waveland Press.

Raynor, P., & Robinson, G. (2009). *Rehabilitation, crime and justice* (2nd ed.). Palgrave/ Macmillan.

Reid, S. T. (1976). *Crime and criminology*. Dryden Press.

Seiter, R. P. (1990). Federal prison industries: Meeting the challenge of growth. *Federal Prison Journal, 1*(3), 11-15.

Sutherland, E., & Cressey, D. B. (1974). *Criminology*. Lippincott.

Wakefield, P. (1985). The sentencing process: Redefining objectives. In J. Bentivoglio (Ed.), *State laws and procedures affecting drug trafficking control*. National Governors' Association.

제2장 교정과정에서 회복적 정의 모델 적용

서론

회복적 정의

'회복적 정의(restorative justice)'를 한마디로 정의하기란 쉽지 않다. 이 개념에는 여러 가지 중요한 의미가 담겨 있기 때문이다. 그러나 회복적 정의의 핵심은 가해자, 피해자, 그리고 지역사회가 모두 그 과정에 함께 참여한다는 점이다. 가해자는 자신의 행동에 책임을 지고, 피해자와 지역사회에 발생한 피해를 직접 회복하기 위해 적극적으로 노력해야 한다. 브레이스웨이트(Braithwaite, 2004, p. 1)는 "회복적 정의 과정에서, 범죄로 인해 피해를 입은 시민들이야말로 그 문제를 해결하기 위해 가장 적극적으로 나서야 하는 주체다. 물론 법률 전문가들이 이 과정을 돕는 조력자 역할을 할 수는 있다. 하지만 범죄로 인해 발생한 상처를 치유하고 관계를 회복하는 가장 큰 책임과 주도권은 결국 시민들 자신에게 달려 있다."라고 설명했다. 엄브라이트(Umbreit, 1995, p. 213)는 회복적 정의와 관련하여 "회복적 정의의 맥락에서 피해자와 가해자가 모두 문제해결 과정에 적극적으로 참여하게 된다. 모든 개입은 범죄로 인해 발생한 개인과 공동체의 물질적 · 심리적 손실을 회복하는 데 초점을 맞춘다."라고 언급했다.

베이즈모어(Bazemore, 1997, p. 126)는 회복적 정의의 한 형태인 '균형적 접근(balanced approach)' 개념을 제시하며, 이것이 소년사법 개입의 세 가지 주요 목적을 어떻게 달성하는지 설명한다. 베이즈모어(1997, p. 127)는, "범죄 피해자에 대한 책임성 확보, 가해자의 사회적 적응 향상, 그리고 지역사회의 안전증진이라는 세 가지 목표에 자원을 균등하게 배분될 때 균형이 체계적 수준으로 달성된다."라고 설명했다.

회복적 정의 모델을 적용할 때, 소년범 및 성인범의 행동 변화를 위한 개입 전략은 일탈 행동에 대한 가해자의 책임을 훨씬 더 강조할 것을 요구한다. 회복적 정의 모델은 피해자가 회복 과정에 보다 직접적으로 참여할 것을 제안하지만, 현실적으로 피해자와 가해자가 가족관계이거나 친밀한 지인 관계였을 경우를 제외하고, 대부분의 피해자는 범죄자와 더 이상 마주치거나 접촉하는 것을 원치 않는다. 피해자 입장에서 보면, 가해자가 가족 구성원이라 할지라도 문제가 쉽게 해결되는 것은 아니다. 만약 가족 구성원에게 학대를 당했거나 돈이나 재산을 빼앗긴 경우라면, 범죄의 내용과 심각성에 따라 그 가해자와 신뢰를 회복하고 관계를 되돌리는 일은 매우 어려울 수밖에 없다. 결국 회복적 정의 모델이 효과적으로 기능하기 위해서는 사법기관이나 지원기관들이 이 과정을 운영하는 데 훨씬 더 광범위하고 적극적인 책임을 져야 한다. 엄브라이트(1995)는 앞의 기관들이 해야 할 일은 "피해자와 범죄자에게 필요한 다양한 도움을 전문적으로 연결해 주는 일에 더 힘을 쏟아야 한다. 보호관찰관들은 정기적으로 지역사회 조직화와 프로그램 개발에 참여하고, 다른 사회복지 직원들과 지속적인 협력관계를 유지해야 한다."라고 설명했다.

지역사회 범죄 예방

지역사회 범죄 예방은 지역 전체가 힘을 합치는 데서 출발한다. 학교, 경찰, 법원과 같은 사법기관, 주민 대표, 언론, 정치권까지 모두가 한 팀이 되어 범죄와 청소년 비행을 막을 전략을 짜고 실행하는 것이 핵심이다. 서로 다른 분야의 사람들이 한 가지 목표를 향해 함께 일하는 일은 결코 쉽지 않다. 각 분야마다 추구하는 가치와 이해관계가 다르고 때로는 이러한 차이로 인해 목표가 충돌하는 일이 자주 발생하기 때문이다. 그러나 지역사회 내 범죄 문제가 심각한 수준에 이르게 되면 협력이 자연스럽게 이루어지는 경우도 많다. 예를 들면, 한 지역사회에서 청소년 총기 사고가 증가하는 문제를 우려한 지역 지도자들이 회의를 열었을 때, 톰슨(Thompson, 10/21/2023, p. A1)은 "청소년의 총기 사고를 줄이려고 하는 지역사회는 단기적이거나 성과 없는 접근의 함정에 빠지지 않고, 장기적 전략에 지속적으로 헌신할 의지를 가져야 합니다."라고 말했다. 케이스 웨스턴 리저브(Case Western Reserve) 대학교의 베건 폭력예방 연구 및 교육기관 소장인 대니얼 J. 플래너리(Daniel J. Flannery)는 위기에 처한 청소년을 돕는 가장 효과적인 방법은 수업 시간뿐만 아니라 방과 후 시간대에도 지원 체계를 마련하는 것이라고 강조했는데(Thompson

10/21/2012, p. A2). 대부분의 청소년 총기 사건이 바로 이 방과 후 시간대에 발생한다는 연구 결과 때문이다. 톰슨(10/21/2023, p. A3)은 클리블랜드(Cleveland) 병원 애크런 제너럴(Akron General)의 외상 전문 외과의사인 대니얼 바스케스(Daniel Vazquez) 박사의 말을 인용했는데, 바스케스 박사는 "총기 사고가 지역사회의 건강 관점 위기가 된다는 점은 의심의 여지가 없습니다. 사고는 직접, 간접적으로 우리 모두에게 영향을 미칠 수 있습니다."라고 말했다. 톰슨(10/21/2023, p. A2)은 이러한 지역사회 동반자에는 경찰, 소년법원, 형사법원을 포함한 공중 보건 및 사법기관뿐만 아니라 학교와 대학도 포함된다고 언급했다. 플래너리(Thompson, 10/21/2023, p. A3)는 범죄 예방 전략의 방향성을 설정하는 데 대학교 및 기타 기관에서 수행한 연구가 제공하는 근거가 매우 중요하다고 거듭 강조했다. 그는 학교 폭력 예방과 관련하여, 교사에게 총기 사고에 대비해 무기를 지급하는 식의 접근 방식은 효과가 제한적이며 오히려 더 큰 문제를 초래할 가능성이 있다고 지적했다.

회복적 정의의 발전 계획

회복적 정의 모델의 적용은 사법체계 거의 모든 영역에서 찾아볼 수 있다. 지난 수십 년 동안 소년범 및 성인범을 위한 선도 프로그램뿐 아니라 중재 프로그램과 피해자 지원 프로그램도 현저한 발전을 이루어 왔다.

… 회복적 정의의 한 형태로서 공동체 배상과 봉사활동

많은 청소년 비행이나 성인 범죄는 직접적인 피해자가 존재하지 않는 경우가 많다. 예를 들면, 학교 건물이나 공공건물, 공원 등을 파괴시키는 기물파손 행위가 여기에 해당한다. 신용카드 절도, 자동차 절도, 다양한 형태의 절도 행위, 그리고 개인적 피해와 재산적 피해 같은 범죄들은 피해자가 있기는 하지만, 범죄자가 피해자에게 직접 배상하도록 요구하는 방식으로 처리되지 않는 경우가 많다. 그 이유는 피해자의 손해가 대부분 보험으로 해결되기 때문이다. 대부분의 경우, 피해자는 범죄자의 배상금 지급에 의존하기보다는 보험으로 확실하게 처리되는 쪽을 택한다. 그도 그럴 것이, 범죄자가 막대한 재산 피해나 치료비를 물어 줄 만한 경제적 능력이 없는 경우가 많기 때문이다. 그러나 범죄가 발생하면 지역사회 전체가 피해를 입는다는 회복적 정의 원칙에 따라, 법원은 범죄자에게 책임과 의무 원칙을 강조하는 방식으로 일정한 형태의 배상이나 지역사회 봉사활동을 부과할 수 있다.

회복적 정의의 원칙을 적용하기 위해 다른 혁신적인 방법들도 개발되었다. 텍사스(Texas)주의 댈러스(Dallas) 사회 지방 감독 및 교정국에 소속된 피해자 지원 전담팀은 감독관들(이전 명칭은 보호관찰관)로 구성되어 있다. 이들은 댈러스 지방에서 재판을 받고 유죄가 확정되어 해당 부서의 감독을 받는 범죄자의 피해자들을 돕고 지원하는 역할을 한다. 이 피해자 지원 전담팀은 피해자들에게 다음과 같은 다양한 지원을 제공한다.

1. 범죄자의 법원 출석 일정, 형사사법체계의 작동 방식, 유죄 인정 조건부 감형, 배상, 항소 절차 등에 대한 정보를 제공한다. 또한, 범죄자가 위협을 가할 경우, 검사에게 피해자 보호가 필요함을 알린다.
2. 범죄자가 보석으로 풀려날 경우, 피해자에게 반드시 이 사실을 통보하며, 필요한 경우 피해자와 가족을 위한 보호 조치를 마련한다.
3. 텍사스주 범죄 피해자 보상 기금에 대한 정보를 제공한다.
4. 피해자 의견 진술서를 작성하는 방법을 알려 준다.
5. 피해자가 요청하면 도움을 줄 수 있는 사회복지기관을 연결해 준다.
6. 범죄자가 교도소에 수감된 경우, 피해자가 요청하면 범죄자의 가석방 심사 일정을 알려 준다. (출처: https://www.oag.state.tx.us/victims: 1-2)

회복적 정의의 원칙은 가해자, 피해자, 지역사회가 모든 구성 요소에 적용되는 일련의 규칙, 역할 기대, 그리고 규범으로 서로 연결되어 있을 때 가장 효과적으로 적용될 수 있다. 특히, 가족회의, 학교 프로그램 그리고 소년원이나 성인 교도소 내의 회복적 정의 원칙에 기반해 운영되는 프로그램들은 그동안 효과적인 것으로 평가되어 왔다.

… 재판 전 감독

범죄 혐의로 기소된 사람이 따르는 일반적인 절차는 이렇다. 체포된 후 곧바로 판사나 치안 판사 앞에 가서 범죄 혐의를 공식적으로 듣고, 혐의자는 유무죄 여부를 진술할 수 있다. 만약 추가 심리가 필요하다면, 판사는 혐의자를 자신의 책임하에 풀어 주거나 보석금을 요구할 수 있다. 대부분의 사법 관할 구역에서 활용할 수 있는 선택지가 바로 재

판 전 감독(Pretrial Supervision)이라는 프로그램이다. 전국 주 의회 회의가 2022년에 완료한 연구에 따르면, 거의 모든 주가 범죄자에게 선도 프로그램을 사용할 수 있도록 허용하는 법률을 통과시켰다.

미국 변호사협회와 전국 재판 전 지원기관협회(Pretrial Justice Center for Courts, 2023)는 재판 전 감독의 기준으로 권고되는 몇 가지 핵심 기능을 정립했다.

그 핵심 기능은 다음과 같다.

- 모든 피고인을 대상으로 한 공정하고 일관된 선별 조사(범죄 혐의와 관계없이)
- 면담 내용 확인 및 범죄 경력 조회
- 객관적인 방법을 통해 재판 전, 범죄 위험성 평가 수행, 평가 결과를 바탕으로 법원에 권고안 제출
- 석방 조건을 지키지 못한 피고인에 대한 사후 검토
- 석방된 피고인에 대한 책임 있는 적절한 관리, 법정 출석일 사전 안내 등 적극적 감독 포함
- 이해관계자에게 절차와 결과에 대한 보고

재판 전 감독은 회복적 정의 모델을 구현한다. 일반적으로 혐의자는 사법기관 소속의 감독관(대개 보호관찰소에 소속됨)의 감독을 받게 되며, 다양한 규칙과 요구 사항을 따르도록 기대된다. 요구 사항 중 하나는 피해자와 지역사회의 피해를 보상함으로써 범죄 행위에 대한 책임을 인정하는 것이다. 이 조건은 범죄를 둘러싼 상황에 따라 다양한 방식으로 이행될 수 있다. 범죄 피해자는 개인일 수도 있고, 가족 구성원 같은 집단일 수도 있으며, 조직 또는 학교 같은 기관이 될 수도 있다. 어떤 대상이 피해를 입었는지에 관계없이 범죄가 발생한 지역사회 전체가 피해자로 간주된다. 따라서 지역사회는 범죄자가 공동체의 정상적인 구성원으로 다시 살아갈 수 있도록 돕는 역할을 맡아야 한다.

민츠(Mintz, 2020)는 미국 전역의 다양한 법원에서 시행되는 재판 전 감독 프로그램에 대해 "구체적인 실시는 관할 구역별로, 또는 심지어 사건별로도 매우 폭넓게 달라질 수 있다. 운영 체계는 운영을 책임지는 부서, 연락을 유지하는 방식과 빈도, 그리고 대면이 이루어지는 장소 등에 따라 달라질 수 있다."라고 말했다.

미국 오하이오주 서밋 지방 지방법원의 재판 전 감독 프로그램에 선정된 사람들은 자신의 개인적 특성과 심리적 필요뿐만 아니라, 자신이 저지른 범죄로 인해 피해를 입은

피해자와 지역사회의 요구를 함께 고려하여 특별히 개발된 프로그램을 반드시 이행해야 한다.

펫쿠스와 루랜드(Petkus & Ruhland, 2022)는 텍사스주의 한 지방에서 재판 전 감독 프로그램의 성과를 분석하는 연구를 수행했다. 이들은 해당 프로그램에 참여한 사람들 중 성공적으로 과정을 마친 범죄자들과 그렇지 못한 범죄자들 사이에 인구통계학적 특성(나이, 성별, 인종 등)에서 차이가 있는지를 심층적으로 탐색했다. 펫쿠스와 루랜드(2022, p. 51)는 다음과 같은 세 가지 연구 질문을 설정했다. "① 재판 전 감독 프로그램을 받고 있는 사람은 누구인가? ② 재판 전 선도 프로그램 참여자들의 결과는 어떠한가? ③ 누가 재판 전 선도 프로그램에 성공할 가능성이 가장 높은가?" 펫쿠스와 루랜드는 "재판 전 선도 프로그램에 참여한 사람들의 대다수는 남성(70%)이었고, 백인 또는 히스패닉(99%)이었으며, 직업이 있었고(78%), 미국 시민(86%)이었으며, 고등학교 졸업장 또는 그에 준하는 학력(69%)을 가지고 있었다. 평균적으로 참여자들의 나이는 약 26세였고, 결혼하거나 동거 관계에 있지 않은 사람이 대부분이었다(71%). 또한 대부분의 참여자들이 경범죄(81%)로 기소되었으며, 국선 변호사의 도움을 받지 않은 것으로 나타났다(83%)."라는 점을 발견했다(Petkus & Ruhland, 2022, p. 52). 연구 결과, 참가자 중 90%가 재판 전 선도 프로그램을 성공적으로 이수한 것으로 나타났다. 특히, 나이가 많고, 여성이며, 미국 시민이 아닌 경우가 나이가 어리고, 남성이고, 실직 상태이며, 미국 시민인 경우보다 프로그램 성공적으로 완료할 가능성이 더 높았다. 이와 더불어 결혼 또는 동거 관계이거나 고등학교 졸업 이상의 학력을 가진 경우 역시 재판 전 감독 프로그램을 성공적으로 완료할 가능성이 더 높은 것으로 확인되었다. 펫쿠스와 루랜드(2022, p. 53)는 연구 결과를 바탕으로 "본 연구 표본을 분석한 결과, 재판 전 선도 프로그램은 사회, 경제적 장애물이 적고 활용할 수 있는 자원이 더 많은 사람들에게서 가장 높은 성공률을 보이는 것으로 나타났다. 예를 들면, 실직 상태이거나 국선 변호사를 이용하는 사람(이는 저소득층 배경을 의미할 수 있음)들은 프로그램 이수 실패율이 더 높았다."라고 결론을 내렸다.

펠프스(2020)에 따르면, 선도 및 지역사회 기반의 제재는 범죄자가 거주하는 주와 범죄자 모두에게 긍정적인 효과를 가져왔다. 지역 차원에서 재판 전 선도 프로그램과 같은 선도 프로그램들은 종종 과밀하고 직원이 부족한 구치소의 수용 인원을 줄이는 효과도 있다. 연방 및 주립 교정시설 역시 최대 권고 수용 능력을 초과하는 수용자를 관리해야 하는 비슷한 문제들을 안고 있기 때문이다.

 … 회복적 정의 대면 회의

맥가렐(McGarrell, 2001, p. 10)은 "회복적 정의 대면 회의는 범죄자, 피해자 그리고 양측의 지지자들이 훈련된 진행자와 함께 모여 해당 사건과 그 사건이 피해자와 주변 인물들에게 초래된 피해에 대해 논의하는 것이다."라고 설명했다.

회의 진행 방식은 다를 수 있지만, 일반적으로는 다음 단계들을 따른다.

- 피해자는 자신이 어떤 피해를 입었는지 이야기할 기회를 갖는다.
- 범죄자는 범죄를 저지른 동기와 관련된 정보를 공유할 기회를 갖는다.
- 양측의 지지자들은 사건으로 인해 자신들이 어떤 영향을 받았는지 설명할 기회를 갖는다.
- 논의를 통해 피해자는 일부 양보를 하고 범죄자는 배상과 행동 변화를 수행함으로써 피해자를 만족시키면 사건이 종결된다.

회복적 정의 대면 회의에서는 사법기관 관계자들이 법적 권한을 가진 공무원으로서 행동하지 않는다. 검사나 판사의 역할은 비사법적 방식으로 당사자들이 분쟁을 자율적으로 해결할 수 있는 기회를 제공하는 것이다. 만약 범죄자가 합의된 내용을 이행하지 않으면 해당 사건은 공식적 사법심리(재판)를 위해 다시 회부될 수 있다. 회복적 정의 대면 회의는 분쟁 당사자들이 해결 후에도 관계를 유지해야 할 이해관계가 있을 때 가장 긍정적인 결과를 보인다. 여기에는 가족 간의 다툼, 같은 학교 학생들 사이의 문제, 혹은 이웃 간의 분쟁 등이 해당된다. 다음 사례는 이웃 간 분쟁에 적용된 회복적 정의 대면 회의의 모습을 보여 준다.

글상자 2-1 사과나무 사건

제이크(Jake)와 아내 수(Sue)는 25년 이상 같은 집에서 살았다. 35년 넘게 대형 제조 기업에서 일했던 제이크는 은퇴 후, 아내 수와 함께 평화롭고 조용한 노후 생활을 즐기기 위해 집을 아름답게 가꾸는 데 대부분의 시간을 보냈다. 특히, 제이크는 정원에 공을 들여 상당한 시간과 비용을 투자해 조경 작업을 하고 암석정원, 관상용 나무 등을 심었다.

제이크가 은퇴하고 얼마 지나지 않아, 옆집에 젊은 부부가 이사 왔다. 제이크와 수는 새 이웃과 원만하게 지냈지만, 이전 이웃만큼 가깝지는 않았다. 새 이웃인 조(Joe)와 에이미(Amy)는 늦은 시간까지 일하느라 서로 교류할 시간이 없고, 의욕도 별로 없어 보였다. 수는 에이미와 몇 차례 대화를 나누며 친근한 관계를 만들었지만, 제이크와 조의 교류는 간단한 인사나 목례 수준에 머물렀다.

제이크는 새 이웃집의 마당을 볼 때마다 점점 더 심기가 불편해졌다. 잔디는 몇 주째 깎이지 않은 채 방치되기 일쑤였고, 이전 주인이 애지중지 가꾸던 꽃밭과 관목들은 완전히 망가져 있었다. 주요 갈등의 원인은 두 마당을 경계 짓는 울타리 근처에 서 있는 커다란 사과나무였다. 나무 자체는 이웃집 소유였으나, 굵은 가지들이 울타리를 넘어 제이크의 영역을 침범하고 있었다. 이 나무는 제대로 관리되지 않아 사과는 먹기 힘들었고, 가을이 되어 제이크의 마당으로 떨어질 때쯤이면 대부분 벌레가 생기고 부패하여 골칫덩이가 되었다. 제이크는 조에게 썩은 사과로 인한 마당이 지저분해지는 상황과 자신의 정원을 관리하는 데 추가적인 노력이 든다는 점을 여러 번 이야기했다. 그러나 이웃인 조는 문제를 해결하려는 의지를 보이지 않았고, 사실상 자신의 책임이 아니라는 태도를 취했다. 분노가 폭발한 제이크는 결국 이웃집 마당에 무단으로 들어가 자신의 영역으로 넘어온 모든 가지를 잘라버렸고, 이로 인해 이웃 간의 갈등은 극에 달하게 되었다. 제이크가 가지치기를 하던 중, 굵은 가지 하나가 떨어지면서 두 집 사이의 울타리 일부가 파손되었다. 이를 본 조는 격분하여 제이크를 무단 침입과 재물 손괴 혐의로 고소하기에 이르렀다.

법원은 고소장을 검토한 뒤, 이 사건이 회복적 정의 대면 회의로 적합하다고 판단했다. 공식 재판을 진행해 봐야 고소인이나 지역사회에 실질적인 이득이 없을 것이라 본 것이다.

곧바로 회의 일정이 정해졌고, 제이크와 조 두 당사자 모두 참석하여 자신들의 이야기를 하는 데 동의했다.

회의가 진행될 무렵에는 제이크와 조 모두 감정이 다소 진정되어 있었다. 피해자 조는 자기 재산을 어떻게 관리할지는 전적으로 본인의 권한이며, 제이크가 자신의 땅에 무단 침입할 권리는 전혀 없다고 강조했다. 이에 대해 제이크는 자신이 선을 넘었음을 인정했다. 그는 썩은 사과를 계속 치워야 하는 상황에 극심한 좌절감을 느꼈다고 설명했다. 제이크의 아내 수와 조의 아내 에이미는 두 남편이 법적 다툼 없이 서로의 갈등을 해소할 것을 강력히 요청했다. 두 여성은 두 가족 모두 당분간 이사 계획이 없으므로 앞으로도 오랫동안 이웃으로 지내야 한다는 논리를 내세웠다. 더구나 자신들은 더 친밀한 관계를 맺고 싶은데, 제이크와 조가 앙숙으로 지낸다면 이웃 간의 화목한 관계를 유지하기 어렵다는 점을 설득했다.

회의의 최종 합의 내용은 다음과 같이 나왔다. 제이크는 파손된 울타리 수리 비용을 전액 부담

하고 수리 작업 또한 직접 이행하기로 했다. 더 나아가 그는 사과나무를 적절하게 관리하여 식용 가능한 사과가 열리도록 책임지고 돌보겠다고 제안했다. 이웃인 조는 이 조건들을 받아들였으며, 심지어 제이크의 울타리 수리 작업을 함께 돕겠다는 의사를 밝혔다.

… 소년범을 위한 회복적 정의 대면 회의

회복적 정의 프로그램은 미국 소년사법체계에서 중요한 역할을 한다. 이 프로그램들의 이론적 기반은 분명하다. 즉, 소년범을 공식적 사법절차에 넘기기보다 선도 프로그램을 통해 지도할 때 피해자와 소년범, 지역사회가 얻는 이득이 훨씬 크다는 것이다. 이는 소년범에게 법적 책임을 묻고 비행 청소년이라는 낙인을 찍는 것보다 우선시되는 접근법이다. 미국 소년범에 대한 통계를 보면, 매년 중범죄를 저지르는 청소년의 비율은 매우 낮으며 소년법원으로 송치되는 청소년의 대부분은 비교적 사소한 비행을 저지른 경우이다. 그중 일부는 성인이 저질렀더라도 형사 처분을 받지 않을 정도의 경미한 행위들이다.

브레이스웨이트(Braithwaite, 1989)는 소년범이 가족이나 지역사회기관과 유대가 강하고 자신이 애착을 느끼는 사람들의 가치와 규범을 어겼을 때 수치심을 느낀다면, 가족과 지역사회의 제재가 공식적 사법 처벌보다 재범을 막는 데 훨씬 더 효과적이라고 주장했다. 더 나아가 그는 회복적 정의가 청소년에게 비행 청소년이라는 낙인 없이 지역사회에 다시 받아들여질 기회를 제공하며, 청소년들로 하여금 회복 절차에 적극적으로 협력하게 만드는 강력한 이유가 된다고 말했다.

… 경찰의 소년범 선도

1974년에 개정된 「소년사법 및 비행 예방법(JJDP Act of 1974, amended Public Law 93-414)」의 핵심은 소년사법체계의 공식 절차를 밟지 않도록 촉법소년범이나 경미한 비행범을 선도하는 프로그램을 만드는 기관에 재정을 지원하는 것이었다. 이러한 선도 조치에는 회복적 정의의 이론적 관점이 깊이 포함되어 있다.

크랫코스키 등에 따르면(2022, p. 271), '선도(diversion)'라는 용어는 여러 가지 의미로 사용된다. 이 선도 조치는 크게 전면적 선도와 부분적 선도로 나눌 수 있다. 전면적 선도는 문제행동을 보이는 청소년이 형사사법체계의 개입에서 벗어나 다시 올바른 방향으로 나아가도록 돕는 것을 뜻한다. 이는 경찰이나 학교 관계자가 '다시 문제를 일으키면 법적 절차가 개입될 것'이라고 엄중히 경고를 하거나, 소년법원이 아닌 상담기관 등 다른 외부 기관으로 의뢰하여 도움을 받게 하는 방식으로 이루어진다. 반면, 부분적 선도는 학교나 사법기관이 공식적 조치를 취하여 청소년이 소년사법체계에 일부 관여하게 되지만, 그 개입의 정도를 깊지 않게 제한하는 조치다. 이 경우 청소년은 어떤 형태로든 처벌과 상담 및 심리치료를 받기는 하지만, 공식적으로 비행 청소년으로 판결 받지 않게 마무리된다.

스나이더와 시크먼드(Snyder & Sickmund) 등의 여러 연구에 따르면, 청소년들이 저지르는 비행행동 중 상당수는 아예 발각되지 않거나, 설령 적발되더라도 공식적 사법절차로 처리되지 않는 경우가 많다. 예를 들면, 학교에서 발생하는 경미한 문제들이 그렇다. 재산의 경미한 파손, 학생 간의 위협, 규칙 위반 등의 사소한 비행은 학교에서 '무관용 원칙'을 채택하지 않은 한 대개 내부적으로 처리된다. 경찰 역시 경미한 법규 위반을 저지른 청소년에 대해 상당한 재량권을 갖고 어떤 조치를 취할지 결정할 수 있다. 예를 들면, 통행금지 시간을 넘겨 거리에 있는 청소년 무리를 발견한 경찰관은 어떤 조치를 취할지 여러 선택지 중 하나를 고르게 된다. 경찰관은 처한 상황, 즉 해당 지역의 범죄율이나 청소년들이 과거에 문제를 일으킨 적이 있는지 등 여러 상황에 따라 어떤 조치를 취할지 결정할 수 있다. 경찰관이 할 수 있는 선택지는 다양하다. 단순히 청소년들에게 즉시 귀가하라고 명령하고 사건 기록조차 남기지 않는 방법이 있다. 혹은 즉시 거리를 떠나도록 명령하고, 그 상황을 기록으로 남길 수도 있다. 더 나아가 청소년들을 현장에서 붙잡아 부모에게 연락하거나, 그보다 더 강경한 조치로 청소년들을 소년분류심사원에 이송하는 강경한 조치를 취할 수도 있다. 경찰관이 청소년들에게 즉시 귀가하라고 지시하고 사건 기록을 남기지 않는 첫 번째 사례의 경우, 청소년들은 소년사법체계로부터 완벽하게 전면 선도된 것이다. 이후 미래에 추가적인 위반행위가 없다면 경찰과 다시 만날 일은 전혀 없다. 만약 경찰관이 청소년들을 귀가시키기 전에 이름을 기록하더라도 여전히 전면 선도가 발생한 것으로 본다. 이들이 다른 사법 관계자들과 추가로 만나야 할 의무가 없기 때문이다. 하지만 상황이 달라지면 경찰의 의무도 달라진다. 만약 경찰이 이웃 주민의 꽃밭을 망가뜨린 소년을 고발하는 민원처럼 누군가의 고소나 신고를 받고 출동한 경우에는 반드시 그 사건에 대응해야 한다. 청소년이 고소당한 행위를 저질렀다는 충분한 증거가 있을 경우, 경찰관은 반드시 공식적 조치를 취해야 한다. 경찰은 해당 청소년을

비행 혐의로 기소하는 공식 통지서(citation)를 작성해야 하는 것이다. 그러나 이때 선택권이 주어진다. 사건을 소년법원을 통해 공식적으로 처리하는 대신, 경찰서 내의 소년보호과(juvenile diversion bureau)로 넘겨 해결할 기회가 제공되는 것이다. 바로 이러한 경우가 부분적 선도에 해당된다. 부분적 선도의 목표는 기본적으로 전면적 선도의 목표와 동일하다. 이 조치를 통해 청소년은 비행 청소년이라는 낙인이 찍히는 일 없이 자신의 잘못된 행동을 바로잡을 기회를 얻게 된다. 많은 전문가들은 청소년에게 비행 청소년이라는 공식적 낙인을 찍는 것이, 그 청소년이 실제로 저지른 비행행동 자체보다 청소년과 지역사회에 더 큰 해를 끼친다고 믿는다.

청소년 선도 프로그램의 근본적인 목적은 앞으로 비행행동에 가담할 가능성이 높은 청소년들에게 개입 전략과 치료적 지원을 제공하는 것이다. 이 프로그램은 다양한 형태로 운영된다. 예를 들면, 이러한 프로그램은 학교 관련 비행을 저지른 아동의 가족을 지원하는 형태로 운영될 수 있으며, 그 목표는 청소년이 학교에 계속 다니고 졸업하도록 돕는 것이다. 또는 이제 막 비행의 초기 징후를 보이는 청소년들을 대상으로 한 개입 프로그램일 수도 있다. 펠드(Feld, 1999, p. 174)는 소년범에 대한 이러한 선도 조치가 소년사법체계와 첫 만남 단계에서 사건을 효율적으로 선별하는 하나의 수단이 될 수 있으며, 이렇게 걸러진 청소년들은 범죄자라는 낙인이나 오명이 찍히는 것을 피할 수 있다고 주장한다.

미국 전역의 대다수 경찰서는 소년보호과를 설치하거나 선도 프로그램을 운영하고 있다. 그러나 이 프로그램들의 구체적인 목표와 운영절차는 모두 다르다. 따라서 경찰이 주관하는 소년 선도 프로그램의 전형적인 모습이 어떠하다고 단정적으로 설명하기는 어렵다. 크랫코스키(Kratcoski, 2012, pp. 144-145)에 따르면, "경찰 선도 프로그램은 일반적으로 경찰서 내에서 진행한다. 이 프로그램의 직원은 경찰관으로 구성되거나 상담 및 지역사회 봉사활동에 훈련된 일반인 전문가로 채워지기도 하며 혹은 이 두 집단(경찰관과 일반인 전문가)이 혼합된 형태로 운영된다. 이러한 프로그램에서 경찰관들은 의뢰된 사건들에 대해 초기 심사를 담당하며, 청소년이 해당 프로그램에 참여할 자격이 있는지를 결정하는 역할도 맡는다. 일반적으로 중범죄자와 반복적인 상습 위반자는 이 선도 프로그램에서 제외된다. 청소년이 프로그램에 참여하기에 적합하다고 판단되면, 이후 해당 청소년이 어떤 활동을 할지 그리고 어떻게 감독하고 관리할지에 대한 결정은 전문가(사회복지사, 상담사 등)들에 의해 이루어진다."라고 언급했다.

미국 오하이오주 스토(Stow) 경찰서의 소년 선도 프로그램은 1972년에 설립되어 현재까지 운영되고 있다. 이 프로그램은 포괄적인 회복적 정의 접근 방식을 따르는 것으로 인정받아 왔다(Kratcoski et al., 2004, p. 163). 이 프로그램이 시행되는 사건의 대부분은 스토 경찰서의 순찰 부서나 스토 교육청 내 여러 학교에 배치된 학교 전담 경찰관들에 의해 의뢰된 것이다. 일부 사건은 학교 관리자, 학부모, 또는 서밋 지방 소년법원에서도 의뢰된다. 이 프로그램에는 매년 거의 500건에 달하는 소년 사건이 접수된다(Kratcoski et al., 2004, p. 163).

이 프로그램에서는 회복적 정의 모델을 따라 사건 담당관이 청소년 참여자들을 매주 만난다. 일부 청소년에게는 부모의 참여가 의무화된 프로그램이 적용된다. 이 외의 활동으로는 약물 및 알코올 교육, 피해자-범죄자 간의 중재, 그리고 갈등 해결에 관한 집단토의 등이 있다. 모든 청소년은 일정 시간의 사회봉사를 반드시 이수해야 한다. 또한, 청소년들이 자신의 사건과 관련된 지역사회 봉사활동에 참여하는 것 역시 하나의 조건이 된다.

청소년이 프로그램의 모든 요구 사항을 충족하여 완료하면 초기 혐의는 취소되며 청소년이 이 사건에 연루되었다는 어떤 기록도 남겨지지 않는다. 일반적으로 프로그램에 참여 중인 청소년이 선도 프로그램의 조건을 위반할 경우, 그것이 단순한 규칙 위반인지 새로운 범죄인지에 따라 두 번째 기회가 주어진다. 청소년들은 정해진 기간 동안 프로그램에 참여하게 되지만 이 기간은 연장될 수 있으며 추가적인 계약 조건이 부과될 수도 있다. 만약 프로그램의 조건을 이행하지 못하거나 피치 못할 사유로 프로그램에서 제외될 경우, 취소되었던 초기 혐의가 다시 절차에 회부된다.

2,000명 이상의 청소년들이 참여한 16개 소년 선도 프로그램에 대한 연구(Kratcoski, 2017, p. 23)는 몇 가지 중요한 사실을 보여 준다. 프로그램 의뢰 청소년의 70%는 남성이고, 의뢰 건수의 90% 이상이 경찰서를 통해 이루어졌다. 청소년이 프로그램에 참여해야 하는 기간은 보통 3~6개월 사이였다. 성공적인 프로그램 이수를 위한 구체적인 조건은 다양했지만, 참가자의 약 75%가 봉사활동을 수행해야 했다. 청소년들에게 요구된 다른 활동으로는 피해자에게 사과 편지 쓰기와 자신의 행동이 왜 부적절했는지에 대한 보고서 작성 등이 포함되었다. 다만, 집단상담, 피해 배상, 중재, 가족상담, 전자 감시, 학습지도 등은 대다수 청소년에게 의무적으로 요구되지는 않았다.

… 중재

형사사법 분야에서 사용되는 중재 과정의 핵심은 다음과 같이 정의할 수 있다. 중재

(mediation)는 '중립적인 제삼자가 분쟁 당사자들이 자신의 법적 입장뿐만 아니라 근본적인 이해관계를 파악하고 탐색하도록 돕고, 문제해결을 위한 다양한 선택지 개발을 촉진하며, 협상을 통해 사건을 합의에 이르도록 지원하는 과정'이다(Civil Justice Reform Act Plan W.D. MO, 1992).

중재에 대한 논의에서 코바치(Kovach, 1994, p. 21)는 북미 초기 식민지 정착민들이 중재를 통해 분쟁을 해결함으로써 공동체 내의 평화를 유지할 수 있었다고 언급하며 그 배경을 다음과 같이 설명했다. 정착민들은 매우 가까이 붙어 생활해야 하는 생활환경에 놓여 있었으며, 본국인 영국 왕실에 맞서 생존하기 위해 함께 협력해야 할 필요성이 컸다. 이러한 환경이 평화를 유지하려는 노력에 크게 기여했다. 특히, 갈등에 접근할 때 개인 간의 적대적인 접근법보다 공동체의 합의를 우선시했던 문화적 가치가 중재 및 기타 비공식적 분쟁 해결 수단을 사용하는 기반이 되었다.

코바치(1994)는 인구가 늘어나고 사람들의 이동이 잦아지면서 공동체 의식이 희미해졌으며, 상업과 산업이 점차 복잡해짐에 따라 분쟁을 해결하던 비공식적 방식의 사용이 줄어들었다고 지적했다. 그 결과, 분쟁을 다루는 표준적인 방법은 상법과 형법에 기반을 둔 공식적 사법절차가 되었다. 따라서 오늘날 일부 분쟁을 해결하기 위해 중재를 다시 중요하게 다루는 것은 본질적으로 과거 초기 정착민 시대의 방식으로 돌아가는 것이라고 해석할 수 있다.

… 중재 과정

중재 과정은 해당 상황, 목적, 분쟁의 유형, 그리고 중재자의 역할에 따라 여러 가지 방식으로 구성될 수 있다. 예를 들면, 노동조합과 기업 간의 분쟁을 해결하는 중재는 일반적으로 그 과정이 더 복잡하고 공식적이다. 반면, 청소년이 이웃의 재산에 경미한 피해를 입힌 소년법원 사건에서의 중재는 그보다 훨씬 덜 복잡하고 비공식적 형태로 진행되는 경우가 일반적이다. 중재는 다루는 분쟁의 성격에 따라 요구되는 접근법이 달라진다. 예를 들면, 격렬하고 복잡한 감정이 얽혀 있는 이혼 조정은 단순한 재산 분쟁에 대한 중재와는 다른 차원의 접근이 필요할 수 있다. 또한, 중재가 법원의 명령에 의해 이루어지거나 법원의 감독을 받는 경우라면, 일반적인 중재와는 별도의 운영절차가 필요하다.

코바치(1994, pp. 24-25)가 제시한 중재 모형은 다음과 같다.

- 사전 준비: 중재가 시작되기 전에 해야 할 모든 준비를 포함한다. 예를 들면, 중재 수수료를 정하거나 중재자를 선정하고, 분쟁의 쟁점을 검토하며 중재가 이루어질 장소를 정하는 등의 과정이 여기에 해당한다.
- 중재자의 소개: 중재자는 자신을 소개하고 당사자들이 서로 낯설다면 상대방과 그들의 법률 대리인도 함께 소개한다. 이어서 중재가 어떻게 진행될지, 그리고 모든 참여자가 지켜야 할 기본 원칙과 절차를 설명한다.
- 당사자들의 개회 발언: 각 당사자 또는 그 대표자는 상대방의 방해 없이 자신의 입장과 분쟁에 대한 견해를 자유롭게 밝힌다. 이 단계는 서로의 시각을 이해하기 위한 출발점이 된다.
- 비공식 대화: 당사자들은 좀 더 자유로운 분위기에서 자신의 입장을 명확히 하거나 상대방과 대화를 나누고, 분노나 좌절 같은 감정을 조절된 환경 속에서 표현할 수 있는 기회를 갖는다.
- 쟁점 파악: 중재자는 각 당사자가 제시한 주장과 관점을 바탕으로 분쟁의 핵심 쟁점이 무엇인지 정리하고 명확히 한다.
- 해결 방안 모색: 중재자는 당사자들이 분쟁을 해결할 수 있는 다양한 방법들을 논의하도록 이끈다. 또한 각 선택지가 채택될 경우 어떤 조건이나 노력이 필요한지도 함께 검토한다.
- 협상과 조정: 이 단계에서 중재자는 좀 더 적극적으로 개입하여, 특정 방안에 합의하려면 구체적으로 무엇이 필요한지를 자세히 설명한다. 또한 각 선택이 당사자들에게 가져올 비용과 이익을 분석해 설명하며, 현실적인 결정을 내릴 수 있도록 돕는다.
- 합의: 당사자들이 합의에 도달하면, 양측은 서명한 공식 문서를 작성하고, 중재자는 합의 내용을 담은 '중재 요약서(memorandum of settlement)'를 기록한다. 만약 합의가 이루어지지 않으면, 중재자는 그 사실을 명시하고, 사건의 성격에 따라 법원이나 다른 기관으로 사건을 다시 회부할 수도 있다.
- 종결: 마지막으로 중재자는 중재 결과에 대한 공식적 서면 보고서를 작성하며 이를 통해 중재 절차가 마무리된다.

요약

미국에서 회복적 정의 운동이 시작된 데는 여러 요인이 복합적으로 작용했다. 그중 가장 중요한 것은 소년범 및 성인범을 처벌하거나 교화하는 기존의 어떠한 접근 방식도 단독으로는 원하는 결과를 충분히 얻지 못했다는 깨달음이었다. 특히, 지역사회를 보호한다는 명목으로 이루어진 '응보적 정의 모델'은 종종 범죄자들에게 가혹한 처벌을 안겼다. 지역사회에 큰 위협이 되지 않는 범죄로 유죄판결을 받았음에도 불구하고 교정시설에서 장기간 수용되는 결과를 낳기도 했다. 수용 경험은 정작 그 사람의 행동을 변화시키는 데 아무런 역할을 하지 못했다. 연구 결과에 따르면, 오히려 많은 수용자들이 형을 선고받기 전보다 더 반사회적이 되었고 범죄 활동에 더 집중하는 성향을 띠게 되어 출소했다. 한편, 처벌 대신 치료를 강조하는 '의료 모델' 역시 문제가 있었다. 이 모델은 범죄 행위에 대한 책임을 오롯이 범죄자에게 지우거나 범죄자가 피해자와 지역사회에 끼친 해악에 대해 보상해야 할 필요성을 충분히 강조하지 못했다. 결과적으로 이 두 모델 중 어느 것도 피해자에게는 거의 관심을 기울이지 않았다.

'회복적 정의 모델'은 피해자의 요구, 범죄자의 요구 그리고 지역사회의 요구 사이에서 균형을 맞추려고 시도한다. 증거 기반 접근법에 기초한 회복적 정의 모델에는 선도 조치가 포함된다. 이는 충동이나 법에 대한 무지, 혹은 미성숙, 정신질환, 정신능력 부족 등으로 인해 범죄를 저질렀을 가능성이 있는 소년범 및 성인범들을 위한 것이다. 이러한 사람들은 처벌보다는 도움이 더 필요할 가능성이 높다. 상황에 따라서는 중재나 가족회의와 같은 실천 방안이 가해자와 피해자를 참여시켜 문제에 대한 만족스러운 해결책을 이끌어 낼 수 있으며, 피해자가 적절하게 보상받도록 보장한다.

토의 문제

1. 습관적 범죄를 저지르는 청소년에게 회복적 정의가 적절한가?
2. 범죄 피해자가 트라우마로 인해 회복적 정의 접근법에 전혀 참여할 의사가 없을 경우, 그러한 피해자를 돕기 위해 무엇을 할 수 있는가?

3. 같은 경찰서 안에서도 일부 경찰관은 청소년에게 전면적 선도를 적용하고 다른 경찰관은 동일한 상황에 대해 부분적 선도 또는 선도를 전혀 적용하지 않는다면, 경찰의 개입 대상이 되는 모든 청소년에게 균등한 정의를 보장하기 위해 무엇을 할 수 있는가?
4. 중재가 범죄자, 피해자, 지역사회에 유익한 이유는 무엇인가?
5. 회복적 정의 접근법을 사용할 때 소년범 및 성인범 처리 과정에서 가족과 지역사회의 중요성은 무슨 의미가 있는가?
6. 형사사법에 대한 '균형 잡힌 접근법'은 무엇인가? 멕시코계 18세 소년 후안은 옆집 이웃의 집에 달걀을 던진 후 무단 침입 및 재물 손괴 혐의로 유죄판결을 받았다. 그는 이웃이 자신을 모욕하고 그의 가족이 원래 있던 멕시코로 돌아가야 한다고 말한 것에 화가 나서 이러한 행동을 했다고 진술했다. 당신이 판사라면 회복적 정의 접근법을 적용하여 후안에게 어떤 처분을 내리겠는가?
7. 중재란 무엇인가? 또한 중재 과정은 어떻게 되는가? 형사 사건 처리 과정에서 중재를 활용할 때의 장점은 무엇인가?
8. 소년범이 경찰 선도 프로그램에서 따르는 일반적인 절차는 무엇인가? 선도 프로그램에 참여하는 청소년에게 돌아가는 이점은 무엇인가? 사법제도에 돌아가는 이점은 무엇인가? 지역사회에 돌아가는 이점은 무엇인가?
9. 회복적 정의 대면 회의의 목적은 무엇인가? 다음 사례를 참고하여 설명하라.

   새뮤얼은 결혼 20년 만에 이혼하고 재혼했다. 이혼 당시 새뮤얼과 전 부인 사이에는 다섯 자녀가 있었다. 16세와 14세인 두 아들은 아버지와 살기로 선택했고, 10세, 7세, 4세인 세 딸은 어머니와 살기로 선택했다. 새뮤얼의 두 번째 아내에게는 12세의 아들이 있었고, 이 아들은 어머니 및 새아버지(새뮤얼)와 함께 살았다. 새로운 가족 구성의 문제는 아버지의 두 아들이 12세 의붓동생을 끊임없이 괴롭히며 친아버지가 없다는 점을 비난하고 새어머니에 대해 모욕적인 말을 한다는 것이었다. 12세 아들이 화가 나서 맞대응하면, 형들은 동생을 밀치고 때로는 신체적으로 해를 가하기도 했다. 재혼한 아내가 새뮤얼에게 이 상황을 알렸을 때, 그는 "남자애들은 다 그래."라고 말하며 별로 신경 쓰지 않는 듯했다.
10. 두 명의 10대 자녀가 12세 의붓동생을 신체적, 심리적으로 학대하는 이 가족 문제에 회복적 정의 대면 회의가 어떻게 활용될 수 있는가?
11. 회복적 정의 프로그램을 통해 처리되는 범죄자에게 가족 및 지역사회와의 강한 유대가 중요한 이유는 무엇인가?

참고문헌

Bazemore, G. (1997). What's "new" about the balanced approach? *Juvenile and Family Court Journal*, *48*(1), 35–42.

Braithwaite, J. (1989). *Crime, shame, and restorative justice*. Cambridge University Press.

Braithwaite, J. (2004). Restorative justice and de-professionalization. *Good Society*, *13*(1), 28–31.

Civil Justice reform Act Plan W.D. Mo (1992). https://www.UScourts.gov/statisticsreports/analysis-reports/civil-justice-reform-act-report

Feld, B. (1999). *Bad kids*. Oxford University Press.

Kovach, K. (1994). *Mediation: Principles and practices*. West Publishing.

Kratcoski, P., Ammar, N., & Dahlgren, D. (2004) Police diversion of delinquent youth: An assessment of programs; *Kratcoski, P. Correctional counseling and treatment* (5th ed., pp. 156–184). Long Grove, Ill. Waveland Press.

Kratcoski, P. (2012). *Juvenile justice administration*. CRC Press.

Kratcoski, P. (2017). *Correctional counselling and treatment* (6th ed.). Springer.

Kratcoski, P., Kratcoski, L., & Kratcoski, P. (2022). *Juvenile delinquency: Theory, research, and the juvenile justice process* (6th ed.). Springer.

McGarrell, E. (2001). *Juvenile justice bulletin* (5th ed., pp. 1–11). U.S. Government Printing Office.

Mintz, E., (2020, November 19). *What works and what doesn't in pretrial supervision?* https://www.arnoldventures.org/stories/what-works-and-what-doesnt-in-pretrial-supervision

Office of Juvenile Justice and Delinquency Prevention. (1998). *Guide for implementing the balanced and restorative justice model*. U.S. Department of Justice, Office of Justice Programs. Report.

Petkus, A., & Ruhland, E. (2022). The outcome of a pretrial diversion program in Texas. Federal *Probation*, 86(3). Administrative Offices of the U.S. Courts.

Phelps, M. (2020). Mass probation from micro to macro. Tracing the expansion and consequences of community supervision. *Annual Review of Criminology*, *3*(1), 261–279.

Pretrial Justice Center for Courts. (2023). *Pretrial services & supervision*. Pretrial Justice Center for Courts. https://www.ncsc.org/pjic/topics/pretrial-services

Snyder, H. N., & Sickmund, M. (1999). *Juvenile offenders and victims: 1999 national report*. U.S. Department of Justice, Office of Justice Programs, Office of Juvenile Justice and Delinquency. Chapter 6.

Thompson, A., (2023). Expert talks strategies to curb gun violence. *Akron Beacon Journal*, 10/21/A1-3.

Umbreit, M. (1995). *Mediation of criminal conflict: An assessment of programs in four Canadian provinces*. University of Minnesota School of Social Work.

제 3 장 전환기 형사사법체계: 범죄 피해자 지원

 … 서론: 역사적 관점

19세기 후반에 이르기까지 미국의 형사사법체계는 범죄 피해자를 중요시하지 않았다. 1950년대부터 시작해 1960년대와 1970년대에 걸쳐 인권운동(civil rights movement), 여성인권운동(women's rights movement), 빈곤퇴치운동(war on poverty), 그리고 성소수자 해방운동(gay liberation movement) 등 다양한 사회운동들이 일어나면서 형사사법체계는 비로소 피해자에 대해 주목하게 되었다.

제린(Jerin, 2009, p. 109)은 형사사법체계에서 피해자의 역할의 변화를 역사적 시기에 따라 추적했다. 그는 이른바 '황금기(Golden Age)'라고 불리는 수천 년 전 시기에, 바빌로니아의 함무라비 법전과 같은 초기 형법에서는 피해자, 혹은 살인 사건의 경우에는 사망자의 유족이 가해자를 고발할 책임이 있었다고 설명했다. 만약 범죄자가 붙잡혀 처벌되지 않을 경우, 국가가 피해자가 입은 손실을 보전할 책임이 있었다. 그러나 역사적으로 시간이 흐르면서 피해자의 역할은 변화했다. 형사범죄는 더 이상 개인에 대한 침해가 아니라 국가에 대한 침해로 간주되었고, 이에 따라 국가가 범죄 혐의자에 대한 공소를 제기하는 주체가 되었다. 피해자는 이제 의사결정 과정에서 배제된 채, 단순한 증인의 역할에 머물렀다. 손실에 대한 배상을 원할 경우에는 민사법원에 별도로 소송을 제기해야만 했다.

식민지 시대와 미국 초기 역사에서도 형사사법절차에서 피해자의 역할은 유럽, 특히, 영국의 피해자 역할과 매우 유사했다. 각 주의 사법제도가 점차 공식화되고 사법기관 종사자들이 주 정부의 정치, 행정부에 고용되면서, 특히 중범죄인 경우 범죄 피해자의 역할은 점차 증인으로 한정되었다. 그러나 경범죄 수준의 많은 사건에서는 피해자가 여전히 범죄자를 형사 고소 할 수 있었다.

미국의 사회학자 에드윈 서덜랜드(Edwin Sutherland)는 자신의 저서 『범죄학(criminology)』(1924)에서 범죄 피해에 대한 학문적 분석을 제공했다. 서덜랜드는 개인에 대한 직접적 피해와 사회 전체에 대한 간접적 피해를 구분했는데, 직접적 혹은 개인적 피해에는 살인, 강도, 성폭행 등 많은 범죄로 인해 개인이 직접 피해를 당하는 경우를 의미한다. 반면, 간접적인 피해는 시민들이 형사사법체계의 운영을 위해 더 높은 세금을 부담하거나 상품 가격이 오르는 등 다양한 방식으로 경제적 피해를 입는 상황을 의미한다. 서덜랜드의 범죄 피해 분석은 형사사법체계 안에 존재하는 불평등에 대한 관심을 불러일으켰으며, 1950~1960년대에 등장하여 오늘날까지 이어지고 있는 피해자 권리운동(victim's rights movement)의 촉진에 기여했다.

초기 미국의 인권운동은 아프리카계 미국인과 기타 소수집단이 평등한 대우를 받기 위한 권리 확보에 초점을 맞추었다. 이 운동은 불공정한 법률, 편향된 법집행 직원, 그리고 사법부의 차별적 판결을 통해, 집단 구성원들이 형사사법체계의 여러 요소에 의해 어떻게 피해를 입어 왔는지를 분명히 보여 주었다. 크랫코스키(2009, p. 114)는 "1950년대에는 소수 집단 구성원들, 빈곤층, 그리고 청소년들이 피해자가 되게 하는 다양한 관행들이 존재했다."라고 설명했다. 이러한 불의를 바로잡기 위해 아프리카계 미국인과 다른 소수집단들은 점심식당 점거 시위(lunch counter sit-ins),[1] 유권자 등록을 위한 자유의 버스(freedom rides),[2] 그 밖의 다양한 형태의 시위와 항의운동을 벌였다. 크랫코스키(2009, p. 114)는 "1950년대 후반에 이르러, 대중매체는 이러한 불의의 실태를 일반 시민들에게 알리고, 이 문제를 바로잡기 위한 사회운동에 시민들이 참여하도록 독려하는 데 중요한 역할을 했다."라고 덧붙여 서술했다. 1960년대와 1970년대에 이르러, 형사사법체계 내에서 특정 집단의 사람들을 피해자로 만들던 많은 법률들과 관행들이 완전히는 아니더라도 상당 부분 폐지되거나 축소되었다.

1960년대와 1970년대 동안, 미국에서는 빈곤퇴치운동, 여성인권운동, 그리고 베트남전쟁 반대 시위 등 새로운 사회적 · 정치적 운동들이 등장했다. 이 운동들은 서로 공존하며 대체로 다른 사회운동들의 목표를 지지하고 연대했으며, 동시에 각자 고유한 조직 구

1) 역자 주: 미국 남부에서 흑인 학생들이 백인 전용 식당 계산대에 앉아 인종차별적 좌석 분리 정책에 저항한 시민권 운동.
2) 역자 주: 버스를 함께 타고 남부 도시를 순회 하며, 법 집행과 지역사회의 변화를 촉구한 시민권 운동.

조, 목표 달성을 위한 전략, 그리고 독립적인 지도자들이 있었다. 이 모든 운동의 핵심적인 추진력은 차별적인 법률, 부패한 정치 및 경제 관행, 그리고 형사사법체계의 불평등한 운영으로 인해 개인과 사회 전체가 피해를 입고 있다는 인식에 있었다.

크롤리(Crowley, 2009, p. 118)는 "인권운동, 여성인권운동, 반전(antiwar)운동은 모두 전통적인 사회질서에 도전한 것"으로 보았다. 이러한 운동의 목표를 지지하는 대중적 시위, 집회, 연설 등은 대중매체를 통해 널리 보도되었고, 그 결과 연방 및 주 의회가 관련 법률을 제정하도록 영향을 미쳤다. 크랫코스키(2009, p. 118)는 "인권운동은 변화를 만들어 내기 위해 풀뿌리 참여(grassroots involvement)[3]를 발전시켰으며, 여성인권운동은 형사사법체계 내에서 폭력 피해 여성들이 겪는 부당한 처우를 사회적으로 드러내고, 제도권 밖에서 피해자들을 위한 지원체계를 구축하도록 했다."라고 언급했다. 더 나아가 여성인권운동은 아동 학대 및 방임 문제의 광범위한 실태를 밝혀내는 데 기여해 그 결과로 아동 보호운동이 1970년대에 등장했고, 오늘날까지도 지속되고 있다.

형사사법 실무자들은 사법절차에서 피해자의 중요성을 인식해 왔으나 그 중요성은 대부분 피해자가 실무자의 직무 수행에 얼마나 도움을 줄 수 있는가의 관점에서 이해되었다. 예를 들면, 경찰관은 피해자의 협조를 용의자를 체포하기 위한 수단으로 보았으며, 검사는 피해자를 유죄판결을 이끌어 내기 위한 재판 중 핵심 증언 제공자로 간주했다. 피해자의 요구를 충족시키거나 피해자의 권리를 보장하는 문제는 대체로 부차적이고 사소한 관심사로 취급되었던 것이다.

범죄 피해자를 돕기 위한 프로그램에 연방 정부가 본격적으로 자금을 지원하려는 최초의 시도는 1974년부터 법집행지원국(Law Enforcement Assistance Administration: LEAA)에 의해 이루어졌다(Crowley, 2009, p. 120). 이로 인해 성폭행 피해자 위기센터나 가정폭력 보호소 등 여러 풀뿌리 단체들이 범죄 피해자들의 다양한 요구들을 지원할 수 있게 되었다.

1982년의 「연방 피해자 및 증인보호법」(Wilson, 2009, p. x)과 1984년의 「범죄 피해자법」(Wilson, 2009, p. x)은 주 및 지방 정부가 피해자 지원 프로그램을 개발하고 시행할 수 있도록 각종 새로운 정책지원과 재정지원을 제공했다. 이러한 연방 및 주 정부의 재정적 지원을 바탕으로 미국 전역에서 피해자 도움, 피해자 옹호, 피해자 지원, 피해자/증인 프

3) 역자 주: 일반시민이나 지역주민이 주체가 되어 직접 참여하고 변화를 만들어 가는 활동.

로그램 등 다양한 명칭의 프로그램들이 설립되고 운영되기 시작했다. 일부 피해자 지원 프로그램들은 독립 민간기관에 의해 운영되었지만, 대부분은 정부기관, 특히, 지방 검찰청 산하에 설치되었다. 정부 주도 프로그램들은 주로 법정 증언 시 피해자가 일관성 있고 신뢰할 만한 증인이 될 수 있도록 지원하는 데 초점을 맞추었으며 동시에 피해자들이 요청하는 실질적 지원도 함께 제공했다. 반면, 민간 피해자 지원기관들은 보다 직접적으로 피해자의 욕구와 필요에 초점을 맞추는 경향을 보였다.

… 범죄 피해자 지원을 위한 경찰 훈련

경찰관은 피해자가 있는 범죄사건 현장에 가장 먼저 도착하는 초동 대응자(first responder)이다. 경찰관은 증거를 수집하고 피해자를 면담하며 사건 보고서를 작성하는 등 전문적이고 법적인 절차에 관한 충분한 훈련을 받아야 한다. 그러나 밀른과 불(Milne & Bull, 2007)은 신체적 폭력이나 성폭력 피해가 발생한 현장에 가장 먼저 도착하는 경찰관들의 훈련은 대체로 기초적 수준에 머물러 있으며, 피해자의 정서적 반응에 대응하거나 필요한 정보를 확보하면서도 피해자를 정서적으로 지지할 수 있는 면담 기술을 습득하기에는 충분하지 않다고 지적했다. 필립스(Philips, 2009, p. 197)는 범죄 피해자들이 단순히 정보를 제공하고 증인으로서 활용되는 '객체(objects)'가 아니라 도움, 보호 그리고 지지를 필요로 하는 '실제 인간(real people)'으로 대우받기 시작한 것은 1980년대에 들어서 지역사회 경찰활동이 경찰 교육과 업무 수행의 중요한 요소로 자리 잡으면서부터라고 보았다. 다른 연구자들, 즉 헤이즐우드와 버지스(Hazelwood & Burgess, 2008)는 성폭행 사건에 배정된 수사관이 강력범죄 전담부서 소속이 아닌 경우, 그들은 대체로 용의자 심문, 증거 수집, 범죄 현장 통제에 대한 훈련은 받았을지라도 피해자 면담, 피해자의 요구 탐색, 그리고 폭력과 성범죄로 인한 트라우마를 인식하고 다루는 데 필요한 훈련은 거의 받지 못했을 가능성이 높다고 지적했다. 리치(Rich, 2016, pp. 229-230)는 성폭력 피해자에 대한 경찰의 대응을 연구하면서 "성폭력과 성폭행은 생존자에게 불안, 우울, 성기능의 어려움, 수면장애, 약물 남용, 고립, 수치심, 그리고 불신 등 심각한 후유증을 초래할 수 있다."라고 설명하고 "피해자들은 불안하고 안전하지 않다고 느낄 수 있으며, 안심시켜 주는 지원과 세심한 감정적 배려가 이루어지기 전에는 경찰에 신고할 수 있을 만큼의 심리적 준비가 되어 있지 않을 수도 있다."라고 설명했다. 리치가 범죄 피해자들에

대한 경찰의 대응을 분석한 연구 결과에 따르면, 경찰관들은 피해자가 필요로 하는 유형의 정서적 지지를 제공할 능력이 부족하거나, 혹은 그것이 자신의 역할에 포함되지 않는다고 생각했기 때문에 그러한 지원을 제공하려는 관심조차 보이지 않았다. 리치와 세프린(Rich & Seffrin, 2013)은 성범죄 피해자에 대한 대응 과정에서 경찰관과 피해자 지원 담당관이 협력하는 방식을 연구한 결과, 설문에 응답한 경찰관들 중 3분의 2 이상이 성폭행 사건에서 피해자 지원 담당관과 함께 일하는 것에 대해 일정한 거부감을 가지고 있다고 보고했다. 또한 리치(2016, p. 23)는 일부 사례에서, 경찰관이 성폭력 피해 현장에 출동했을 때 피해자 지원 담당관이 함께 있었음에도 불구하고, 경찰이 피해자의 요구나 감정에 전혀 공감하거나 지지적인 태도를 보이지 않았다는 사실을 발견했다. 예를 들면, 리치(2016, p. 235)는 한 피해자 지원 담당관의 면담 내용을 통해 "나는 그들(경찰관들)이 피해자들을 마치 범죄자처럼 심문하는 모습을 보게 된다. 때로는 그들에게 '그만 하세요! 지금 무슨 일을 하고 있는지 모르십니까?' 하고 소리치고 싶을 때도 있다. 하지만 대신 잠시 시간을 내어달라고 부탁하고, 피해자가 단순한 사건의 대상이 아니라 한 인간이라는 것을 설명하려고 한다. 그러나 그들은 종종 내 요청을 거절하거나 마치 내 말을 못 들은 척하기도 한다."라고 밝혔다.

범죄 피해자를 면담하는 경찰과 관련된 또 다른 우려는 경찰관과 피해자 사이의 언어장벽이 자주 존재한다는 점이다. 이는 특히 거주민의 상당수가 최근 타국에서 이주해 온 지역에서 심각한 문제로 나타난다. 범죄 피해자들이 경찰에게 그들이 기대하는 수준의 지원을 받을 수 있도록 하기 위해, 일부 경찰서는 현재 거주하는 국가에서 사용하는 모국어로 대화할 수 없는 범죄 용의자 및 피해자를 면담하기 위해 PEACE 모형을 도입했다.

하우스(Howes, 2022, p. 345)에 따르면, PEACE는 경찰관이 범죄 수사 과정에서 용의자나 피해자를 면담할 때 거치는 면담의 단계들을 의미한다. 이 단계들은 다음과 같다.

- 1단계: 계획 및 준비 단계(planning and preparation)에서는 면담 대상자에 대한 정보를 수집하고, 면담의 목적과 입증해야 할 법적 요건을 포함한 면담 계획을 수립하는 단계이다.
- 2단계: 실제 면담은 이 단계에서 시작되며, 참여 및 설명 단계(engage and explain)에서는 면담자는 면담의 목적과 절차를 면담 대상자에게 설명한다.
- 3단계: 진술(account) 단계에서는 면담자는 자유 회상을 활용하며, 면담 대상자가 통

역 없이 자신의 말을 자유롭게 이야기하도록 적극적으로 경청하는 과정을 포함한다. 자유 회상이 끝난 후, 면담자는 받은 정보의 일부를 명확히 하거나 추가적인 세부 사항을 요청한다.

- 4단계: 종결(closure) 단계에서는 면담자는 지금까지의 내용을 요약하고, 면담 대상자에게 설명을 보충하거나 추가할 기회를 제공한 뒤, 이후 절차의 다음 단계를 설명한다. 증인 면담의 경우, 특히 영상이나 음성으로 녹화 또는 녹음되지 않은 면담들에서는 증인 진술서를 작성하여 서명한다.
- 5단계: 평가(evaluation) 단계에서는 면담이 종료된 후, 경찰관이 면담 대상자의 협조 정도와 면담의 성과를 검토하고, 자신의 면담 진행이 적절했는지 되돌아본 뒤, 향후 수사의 방향을 검토한다.

하우스(2022)의 연구는 호주 뉴 사우스 웨일스(New South Wales)의 두 지역사회에서 경찰이 범죄 용의자, 증인, 그리고 피해자를 면담할 때 통역사를 활용하며 PEACE 모형을 적용한 사례를 분석한 것이었다. 하우스는 "연구 결과, 통역이 개입된 면담에서 신뢰관계 형성을 위한 추가적인 지침이 필요하고, 종결 및 평가 단계의 활용이 더욱 필요함이 드러났다. 또한, 가정폭력 사건에서 공인 통역사를 활용하는 문제, 통역사와 협력을 위한 지속적인 전문교육의 필요성 그리고 다양한 언어권에 대한 통역사 부족 문제가 여전히 과제로 남아 있다."라고 결론지었다. 이 연구는 호주에서 진행된 것이지만, 경찰 수사를 지원할 수 있는 훈련된 통역사의 필요성은 대부분의 다문화 사회에서도 제기되는 문제이다.

 … 범죄 피해자에 대한 형사사법기관의 대응

보다(Boda, 2016, p. xxxvii)는 "경찰의 철학, 전략, 그리고 운영 방식은 시간이 지나며 변할 수 있지만, '보호하고 봉사한다.'라는 경찰의 기본 원칙은 변하지 않는다."라고 말했다. 이어서 보다는 경찰이 보호와 봉사의 임무를 효과적으로 수행하기 위해서는 지역사회 지도자, 지원기관, 학계, 전문 실무자들 간의 폭넓은 협력과 공동 노력이 필수적이라고 강조한다. 이러한 협력은 최근 몇 년 사이 점차 확대되어 왔으며 특히, 범죄 피해자를 보호하고 지원하는 경찰 교육 및 프로그램 실행 분야에서 두드러지게 나타나고 있다.

지방 검찰은 범죄 피해자와 상호작용하는 방식에서 점차 변화를 보이고 있다. 과거에는 범죄 피해자로부터 피의자에 대한 기소에 도움이 될 정보를 얻기 위해 특정 반응을 유도하는 면담 기법을 활용하는 데 초점을 맞췄다면, 이제는 피해자들의 요구와 회복에 대한 관심으로 무게 중심이 옮겨지고 있다. 검찰은 이러한 변화를 반영하여 피해자 지원 전담부서를 신설하거나, 민간 지원기관과 긴밀히 협력하고 있다. 특히, 아동, 노인, 혹은 심각한 트라우마를 겪은 피해자와 접촉할 때는 특수한 면담 기술과 접근법에 대한 교육을 받은 검사가 배정된다. 또한, 검찰은 피해자들이 필요로 하는 정서적 지원과 도움을 제공하기 위해 전문 상담사나 법정지원견(facility dogs)을 투입하기도 한다. 오하이오주 서밋 지방 검찰청에서는 수년 동안 에이브리와 애덤(Avery & Adam)이라는 법정지원견을 활용하여 범죄 피의자 관련 사건의 준비를 돕고, 범죄 피해자들에게 도움을 제공해 왔다. 서밋 지방 검찰청의 법정지원견 사용에 관한 최근 기사에서 헬름스(Helms, 2023, p. 41)는 "우리 검찰청은 수천 건의 사건을 처리하고 있는데, 안타깝게도 그중 상당수는 아동이 관련된 사건입니다."라고 언급했다. 검사 셰리 월시(Sherri Walsh)는 "이 아이들은 인생에서 가장 끔찍한 일들을 목격하거나 직접 겪은 뒤, 많은 낯선 사람들 앞에서 법정에 나와 증언해야 합니다."라고 말했다. 베번 월시(Bevan Walsh)는 "에이브리와 애덤 같은 법정지원견은 법정에서 증언대에 증인이 서 있는 동안, 그들의 발치에 조용히 누워 있도록 훈련되어 있습니다."라고 말했다.

헬름스(2023, ABJ, p. A10)는 "검찰이 제공한 정보에 따르면, 검찰청에서 근무한 첫 번째 법정지원견인 에이브리는 지금까지 약 300명의 피해자들과 함께 일했으며, 그중 대부분은 18세 미만의 아동, 청소년이다."라고 언급하고 있다. 또한 헬름스는 "검찰의 정보에 따르면 에이브리는 서밋 지방 고등법원에서 운영하는 두 개의 특별 법원에도 참석한다. 하나는 '터닝 포인트 프로그램(Turning Point Program)'이라 불리는 지방 마약전담법원이며, 다른 하나는 재향군인 관련 사건을 다루는 밸러 법원(Valor Court)이다."라고 말했다.

오랜 기간 커야호가(Cuyahoga) 지방 검찰청에서 검사로 근무하고 여러 지역에서 검사로 활동했으며 현재는 변호사로 일하고 있는 마이클 A. 케니 주니어(Michael A. Kenny, Jr.) 변호사와의 범죄 피해자와 관련된 사건에서 검사의 역할에 대한 면담이 [글상자 3-1]에 제공되어 있다.

글상자 3-1 마이클 A. 케니 주니어 변호사 면담

[면담 진행자: 피터 C. 크랫코스키 박사, 2023년 11월 11일]

마이클 A. 케니 주니어는 뉴욕(New York) 주립대학교 버팔로(Buffalo) 분교에서 형사사법학 전공 학사학위를, 클리블랜드(Cleveland) 주립대학교 클리블랜드 마셜(Cleveland-Marshall) 법학대학에서 법학박사 학위를 받았다. 그는 25년이 넘는 법조 경력 동안 개인 개업 및 사설 법률사무소에서 변호사로 근무했으며, 커야호가 지방검찰청을 포함한 여러 관할 구역에서 검사로 재직했다. 또한 케이스 웨스턴 리저브(Case Western Reserve) 대학교 법학부에서 겸임교수로도 재직했다.

QPK: 마이크, 당신의 법률 분야에서의 경력에 대해 이야기해 주세요. 법조 실무를 시작한 지 얼마나 되었습니까?

AMK: 저는 25년 동안 법조 실무자로 활동해 왔습니다. 그중 대부분은 검사로 일했으며, 개인 사건도 소규모로 병행했습니다. 최근 몇 년 동안은 역할이 바뀌어, 개인 변호 업무에 더 많은 시간을 할애하고 있습니다.

QPK: 검사로는 몇 년 동안 근무하셨습니까?

AMK: 저는 커야호가 지방검찰청에서 23년 동안 검사로 근무했습니다. 2022년 6월에는 윌로비 힐스(Willoughby Hills) 시의 검사로 임명되었고, 이후 뉴턴 폴스(Newton Falls) 시의 검사로도 근무하게 되었습니다. 그리고 2024년에는 오하이오주 위클리프(Wickliffe) 시의 검사로 새로 부임할 예정입니다.

QPK: 마이크, 검사로서 범죄 피해자를 대면할 때 어떤 과정을 거치는지 궁금합니다. 피해자를 처음 만나기 전에 사건에 대해 어느 정도의 정보를 가지고 있습니까?

AMK: 일반적으로 저는 경찰 보고서와 그 사건과 관련하여 수집된 증거를 가지고 있습니다.

QPK: 피해자와의 만남은 어떤 절차로 이루어지나요?

AMK: 피해자들은 여러 가지 경로를 통해 저를 만납니다. 때로는 사건이 접수되기 전이라도 피해자들이 먼저 저에게 연락해 도움을 요청하기도 합니다. 보통은 사건의 첫 번째 공판이 열릴 즈음에 제가 피해자에게 연락을 취합니다. 피해자와의 첫 만남은 정식 면담이라기보다는 비공식적 차원의 '초기 면담(meet-and-greet)' 형식이라고 할 수 있습니다. 이러한 '초기 면담'은 전화로 진행되기도 하고, 그때 제가 피해자에게 사무실로 방문해 달라고 요청하기도 합니다. 또 피해자 지원 담당관이 저에게 먼저 연락해 만남을 주선하려고 시도하기도 합니다.

QPK: 가정폭력, 성폭력, 폭행과 같은 신체적 피해 범죄의 피해자가 관련된 사건도 담당하십니까?

AMK: 네, 여러 해 동안 신체적 피해와 재산 피해가 모두 포함된 다양한 유형의 사건을 다루어 왔습니다.

QPK: 피해자를 면담할 때의 주된 목표는 무엇입니까? 어떤 목표를 이루고자 하십니까?

AMK: 우선 피해자가 여전히 사건을 기소하기를 원하는지 확인하고 싶습니다. 또한 피해자와의 의사소통 창구를 열어 법적 절차 전반에서 피해자를 지원할 수 있도록 하는 것이 목표입니다.

QPK: 면담하기 가장 어려운 피해자 유형은 어떤 경우입니까? 그리고 그 과정을 돕기 위해 어떤 기법을 활용하십니까?

AMK: 어떤 피해자가 가장 면담하기 어려운지 단정하기는 어렵습니다. 모든 피해자는 각기 다른 경험, 교육 수준, 기대를 가지고 있기 때문입니다. 다만 가정폭력 피해자가 특히 어려운 경우가 많습니다. 이들은 가해자를 처벌하고자 하는 마음과 동시에 여전히 가해자를 사랑하는 감정 사이에서 갈등하기 때문입니다. 이러한 피해자들은 종종 가해자에 대한 사건이 기각되기를 바라면서 동시에 제가 가해자에게 어떤 형태로든 상담을 권유해 주기를 바랍니다. 그러나 이러한 법원(상담)프로그램은 피고인이 자신의 범행에 대한 책임을 인정할 때만 이용할 수 있기 때문에 저는 피해자를 잘 모르는 상태에서 피해자의 기대를 조정해야 하는 어려운 상황에 처하게 되는 경우가 많습니다.

AMK: 면담 과정을 돕기 위해 활용하는 기법은 먼저, 제가 25년 동안 범죄 피해자들과 함께 일해 왔다는 사실을 알려 주는 것입니다. 피해자들이 제게 이야기할 수 없는 것은 없으며, 저는 결국 제 가족에게 바라는 것과 같은 것을 그들에게 바라며 그것은 가능한 한 가장 좋은 삶이라는 점을 전합니다. 또한 진심으로 공감을 표현하기 위해 최선을 다합니다.

QPK: 피해자들에게 정서적 지지를 제공하기 위해 어떤 일을 하십니까?

AMK: 저는 피해자들에게 정서적 지지를 제공합니다. 그러나 때로는 단호한 태도를 보이기도 합니다. 가끔은 제가 도왔던 피해자들이 피해 경험을 극복하고 성공적으로 회복한 사례를 들려주기도 합니다.

QPK: 피해자와 상호작용하는 과정에서 도움을 요청하는 경우가 있습니까? 피해자 지원 담당관이 면담에 함께 참여하기도 하나요?

AMK: 네, 면담 중에 도움을 요청하는 경우가 있습니다. 보통 두 가지 경로를 통해 도움을 받습니다. 하나는 피해자의 가족이나 친구들입니다. 특히, 피해자가 법정에서 증언해야 할 경우, 제가 보기에 피해자가 누군가의 정서적 지지를 필요로 한다면 주변에 신뢰할 수 있는 사람이 있는지 묻습니다. 그러한 사람이 있다면 피해자와 함께 법정에 오도록 요청하고, 저는 반드시 그 사람을 직접 만나 관계를 형성하려고 합니다. 저는 피해자에게 '우리 모두가 함께 이 상황을 겪고 있으며, 한 팀으로서 이 경험을 함께 이겨낼 것'이라는 점을 설득하려 합니다.

저는 항상 사건을 진행할 때 피해자 지원 담당관과 함께합니다. 그들은 제가 직접 제공하기 어려운 다양한 지원을 해 주는 훌륭한 자원입니다. 피해자 지원 담당관은 사건의 진행 상황을 피해자에게 수시로 알려 줄 수 있고, 피해자가 다가오는 모든 재판 일정을 알 수 있도록 도와줍니다. 그러나 무엇보다 중요한 것은, 필요할 경우 주거 지원까지 포함한 다양한 자원을 피해자에게 연결해 줄 수 있다는 점입니다.

흥미로운 점은, 종종 피해자와 피해자 지원 담당관 두 사람의 기대를 동시에 조율해야 한다는 것입니다. 그러나 오랜 경험 덕분에 사건을 신속히 평가하고 그 강점과 약점을 상당히 정확하게 파악할 수 있습니다. 이를 통해 저는 사건의 증거가 충분하지 않을 경우 부정적인 결과가 나올 수 있음을 미리 피해자와 지원 담당관에게 설명하고 대비하도록 돕습니다. 이러한 상황은 주로 경력이 짧은 지원 담당관과 일할 때 자주 발생합니다. 그들은 선한 의도를 갖고 있더라도, 특정 사건이 강한 증거를 있는지 혹은 다소 취약한지 판단할 만한 경험이 부족한 경우가 많습니다.

QPK: 사기 피해자가 관련된 사건도 담당하십니까? 그렇다면 그 절차는 신체적 피해 사건과 동일합니까?

AMK: 네, 저는 사기 피해자가 있는 사건도 담당합니다. 제 생각에는 우리가 알고 있는 것보다 훨씬 더 많은 피해자들이 존재한다고 봅니다. 이들 대부분은 노년층이며, 이러한 피해 사실을 신고하는 것이 매우 부끄럽게 느껴질 수 있습니다. 검찰의 입장에서 보면, 제가 다루어 본 사기 피해 사건들은 다른 사건들과 매우 다르고 처리하기도 쉽지 않습니다. 이러한 사기 중 상당수는 해외에서 시작됩니다.

QPK: 마이크, 마지막으로 덧붙이고 싶은 말이 있습니까?

AMK: 저는 검사로 일하는 것을 즐깁니다. 피해자들과 지역사회 주민들의 삶에 긍정적인 변화를 만들어 가는 일에 기여하고 있다고 생각합니다.

… 피해자 권리를 보호하는 최근 법안

「마시 법(Marsy's Law)」과 같은 법안으로 범죄 피해자에게 더 많은 보호와 지원을 제공하게 되었다. 오하이오주를 비롯한 미국의 여러 주에서 제정된 「마시 법」은 범죄 피해자의 사생활 보호권을 보장한다. 마즈에(Mazue, 2023, p. 1)는 "범죄 피해자에게 보장된 권리 중 하나는 개인정보를 보호받을 권리이며, 이는 피해자의 개인정보를 비공개로 유지하고 법원 문서에서 이름을 삭제하는 것을 포함한다."라고 밝히고 있다.

… 피해자 지원기관에서 제공하는 지원

일반적인 피해자 지원기관은 범죄 피해자가 사법제도 관계자와 처음 마주하는 시점부터 사법절차가 완전히 종료될 때까지 일정한 형태의 지원을 제공하도록 구성되어 있다. 예를 들면, 피해자 지원 담당관은 '긴급전화(hot line)'에 배치되어 위기 상황에서 즉각적인 지원을 제공할 수 있으며, 가정폭력, 성폭행, 강도 사건처럼 피해자가 즉각적인 도움이 필요한 경우에는 경찰관과 함께 현장에 출동하기도 한다. 또한 법정에 피해자 지원 담당관으로 출석하여, 피해자가 진술서를 작성하도록 돕거나 피해자 보상금을 신청할 때 지원하기도 한다. 오하이오주 북동부 지역의 피해자 지원기관들을 대상으로 한 조사에 따르면, "연구에 포함된 기관의 대부분은 피해자 지원, 법원 명령 프로그램, 상담, 보상 청구서 작성 지원, 피해자 임시 거주지 마련, 법원 심리 일정 통보, 범죄 예방을 위한 지역사회 교육, 자원봉사자 교육, 긴급전화 운영, 위기개입 등과 같은 도움을 제공하고 있었다."라고 보고했다(Kratcoski, 2016, p. 254).

피해자 지원기관은 정부기관과 민간기관 모두에 설치되어 운영된다. 주 정부나 지방정부 산하의 피해자 지원기관은 검찰청, 시 또는 지방법원, 혹은 교정국(department of corrections) 내의 한 부서로 운영되기도 한다. 반면, 민간이 운영하는 피해자 지원 프로그램은 대규모 기관의 일부 부서로 존재하거나, 공공기관이나 다른 민간기관과 연계 없이 독립적으로 운영되는 기관일 수도 있다. 오하이오주 스타크 지방의 피해자/증인 프로그램과 서밋 지방의 피해자 지원 프로그램은 공공기관형과 민간기관형 피해자 지원기관이 어떻게 다르게 운영되는지를 보여 주는 대표적인 사례이다.

오하이오주 애크런에 위치한 서밋 지방 피해자 지원 프로그램 본부는 민간기관이다.

최근 새로운 장소로 이전하기 전까지, 이 기관은 원래 1930년대 대공황 시기에 노숙인을 위한 구호소로 사용되었던 건물에 자리하고 있었다. 1960년대에는 이 시설이 범죄자들을 위한 재활 지원시설로 전환되었고, 1970년대에는 피해자 지원 프로그램의 본부로 사용되기 시작했다(Kratcoski, 2016, p. 255).

오하이오주 서밋 지방 피해자 지원기관이 제공하는 직접적 또는 간접적인 지원에는 다음과 같은 항목들이 포함된다(Kratcoski, 2016, p. 259).

1. 위기개입 상담
2. 24시간 긴급전화망
3. 범죄자와의 중재
4. 임대인과의 분쟁 지원
5. 보호명령 신청 지원
6. 법적 지원
7. 범죄 현장 지원(병원, 직장, 폭력 피해자 현장에서의 지원 포함)
8. 의료 지원 연계
9. 재정적 지원
10. 피해자 보상 신청서 작성 지원
11. 긴급 주거 지원
12. 피해자 보호 교육
13. 개인상담
14. 다른 피해자 지원기관으로의 연계 및 의뢰
15. 피해 관련 공공 교육 프로그램 운영
16. 가정폭력 개입
17. 입법 활동 및 정책 옹호
18. 경찰관 대상 피해자 지원 관련 훈련

범죄 피해자와 공공 및 민간기관에 지원을 제공하기 위해, 오하이오주 서밋 지방 피해자 지원기관은 여러 자원봉사자를 활용하고 있다. 서밋 지방 피해자 지원 프로그램의 피해자 지원 담당관인 레베카 쿨(Rebecca Cool)은 피해자 지원 프로그램(victim assistance program: VAP)에서의 자원봉사자 활용에 관한 질문에 "피해자 지원 프로그램은 헌신적이

고 열정적인 자원봉사자들과 수습직원들의 노력이 없이는 운영될 수 없습니다. 먼저, 우리 이사회는 25명의 자원봉사자로 구성되어 있습니다. 또한 매 학기마다 8명에서 12명의 수습과정의 학생이 참여하여, 개인의 학습 목표를 달성하기 위해 다양한 직접 지원 및 간접 지원 활동에 참여합니다. 우리는 자원봉사자로 구성된 위기대응팀도 운영하고 있습니다. 이들은 직접 지원과 간접 지원 업무 모두를 수행하며, 서밋 지방에서 대규모 인명 피해나 비극적인 사건이 발생할 경우 직원들과 함께 현장에 투입될 수 있습니다."라고 설명했다(Kratcoski & Kratcoski, 2021, p. 94).

많은 피해자 지원 프로그램들은 검찰청 이외의 사법기관 내 부서에 소속되어 있다. 예를 들면, 텍사스주 댈러스 지방의 사회 감독 및 교정국(Dallas County Supervision and Corrections Department, 2016, p. 1) 산하 피해자 지원부서는 댈러스 지방 사회 감독 및 교정국 소속 교도관의 감독을 받는 범죄자에게 피해를 입은 모든 사람들을 지원하는 역할을 맡고 있다. 범죄 피해자에게 지원을 제공하는 사람들은 지역사회 전반의 다양한 기관들과 폭넓은 연계를 구축해야 한다.

연방 정부 차원에서는 미 연방 수사국의 피해자 지원국이 FBI가 수사하는 범죄의 피해자들이 「연방법」과 법무장관 피해자 지원 지침에 따라 필요한 지원과 통보를 받을 수 있도록 보장하는 책임을 맡고 있다(FBI's Victim Services Overview, 2021, pp. 1-3).

미 연방 수사국 피해자 지원국은 다음과 같은 여러 특별 프로그램을 직접 담당하고 있다.

- 테러 및 특별 관할 프로그램
- 아동 음란물 피해자 지원 프로그램
- 아동 피해자 지원 프로그램
- 지역 사무소 피해자 지원 프로그램

검찰, 소년법원, 형사법원 또는 교정국 등 정부기관에 소속된 피해자 지원부서는 모기관의 목표와 밀접하게 연계된 목표를 가지는 경향이 있다. 검찰청 산하의 피해자 지원 프로그램은 피해자가 범죄의 영향에 대처하도록 돕기보다는 법정에서 증인으로 출석할 때를 대비해 준비시키는 데 더 초점을 맞추는 경우가 많다. 반면, 민간 자금으로 운영되는 피해자 지원기관은 그 사명과 목표를 자율적으로 설정할 수 있는 폭이 크다. 기관의 구체적인 목표에 따라 다른 기관과 협력 및 상호작용의 정도도 달라진다. 예를 들면, 폭력 피해 여성 쉼터의 직원들은 법원으로부터 사건이 의뢰되어 다른 지원기관을 통해 전달되는 구조이기 때문에 사법기관의 직원들과 직접 접촉하는 경우는 매우 제한적일 수 있다.

다양한 형태의 지원을 폭넓게 제공하는 대부분의 피해자 지원기관들은 다른 사법기관들과 지속적이고 빈번하게 상호작용한다. 오하이오주 서밋 지방 피해자 지원기관의 전무이사 리앤 D. 그레이엄(Leanne D. Graham)은 기관이 성공적으로 기능하기 위해서는 다양한 사법기관 및 지역사회 지원기관들과 긴밀한 의사소통과 협력이 절대적으로 필요하다고 밝혔다. 그레이엄은 경찰과 협력에 관한 구체적인 질문에 "우리는 서밋 지방 내 여러 경찰서와 매일 협력하고 있습니다. 실제로 우리는 애크런 경찰서의 형사과와 서밋 지방 경찰서의 행정부서에도 사무실을 두고 있습니다. 애크런 경찰과 서밋 지방 경찰은 매일 사건 보고서를 우리에게 제공하며, 이를 통해 우리는 각 피해자에게 전화를 걸어 지원을 제안할 수 있습니다."라고 설명했다. 피해자 지원 담당관들은 시와 지방 형사법원에 정기적으로 배치되어 피해자가 재판절차를 잘 이행할 수 있도록 돕고, 피해와 관련된 다른 문제들을 지원한다. 또한 이들은 상담기관이나 식료품, 주거 지원, 의료 지원 등 기본적인 생계 지원을 제공하는 기관으로 피해자를 연계하며, 이러한 기관들과 지속적으로 상호작용하고 협력해야 한다.

… 위기 상황 시 사법기관과 지원기관의 협력

위기 상황에서는 연방 및 주 정부 또는 지방 사법기관과 보건 및 사회복지기관 간의 효과적인 의사소통과 협력이 필수적이다.

크랫코스키 등(2021, p. 99)은 "사법기관과 사회복지기관 간의 의사소통과 협력의 필요성은 지역사회, 연방 및 주가 홍수, 허리케인, 토네이도, 지진, 대형 산불, 또는 전염병과 같은 자연재해를 겪고 있을 때 가장 뚜렷하게 드러난다. 또한 대규모 총기 난사, 폭탄 테러, 인질극 등 인위적인 위기 상황에 대응할 때에도 사법기관, 사회복지기관, 그리고 지역사회 간의 협력 필요성은 분명하게 나타난다."라고 강조했다.

피해자 지원 담당관의 역할

피해자 지원 담당관이 수행하는 업무는 매우 다양하다. 대도시에 위치한 피해자 지원기관의 경우 수십 명의 지원 담당관을 두고 있는 경우도 있다. 이러한 대형기관에서는 일

부 지원 담당관들이 고도로 전문화되어 법원 업무만 전담하는 반면, 다른 담당관들은 법률 업무에 특화되어 피해자들이 피해 영향 진술서 작성, 보상 신청서 작성 등을 돕고, 법원 및 교정직원들과 협력하여 가해자가 보호명령을 준수하도록 하거나 가해자가 피해자의 배우자일 경우 자녀 양육비를 제공하도록 조치하는 데 집중한다. 반면 인구가 비교적 적은 지역에서는 소수의 피해자 지원 담당관들이 모든 범죄 피해자를 지원해야 하므로 이들은 필연적으로 다양한 업무를 수행하는 복합업무 수행전문가로 활동하게 된다.

특히, 피해자와 가해자가 가족이나 연인 관계에 있는 경우, 한쪽 혹은 양쪽 모두가 동시에 피해자이자 가해자인 경우도 드물지 않다. 예를 들면, 가정폭력 사건에서는 다툼에 연루된 두 명이 서로를 위협하거나 신체적으로 폭력을 행사하는 일이 발생할 수 있다. 많은 주의 법률에 따라 한쪽이 체포되면 다른 한쪽은 법적으로 피해자로 분류되지만 동시에 범죄 행위의 가해자가 될 수도 있다. 이러한 상황에서 피해자 지원 담당관은 부부(또는 연인)에게 중재, 분노조절 상담, 또는 다른 형태의 상담을 제공하거나 필요한 경우 다른 전문기관으로 의뢰하기도 한다.

… 스타크 지방 피해자/증인 프로그램

스타크 지방 피해자/증인 프로그램은 오하이오주 스타크 지방 검찰청 내에 설치되어 있다.

스타크 지방 검찰은 "1975년에 설립된 스타크 지방 검찰청 피해자/증인 프로그램은 오하이오주에서 가장 오래된, 지방 단위의 검찰청 기반 피해자/증인 프로그램으로 평가된다. 1985년, 스타크 지방 검사장은 이 프로그램을 검찰청 내 다섯 개의 상설 부서(행정, 항소부를 포함한 형사, 민사, 소년, 피해자, 증인) 중 하나로 지정했다. 현재 피해자/증인 부서는 특별 교육을 받은 12명의 피해자 지원 담당관으로 구성되어 있다. 이 부서의 사명은 '스타크 지방의 모든 범죄 피해자들에게 형사사법체계와 피해자 권리, 지역사회 자원에 대한 정보를 제공하고, 정서적 지지와 법정 동행을 통해 범죄로 인한 외상의 영향을 최소화하는 것'이다."라고 밝히고 있다(Stark County Prosecutor's Office, 2016, p. 1). 이 프로그램의 자금은 검찰청의 운영 예산과 연방 및 주 정부의 보조금으로 충당된다.

스타크 지방 검찰청 피해자/증인 부서 국장인 킴벌리 스탠리(Kimberly Stanley)와의 면담이 [글상자 3-2]에 제시되어 있다.

글상자 ③-2 킴벌리 스탠리 면담

[면담 일자: 2023년 11월 2일/면담 진행자: 크랫코스키 박사]

킴벌리 스탠리 약력

킴 스탠리는 현재 오하이오주 스타크 지방 검찰청의 피해자/증인 부서 국장으로 재직 중이다. 이전에는 얼라이언스(Alliance) 지역 가정폭력 보호시설의 전무이사로 근무했으며, 그곳에서 18년간 재직하고 그중 16년 동안 기관장으로 일했다.

그녀는 핀들레이(Findley) 대학교에서 형사사법행정학과 스페인어를 전공하여 학사학위를, 애크런 대학교에서 사회복지학 전공 석사학위를 취득했다. 현재 독립 사회복지사 자격증[4)]을 보유하고 있으며, 공식 등록된 피해자 지원 전문가로 활동 중이다.

킴 스탠리는 자신이 근무하는 지역사회에서의 헌신과 리더십으로 여러 차례 공로상을 수상했다. 또한 스타크 지방 가정폭력협의회, 스타크 지방 성인보호지원 다학제팀, 가정폭력 및 마약전담 법원 자문위원회 등 여러 위원회와 다른 연합에서 활동하고 있다.

면담 내용은 다음과 같다.

QPK: 피해자/증인 부서 국장으로 근무하신 지 얼마나 되셨습니까?

AKS: 2023년 5월부터입니다.

QPK: 피해자/증인 프로그램이 매년 지원하는 피해자는 대략 몇 명 정도입니까?

AKS: 약 8,000명에서 10,000명 정도입니다.

QPK: 프로그램에서 자원봉사자를 활용하고 있습니까?

AKS: 네. 현재 11명의 피해자 지원 담당관 외에도 자원봉사자와 대학생 수습 직원(이들을 통칭해 '자원봉사자')이 피해자/증인 부서에서 함께 활동하고 있습니다. 자원봉사자로 선발되기 전에는 면접과 신원조회가 포함된 선발절차를 거칩니다. 이후 피해자 권리, 위기개입, 문화적 역량, 윤리, 옹호 기술 그리고 가정폭력과 같은 특정 범죄 영역에 대한 교육을 포함한 훈련을 받습니다.

QPK: 국장으로서의 주요 업무를 간략히 설명해 주시겠습니까?

AKS: 피해자/증인 부서 국장으로서 저는 피해자/증인 프로그램의 운영을 직접 감독하며, 피해자 지원 담당관들의 교육과 지도를 총괄하고 있습니다. 제 직책의 두 가지 주요 과제는 피해자 권리가 충분히 행사되고 보장되도록 하는 것, 그리고 모든 피해자/증

4) 역자 주: 독립 실무가 가능한 상위 사회복지 자격.

인 관련 지원이 충분한 정보에 기반해 제공되도록 하는 것입니다.

또한 저는 스타크 지방 가정폭력협의회와 스타크 지방 피해자 권리 연합을 이끌고 있으며, 스타크 지방 성폭력 대응팀, 성인보호지원 다학제팀, 지역사회 교정계획위원회, 다학제 지원 및 보호자원팀, 그리고 가정폭력 및 마약전담법원 자문위원회 등 여러 다른 연합에도 적극적으로 참여하고 있습니다.

QPK: 피해자/증인 프로그램의 조직 구조를 간략히 설명해 주시겠습니까?

AKS: 현재 11명의 피해자 지원 담당관이 있습니다. 얼라이언스(Alliance), 캔턴(Canton), 매실런(Massillon) 세 도시의 지방법원마다 각각 한 명의 담당관이 배치되어 있습니다. 또한 아동 학대 사건을 전문으로 담당하는 두 명의 담당관이 있으며, 이들은 스타크 지방 아동 보호연대(Stark County Children's Network)에 상주하고 있습니다.

그 밖에 중범죄법원에는 세 명의 담당관이 있습니다. 한 명은 가정폭력 관련 사건을, 한 명은 살인, 성폭력, 폭행 등 폭력 범죄 사건을, 그리고 또 한 명은 절도 및 재산 관련 사건을 전문으로 담당합니다. 이 외에도 가정법원에서 비행 청소년 사건을 담당하는 담당관 한 명이 있으며, 대배심 및 다양한 사건을 지원하지만 개별 사건을 직접 맡지는 않는 담당관 두 명이 있습니다.

QPK: 어떤 전문 분야가 다른 사법기관과 가장 많은 의사소통과 협력을 필요로 합니까?

AKS: 앞서 말씀드린 것처럼, 저희는 특정 분야를 전문으로 담당하는 지원 인력을 두고 있습니다. 가정폭력 사건의 경우, 피해자 지원 담당관 외에도 두 명의 전문 검사가 함께 배치되어 있습니다. 가정폭력 사건은 복잡하고 처리에 시간이 많이 소요되기 때문입니다. 실제로 가정폭력은 항상 중범죄 사건 중에서도 가장 많은 비중을 차지하는 유형 중 하나입니다. 2021년과 비교했을 때, 2022년 스타크 지방의 중범죄 가정폭력 사건은 65% 증가했습니다. 특히, 60세 이상 피해자(노인 학대 포함)의 가정폭력 피해 건수는 210%나 증가했습니다.

QPK: 다른 사법기관(경찰, 검사, 판사 등)의 관계자들이 피해자/증인 프로그램의 목표를 지지한다고 느끼십니까?

AKS: 전반적으로 다른 사법기관의 관계자들이 피해자/증인 부서를 지지하고 있다고 느낍니다. 2018년 「마시 법(Marsy's Law)」이 시행된 이후, 피해자 권리에 대한 인식과 피해자 지원 담당관이 수행하는 중요하고 가치 있는 역할에 대한 이해가 높아졌다고 생각합니다. 최근 오하이오주에서 하원 법안 343호(HB 343)와 상원 법안 16호(SB 16)에 따라 「마시 법」이 개정되면서 경찰, 검사, 법원의 책임이 더욱 강화되었습니다. 이에 따라 이러한 책임을 실제로 이행하는 과정에서 피해자 지원 담당관에 대한 의존도가 매우 중요해졌습니다.

QPK: 피해자/증인 프로그램에서 어떤 변화를 경험하셨습니까?

AKS: 저는 20년 동안 피해자 지원 업무를 해 왔습니다. 그동안 형사사법 관계자들의 협력적인 태도가 확실히 높아졌다고 느낍니다. 또한 제가 이 일을 처음 시작했을 때보다 지금은 피해자 지원 분야의 가치가 훨씬 더 인정받고 있습니다. 이러한 변화는 특히 가정폭력, 아동 학대, 성폭력 분야에서 두드러집니다. 피해자 지원 담당관들은 위기 개입과 트라우마 인식 기반의 지원을 제공함으로써, 피해자들이 형사사법절차에 더 적극적으로 참여할 수 있도록 돕는 중요한 역할을 하고 있습니다.

QPK: 피해자/증인 프로그램이 직면한 주요 문제는 무엇이라고 생각하십니까?

AKS: 지난 한 해 동안 스타크 지방 검찰청의 피해자 지원 담당관들이 겪은 주요 어려움 중 하나는 「마시 법(Marsy's Law)」의 요구 사항을 이행하는 것이었습니다. 여기에 중범죄 사건이 크게 증가하면서, 지원 담당관들의 업무 요구와 우리가 지원하는 피해자들의 요구 사이에서 균형을 유지하는 일이 더욱 어려워졌습니다.

스타크 지방 검찰청은 과거에도 그랬고 앞으로도 피해자 권리를 강력히 지지할 것입니다. 올해 새로 시행된 「마시 법」의 조항들은 피해자에게 매우 가치 있고 유익하지만, 동시에 지원 담당관들에게 상당한 수준의 추가 업무와 책임을 부과했습니다. 여기에 우리 사무실에서 처리하는 중범죄 사건의 급증하면서, 담당관들은 과거보다 훨씬 많은 사건들을 맡게 되었고, 제공해야 할 지원의 범위도 확대되었으며, 작성해야 할 문서의 양도 늘어났습니다.

가장 큰 증가세를 보인 사건 유형은 가정폭력 관련 사건으로, 이는 부분적으로 '중범죄 교살죄(felony strangulation law)'가 새로 제정된 영향도 있습니다. 전반적으로 폭력의 정도와 부상의 심각성이 높아졌으며, 그 결과 심리적 외상을 입은 피해자들이 증가하고 있습니다. 이들의 요구는 과거보다 훨씬 더 복합적이고, 지원 담당관들의 시간과 노력을 더 많이 필요로 합니다.

추가 인력 확충의 필요성이 매우 크지만, 안타깝게도 현재의 예산 상황에서는 불가능한 실정입니다. 참고로, 범죄 피해자 보조금은 크게 감소했으며 향후 추가 삭감 가능성도 높습니다. 향후 약 3년 내에 예산 감소 추세가 완화될 것으로 예상되지만 이전 수준으로 회복되기는 어려울 것입니다.

QPK: 이번 면담에서 다루지 못했지만 추가로 언급하고 싶은 주제가 있습니까?

AKS: 없습니다.

다음은 스타크 지방 피해자/증인 프로그램의 전직 피해자 지원 담당관 스테이시 맨풀(Staci Manfull)과 면담으로, [글상자 3-3]에 수록되어 있다. 이 면담은 피해자 지원 담당관들이 피해자에게 제공하는 다양한 지원의 범위를 보여 주는 사례이다.

글상자 3-3 피해자 지원 담당관 스테이시 맨풀 면담

스테이시 맨풀은 2005년 켄트(Kent) 주립대학교에서 사법학(Justice Studies)을 전공하여 학사학위를 취득했다. 같은 해 존 D. 페레로(John D. Ferrero) 검사장이 이끄는 스타크 지방 검찰청 피해자/증인 프로그램에 피해자 지원 담당관으로 임용되어 근무를 시작했으며, 최근 사임하기 전까지 계속해서 그 역할을 수행했다.

면담은 2016년 7월 31일 전자 방식으로 진행되었다.

면담 진행자: 피터 크랫코스키(Peter Kratcoski)

면담 대상자: 스테이시 맨풀(Staci Manfull)

QPK: 스테이시, 사법기관에서 일하기로 결심했을 때, 왜 피해자 지원 업무를 선택하셨습니까?

ASM: 학부 시절 스타크 지방 검찰청에서 수습 직원을 할 기회가 있었습니다. 그곳에서 일하면서, 피해자들을 돕는 일이 제 소명이라는 것을 깨달았습니다. 저는 매일 범죄로 피해를 입은 다양한 사람들과 함께 일하고 있으며, 그들이 인생에서 가장 힘든 시기를 견뎌내도록 돕는다는 사실이 저에게 큰 보람과 만족감을 줍니다.

QPK: 피해자/증인 프로그램에서 피해자 지원 담당관이 되기 위해 특별 교육을 받으셨습니까?

ASM: 저는 사법학을 전공하여 학사학위를 가지고 있으며, 학부 시절의 수습직원이 기본적인 준비 과정이 되었습니다. 그 외에도 오하이오 법무장관실, 전국피해자 지원기구(NOVA), 그리고 스타크 지방 가정폭력협의회 등 여러 기관에서 주관하는 교육 프로그램에 참여할 기회가 있었습니다. 이러한 교육은 연중 진행됩니다.

특히, 오하이오 법무장관실에서 주관하는 'B.A.S.I.C.S.'라는 교육 프로그램이 있습니다. 이 교육은 오하이오 경찰교육원에서 일주일간 진행되며, 신임 피해자 지원 담당관을 위한 과정입니다. 이 프로그램에서는 담당관들이 앞으로 접하게 될 주제와 문제들을 다루며, 교육 기간 동안 오하이오주 내외의 다른 피해자 지원 담당관들과 교류할 기회도 갖게 됩니다.

QPK: 피해자/증인 프로그램 내에서 어떤 부서에 배정되어 있습니까?

ASM: 저는 성인 중범죄 부서의 피해자 지원 담당관으로 일하고 있습니다. 저는 중범죄 사건 중 가정폭력 및 아동 신체 및 성적 학대 사건을 제외한 모든 범죄 피해자를 지원합니다. 제 주요 업무는 성인 중범죄 피해자들을 위한 사건관리 조정, 사건 기록 및 통계 자료 관리, 그리고 스타크 지방 내 모든 중범죄 피해자들을 대상으로 한 지원 활동을 기획하고 실행하고 유지하는 것을 포함합니다. 이러한 업무는 직접 면담, 서신, 전화 연락을 통해 이루어집니다.

또한 저는 스타크 지방 검찰청 형사부 내에서 검사 및 지원 인력들과 함께 팀으로 일하고 있습니다. 요청이 있을 경우 피해자와 검찰 간의 연락 창구 역할도 수행합니다. 이 외에도 피해자들에게 오하이오주의 범죄 피해자 헌법상 권리를 안내하고, 피해 영향 진술서 작성을 지원하며, 피해자 보상 신청서 작성도 돕습니다. 또한 피해자들이 '매일 피해자 정보 알림(Victim Information Notification Everyday: VINE)'[5]에 등록할 수 있도록 안내하고, 피해자 만족도 설문지를 제공합니다.

그 밖의 업무로는 지역사회 자원이 필요한 피해자들을 관련 기관에 연계하고, 사건의 최종 처분 결과 및 교정국의 통보 절차와 관련된 정보를 제공하는 일도 포함됩니다.

QPK: 효과적인 피해자 지원 담당관이 되기 위해서는 어떤 성격특성이 필요하다고 생각하십니까?

ASM: 제가 생각하기에 피해자 지원 담당관으로서 중요한 특성은 다음과 같습니다.

- 공감(empathy): 다른 사람의 관점에서 상황을 바라볼 수 있는 능력입니다. 우리는 결코 피해자가 어떤 감정을 느끼는지, 범죄가 그들의 삶에 어떤 영향을 미치는지를 단정해서는 안 됩니다.
- 비판단적 태도(nonjudgmental): 중립적인 자세를 유지하는 능력입니다. 결코 범죄의 책임을 피해자에게 돌려서는 안 됩니다.
- 객관성(objectivity): 법원 제도는 대립적 구조(adversarial concept)를 기반으로 합니다. 따라서 언제나 의견의 차이가 존재할 수 있습니다. 피해자 지원 담당관은 모든 관점을 객관적이고 공정하게 들을 수 있어야 합니다. 비록 다른 사람의 의견에 동의하지 않더라도, 원칙과 정직함을 바탕으로 대응해야 합니다.

5) 역자 주: 가해자의 구금, 이동, 석방 등 정보를 자동으로 피해자에게 알려 주는 프로그램.

- 융통성(versatility): 상황을 판단하고, 예기치 못한 일이 발생했을 때 신속하게 대응 방향을 전환할 수 있는 능력입니다. 아무리 잘 세운 계획이라도 무너질 때가 있습니다. 그러한 순간, 피해자 지원 담당관은 방향을 바꿀 수 있어야 합니다. 또한 형사사법절차의 진행 과정, 미래에 대한 두려움, 혹은 절차 자체가 과거의 외상 반응을 자극하는 경우 등으로 인해 피해자가 추가적인 지원을 필요로 하는 순간이 생길 수 있습니다. 일부 사건에서는 이러한 위기 반응이 오랜 시간이 지난 후에도 다시 나타나거나, 간헐적으로 재발할 수도 있습니다. 이러한 상황에서 피해자 지원 담당관은 지역사회 내의 다양한 자원과 지원제도를 잘 알고 있어야 하며, 기관이 직접 제공하는 지원 외에도 피해자가 추가적인 도움을 받을 수 있도록 적절히 연계하는 것이 중요합니다.
- 민감성(sensitivity): 피해자의 상황에 세심하게 반응할 수 있는 능력입니다. 많은 경우, 피해자들은 범죄 피해뿐만 아니라 또 다른 상실(사랑하는 사람, 소중한 물건, 혹은 관계의 상실)을 경험합니다. 피해자의 감정을 존중하고, 판단하지 않는 지지적인 환경 속에서 자신의 감정을 표현할 수 있는 기회를 제공해야 합니다. 피해자 지원 담당관의 역할은 피해자에게 힘을 실어주는 것입니다. 피해자에게 선택권을 부여하고, 스스로 결정을 내릴 수 있도록 도와야 합니다. 피해자의 요구는 다양합니다. 한 사람에게는 사소한 일처럼 보이는 것이 다른 사람에게는 심각한 상처가 될 수 있습니다.
- 정직성(honesty): 담당관은 질문이나 요청에 정직하게 답해야 합니다. 때로는 상황에 따라 선택적 피해자 지원으로 정보를 제공해야 할 수도 있지만, 그 안에서도 진실성을 유지해야 합니다. 이행할 수 없는 약속은 절대 해서는 안 됩니다.
- 명확한 의사표현(articulate): 피해자 지원 담당관은 피해자의 최선의 이익을 대변해야 하며, 피해자의 의견과 감정, 그리고 관련 정보를 다른 전문가들에게 명확하게 전달할 수 있어야 합니다. 이는 법정에서 피해자를 대신해 발언하거나, 판사, 검사, 기타 관계자들에게 피해자의 상황을 설명하는 것을 포함할 수 있습니다.
- 현실감(realistic): 피해자 지원 담당관은 자신의 한계를 인식하고, 상황을 현실적으로 파악할 수 있어야 합니다. 피해자 지원 담당관 역시 인간으로서 감정을 가지고 있으며, 피해자의 고통에 공감할 수 있습니다. 그러나 이미 일어난 일을 되돌릴 수는 없으며, 피해자가 현재의 상황을 인생의 새로운 출발점으로 삼을 수 있도록 돕는 것이 중요합니다.

또한 지원 담당관은 자신의 한계를 인정하고, 개인적 편견이나 선입견을 인식해야 하며, 특정 피해자나 사건, 상황에서 객관성을 유지하기 어렵다고 판단될 경우 스스로 그 업무에서 물러날 줄 알아야 합니다.

QPK: 스테이시, 피해자 지원 담당관들은 경찰관들과 어느 정도로 소통하고 협력합니까?

ASM: 가끔 소통합니다. 경찰관들은 사건을 수사한 후 검찰에 송치하기 때문에, 우리와의 직접적인 접촉은 많지 않습니다. 다만, 경찰관이 범죄 피해자가 된 경우에는 예외적으로 직접 협력하게 됩니다.

QPK: 피해자 지원 담당관들은 검사들과 어느 정도로 상호작용하고 협력합니까?

ASM: 정기적으로 협력합니다. 저희는 오하이오주에서 가장 오래된 검찰청기반 피해자 지원 프로그램입니다. 우리는 피해자와 검사를 연결하는 연락 창구 역할을 합니다. 피해자 지원 담당관은 피해 영향 진술서를 통해 피해자가 사건에 대해 느끼는 감정을 검사에게 전달합니다. 또한 피해자가 재판에 참석할 예정일 때 이를 검사에게 알립니다. 그 밖에도 검사는 여러 사유로 우리에게 피해자에게 연락을 요청하거나, 피해자와의 면담에 함께 참여하도록 요청하기도 합니다.

QPK: 피해자 지원 담당관들은 변호사와 어느 정도로 상호작용하고 협력합니까?

ASM: 거의 없습니다. 법정에서 마주치기는 하지만, 직접적인 교류는 많지 않습니다.

QPK: 피해자 지원 담당관들은 판사와는 어느 정도로 상호작용합니까?

ASM: 가끔 있습니다. 판사가 피고인에 대한 선고나 배상금 규모와 관련해 피해자의 생각이나 감정을 알고자 할 때 법정에서 우리에게 문의하는 경우가 있습니다.

QPK: 피해자 지원 담당관들은 교도소 직원들과는 어느 정도로 상호작용합니까?

ASM: 가끔 보호관찰관이나 가석방 담당관과 연락을 주고받습니다. 배상금 지급 상황을 확인하거나, 피해자와 피고인 사이에 만남이 있었는지 문의해야 할 때가 있습니다. 또한 피해자가 피고인이 보호관찰 조건을 제대로 이행하고 있는지 알고 싶어 할 때, 보호관찰관에게 연락해 확인합니다. 피해자가 가해자로부터 괴롭힘이나 협박을 받고 있다고 알려 줄 경우에도 보호관찰관에게 즉시 연락합니다.

QPK: 피고인들과 접촉하는 경우가 있습니까?

ASM: 거의 없습니다. 피고인과 직접 접촉하는 일은 매우 드뭅니다.

QPK: 스테이시, 피해자 지원 담당관으로 일하면서 가장 큰 보람은 무엇입니까?

ASM: 제가 누군가를 도울 수 있었고, 그들이 제 도움에 감사함을 표현할 때 가장 큰 보람을 느낍니다. 때로는 피해자들이 선고 결과에 불만을 가지기도 하고 그 감정을 우리에게 직접 표출하기도 합니다. 하지만 배심원이 유죄 평결을 내리고, 피해자나 그 가족이 기뻐할 때 저 역시 큰 기쁨을 느낍니다. 피해자가 안전함을 느끼고 사법제도가 피해자에게 도움이 되었다고 느낄 때 그보다 더 큰 보상은 없습니다.

QPK: 피해자 지원 담당관으로 일하면서 가장 큰 좌절감이나 어려움은 무엇입니까?

ASM: 피고인이 피해자에게 배상금을 지급하지 않을 때 정말 답답함을 느낍니다. 피해자는 당연히 그 돈을 받을 권리가 있는데 피고인이 아예 지급하지 않거나 아주 적은 금액만 낼 때 매우 실망스럽습니다. 또 다른 어려움은, 피해자가 피고인에게 내려진 형량에 불만을 품고 그 책임을 우리에게 돌릴 때입니다. 일부 피해자들은 사법제도 전반에 부정적인 태도를 가지고 있어 우리가 아무리 도와주려 해도 협조하기 어렵거나 만족시키기 힘든 경우도 있습니다. 저는 그들이 절차를 잘 통과할 수 있도록 돕고 가능한 지원을 제공하는 역할을 하지만 완벽한 제도는 아니기에 우리가 어떤 노력을 하더라도 만족하지 못하는 피해자들도 있습니다.

또한 검사들과 원활한 의사소통을 유지하기 어려울 때도 있습니다. 검사는 사건을 법적 관점에서 바라보는 반면, 피해자 지원 담당관은 사실관계뿐만 아니라 피해자의 감정과 정서를 함께 고려해야 하기 때문입니다.

QPK: 스테이시, 이번 면담에서 다루지 않은 주제나 추가로 언급하고 싶은 부분이 있습니까?

ASM: 네, 피해자 권리에 대해 말씀드리고 싶습니다. 「오하이오 개정법(Ohio Revised Code)」에 따르면, 모든 중범죄 피해자는 일정한 권리를 보장받습니다. 이러한 권리의 대부분은 형사사법절차와 피해자가 받을 수 있는 보호 및 혜택과 관련되어 있습니다. 여기에는 모든 재판절차에 참석할 권리, 재판 과정에 의미 있게 참여할 권리, 재판 결과와 선고 내용을 통보받을 권리, 그리고 교정시설이나 가석방에서 피고인의 석방이 검토될 때 통보받을 권리가 포함됩니다.

그 외에도 의료, 상담, 긴급 주거 지원에 대한 정보를 제공받을 권리, 그리고 보상금, 배상금 및 기타 지원을 받을 자격과 관련된 권리도 있습니다. 제가 담당하는 피해자들이 이러한 권리들을 최대한 보장받을 수 있도록 하는 것이 제 역할이라고 생각합니다.

… 지역사회 지원기관

경찰, 법원, 지역 교정기관 등 사법기관은 범죄로 직접적 또는 간접적으로 피해를 입은 사람들에게 지원을 제공하는 공공 및 민간기관들과 지속적인 협력 관계를 구축해야 한다. 누가 어떤 지원이 필요한지를 결정하는 일은 종종 범죄 현장에 가장 먼저 도착한 경찰관에 의해 이루어진다. 예를 들면, 경찰관이 가정폭력 의심 신고를 받고 출동했을 때 여성이 심각한 신체적 상해를 입은 것을 발견한다면, 당연히 구급대원을 호출해 여성을 병원으로 이송하도록 조치할 것이다. 만약 집 안에 어린 자녀들이 있다면, 경찰관은 아이들이 가해자로부터 신체적 피해를 입었는지 확인한 후 지방 아동 보호기관에 연락해 아이들이 임시 보호를 받을 수 있도록 조치해야 한다. 그리고 가해자가 현장에 있을 경우, 해당 인물은 즉시 체포된다.

다른 상황에서는 다른 유형의 판단이 필요하다. 예를 들면, 피해자가 신체적 치료는 필요하지 않지만 자신과 자녀가 다시 피해를 입을 것을 두려워하여 임시 거처가 필요한 경우, 경찰관은 여성 보호시설에 연락해 피해자와 자녀를 위한 긴급 임시 숙소를 마련할 수 있다. 반면, 가정폭력 사건 현장에서 경찰관이 피해자나 관련자 중 누구도 즉각적인 의료 조치가 필요하지 않다고 판단하거나, 가해자로부터 신체적 위해를 당할 가능성이 낮다고 판단되는 경우, 경찰관은 피해자에 대한 별도의 즉각적인 조치를 취하지 않고, 가해자를 체포한 뒤 사건 보고서를 제출하는 선에서 마무리할 수도 있다.

사건 보고서가 검찰 관계자에 의해 검토된 후, 피해자의 복지와 관련된 추가적인 결정이 내려질 수 있다. 지방 아동 복지기관은 아이들이 가정에 계속 머물 경우 위험에 처할 가능성이 있는지를 판단하기 위해 조사를 시작할 수도 있다. 일반적으로 이 시점에서 피해자 지원기관이 피해자와 본격적으로 연계되어 지원을 제공하게 된다.

… 피해자를 위한 임시 보호소

피해자 지원기관의 핵심 기능 중 하나는 피해자 또는 피해자의 자녀의 생명이 위태로운 경우, 이들을 안전한 환경에 보호하고 배치하는 일이다. 노숙인, 폭행당한 여성, 약물 및 알코올 중독자, 신체적, 성적 학대를 당한 아동, 그리고 정신질환자를 지원하기 위해 공공기관과 민간기관이 다양한 형태의 보호시설을 설립해 왔다. 예를 들면, 2016년 기준으로 여성쉼터 홈페이지에는 미국 50개 주 전역에 위치한 2,294개의 여성 보호시설의 위치와 연락처 정보를 제공하고 있다(2016, pp. 1-2). 보호시설이 제공하는 지원의 종류와 입소 자격 요건은 시설마다 다르다. 어떤 여성 보호시설은 성인 여성만을 대상으로 하지만, 다른 시설은 성인 여성과 어린 자녀의 입소를 허용한다. 일부 시설은 최대 며칠간만 머물 수 있도록 제한되어 있는 반면, 몇 달 동안 거주할 수 있는 곳도 있다. 또한 일부 보호시설은 상담 및 심리치료를 지원하지만, 다른 시설은 숙식만 제공하기도 한다.

… 피해자 지원 확대

신체적 학대, 방임, 성적 학대, 유기 등 여러 유형의 피해 아동들은 소년법원과 가정법원, 그리고 아동 보호기관 내에서 각각 담당관의 지원을 받는다. 범죄 피해 아동을 담당하는 사회복지사는 아동 피해자를 면담하고 상담할 수 있도록 전문적인 교육을 받았으며, 실무 경험을 갖추고 있다. 소년법원과 아동 복지기관에서 활동하는 피해자 지원 담당관들은 기관이 자체적으로 도울 수 없는 특별한 도움이 필요한 아동 피해자들을 연계할 수 있도록 다양한 필요를 충족시킬 수 있는 폭넓은 지역사회 연결망을 구축해 두고 있다. 예를 들면, 일부 피해 아동은 의료적 치료가 필요할 수 있고, 또 다른 아동은 심층 심리상담이 필요하거나, 임시 보호시설이 필요한 경우도 있다.

부모나 법적 보호자가 범죄의 가해자이거나, 아동에게 음식, 의복, 주거, 보호 등 기본적인 생활을 제공할 수 없는 경우, 주는 법적으로 범죄 피해 아동에게 보호와 지원을 제공해야 할 의무가 있다. 그러나 이러한 법적 의무는 범죄의 직접적인 피해자는 아니지만 사건으로 인해 다양한 영향을 받는 다른 가족 구성원에게까지는 확대되지 않는다. 이 문제는 특히 가해자가 피해 아동의 가족 구성원일 경우 더욱 중요하다. 아동을 학대하거나 방임하는 부모는 대체로 심각한 성격적 문제를 가지고 있으며, 가족이 재결합하기 위해서는 이러한 문제들이 먼저 다루어져야 한다. 이러한 문제의 상당수는 약물 및 알코올 남용에서 비롯되는 경우가 많다.

맥기(McGee, 1997, p. 66) 판사는 자신이 담당한 아동 학대 및 방임 사건의 부모들 중 상당수가 약물 및 알코올 중독자임을 깨닫고, 가정형 약물치료 모델(family drug treatment model)을 개발하기로 했다. 그는 학대 부모들을 교도소에 수감하는 대신 마약전담법원 프로그램에 참여할 수 있는 선택권을 부여했다. 이 프로그램에 참여한 가족들은 1년간의 집중 개입 프로그램에 들어가게 되며, 그 목표는 부모와 자녀가 건강하고 안정적이며 생산적인 가족 단위로 재결합하는 것이다. 프로그램은 가족의 필요를 파악하기 위한 포괄적 평가로 시작되며, 개별화된 사례계획이 수립되고 필요한 지원이 제공된다. 맥기 판사는 "가족, 특히 아동을 포함한 가족 구성원들을 의사결정 과정에 참여시키는 것은 아동을 돕고 지속적인 지원체계를 구축하는 데 있어 가장 효과적인 해결책이 되는 경우가 많다."라고 결론지었다. 그는 또한 프로그램이 실질적으로 효과를 거두기 위해서는 법원과 다양한 지원기관 간의 긴밀한 협력이 필요하다고 강조했다. 여기에는 아동 복지기관,

필요한 자원을 융통성 있게 운용할 수 있는 사례관리자, 보호관찰관 및 가석방 담당관 등이 포함된다.

여성교정협회(Women's Prison Association)는 150년이 넘는 기간 동안 여성 범죄자들을 지원해 왔다. 뉴욕시에 위치한 비교적 새로운 프로그램인 '정의의 집 프로그램'은 6개월 이상의 징역형을 선고받을 수 있었던 중범죄 여성들을 대상으로 운영된다. 이들은 교도소 수감 대신 자택 보호관찰을 받으며, 프로그램은 이들에게 처벌이 아닌 도움을 제공하는 것을 목표로 한다. 이 프로그램을 평가한 왈시(Walshe, 2015, p. 2)는 다음과 같은 결과를 보고했다. 참가자의 3분의 2가 유색인종이었으며, 대다수가 한부모 가정의 어머니였다. 또한 전체 참가자의 74%는 약물 남용 이력이 있었고, 57%는 신체적 혹은 성적 학대 경험이 있었으며, 25%는 정신질환 병력이 있었다. 그리고 3분의 2는 고등학교를 졸업하지 못한 상태였다. 이러한 통계는 대부분의 여성 참가자들이 한때 범죄 피해자였으며, 신체 및 정신건강 문제를 치료받아야 할 필요가 있었음을 분명히 보여 준다.

왈시(2015, p. 2)에 따르면, 정의의 집 프로그램 참가자들은 안전한 환경에서 생활하고 있는지를 확인하기 위해 정기적인 가정방문을 받는다. 또한 무작위 약물 검사를 시행하고, 각 개인의 문제에 맞춘 치료 회기에 반드시 참여해야 한다. 프로그램의 핵심 목표는 처벌이 아닌 지원 제공과 신뢰 형성에 있다. 참가자의 이동에는 제한이 없으며, 전자 감시도 사용하지 않는다. 왈시는 "참여자들은 현금 지원, 주거 지원 및 식품 보조, 그리고 가정폭력, 약물 남용 등 각자의 상황에 적합한 상담 프로그램과 연계된다."라고 덧붙였다. 프로그램을 2년간 추적 조사한 결과, 약물 남용 이력이 있는 참가자의 상당수가 약물 재사용으로 인해 추가 제재를 받았으며, 일부는 프로그램에서 제외되었다. 그러나 전체 참가자의 약 40%가 과정을 성공적으로 마쳤으며, 이들이 가진 배경과 복합적인 문제의 특성을 고려할 때, 이 프로그램은 전반적으로 성공적인 시도로 평가되었다.

가족 구성원이 교도소나 구치소에 수감되면, 가족들도 간접적으로 피해를 입는 경우가 많다. 와인트로브(Weintraub, 1976, p. 28)는 형사사법절차를 겪는 개인의 가족이 경험하게 되는 네 가지 구체적인 위기 시점이 존재한다고 지적했다. 그것은 체포 및 기소, 선고, 초기 수감, 그리고 석방 전과 후 시점이다. 범죄 혐의로 체포되어 구금시설(예: 구치소)에 즉시 수감되거나, 유죄판결 시 장기 복역 가능성이 있는 가족 구성원이 있을 경우, 가족들은 대체로 불안, 불확실성으로 인한 두려움, 사회적 지위의 상실, 친구 관계의 단절 그리고 경제적 불안을 경험한다. 특히, 가족의 주된 생계부양자가 수용된 경우 그 피해는 더욱 심각하다. 이러한 형태의 간접적인 피해는 직계 가족뿐만 아니라 부모, 시부

모, 그리고 가까운 친척에게도 영향을 미칠 수 있다.

공공기관과 민간기관을 막론하고, 대부분의 피해자 지원기관은 가족 구성원에 의해 피해를 입은 가족을 돕기 위한 구조를 갖추고 있다. 그러나 일반적으로 가족 중 한 사람이 체포되고 재판을 받고 형을 선고받아 수감됨으로써 발생하는 영향에 대처해야 하는 가족들에게는 별도의 지원을 제공하지 않는다. 일반적인 피해자 지원기관은 범죄 피해자가 사법절차를 이해하고 진행할 수 있도록 안내하며, 피해자가 겪는 고통을 가능한 한 줄이기 위한 정보와 지원을 제공한다. 그러나 일부 자원봉사 단체를 제외하면, 이러한 지원은 가해자의 가족에게까지 확대되지 않는다.

가족이 체포되어 구치소에 수감된 경우, 형사사법절차에 익숙하지 않은 가족에게는, 구치소의 위치, 면회 시간, 면회가 허용되는 사람, 변호사의 이름, 그리고 보석금을 마련하기 위해 연락해야 할 대상 등에 대한 정보를 아는 것이 매우 중요하다. 이러한 정보는 가족이 느끼는 불안과 혼란을 줄이는 데 큰 도움이 된다. 절차가 진행되면서 가족들은 사법제도의 운영 방식에 대해 점차 익숙해질 수 있지만, 여전히 재판 일정, 심리가 열리는 법정, 그리고 피고인의 현재 상황 등과 관련된 정보를 필요로 한다. 만약 피고인이 유죄판결을 받아 교정시설에 수감될 경우, 가족은 추가적인 정보를 얻어야 한다. 예를 들면, 교도소의 위치, 면회 가능 시간, 면회 자격 요건, 교도소까지 가는 방법 등이다. 부모 중 한 사람이 수감된 가정의 자녀들은 이러한 상황으로 인해 심각한 정서적 충격을 받을 수 있으며, 그 영향은 종종 장기적으로 지속된다.

트래비스(Travis, 2005, p. 31)는 "가장 인간적인 관점에서 교도소는 부모와 자녀 사이의 관계에 형언할 수 없는 부담을 준다. 수감된 아버지와 어머니는 자녀와의 일상적인 만남이 단절된 상태에서 그 상실을 견뎌내는 법을 배워야 한다. 열악한 환경에서 자주 방문하지 못하고, 자녀의 성장에 기여할 수 있는 기회의 상실이 그들을 더욱 힘들게 만든다."라고 지적했다. 그는 이어 대부분의 주 교정시설 수용자는 부모이며, 그중 대다수는 남성이라고 보고했다(2005, pp. 32-33). 일부 경우에는 부모 모두가 수감되어 있고, 다른 경우에는 배우자나 자녀, 혹은 두 사람 모두에 대한 학대가 수감의 원인이 되기도 한다. 이러한 경우, 가족을 혼란에 빠뜨린 원인이 가정에서 사라지면 일시적으로 안도감이 생기고, 가족 구성원들이 일상의 안정을 되찾을 기회를 얻을 수도 있다. 그러나 동시에 새로운 문제가 발생하기도 한다. 특히, 수감된 배우자가 가족의 주요 생계부양자였을 경우, 그 영향은 훨씬 심각하다. 또한 어머니가 수감된 경우, 자녀는 아동 복지기관의 보호 감독하에 위탁가정으로 보내지는 일이 흔히 발생한다. 수감된 부모를 둔 가정의 안정성을 흔드는 또 다른 요인은 수감된 부모와의 관계를 유지하기 어려운 현실적 문제이다. 대부분의 수용자는 도시 지역 출신이지만, 많은 교정시설들은 시외나 농촌 지역에 위치해 있기 때문에 가족이 면회를 위해 이동하는 것이 큰 부담이 된다. 트래비스(2005, p. 36)는 "지리적 거리로 인해 가족들이 면회를 자주 하지 못하게 되고, 어렵게 면회를 가더라도 이미 빠듯한 가계에 추가적인 경제적 부담이 가중된다."라고 지적했다.

범죄자 가족을 지원하는 여러 자원봉사 단체들은 교정시설에 수용된 가족을 면회하려는 배우자, 부모, 기타 가족 구성원들에게 정기적으로 교통편을 제공하고 있다. 설리번 외 연구진(Sullivan et al., 2002, p. 4)은 뉴욕시에 위치한 '라 보데가 데 라 파밀리아(La Bodega de la Familia)' 프로그램을 평가했다. 이 프로그램은 베라 재단(Vera Foundation)의 지원으로 운영되며, 약물 남용자와 그 가족을 대상으로 가정기반 사건관리(family case management) 및 다양한 형태의 지원을 제공하여 보호관찰, 가석방, 또는 재판 전 감독의 보완적 역할을 한다. 형사사법체계 내 약물 남용자들의 가족에게 실질적인 지원을 제공함으로써 약물치료의 성공률을 높이고, 재발에 대한 재수감 가능성을 줄이며, 중독이 가족에 미치는 부정적인 영향을 완화하는 것을 주요 목표로 하고 있다. 이 프로그램에 참여한 대상자들은 대부분 장기간의 약물 남용 이력을 가지고 있었으며, 그로 인해 약물 남용이 용인될 수 있다는 잘못된 인식을 가족에게 심어 주거나, 가족 구성원을 신체적 위험에 노출시키는 경우가 많았다. 라 보데가 프로그램의 평가 결과(Sullivan et al., 2002, p. 4), 참가자들의 가족생활 전반에 긍정적인 변화가 나타났다. 가족들은 이전보다 더 많은 의료 및 사회복지 지원들을 받았으며, 건강 상태도 개선되었다. 또한 프로그램 대상 집단의 약물 남용이 감소했고, 통제집단에 비해 새 범죄로 체포되거나 유죄판결을 받을 가능성이 낮았다. 연구진은 "약물 남용의 감소는 당초 예상과 달리 프로그램 참가자들의 약물치료 이용 증가로 인한 결과가 아니라, 라 보데가의 사건관리자와 가족 구성원들이 직접 제공한 압박과 지지의 결과로 보인다."라고 결론지었다.

… 노인 피해에 대한 형사사법 대응

크랫코스키와 에델바허(Kratcoski & Edelbacher, 2021, p. 98)는 노인들이 절도, 재물 손괴, 기물파손, 사기 등 재산 범죄의 형태로 피해를 입는 경우가 많다고 지적했다. 여기에는 보험 사기, 주택수리 사기, 금전 요구형 사기 그리고 각종 인터넷 사기 등이 포함된

다. 또한 크랫코스키와 에델바허(2016)는 노인이 물리치료나 상담이 필요한 수준의 피해를 입는 경우는 대체로 폭행, 강도, 신체적 학대 등 신체적 폭력 범죄에 해당한다고 덧붙였다.

베르즐라노비치 외 연구진(Berzlanovich et al., 2018, p. 173)은 노인 학대와 방임에 의한 피해에 대해 "노인을 대상으로 한 폭력행위는 신뢰관계 내에서 반복적으로 발생할 수 있으며, 또는 적절한 조치를 취하지 않음으로써 피해자에게 상해나 고통을 초래하는 형태로 나타나기도 한다."라고 언급했다.

폭력은 다음과 같이 여러 형태로 나타날 수 있다.

1. 신체적 폭력
2. 신체적 또는 약물로 인한 구속—신체를 묶거나 통제 목적으로 약물을 투여하는 것
3. 성폭력
4. 필요한 조치를 하지 않거나 부주의한 대우를 하는 행위—방임, 태만한 처우
5. 심리적 폭력
6. 재정적 학대

노인을 대상으로 한 신체적 폭력 및 재산 범죄의 대부분에서, 가해자와 피해자는 서로 알고 지내는 사이이거나 가족관계인 경우가 많다. 트루먼과 랭턴(Truman & Langton, 2015, p. 6)의 연구에 따르면, 노인 폭력 범죄 피해자의 거의 3분의 1이 자신의 자녀나 손주에 의해 피해를 입은 것으로 나타났다.

일반적으로 65세 이상을 노인으로 정의하며, 이 연령층은 미국 인구 중 가장 빠르게 증가하는 집단이다. 미국 국립사법연구소(National Institute of Justice, 2015, p. 10)는 2025년에는 65세 이상 인구가 6,200만 명을 넘고, 85세 이상 인구는 740만 명에 이를 것으로 전망하고 있다.

노인(일반적으로 65세 이상)을 대상으로 한 범죄 피해의 정확한 규모는 여러 가지 이유로 명확히 파악되지 않고 있다. 미국 국립사법연구소(National Institute of Justice, 2015, p. 10)는 그 주요 이유를 다음과 같이 제시한다.

- 재산 절도, 사기, 신체적 폭행 등의 피해를 입었음에도 불구하고, 많은 노인들이 자신이 범죄 피해자라는 사실을 인식하지 못한다.

- 가해자가 배우자, 친척, 혹은 간병인인 경우, 피해자는 그 사람이 처벌받는 것을 원치 않아 신고하지 않는다.
- 피해 노인은 기물파손 등과 같은 피해를 보더라도, 보복 범죄로 인해 추가 피해를 입을 것을 두려워해 신고하지 않는다.
- 금전 사기나 각종 속임수에 당했더라도, 피해 사실을 인정하는 것을 부끄럽게 여겨 신고하지 않는다.
- 때로는 노인 자신이 불법행위에 연루되어 있어, 경찰에 신고하고 조사를 받는 과정에서 자신의 범죄 사실이 드러날 것을 우려해 신고를 회피하기도 한다.

메이슨과 모건(Mason & Morgan, 2013, pp. 4-6)의 연구 결과에 따르면, 노인을 대상으로 한 범죄 피해율은 특정 집단에서 특히 높게 나타났다. 피해 위험이 높은 노인 집단은 다음과 같다.

- 저소득 가구에 거주하는 노인
- 실직 상태이거나 은퇴한 노인
- 건강 상태가 좋지 않다고 보고한 노인
- 사회적 지지 수준이 낮은 노인
- 과거 외상 경험이 있는 노인

연구 결과에 따르면, 범죄 피해를 입은 노인 중 절반 이하만이 경찰에 피해 사실을 신고한 것으로 나타났다. 노인들이 범죄 피해에 더 취약해지고 있는 주된 이유는 앞서 언급된 요인들, 즉 노년층의 생활 방식 변화와 그들을 둘러싼 환경적 요인과 밀접하게 관련되어 있다.

최근까지 노인들은 범죄 예방 프로그램에서 별도의 고려 대상이 아니었다. 미국 내 피해자 지원기관들도 노인을 포함한 다양한 피해자들을 지원하고 있지만, 그들의 운영 목적이나 직원 교육 과정은 일반적으로 노인 범죄 피해자의 특수한 요구와 문제를 충분히 반영하지 못하고 있었다. 크랫코스키와 에델바허(2016, p. 63)는 "일부 노인 피해자들은 젊은 피해자들과는 매우 다른 형태의 지원을 필요로 한다. 여기에는 교통 지원, 주거 지원, 재정적 안정, 개인 신체 관리, 심리상담 등이 포함된다. 또한 안전하다는 느낌을 갖고, 개인의 신변에 대한 두려움 없이 생활할 수 있는 것도 주요한 관심사다."라고 전

했다. 노인의 안전과 보호와 관련하여, 미국 범죄예방위원회(National Crime Prevention Council, 2015, p. 1)는 효과적인 범죄 예방 프로그램은 노인들이 잠재적 범죄 위험에 주의를 기울일 수 있도록 하는 통신망, 범죄 신고 방법에 대한 정보 제공과 교육, 범죄로 인한 신체적 · 정서적 · 경제적 영향을 극복할 수 있도록 돕는 피해자 지원, 그리고 범죄 피해를 예방하기 위한 제품, 교육, 기타 관련 자원에 대한 접근성을 포함해야 한다고 밝히고 있다.

… 지적 또는 발달장애를 가진 피해자

신체 및 정신질환이 있는 사람들은 종종 범죄 현장에 초동 대응자(보통 경찰관)가 의사소통에 영향을 미칠 수 있는 피해자의 장애를 인식하지 못할 때 2차 피해를 입을 수 있다. 만약 현장에 출동한 경찰관이 피해자의 신체 및 정신질환으로 인해 의사소통이 원활하지 않다는 사실을 인지하지 못한다면, 피해자가 질문에 제대로 답하지 못하거나 요청된 정보를 제공하지 못할 경우, 그를 회피적이거나 비협조적으로 오해할 수 있다. 예를 들면, 청각에 문제가 있거나, 뇌 손상으로 인해 명확한 발화가 어렵거나, 질문의 내용을 이해할 인지 능력이 부족한 사람은 경찰관, 구급대원, 혹은 도움 제공자 등 초동 대응자가 필요로 하는 정보를 전달하는 데 어려움을 겪을 수 있다. 특히, 피해 내용이 신체적 혹은 성적 학대와 관련되어 있고, 피해자가 외상 후 심리적 충격 상태에 있는 경우, 여기에 장애까지 겹친다면, 도움을 주려는 이들과 의사소통은 더욱 어려워질 수 있다.

오하이오 발달장애인협회(OACB)는 지적 및 발달장애가 있는 학대 피해자에게 대응하는 방법에 대해 경찰관, 전문가, 그리고 기타 긴급 구조원들을 대상으로 한 교육 프로그램을 개발했다. 오하이오 발달장애인협회(2016, p. 2)는 "초동 대응의 성격과 시점은 피해자와 그 가족에게 깊은 인상을 남긴다. 이 단계에서 수집된 정보는 수사 성패를 좌우하며, 확보된 증거는 사건 수사의 기초가 된다. 또한 이러한 초기 대응은 이후 절차의 기반을 마련하고, 긴급구조대원들이 발달장애가 있는 아동이나 성인을 보호하며 범죄 발생 여부를 효과적으로 판단할 수 있도록 돕는다."라고 밝히고 있다. 이 교육 프로그램은 긴급구조대원들이 피해자가 장애를 가지고 있음을 인식할 수 있는 신호를 파악하고, 장애가 있는 피해자와 효과적으로 의사소통할 수 있는 기법을 익히도록 구성되어 있다. 경찰관, 검사, 그리고 관련 지원 종사자들이 이 교육에 함께 참여한다.

요약

과거와 달리, 오늘날에는 범죄 피해자들이 형사사법절차의 모든 단계에 참여하고 있다. 1950년대 인권운동과 여성인권운동과 같은 사회운동을 계기로, 사회운동가들은 미국의 사법제도 내 불평등, 특히 범죄 피해자에 대한 불공정한 대우에 지속적으로 주목해 왔다. 이러한 피해자 권리운동은 형사사법체계 전반에 걸친 다양한 변화를 이끌었으며, 동시에 범죄 피해자를 지원하기 위한 연방 및 주 정부 차원의 관련 법률 제정과 전문기관의 설립으로 이어졌다.

범죄 피해자 지원기관은 앞으로도 형사사법체계의 핵심 구성 요소로서 그 역할을 지속할 것으로 예상된다. 피해자 지원 담당관들은 특히 아동 학대, 성폭력, 가정폭력, 노인 학대와 같은 사건에서 피해자가 관련된 경우, 수사 및 사법 관계자들이 면담을 진행할 때 계속해서 지원하는 역할을 수행할 것이다.

또한 피해자 지원기관은 노인, 가해자의 가족, 신체장애 및 정신질환이 있는 피해자 등 특수 범주의 피해자들을 위한 지원을 확대하고 정교화할 필요가 있다.

토의 문제

1. 왜 범죄 피해자의 형사사법절차 참여가 단순한 '증인'의 역할에서 '피해자의 개인 복지에 대한 관심'으로 변화하게 되었는가?
2. 직접적인 피해와 간접적인 피해의 차이는 무엇인가? 또한, 범죄로 인해 간접적으로 피해를 입은 사람들을 위한 상담 및 심리치료나 지원이 제공되는 경우가 있는가?
3. 연방 증인보호법에 따라 사법절차에 참여하는 피해자는 어떤 종류의 지원을 받게 되는가? 그리고 피해자가 제공되는 보호 조치를 거부할 수 있는 이유는 무엇인가?
4. 왜 약물 및 알코올 남용이 가정폭력 사건에서 중요한 요인으로 간주되는가? 또한, 가정폭력의 이력이 있는 가족을 위한 상담 및 심리치료 프로그램은 다른 치료 접근에 앞서 약물 및 알코올에 초점을 맞춰야 한다고 생각하는가?
5. 소년법원에 소속된 아동 피해 지원 담당관은 어떤 지원 활동을 하는가? 그리고 아동 신체적 또는 성적 학대 사건에서 아동 피해 지원 담당관이 어떤 경로로 사건에 관여하게 되는가?

6. 범죄로 인해 간접적으로 영향을 받은 가족 구성원을 지원하는 프로그램이 존재하지 않는다면, 이들은 어떤 기관이나 단체에서 도움을 받을 수 있을까?
7. 노인이 범죄 피해를 입었을 때, 그들이 피해 사실을 신고하지 않는 이유는 무엇인가? 또한, 노인이 피해 사실을 부끄러워하여 신고를 망설이게 만드는 사기의 유형에는 어떤 것들이 있는가?
8. 피해자 지원기관들이 이제 노인 범죄자의 필요를 인식하기 시작했다면, 이들을 위한 프로그램을 설계할 때 중점적으로 다루어야 할 주제들은 무엇인가?
9. 피해자와 초동 대응자 간의 의사소통을 방해할 수 있는 신체 또는 인지장애에는 어떤 것들이 있는가?
10. 사법제도 전반에 걸쳐 장애인의 필요를 더 잘 이해하기 위한 전문직 종사자들의 인식 제고가 필요한가? 장애인의 문제와 필요를 인식하지 못하거나 외면할 경우, 사법제도 내에서 발생할 수 있는 결과는 무엇인가?

참고문헌

Berzlanovich, A., Schleicher, B., & Risky, E. (2018). Abuse and neglect of the elderly. In P. Kratcoski & M. Edelbacher (Eds.), *Perspectives on elderly crime and victimization* (pp. 173-180). Springer.

Boda, J. (2016). Prologue. In P. Kratcoski & M. Edelbacher (Eds.), *Collaborative policing: Police, academics, professionals, and communities working together for education, training and program implementation* (pp. xxv-xxxix). CRC Press/Taylor and Francis Group.

Crowley, J. (2009). History of victimology, 1960s and 1970s. In J. Wilson (Ed.), *The Praeger handbook of victimology* (pp. 117-122). Praeger.

Dallas County Supervision and Corrections Department. (2016). Retrieved October 15, 2016, from http://www.dallascounty.org/department/csc/programs.php

Federal Bureau of Investigation. (2021). *Victims services overview* (pp. 1-23). https://www.fbi.gov/resources/victimservices.retrieved 3/23/2021

Hazelwood, R., & Burgess, A. (Eds.). (2008). *Practical aspects of rape investigations: A multidisciplinary approach* (4th ed.). CRC Press.

Helms, A. (2023, ABJ 8/24; A1 & A10). *New dog joins the team at prosecutor's office.*

Howes, L. (2022). Interpreted investigative interviews under the PEACE interview model: Police interviewers' perceptions of challenges and suggested solutions. *Police Practices and Research, 21*(4), 333-350.

Jerin, R. (2009). History of victimology, pre-1940s. In J. Wilson (Ed.), *The Praeger handbook of victimology* (pp. 108-111). Praeger.

Kratcoski, P. (2009). History of victimology, 1950s. In J. Wilson (Ed.), *The Praeger handbook of victimology* (pp. 113-116). Praeger.

Kratcoski, P. (2016). Perspectives on the professional practitioner in criminal justice. In P. Kratcoski & M. Edelbacher (Eds.), *Collaborative policing: Police, academic, professionals, and communities working together for education, training, and program implementation* (pp. 247-291). CRC Press/Taylor and Francis Group.

Kratcoski, P. (2018). The victim-offender relationship in the criminal victimization of the elderly. In P. Kratcoski & M. Edelbacher (Eds.), *Perspectives on elderly crime and victimization* (pp. 101-124). Springer.

Kratcoski, P., & Edelbacher, M. (2016). Trends in the criminality and victimization of the elderly. *Federal Probation, 80,* 58-63.

Kratcoski, P., & Edelbacher, M. (2021). Perspectives on elderly crimes and victimization in the future. In H. Kury & S. Redo (Eds.), *Crime prevention and justice in 2030* (pp. 85-106). Springer.

Kratcoski, P., & Kratcoski, P. (2021). *Experiential education and training for employment in justice occupations.* Springer Briefs in Psychology.

Mason, B., & Morgan, R. (2013). *Crimes against the elderly (age 65 and older) for the years 2003 to 2013.* Bureau of Justice Statistics.

Mazue, K., (2023). *Marsy's Law allows the identities of crime victims, including police officers, to remain undisclosed.* https://spectumnews1.com/oh/columbusnews/2023/08/21/marsyslaw-allows-theidentitiesofcrimevictims-includingpoliceofficerstoremainundi

McGee, C. (1997). Family drug court: Another permanency perspective. *Juvenile and Family Court Journal*, *48*(4), 65-67.

Milne, B., & Bull, R. (2007). Interviewing victims of crime, including children and people with intellectual disabilities. In B. Milne & R. Bull (Eds.), *Investigative interviewing: Psychology and practice* (pp. 9-24). Wiley.

National Crime Prevention Council. (2015). *Strategies: Crime prevention services for the elderly* (pp. 1-3). Retrieved July 10, 2016, from http://www.Nij.gov/topics/crime/elderabuse/pages/ welcome.aspx

National Institute of Justice. (2015). *Elder abuse*. National Institute of Justice.

Ohio Association of County Boards of Development. (2016). Retrieved September 15, 2016, from https://www.oacbdd.org

Philips, T. (2009). History of victimology, 1980s. In J. Wilson (Ed.), *The Praeger handbook of victimology* (pp. 193-198). Praeger.

Rich, K. (2016). Best practices for addressing rape: Police collaboration with victim advocates. In P. Kratcoski & M. Edelbacher (Eds.), *Collaborative policing: Police, academics, professionals, and communities working together for education, training, and program implementation* (pp. 229-246). CRC Press/Taylor and Francis Group.

Rich, K., & Seffrin, P. (2013). Police officers collaboration with victim advocates: Barriers and facilitators. *Violence and Victims*, 28, 223-237.

Stark County Prosecutor. (2016). Retrieved February 15, 2016, from http://www.starkcountyohio.gov/prosecutor

Sullivan, E., Mino, M., Nelson, K., & Pope, J. (2002). *Families as a resource in recovery from drug abuse: An evaluation of the La bodega de la Familia*. Vera Institute of Justice.

Summit County Victim Assistance Program. (2014). *General brochure* (p. 1). Retrieved July 8, 2014, from http://www.victimassistanceprogram.org/eddia/1019/vap2014generalbrocure.pdf.page1

Sutherland, E. (1924). *Criminology*. J.B. Lippincott.

Travis, J. (2005). Families and children. *Federal Probation*, *69*, 31-42.

Truman, J., & Langton, L. (2015). *Criminal victimization* 2014. Department of Justice.

Walshe, S. (2015). *Justice house: The program that's keeping women out of prison and saving money*. Women's Prison Association. Retrieved July 10, 2016, from https://www.Theguardian.com/usnew-12015/sep/17/justice-homeprogram-keeping-womenout-of-prisonsavingmoney

Weintraub, J. (1976). The delivery of services to families of prisoners. *Federal Probation*, *40*(4), 28-31.

Wilson, J. (2009). Federal victim and witness protection act of 1982; victims of crime act of 1984. *In The Praeger handbook of victimology*. Praeger.

Women's Shelters. (2016). *Transitional housing*. Retrieved February 17, 2016, from https://www.womenshelters.org

제2부

교정상담 및 심리치료에서 상담사의 다양한 역할

제2부에서는 교정직원의 역할과 다양한 범죄자 집단을 대상으로 한 교정상담 및 심리치료 접근 방식을 살펴본다. 제4장은 교정직원의 발전 역사를 살펴보고, 전통적인 교정 영역의 인력을 정의하며 그들의 역할을 설명한다. 초기에 범죄자를 지원하던 교정직원, 특히 지역사회에서 활동하던 인력들은 대부분 무급 자원봉사자들이었으며 인도주의적 동기나 종교단체 활동의 일환으로 헌신적인 봉사를 수행했다. 이후 교정 전문가가 등장하면서 교정직원의 범주는 지역사회에서 활동하는 보호관찰관과 가석방 담당관, 교정시설에서 근무하는 교도관 및 교정행정가를 모두 포함하는 개념으로 정립되었다. 오늘날 교정직원의 개념은 더욱 확대되어 소년범과 성인범의 행동 변화를 긍정적으로 유도하는 모든 인력을 포함하는 것으로 이해된다. 예를 들면, 청소년 선도 프로그램에 배치된 경찰관과 학교 전담 경찰관(school resource officer), 교사, 판사, 자원봉사자, 보호관찰관 및 가석방 담당관, 거주형 치료시설 직원, 청소년 교정시설 지도자 등도 모두 교정직원에 포함된다.

제5장은 소년범의 선도(diversion)와 공식절차(formal processing)를 중심으로 논의한다. 소년법원은 감독과 보호가 필요한 청소년을 위해 부모를 대신하는 역할을 수행한다는 기본 목적을 가지고 설립되었다. 이론적으로 소년사법제도는 처벌 중심이 아니었으나, 실제로 청소년이 소년사법제도나 형사사법체계를 통해 사법절차를 받는 경우, '치료'라는 명칭이 붙었더라도 결과적으로 실질적인 처벌 형태로 귀결되는 경우가 많았다. 각 주의 소년사법제도는 해당 주의 법률에 근거하여 운영된다. 어떤 주는 처벌적 접근을 강조하는 반면, 어떤 주는 치료적 개입을 중시한다. 소년사법제도의 철학은 사회적 · 정치적 환경에 따라 지속적으로 변화해 왔다. 현재 소년사법제도를 운영하는 기본 원칙은 소년범이 사법제도에 과도하게 개입되는 것을 최소화하는 데 초점을 맞추고 있다. 이 장에서는 경찰 선도, 소년법원, 중재, 학교 전담 프로그램, 법원 선도 프로그램 등 다양한 선도 프로그램을 소개하고 논의하는 데 중점을 둔다. 아울러 마약전담법원, 가족상담, 성범죄자 프로그램 등 특별 범죄자 대상 프로그램도 함께 다룬다.

제6장에서는 현재 활용되고 있는 증거 기반 분류평가 모형을 다룬다. 지역사회 교정과 시설교정에서 분류의 목적과 활용 방식이 설명되며, 실제 사례를 통해 구체적인 적용 방안도 제시된다.

제7장은 특별한 도움이 필요한 범죄자를 위한 프로그램에 초점을 둔다. 이 장에서는 정신질환자를 단순 구금하지 않고 대안적 방식으로 처리하는 방안, 정신질환자 전담법원, 약물 남용 범죄자 프로그램, 가정폭력 가해자 프로그램, 외상 후 충격과 관련된 범죄를 저지른 군 복무 경험자 대상 프로그램, 경범죄자를 위한 지역사회 법원 등 다양한 대체적 처리 모형을 탐색한다.

제8장은 범죄자에게 내려지는 전통적 지역사회 제재에 초점을 맞춘다. 여기에는 교정시설

수용 대신 보호관찰을 받는 경우와 교정시설에서 출소한 사람에 대한 가석방(출소 후 감독)이 포함된다. 또한, 보호관찰의 기원과 초기 발전 과정부터 현재까지의 흐름을 살펴보며, 연방 및 주, 그리고 지방 보호관찰 조직의 구조와 운영이 함께 설명된다. 또한, 보호관찰관의 역할이 시대에 따라 어떻게 변화해 왔는지 살펴보고, 증거 기반 분류 및 평가도구의 활용 방식도 제시한다. 아울러 지역사회 교정직원과 심층 면담을 통해 현장에서 나타나는 역할 변화와 현재 교정 업무가 직면한 과제를 구체적으로 제시한다.

제9장은 미국 내 거주형 교정시설(residential treatment facilities)의 기원과 발전 과정을 살펴본다. 과거 설립된 디스마스 하우스(Dismas House)와 같은 재활 지원시설(halfway houses)은 여전히 운영되고 있으며, 수용 대상 범죄자와 제공되는 프로그램의 유형은 점차 다양해지고 있다. 일부 지역사회 거주형 치료시설은 모든 유형의 범죄자를 수용하는 다목적시설로 운영되며, 교정시설에서 바로 지역사회로 이관되는 사람과 출소 후 일시적 거주가 필요한 사람 모두가 사용한다. 처음에는 단일 단위로 운영되던 많은 거주형 치료시설들이 현재는 여러 개의 단위를 갖추고, 특수 요구 범죄자를 수용하고 있다. 이 장에서는 연방 및 주립 교정치료시설 입소자를 위한 프로그램의 특성을 다루고, 민간 비영리 입소 치료기관 대표와의 심층 면담을 통해 입소자에게 제공되는 전문화된 상담 및 심리치료 프로그램의 실제 운영 방식을 구체적으로 제시한다.

제 4 장

교정직원의 역할: 지속성과 변화

… 서론: 교정직무의 성격과 범위

20세기 후반에 접어들면서 교정 관련된 직업의 범위는 크게 확대되었으며, 이러한 확장은 21세기에도 계속될 것으로 전망된다. 1950년대까지 교정직원은 대체로 두 가지 범주로 구분되었는데, 하나는 대부분 교도관으로 구성된 시설 근무자였고, 다른 하나는 주로 보호관찰관과 가석방 담당관으로 구성된 지역사회 교정직원이었다. 교정 분야의 채용 학력 요건은 일반적으로 고등학교 졸업 또는 그 이하였다.

제2차 세계 대전 전후에는 범죄 행위의 원인을 이해하고, 이를 해결하기 위한 가장 효과적인 방법을 찾으려는 관심이 높아졌다. 특히, 일부 재향군인의 범죄 행위가 전쟁 경험과 관련이 있을 것이라는 가설도 제기되었다. 이 시기에는 '의료 모델'에 기반한 교정 접근이 등장했는데, 이는 범죄 행동을 질병처럼 보고 의사가 질병을 진단하고 치료하듯, 심리학자나 사회복지사와 같은 전문가가 범죄자의 범죄 행동을 평가하고 치료해야 한다는 관점을 담고 있었다. 20세기 후반에는 폭력성, 공격성, 약물 남용, 범죄 성향 등 다양한 행동 유형을 예측하기 위한 진단 도구 개발에 많은 관심이 집중되었다. 범죄 행위를 치료(개입)하는 방법도 개발되었으며, 그 결과 소년범과 성인범에 대한 상담 및 심리치료와 관련된 교정 직종이 크게 확장되었다. 여기에는 상담사, 교사, 심리학자, 사회복지사, 분류 전문가, 사례관리자, 가족상담사, 약물 및 알코올 남용 치료 전문가 등이 포함된다.

파스토어와 매과이어(Pastore & Maguire, 2002, p. 19)에 따르면, 2001년 기준으로 미국 사법제도에 고용된 200만 명 이상의 인력 가운데 약 70만 명(32.2%)이 교정 분야에서 근무한 것으로 보고되었다. 이 교정직원들의 약 3분의 2는 주 정부에 소속되어 주로 교도소에서 교도관으로 근무했으며, 나머지 약 3분의 1은 지방 정부기관에 소속되어 있었는

데, 이들 대부분은 지방자치단체나 지방기관에서 보호관찰관으로 근무했다. 글레이즈와 허버먼(Glaze & Herberman, 2013)에 따르면, 형사사법체계에서 감독을 받는 700만 명 가운데 480만 명(약 3분의 2 이상)이 지역사회 기반 기관에서 감독을 받고 있는 것으로 보고되었다.

교정직원의 역할

크랫코스키(2017, p. 54)는 다음과 같이 말했다.

> 교정직원의 역할은 일반적으로 조사, 관리, 통제, 지원으로 규정되어 왔다. 역할 간 강조점은 해당 인력이 배치된 교정기관 내 직책, 기관의 목표와 사명, 그리고 당시 조성된 교정철학에 따라 달라진다. 20세기 후반에 들어 교정의 목표는 변화했다. 초기에는 범죄자를 치료해 사회복귀시키는 데 중점을 둔 '의료 모델'이 적용되었고, 이후에는 범죄자에게 합당한 형벌을 부과하는 '응보적 정의 모델'로 전환되었으며, 현재는 범죄 예방과 사회복귀, 피해자의 요구를 동일하게 강조하는 '회복적 정의 모델'이 자리 잡고 있다.

최근 몇 년간 각 주에서 보호관찰관의 법적 역할과 관련하여 이루어진 법령 변경을 조사한 연구에서, 시치 외 연구진(Hsich et al., 2015, p. 24)은 "지난 30년 동안 보호관찰관에게 법으로 규정된 역할은 법이 추구하는 '이념'과 실제 업무 수행에서 나타나는 '현실'이 점차 일치하는 방향으로 변화했다."라고 보고했다. 2012년에서 2015년 사이, 24개 주 의회는 법으로 규정된 보호관찰관의 재활 역할과 법 집행 역할을 모두 강화했고, 37개 주에서는 각각 재활 업무와 법 집행 업무를 강화했다.

존슨(Johnson, 1998, pp. 117-120)은 1960년에 소년 보호관찰관으로 임용되어 30년 이상 근무하면서, 보호관찰관의 직무 내용과 그에 대한 사회적 기대가 시대에 따라 변화하는 과정을 직접 경험했다. 그녀는 "1960년대 대부분의 흑인과 히스패닉 어머니들(아버지는 거의 없었다)은 복지 혜택을 받으면서도 성실히 일하고 자녀를 사랑했지만, 부모로서의 역할이나 일상생활을 스스로 관리하는 방법은 잘 알지 못했다."라고 회상한다. 1960년대의 소년 사법제도는 오늘날보다 체계적이지 않았으며, 법적 규제와 감독 역시 충분히 확립되어 있지 않았다. 인종 간 불평등과 편견의 문제는 현재와 마찬가지로 복잡했지만 제

도적으로 제대로 다루어지지 못했다. 이로 인해 소년법원 판사와 법원 관계자들은 법률과 판례의 제약을 비교적 덜 받았고, 비행 청소년을 처리하는 과정에서 더 많은 재량권을 행사했다. 한편, 존슨(1998, p. 118)은 이후 변화한 사회적 환경 속에서도 여전히 해결되지 않은 구조적 문제를 지적했다. 그녀는 "오늘날의 '신빈곤층'은 사법제도에 대해 이전보다 더 많은 정보들을 갖고 있으며, 변호사의 조력을 받고 자녀의 권리도 비교적 잘 이해하고 있다. 그럼에도 불구하고 문제는 여전히 빈곤과 인종차별에 있다. 이는 소년보호관찰 제도에서 소수인종이 과도하게 높은 비율을 차지하는 현실이 이를 명확히 보여 준다."라고 강조했다. 존슨은 "첨단 기술은 내 경력 후반부에 중요한 변화를 가져왔다. 전자 음성사서함, 의뢰인 전자 감시, 전화 보호관찰 보고, 사건관리의 전산화 등 기술이 보호관찰 업무 전반에 도입되었다. 내가 경력을 시작했을 당시에는 의뢰인과 직접 대면하며 소통했으나, 기술의 도입으로 업무는 비대면적 방식으로 바뀌었다. 오늘날 의뢰인들은 데이터 속 추상적 정보로 다루어지며, 개인적 이야기나 상황은 충분히 반영되지 않는다. 이처럼 첨단 기술이 발전했음에도, 여전히 남는 질문은 '과연 의뢰인들이 이전보다 더 잘 지원받고 있는가?'이다."라고 말했다(p. 118).

교정직무를 위한 준비

교정 분야 종사자 수가 크게 증가하면서, 교정기관이나 사법기관을 지원하는 전문기관에서도 취업할 수 있는 기회가 확대되었다. 크랫코스키(2004, pp. 60-61)는 "공동생활가정, 선도 프로그램, 약물 남용 프로그램 등 교정직으로 명시되지 않은 관련 직종까지 포함하면 그 수는 훨씬 더 증가한다."라고 설명했다. 소년 및 성인 교정기관에서 직접 대면하여 감독을 수행하는 교도소장, 교도관, 교정직원, 구치소장, 구치소 교정직원, 소년보호관찰관, 가석방 담당관 등과 같은 전통적인 감독직뿐만 아니라, 교사, 심리학자, 사회복지사, 상담사 등 보다 전문적인 교육과 훈련을 요구하는 전문직의 수 역시 증가했다. 특수 전문직에는 훈련 담당관, 분류 담당관, 부서 관리자, 정신질환자나 약물 중독자 등 특별 지원이 필요한 대상자를 돕는 상담사 등이 포함된다. 또한, 교정감독 대상자와 직접 대면하지 않는 직책, 예를 들면 홍보 담당관이나 보조금 관리 담당관 등도 기관 운영에 중요한 역할을 수행한다.

교정직무를 위한 교육과 훈련

교정직무와 관련하여 교육(education)과 훈련(training)을 명확히 구분하기는 쉽지 않다. 크랫코스키(2007, p. 4)는 "일반적으로 교육은 개념화 능력을 개발하고 이론적, 분석적 학습과정을 확장하는 것을 의미하며, 훈련은 직무 기술서에 명시된 즉각적인 과업과 목표를 수행하는 데 필요한 기술을 습득하는 것을 의미한다."라고 설명했다. 그러나 교정 분야에서 수행되는 다양한 직책에 요구되는 전문교육과 훈련의 범위가 매우 광범위하고 다양하여, 교육과 훈련을 명확히 구분하는 일반적인 기준을 제시하기는 어렵다. 실제로 일부 교정직원에게 제공되는 교육 내용과 훈련 과제를 구분하기조차 힘든 경우가 많다. 미국 대학에서 제공되는 형사사법 전공 학위과정은 범죄학, 청소년 비행, 사회 통제, 형법과 같은 기본 교육과정을 포함하며, 형사사법 행정, 범죄 수사, 면담 기술 등 특정 분야의 심화 과목도 요구하거나 선택할 수 있도록 구성되어 있다. 또한 수습직원 과정은 학생들이 사법기관의 특정 직무와 관련된 기본 기술을 배우고, 교실에서 습득한 이론적 지식을 실제 상황에 적용해 볼 기회를 제공한다. 한편, 경찰관이나 교정직 전문가를 위한 기본 훈련 과정을 살펴보면, 교육 내용에는 이론적 학습 자료와 실제 적용 방법(실무 기술)이 모두 포함되어 있어, 학습과 훈련이 유기적으로 결합되어 있음을 알 수 있다.

크랫코스키(2004, p. 61)는 "교정학 관련 전문 과정은 1960년대에 들어서야 개설되기 시작했다. 그 이전에는 교정 분야에 관심 있는 학생들이 주로 사회학, 사회복지학, 심리학을 전공했으며, 교정학을 다룬 교과서는 거의 없었고, 있더라도 이론보다는 실무 중심의 접근을 취했다. 사회학이나 사회복지학을 전공하면 일반적으로 범죄학과 청소년 비행 과목을 수강할 수 있었으며, 해당 과목의 교재 일부에서 교정학 내용을 포함하고 있었다."라고 보고했다.

크랫코스키(2004, p. 61)는 다음과 같이 말했다.

> 연방 정부의 재정지원 확대가 법 집행 및 교정 관련 새로운 프로그램들을 다수 창설한 1960년대가 되어서야, 형사사법 분야에서 다양한 경력 기회가 나타났다. 새로운 법 집행 및 교정 관련 고등교육 과정이 개설되면서, 이러한 과정의 주요 교육 방향을 어디에 둘 것인지에 대한 논쟁이 있었다. 즉, 학생들에게 이론적 지식을 제공하는 데 중점을 두어야 하는지, 아니면 실무 훈련을 제공하는 데 중점을 두어야 하는지가 문제였다. 당시 법 집행 및 형사사법 과정에서 교수로 채용된 인력 대부분이 전직 경찰관이나 교정 관리

> 자였기 때문에, 1970년대 개설된 관련 학위과정은 대체로 이론보다는 실무 훈련에 초점을 맞추는 경향이 있었다.

크랫코스키(2004, p. 61)는 또한 다음과 같이 말했다.

> 20세기 후반에 들어, 관련 교육 과정의 강조점은 실무 중심의 훈련에서 오늘날 대부분의 형사사법 관련 고등교육 프로그램이 강조하는 전문성 중심으로 변화했다. 이러한 고등교육 과정은 강력한 학제 간 교과 과정을 중시하며, 형사사법제도의 모든 구성 요소를 다루는 과목들을 포함하는 경우가 많다.

1998년, 미국 범죄 사법학회(Academy of Criminal Justice Sciences)는 전국의 고등교육 과정에서 지침으로 활용할 수 있는 형사사법 교육 최소 기준을 개발했다. 이 기준(Academy of Criminal Justice Sciences, 1998, p. 167)에 따르면, 형사사법, 법 집행, 교정 관련 모든 고등교육 과정은 다음과 같은 핵심 요구 사항을 포함해야 한다."

1. 형사사법 및 소년사법절차(법, 범죄, 사법 행정)
2. 범죄학(범죄의 원인, 유형화, 범죄자 및 피해자)
3. 법 집행(경찰 조직, 재량권, 하위문화, 법적 제약)
4. 사법 판단(형법, 기소, 변호, 법정절차 및 의사결정)
5. 교정(수감, 지역사회 기반 교정, 범죄자 상담 및 심리치료)

학부 및 대학원에서 형사사법(범죄사법), 범죄학, 사법 행정 등을 전공하는 학생들은 먼저 핵심 과목을 이수해야 하며, 이후에는 자신의 진로 선택에 맞춰 준비하고자 하는 형사사법 분야를 전문적으로 학습할 수 있는 기회를 갖는다.

교정직원 업무를 위한 교육과 훈련

대다수 주에서는 신임 교도관이 되기 위한 최소 학력으로 고등학교 졸업 또는 이에 준하는 학력이 요구된다. 일부 주에서는 대학 과정 일부 이수를 조건으로 하기도 하지만 인정되는 학위나 전공 범위는 매우 넓다. 이와 함께, 모든 주에서는 정규 학력 외에도 기본 훈련 프로그램을 이수해야 한다.

헨리와 힌클(Henry & Hinkle, 2001, p. 25)은 "가장 높은 기준을 요구하는 주에서는 최소 2년제 대학 과정을 이수하도록 하고, 자기 방어, 위기개입, 폭동 진압, 보고서 작성, 부서 정책, 의료 지원 등과 관련해 4~6주간의 훈련을 제공한다."라고 설명한다. 각 주의 기본 훈련 프로그램은 신임 교도관으로서 필요한 기초 기술을 개발하고, 규율 위반 처리절차, 밀수품 단속, 수색, 자기 방어, 비상 상황 대응절차 등 교정시설의 일상 업무와 관련된 다양한 영역을 포함한다. 일부 훈련은 인지적 영역과 관련되는데, 예를 들면 언제 무력 사용이 적절한지, 수용자의 권리와 관련된 정책과 법령 등이 이에 해당한다.

교정 관리자에게 가장 중요한 목표는 수용자, 직원 그리고 지역사회의 안전을 보장하는 것이다. 교정시설의 안전과 보안을 확보하기 위해 필요한 절차와 체계는 교도관 기본 훈련에서 최우선으로 다루어진다. 상담 제공은 교도관의 주요 업무에 포함되지 않지만, 기본 훈련 과정에서 일부 의사소통 및 대인관계 기술 훈련이 제공된다. 일반적으로 교정 관리자와 정책 결정자들은 수용자를 존중과 공정함으로 대하는 것이 교정시설 내 긍정적인 분위기를 조성하고, 수용자의 협조를 이끌어 내는 데 도움이 된다는 점을 인식하고 있다.

햄브릭(Hambrick, 2000, p. 74)은 다음과 같이 언급했다.

> 교정직원으로서 교도소장을 포함한 모든 직원은 시설의 안전과 수용자 감독에 책임을 진다. 만약 구역 담당 교도관이나 다른 직원이 긴급 지원을 필요로 하면, 가능한 모든 직원이 즉시 대응한다. 부서장은 회의를 중단하고, 사건 담당관은 업무를 중단하고, 건설 및 유지보수 직원도 진행 중인 작업을 중단하고 모두 해당 교도관을 돕기 위해 나선다.

햄브릭은 교정국에서 일하게 되는 사람이라면 누구든, 교도관뿐만 아니라 사무 담당관이나 의사, 변호사, 심리학자 같은 관계자들도 모두 동일한 기준과 관점에서 시작하는 게 중요하다고 말했다. 이를 위해 신입 직원들은 먼저 연방 법집행 훈련기관에서 기본 교육을 받는다. 이 교육은 몇 주 동안 진행되며, 교정직무에 꼭 필요한 기본 기술을 배우는 과정이다. 이후에는 각자가 배치될 기관의 운영 방식이나 절차를 익히는 전문 실무 교육이 이어진다. 이렇게 단계적으로 훈련을 받으면서 신입 직원들은 자신의 역할에 맞게 준비를 갖추게 된다.

교정 분야 전문직 종사자를 위한 교육 및 훈련

파발코(Pavalko, 1971, pp. 18-26)는 전문직이란 이론과 연구를 바탕으로 한 체계적인 지식을 갖춘 직업이라고 설명했다. 이러한 직업에 종사하는 사람들은 사회적으로 의미 있는 가치를 실현하기 위해 일한다. 따라서 전문직 종사자가 되기 위해서는 해당 분야에서 요구하는 전문화된 교육과 훈련 과정을 반드시 거쳐야 한다. 전문직은 업무 수행에서 높은 수준의 자율성이 필요하며, 스스로 자신의 행동과 판단을 조절할 자유도 갖는다. 크랫코스키(2016)는 의사, 변호사, 교사, 사회복지사, 심리학자처럼 전문직에 종사하는 사람들은 대부분 대상자와 지역사회에 도움이 되고자 하는 마음에서 출발한다고 말했다. 이들은 공통된 직업 정체성을 지니며, 각 분야의 전문 협회가 마련한 윤리 강령을 따르는 경향이 있다. 이러한 윤리 강령은 전문직 종사자들이 어떤 행동을 해야 하는지를 알려 주는 기준이 된다.

의사, 변호사, 심리학자, 사회복지사와 같은 전통적인 전문직 종사자들은 형사사법체계의 거의 모든 분야에서 활약하고 있다. 예를 들면, 변호사는 경찰서에, 의사는 교도소나 교정시설에 고용된다. 또 심리학자와 사회복지사는 소년법원이나 형사법원을 비롯한 여러 사법기관에서 일한다. 이 전문가들은 상황에 따라 독립적으로 활동하면서 기관과 계약을 맺어 특정 지원을 하고, 기관의 정규 직원으로 근무하기도 한다. 형태가 어떻든 간에, 이들에게는 자신이 속한 전문직의 기준과 윤리 강령을 지키는 것이 요구된다.

다음 내용은 지방 교도소와 한 교도소에서 수용자들을 대상으로 민간 심리 상담지원을 하고 있는 메리언 심리상담기관(Marion Psychological Services)의 대표, 토머스 아누슈키에비츠(Thomas Anuszkiewicz) 박사와의 면담으로, 교정 분야에서 전문직이 어떤 역할을 수행하는지를 보여 준다.

글상자 4-1 크랫코스키 박사 면담

[2023년 11월 5일]

QPK: 톰 박사님, 개인상담 기관이나 공공기관에서 상담사로 얼마나 오래 일하셨어요?

ATA: 1985년부터 지금까지 일하고 있습니다.

QPK: 아이들과 어른들 모두 상담 하시나요?

ATA: 네, 개인상담기관에서는 아이들과 어른들 모두를 상담하고 있습니다. 지금 제가 일하는 교정시설에서는 성인만 상담하고 있습니다. 초창기에는 문제 청소년들을 돕는 기관에서 일했었고, 특히 비행 청소년들을 위한 대안학교인 피닉스 학교 교장으로 있을 때는 상담, 교육, 관리, 직원 교육, 기금 모금까지 다양한 일을 했었습니다.

QPK: 톰 박사님, 오하이오 북동부 교정시설(Northeast Ohio Corrections Center)에서 상담사로 일한 지는 얼마나 되셨나요?

ATA: 한 15년에서 18년 정도 됐습니다.

QPK: 그 교정시설에서 주로 맡은 일이나 책임은 무엇이었나요?

ATA: 저한테 의뢰된 사람들을 처음에 면담하고, 상담이 필요한지, 필요하다면 어떤 종류(위기개입이나 단기상담 같은)가 필요한지 결정합니다. 그리고 지원 내용을 관리하고, 기관 내에서 긴급 상황이 터지면 24시간 비상대기 체제로 근무합니다.

QPK: 구치소에서 했던 상담 업무와 교정시설에서 하는 상담 업무가 어떻게 다른지 설명해 주세요.

ATA: 구치소에 있는 수용자들, 특히 처음 수감된 사람들은 자기가 겪는 불확실함과 스트레스를 어떻게 감당해야 할지 전혀 준비가 안 되어 있습니다. 만약 그걸 감당 못하면, 본격적인 상담을 시작하기 전에 감정을 먼저 안정시키도록 도와줘야 합니다. 교정시설에서는 수용자들하고 일상적으로 마주치고 관리해야 할 일이 더 많습니다. 긴급 호출도 많고, 수용자 간 충돌 문제도 더 자주 다루어야 하고, 위기개입이나 단기상담 같은 기술을 현장에서 바로 써야 할 일이 훨씬 많다고 보면 됩니다.

교도소의 환경은 좀 다릅니다. 여기 수용자들은 일상적인 규칙이나 생활에 금방 익숙해지는 편입니다. 대신 여기선 수용자들끼리 생기는 문제를 다룰 일이 더 많습니다. 어떤 수용자들은 폭력 조직과 관계 때문에 골치를 앓기도 하고 또, 구치소에서 흔히 보는 것보다 폭력적인 사건이 훨씬 자주 일어납니다. 그리고 많은 수용자들에게는 장기간 갇혀 지내는 것 자체가 엄청 힘든 상황이어서 정신건강에 직접적으로 영향을 주게 됩니다. 그래서 결과적으로 저는 개인상담(일대일 상담)을 주로 진행하게 됩니다.

QPK: 교도소에서 박사님의 하루 일과는 보통 어떻게 되나요?

ATA: 사실 규칙적인 날이 거의 없습니다. 그래도 보통 출근하면 그날 만나야 할 수용자 명단은 미리 정해져 있습니다. 다만 비상 상황이 발생하면 즉시 대응해야 하므로, 그에 맞춰 일정을 다시 조정해야 하는 경우가 있습니다. 또 24시간 비상 대기 상태라, 제 일정에 변화가 생길 때가 종종 있습니다.

QPK: 교도소에서 상담하실 때 특별히 활용하는 상담 기법이 있나요?

ATA: 주로 행동 관리/행동수정 방식을 많이 쓰고, 합리적 정서 치료(RET)도 병행합니다. 그리고 위급할 때는 위기개입이나 단기상담도 활용합니다.

QPK: 집단상담도 하시나요?

ATA: 아니요, 저는 모든 상담을 개인상담으로 진행합니다.

QPK: 톰 박사님, 교도소에서 일하는 것이 구치소에서 일하는 것보다 스트레스가 더 많거나 적나요?

ATA: 스트레스 양은 비슷한데 형태가 좀 다릅니다. 구치소 수용자들은 거리에서 바로 들어온 상태라 불안 수준이 매우 높고, 권위를 가진 사람들을 신뢰하지 않습니다. 그래서 신뢰관계를 형성하려고 초기 단계에서 신뢰관계를 형성하는 과정 자체가 스트레스인 경우가 많습니다. 반면, 교도소 수용자들은 다른 수용자들에게 해를 입을까 두려워하는 마음, 장기 수감으로 인한 우울감이나 지루함을 어떻게 다루도록 도울지 찾는 것이 스트레스일 수 있습니다. 두 곳에서 오래 일하다 보니, 하루 일과가 끝나면 업무 스트레스를 집에 가져가지 않는 법을 배워야 했습니다.

QPK: 개인상담 기관과 교도소에서 하는 일을 비교할 때, 개인적으로 느끼는 보람이나 어려움은 두 환경 중 어느 쪽이 더 큰가요?

ATA: 거의 비슷한 것 같습니다. 개인상담 기관에서는 교도소에서 겪지 않을 어려움이나 답답함이 있고, 교도소의 일도 개인상담 기관에서는 찾을 수 없는 다양한 난관을 제공합니다. 하지만 내담자나 수용자와 상담 후에 그들의 태도, 행동, 감정, 삶에 대한 관점에서 긍정적인 변화를 보게 되면, 그 사람이 어떤 상황에 있든 보람은 매우 큽니다.

지역사회 교정과 관련된 직업들이 과연 전문직인가에 대한 질문을 끊임없이 받아 왔다. 실제로 이 분야의 직무 범위는 매우 넓다. 단순히 범죄자를 감독하는 일부터 시작해, 학문적인 교육, 다양한 종류의 진단, 상담 및 심리치료 업무를 수행한다. 또한 교도소나 지역사회 교정시설에 수감된 수용자나 구금 중인 청소년을 분류하고 감독하는 일도 맡는다. 그 외에도 일반적인 사회복지 활동, 취업 알선, 그리고 범죄자와 그 가족을 위한 프로그램을 발굴하고 연계하며 조정하는 일까지 포함된다. 이처럼 광범위한 지역사회 교정직원 중 가장 큰 비중을 차지하는 집단은 다름 아닌 청소년 및 성인 보호관찰관들이다.

지역사회 교정직이 필요로 하는 교육과 훈련 수준은 각 직책의 책임 범위에 따라 달라진다. 예를 들면, 교도소의 교도관이나 청소년 보호시설의 지도자들은 보통 고등학교 학력과 기본적인 직무 훈련만으로도 지정된 업무를 수행할 수 있다. 하지만 사회복지사, 약물 중독 전문가, 성범죄 치료 전문가, 상담사 같은 전문직은 별도의 전문교육과 훈련이 필수적이다. 이러한 전문직에 지원하기 위해서는 반드시 요구되는 자격 요건을 충족해야 하며 이는 보통 자격증을 통해 확인된다.

보호관찰관의 역할은 기본적으로 자신이 담당하는 사람들(내담자나 보호관찰 대상자)을 감독하고 필요한 지원을 제공하는 것으로 폭넓게 정의된다. 시치 등(Hsich et al., 2015, p. 2)은 2015년에 전국 규모의 연구를 통해 각 주 법률이 보호관찰관에게 부여한 임무들을 분석했다. 이 연구 결과에 따르면, 보호관찰관은 다음과 같은 업무를 수행해야 하는 것으로 나타났다.

- 범죄자 감독, 감시 및 조사 활동
- 재활 지원
- 보호관찰 조건 개발 및 논의
- 상담 및 가정/직장 방문
- 보호관찰 대상자 체포
- 의뢰
- 선고 전 조사서 작성
- 기록 유지
- 기타 법원 업무 수행
- 배상금 징수
- 영장 집행
- 법원과 연락 유지
- 형 선고 추천
- 지역사회 봉사 프로그램 개발
- 법 집행기관 지원
- 사건 이송 시 법원 지원
- 형법 집행
- 취업 지원
- 보호관찰 취소 절차를 개시

- 범죄 위험성 및 욕구 평가 완료
- 개별 사건 조정 및 사건관리

보호관찰관 직책은 여러 면에서 일반적으로 전문직이 갖는 특성과 일치한다. 이들은 전문적인 지식 체계를 갖추어야 하며, 대상자와 공공을 위한 지원을 제공해야 한다. 또한, 법률과 규정을 준수해야 하며, 이를 위반할 경우에 제재를 받게 된다. 그러나 주요 차이점은 직무 진입을 위한 표준화된 교육 프로그램이 의무화되어 있지 않다는 점이다. 또한, 일부 자격을 가진 사회복지사나 상담사가 보호관찰관 직책을 맡기도 하지만, 보호관찰관에게 자격증이 필수적으로 요구되지는 않는다. '보호관찰관'으로 채용 공고를 검색한 결과, 미국 재판 전 지원 및 보호관찰관, 집중 가정상담사, 보호관찰 상담사, 사례 담당관, 보호관찰 감독관, 보호관찰 및 가석방 담당관, 선고 전 조사관, 교정 보호관찰관, 부보호관찰관, 행정 전문가 작업 팀장 등 다양한 직무 명칭이 확인되었다. 이러한 직무들이 제시한 최소 학력 요건은 사회복지 또는 관련 분야의 학사학위였다. 일부 직책은 경력을 요구했으며, 다른 일부는 상담, 사회복지 또는 심리학 분야의 전문학위를 필수로 요구했다(Probation Officer Jobs, 2016, pp. 1-3).

글상자 4-2 텍사스주 댈러스의 전직 지역사회 지원 담당관 수전 크리텐든(Susan Crittenden)과 면담

수전 케이 크리텐든(Susan Kay Crittenden)은 오하이오주의 작은 마을 로디에서 태어나 자랐다. 고등학교 졸업 후, 그녀는 켄트 주립대학교에 진학하여 사회복지학 전공 학사학위와 교정학전공 석사학위를 취득했다. 그녀는 댈러스 지방 교도소장 찰스 뉴먼으로부터 수습 직원 제안을 받고 이를 수락했다. 수습 직원 기간 동안, 그녀는 수감 경험을 직접 이해하기 위해서 교도소 내에서 실제로 생활했다. 수습 기간을 마친 후, 그녀는 댈러스 지방 성인 보호관찰소에서 근무를 시작했으며, 2008년 퇴직할 때까지 해당 기관에서 근무했다.

근무 기간 동안 그녀는 자문가, 훈련가, 겸임 교수로도 활동했다. 또한, 여러 저서를 단독 또는 공동으로 집필했다.

면담 진행자: 피터 크랫코스키(Peter Kratcoski, PK)

면담 대상자: 수전 크리텐든(Susan Crittenden, SC)

면담 완료일: 2016년 7월 21일

QPK: 수전, 보호관찰관이라는 직업을 선택한 특별한 이유가 있나요?

ASC: 제가 아홉 살 때 아빠한테 "저는 커서 범죄자들을 법을 지키는 착한 시민으로 바꿀 거니까 보호관찰관이 될 거예요!"라고 말했습니다. 아빠는 웃으면서 "네가 대학 가기 전에 마음이 바뀔 걸?" 하셨죠. 하지만 아버지의 우려와 달리 제 마음은 바뀌지 않았습니다. 그러나 아쉽게도, 저는 범죄자들을 많이 바르게 바꾸진 못한 것 같습니다.

QPK: 교육이 직업 선택에 영향을 줬나요?

ASC: 사회복지학을 전공하면서 저는 사회복지사로서의 마음가짐이 제게 부족하다는 것을 깨달았습니다. 대신 형사사법 관련 수업을 들을수록 범죄자들과 일하는 직업을 갖고 싶다는 생각이 점점 더 강해졌고, 보호관찰관이 제가 나아갈 길이라는 걸 확실히 알게 되었습니다.

QPK: 댈러스 지방 보호관찰소에서만 계속 일하신 건가요?

ASC: 대학원 다닐 때는 비행 청소년들을 위한 공동생활가정(group home)에서 일했습니다. 그런데 그때 아이들보다 부모님들이 더 문제라는 걸 깨달았고, 청소년 관련 일을 하는 건 저랑 잘 안 맞겠다는 생각이 들었습니다. 댈러스로 이사 온 후에는 댈러스 생활에 적응하는 동안 1년 정도 재판 전 프로그램 분야에서 일했습니다. 그러다가 1981년에 댈러스 지방 보호관찰소에 채용된 후에는 한 번도 이직하지 않았습니다.

QPK: 경력 동안 부서 내에서 맡으셨던 직책들을 간단히 설명해 주시겠어요?

ASC: 저는 사회복귀과에서 예비교육을 진행하는 보호관찰관으로 경력을 시작했습니다. 주로 보호관찰 대상자에게 출석 절차를 안내하고, 보호관찰 조건을 함께 검토하는 업무를 담당했습니다. 약 6개월 후, 저는 새로 조직된 집중감독 부서에 배치된 여성 보호관찰관 중 한 명으로 선발되었고, 그때부터 본격적으로 보호관찰관 업무를 수행했습니다. 보호관찰 대상자를 정기면담하고, 가정방문도 수행했습니다. 그 후 법원 부서로 이동하여, 사전조사 보고서 작성을 위한 면담을 진행하고, 법정에서 보호관찰 취소 및 판결 확정 관련 서류를 제출했으며, 보호관찰 취소 심리에 자주 증인으로 참여했습니다. 몇 년 후에는 법원 부서에서 부감독관으로 승진하여 해당 부서의 보호관찰관들을 감독했습니다. 그 후 여러 보호관찰 지소에서 부감독관으로 근무하다가, 집중감독 부서에서 감독관으로 근무하게 되었습니다. 보호관찰 지소에서 수년간 근무한 뒤 교육 담당관 직책으로 전환되어, 신규 직원 교육 및 재직 중인 보호관찰관들의 전문 훈련 일정을 관리했습니다. 이 기간 동안, 저는 샘 휴스턴(Sam Houston) 주립대학교의 교육연계 담당관으로 활동하며, 그들의 보호관찰 교육기관에서 여러 교육 과정

을 진행했습니다.

마지막으로는 현장 업무 담당관으로 일했는데, 그 직책을 맡은 첫 여성이었습니다. 보호관찰 지소들의 모든 현장 방문을 담당했고 특정 지소에 배정되어 근무했습니다. 제가 부서에서 첫 번째로 부여받은 직책은 보조금 신청서 작성 담당관이었습니다. 그런데 매일 사무실에 앉아서 하는 일은 제 적성에 잘 맞지 않았습니다. 그래서 다시 보호관찰관들을 감독하는 감독관 자리로 돌아갔습니다. 그리고 이후에는 새로 생긴 도주자 전담 부서(absconder unit)에 배정된 첫 여성이기도 했습니다. 정말 흥미진진한 일이었습니다. 도주한 사람들을 추적해서 잡아들이는 방법을 배우고 그들을 다시 구금해서 법원의 판단을 받을 수 있도록 하는 일이었습니다.

QPK: 수전, 부서의 거의 모든 팀에서 일하신 경험이 있으신 것 같은데 은퇴하실 때 맡으셨던 주요 업무는 무엇이었나요?

ASC: 저는 도주자 전담 부서에서 계속 근무해 왔습니다. 저는 특히 경범죄로 도주한 사람들(미수범 포함)을 자수하게 만들고, 그들이 납부해야 할 보호관찰 부담금, 배상금, 법원 비용, 벌금 등 밀린 돈을 징수하는 데 뛰어난 능력이 있다고 인정받았습니다. 은퇴할 당시까지 법원에서 명령한 금액으로만 100만 달러 이상을 징수해서 '백만 달러를 징수한 전설적인 보호관찰관'이라는 별명으로 불리기도 했습니다.

QPK: 경력을 되돌아볼 때, 댈러스 지방의 사회감독 및 교정국에서 관리하는 보호관찰 대상자들의 특성이 크게 변했다고 느끼시나요?

ASC: 물론입니다, 완전히 달라졌습니다! 초창기에는 보호관찰 대상자들이 주로 초범이었고, 세상 물정에 그리 밝지 않아서 대체로 보호관찰 조건들을 잘 따르려는 편이었습니다. 마약 관련 사건도 거의 없었고, 폭행 사건으로 온 사람들도 아주 폭력적이지는 않았습니다. 하지만 시간이 지나면서 감독 대상자들은 제도에 대해 아주 '영리'해졌고, 대부분 '이번이 처음이 아닌' 경우가 많았습니다. 어떤 사람들은 오랜 범죄 이력을 가지고 있었고 세상 물정에 아주 밝았으며, 댈러스의 마약 문화를 속속들이 알고 있었습니다. 그들은 확실히 이전처럼 순응적이지 않았고, 보호관찰관으로서의 권위에 도전하는 것을 주저하지 않았습니다. 일반적으로 집중감독 부서에서 제가 감독했던 사람들은 경력 초기에 맡았던 대상자들보다 더 폭력적이고, 더 기만적이었으며, 감독하기가 훨씬 더 어려웠습니다.

QPK: 수전이 법원에서 일하신 기간 동안 법원의 철학과 임무도 변화했나요?

ASC: 시간이 지나면서 저희 부서와 법원의 철학은 '처벌'에서 '치료'로 바뀌었다가 다시 '처벌'로 돌아갔고, 지금은 다시 '치료' 중심으로 바뀌었습니다. 기본적으로 치료 방식으로 돌아간 주된 이유는 교도소와 주 교정시설의 과밀 문제 때문이었습니다. 현재는 더 강한 제재가 시작되기 전에 보호관찰 프로그램을 마치도록 여러 번 기회를 주는 경우가 많습니다.

처벌이냐 치료냐를 결정하는 데 영향을 미치는 또 다른 요소는 법관들(판사)의 성향입니다. 2004년 이전에는 댈러스 지방 자체가 워낙 보수적이었습니다. 그래서 지방 정부가 교화보다는 처벌 위주의 정책을 선호하는 경향이 강했습니다. 하지만 2004년 이후부터는 지방 정부와 많은 판사들이 좀 더 진보적인 성향을 띠게 되었습니다. 그러다 보니 이제는 처벌 중심의 형을 내리기 전에, 일단 범죄자들에게 치료 프로그램을 시도해 보는 쪽으로 많이 바뀌었습니다.

QPK: 수전, 보호관찰 업무와 감독 대상자들에 대한 당신의 가치관이나 개인적 철학이 경력을 쌓는 동안 바뀌었나요?

ASC: 네, 많이 바뀌었습니다. 예전에는 저는 모든 사람에게서 좋은 면을 보려고 했습니다. 그리고 범죄자들이 다시 기회를 받은 것에 대해 고마워할 거라고, 그래서 곧바로 착실하게 바르게 살면서 우리가 기대하는 대로 행동할 거라고 믿고 싶었습니다. 솔직히 말하면, 대학원 수습 직원 기간 동안 댈러스 지방 교도소에서 일했고, 포티지 지방 교도소 매점에서도 일 해 봤지만, 이 일을 처음 시작했을 때는 상당히 순진했습니다. 아마도 댈러스 같은 대도시가 아니라 작은 마을에서 자랐기 때문인 것 같습니다.

시간이 지나면서, 저는 모든 사람을 대할 때 제 직감을 믿는 법을 배웠습니다. 정말 힘들게 배웠습니다. [제가 사무실 책상에 아이스티 한 잔을 올려뒀었는데, 복사하러 간 사이에 보호관찰 대상자가 그 아이스티에 환각제(LSD)를 넣은 거예요. 결국 응급실에 실려 가서 환각 때문에 엄청 괴로워했죠.] 그 사건 이후로는 모두를 조심스럽게 대하기 시작했습니다. 그리고 한 가지 깨달은 건, 사람들은 자기 상황을 좋게 만들려고 거짓말을 하려 한다는 것이었습니다. 그래서 보호관찰 대상자들이 하는 말은 겉으로만 듣고 믿으면 안 됩니다. 많은 범죄자가 거짓말하는 기술을 오랫동안 완벽하게 갈고닦아 왔기 때문에, 누구의 말을 액면 그대로 믿을 수 있을지 판단하려면 시간이 필요합니다. 저는 그 이후로 지금까지, 개인적 만남이나 업무적으로 새로운 사람을 만날 때 항상 조심하면서 만나고 있습니다.

제가 이 일을 오래 한 사람으로서 믿는 건, 단 한 번의 기회입니다. 저는 범죄자가 사회에서 적응에 성공하고 다시 교도소에 가지 않으려는 의지를 보여 줄 수 있는 기회

는 딱 한 번이라고 생각합니다. 그 기회를 날려버리면, 저는 그들을 거리(사회)에 두느니 차라리 바로 수감하는 편이 낫다고 생각합니다. 솔직히 말해서, 많은 범죄자들이 제가 자기 사건의 판사가 아니라는 걸 다행으로 여겨야 할 것 같습니다.

하지만 제가 사람들을 대하는 기본자세나 개인적 철학 자체는 변하지 않았습니다. 저는 범죄자들에게 기회와 동기만 주어진다면 변할 수 있다고 여전히 믿고 있습니다. 사실 저는 수년 동안 정말 훌륭한 사람들을 만나서 보호관찰을 감독했고, 그들이 앞으로 분명히 성공할 거라는 걸 알고 있습니다. 저 역시 그들이 인생을 바꿀 수 있도록 어떤 식으로든 도움이 되었기를 바랍니다.

QPK: 증거 기반 모형(범죄 위험성 및 범죄 욕구, 사건관리 전략 등)이 도입되면서 보호관찰기관의 성과 향상에 도움이 되었나요?

ASC: 제가 보호관찰기관에서 일하기 시작한 첫날부터 범죄 위험성 및 범죄 욕구 평가는 활용했습니다. 텍사스에서 개발된 모형을 썼는데, 2014년에도 계속 사용되던 방식이었습니다. 하지만 최근에 증거 기반 실무와 동기강화 면담 같은 것들이 새로 도입되면서, 많은 보호관찰관이 이러한 혁신에 적응하는 걸 힘들어했습니다. 특히, 오래 근무한 직원일수록 새로운 감독 모형에 맞추는 것을 더 어려워했습니다. 마치 오래된 방법을 계속 활용하기를 선호하고, 변화를 거부하는 경향이 있었습니다. 그래서 부서 감독관들은 그들이 새로운 방법을 따르고 활용하도록 만드는 데 시간을 많이 쏟아야 했습니다.

저희가 지역사회와 대화하다 보면, 우리가 "범죄자들을 너무 관대하게 대한다."는 말을 자주 듣기도 합니다. 사람들은 보호관들을 '사회복지사'나 '손이나 잡아 주는 사람'으로 부르면서, '좀 더 강경하게 나가야 한다.'라고 의견을 말하기도 합니다. 저희가 부서 정책과 주 의회에서 제정한 법률에 묶여 있다는 것을 설명하기는 참 어렵습니다. 특히, 범죄 피해자들은 사법제도 때문에 손해를 보고 있다고 느끼는 것 같습니다. 예를 들면, 피해자들이 범죄자로부터 매달 배상금을 받기로 약속받았는데, 실제로 한 번도 못 받는 경우가 많습니다. 범죄자가 돈을 안 내면, 피해자들은 당연히 그들을 당장 교도소에 보내야 한다고 생각하지만, 현실은 그렇지 않습니다. 피해자들은 보호관찰관이 범죄자를 교도소에 보낼 권한이 있다고 생각하지만, 그건 저희 결정이 아닙니다. 저희는 보호관찰 취소를 건의할 수는 있지만, 최종 결정은 판사님 몫이기 때문입니다. 저는 새로운 사건관리 전략들이 재범률을 낮추고 있다고 생각하지 않습니다. 왜냐하면 많은 경우, 범죄자들이 새로운 범죄를 저질러도 책임지지 않고 넘어가는 경우가 많고, 그래서 결국 자신의 행동에 대한 책임을 받아들이지 않게 되기 때문입니다.

QPK: 수전이 보시기에 보호관찰 업무의 성격 자체가 변했나요?

ASC: 네, 제가 보호관찰관으로 일한 36년 동안 보호관찰 업무는 확실히 변했습니다. 업무가 훨씬 더 정치적으로 변했습니다. 판사님들이 부서를 감독하는 데 더 큰 역할을 맡게 되면서, 국장 업무까지 세세하게 간섭하는 경향이 생겼습니다. 때로는 법원의 결정 때문에 저희 손발이 묶인 것처럼 느껴지기도 합니다. 수년 동안 행정 관료체계가 너무 비대해져서, 이제는 '누가 어떤 일을 담당하는지'를 파악하는 것조차 어렵습니다. 조직이 워낙 커지다 보니, 공식적 보고체계를 따르지 않고 업무를 처리하기가 쉬워지기도 했습니다.

지난 15년 동안 보호관찰 업무는 정말 많이 전문화되었습니다. 요즘은 아주 특화된 전문 법원들도 많고, 보호관 한 명이 전담해서 맡는 전문 사건 목록도 생겼고, 일할 수 있는 전담 부서도 정말 다양합니다. 1980년대만 해도 그냥 법원에서 일하든 현장에서 일하든, 그 직책과 관련된 모든 업무를 다 처리해야 하는 보호관찰관이었습니다. 하지만 지금은 실질적으로 거의 모든 분야에 전문 부서가 따로 있다고 볼 수 있습니다.

반면, 저는 보호관찰관과 보호관찰 대상자 사이에 개인적 상호작용은 과거보다 훨씬 많아졌다고 생각합니다. 예전에는 대상자가 규칙을 위반해서 고발되면, 대부분 바로 교도소로 갔습니다. 하지만 요즘은 다시 저희에게 돌려보내지고, 저희가 계속 함께 노력하게 됩니다. 부서에서 사용하는 점진적 제재 모형 덕분에 처벌 조치가 내려지기 전에 대상자들에게 여러 번의 기회가 주어집니다. 그래서 보호관찰 대상자들과 상호작용할 기회가 많아졌고, 그들을 올바른 길로 이끌기 위해 노력할 시간도 많아졌습니다. 또 한 가지는, 보호관찰관 한 명이 맡는 담당 인원도 과거보다 훨씬 줄어들었습니다. 보호관찰관이 관리하는 인원은 보호관찰 대상자에게 요구되는 감독 수준에 따라 정해집니다. 집중감독이 필요한 대상자를 맡은 보호관찰관은 보호관찰 대상자의 수가 상대적으로 적고, 낮은 수준의 감독이 필요한 대상자를 맡은 보호관찰관은 훨씬 많은 보호관찰 대상자를 관리하게 되는 방식입니다.

QPK: 수전이 감독관으로 일할 때, 재량권이 어느 정도 있었나요?

ASC: 보통은 감독관으로서 업무를 수행하는 데 상당한 자율성이 주어졌습니다.

하지만 일부 국장들은 다른 국장들보다 더 적극적으로 개입하는 경향이 있었는데, 이러한 국장들은 관리자들의 자율성을 좀 침해했습니다. 그러면서 저희가 전문적인 경험을 살려 어떤 문제에 대해 스스로 결정할 수 있는 권한을 빼앗기도 했습니다. (어떤

국장은 너무 세세하게 간섭해서, 종이 한 장 넘기는 것조차 허락을 받아야 할 상황이었습니다.) 결론적으로 질문에 답하자면, 중간 관리자가 얼마나 많은 자율성을 가질지는 상부 행정팀에 달려 있다고 할 수 있습니다.

QPK: 댈러스 교정국에서 현재 겪고 있거나 앞으로 겪을 수 있는 주요 문제에는 어떤 것들이 있을까요?

ASC: 만약 판사들이 보호관찰 대상자들로부터 부담금을 징수하는 것에 중요성을 두지 않는다면, 재정 문제가 생길 수 있습니다. 저희 운영 예산의 거의 3분의 2를 이 부담금에 의존하고 있는데, 보호관찰관들이 범죄자들에게 "돈을 반드시 내야 하고, 그렇지 않으면 불이익이 따른다."라고 설득하는 것이 점점 더 어려워지는 것 같습니다. 이 문제는 판사들이 단호한 태도를 취해야 할 것 같습니다.

저희가 요즘 보는 또 다른 현상은, 점점 더 많은 범죄자가 보호관찰을 거부하고 차라리 교도소에 가서 형을 살겠다고 선택하는 것입니다. 이러한 경향에는 몇 가지 이유가 있습니다. 일부 범죄자들은 보호관찰을 받는 기간보다 교도소에서 더 짧게 형을 살고 끝내는 것을 원하기 때문입니다. 또 어떤 범죄자들은 부담금을 낼 돈이 없거나(혹은 없다고 주장하며), 심지어 매달 나눠서 낼 수 있는데도 돈 내는 것을 피하려는 것도 이유가 됩니다.

그리고 텍사스의 사회감독 체계에서 다른 주로 전출 가는 보호관찰 대상자들이 늘어나는 것도 수수료 징수액이 줄어드는 또 다른 이유가 됩니다. 이 부분은 주 의회가 나서서 뭔가 조치를 취해야 할 것 같습니다. 텍사스 내에서 저희 사회감독 및 교정국가 운영 예산의 상당 부분을 수수료 징수에 의존하는 유일한 정부기관이기 때문입니다.

QPK: 새로운 졸업생에게 지역사회 교정 분야의 경력을 추천하시겠어요?

ASC: 저는 댈러스 지방 사회감독 및 교정국에서 일했던 제 경력에 충분히 만족합니다. 일이 힘들 때도 있었지만, 전반적으로는 좋은 시절이 나빴던 때보다 훨씬 많았습니다. (나빴던 때의 대부분은 행정팀과 관련되었습니다.) 저는 사회복귀나 교정 분야에서 일하고 싶은 사람이라면 누구에게든 지역사회 교정 분야의 직업을 갖도록 적극 추천하고 싶습니다. 도전적인 일은 맞지만, 범죄자가 시간을 내서 "고맙습니다"라고 말하거나 "당신이 내 인생을 바꿨습니다."라고 알려 주는 쪽지를 줄 때가 있습니다. 그럴 때 정말 보람 있죠. 저는 신입 직원들에게 종종 그 쪽지들을 서랍에 잘 보관했다가 힘든 날 그 쪽지들을 읽으면서 올바른 직업을 선택했다는 것을 상기하라고 말해 주기도 합니다.

그리고 제가 발견한 점은, 저희가 받는 급여와 복지 혜택이 심지어 큰 대기업에서 일하는 것보다 훨씬 더 좋다는 점입니다. 저는 51세에 은퇴할 수 있었는데, 지금 제가 받는 매달 연금이 사실은 재직 시절 받았던 월급보다 100% 이상 더 많습니다. 심지어 의료 보험도 평생 무료로 받고 있습니다.

저는 형사사법체계 관련 일자리에 관심 있는 신규 졸업생들에게 직업을 선택할 때 월급만 보지 말라고 조언하고 싶습니다. 직원으로서 누릴 수 있는 혜택, 예를 들면 의료 보험, 휴가, 병가, 퇴직 연금, 그리고 조기 은퇴 같은 것들이 이 직업을 훨씬 매력적으로 만들어 주기 때문입니다. 다양한 업무 경험을 좋아하고 도전을 기꺼이 받아들일 의향이 있는 사람이라면, 보호관찰 업무를 꼭 고려해 보라고 권하고 싶습니다.

QPK: 면담을 마치기 전에, 따로 하고 싶은 말씀이 있으신가요?

ASC: 마지막으로, 그동안 선생님께서 저에게 베풀어 주신 지식과 지원에 감사드린다는 말씀을 꼭 드리고 싶습니다. 대학원생 시절 교도소 매점에서 일했던 경험, 학술지 논문을 공동으로 집필할 기회, 전문 학회에서 논문을 발표하고, 연구과제를 돕고, 현장 견학에 참여했던 이 모든 것들이 교실에서는 얻기 힘든 소중한 배움의 경험을 제공해 주셨습니다.

… 아동 및 청소년 대상 교정직무

소년사법기관의 관리를 받는 아동, 즉 범죄자이거나 피해자인 아동을 대상으로 하는 지역사회 교정직무는 성인사법기관에서의 직무보다 훨씬 더 포괄적인 성격을 지닌다. 크랫코스키(2012, p. 61)는 "체계론적 접근은 청소년이 일상생활 속에서 여러 사회적 제도에 어떻게 참여하고, 또 그로부터 어떤 영향을 받는지를 설명하는 데 활용될 수 있다. 그중 첫 번째이자 가장 기본적인 체계인 미시체계는 아동이 가족의 일원으로 존재하는 것을 포함한다."라고 설명하고 있다. 대부분의 아이들은 가족 구성원으로서 친밀하고 지지적인 관계를 맺으며 만족감을 느낀다. 그러나 이러한 경험이 부족하거나 가족 내 갈등을 겪게 되면, 일부 아이들은 아동 복지기관이나 사법기관의 개입이 필요한 일탈 행동에 연루되기도 한다. 이러한 경우, 넓은 의미에서 가족은 소년사법기관의 영향을 받게 되는 것이다. 아동이 학교에 진학하면, 학교 관계자는 보호자 역할(in loco parentis) 원칙에 따

라 일정 부분 부모의 역할을 대신하게 된다. 학교는 학생이 머무는 동안 안전한 환경을 제공할 책임이 있으며, 학생이 규칙을 어길 경우에는 징계 조치를 내릴 권한도 가지고 있다. 또한 아동은 지역사회 구성원이기도 하다. 지역사회는 하나의 독립된 정치적 단위로서, 청소년의 행동과 관련된 다양한 조례나 규정을 제정할 수 있는 권한을 가진다. 예를 들면, 통행금지나 공공장소에서의 행동 규제, 배회 금지 조항 등이 여기에 해당한다. 더 넓은 시각에서 보면, 청소년은 주, 지방, 그리고 국가라는 더 큰 정치적 공동체의 구성원이기도 하다.

아동은 피해자이거나 법을 위반한 행위자로 사법제도의 여러 기관과 접촉할 수 있다. 이러한 접촉은 경찰관과 같은 지역사회 지원 담당관, 학교 관계자, 아동 보호기관, 소년법원, 또는 주 정부가 운영하는 교정시설 직원과의 관계에서 이루어질 수 있다. 크랫코스키(2012, p. 63)는 소년사법기관을 그 임무와 목표에 따라 구분할 수 있다고 말했다. 그는 "아동 복지나 아동과 가족 지원을 담당하는 기관들은 주로 도움이 필요한 아동들을 돕는 데 초점을 맞추고 있다."라고 설명했다. 이러한 기관들은 소년사법기관에 유입되는 아동들 중 범죄를 저지른 것은 아니라 피해를 입은 아동들을 지원한다. 이들은 '잘못이 없는(not-at-fault)' 아동들을 돕는 데 모든 초점을 맞추고 있으며, 사법기관에 의해 두 번 상처받지 않도록 지원하는 프로그램을 제공한다. 그러므로 이 기관의 직원들은 돌봄이 필요한 청소년과 가족에게 실질적인 도움을 제공할 수 있도록 교육과 훈련을 통해 전문적인 자격을 갖추어야 한다. 기관에 선발된 인력은 자격을 바탕으로 필요한 지원을 효과적으로 제공하는 데 핵심적인 역할을 수행한다.

아동 복지 및 가족 지원기관에는 행정 업무, 직접 지원, 지역사회 거주형 교정시설 연계와 관련된 다양한 직책이 포함되어 있다. 구체적으로는 다음과 같다.

- 지원기관 관리자
- 접수 담당관
- 조사관
- 사건관리 감독
- 사건관리/사회복지 감독
- 외부 보호 배치 조정자
- 심리학자
- 집단상담사

- 소년법원/가정법원 연락 담당관
- 입양 담당관
- 공동생활가정 및 보호시설 가정 부모
- 공동생활가정/보호시설 관리자

절도, 폭행, 재물 파손 등 성인이 저질렀다면 범죄 행위로 간주될 법 위반행위와 가출, 무단결석 등 청소년에게만 불법으로 규정된 행위를 한 청소년들을 직접적으로 다루는 소년사법기관은 소년사법제도에 편입된 청소년의 필요를 고려해야 것 외에도, 아동의 일탈 행동과 그로 인해 피해를 입은 피해자의 필요, 그리고 그 행동이 지역사회의 안전을 위협하는 경우에는 지역사회의 보호까지도 주의를 기울여야 한다.

비행 청소년이나 문제 청소년을 담당하는 경찰관들은 주로 비행 청소년 예방 경찰관, 학교 전담 경찰관, 청소년 범죄조직 관리 경찰관, 경찰 체육 활동 관리자 등의 직책을 맡는다.

또한, 주 및 지방 검찰청에 소속된 직원들은 소년 사건 담당 검찰관이나 아동 범죄 피해자(신체적, 성적 학대) 사건 담당 검찰관과 같은 역할을 수행한다.

소년법원 판사와 치안판사 외에도, 소년법원 또는 가정법원과 관련된 다른 직책에는 다음과 같은 것들이 있다.

1. 소년범 조정관
2. 법정 후견인
3. 소년법원 관리자
4. 접수 담당관 감독관
5. 선도 프로그램 감독관
6. 법원 심리학자
7. 수석 보호관찰관
8. 보호관찰관
9. 배치 감독관
10. 배상금/사회봉사 감독관
11. 가족 지원 담당관
12. 구금시설 관리자

13. 구금시설 학교 교사
14. 구금시설 청소년 감독/리더
15. 수송 담당관
16. 법원 보안 담당관

청소년 거주형 교정시설 및 지역사회 입소 교정과 관련된 직책에는 다음과 같은 것들이 포함된다.

- 청소년 교정시설 관리자
- 지역사회 배치 책임자
- 거주형 교정시설/공동생활가정/치료 프로그램 책임자
- 사회복지사/상담사
- 여가 활동 감독관
- 가석방/사후관리 담당관
- 보안 담당관
- 청소년 지도자
- 기관 내 학교 교사
- 공동생활가정 상담사
- 공동생활가정 청소년 지도자

 … 성인범 대상 교정직무

크랫코스키(Kratcoski, 2017, pp. 68-69)는 다음과 같이 보고하고 있다.

> 보호관찰관은 교도소에 수감되지 않고 지역사회에서 처분을 받은 소년범 및 성인범을 감독하며, 가석방 담당관은 일정 기간 수감된 후 석방된 소년범 및 성인범을 관리한다. 이들은 지역사회 교정에서 중요한 역할을 수행한다. 이들의 업무에는 의뢰인과 면담, 감독 및 상담, 의뢰인에게 필요한 지원을 제공하기 위해 다른 지역사회기관과 협력(약물 남용 감시 또는 상담, 의료, 정신건강 지원, 가족 지원 등), 의뢰인이 취업하거나 교육 프로

그램에 참여할 수 있도록 돕기, 주거 지원, 의뢰인의 진행 상황 감시 및 평가, 사건 보고서 관리, 보호관찰, 규칙위반 보고, 법정 증언, 그리고 보호관찰 또는 가석방 조건을 위반한 경우에 진행 보고서 및 취소 보고서 작성 등이 포함된다.

교육 요건 외에도, 새로 임용되는 보호관찰관은 일반적으로 기본 교육 과정을 이수해야 한다. 이는 연방 및 주 정부 소속 보호관찰관과 가석방 담당관뿐 아니라 지방 또는 지방자치단체 소속 보호관찰관에게도 해당된다. 다음은 오하이오주 보호관찰관 교육 프로그램의 과목 예시이다.

필수 원격 과정

- 효과적인 개입의 원칙
- 범죄 위험성 평가 기초
- 오하이오주 법원 제도
- 오하이오 형사사법체계 및 관련 기관
- 보호관찰관의 권한과 법원 내 역할
- 보호관찰관 윤리
- 경찰 안전 기초
- 법정 발표 기초
- 전자 범죄자 정보
- 약물 식별 및 검사
- 보호관찰관을 위한 수색 및 압수
- 특수 인구

필수 대면 과정

- 평가 및 사건계획 입문
- 전문적 의사소통: 구두 및 서면 의사소통 기술
- 동기강화 면담 입문
- 범죄자 기술 향상 입문
- 범죄자 행동 관리 입문(Ohio Probation Officer Training Program, 2016, pp. 1-2)

교정 관련 직종에서의 역할 갈등

교정의 목표와 교정 분야에서 일하는 사람들에게 요구되는 다양한 역할은 때때로 양립하기 어려워 보일 수 있다. 한 사람이 상담사이자 조사관, 감독자 역할을 수행하면서 경찰관과 유사한 업무까지 동시에 수행할 수 있을까? 만약 교정직원이 모든 기대 영역에서 충분히 역할을 수행하지 못한다면 어떤 역할을 우선적으로 강조해야 할까? 개인이 직업에 대한 태도나 성향이 상사의 기대와 일치하지 않을 경우, 그 결과는 어떻게 될까?

이러한 요인들 외에도 다양한 이유로 많은 교정직원은 역할 갈등을 경험하게 된다. 교정직원의 직업적 역할은 과거보다 훨씬 복잡해졌다. 스나(Snarr, 1996, p. 263)는 "예상된 목표를 수행하는 과정에서 교정직원은 일부 역할 갈등을 경험할 수 있다. 역할 갈등이라는 개념은 한 사람이 수행해야 하는 두 개 이상의 역할이 서로 양립할 수 없는 상태를 의미한다. 한 역할을 수행하는 것이 다른 역할 수행을 방해하거나 충돌할 수 있다."라고 지적했다. 교정직원은 자신이 소속된 기관의 유형과 관계없이 일정 정도의 역할 갈등을 경험할 수 있지만, 갈등의 정도는 해당 기관의 특성과 교정직무를 수행하는 개인의 특성 등 여러 요인에 따라 달라진다. 최고 보안등급 교도소에서 근무하는 직원들은 기관 운영에서 무엇보다도 안전과 보안이 최우선으로 강조된다는 사실을 잘 알고 있다. 이러한 역할이 수용 가능하다면, 기관 교정 분야에서 경력을 쌓는 사람들에게 역할 갈등은 큰 문제가 되지 않을 가능성이 높다. 반면, 지역사회 교정에서 근무하는 사람들에게 요구되는 역할 기대치는 훨씬 더 복잡하다. 이로 인해 지역사회 교정직원에게는 역할 갈등이 더 큰 문제로 나타날 수 있다. 역할 갈등과 관련된 주요 요인은 다음과 같다.

- 역할이 명확하게 정의되지 않은 경우
- 목표의 변화로 인한 기대의 변화
- 기관 운영 방식의 변화로 인해 목표에 대한 혼란이 발생하거나 기관 목표가 급격히 변경되는 경우
- 내담자와 상호작용 방식에 변화를 가져오는 새로운 기술의 도입
- 다른 기대치를 발생시키는 새로운 법률 제정
- 직무나 내담자에 대한 환멸감

존슨(1998, p. 18)은 1960년대 자신이 보호관찰관으로 근무했던 당시의 경험과 현재의

경험을 비교하며 이 주제를 다루고 있다. 그녀는 "제가 1960년대에 보호관찰관으로 일하기 시작했을 때, 저는 이 직업에 대해 큰 자부심과 명예를 느꼈습니다. 당시 지역사회 주민들은 보호관찰관을 존경받는 전문가로 인식했으며, 저 역시 제 역할에 대해 자부심과 자신감을 가지고 있었습니다. 그러나 오늘날 대중, 법원, 입법기관은 보호관찰에 대해 혼란스럽고 모호하며 비현실적인 기대를 갖고 있습니다. 충분한 자원이 없음에도 불구하고 의뢰인의 행동을 완전히 교정할 것을 기대하는 경우가 많습니다. 1960년대에는 제가 수행한 보호관찰 업무가 주로 지원 제공자 역할에 국한되었지만, 이후 관리자 역할을 맡으면서 기대는 크게 달라졌습니다. 오늘날 교정기관의 관리 업무는 EEOC(미국 고용기회평등위원회), MOU(노동협약), ADA(미국 장애인법), FLSA(공정근로기준법), FMLA(가족, 의료 휴가법), 그리고 OSHA(산업안전보건청) 등 이른바 '알파벳 규정(alphabet soup)'[1]이라 불리는 다양한 규제를 포함합니다. 각 지침은 서로 다른 기대와 의무를 동반하며 때로는 서로 충돌하기도 하고, 보호관찰의 목표와 사명을 충분히 고려하지 않는 경우도 많습니다. 입법기관과 관료제는 이러한 문제들에 대해 여전히 단기적이고 임시방편적인 해결책을 내놓을 뿐이며, 실제로 효과적인 프로그램 모형을 명확히 제시한 연구 결과는 거의 반영되지 않고 있습니다."라고 말했다.

과거에 비해 지역사회와 보안교정시설에서 근무하는 교정직원의 역할은 더욱 복잡해졌으며, 그들이 상호작용하는 대상 또한, 대중매체, 지역사회 주민, 연방 및 주 정부 또는 지방 정부의 지침과 법률 등으로 확대되었다. 이에 따라, 오늘날의 교정직원들은 과거보다 더 높은 수준의 교육과 훈련을 받게 되었고, 그 결과 교정직원들이 역할 갈등을 경험할 가능성은 과거에 비해 상대적으로 줄어들었다. 대학, 전문기관, 지역사회 단체의 협력, 표준화된 운영절차, 직무 기술서, 규정 및 지침서의 마련 등은 교정직원들이 자신의 역할에 대한 기대를 보다 명확히 이해하게 되었다.

교정직원의 교육과 훈련에서 고등교육기관이 수행해야 할 역할은 20세기 후반, 많은 범죄학 및 사법 관련 학위과정들이 개설된 이후 지속적으로 논의되어 왔다. 크랫코스키(2016a, b, p. 10)는 1970년대 대학에서 개발된 범죄학과 사법 프로그램을 연구한 테니(Tenney)의 연구를 인용하며, 당시 프로그램들이 실무 훈련, 사회과학 이론, 전문성 중 어느 한 영역에 중점을 두고 있었다고 지적했다. 그는 이 새로운 프로그램들을 세 가지 유형

1) 역자 주: 너무 많은 약어와 규제들이 난무하는 복잡한 행정 환경을 비유하는 말.

으로 구분했다. 즉, 실무 중심, 전문가 중심, 그리고 사회과학 중심 프로그램이다. 테니의 연구에 따르면, 범죄학, 사법 프로그램에서 교사로 고용된 인력의 방향성, 학문적 기준, 자격 요건에는 뚜렷한 차이가 있었다. 예상대로, 실무 중심 프로그램은 경찰 조직이 따르는 전통적 군사 조직 모형을 유지하는 데 필요한 기술을 가르치는 데 초점을 맞추었다. 교육과정은 기계적 기술 습득, 규칙 적용, 장비 숙달 능력의 개발을 목표로 설계되었다. 반면, 사회과학 중심 프로그램은 일반적으로 형사사법제도를 포함한 정치 제도의 연구를 이론적 관점에서 다룬다. 크랫코스키(2016a, b, p. 11)에 따르면, "교육 프로그램에서 실무 훈련과 이론적 내용의 적절한 비중을 어느 정도로 둘 것인가, 그리고 범죄학 교육이 일반적 이론 및 연구 중심이어야 하는지 아니면 실무 중심이어야 하는지에 대한 논쟁은 여전히 존재한다. 비록 교육과 훈련의 구분이 다소 모호해졌지만 말이다."라고 주장했다. 형사사법기관과 교육기관의 협력은 사법 인력 양성에서 기술 습득과 사법제도 이해라는 두 가지 측면을 동시에 강조하도록 만들었다. 또한, 교육기관과 사법기관의 협력을 필요로 하는 연구과제 수행과 프로그램 운영은 사법 분야 직책을 준비하는 인력 양성 과정에서 실무 훈련과 이론적 지식의 균형을 이루는 데 기여했다. 수습직원, 산학연계, 현장 학습과 같은 체험형 교육 기회 제공은 경찰, 교정, 법률 분야에서 일할 준비를 하는 학생들이 사법기관에서 근무 후보자가 되기 전에도 실무 경험을 쌓을 수 있도록 해 준다. 크랫코스키 등(2021)은 이 기회를 통해 사법 분야 진로를 준비하는 학생들이 법 집행, 교정(소년, 성인, 지역사회, 시설), 법률 분야 등 어느 영역에서든 실제 직무에서 요구되는 사항, 기회, 갈등, 좌절, 그리고 예상되는 만족감에 대한 소중한 경험과 정보를 얻을 수 있을 것이라고 말했다.

요약

교정직원이 소년범 및 성인범을 지역사회 또는 교정시설에서 감독하고 지원하는 전통적인 역할은 비교적 일정하게 유지되어 왔다. 그러나 범죄자 감독과 지원 및 치료 제공에 대한 강조점은 정치적 환경, 범죄자에 대한 처벌 강화 또는 건강, 상담, 여가 활동, 기본 생활 지원 등 교정시설 내 프로그램 확대를 요구하는 입법 변화 등 여러 요인에 따라 시기별로 달라졌다. 신체질환 및 정신질환을 가진 범죄자에 대한 새로운 치료 접근법은 교정 분야에서 보다 전문화된 인력의 필요성을 증가시켰다.

토의 문제

1. 교정 치료의 '의료 모델'이란 무엇인가? 오늘날 이 모델이 선호되지 않는 이유는 무엇이라 생각하는가?
2. 상담 및 심리치료보다는 합당한 처벌을 중시하는 '정의 모델'이 도입되었을 때, 어떤 예상치 못한 결과가 나타났는가?
3. 고등학교 학력만 가진 사람이 교도관으로 일하고자 할 때, 어떤 유형의 교정직무가 적합할 수 있는가?
4. 성인범에게 '상담 및 심리치료를 받을 권리'가 보장되어야 한다고 생각하는가? 그 이유는 무엇인가?
5. 소년법원이 폭력 전과가 많은 청소년을 포함하여 모든 소년범의 사회복귀를 책임져야 한다고 생각하는가, 아니면 일부 청소년은 사회복귀가 불가능하다고 보는가? 만약 사회복귀가 불가능하다면, 장기 수감만이 유일한 해결책인가?
6. 보호관찰관은 흔히 '지원 연결 담당관'으로 불린다. 이 용어는 무엇을 의미하는가? 보호관찰관은 범죄자가 필요로 할 수 있는 다양한 지원과 어떻게 연결될 수 있는가?
7. 보호관찰관이 자신의 역할에서 돕는 측면을 중시한다 하더라도, 범죄자가 재범하여 다시 교도소로 돌아갈 위험성 때문에 피보호자와의 관계에서 일정한 비인격적 태도를 유지해야 한다고 생각하는가?
8. 범죄자를 시설 수용이 아닌 지역사회 교정에 배치하는 것이 지역사회에 주는 장점은 무엇인가? 또 단점은 무엇인가?
9. 지역사회 교정직원은 왜 시설 교정직원보다 더 많은 역할 갈등을 경험할 가능성이 있는가?
10. 교정에서 '회복적 정의 모델'의 인기가 확산된 데에는 어떤 변화된 사회적 · 제도적 조건들이 작용했는가?

참고문헌

AAcademy of Criminal Justice Sciences. (1998). *Standards for criminal justice education*. Retrieved January 18, 2004, from Acjs.org/pubs/1676672912.cfm

Glaze, L., & Herberman, E. (2013). *Correctional populations in the United States* (NCJ 243936). Bureau of Justice Statistics.

Hambrick, M. (2000). The correctional worker concept. In P. Kratcoski (Ed.), *Correctional counseling and treatment* (4th ed., pp. 73-77). Waveland Press.

Henry, S., & Hinkle, W. G. (2001). *Careers in criminal justice*. Sheffield Publishing Company.

Hsich, M., Hafoka, M., Woo, Y., Van Wormer, J., Stohr, M. K., & Hemmens, C. (2015). Probation officers roles: A statutory analysis. *Federal Probation*, *79*, 20-37. Administrative Offices of the U.S. Courts.

Johnson, S. (1998). Probation: My profession, my lifetime employment, my passion. *Crime and Delinquency*, *44*(1), 117-120.

Kratcoski, P. (2004). *Correctional counseling and treatment* (5th ed., pp. 68-71). Waveland Press, Inc.

Kratcoski, P. (2007). The challenges of police education and training in a global society. In P. Kratcoski & D. Das (Eds.), *Police education and training in a global society* (pp. 3-21). Lexington Books.

Kratcoski, P. (2012). *Juvenile justice administration*. CRC Press.

Kratcoski, P. (2016a). *Correctional counseling and treatment* (6th ed.). Springer.

Kratcoski, P. (2016b). Perspectives on the professional practitioner. In P. Kratcoski & M. Edelbacher (Eds.), *Collaborative policing: Police, academics, professionals, and communities working together for education, training, and program implementation* (pp. 247-305). CRC Press.

Kratcoski, P. (2017). Police and academic and professional practitioner collaboration in research, education, training and programming. In P. Kratcoski & M. Edelbacher (Eds.), *Collaborative policing: Police, academics, professionals and communities working together for education, training, and program implementation* (pp. 5-26). CRC Press/ Talyor & Francis Group.

Kratcoski, P., & Kratcoski, P. (2021). *Experiential education and training for employment in justice occupations*. Springer.

Ohio Probation Officer Training Program. (2016). Retrieved December, 2016, from http://www.supremecourt.ohio.gov/Boards/judCollege/probationTraining/default.asp

Pastore, A., & Maguire, K. (Eds.). (2002). *Sourcebook of criminal justice statistics*, 2001 (Vol. 19, pp. 84-86). U.S. Department of Justice.

Pavalko, R. (1971). *Sociology of occupations and professions*. Peacock Publishers.

Probation Officer Jobs. (2016). Retrieved March 12, 2016, from http://www.indeedcom/Job?List=Probation+Officer&Start=10

Snarr, R. (1996). *Introduction to corrections* (3rd ed.). McGraw-Hill.

제 5 장 소년범 상담 및 심리치료: 선도와 공식 처리

서론

사법제도에서 사용되는 선도(diversion)라는 용어는 범죄 혐의가 있는 개인(청소년 또는 성인)을 공식 법정절차에 회부하지 않는 모든 방식을 의미한다. 선도의 구체적 의미는 선도가 어떤 방식으로 적용되는지, 그리고 법정절차 중 어느 단계에서 이루어지는지에 따라 달라진다. 예를 들면, 전면적 선도(total diversion)는 범죄 행위를 한 사람이 경찰이나 다른 공권력을 가진 자에 의해 적발되었지만 그에 대한 공식적 법적 조치가 취해지지 않는 경우를 말한다. 이를테면, 경찰이 운전자가 제한 속도를 초과하거나 정지 신호를 위반한 사실을 목격했음에도 불구하고 범칙금을 부과하지 않고 단순히 경고로 마무리하는 경우가 이에 해당한다. 전면적 선도는 주로 청소년이 통행금지 시간을 어기거나, 배회하거나, 또는 심한 소음 등과 같은 경미한 소란을 일으킨 경우에 주로 경찰이 적용하는 조치이다. 이때 대부분의 경우는 공식적 제재 없이 경고로 마무리된다. 또한 교직원들 역시 무단결석, 교실 내 무질서한 행동, 또는 소규모 절도와 같은 경미한 위반행위를 저지른 학생들을 사법기관에 회부하지 않고 학교 내부에서 자체적으로 처리함으로써 학생들에게 선도의 기회를 제공하기도 한다. 반면, 부분적 선도(partial diversion)는 경찰이나 기타 사법기관 직원이 적절한 조치를 취할 때 적용되는 방식이다. 해당 개인이 법원에 회부되어 공식 절차를 밟는 대신 비사법적 기관으로 이송되어 필요한 조치를 받는다. 특정 범죄자를 선도 대상으로 결정하는 과정은 경찰의 재량, 경찰의 내부 지침, 또는 경우에 따라 주 및 지방 정부의 법령에 근거하기도 한다. 선도 결정의 근거가 어떠하든, 일반적으로 선도 대상자 선정 기준과 선도 절차를 규정한 공식 지침이 마련되어 있다.

소년사법절차에서 선도 조치를 받을 가능성이 가장 높은 집단은 경미한 위반행위를 저지른 청소년이나, 지위비행(status offenses), 즉 성인에게는 불법이 아니지만 청소년에게는 위법으로 간주되는 행위를 한 청소년들이다. 또한 옳고 그름의 구별을 이해하기 어려울 정도로 미성숙하거나 정신적으로 취약한 소년범들 역시 선도의 대상이 될 가능성이 높다.

… 경찰의 비행 청소년 선도

미국 의회는 1974년에 「소년사법 및 비행예방법(Juvenile Justice and Delinquency Prevention Act: JJDP)」을 제정했다. 같은 해, 이 법의 시행과 총괄을 위해 소년사법 및 비행예방국(Office of Juvenile Justice and Delinquency Prevention: OJJDP)이 의회에 의해 설립되었다. 크랫코스키는 "1992년에 이 법이 재승인되면서, 지위비행 청소년의 비수용화, 청소년의 성인 교도소 수용 금지, 그리고 모든 교정시설에서 청소년과 성인의 격리 의무가 재확인되었다."라고 보고했다(Kratcoski et al., 2004, p. 156). 또한, 이 법은 주 정부가 소년원, 장기 수용시설, 교도소나 구치소 등 성인 교정시설에 수용된 소수민족 청소년의 과도한 수용 실태를 조사하고 연구하도록 규정했다. 연방 정부는 「소년사법 및 비행예방법」(Public Law 93-415, Section 223 [a], 23)의 목표에 따라 청소년의 선도, 비범죄화, 비수용화 그리고 소수민족 청소년이 사법체계에 과도하게 포함되는 불균형을 완화하기 위한 프로그램을 운영하는 기관에 재정지원을 제공하도록 했다. 소년사법 및 비행예방국의 최근 정책은 아메리카 원주민과 알래스카 원주민 청소년의 폭력과 비행을 줄이는 방안에 초점을 맞추고 있다. 원주민 청소년 집단을 대상으로 소년사법 및 비행예방국의 보조금을 받으려면, 수혜기관은 멘토링 활동에 부족(tribal) 청소년을 위한 조항을 포함하고 부족 치유 법원(tribal healing courts)의 확대를 위한 재정지원을 해야 한다. 이러한 법원에서는 약물 남용 등으로 인해 부족 소년사법체계의 대상이 된 청소년들에게 발달수준에 적합하고 지역사회 기반적이며 문화적으로 적절한 지원을 제공하고 있다(OJJDP Newsletter 249801, 2016).

비행행동의 징후를 보이거나 이미 비행에 관여한 청소년들을 대상으로 한 조기 개입 프로그램에 대한 연구들은 일반적으로, 학교나 법집행기관이 청소년의 삶에 개입할 때 긍정적인 효과가 나타난다는 사실을 보여 준다.

오하이오주 북동부에 위치한 여러 경찰서가 주관하는 청소년 선도 프로그램에 대한

연구(Kratcoski et al., 2004, p. 158)의 목적은 다음과 같다.

1. 오하이오주 경찰이 주관하는 선도 프로그램의 구조와 운영 방식을 분석하고, 청소년이 프로그램에 어떻게 회부되고 심사되며 선발되는지와 프로그램 운영 인력이 어떻게 구성되는지 그리고 참여 청소년에게 제공되는 감독 및 지원이 무엇인지 등 프로그램의 주요 활동을 기술한다.
2. 소수민족 청소년, 특히 아프리카계 미국인 청소년이 선도 프로그램에 어느 정도 포함되어 있는지를 확인한다.
3. 경찰 주관의 청소년 선도 프로그램이 비행 및 반사회적 행동을 억제하는 데 효과적인지를 검증한다.

연구에 포함된 16개의 경찰 주관 청소년 선도 프로그램은 공통된 목표를 가지고 있었지만, 프로그램 운영 인력 구성과 운영 자금 출처에는 차이가 있었다. 일부 프로그램은 전원이 민간 전문 상담사들로만 구성되어 있고, 다른 프로그램에는 전원 경찰관으로만 구성되었으며, 또 다른 프로그램은 민간 전문 상담사와 경찰관을 함께 배치해 인력을 구성했다. 또한 운영 자금 출처도 다양했다. 일부 프로그램은 연방 및 주 정부 보조금으로 운영된 반면, 다른 프로그램들은 해당 프로그램을 주관하는 경찰서의 자체 예산으로만 운영되었다.

연구에 포함된 16개의 청소년 선도 프로그램 대부분은 비공식적 처분의 일환으로 청소년들에게 지역사회 봉사활동을 일정시간 수행하거나, 필요할 경우에 피해자에 대한 손해배상을 이행하도록 요구했다. 또한 프로그램 참여 청소년의 약 4분의 3이 '비공식적 보호관찰(informal probation)' 조치를 받았다. 그 외에 프로그램의 초점과 활동 내용은 프로그램마다 상당히 달랐다. 일부 프로그램은 참여 청소년들에게 규칙을 매우 엄격하게 준수할 것을 요구하면서, 그들에게 상담을 제공하는 것에는 거의 중점을 두지 않았다. 이러한 프로그램에서 청소년이 규칙을 위반하거나 비행 또는 난폭한 행동을 할 경우, 해당 청소년은 프로그램에서 제외되었으며 소년법원에 회부되어 공식적 절차를 밟게 되었다.

연구에 포함된 다른 일부 프로그램들은 청소년들에게 지역사회 봉사활동을 요구하는 동시에 청소년과 그 가족을 지원하는 활동에 중점을 두는 경향을 보였다. 청소년 선도 프로그램은 일반적으로 전문 상담사로 구성되어 있었으며, 상담사들은 자신의 전문적 상담 기술을 활용하여 청소년이 긍정적인 변화를 이루도록 동기를 부여하려고 노력했다. 상담사들은 프로그램에 직접 참여하는 경찰관보다 청소년들에게 더 지지적인 태도를 보였으며, 가능한 경우 프로그램 규칙을 위반했거나 프로그램 참여 중 경미한 위반행위를 저지른 청소년들에게도 프로그램을 성공적으로 끝마칠 수 있는 기회를 제공했다. '비공식적 보호관찰' 조건을 위반했지만 프로그램에서 제외되지 않은 청소년들에게는, 일반적으로 새로운 제한 조치 부과와 비공식적 보호관찰 기간의 연장이 추가 제재로 주어졌다.

프로그램에 참여한 청소년들의 상태를 분석하기 위해 프로그램을 성공적으로 끝마친 청소년들을 대상으로 6개월간의 추적 조사가 이루어졌다. 또한 프로그램을 끝내지 못한 채 제외된 청소년들에게도 동일한 분석을 실시하였다. 예상대로 프로그램을 성공적으로 마친 청소년들의 재범률은 20% 미만으로, 프로그램에서 제외된 청소년들의 재범률보다 유의미하게 낮았다.

분석 결과, 프로그램 종료 후 6개월 추적 관찰 기간 동안 다시 범죄를 저지르지 않은 청소년들은 대체로 가족의 강력한 지지를 받고 있었고 학교생활에 잘 적응했으며, 지역사회 내에서 긍정적인 인간관계를 맺고 있는 경우가 많았다. 이 청소년들은 선도 프로그램의 도움 없이도 청소년기를 잘 극복하며 문제행동 없이 성장할 가능성이 높았던 집단으로 볼 수 있다. 그러나 프로그램 참여를 통해 이들은 추가적인 지지체계를 경험했으며 동시에 비행 기록 없이 소년사법제도에서 벗어날 수 있는 기회를 얻었다는 점에서 청소년 선도 프로그램은 중요한 의미를 가진다.

연구에 포함된 선도 프로그램 중 하나는 오하이오주 스토(Stow) 경찰서의 경찰 선도 프로그램이었다. 다음 [글상자 5-1]에 실린, 스토 경찰서 청소년과 감독관인 캐서린 크리스트(Katherine Christ)와 면담은 현재 스토 경찰 선도 프로그램의 운영 방식을 중점적으로 다루고 있다.

글상자 5-1 스토 경찰서 청소년과 감독관 캐서린 크리스트와의 면담

[2023년 11월 14일 면담자: 크랫코스키 박사]

캐서린 크리스트는 애크런(Akron) 대학교에서 사회학과 교정학을 전공하고, 형사사법학(Criminal Justice)을 부전공으로 하여 학사학위를 취득했다. 그녀는 1998년 스토 경찰서에 청소년 지원 전문가로 채용되었고, 2013년에 청소년 지원 감독관으로 승진했다.

QPK: 캐시, 스토 경찰서에서 근무하신 지 얼마나 되셨나요?

AKC: 25년입니다.

QPK: 그렇다면 청소년 감독관으로 근무하신 지는 얼마나 되셨나요?

AKC: 12년입니다.

QPK: 청소년과의 임무와 청소년과에 배정된 경찰관들의 임무는 일반 순찰 부서의 경찰관들과 어떻게 다른가요?

AKC: 스토 청소년 지원 부서는 세 명의 민간 직원으로 구성되어 있습니다. 저희는 제복을 입지 않고 체포 권한도 없습니다. 그래서 청소년과에 회부된 청소년들은 저희가 체포하려는 사람이 아니라 도움을 주기 위한 사람들이라는 점을 인식하고 더 쉽게 마음을 열어주는 경향이 있습니다.

QPK: 청소년 선도 프로그램의 운영에 대해 좀 더 구체적으로 이야기해 보고 싶습니다. 청소년과로 회부된 청소년들은 어떤 절차를 거치게 되는지 설명해 주시겠어요?

AKC: 스토 시에서 범죄 혐의로 기소된 모든 청소년에 대한 서류는 저에게 전달됩니다. 저는 서류(경찰 보고서)를 검토하고 해당 청소년이 저희 프로그램에 적합한지 결정합니다.

QPK: 소년범을 선도 프로그램에 받아들일지 여부에 대한 최종 결정은 누가 내리나요?

AKC: 감독관으로서 제가 결정합니다.

QPK: 청소년과로 회부된 청소년이 프로그램에 적합한지 판단하는 기준은 무엇인가요?

AKC: 제가 가장 먼저 확인하는 기준은 기소된 혐의 내용입니다. 모든 경범죄는 프로그램 참여가 가능하지만, 중범죄 혐의로 기소된 경우는 참여 대상에서 제외됩니다. 만약 청소년이 이전에 스토 청소년 지원 프로그램에 참여한 적이 있고 본인과 가족이 협조적이었다면 다시 참여할 자격이 주어집니다. 프로그램 참여 대상자로 선정된 청소년의 경우, 청소년 및 가족과 첫 면담에서 선택권이 주어집니다. 하나는 청소년과 감독하에 프로그램을 이수하는 것이고, 다른 하나는 서밋 지방 소년법원으로 혐의를 송치하는 것입니다. 또한 이미 프로그램에 참여 중인 청소년이 새로운 혐의로 기소된 경우, 새로운 혐의의 심각성과 다른 상황에 따라 프로그램에 계속 참여할 것인지 아닌지 선택권이 주어질 수도 있습니다.

QPK: 캐시, 청소년과로 회부된 청소년들은 어떤 절차를 거치게 되는지 설명해 주세요.

AKC: 청소년이 스토 청소년 지원 프로그램에 적합하다고 판단되면, 심리 일정이 잡히고 보호자에게 통지서가 발송됩니다. 초기 면담에서 청소년은 사건을 서밋 지방 소년법원으로 보내거나 스토 청소년 지원의 관할하에 계속 절차를 진행할지 여부를 선택하게 합니다. 청소년이 스토 청소년 지원 프로그램 참여를 선택할 경우, 그 청소년은 자신의 혐의를 인정하고 3개월 동안 지켜야 할 규칙과 의무가 명시된 계약서에 동의해야 합니다. 청소년이 이 계약 조건을 모두 이행하면 해당 혐의는 기각됩니다.

QPK: 청소년이 어떤 종류의 처벌을 받을지는 어떻게 결정되나요? (처벌이 표준화되어 있나요? 아니면 개별화되어 있나요?)

AKC: 처벌은 사안에 따라 결정되며 여러 가지 사항이 고려됩니다. 첫 번째 고려 사항은 혐의 내용과 피해자가 존재하는지 여부입니다. 두 번째는 해당 청소년이 이전에 스토 청소년 지원을 받은 적이 있는지 여부입니다. 만약 혐의가 약물 남용과 관련되었다면, 청소년과 가족은 12시간의 교육 프로그램을 이수해야 하고 청소년은 약물 남용 전문 상담사와 후속 상담을 통해 평가를 받아야 합니다. 혐의가 폭력과 관련되었다면, 청소년과 가족은 분노 조절 집단 프로그램에 참여해야 합니다. 혐의가 재물 손괴/절도와 관련되었다면, 청소년은 피해자에게 손해배상을 해야 합니다. 이러한 개별화된 제재 외에도 모든 참여 청소년에게는 사회감독, 약물 검사 그리고 지역사회 봉사활동이 공통적으로 주어지는 제재입니다.

QPK: 청소년에게 감독이 필요한 경우, 어떤 종류의 감독을 받을지는 어떻게 결정되나요?

AKC: 혐의 내용과 청소년의 약물 관련 여부에 따라 달라집니다. 최근 청소년들의 약물 남용이 증가하고 있기 때문에, 저희는 조기 발견과 교육 프로그램 참여가 필수적이라고 생각합니다. 대부분의 청소년들은 사회감독을 받게 되는데, 이는 청소년 지원 전문가에게 배정되어 청소년이 학교나 스토 청소년 지원 사무실에서 담당 전문가와 정기적으로 상담하는 방식으로 이루어집니다.

QPK: 청소년 지원 전문가로 처음 일하기 시작했을 때와 현재를 비교했을 때, 청소년과로 회부된 청소년들의 특성이나 범죄 유형에 큰 변화가 있다고 느끼시나요?

AKC: 저희는 청소년들의 약물 남용이 증가하는 것을 목격하고 있습니다. 청소년들은 테트라하이드로카나비놀(THC) 성분이 더 높은 농도의 대마초를 더 빈번하게 사용하고 있습니다. 일부 청소년들은 프로그램에 참여할 때쯤 이미 매일 대마초를 사용하는 상태인 경우도 있습니다. 또한 청소년들뿐만 아니라 부모들 역시 대마초 사용에 대해 비교적 관대한 태도를 보이는 경우가 많습니다. 최근에는 청소년들이 퍼코셋, 펜타닐, 메스암페타민 등 보다 강력한 약물을 사용하는 경우가 증가하고 있습니다. 게다가, 사회 관계망(SNS)의 영향으로 학교 내 괴롭힘과 문제행동이 증가했습니다. 불확

실한 소문이 빠르게 퍼질 뿐만 아니라, 동영상과 사진 또한 짧은 시간 내에 많은 사람에게 확산되는 상황이 빈번하게 발생하고 있습니다.

QPK: 캐시, 이번 면담에서 다루지 않은 내용 중에 추가하고 싶은 점이 있으신가요?

AKC: 많은 청소년들이 정신건강 문제로 고통을 받고 있습니다. 그러나 코로나-19와 같은 세계적인 전염병 이후 유의미하게 증가한 정신건강 문제에 대처할 자원이 부족합니다. 부모들은 새로운 내담자를 받아 주는 기관을 찾는 데 어려움을 겪고 있고, 기관을 찾더라도 정신건강 전문가를 만나기 전까지 너무 긴 대기 시간이 발생하는 경우가 많습니다.

… 학교 전담 경찰관 프로그램

2020년 가을 기준, 미국의 공립 및 사립 초등학교에 재학 중인 학생 수는 5,500만 명이 넘었다(The National Center for Educational Statistics, 2022, p. 1).

크랫코스키(2023a, pp. 130-131)는 "매년 미국의 학교에 다니는 수백만 명의 학생들과 졸업생들은 각자의 학교생활에 대해 다양한 기억들을 간직하고 있다. 어떤 학생들에게는 학창 시절의 성취, 인정, 친구들 간의 우정 등과 같은 '긍정적인' 경험이 개인적이고 소중한 추억으로 남아 있다. 반면, 다른 학생들에게는 '부정적인' 경험들이 더욱 선명하게 각인되어 있을 수도 있다, 예를 들면, 다른 학생에게 괴롭힘을 당했던 경험, 성적이 낮아 놀림을 받았던 경험, 함께할 친한 친구가 없어 외로움을 느꼈던 경험 그리고 총격, 폭탄 테러 또는 그 밖의 형태의 폭력의 희생양이 될지도 모른다는 끊임없는 두려움을 느꼈던 경험 등이 이에 해당한다."라고 언급했다.

미국 전역의 학교에서는 경찰, 학교 관리자, 소년법원, 기타 소년사법기관 및 지역사회 지원기관들 간의 소통과 협력 관계를 구축하기 위해 학교 전담 경찰관(school resource officer) 프로그램이 개발되어 운영되고 있다.

1968년에 제정된 「범죄 통제 및 안전한 거리법(Omnibus Crime Control and Safe Streets Act)」 제1편 제Q항은 개정 조항에 근거하여 학교 전담 경찰관에게 재정을 지원하고 있다. 학교 전담 경찰관들은 '정식 자격을 갖춘 경찰관으로, 지역사회 중심의 치안 활동에 배치되어 소속 경찰서 및 법집행기관과 학교 및 지역사회 기반기관이 잘 협력할 수 있도록 임명된 경찰관'으로 정의된다.

학교 전담 경찰관은 학교 환경에서 청소년들과 효과적으로 소통하고 상호작용할 수 있도록 특별 교육을 받은 경찰관이다. 많은 학교 전담 경찰관이 1991년에 설립된 비영리 단체인 미국 학교 전담 경찰관협회로부터 교육을 받는다.

학교 전담 경찰관의 주요 역할에는 법 집행, 교육 활동, 멘토링이 포함된다. 일반적으로 학교 전담 경찰관들은 중고등학교에 배치되며, 학교별 상황에 따라 구체적인 역할은 달라질 수 있다. 그러나 모든 학교 전담 경찰관 프로그램의 공통된 목표는 안전한 학교 환경을 조성하고 학교의 필요에 따라 다양한 지원을 제공하며, 학생 및 교직원들과 긍정적인 관계를 형성하고 교내 범죄 및 각종 문제를 예방하는 데 있다. 학교 전담 경찰관은 소년사법기관 및 아동 보호기관, 지역사회 자원봉사 단체들과 긴밀히 협력하며 역할을 수행한다. 예를 들어, 아동 학대나 방임을 조기에 발견할 수 있으며 지역사회에 도움이 되는 학교 관련 활동에 참여하기도 한다.

학교 전담 경찰관은 학교 관리자의 요청에 따라 학교에 배치된다. 학교 전담 경찰관의 급여는 보조금과 소속 경찰서의 예산을 포함한 여러 기관에서 지급되며, 경우에 따라 급여 전액 또는 일부를 학교 측이 부담하기도 한다.

학교 전담 경찰관 프로그램의 효과에 대한 연구(Finn, 2006) 결과에 따르면, 순찰 경찰관이 학교에 출동하는 횟수가 줄어들었고 교직원들이 소년법원에 사건을 회부하는 사례가 줄어들었으며, 교내 및 교정에서 발생하는 크고 작은 범죄를 사전에 방지하는 효과가 있었고 상호 신뢰를 포함한 학생과 경찰 간의 관계가 개선되었으며, 지역사회에서 경찰에 대한 인식이 향상되었다고 한다.

미국 전역의 학교에 학교 전담 경찰관 프로그램이 도입된 이후 그 목표와 역할은 일관되게 유지되어 왔지만, 이를 실현하기 위한 구체적인 방법은 시대에 따라 변화해 왔다. 새로운 문제들이 발생함에 따라 학교 전담 경찰관의 주요 역할이 조정되거나 변화되는 경우도 있었다. 예를 들면, 특정 학교에서 학생들 간의 괴롭힘 문제가 심각하게 발생할 경우, 학교 전담 경찰관은 다른 역할보다 학교의 안전과 보안 문제에 더 많은 시간을 집중해야 할 필요가 있다. [글상자 5-2]에는 같은 학군에 배치된 두 경찰관의 면담이 수록되어 있다. 한 명은 오하이오주 루이빌(Louisville) 학군의 전직 학교 전담 경찰관인 켈리 크라울(Kelly Crowl)이고, 다른 한 명은 현재 루이빌 학군의 학교 전담 경찰관인 레이첼 카로셀로(Rachel Carosello)이다.

글상자 5-2 전직 학교 전담 경찰관(SRO) 켈리 크라울 면담

[면담 진행자: P. 크랫코스키, 면담 대상자: 켈리 크라울, 면담 일자: 2016년 7월 19일]

QPK: 오하이오주 루이빌 경찰관으로 얼마나 근무하셨나요?

AKC: 처음에는 스타크 지방 경찰서에서 지방 경찰관으로 근무를 시작했습니다. 그곳에서 2년간 근무한 뒤, 2008년부터 루이빌 경찰서에서 경찰관으로 근무했습니다.

QPK: 학교 전담 경찰관으로는 얼마나 근무하셨나요?

AKC: 2009년부터 학교 전담 경찰관으로 배치되어 근무했습니다. 범죄 예방 보조금 덕분에 학교에서 학교 전담 경찰관으로 일할 수 있는 기회를 얻게 되었고, 이를 통해 학교 내 범죄 예방 업무를 수행하며 정식 학교 전담 경찰관으로 일하게 되었습니다.

QPK: 학교 전담 경찰관으로 근무하기 위해 특별 교육을 받으신 적인 있나요?

AKC: 오하이오 평화 경찰관 훈련원에서 필수 교육을 받았고, 학교 근무와 관련된 일주일 과정의 특별을 받았습니다.

QPK: 학교 전담 경찰관으로서 구체적으로 어떤 역할은 하셨나요?

AKC: 학교 전담 경찰관의 역할은 기본적으로 법을 집행해야 한다는 점에서는 일반 경찰관의 역할과 유사합니다. 제 일은 청소년을 범죄 혐의로 기소하는 단순한 일부터, 복잡한 교내 괴롭힘 사건을 조사하는 일까지 다양했습니다. 학생들과는 복도를 함께 걸으며 대화하거나 점심시간에 급식실에 함께 앉아 있거나, 심지어 수업활동에 직접 참여하는 방식 등으로 자연스럽게 교류했습니다. 체육 시간에 배구공을 받으려고 몸을 던지다가 제복 바지에 구멍이 난 적도 있습니다. 또한 저는 매년 열리는 '레드 위크(Red Week)'[1] 활동과 다양한 발표를 통해 약물 및 알코올 남용 예방 교육도 진행 했습니다. 중학생을 대상으로 디즈니 만화영화 〈벅스 라이프〉를 활용해 직접 제작한 발표자료로 학교 내 괴롭힘 방지 교육을 진행했으며, 고등학생을 대상으로는 가상공간 괴롭힘과 관련된 내용을 다루면서 청소년들이 스스로 촬영한 부적절한 디지털 사진 문제에 대해 이야기하는 시간을 가졌습니다. 성인들이 '섹스팅(sexting)'이라는 용어를 사용하는데 이는 청소년이 자신의 나체 사진을 찍어 다른 사람에게 전송하는 행위를 가리킵니다. 저는 이 행동이 가져올 모든 법적 · 사회적 파급 효과에 대해 설명했습니다. 이는 오늘날 청소년 문화에서 매우 심각한 문제로 자리 잡고 있기 때문입니다. 또

1) 역자 주: 미국 학교에서 실시되는 약물 및 알코올 예방 캠페인.

한 저는 학교 행정팀과 협력하여 '총기 난사(active shooter)'와 같은 위기 상황에 대비한 안전 정책을 마련했습니다. 저는 경고, 폐쇄, 신고, 대응, 대피 과정의 ALICE 훈련을 받았으며, 교직원과 학생들에게도 이 내용을 가르쳤습니다. 저는 학교 행정팀뿐만 아니라 지역 소방서, 교육위원회, 시의원들과 함께 학교 안전위원회에 참여하여 정기적으로 협력 방안을 논의하고, 학교의 안전을 공동으로 지키기 위한 제도를 점검하기도 했습니다. 또한 지역의 사회복지기관 및 기타 관련 단체들과 협력하여 지역사회 가정들을 지원하는 활동도 병행했습니다.

QPK: 경미한 비행이나 학교 내 규정 위반(싸움, 소규모 절도, 괴롭힘 등)을 가정법원에 회부하지 않고 처리할 권한이 있으신가요?

AKC: 저는 학교와 협력하여 학교와 학생들의 필요를 가장 잘 지원할 수 있는 방향으로 문제를 해결하고자 합니다. 저는 법 집행관이지만 상황에 따라 반드시 개입하지 않아도 되는 경우도 있습니다. 학교가 시 관할 구역 내에 위치해 있기 때문에 저는 해당 학교에 대한 사법 관할권을 가지고 있습니다. 만약 상황이 법집행기관의 개입이 필요할 정도로 심각하다면 저는 법에 따라 그 사안을 대응해야 할 의무가 있습니다. 학교나 학교 부지에서 발생한 범죄에 대해 누군가가 고소를 원할 경우, 학교 측의 징계 여부와 상관없이 저는 사건을 조사하고 검찰을 통해 기소 절차를 진행해야 합니다.

다만 청소년 사건을 담당하는 검사는 학교와도 긴밀히 협력하고 있습니다. 따라서 경범죄를 처음으로 저지른 학생이 학교에서 이미 징계 처분을 받은 경우, 검찰 측에서 그 조치로 충분하다고 판단해 별도의 법적 절차를 진행하지 않을 수도 있습니다. 이는 사건의 심각성에 따라 달라집니다. 적절한 예로는 폭행이나 싸움 사건을 들 수 있습니다. 두 학생이 싸움을 했을 경우, 이는 학교 규칙 위반일 뿐만 아니라 법적으로도 위법행위에 해당됩니다. 이때 부상의 심각성, 부상 여부 그리고 피해 학생 학부모가 고소를 원하는지에 따라 기소 여부가 결정됩니다. 이와 같은 원칙은 절도 사건도 동일하게 적용됩니다. 피해자나 피해자의 부모가 고소를 원하는지에 따라 법적 절차 진행 여부가 달라집니다.

한편, 괴롭힘의 경우에는 괴롭힘 자체를 직접적으로 처벌하는 법은 없습니다. 따라서 상황에 따라 기소 가능 여부가 결정됩니다. 예를 들면, 신체적 괴롭힘으로 폭행이 발생했는가? 그렇다면 폭행 혐의로 기소할 수 있습니다. 만약 통신 수단을 이용한 괴롭힘이라면, 피해자가 가해자에게 더 이상 연락하지 말라고 명확히 요구했음에도 불구하고 괴롭힘이 계속된 경우, 지속적인 전화 괴롭힘(telephone bullying) 혐의를 적용

할 수도 있습니다. 이러한 경우, 저는 청소년 담당 검사실로 가서 협의를 하고 최종적으로는 검찰이 기소 여부와 범죄 증거 여부를 판단해 결정을 내립니다. 검사는 '기소 재량권(prosecutorial immunity)'을 가지고 있으므로 기소 여부는 전적으로 검찰의 판단에 달려 있습니다.

학교는 때때로 해당 학생에게 정학이나 퇴학과 같은 보다 강력한 징계 조치를 내리기도 하며, 이러한 조치는 검찰이 기소 여부를 판단할 때 중요한 고려 요소가 되기도 합니다. 한편, 학생의 행동이 법적으로 범죄에 해당하지 않는 경우도 적지 않습니다. 이럴 때에는 학교 측에 상황을 알리고, 학교 내부 규정과 절차에 따라 문제를 처리하도록 맡기기도 합니다. 반면, 실제로 범죄가 발생한 경우에는 검찰과 협의하여 어떤 법적 조치를 취할지 검찰이 결정하도록 하는 것이 가장 바람직합니다. 검찰은 일반적으로 학교와 저희와의 협력에 적극적입니다. 정리하자면, 저는 사건을 판단할 때 여러 가지 요소를 종합적으로 고려하고 이를 교직원과 검찰에 명확하게 전달하여 협의하는 과정을 거칩니다.

QPK: 청소년선도기관(청소년 법정)으로 회부하는 권한은 어느 정도까지 가지고 계신가요?

AKC: 보통 청소년 담당 검사가 최종 결정을 내리지만, 저는 사전에 검사와 논의하여 청소년선도기관으로 추천 가능한지 여부를 문의할 수 있습니다.

QPK: 학교 건물 밖, 교내 부지에서도 순찰을 하시나요?

AKC: 주로 학교 건물 내부를 순찰하지만, 필요할 때는 외부 경계 구역도 점검합니다.

QPK: 학교 전담 경찰관 역할에서 가장 어려운 점은 무엇인가요?

AKC: 학교 전담 경찰관 역할에는 여러 가지 어려운 점이 있습니다. 그중 가장 어려운 점은 일부 학부모들의 협력입니다. 아이들이 학교에 있는 동안, 학교는 아이들이 식사를 하지 못한 경우 식사를 제공하고, 교실 환경에 잘 적응하도록 도우며, 안전한 환경에서 학습할 수 있도록 적절한 규칙과 경계를 설정합니다. 하지만 아이들이 집에 돌아갔을 때 학부모가 숙제와 같은 아주 기본적인 것조차 돌보아 주지 않거나 심지어 식사조차 제대로 챙겨주지 않는 경우, 아이는 마치 방임된 것처럼 보입니다. 또한, 일부 학부모들은 학교가 하루 동안 아이들을 책임지고 있는 기관이라는 사실을 잊고 자녀가 학교에서 부적절한 행동을 했을 때 학교 측의 지도나 징계 방법을 일방적으로 간섭하려는 태도를 보이기도 합니다. 열악한 환경에 놓인 가정이라 하더라도 여전히 자녀를 최우선으로 생각하며 자녀의 성공을 위해 할 수 있는 모든 노력을 다하는 부모가 있는 반면, 사회경제적 배경과 관계없이 일부 부모들은 학교에서 자녀에게 무슨 일이 일어나든 신경 쓰지 않고 가정에서조차 자녀와의 관계를 회피하는 부모들도 있습니다. 궁극적으로 아이들을 양육해야 하는 것은 학교가 아니라 부모이기에 무관심한 부모와 협력하는 것이 어려운 점이라고 생각합니다. 또 다른 문제는 소통입니다. 즉, 서로 소통할 자원과 수단이 부족하다는 점입니다. 스타크 지방 내에는 아이들을 지원하기 위해 여러 기관들이 협력하고 있습니다. 하지만 이 기관들 가운데 상당수는 학교 전담 경찰관이 학교에서 근무하며 아동과 가족 문제에 도움을 줄 수 있다는 사실 자체를 모르고 있습니다.

QPK: 학교 전담 경찰관 역할에서 가장 보람 있는 일은 무엇인가요?

AKC: 가장 보람 있는 일은 아이들을 통해 느낄 수 있습니다. 학교 전담 경찰관은 경찰 업무 중에서도 능동적이고 선제적(proactive)으로 활동할 수 있는 특별한 기회를 가집니다. 이 일은 하고자 하는 만큼 흥미롭고 창의적으로 접근할 수 있습니다. 더 많이 교육하고 참여할수록 아이들과 지역사회가 더 잘 소통할 수 있습니다. 어린 아이들이 자신이 다니는 학교에서 근무하는 저를 알아보고 반갑게 인사할 때, 심지어 졸업생들이 찾아와 그들의 미래에 대해 이야기할 때 저는 큰 보람을 느낍니다. 또 아이들이 어려운 시기를 잘 헤쳐 나가도록 돕거나 더 나은 선택을 하도록 책임감을 심어 줄 때에도 보람을 느낍니다. 저는 종종 우리 도시의 가장 소중한 자원인 우리 아이들을 지키는 일을 하고 있다고 말하곤 합니다. 그 어떤 은행이나 기업도 제가 매일 지키고 있는 아이들의 가치만큼 소중하지 않습니다. 이 일은 도전적이면서도 겸손을 배움과 동시에 큰 보람을 느끼게 하는 일로, 다면적인 역할을 수행해야 합니다. 때로 저는 학생들의 선생님이자 상담사, 사회복지사가 되기도 하고, 언제나 그들의 경찰관이기도 합니다. 저는 아이들이 경찰이 자신을 돕고 자신의 이야기를 경청하며 자신을 보호하기 위해 존재한다는 것을 배우기를 바랍니다.

글상자 5-3 학교 전담 경찰관 레이철 카로셀로와의 면담

[크랫코스키 박사 작성, 2023년 11월 10일]

레이철 카로셀로는 켄트(Kent) 주립대학교에서 사법학을 전공하여 학위를 취득했다. 경찰관이 되기 전, 그녀는 스타크 지방 보호관찰소에서 9년간 무장 보호관찰관(an armed probation officer)으로 근무했다. 이 기간 동안 그녀는 FBI 특별 수사대(task force)에 배정된 무장 보호관찰

관으로 활동했다. 그녀는 켄트 주립대학교 대학경찰서[2)]에서 1년, 루이빌 경찰서에서 학교 전담 경찰관으로 11년을 포함하여 총 12년의 경찰관 경력을 가지고 있다.

QPK: 카로셀로 경관님, 학교 전담 경찰관으로서 특별 교육을 받으신 적이 있나요?

ARC: 네, 오하이오 학교 전담 경찰관협회(OSROA)의 학교 전담 경찰관 교육을 받았습니다. 이 과정은 1주일간의 교육과 매년 여름 오하이오 학교 전담 경찰관협회가 주관하는 2일간의 필수 교육으로 구성됩니다. 저는 또한 ALICE(적극적 위기대응) 강사 자격증을 보유하고 있으며, 자격 유지를 위해 정기적인 보수 교육을 받아야 합니다.

QPK: 학교 전담 경찰관으로서 가장 중요하다고 생각하는 역할은 무엇인가요?

ARC: 하루 중 가장 중요한 저의 역할은 학교와 학생의 안전을 지키는 일입니다. 학생과 교직원이 안전하게 지내는 것이 저의 역할 중 최우선 순위입니다.

QPK: 학교 안전 문제에 개입했던 구체적인 사건을 하나 말씀해 주세요.

ARC: 지난주, 저는 가위로 다른 학생을 공격하려고 한 중학생의 손에서 가위를 직접 빼앗았습니다.

QPK: 11년간 학교 전담 경찰관으로서 근무하시면서, 최근에 특히 어려움으로 느끼는 일이 있다면 무엇인가요?

ARC: 현재 저희는 학생들이 다른 학생에 대한 위협이나 위해 가능성을 신고할 수 있도록, '무엇이든 말하세요(say something)'라는 신고전화를 운영하고 있습니다. 이 '무엇이든 말하세요' 신고전화는 24시간 운영되는 전화이며, 저희 학교 전담 경찰관들이 24시간 내내 접수되는 제보와 우려 사항에 대응하는 책임을 맡고 있습니다. 제가 학교 전담 경찰관으로 일한 이후 교직원에 대한 위해 위협과 학생 간 위협이 증가했습니다.

QPK: 괴롭힘과 관련된 사건에도 관여하시나요?

ARC: 네, 저는 학교 폭력이나 원격 괴롭힘 및 위협과 관련해서 교장선생님이나 상담교사와 함께 학생들과 면담을 진행합니다. 다만, 위협이나 괴롭힘 행위가 수업시간 중에 발생한 경우에만 학교 차원의 징계가 가능합니다.

QPK: 루이빌 학교에서 최근 보안 조치에 어떤 변화가 있었나요?

ARC: 현재 루이빌 학교들은 일부 학교에서 금속 탐지기를 사용하기는 하지만, 우리 학교에

2) 역자 주: 미국 대부분의 주립대학교는 무장 경찰관이 배치된 대학 전담 경찰서가 있다. 대학 자체 경찰이지만, 정식 치안권을 가지고 있다.

서는 금속 탐지기를 사용하지 않고 있습니다. 대신 출입문 잠금 및 점검 절차, 정기적인 적극적 위기대응(ALICE) 훈련, 방문객 출입 관리 절차와 같은 안전 절차를 마련해 두고 있습니다. 저희 학교 출입문에는 내부 및 외부 카메라도 설치되어 있어 제가 직접 확인할 수 있습니다. 모든 교실에서는 비상시 문을 잠그는 데 사용되는 야간잠금장치(night lock)가 설치되어 있습니다. 제 주요 역할 중 하나는 일과 시간 동안 모든 출입문이 잠겨 있는지 정기적으로 확인하고, 복도를 순찰하며, 교직원과 학생들에게 비상시 대처법에 대해 훈련시키는 것입니다.

QPK: 이 일에서 가장 부담스럽거나 어려운 점은 무엇인가요?

ARC: 학교 일과는 끝이 없습니다. 학생들의 안전과 관련된 일은 '무엇이든 말하세요' 신고 전화로 인해 저녁과 주말까지 계속 이어집니다. 저는 교직원 및 학생들과 끊임없이 소통하고 있습니다.

QPK: 카로셀로 경찰관님, 이 일에서 가장 보람을 느끼는 부분은 무엇인가요?

ARC: 제 일에서 가장 보람 있는 부분은 세상에서 가장 소중한 존재인 우리 아이들을 안전하게 지키는 것입니다. 저는 학교와 가정에서의 안전과 관련해 학생들에게 도움이 되는 존재이며, 학생들은 언제든 고민이나 문제가 있으면 저를 찾아올 수 있다는 것을 알고 있습니다. 이 일은 매우 보람 있는 일입니다.

경찰 조직의 효율성과 각 업무에 배정된 인력의 성과는 경찰의 리더십, 그리고 그들이 근무하는 지역사회에서 일어나는 변화에 신속하고 유연하게 대응할 수 있는 능력에 달려 있다고 할 수 있다. 크랫코스키(2023a, b, p. 60)는 과거와 현재의 경찰 역할의 연속성을 주목하면서, "경찰 조직의 목표나 역할은 변하지 않았다. 즉, 자신들이 봉사하는 지역사회 시민의 안전을 지키고 공공에 봉사하는 것이다. 그러나 이러한 목표를 달성하기 위한 방법은 시대에 따라 변화해 왔다. 통신 기술의 발전, 기술 장비의 향상, 인터넷 범죄의 증가, 경찰 조직 구조의 변화, 그리고 보다 전문화된 인력의 필요성 등은 경찰이 시민을 보호하고 봉사한다는 기본적인 경찰 사명을 잃지 않으면서도 변화에 유연하게 대응 할 수 있어야 한다."라고 언급하며 현재 사회의 요구에 부응하기 위해 경찰이 갖추어야 할 변화의 필요성에 대해 강조했다.

지역사회나 학교, 경찰서 등 어디에 소속되어 있는지와 관계없이, 학교 전담 경찰관은 그들의 기본적인 역할은 '보호하고 봉사한다.' 이 두 가지라고 정의해 왔다. 이 역할을

수행하기 위해 사용되는 방식과 각 요소에 부여하는 중요도는 지역과 상황에 따라 다를 수 있다. 또한, 학교 전담 경찰관들은 학교와 지역사회 내 범죄 예방 프로그램 개발에 협력하고 지원해야 하며, 특히 새로운 기술 도입으로 인해 변화하는 학교 환경을 인식하고 이에 주의를 기울일 필요가 있다.

… 소년법원의 선도

경찰, 교직원, 혹은 부모에 의해 소년법원에 회부되는 청소년 중 거의 절반 가량은 사법절차를 거치지 않으며, 법원이 소년범으로 판결하지 않는다(Snyder & Sickmund, 1999).

미국의 소년법원과 가정법원은 일정 연령대에 속한 청소년에 대해 관할권을 가진다. 대부분의 주에서는 관할의 상한 연령을 만 18세 생일까지로 정하고 있다. 이 법원들의 사법 관할 구역에는 법을 위반하여 법원의 심리 대상이 되는 '법적 책임이 있는' 청소년과 법을 위반하지 않았지만 법원의 보호나 지원이 필요한 '법적 책임이 없는' 청소년이 모두 포함된다. '법적 책임이 없는' 청소년에는 학대나 방임, 유기된 청소년뿐만 아니라, 부모(또는 보호자)가 신체장애 및 정신질환, 극심한 빈곤 등 여러 이유로 자녀를 돌볼 수 없는 상황에 처한 청소년들이다. '법적 책임이 있는' 혹은 '법적 책임이 없는' 청소년의 사건이 법원에 회부되면 접수 담당관이 초기 면담을 실시한다. 담당관은 면담에서 얻은 정보를 바탕으로 법원 정책과 지침에 따라 평가한 후 청소년을 공식 법정절차에 회부할지 혹은 비공식 처리 절차(선도)로 분류할지는 결정한다. 만약 청소년이 공식 절차에서 제외되어 비공식 절차로 전환될 경우, 법원은 법원에서 운영하거나 외부 기관이 제공하는 여러 프로그램 가운데 청소년에게 가장 적합한 프로그램을 결정해 참여하도록 적절한 조치를 취한다. 일반적으로 비공식 처리절차를 밟은 청소년이 법원이 명한 조건을 모두 이행하면 그 청소년의 기록은 소멸된다.

… 청소년 법정–청소년 선도 프로그램

세계 소년사법 단체(Global Youth Justice, Inc. 2023, p. 2)는 "우리는 자원봉사자들을 중심으로 운영되는 청소년 선도 프로그램들을 전 세계 다섯 대륙에서 주도적으로 진행하고 있다. 단체에서 주도하는 프로그램들은 10대 법정(Teen Court), 청소년 법정(Youth Court), 학생 법정(Student Court), 또래 법정(Peer Court), 또래 배심(Peer Jury) 등으로 불리며, 전 세계에서 가장 널리 확산된 청소년 선도 프로그램으로 평가되고 있다."라고 밝히고 있다. 또한 세계 소년사법 단체는 "이러한 청소년 선도 프로그램들은 소년사법제도의 공식절차를 거치지 않고 특별 관리 대상 소년범들을 선도시키기 위해 고안되었다. 청소년 선도 프로그램은 소년법원(the juvenile court), 경찰서 또는 검찰청 등에 소속되어 진행될 수 있다. 프로그램 안의 각각의 청소년 법정은 고유한 목표, 자격 요건, 운영절차를 가지고 있지만, 대부분의 특별 청소년 법정에서 발견되는 몇 가지 공통된 특징이 있다."라고 설명했다. 공통된 특징은 다음과 같다.

- 만 7세 이상부터 만 18세 미만의 청소년이 대상이다.
- 지위 비행(부모의 훈육에 따르지 않는 행위, 통행금지 위반, 무단결석, 가출)을 저지른 청소년이 대상이다.
- 경미한 범죄[소란스러운 행위, 경미한 재물 손괴, 절도(특히, 상점 절도), 단순 폭행, 공공기물 파손, 괴롭힘, 배회, 불법 물질 소지 및 사용]를 저지른 청소년이 대상이다.
- 청소년 법정으로의 회부는 경찰, 교직원, 일부 관할권에서는 부모나 보호자로부터 이루어지며, 소년법원의 초기 접수 심사 단계에서 이루어진다.
- 청소년 법정 참여 자격이 있는 청소년이라 하더라도 참여를 거부하고 공식 소년법원 심리를 선택할 수 있다.
- 범법 행위로 기소된 청소년은 또래 배심원단 앞에서 혐의를 인정하고 제재를 받을 수도 있고, 또래 법정(학생들이 판사, 검사 및 변호사 역할을 맡는)에서 재판을 받고 혐의가 사실로 밝혀지면 그 때 또래 배심원단에 의해 제재를 받을 수도 있다.
- 일반적인 제재는 청소년의 범죄 내용에 따라 지역사회 봉사활동, 상담 또는 교육 프로그램 참여로 구성된다. 상담 및 교육 프로그램에는 약물 및 알코올 남용, 분노 조절, 가족상담, 무단결석 예방 또는 상점 절도 예방 프로그램 등이 있다.
- 청소년 법정 심리에는 부모, 보호자 또는 법정 후견인이 반드시 동석해야 한다.
- 청소년들은 청소년 법정 프로그램을 운영하는 법원 또는 관련 기관의 담당관에 의해 감독을 받는다.
- 일반적으로 여러 지역사회 복지기관들이 참여하며, 청소년에게 요구되는 상담, 교육, 지역사회 봉사 프로그램을 제공한다.

- 만약 청소년이 선도 프로그램을 잘 끝마치면 초기의 혐의는 취하되며, 그 청소년은 비행 기록이 남지 않는다.
- 반대로 만약 청소년이 선도 프로그램을 성공적으로 끝마치지 못하면 그 청소년은 소년(가정)법원으로 회부되어 공식 사법절차를 밟게 된다.

대부분의 청소년 법정에는 공통적인 특징이 있지만, 그 구조와 운영 방식에는 여러 가지 중요한 차이점도 존재한다. 예를 들면, 일부 관할 구역에서는 범죄 혐의로 기소된 청소년이 청소년 법정의 제재 대상이 되기 전에 먼저 혐의를 인정해야 한다. 이 경우, 또래 배심원단은 적절한 제재 수준을 결정하는 역할만 수행한다. 반면, 다른 청소년 법정에서는 범죄 혐의를 받은 청소년이 법정 참여 자격이 있다고 판단되면, '혐의를 인정(plead true)'하거나 '인정하지 않음(plead not true)'을 선택할 수 있다. 만약 혐의를 인정하지 않을 경우, 검찰 측과 변호인 측의 증인 심문, 피고인의 증언 기회 그리고 배심단의 평의(deliberation)를 포함한 공식 재판절차가 진행된다. 그 외 다른 차이점으로는 청소년 법정절차에 성인 관계자가 얼마나 관여하는지가 있다. 일부 청소년 법정에서는 소년법원 판사가 직접 참여한다. 다른 청소년 법정에서는 판사를 포함한 모든 참여자들이 또래인 경우도 있다. 하지만 이 경우에도, 법정 심리가 공정하게 진행되고 배심원단이 내린 제재가 혐의의 심각성에 부합하는지를 보장하기 위해 성인법원 관계자가 심리 중에 참석하여 감독 역할을 수행한다.

미주리(Missouri)주 인디펜던스(Independence) 시의 지방법원 수전 왓킨스(Susan Watkins) 판사는 30년 이상 인디펜던스 청소년 법정의 책임자로, 그리고 20년 이상 동부 잭슨(Jackson) 청소년 법정의 집행 책임자로 근무해 왔다.

다음은 2016년 7월 3일에 진행된 수전 왓킨스 판사와의 면담 내용이다.

글상자 5-4 왓킨스 판사와의 면담

면담 진행자: 피터 크랫코스키

면담 대상자: 수전 왓킨스 판사

PKQ: 왓킨스 판사님, 미주리주 인디펜던스시 청소년 법정과 동부 잭슨 지방 청소년 법정의 책임자로서 어떤 역할을 하고 계신가요?

SWA: 저는 이 두 또래 법정 프로그램들의 책임자로서, 모든 법정 심리를 감독하지만 직접 재판을 주재하지는 않습니다. 두 법원 모두 학생 판사 프로그램을 운영하고 있으며, 법정 내 모든 역할은 8학년부터 12학년(중학교 2학년부터 고등학교 3학년에 해당하는) 학생들이 맡고 있습니다. 하지만, 이들은 항상 성인 지도자의 감독하에 활동합니다.

PKQ: 성인법원 판사로서의 역할 외에 이 일까지 맡게 된 동기는 무엇인가요?

SWA: 저는 성인법원 판사가 되기 전 8년 동안 인디펜던스시 청소년 법정의 책임자로 일했습니다. 저는 직업적으로나 개인적으로나 청소년과 함께 일하는 일에 깊은 열정을 가져왔습니다. 저는 성인들이 청소년들에게 긍정적인 조력자가 되어야 하며 성장 과정에서 겪는 어려움을 극복할 수 있도록 도와야 한다고 생각합니다. 청소년 법정은 청소년들이 한 번의 실수를 통해 배우고 새롭게 출발할 수 있는 기회를 제공하는 제도입니다. 만약 청소년이 청소년 법정 프로그램을 성공적으로 끝마치면 만 17세가 되는 시점에 범죄 관련 기록이 모두 소멸 됩니다.

PKQ: 두 개의 청소년 법정을 관할하고 계시다고 하셨는데, 각각 어떤 법원인지 구조나 운영 방식에 차이가 있는지 설명해 주시겠습니까?

SWA: 제가 맡고 있는 두 개의 또래 법원 선도 프로그램은 모두 미주리주 잭슨 지방에 위치한 인디펜던스 청소년 법정(IYC)과 동부 잭슨 지방 청소년 법정(EJC) 프로그램입니다. 저는 1990년에 동부 잭슨 지방 청소년 법정 설립에도 참여했습니다. 두 프로그램은 매우 유사합니다. 청소년 사건들을 처리하는 방식이나 법정절차 또한 동일하며, 자원봉사자 교육과 제공되는 교육 프로그램 모두 거의 동일합니다. 두 프로그램의 주요 차이점은 인디펜던스 청소년 법정이 인디펜던스 시에서 발생하는 청소년 사건만을 위해 단일 지역 프로그램으로 운영된다는 점입니다. 동부 잭슨 지방 청소년 법정은 다중 관할 프로그램으로, 블루 스프링스 공공 안전국(the Blue Springs Public Safety Department), 버크너(Buckner) 시, 그레인 밸리(Grain Valley) 시, 그린우드(Greenwood) 시, 오크 그로브(Oak Grove) 시, 슈가 크리크(Sugar Creek) 시, 그리고 잭슨 지방 경찰서에서 순찰하는 미주리주 잭슨 지방의 여러 소규모 지방들로부터 오는 사건을 모두 처리합니다.

PKQ: 인디펜던스 청소년 법정에서는 소년범들과 같은 또래들이 모든 법정의 역할을 맡나요?

SWA: 네, 그렇습니다. 10대(중학교 2학년에서 고등학교 3학년에 해당하는)학생들이 법정의 모든 역할을 맡는데, 여기에는 법정 보좌관, 서기, 검사, 변호사 그리고 판사가 포함됩니다. 판사는 보통 여러 역할을 충분히 경험한 고학년 학생이 맡습니다.

PKQ: 청소년 법정에 참여하는 학생들은 어떻게 선발되나요?

SWA: 참여 학생들은 지역 중고등학교와 홈스쿨 연합회를 통해 모집됩니다. 중학교 2학년부터 고등학교 3학년 학생들은 지원서를 제출해야 하며 성실한 출석률과 양호한 성적, 교사의 추천서를 갖추어야 합니다. 새로 참여하는 학생 변호사들은 3개월 교육과정을 마친 후 필기시험에서 75% 이상의 점수를 획득해야 하며, 비밀유지 서약을 하고 성인 판사 앞에서 청소년 법정 변호사로 선서해야 합니다.

PKQ: 청소년 법정 참여자들은 각자 역할을 맡기 전에 별도의 교육을 받나요?

SWA: 네, 제가 전체 교육과정을 총괄하며, 가정법원, 소년법원, 경찰서, 지역 변호사협회에서 초청한 강사들이 함께 교육에 참여합니다. 또한, 학생들은 공식 법정 심리를 참관하고 모의 재판에 직접 참여하여 보조 변호사가 되기 위한 준비를 합니다. 이후 2~4개월 이상 경험이 많은 고학년 변호사 학생과 함께 실습을 거쳐서, 독자적으로 사건을 담당하게 됩니다. 모든 법정에는 항상 자원봉사 성인 변호사와 경찰관이 배석하여 필요한 질문에 도움을 줍니다.

PKQ: 이 청소년 법정에는 1년에 몇 건 정도의 사건이 회부되나요?

SWA: 인디펜던스 청소년 법정은 평균적으로 연간 400~600건의 청소년 사건을 처리합니다. 인디펜던스 시 법원에서 매달 두 차례 저녁 심리가 열립니다. 동부 잭슨 지방 청소년 법정은 평균적으로 연간 150~250건의 사건을 처리합니다. 그레인 밸리시 법원에서 매달 한 차례 저녁 심리가 열립니다.

PKQ: 청소년 피고인들이 자신에게 제기된 혐의에 대해 무죄를 주장할 기회가 있나요? 있다면, 재판을 받는 사람들 중 몇 퍼센트가 무죄를 주장하나요?

SWA: 모든 소년범들은 판사가 기소 내용을 읽어 준 후 무죄를 주장할 기회가 있습니다. 전체 청소년 중 8% 미만이 무죄를 주장하고 정식 재판이 진행됩니다. 무죄를 주장했던 일부 청소년들은 재판 당일 증인들이 법정에 증언하러 온 것을 보고 마음을 바꿔 유죄를 인정하기도 합니다. 실제로 재판이 열리는 사건의 수는 연간 5% 또는 그 미만입니다.

PKQ: 정식 재판으로 진행되는 사건의 경우, 재판 중에 발생하는 문제나 어려움이 있나요?

SWA: 재판은 성인 자원봉사 변호사, 저(청소년 판사를 감독하기 위해), 그리고 경찰관의 감독 아래 진행됩니다. 학생들은 재판을 준비하는 데 많은 시간을 들이기 때문에 실제 재판 과정은 매우 원활하고 전문적으로 진행됩니다. 재판 중 생길 수 있는 유일한 문제는 자신의 유죄를 가리키는 증언이나 증거가 제시되어 불만을 갖거나 평결에 불만족하는 경우입니다. 이는 성인법원 사건과 다르지 않습니다. 왜냐하면 아무도 재판 후 유죄판결을 받고 싶어하지 않기 때문입니다.

PKQ: 청소년 법정 참여자들의 판결과 제재가 공정하고 합리적이라고 확신하시나요?

SWA: 저는 또래 법정 절차에서 이루어지는 판결과 제재가 공정하고 합리적이라고 확신합니다. 이 모든 과정은 항상 성인 감독자들의 지도 아래 진행되며, 자원봉사 변호사들은 청소년 법정 집행이사와 이사회 전체가 설정하고 승인한 판결 지침을 모든 사건에 적용합니다. 인디펜던스 청소년 법정은 2016년 5월에 설립 30주년을 맞았습니다. 프로그램을 성공적으로 끝마친 청소년들의 재범률은 매년 평균 4~7% 사이를 유지하고 있습니다. 이는 청소년 법정 프로그램을 마친 후 1년 동안 다른 범죄로 다시 기소되지 않은 비율이 93~96%에 달한다는 뜻으로 매우 높은 성공률을 보여 줍니다. 인디펜던스 청소년 법정은 또한 2000년부터 2003년까지 법무부의 지원을 받아, 워싱턴(Washington D.C.)의 어반 연구소(Urban Institute)가 실시한 청소년 법정 효과성 연구에 참여했습니다. 이 연구에서 인디펜던스 청소년 법정은 경미한 범죄를 저지른 청소년을 선도하는 데 있어 잭슨 지방 가정, 소년법원보다 선도 프로그램 이수율은 높고 재범률은 낮아 프로그램이 효과적인 것으로 확인되었습니다. 또한, 현재 미국에는 1,600개 이상의 유사한 청소년 선도 프로그램이 운영되고 있습니다. 자원봉사자 중심으로 운영되는 또래 중심 선도절차는 소년범들에게 행동에 대한 책임감을 갖게 하고 긍정적인 또래 압력을 받게 하며, 긍정적인 또래 멘토링의 기회를 제공합니다.

PKQ: 청소년 선도 프로그램을 이수하는 청소년의 비율은 어느 정도인가요?

SWA: 인디펜던스 청소년 법정이 심리한 사건 중, 청소년 선도 프로그램에 참여할 자격이 있는 청소년의 약 86~94%가 지역사회 봉사와 교육 수업을 포함한 소년법원 절차의 모든 과정을 이수했습니다. 또한 프로그램을 마친 후 1년 이내에 다시 범죄로 유죄판결을 받는 청소년의 비율은 7% 미만에 불과합니다.

PKQ: 청소년 법정에 대해 추가로 하고 싶은 말씀이 있으신가요?

SWA: 청소년 법정은 고위험군 청소년에게 조기 개입과 교육, 그리고 전통적 소년사법제도 절차 대신 새로운 대안을 제공하기 위해 존재합니다. 그 목적은, 청소년들이 자신이 저지른 행위에 대해 책임을 지도록 하고, 지역사회 봉사활동을 통한 사회적 배상(restitution)을 실천하며, 범죄 재발을 예방하기 위한 대처 기술을 배우는 무료 교육 프로그램에 참여하게 하는 것입니다. 인디펜던스시는 인디펜던스 청소년 법정에 사

무 공간과 법정 사용권과 함께 연간 운영 보조금을 제공합니다. 또한, 잭슨 지방의 지역사회 기반 마약퇴치 기금(community-backed anti-drug tax: COMBAT)은 소년범들을 위한 운영 및 교육 프로그램 비용에 대해 연간 보조금을 지원합니다.

… 특수 비행 청소년을 위한 상담 및 심리치료 프로그램

비록 소년법원의 기본적인 사명과 목표가 회복적 정의 모델을 따르고 있지만 치료적 개입이 필요한 청소년에게 상담 및 심리치료를 제공한다는 개념은 여전히 유지되고 있다. 법원은 일반적으로 공식 절차를 거쳐 비행 청소년으로 판결 난 경우뿐 아니라, 공식 법정 절차는 면했으나 일정 기간 법원의 감독 아래에 있는 청소년들에게도 감독과 상담 및 심리치료를 병행하는 전통적 치료 접근법을 적용하고 있다.

소년법원 행정관들은 청소년이 지역사회 내 처분을 받을 경우, 그 청소년이 지역사회에 미칠 잠재적 위험성을 평가하고 동시에 그 청소년에게 필요한 구체적인 개입 요인을 파악하기 위해 증거 기반 평가도구를 활용하고 있다. 미국 전역의 소년법원에서 사용되는 범죄 위험성 및 범죄 욕구 평가는 항목의 세부 구성에는 다소 차이가 있지만 내용 면에서는 유사한 구조를 지닌다. 예를 들면, 오하이오는 주에서 채택된 주 단위의 범죄 위험성 및 범죄 욕구 평가 모형은 신시내티(Cincinnati) 대학교 범죄사법연구원에서 개발되었으며, 2011년 주 정부에 의해 공식적으로 채택되었다(Pitocco, 2011). 범죄 위험성 및 범죄 욕구 평가도구는 이전 범행 횟수, 보호관찰 여부, 소년교정시설 수용 경험, 약물 남용 문제, 가족 및 사회적 지지 수준, 학업 및 고용상태, 또래 관계, 전반적인 태도 등 청소년의 비행 이력과 관련된 여러 영역을 다룬다. 한편, 범죄 욕구 평가도구는 낮은 지적 능력, 신체적 장애, 읽기, 쓰기의 어려움으로 인한 학습 부진, 문화적 장벽, 정신건강 문제, 성격특성 등 청소년이 긍정적인 변화를 이루는 데 영향을 미칠 수 있는 요인들을 평가한다.

범죄 위험성 및 범죄 욕구 평가는 일반적으로 접수단계에서 실시되며, 그 결과에 따라 일부 청소년은 특별 지원이 필요한 대상으로 분류된다. 이 경우, 제공되는 상담 및 심리치료와 지원은 각 청소년의 개인적 필요에 맞추어 이루어진다. 예를 들면, 성적 학대와 관련된 특수한 문제를 보이는 청소년의 경우, 이러한 문제에 대한 전문교육과 감독 경험을 가진 법원 직원이 관리하거나 필요한 상담을 제공하는 전문기관으로 연계된다. 마찬가지로, 약물 및 알코올 남용 문제를 가진 청소년, 또는 가족관계에서 비롯된 문제를 가진 청소년의 경우도 그에 맞는 특화된 상담 및 심리치료가 제공된다.

… 청소년 성범죄자를 위한 상담 및 심리치료

해리스와 베주이덴하우트(Harris & Bezuidenhout, 2010, p. 33)는 청소년이 성범죄자로 발전하게 되는 위험 요소에 관한 연구를 수행했다. 두 연구자는 여러 청소년 성범죄자(juvenile sexual offenders)와의 면담을 통해, 청소년이 성범죄로 나아가게 되는 주요 요인으로 다음과 같은 요소들을 확인했다. 즉, 불완전한 가족 구조, 약물 남용, 음란물 조기 노출, 또래의 영향, 이전의 성적 행위 경험, 과거의 성적 피해 경험, 그리고 폭력적 문화 속에서의 성장 등이 청소년이 성범죄를 저지르게 되는 데에 주요하게 작용하는 요인으로 나타났다. 청소년 성범죄자 치료와 관련하여 해리스와 베주이덴하우트(2010, p. 38)는 "모든 아이들이 동일한 위험 요소에 노출되는 것은 아니지만, 약물 및 알코올 남용, 음란물 조기 노출, 그리고 영향력 있는 또래 집단과 같은 특정 사회 역학적 위험요소들이 청소년 성범죄자들의 삶에서 만연하게 나타나는 것으로 보인다."라고 결론을 내렸다. 런드리건(Lundrigan, 2002, p. 200)은 청소년 성범죄자에 대한 기존 문헌과 연구 결과를 검토한 후, "성범죄를 저지르는 청소년은 일반적인 비행 청소년들과 다른 특성이 있으므로, 이 집단에 가장 효과적인 상담 및 심리치료 방식 또한 일반 비행 청소년들과는 달라야 한다."라고 결론지었다. 런드리건은 상담 및 심리치료사가 청소년 성범죄자를 일대일 상담 형태로 지도하는 개인상담 중심의 전통적 치료 모델에서 나타나는 일관성 부족과 한계점을 지적하면서 청소년 성범죄자 상담 및 심리치료를 위한 다요인적 접근 모델을 제안했다. 런드리건(2002, p. 200)은 "다요인적 접근 모델은 내담자에게 제공되는 지원 범위를 최대화함과 동시에, 이러한 다양한 지원들 간의 연속성과 유기적 조화를 가능한 한 높은 수준으로 유지하기 위한 노력이다."라고 설명했다.

런드리건(2002, p. 202)이 제안한 성범죄를 저지르는 청소년을 위한 상담 및 심리치료 프로그램의 구성 요소는 다음과 같다.

- **성범죄 청소년 대상 특화 집단상담**: 청소년 성범죄자 상담 및 심리치료에서 가장 기본이 되는 표준적 접근 방식이다.
- **가족상담 및 심리치료 교육**: 상담 및 심리치료 중인 청소년에게 매우 중요한 요소이다.
- **개인상담 및 심리치료**: 집단상담과 함께 사용될 때 여러 중요한 기능 수행한다.
- **부가적 상담 및 심리치료**: 청소년 전체의 성장과 삶의 전반을 다루는 통합적 접근이다.
- **환경 기반 상담 및 심리치료**: 상담 및 심리치료 환경 조성에 중점을 두는 집단상담 프로그램의 필수 구성 요소이다.
- **평가와 상담 및 심리치료 계획 수립**: 개별화된 목표를 설정하여 치료의 질을 보장하는 핵심 절차이다.
- **사전 상담 및 심리치료**: 참여자가 본격적인 상담 및 심리치료에 참여할 준비시키는 단계이다. 주로 첫 개입 시점에서 아직 치료에 참여할 준비가 되지 않은 참여자에게만 적용된다.
- **사후 관리 및 후속 작업**: 연속선상에 있는 프로그램 간의 간극을 메우고, 다음 단계로 전환 중인 참여자가 안정적으로 적응할 수 있도록 충분한 지원을 제공한다.
- **상담사 교육**: 상담사가 청소년과 효과적으로 관계 맺고 개입하기 위해 필요한 전문 지식과 기술을 습득하는 과정이다.
- **생활 공동체 교육**: 다양한 배경의 청소년이 함께 생활하는 집단상담 및 심리치료 환경에서 건강하고 관용적이며 안전한 분위기를 조성하기 위한 교육이다.

청소년 성범죄자를 대상으로 상담 및 심리치료를 제공하는 소년법원이나 관련 기관이, 앞서 제시한 모든 구성 요소를 통합하여 포괄적인 상담 및 심리치료 프로그램을 운영하는 것은 현실적으로 어려운 경우가 많다. 그러나 그중 다수의 요소를 프로그램에 포함시키는 것은 가능하다. 예를 들면, 청소년 성범죄자는 법원에서 범죄 위험성 및 범죄 욕구 평가를 받은 뒤 법원 담당관의 감독 아래 성범죄 전문 상담 및 심리치료시설에 위탁되어 프로그램을 진행한다. 이러한 기관의 상담사들은 집단상담과 개인상담을 병행할 수 있으며, 필요할 경우 가족상담을 직접 실시하거나 가족상담 전문기관으로 청소년을 연계하기도 한다. 그러나 런드리건(2002)이 제시한 모든 구성 요소들을 완전하게 통합하는 것은 지역사회 치료시설이나 장기 교정시설에 수용된 청소년 성범죄자 프로그램의 경우에는 쉽지 않다. 이는 각 구성 요소를 담당하는 인력 간의 협력과 상호작용의 기회가 제한적이고 이를 지원할 자원이 충분히 확보되지 못했기 때문이다.

 … 소년범을 위한 마약전담법원

일부 약물 남용자들을 선도하기 위한 마약전담법원의 설립은 성인범을 대상으로 하는 법원에서 처음 도입되었고, 곧바로 소년법원으로 확산되었다. 약물 남용 문제를 가진 소년범들을 위한 전문 법원 설립을 위해 연방 정부의 재정지원이 크게 늘어나면서, 비록 이러한 소년 마약전담법원이 비행행동 감소나 불법 약물 남용 감소에 실제로 얼마나 효과적인가 의문이 제기되었음에도 불구하고, 소년 마약전담법원 프로그램이 전국적으로 개발되고 시행되었다.

소년 마약전담법원은 성인 마약전담법원과 많은 공통된 특성을 가지고 있으며, 유사한 목표를 지니고 있고, 상담 및 심리치료 과정에서도 성인 마약전담법원과 동일한 방식을 활용한다. 그러나 두 제도 간의 중요한 차이점은 상담 및 심리치료 과정 전반에서 청소년이 필요로 하는 감독, 정서적 지지 및 상담 및 심리치료에 필요한 도움을 제공하는 데 있어 가족의 역할에 더 큰 중점을 둔다는 것이다. 벗츠와 로만(Butts & Roman, 2004, p. 8)은 소년 마약전담법원 절차를 다음과 같이 설명한다.

> 청소년의 체포로 사건이 시작되며, 이어서 해당 청소년의 마약전담법원 적격성을 결정하기 위한 일종의 사전 선별과 평가절차가 진행됩니다. 법원은 각 청소년 피고인과 정기적으로 면담하며, 보통 매주 한 차례의 공개 심리를 실시합니다. 각 심리 전에 판사는 마약전담법원 팀(보호관찰관, 사건관리자, 검사, 변호사, 상담 및 심리치료 전문가, 교직원 등)과 만나 각 청소년에게 부과된 제재와 지원들을 검토하고, 그 효과를 평가하며, 필요에 따라 상담 및 심리치료나 감독 조치를 수정할 수 있습니다.

일반적으로 팀 회의는 판사가 청소년이 필요한 조정을 마치고 법원이 제공하는 감독과 지원 없이도 지역사회에서 '마약 없는' 삶을 살 수 있다고 판단할 때까지 계속된다.

 … 소년 마약전담법원의 목적

많은 청소년들이 약물을 시도하거나 술을 마셔 본 경험을 가지고 있다. 그러나 이들

대부분은 그 경험이 가족관계나 학업 성취 또는 지역사회생활 등 청소년의 일상 기능에 심각한 지장을 줄 정도로 지속적이거나 빈번하지는 않다. 소년법원은 약물을 시도해 본 모든 청소년에게 마약전담법원에서 제공되는 것과 같은 전문적이고 집중적인 상담 및 심리치료를 제공할 만큼의 재정적·인적 자원을 확보하고 있지 않다. 따라서 청소년이 어떤 위반행위로 소년법원에 회부되었을 때 청소년이 불법 약물을 사용한 사실이 밝혀지면, 해당 청소년 사건이 마약전담법원으로 회부하는 것이 적절한 제재 인지 여부를 판단해야 한다.

벗츠와 로만(2004, p. 176)은 소년 마약전담법원의 목적이 정책적 그리고 실천적 측면에서 여러 가지 도전 과제를 제시한다고 지적했다. 벗츠와 로만이 언급한 도전 과제는 다음과 같다.

- 청소년들은 성인보다 약물 남용을 포함한 다양한 건강위험행위에 빠질 가능성이 더 높다.
- 소년 마약전담법원은 비행 청소년들뿐만 아니라 일반 청소년들 사이에서도 매우 널리 확산되어 있는 약물 남용과 같은 문제를 감소시키기 위해 고안되었다.
- 약물 사용과 약물 남용 및 의존을 구분하는 데 사용되는 진단 방법은 부정확할 수 있으며 사회적·문화적 요인의 영향을 받을 가능성이 있다.
- 심각한 약물 남용 문제로 발전할 위험이 높은 청소년은 일반적으로 술과 마리화나 사용을 넘어 다른 불법 약물을 사용하는 경향을 보인다.
- 소년 마약전담법원 프로그램에 참여하는 청소년들의 대다수(약 80~90%)는 음주 경험과 마리화나 사용 경험만 있는 것으로 보고된다.
- 소년 마약전담법원의 목표 대상자가 명확히 규정되지 않는다면, 소년사법제도는 실질적으로 중독 문제가 심각하지 않은 청소년들을 포함한 광범위한 집단에 과도하게 자원을 투입하게 될 위험이 있다.

… 비행 청소년을 위한 거주형 교정

지역사회 거주형 교정시설은 재활 지원시설과 소년분류심사원(juvenile detention centers) 등을 포함한다. 소년분류심사원은 여러 가지 기능을 수행한다. 이 시설은 범죄 행위를 저질렀다고 의심되는 청소년이 법원 심리를 기다리는 동안 임시로 수용되는 보호시설의 역할을 한다. 해당 청소년이 부모나 보호자에게 인도될 경우에 도망칠 위험이 높거나 또 다른 범죄를 저지를 위험이 있다고 간주되는 청소년들을 위한 구금시설로도 기능한다. 소년분류심사원의 또 다른 기능은, 비행 청소년으로 판결을 받고 소년원으로 이송될 예정인 청소년이 이송 전까지 머무는 임시 대기 시설의 역할이며, 새로운 범죄를 저지르거나 보호관찰 조건을 위반한 청소년을 수용하는 역할도 한다. 또한, 소년분류심사원은 비행 청소년으로 판결을 받은 후 구금 처분을 받은 청소년들을 수용하는 데에도 사용된다. 때로는, 드물지만 청소년의 생명이 위협받는 상황이 명백할 경우, 보호적 목적으로 일시적으로 수용되기도 한다. 예를 들면, 개럿(Garrett, 2023a, p. 8A)은 오하이오주 서밋 지방 소년법원의 하루를 참관하면서 한 소년이 관련된 심리 절차를 다음과 같이 묘사했다. 한 소년이 주 소년원에서 출소한 후 가정으로 돌아가 부모의 보살핌을 받는 상황에 놓였으나, 가정 상황이 극도로 불안정하여 결국 가출을 하게 되었다. 이후 다시 체포된 후 판사가 최종 결정을 내리기 전까지 서밋 지방 소년분류심사원에 수용되었다. 소년의 변호사는 판사에게 소년을 주 소년원으로 재수감하지 말고 현재 머물고 있는 서빗 지방 소년분류심사원에 남게 해 달라고 요청했다. 변호사는 소년이 주 소년원에서 폭력배에게 위협을 당했고, 심지어 그곳에서 흉기에 찔린 사건까지 겪었다는 사실에 근거하여 이러한 요청을 했다.

청소년이 소년분류심사원에 머무는 기간은 매우 다양하다. 저녁 시간대에 구금되었다가 다음 날 아침 부모나 보호자의 인도되는 경우처럼 24시간 미만일 수도 있고, 판사에 의해 비행 청소년으로 판결을 받아 구금 처분을 받은 일부 청소년들의 경우에는 몇 달 동안 머물게 될 수도 있다.

소년분류심사원은 단기 거주형 교정시설로 간주되기 때문에 수용된 청소년들에게 상담 및 심리치료를 제공해야 할 법적 의무는 없다. 시설이 제공해야 하는 최소한의 요건은 식사, 의복, 숙소, 여가 활동, 안전 보장 등이다. 그러나 대부분의 소년분류심사원은 청소년들이 자신의 삶에 긍정적인 변화를 시도할 수 있는 기회를 제공하기 위해 다양한 자발적 프로그램을 운영하고 있다. 이러한 프로그램의 상당수는 자원봉사 단체가 주도하지만, 일반적으로 대부분의 시설에는 정교사가 근무하는 학교도 함께 운영된다. 개럿(2023a, b, p. 10A)은 "오하이오주 서밋 지방에서 이 소년분류심사원은 아동, 청소년 관련 전문가들 사이에서 주와 전국 다른 시설의 모범 사례로 평가되고 있다. 수용된 청소년들은 주 2회의 상담 및 심리치료, 성인 멘토링 프로그램, 애크런 공립학교 교사들의 수업,

자체 도서관, 그리고 식당에서 제공되는 채소를 직접 재배하는 야외 정원을 이용할 수 있다. 또한 '상담실'이라고 불리는 공간도 마련되어 있어, 청소년들이 스트레스, 불안, 혹은 분노를 느낄 때 언제든 상담사를 만나기 위해 상담을 요청할 수 있다."라고 전한다.

재활 지원시설은 서로 다른 특성과 필요를 지닌 청소년들을 수용한다. 예를 들면, '재활 지원시설'라는 용어는 범죄로 유죄판결을 받은 비행 청소년들 중, 보호관찰만으로는 부족하나 소년원에 수용할 정도로 지역사회에 위협이 되지는 않는 청소년들을 위한 시설을 의미한다. 이 시설에서는 소년원에서 가석방으로 퇴소했으나, 적절한 거주지나 환경이 없는 청소년들을 수용하기도 한다. 일반적으로 재활 지원시설의 입소자는 14~18세 사이의 청소년이며 일부 시설은 더 어린 청소년들을 수용하기도 하고, 다른 시설은 보호관찰이나 다른 기관의 관리 아래 있어 상대적으로 연령이 더 높은 청소년들을 대상으로 운영되기도 한다. 보통 이러한 재활 지원시설에서는 수용된 청소년들을 위한 전문화된 상담 및 심리치료 프로그램은 제공되지 않는다. 입소 청소년들은 재활 지원시설 직원들과 보호관찰관 또는 가석방 담당관의 감독을 받는다. 청소년들은 낮에는 학교에 다니거나 취업한 경우 출근을 하며, 저녁 시간에는 시설 직원이나 자원봉사 단체가 제공하는 집단상담에 참여한다. 상담의 주요 초점은 규칙 준수, 책임 수용, 그리고 다른 사람과 원만한 관계 형성에 맞추어져 있다.

지역사회 거주형 교정시설은 재활 지원시설과 유사하지만, 시설에 입소한 청소년들에게 전문화된 상담이 제공된다는 점에서는 다르다. 지역사회 거주형 교정시설은 심리적 문제, 성격장애, 약물 남용 또는 성적 학대 관련 문제를 가진 청소년들을 수용할 수 있다. 시설의 직원들은 해당 프로그램에서 사용되는 특정 상담 및 심리치료 기법에 대해 전문적인 훈련을 받은 전문가들로 구성되어 있다. 대부분의 지역사회 거주형 교정시설은 민간기관이 운영하며, 시설의 관리자가 최종적으로 입소 여부를 결정한다.

보다 최근에 등장한 형태로는 지역사회 교정시설이 있다. 이러한 보안이 유지되는 시설은 지역사회 내에 위치하며 지방 정부가 직접 운영한다. 이 시설에 수용된 청소년들은 중범죄로 판결을 받았으며 보호관찰에서 제공되는 것 이상의 감독이 필요하다고 판단된 대상들이다. 이러한 시설이 개발된 배경에는 여러 요인이 작용했다. 주 당국은 주 정부가 직접 운영하는 교정시설보다 지역사회에 위치한 시설에 청소년을 수용하는 것이 비용 면에서 더 효율적이라는 결론을 내렸다. 이에 따라 주 정부와 지방 정부 간 협약이 체결되었으며 주가 지역사회 교정시설을 건설하고 이를 지방 직원들이 운영하기로 하는 합의가 이루어진다. 주는 시설에 수용된 각 청소년에 대해 지역사회에 보조금을 지급한다.

연구에 따르면, 청소년들을 그들의 지역사회 내에 머물게 하는 것이 여러 가지 측면에서 더 바람직한 것으로 나타났다. 우선, 청소년들은 가족 및 지역사회의 다른 사람들과 관계를 유지할 수 있다. 거주형 교정시설은 주 단위로 운영되는 대형 소년 교정시설보다 수용 인원이 적다(주 시설은 200명 이상인 경우가 일반적인 반면, 거주형 교정시설은 대체로 50명 미만으로 제한됨). 따라서 직원들이 질서 유지와 통제를 훨씬 용이하게 할 수 있으며, 우발적 문제나 소란도 최소화하기가 더 쉽다. 또한 입소자들이 서로에게 피해를 줄 기회도 줄어든다.

지방 구치소, 주 소년원, 그리고 형사법원에서 재판을 받고 유죄판결을 받은 후 성인 교도소에 수용된 비행 청소년에 관해 최근 발표된 일련의 기사를 통해 비쇼프(Bischoff et al., ABJ, 11/12/2023, 2S)와 개럿(Garrett, ABJ, 11/14/2023b, 1A, 8a)은 오하이오에 있는 세 개의 주 소년원에 수용된 500명의 청소년에게 보호하고 상담 및 심리치료를 제공하는 일이 결코 쉬운 일이 아님을 지적했다. 이 시설에 수용된 청소년들은 대부분 심각한 범죄를 저질렀으며, 만약 범행 당시 나이가 몇 살만 더 많았더라면 성인 교도소에 수감되는 형을 선고받았을 가능성이 높다. 비쇼프와 개럿은 "소년사법제도의 사명은 공공의 안전을 지키는 동시에 청소년들이 성인 형사제도로 이행되지 않도록 보호하는 것이다. 주는 수용된 청소년들에게 '보호자'의 역할을 수행한다. 그렇기 때문에 소년원은 고위험군 청소년의 보호와 상담을 전문적으로 담당하는 교사, 상담사, 정신건강 전문가 및 기타 전문가들을 고용한다."라고 말했다. 오하이오 소년법원 판사협회(Laird et al., Akron Beacon Journal 11/16/2023, p. 1A)에서는 "오하이오의 소년원에서 일하는 어른들에게 주어진 과업은 매우 어려운 일이지만, 그곳의 상담사, 교사, 교도관의 대다수는 자신들의 일에 집중하고 청소년들에게 깊이 헌신하고 있다."라고 성명을 발표했다. 오하이오 청소년위원회의 목표는 소년원에 수용된 청소년들이 생산적인 시민으로 성장하도록 돕는 것이지만, 수용되었다가 사회로 복귀한 많은 청소년들이 이 목표를 달성하지 못하고 있다. 목표 달성을 방해하는 많은 문제가 존재하기 때문이다. 예를 들면, 비쇼프 등(ABJ, p. 1A)은 "교도관과 관련 다른 직종을 포함해 140명의 공석이 발생한 인력 부족 현상으로 인해 주 정부는 청소년들에게 효과적인 교육, 상담, 감독을 제공하는 데 한계에 부딪히고 있다."라고 지적했다. 교정직원의 높은 이직률은 청소년들과 교도관 모두의 완전 확보를 더욱 어렵게 만든다. 이로 인해 사소한 문제로도 소란이 발생하거나 폭력 사건이 일어나는 경우가 종종 있다. 결론적으로, 소년원에 수용된 상당수의 청소년들은 결국 성인이 되어 다시 범죄를 저지르고 최종적으로 성인 교도소에 수감되는 악순환으로 이어진다는 것이다.

오하이오 소년법원 판사협회는 공식 성명에서 "적절한 재정지원은 소년원이 충분한 인력을 확보하여 청소년의 안전을 보장하고, 의미 있는 교육과 상담 및 심리치료적 개입이 가능하도록 한다. 이러한 지원을 통해 청소년들은 퇴원 후 성공적인 성인기로 나아갈 수 있도록 돕는다."라고 밝혔다. 판사들(Laird et al., p. 1A, p. 77A)과 전문가들은 일부 소년범이 지역사회에 심각한 위험을 초래하기 때문에 시설 수용이 불가피한 경우가 있음을 인정한다. 그러나 소규모 인원을 수용하면서도 보안 인력과 치료 인력이 충분히 확보된 지역 기반 시설이야말로, 소년범들이 생산적인 성인으로 성장하도록 돕는 데 가장 효과적인 방안으로 평가된다.

요약

19세기 중반에 시작된 소년사법운동은 법을 위반한 청소년뿐만 아니라, 비록 잘못이 없더라도 보호와 도움이 필요한 청소년들을 위해 별도의 독립된 사법제도를 마련하는 것을 목표로 했다. '국가 보호자'(parents patriae, 국가가 부모를 대신하는) 접근법은, 일부 '소년범 강경 대응' 정책이 유행하던 시기를 제외하고, 소년사법제도의 근간이 되어 온 핵심 이념이다. 소년범들이 공식 사법제도에 깊이 관여되는 것을 최소화하기 위해 다양한 선도 프로그램을 마련해 왔다. 이러한 선도 프로그램은 경찰, 학교, 법원에 의해 운영되며, 학교 전담 경찰관 프로그램이나 청소년 법정과 같은 프로그램은 여러 기관 간의 긴밀한 협력이 필요하다.

모든 소년범을 공식적 사법절차에서 전환시키는 것은 현실적으로 불가능하다. 일부 청소년에게는 범죄의 심각성, 지역사회에 미칠 잠재적 위험성, 그리고 치료적 개입의 필요성으로 인해 공식적 사법절차가 불가피하다. 이에 따라, 법원에서는 범죄 위험성 및 범죄 욕구 평가도구를 활용하여 어떤 청소년이 지역사회 기반의 감독과 상담 및 심리치료를 통해 가장 큰 도움을 받을 수 있을지, 그리고 어떤 청소년이 시설 수용이 필요한지를 평가한다. 법원은 또한 성적 학대, 약물 남용, 가정폭력과 관련된 특수한 문제를 가진 청소년을 위한 전문화된 상담 프로그램을 개발해 왔다. 이러한 프로그램은 지역사회 내에서 실행될 수도 있고 보안이 유지되는 시설 내에서 운영될 수도 있다.

토의 문제

1. 전면적 선도와 부분적 선도의 차이점은? 각각의 방식은 어떤 상황에서 적용되는 것이 적절한가?
2. 범죄를 저지르지 않았지만 '비행 위험군'으로 인식되는 청소년을 비행 청소년 대상 프로그램에 참여시킬 경우, 어떤 부작용이나 위험이 발생할 수 있는가?
3. 학교 전담 경찰관은 법 집행관으로서의 역할과 청소년의 멘토로서의 역할 사이에서 어떻게 균형을 유지할 수 있을까? 두 역할 중 어느 것이 더 중요하다고 생각하는가?
4. 범죄 행위의 '법적 책임이 있는' 청소년이 소년법원에 회부될 때, 판사가 선택할 수 있는 선도 조치에는 어떤 것들이 있는가?
5. 소년범을 대상으로 감독의 형태와 수준을 결정하는 데 범죄 위험성 및 범죄 욕구 평가도구는 어떻게 사용되는가? 또한 청소년이 제시된 평가를 통해 필요하다고 판단된 지원을 제공받지 못할 경우에 어떤 대안이 가능한가?
6. 청소년이 성범죄자로 발전하게 되는 위험 요소로는 어떤 것들이 확인되었는가?
7. 약물 남용 청소년을 감독할 때 지속적인 관찰이 왜 중요한가?
8. 청소년을 심각한 약물 남용 행동에 이르게 하는 위험 요소로는 어떤 것들이 있는가?
9. 소년원에 수용된 적이 없는 청소년이 재활 지원시설에 수용되어, 소년원을 퇴원한 청소년과 같은 시설에 있을 경우, 과거에 더 심각한 범죄를 저지른 청소년이 경미한 범죄를 저지른 청소년의 행동과 사고에 부정적인 영향을 미칠 가능성이 있는가?
10. 청소년을 소년원에 보내는 대신 지역사회 교정시설에 수용하는 것의 장점은 무엇인가? 반대로 이러한 조치가 다른 청소년과 지역사회에 가져올 수 있는 단점은 무엇인가?

참고문헌

Bischoff, L., Knapp, A., & Knight, C. (2023). They might not make it out. *Akron Beacon Journal* 11/12/2023, 2S, 11S.

Butts, J., & Roman, J. (2004). *Juvenile drug courts*. Urban Institute Press.

Finn, P. (2006). School resource officer programs: Finding the funding, reaping the benefits. *FBI Law Enforcement Bulletin*, 75(8), 1-7.

Garrett, A. (2023a). Guns, tears, fears and hope. *Akron Beacon Journal*, Sunday, October 22-1-11A.

Garrett, A. (2023b). That's what you call creating a monster. *Akron Beacon Journal* 11/14/2023, 1A, 3A.

Global Youth Justice Advocacy Organization. (2016). *World's most replicated juvenile justice program works* (pp. 1-6). Retrieved August 16, 2016 from https://mail.aol.com/webmail-std/enus/Print/message

Global Youth Justice, Inc. (2023) *Teen, peer, youth, student court* (pp. 1-2). https://www.GlobalYouthjustice.org/

Harris, T., & Bezuidenhout, C. (2010). A psychocriminological investigation into the risk factors contributing to youth sex offending. *Child Abuse Research: A South African Journal*, *11*(10), 28-42.

Juvenile Justice and Delinquency Prevention Act. (1974). Public Law 93-425, Section 223 (a) (23). Juvenile Justice and Delinquency Prevention Act of 1974, as amended (Public Law 93-414) section 223 (a) (23).

Kratcoski, P. (2023a). *Juvenile justice administration* (2th ed.). Springer Natural.

Kratcoski, P. (2023b). In A. Verma & D. Das (Eds.), *Police leadership: A learning experience. Police leaders as thinkers* (pp. 35-63). Springer Natural.

Kratcoski, P., Ammar, N., & Dahlgren, D. (2004). Police diversion of delinquent youths: An assessment of programs. In P. Kratcoski (Ed.), *Correctional counseling and treatment* (5th ed., pp. 156-184). Waveland Press, Inc.

Laird, J., Knight, C., Warsmith, S., & Knapp, A. (2023). Judges talk fixes for youth prisons in Ohio. *Akron Beacon Journal* 11/16/2023, 1A77A.

Lundrigan, P. (2002). Elements of a treatment program for youth who sexually abuse. In P. Kratcoski (Ed.), *Correctional counseling and treatment* (5th ed., pp. 29-39, 197-212). Waveland Press, Haworth Press.

National Center for Educational Statistics. (2022). *Enrollment trends.* https://nces.ed.gov/FastFacts/display.asp?id=65s

OJJDP Newsletter. (2016). *Administrator Listenbee outlines OJJDP' support for tribal youth at national council on juvenile and family court judges conference.* Retrieved May 8, 2016 from http://www.djidp.gov/newsletter/249801/sf_2html?utm_source=NewsFrom05016newsataglan ce&utmmedium+email&utm_content=TribalY:1

Pitocco, K. (2011). ORAS (*Ohio risk assessment system*) *purpose and benefits*. University of Cincinnati Center for Criminal Justice Research.

Snyder, H., & Sickmund, M. (1999). *Juvenile offenders and victims: National report.* Office of Juvenile Justice and Delinquency Prevention.

제 6 장 특별 관리 대상 범죄자에 대한 지역사회 기반 치료적 선도

 서론

특별 관리 대상 범죄자를 공식적 사법절차가 아닌 다른 방식으로 선도(diversion)하려는 추세는 여러 가지 이유로 인해 나타나게 되었다. 가장 큰 이유는 비용 측면에서 매일 지방법원에 몰려드는 많은 정신질환자들, 약물 및 알코올 남용자들, 빈곤층 및 노숙인 범죄자들을 구금하는 것이 효율적이지 않기 때문이다. 이들은 경미한 범죄로 유죄판결을 받아 벌금형과 함께 징역형을 선고받지만 구금시설에서 정신질환이나 약물 남용 문제에 대한 상담 및 심리치료가 제공되는 것은 아니다. 출소 후, 이들 가운데 상당수가 재수감되어 동일한 절차를 반복하게 되는데 많은 경우에 출소 후 며칠 만에 다시 수감된다.

특별 관리 대상 범죄자를 선도하는 또 다른 이유는 특별 관리 대상 범죄자들에게 사회기반 처분을 내리도록 법률에서 정하고 있어 교정상담 및 심리치료 프로그램 참여가 '의무'이기 때문이다. 한 예가 캘리포니아(California)주 주민 발의안 제36호이며(PRO36), 여러 주에서 이 법과 유사한 많은 법률들이 입법부를 통해 제정되었다. 이러한 법은 법원이 쌓여 있는 사건들을 처리하기 위해 '공장에서 찍어내듯' 법정 절차를 진행할 수밖에 없는 문제를 해결하고, 지방 교도소가 수용 한도를 초과할 때 발생하는 문제들을 줄이는 것이 목적이다. 교도소 수용인원이 포화 상태가 되면 일부 수용자들은 형기를 마치기 전에 석방되거나 수용 여력이 있는 다른 지방의 교정시설로 이송될 수밖에 없는데 여기에도 여러 문제가 발생하게 된다. 이에 대하여 가디너(Gardiner, 2011, p. 25)는 "미국의 많은 선도 관련 법률과 마찬가지로 법안 36호, 즉 「2000년 약물 남용 및 범죄예방법(Substance Abuse and Crime Prevention Act: SACPA)」은 캘리포니아주에서 비폭력적 마약 범죄로 유죄판결을 받은 성인이 다른 범죄나 과거 범죄 기록으로 인한 제한 등이 없는 한, 30일에서 90일 구금 및 보호관찰되는 전통적 형사처벌 대신 약물치료를 조건으로 사회에서 보호관찰을 받는 것을 의무화하고 있다. 이 법은 보호관찰 기간을 포함하여 구금을 금지한다."라고 설명했다.

여러 주에서 제정된, 이와 유사한 법률들이 과부하 된 법원 문제와 과밀수용된 교도소 문제를 해결하는 데 도움이 될 수는 있지만, 범죄자들을 위한 교정상담 및 심리치료 프로그램을 개발하거나 민간 치료 제공자와 계약을 체결하는 데 드는 비용은 치료 제공 의무가 있는 많은 지방 정부에게는 과도한 부담이 될 수 있다.

이러한 상황 속에서도 일부 주에서는 경미한 범죄를 비범죄화하거나, 약물 및 알코올 문제, 정신건강 문제, 가정폭력 문제 등 치료가 필요한 특별 관리 대상 범죄자들을 공식적 사법절차로부터 선도하려는 추세이다.

사법기관의 관리자들은 사법기관이 본래의 역할을 충실히 수행하기 위해 다양한 대응을 해야 했다. 예를 들어, 지방 교도소 교도관은 수감 인원이 최대 수용 한도에 도달했을 경우, 그 이상을 수용하면 법 위반이 되기 때문에 더 이상 새로운 범죄자를 수용하지 않겠다고 발표하기도 한다. 또 형기를 다 마치지 않은 수용자를 일부 석방하는 방법도 고려한다. 그러나 이러한 방식은 비판을 불러일으키기 쉽다. 특히 조기 석방된 범죄자가 석방 직후 또 다른 중범죄를 저지를 경우에 그 비판은 더욱 거세진다. 따라서 특별 관리 대상 범죄자를 정식 사법처리로부터 선도하는 것은 선도된 범죄자가 신중한 심사를 거쳐 전문 프로그램에 배치되어 전체 선도 또는 부분 선도에 대해 설정된 기준을 충족하여야 합리적이라고 할 수 있다.

… 정신질환이 있는 범죄자의 선도

미국의 교도소, 특히 대도시에 위치한 교도소들이 수용 과부하 상태가 되면 교도소가 오히려 수용자와 교정직원 모두에게 위험한 환경이 된다. 또한 교도소에 수감된 정신질환자 문제에 대한 우려도 전국적으로 증가하고 있는 상황이다. 이에 따라 2015년 주 정부 사법기관은 교도소 내 정신질환자 수 감축을 국가 차원의 정책으로 추진했다. 이 정책은 교도소에 수감된 정신질환자 수를 줄이기 위한 지원과 협력을 이끌어 내기 위해 계획되었다. 2016년까지 41개 주—미국 인구의 약 30%에 해당하는 240개 이상의 도시 및 농촌—가 결의안을 통과시켰다(Center for State Governments, 2016, p. 1).

고메즈-피게로아와 카미노-프로아호(Gomez-Figueroa & Camino-Proaho, 2022, p. 1)는 "세계보건기구(WHO)는 서구 사회에서 정신건강과 관련된 문제가 일반 대중보다 교도소 수용자 집단에서 나타날 확률이 최대 7배 더 높다고 밝히고 있다. 이러한 정신질환의 증가 추세는 교도소 수용자 수의 증가와 맞물려 있으며, 이를 더 악화시키는 다른 요인은 교도소 내 약물 남용이다."라고 설명했다.

교도소에 수감되기 전에 이미 정신질환이 있는 수용자의 비율은 정확히 알려져 있지 않지만 정신건강 문제로 교정상담 및 심리치료가 필요한 대상자들은 수감 시 정신건강 문제가 악화될 가능성이 높기 때문에 교도소 수감 대신 선도하는 것이 고려되어야 한다. 피게로아와 카미노-프로아흐(2022, p. 20)는 "수감 중 수용자의 적응 실패가 문제가 되는데 이러한 부적응은 수감된 장소와 형기에 따라 달라진다. 적응 실패란 수감된 상황에 대응하여 행동할 수 있는 수용자 개인의 역량이 감소하고 주변 환경과 관계에 영향을 주는 한 개인으로서의 인지, 정서, 행동이 점차 상실되는 것이다."라고 지적했다.

정신질환이 있는 범죄자가 법정 출두를 기다리는 동안 발생할 수 있는 위험성에 관한 연구 결과들이 발표되자 20세기 후반과 21세기 초에 정신질환이 있는 범죄자를 대상으로 하는 교도소 선도 프로그램이 마련되었다. 쉐럴(Scherer, 2009, p. 5)은 "정신질환이 있는 범죄자에게 가장 부정적인 영향을 주는 것은 체포되는 순간으로, 범죄자는 통제할 수 없는 행동으로 인해 범죄를 저지르는 경우가 많기 때문에 힘에 제압당하는 일에서 굴욕감과 비난을 느끼는 경우가 많다. 또한 일단 체포되면 구속과 함께 공식적이고 구체적인 법정절차가 시작되면서 정신질환이 더욱 심각해진다."라고 밝혔다.

미국 전역의 많은 지방 특히, 상대적으로 인구가 적은 지역에서 근무하는 경찰은 전형적으로 정신질환 징후를 보이는 범죄자를 만났을 때 난처한 상황에 직면한다. 경찰은 그 사람을 체포하여 구치소로 이송하는 것이 이상적인 조치가 아니라는 것을 알지만 지역사회 내에 이러한 사건을 처리할 다른 방법이 없기 때문에 체포를 선택하게 된다. 또한 경찰은 체포 또는 선도 여부를 결정할 때 해당 정신질환자가 폭력적으로 변할 가능성과 사회에 위험을 초래할 가능성도 함께 고려해야 한다. 정신질환이 있는 범죄자를 교도소 대신 다른 곳으로 선도하지 못하는 이유가 사회에서 이를 지원할 재정적 자원이 부족한 것일 수도 있지만, 경찰이 사회에서 이용 가능한 대안적 조치에 대해 잘 알지 못하는 지식 부족 또한 요인이 될 수 있다. [글상자 6-1]은 로스앤젤레스에서 개발된 정신건강 평가단에 대해 설명하고 있다(O'Neill, 2015, pp. 1-3).

글상자 6-1 로스앤젤레스 경찰 정신건강 평가단: 교도소 수감 대신 교정상담 및 심리치료를 제공함

로스앤젤레스 경찰국(Los Angeles Police Department: LAPD)의 정신건강 평가단은 61명의 전문 경찰관과 지역사회 소속 28명의 정신건강 전문가로 구성되어 있으며, 미국 내 최대 규모의 정신건강 경찰 프로그램 팀이다. 이 경찰 조직은 2014년 동안 경찰과 접촉한 정신질환자 14,000명 이상에게 위기개입 및 지원을 제공했다.

정신건강 평가단에 소속된 전문 경찰관은 LAPD 본부에 위치한 분류팀에 배치되어 현장 경찰이 만난 정신건강 위기 상황에 놓인 사람을 평가하고 대응하는 업무를 수행한다. 분류팀에 배치된 정신건강 평가단 경찰관은 현장 경찰에게 대상자의 행동이 혼란스러운지, 일관성 없이 말하는지, 공격행동을 보이거나 비협조적인지를 보고하도록 요청한다. 또한, 정신질환이 의심되는 대상자에게 약물복용 여부, 약물 영향 여부, 최근 위기 경험 여부 등과 관련된 질문을 하도록 현장 경찰에게 안내한다.

평가단 경찰관의 또 다른 임무는 신고된 건이 '협력 임상가'의 현장 방문이 필요한지를 결정하는 것이다. 협력 임상가팀은 현장에 두 번째로 출동하는 2차 대응 역할을 수행한다. 2014년 동안 이 팀은 14,000건 이상의 신고를 처리하여 순찰 경찰관을 지원했다. 신고건의 약 3분의 2는 분류 경찰관의 지원과 협력 임상전문팀의 현장 방문을 통해 성공적으로 해결되었다. 경미한 범죄는 일반적으로 구치소 이송 대신 선도된다. 그러나 중범죄 사건 중 범죄 행위가 정신질환과 관련되어 있는 것으로 판단되는 경우에는 사건을 선도하지 않는다. 또한 정신건강 평가단 경찰관들은 잠재적 자살 사건, 인질 사건 등 상황에서는 특수 기동대(Special Weapons And Tactics: SWAT) 팀을 지원하며 범법자가 잠재적으로 위험하거나 정신질환이 의심되는 경우에도 개입한다.

경찰, 검찰, 교정직원 등 형사사법기관을 대표하는 이들은 정신질환이 있는 범죄자를 사법제도에서 분리하여 선도하는 것에 대한 반대가 거의 없을 것이다. 경미하고 비폭력적인 범죄를 저지른 정신질환자에게 교도소는 부적절하다는 것은 분명하다. 이 사람들은 가능한 한 교도소 수감으로부터 선도되어 위기개입이나 찾아가는 지원, 주거 지원, 직업, 가족에 관한 지원, 사례관리 등의 사회지원을 받게 하거나 사회복지기관 등으로 의뢰되어야 한다.

일반적으로 지역사회 내 위기 상황에 가장 먼저 대응하는 사람들은 현장 순찰 경찰관이므로 이들에게 정신질환이 있는 범죄자에 대한 특별한 대응 훈련이 필요하다. 예를 들어, 위기 상황의 가해자가 정신건강 문제를 가지고 있을 가능성이 있을 때 이를 어떻게

처리할지 이들을 어떻게 선도할지, 체포 및 교도소 수용 외 자신과 지역사회의 안전을 어떻게 유지할지에 대한 교육 등이 필요한 것이다. 이에 관하여 브라티나 등(Bratina et al., 2020, p. 281)은 "정신건강 문제를 가진 사람들과 관련된 위기 상황에 대응하는 방법에 대한 경찰관 교육도 꼭 필요하지만 우리 사회에는 공공복지, 보훈 지원, 약물 남용 방지, 위탁 양육이나 보호 지원 등의 다양한 기관이 있어 대상자나 사례 정보 등을 공유하는 제도가 있다. 이러한 기관과 관계자가 강력한 협력 관계를 구축하면 법의학적 사례관리, 사회복귀 조정 지원, 응급 구조대 등의 지원을 지역사회 제공 기관(예: 정신건강, 약물 및 알코올 관련 지원)을 통해 의뢰하여 받을 수 있다. 정신건강 지원 이용자와 관련된 여러 기관 간 협력은 적절한 지원이 제공되는 것을 보장하고 자원과 재정을 절약하며 이들에 대한 지속적인 평가를 가능하게 한다."라고 설명했다. 브라티나 등(2020, p. 289)은 멤피스(Memphis) 모형을 활용한 위기개입 훈련을 받은 플로리다(Florida) 경찰관의 의사결정 연구를 수행했다. 이들은 연구 결과를 "위기개입팀(Crisis Intervention Team: CIT) 교육을 받은 경찰관이 기록한 사건 대부분은 체포보다는 선도로 이어졌다. 이것이 CIT의 직접적인 결과인지 여부는 명확하지 않지만 교육과 훈련 이후 기대할 수 있는 결과로 여겨진다. 최소한 CIT 경찰관은 선도라는 선택에 대한 지식을 갖고 있으며 종종 체포 대신 기관 의뢰를 선택한다는 것을 알 수 있다."라고 설명했다.

선도 프로그램이 보다 광범위하게 개발되지 않은 가장 큰 이유는 자원의 부족이었던 것으로 보인다. 연방 및 주 정부 보조금은 지방 형사사법기관이 경찰과 법원이 선도 프로그램을 운영하는 데 도움을 주고 있다.

정신질환이 있는 범죄자의 처리

쉐럴(2009, pp. 1-2)은 "정신질환자를 위한 선도 프로그램: 사전 예약 선도 및 기타 선도 모델을 중심으로"(Jail Diversion Programs for Those with Mental Illness: An Emphasis on Pre-booking Diversion and Other Diversion Models)라는 연구를 통해 정신질환이 있는 범죄자에게 체계적인 대응을 하기 위해 경찰서, 교도관, 지방 검사, 판사, 지역 정신건강 전문가 등을 위한 10가지 전략을 다음과 같이 제시했다.

1. 현장 순찰관이 노숙인 보호소 등 범죄 우려 고위험군이 있는 장소에 적극적으로 접근하여, 범죄가 발생하기 전에 지원을 제공하는 노력

2. 경범죄에 해당하거나 경찰관이 기소하지 않고 대상자를 정신건강 지원으로 직접 연계하는 경우, 범행 현장에서 경찰관이 직접적인 선도
3. 경범죄에 해당하나 대상자가 협조하지 않을 경우는 기소하겠다고 경고하면서 경찰관이 현장에서 직접적인 선도 시행
4. 경찰 대응(CIT 프로그램을 통한 경우가 많으며 정신건강 관계자가 동행함): 911 신고나 기타 상황에 출동하여 법정에 회부하는 대신 교정상담 및 심리치료로 연계하거나, 51/50(정신질환으로 인한 강제 입원)으로 병원에 데려가는 대신 다른 대안을 제공하는 것
5. 개인을 구금하고 기소절차를 진행하되, 법정절차가 아닌 정신건강 치료 프로그램으로 연계하는 것(법적 조치는 시작되지만 재판절차는 아님)
6. 기소 후, 재판 전에, 즉 공소 제기 시점이나 최초 답변 단계에서—선도를 시행
7. 재판 이후 유죄판결 대신 정신건강법원을 통한 판결을 내림
8. 유죄판결 이후의 정신건강법원의 대체 형 선고
9. 정신이상으로 인한 무죄(Not Guilty by Reason of Insanity: NGRI) 주장 시 유죄 또는 대안 협상
10. 재판 부적격(Incompetent to Stand Trial) [이것이 실제 선도인지 지연(delay)인지는 논란이 있으나, 일단 개시되면 수감 대신 치료로 이어지며, 다른 형태의 선도로 연결될 수 있음]

정신건강법원은 해마다 사법제도를 통해 처리되는 수백만 명의 범죄자들 중 범죄 행위와 직간접적으로 관련이 있는 정신질환이 있는 사람들의 문제를 해결하기 위해 20세기 후반에 설립되었다. 미국 의회는 2000년에 '미국 법 집행 및 정신건강 프로젝트(The American Law Enforcement and Mental Health Project)'를 법으로 제정했으며, 이 법은 정신건강법원의 설립과 시행을 위한 자금을 지원했다. 정신건강법원에 대한 인식은 전국으로 빠르게 확산되었고 이후 몇 년간 설립이 크게 증가했다. 스테이튼과 루리지오(Staton & Lurigio, 2015, p. 22)는 일리노이(Illinois)주에 위치한 정신건강법원에 대한 설문조사를 실시했으며 "관계자들은 정신건강법원이 전용 지역 기금, 연방 보조금, 지역 정신건강 기금, 그리고 지역 보건의료기관의 현물 기부를 포함한 다양한 출처로부터 자금을 지원받고 있음을 보고했다."라고 밝혔다.

주 정부 사법협의회(The Council of State Governments Justice Center, 2005, p. 1)는 정신건강법원을 '정신질환이 있는 특정 피고인을 위해 전통적 법정절차 대신 문제해결적 접

근을 적용하는 특수 법원'이라고 설명했다. 정신건강법원은 지역사회 기반으로 운영되며 사법부가 관리하고 법원 직원과 정신건강 전문가들로 구성된 팀을 고용하여 마약전담법원의 감독하에 있는 정신질환이 있는 피고인들을 위한 교정상담 및 심리치료계획을 시행한다. 치료 프로그램은 범죄 협의를 취하, 유예 등의 보상 제공, 정신건강법원 판사 앞에서의 정기적인 면담, 프로그램을 성공적으로 마친 사람들을 위한 법정 내 수료식 등으로 구성된다. 반대로 프로그램을 이수하지 못한 사람들은 제재가 가해진다.

맥알리어(McAleer, 2016, p. 2)는 각 정신건강법원이 자체 관할 구역 내에서 독립적으로 운영되지만 이 법원들은 일반적인 형사 법원과 다른 유사한 특징과 목표를 가지고 있다고 설명했다. 이 특성은 다음과 같다.

- 모든 법원은 자발적 참여를 요구하므로, 피고인은 교정상담 및 심리치료 프로그램 참여와 치료에 동의해야 한다.
- 각 법원마다 자격 기준이 있으며, 공통적으로 DSM−IV−TR(Diagnostic and Statistical Manual on Mental Disorders: 정신질환의 진단 및 통계 편람)에서 정의된 정신질환을 포함하고, 일부 법원에서는 발달장애까지 포함한다.
- 외상성 뇌손상도 정신건강법원 참여 자격 요건이 될 수 있다.
- 정신건강법원은 법률 및 정신건강 전문가를 배치하여 정신질환자를 수감하는 대신 법원이 명령한 치료를 제공하는 데 초점을 둔 특수 재판부를 운영한다.
- 또한 정신건강법원은 정신질환이 있는 범죄자의 치료 및 주거 대안을 고려할 때 공공의 안전을 최우선으로 한다.
- 일반적으로 대부분의 정신건강법원은 높은 수준의 감독을 제공하며, 내담자에게 정기적인 상태 심리에 참석해 치료 진행 상황을 평가하고 치료 계획을 갱신하도록 요구한다.
- 마지막으로 대부분의 프로그램은 명확한 수료 기준이 있으며 수료 시 수료식이나 수료증 수여를 제공한다.

스테이톤과 루리지오(2015, p. 22)는 일리노이주에 위치한 정신건강법원에 대한 연구에서 1세대 정신건강법원은 일반적으로 중범죄자를 받아들이지 않았으며 특히, 폭력 범죄를 저지른 경우에는 더욱 그러했다고 밝혔다. 중범죄자를 배제한 이유는 그들이 지역사회에 위험을 끼칠 수 있다는 우려 때문이었다. 그러나 2세대 정신건강법원의 대다수는 폭력 범죄자를 포함한 중범죄자들을 수용했다. 또한 연구는 정신건강 문제와 동시에 약물 남용장애를 가진 대상자들도 정신건강법원에서 수용하고 있음을 보고했다.

스테이톤과 루리지오(2015, p. 22)는 "모든 정신건강법원에서 정신건강 전문가들은 의뢰인을 심사하여 대상자의 적격 여부를 판단했다. 일리노이주의 정신건강법원에 대한 의뢰는 판사, 보호관찰관, 국선 변호사, 주 변호사, 개인 변호사, 그리고 대상자의 가족으로부터 가능하다."라고 설명했다. 정신건강법원 프로그램에 참여하도록 수락되면 대상자들은 법원이 지정한 교정상담 및 심리치료 프로그램을 따라 치료를 받게 된다. 이들은 일반적으로 특별 보호관찰관 또는 법원 직원과 지역사회 혹은 지방 정신건강 전문가들의 협력 체계로 감독을 받았다.

정신질환이 있는 피고인에 대한 변호인의 역할

경찰뿐만 아니라 약물 및 알코올 중독, 정신건강 문제와 같은 특별한 문제를 가진 피고인들을 변호하는 변호사들도 피고를 교도소로부터 특수 법원으로 이관하는 데 중요한 역할을 할 수 있다. 변호사 에럴 A. 캔(Errol A. Can)은 오하이오주 포티지(Portage) 지방에 있는 정신건강법원에 대한 정보를 제공한다. 캔 변호사와의 면담이 [글상자 6-2]에 있다.

글상자 6-2 에럴 캔 변호사 면담

[크랫코스키 박사가 면담 완료, 2023년 10월 15일]

에럴 캔은 앨비온(Albion) 전문대학에서 국제권력관계를 전공하고 토머스 M. 쿨리(Thomas M. Cooley) 법학전문대학원을 졸업한 후, 1992년 오하이오주 변호사 자격을 취득했다. 오하이오 형사 변호사협회와 미국 형사 변호사협회의 회원이다.

변호사 자격을 취득한 이후, 캔 변호사는 포티지 지방에서 검사보로 임용되었으며, 주로 경범죄 및 중범죄 사건을 기소하는 업무를 담당했다. 캔 변호사는 1998년 점커, 윌리엄스, 윌리엄스와 웰셔(Zumpker, Williams, Williams, & Welsher) 로펌에 합류했고 현재는 윌리엄스, 크랫코스키, 그리핀과 캔(Williams, Kratcoski, Griffin, & Can) 로펌에서 고문 변호사로 활동하고 있다. 캔 변호사의 주 분야는 형사 변호이지만, 가족법 및 민법과 관련된 문제에 대한 변호와 자문을 제공하고 있다.

면담

QPK: 변호사로 일하신 지는 얼마나 되었나요?

AEC: 32년입니다.

QPK: 범죄 혐의로 기소된 사람들을 변호한 지는 얼마나 되었나요?

AEC: 29년 되었습니다.

QPK: 약물 및 알코올 중독이나 정신질환과 같은 특별한 문제가 있는 피고인과 관련된 몇 가지 질문을 드리고자 합니다. 법원, 경찰, 가족들로부터 피고인에 대한 의뢰를 받을 때 피의자에게 특별한 문제가 있을 수 있다는 정보를 받나요?

AEC: 네, 약물 및 알코올 중독과 정신질환은 내담자를 만날 때 항상 확인하는 사항입니다.

QPK: 다양한 내담자를 상대해 온 경험을 통해, 피고인이 정신건강 문제나 약물 및 알코올 문제를 가지고 있는지 여부를 판단할 수 있습니까?

AEC: 네, 많은 경우에 내담자가 이러한 문제로 어려움을 겪고 있는 것이 명확하게 드러납니다.

QPK: 이와 관련하여 특별 교육이나 훈련을 받은 적이 있습니까?

AEC: 아니요, 없습니다. 하지만 이러한 문제와 관련하여 지속 법률 교육(Continuing Legal Education: CLE)은 매우 중요합니다.

QPK: 특별한 문제를 가진 피고인 변호하는 내용을 CLE 과정에서 다룬 적이 있습니까?

AEC: 네, 다루긴 하지만, 지금까지 이 주제에 전적으로 집중한 CLE 수업에는 참석한 적이 없습니다.

QPK: 만약 피고인이 의뢰되었으나 특별한 문제를 가지고 있다는 정보가 제공되지 않은 경우 문제 가능성이 의심된다면, 문제 존재 여부를 확인하는 방법이 있습니까?

AEC: 예, 종종 가족들이 이러한 문제를 확인하는 데 매우 중요한 역할을 합니다. 또한 저는 이러한 문제에 대해 내담자와 매우 솔직한 대화를 합니다. 내담자에게 정신건강 문제가 있는 것으로 보이면 정신건강법원 관계자들과 상의하여 STAR 프로그램에 적합한지 확인할 수 있습니다.

QPK: STAR가 무엇인가요?

AEC: 포티지 지방에서 설립된 정신건강법원은 형사사법체계와 접촉하는 사람들 중 지속적인 정신건강 문제를 보이는 사람들을 교도소나 병원으로부터 선도할 수 있는 길을 제공하기 위해 만들어졌습니다. 피고인이 짧은 기간이라도 교도소에 수감되면, 직장 상실, 가족관계 단절, 심지어 노숙으로 이어지는 경우가 많습니다. 정신건강법원은 본질적으로 건강 문제를 가진 피고인에게 교정상담 및 심리치료를 제공하기 위해 설립되었습니다. STAR 프로젝트는 형사사법 절차로부터 선도된 사람들을 위한 상담 및 심리치료 프로그램입니다.

PKQ: 정신건강법원에 의뢰하는 절차에 대해 설명해 주시겠습니까?

AEC: 대상자는 18세 이상이어야 하며 포티지 지방 거주자이며 법적 및 임상적 자격 요건을 충족해야 합니다. 피고인은 검사, 판사, 변호사, 피고인 본인, 보호관찰소나 훈련받은 전문가로부터 참여를 추천받아야 합니다. 최종 승인 및 수락은 STAR 법원 판사가 결정합니다. 건강 요건은 다소 복잡하므로 자격 기준에 대한 인쇄물을 제공해드리겠는데 피고인의 질환이 DSM에서 정의하는 주축 진단에 해당해야 합니다. 법적 요건은 “1급, 2급, 또는 3급 경범죄(음주운전, 성범죄, 공공음란죄는 제외)를 저지른 경우나 흉기 사용 범죄, 아동 피해 범죄, M-4 및 MM 범죄는 제외됩니다. 기타 자격 기준에는 피고인은 STAR 법원에 자발적으로 참여하기를 원하고 동의하며 이를 준수하지 않을 경우, 발생할 수 있는 결과를 이해하고 이에 동의합니다. 피고인은 범죄에 대해 유죄를 인정하고 적격성 조사(Eligibility Investigation: EI)를 받습니다. 피고인은 1년간 보호관찰을 받고 보호관찰의 조건으로 STAR 법원에 출석하도록 명령받습니다. 교정상담 및 심리치료 프로그램을 성공적으로 이수하면 피고가 기소되어 STAR 법원에 기소된 범죄는 취소되고 피고는 기록 봉인을 요청할 수 있습니다. [Successful Treatment and Recovery Court(STAR), p. 2, Portage County, Ohio Municipal Court Interview, 2023].

QPK: 의뢰인을 STAR에 참여하게 한 적이 있나요?

AEC: 예, 있습니다. 양형 협상에 따라 의뢰인을 프로그램에 참여시키곤 합니다. 보통 유죄를 인정하면 프로그램 참여로 선도하게 됩니다. 이 프로그램은 의뢰인에게 많은 지원을 제공합니다.

QPK: 의뢰인이 STAR나 기타 특별 프로그램에 참여할 경우, 변호인으로서 의무가 있나요?

AEC: 개인 변호사로서 저를 고용하는 것이고 의뢰인이 자격 요건을 충족하면 STAR 프로그램은 사건 해결에 활용할 수 있는 하나의 도구가 됩니다.

QPK: 정신건강법원 법정절차에 대해 중요하다고 생각되는 것은 어떤 것인가요?

AEC: 중요한 점은 의뢰인이 정신질환이 있기 때문에 여러 프로그램을 모두 활용하는 데 어려움을 겪는 경우가 많다는 것입니다.

··· 마약전담법원

1994년 제정된 「폭력 범죄 통제 및 법 집행법(Violent Crime Control and Law Enforcement Act)」은 마약전담법원의 설립과 제도적 정착을 촉진하는 계기가 되었다. 이 법률의 통과로 마약(알코올 포함) 관련 범죄로 기소되어 마약전담법원 판사 앞에 선 피고인들은 단순 처벌만을 받는 것이 아닌 교정상담 및 심리치료와 조치를 병행하는 프로그램 참여할 것을 요구받게 되었다(Kratcoski & Dahlgren, 2004, p. 596). 이 법은 마약사범을 위한 지역사회 기반 프로그램을 실시할 수 있도록 관할 지역에 재정을 지원했고 이러한 배경 속에서 마약전담법원의 개념은 전국의 사법 당국에 의해 수용되었다. 정신건강법원과 마약전담법원은 구조와 운영 방식에 차이가 있었지만 몇 가지 공통된 특성이 있었다. 우선 마약전담법원 참여 자격을 얻기 위해서는 범죄가 반드시 마약 관련 범죄여야 했다. 참여는 자발적으로 이루어지며 피고인은 마약전담법원에서 재판을 받을 것인지 아니면 일반 형사법원에서 재판을 받을 것인지를 선택할 수 있었다. 마약전담법원을 선택한 경우, 유 · 무죄의 최종 판단은 유예되었으며 피고인이 프로그램을 성공적으로 마치면 기소가 취하될 수도 있었다. 또한 마약전담법원 판사는 법원 참여 자격(일반적으로 폭력 범죄자는 제외)과 피고인이 참여해야 할 제재 및 상담 및 심리치료 프로그램의 유형을 결정하는 데 있어 광범위한 재량권을 가졌다. 교정상담 및 심리치료 프로그램은 보호관찰관과 같은 법원 관계자뿐만 아니라 심리학자, 상담사, 사회복지사와 같은 전문가들이 함께 운영했다.

연방 정부의 재정지원이 가능해지자 다른 많은 형사사법정책과 같이 초기 마약전담법원도 효과 입증에 관한 실증적 연구보다는 이러한 정책이 약물의 영향 하에 있는 범죄자를 다루는 하나의 접근 방식으로서 합리적일 것이라는 의견과 생각에 따라 설립되었다(일반적으로 마약 밀매자는 마약전담법원 프로그램의 대상이 되지 않음).

미국 법무부의 마약전담법원 조사 보고서는 "마약전담법원의 임무는 약물 및 알코올의 남용과 그와 관련된 범죄 행위를 중단시키는 것이다. 마약전담법원은 약물 및 알코올에 의존하는 범죄자들에 대한 체계적 대응을 통해 회복을 촉진한다. 이러한 목표를 달성하기 위해서는 판사, 검사, 변호사, 보호관찰소, 교정직원, 사법 집행기관, 재판 전 지원기관, TASC(Treatment Accountability for Safer Communities),[1] 평가자, 다양한 지원 제공자 및 지역사회의 협력을 포함한 팀 접근이 필요하다."라고 명시했다(1997, p. 9).

마약전담법원의 성공 여부를 평가하는 것은 매우 어려운데, 그 이유는 법원에 회부할 수 있는 참여 자격 기준이 매우 상이한 경우가 많기 때문이다. 예를 들어, 일부 법원은 마약과 관련된 중범죄에 연루된 피고인만 받아들이는 반면, 다른 법원은 일반적으로 중범죄로 기소된 피고인, 특히 폭력이 수반된 경우를 제외한다. 마약전담법원 프로그램의 상담 및 심리치료에 투입되는 지원 역시 참여자의 성공 또는 실패에 영향을 미친다. 또한 참여자의 개인적 특성이나 그들의 사회적 지지 체계(가족, 직업, 지역사회 지원)도 결과에 영향을 미치는 변수이다. 성공과 실패를 어떻게 규정할 것인가는 특히 중요하며 프로그램 지속 여부를 판단할 때 반드시 고려되어야 하는 사항이다. 로웬캠프 등(Lowenkamp et al., 2005)이 수행한 마약전담법원 감독 및 상담 및 심리치료 효과와 재범 위험에 관한 메타분석에 따르면, 치료적 개입은 재범 위험을 저위험군에서는 약 5%, 고위험군에서는 약 10% 감소시키는 것으로 나타났다.

마약전담법원 참여자에게 요구되는 조건 중 하나는 정기적으로 공개 법정에 출석하여 프로그램 진행 상황을 보고하는 것이다. 이 자리에서 판사는 피고인에게 법원이 설정한 조건들을 얼마나 충실히 이행하고 있는지에 대해 질문한다. 예를 들어, 취업 여부, 사회봉사 완료, 범죄 전과가 있는 사람과 접촉 회피, 불법 약물 남용 금지 등이 포함된다. 이러한 공개 법정 출석은 판사와 피고인 간의 일대일 상호작용으로 이루어진다. 판사는 참여자의 노력을 격려하거나 지적함으로써 프로그램 내 행동과 성과에 대해 직접적인 피드백을 제공한다. 판사는 프로그램 참여자가 기대 수준에 미치지 못하더라도 일정 정도의 진전을 보인 경우, 이를 참작하여 조정할 수 있다. 헤럴(Harrell, 1998)은 마약전담법원 관리자들은 일부 참여자가 프로그램 이수에 실패하거나 약물 검사에서 양성 반응을 보일 것으로 예상한다고 보았다. 이러한 경우, 이 사람을 단순히 프로그램에서 배제시키는 대신 단기간 구금하거나 약물 해독 프로그램에 참여시키는 등 다른 조치를 취할 수 있다. 마약전담법원 프로그램에서 퇴출되는 경우는 새로운 중범죄를 저지른 경우, 프로그램 요구 사항을 준수하지 않은 경우, 여러 차례 약물 검사에서 양성 반응을 보인 경우이다.

1) 역자 주: 상담 및 심리치료 중심의 범죄자 개입 프로그램.

스타크 지방 CHANCE 마약전담법원 프로그램

스타크(Stark) 지방 마약전담법원 및 주간 상담 및 심리치료 시설 CHANCE는 1998년에 설립되었다. 시설의 주요 목표는 다음과 같다.

> 약물 남용 문제를 가진 비폭력 중범죄자 중 프로그램의 혜택을 받을 가능성이 있는 사람들을 선별하고, 지역사회 지원기관으로의 연계를 통해 개별화된 상담 및 심리치료를 제공한다. 참가자가 취업이나 교육 기회를 모색하는 등 필요한 생활 방식을 시도하도록 장려하며, 참가자가 상담 및 심리치료 지침을 준수하고 약물 남용을 중단했는지를 면밀히 감독한다. 궁극적으로는 참가자의 범죄 행위를 줄이거나 제거하여 교정시설 수용의 필요성을 줄이는 것이 목표이다(Kratcoski & Dahlgren, 2004, p. 596).

CHANCE 마약전담법원으로 의뢰는 지방 검사에 의해 이루어진다. 일반적으로 따르는 절차는 경찰이 체포한 후 피의자는 보석으로 석방되거나 구금 상태에서 재판절차를 기다리게 되는데, 이때 재판 전 심리 담당관이 범죄자를 심사하여 마약전담법원 기준에 부합하는지를 판단한다. 해당되는 경우, 해당 사건은 검찰에 직접 회부되며 검사는 사건을 검토하고 만약 피고인이 기소된 범죄가 어떤 식으로든 약물 남용 및 남용과 관련되어 있고 동시에 피고인이 CHANCE 참여 자격 요건을 충족한다고 판단되면 사건은 마약전담법원 판사 앞에서 심리되도록 처리된다. 자격 요건은 다음과 같다.

- 현재 기소된 중범죄 혐의는 오하이오 형법에 따라 보호관찰이 허용되는 범죄일 것.
- 피의자의 혐의는 제3급 중범죄보다 더 높지 않아야 한다(오하이오 형법에는 5단계의 중범죄가 있으며, 가장 심각한 범죄는 1급이다).
- 피의자는 최근 6년 이내에 2건을 초과하는 전과가 없어야 한다.
- 피의자에 대한 기소는 약물과 관련되었거나 약물로 인한 범죄여야 하지만 마약 밀매 혐의가 있는 경우는 제외된다.
- 피의자는 10일 이상의 의무 징역형이 선고되지 않는 범죄로 기소된 경우여야 한다.
- 피의자가 기소된 범죄는 비폭력 범죄여야 하며, 폭력 행동 양식의 전과가 없어야 한다.
- 피의자는 마약전담법원 프로그램에 참여하고 이를 수료할 수 있어야 한다. (심각한

범죄 성향, 심리적인 문제 또는 신체 및 정신건강 문제가 있는 경우에는 프로그램 참여가 제한됨)

- 피의자는 12개월 교정상담 및 심리치료 프로그램에 대한 관심과 자발적 참여 의지를 보여야 한다.
- 피의자는 스타크 지방에 거주지를 두고 있어야 한다(Kratcoski & Dahlgren, 2004, p. 600).

시행 몇 년 후 CHANCE 마약전담법원 프로그램에 대한 평가가 이루어졌으며, 그 결과 CHANCE 참여자들의 문제는 다음과 같이 만성적인 것부터 경미한 문제까지 다양한 것으로 나타났다. (가장 빈번한 것부터 가장 빈번하지 않은 것 순으로 나열)

1. 알코올 남용
2. 주거 문제
3. 정신건강
4. 약물 남용
5. 가족 해체
6. 신체 건강
7. 고용
8. 교육

약물 및 알코올 남용 문제가 있는 사람들 중 상당수가 복합 문제 범죄자라는 사실이 밝혀진 후 수용 기준이 확대된 것을 제외하면 스타크 지방 CHANCE 마약전담법원은 20년이 넘는 운영 기간 동안 크게 변화하지 않았다. 복합 문제에 대한 대응으로, 범죄를 유발하는 정신건강 문제와 가정폭력 문제를 가진 이들을 위해 더 많은 교정상담 및 심리치료 프로그램들이 추가되었다.

대다수 참여자들에게 일반적으로 부과되는 제재에는 집중감독, 법원 비용 및 벌금 납부, 프로그램 비용 납부, 해당되는 경우에 배상금 납부, 정해진 시간의 사회봉사 이수, 약물 남용 문제가 있는 경우 정기적인 약물 검사 및 약물치료 참여, 그리고 (음주 문제가 있는 경우) 운전면허 정지 등이 있다.

참여자들을 위한 교정상담 및 심리치료 프로그램은 개별화되어 있으며 처음 프로그램

에 입소할 때 실시한 요구 사항에 대한 평가를 기반으로 한다. 일반적으로 여러 문제를 가진 범죄자는 주간 보호시설에 출석해야 하는데 이곳에서는 분노 조절이나 가정폭력에 관한 개인 및 집단상담, 사회 기술 개발, 취업 면접 준비를 돕는 프로그램 등 다양한 치료적 접근이 제공된다.

스타크 지방의 주간 보고 프로그램의 책임자인 앨리슨 제이컵(Allison Jacob)의 면담에서 그는 분노조절 프로그램의 상담 및 심리치료 과정은 교육과 함께 자기 평가 과정을 활용한다고 밝혔다(Kratcoski, 2016; Jacob, 2016). 참여자들은 다양한 상황별 사례 시나리오를 제공받는데 이 시나리오는 등장인물들이 여러 방식으로 분노를 표현하는 내용이다. 예를 들어, 어떤 사람이 직장 상사의 모욕적인 발언에 즉각 반응하지는 않다가 나중에 사소한 일로 동료와 싸움을 벌이는 상황이 제시될 수 있다. 참여자들은 이 상황에 대해 토론하고 왜 그 사람이 그렇게 분노했는지, 왜 그렇게 반응하는지를 생각해 보게 된다. 또, 참여자들은 자신의 분노의 원인과 분노 유발 상황에 대한 반응의 적절성을 스스로 평가할 수 있는 기회를 갖는다.

가정 내 학대(가정폭력 관리) 프로그램은 펜스 등(Pence et al., 2011, p. 18)이 개발한 '구타하는 남성을 위한 변화의 과정 만들기(Creating a Process of Change for Men Who Batter)' 프로그램을 활용한다. 이 상담 및 심리치료 프로그램의 이론적 틀은 배우자나 중요한 타인에게 폭력을 행사하는 남성들이 자신에게 권력이 있는 자신의 가족 구성원들을 대상으로 폭력 행동 또는 성적 학대를 일삼는 일정한 행태가 있다는 이론에 근거한다. 이러한 남성들은 좌절, 실망, 혹은 장기간의 불안을 경험할 때 억눌린 분노를 자신이 권력을 행사할 수 있는 곳에 폭발시키며 표출하는 경향을 보인다.

이 상담 및 심리치료는 가정폭력 사례가 포함된 일련의 수업 안을 활용하며 참가자들은 각 사례에 대한 적절한 반응과 그 의미를 함께 논의하는 시간을 갖게 된다. 교정상담 및 심리치료의 궁극적 목적은 가해자가 자신의 행동을 변화시켜 배우자와 가족 구성원에게 존중, 신뢰, 책임 분담, 공정성의 태도로 반응하도록 하는 데 있다. 최근 CHANCE 프로그램의 또 다른 강조점은 가족 구성원에 대한 공격행동과 직간접적으로 관련된 정신건강 문제를 가진 사람들을 위한 대안적 상담 및 심리치료 과정에 있다.

존 G. 하스(John G. Haas) 판사는 스타크 지방 마약전담법원과 CHANCE 프로그램 설립에 핵심적인 역할을 담당했다. 그는 여러 해 동안 주재 판사로 재직하면서 CHANCE 프로그램을 지속적으로 지원해 왔으며 전문 지식을 제공해 왔다. 다음의 면담은 CHANCE 프로그램에 대한 하스 판사의 생각을 잘 보여 준다.

글상자 6-3 하스 판사 면담, 오하이오주 스타크 지방 상급법원

존 하스는 1966년 오하이오주 마이애미(Miami) 대학교에서 교육학을 전공하여 학사학위를 취득하고, 1970년 오하이오 주립 법학전문대학원에서 박사학위를 받았다. 그는 오하이오주 스타크 지방 상급법원 판사로 선출되어 현재까지 그 직책을 맡고 있다. 1998년 스타크 지방 마약전담법원 프로그램의 최초 판사로 임명되었으며, 현재는 스타크 지방 가정법원과 재활법원의 판사로 재직 중이다. 하스 판사는 그의 경력 동안 많은 상을 수상했다.

면담 진행자: 피터 크랫코스키(PK)

면담 대상자: 존 G. 하스 판사(JH)

면담 완료일: 2016년 9월 15일

QPK: 하스 판사님, 스타크 지방에서 약물 및 알코올 남용자를 위한 특별 재판에 관심을 갖게 된 계기를 기억하십니까?

AJH: 네, 저는 법원의 감독을 받는 처벌과 함께 심리치료를 병행하는 것이 재범을 최소화하는 효과적인 방법이 될 수 있다고 생각했습니다.

QPK: 판사님과 법원 직원들이 마약전담법원 개발 계획을 추진하게 된 동기는 무엇인가요?

AJH: 이미 운영 중인 다른 프로그램들을 연구하고 그 성공 요인을 관찰하여 지역 예산에 영향을 주지 않으면서 스타크 지방에 가장 적합한 프로그램을 시행할 수 있도록 연방 보조금이 제공된 점이었습니다.

QPK: 마약전담법원이 출범한 이후 구조와 정책에 큰 변화가 있었나요?

AJH: 이 프로그램의 적용은 소규모 마약 유통 사건까지 확대되었습니다. 참여 기준은 기본적으로 동일합니다만 주간 보고 프로그램에 여러 새로운 프로그램을 추가했습니다.

QPK: 더 이상 마약전담법원을 주재하지 않는 것으로 알고 있는데, 법원의 진행 상황을 계속 주시하고 계신가요?

AJH: 네, 저는 스타크 지방 상급법원 산하의 모든 특별 법정들과 마찬가지로 마약전담법원의 진행 상황도 매우 면밀히 지켜보고 있습니다.

QPK: 법원의 목표가 달성되었다고 보십니까? (가능하다면 피고인의 수, 재범률, 성공 사례 등의 통계를 근거로 말씀해 주십시오.)

AJH: 통계를 보면 마약전담법원이 성공적이라는 것을 알 수 있습니다. 2016년에는 68명이 마약전담법원(CHANCE) 프로그램에 참여했고 그중 36명(63%)이 프로그램을 성공적으로 이수하여 수료했습니다. 현재까지 3,382건의 약물 검사를 실시한 결과 190건

(5.6%)만 양성 판정을 받았습니다. 3년(2013~2015년) 동안 재범률은 최저 12%에서 최고 15%까지로 이는 전국 마약전담법원의 평균 재범률 약 25%보다 현저히 낮은 수치입니다. 또한 1998년 이래로 총 528명이 수료했으며, 이는 추정치로 약 24,063,500달러 또는 952년의 수감 기간을 절감하여 납세자에게 혜택이 돌아간 셈입니다.

QPK: 마약전담법원 설립 이후 스타크 지방 상급법원은 재향군인 법원 등 다른 전문 법정들도 시작했습니다. 판사님께서 보시기에 이러한 전문 법정으로의 움직임은 스타크 지방 주민들에게 긍정적인 변화라고 생각하십니까?

AJH: 우리는 제가 감독하는 재입소 법원과 가정폭력 법원뿐 아니라, 정신건강 프로그램(Hope Program), 명예(재향군인) 법원도 운영하게 되었습니다. 이러한 특별 법원들이 피고인과 지역 주민들에게 모두 유익하다고 믿습니다. 판사 앞에 의무적으로 출석하는 일은 피고인을 더욱 책임감 있게 만듭니다. 또한 이러한 법원 내에서 이루어지는 상호작용은 전통적 법정보다 훨씬 인간적입니다. 법원에 출석하는 감독관과 관련자들도 책임감을 갖게 됩니다.

… 경범죄자 선도

지방법원

일부 범주의 범죄를 형사사법체계를 통해 처리하지 않고 선도하는 추세의 또 다른 예는 '지방법원'의 시행이다. 정신건강법원이나 마약전담법원과 마찬가지로 미국 전역과 유럽, 캐나다, 호주, 남미에 설립된 지방법원은 서로 다른 명칭과 구조, 그리고 상이한 자격 기준을 가지고 있다. 리 등(Lee et al., 2009, p. 1)은 "지방법원은 해당 지역사회 차원에서 범죄, 공공 안전, 생활의 질 문제를 해결하려고 하는 일종의 문제해결(problem-solving) 법원"이라고 정의한다. 지방법원은 마약전담법원, 정신건강법원, 가정법원과 같이 특정한 문제 하나만을 전문적으로 다루지 않는다. 일반적으로 지방법원의 목표는 사법부와 지역사회 간의 의사소통을 발전시키고, 경범죄자 사건 처리 속도를 높이며, 사회적 · 심리적 도움이 필요한 범죄자에게 지원을 제공하는 데 있다. 그러나 개별 지방법원의 구체적인 목표는 서로 다를 수 있다.

리 등(2009, p. 11)은 대부분의 지방법원이 갖고 있는 몇 개의 핵심 기능을 다음과 같이 언급했다.

- **개별화된 사법**: 지방법원은 피고인에 대한 다양한 정보를 활용하여 사법적 의사결정을 내린다.
- **선고 선택의 확대**: 지방법원은 지역사회 및 사회복지 선도와 선고 선택을 다양하게 제공한다. 그중 일부는 법원 내에서 제공되며 일부는 지역사회 제공기관으로의 연계를 통해 이루어진다. 선고 선택을 확대하는 것과 반대로 교도소, 벌금, 복역 기간과 같은 전통적 선고는 감소하는 것을 추구한다.
- **다양한 명령 기간**: 지방법원은 다중경로 제도를 개발하여 (일반적으로 소수 비율의) 피고인은 약물 중독, 정신질환, 기타 문제에 대한 중 · 장기 법원 감독 치료를 받는 반면, 다수의 피고인은 5일 이하의 단기 사회봉사나 지역사회 지원 제재를 받는다.
- **피고인 책임 강조**: 지방법원은 사회봉사나 지역사회 지원 명령의 즉시 시행과, 불이행 시 추가 제재 부과를 통한 엄격한 집행을 강조한다.
- **지역사회 참여**: 지방법원은 대상 문제를 파악하고 프로그램 개발하는 과정에서 지역사회의 의견을 수렴하는 등 지역사회기관과 주민과의 대화를 실시한다.
- **지역사회 기여**: 지방법원은 범죄 감소나 지역사회 질서 회복과 같은 지역사회 차원의 목표를 함께 추구한다.

미드타운(Midtown) 지방법원(Center for Court Innovation, 2016)은 1993년 뉴욕시 타임스퀘어(Times Square) 지역의 지역사회 지도자, 지역주민, 사법 당국의 공동 노력으로 설립되어 성매매, 불법 노점상, 기물파손, 인근 업소의 절도 등 해당 지역의 삶의 질 문제를 다루기 위해 설립되었다. 이 법원은 이러한 범죄 사건을 가능한 빨리 지방법원에서 심리하고 범죄의 성격과 범죄자의 필요에 맞는 적절한 선고를 내려 신속하게 대응하는 것을 목표로 한다. 법원혁신기관인 미드타운 지방법원에서 유죄판결을 받은 피고인은 지하철역 청소, 거리 및 공원 청소, 공공건물 낙서 제거 등의 사회봉사를 해야 한다. 또한 법원은 필요한 경우, 약물치료와 건강관리 교육을 명령할 수 있다.

브루클린(Brooklyn)에 위치한 브라운스빌(Brownsville) 지방법원은 미드타운 지방법원과 운영 방식이 비슷하지만 18~24세 사이의 소년범을 대상으로 하는 다른 접근이 있다. 이 법원은 사회복지사 및 사례관리자로 구성된 내부 임상전문팀의 지원을 받아 킹스

(Kings) 지방 형사법원의 판사에게 광범위한 대안적 선고 선택을 제공한다. 브라운스빌에 거주하거나 체포된 16~24세의 어린 범죄자를 위한 단기 사회봉사, 사회복귀(재활), 심리교육 집단상담, 집중적인 장기 임상 개입 등이 그 예이다. 임상전문팀 직원은 보호관찰소, 크로스로드(Crossroads) 소년분류심사원, 아동 및 가족복지국, 지역사회기관으로부터도 의뢰된 사례를 처리한다(Brownsville Community Justice Center, 2016, p. 1).

다운타운 오스틴(Downtown Austin) 지방법원은 주로 노숙인 및 일부 대학생을 대상으로 한다. 이 법원의 관할권은 공공 음주, 경미한 마약 소지, 마약류 소지 혐의와 같은 C급 경범죄를 심리한다(Elmore, 2016, p. 2). 노숙인은 다운타운 오스틴 지방법원 판사 앞에 출석하는 피고인들의 많은 부분을 차지한다. 이러한 피고인들은 전형적인 제재를 받거나 사법적으로 비전형적인 제재 중 하나를 선택할 수 있는 기회를 부여받는다.

뉴욕 브루클린에 위치한 레드 훅(Red Hook) 지방 사법기관에 대한 종합적인 평가에 따르면, 이 법원이 지역사회 참여 증진, 대체 제재 제공, 비용 절감, 피고인 적극적 참여라는 목표를 상당 부분 달성했다(Lee et al., 2009, pp. 5-6). 연구 결과에 따르면, 레드 훅 지방법원에 기소된 피고인 대다수가 사회봉사명령과 같은 대체 형을 선고받았으며, 피고인이 원 형의 요건을 이행하지 못한 경우, 주로 보조적 처벌로서 구금형을 선고받았다. 또한 회복적 정의 철학에 입각하여 많은 피고인들이 지역사회에 무언가를 환원하도록 하는 지속적인 법원 관여 제재(ongoing court involvement sanction)를 부여받았다. 이 법원은 개별 맞춤형 상담 및 심리치료를 제공했으며, 약물치료와 같은 특수 지원이 필요한 피고인들에게는 판결 조건에 따라 상담 및 심리치료 프로그램 참여를 의무화했다. 더 나아가, 이 사법기관은 청소년 비행 사건의 상당 부분을 검찰 기소로부터 선도시키는 데 성공했고, 동시에 보호관찰소를 통해 선도된 청소년들에게 감독과 지원을 지속적으로 제공했다.

재향군인법원

재향군인법원은 광범위한 범죄자를 대상으로 하지 않고 군 복무 경험이 있는 재향군인이라는 특별 관리 대상 범죄자를 대상으로 한다는 점에서는 지역사회 법원과 유사하다. 그러나 문제해결 전문 법원에 회부되는 재향군인들은 정신건강법원이나 마약전담법원에서 제공되는 것과 유사한 처우를 받을 가능성이 크다.

재향군인법원의 자격 요건은 해당 법원이 설립된 주 및 지방 관할 구역에서 제정된 법률에 따라 다르다. 예를 들어, 마치먼(Marchman, 2012, p. 617)은 텍사스 「보건안전법」 제617조와 상원 법안 1940호를 인용하면서 이 법에 따라 "경범죄 또는 중범죄로 체포되거나 기소된 퇴역군인은 주 정부 변호사가가 피고의 참여에 동의하고 법원이 피고가 퇴역군인이거나 현재 미군의 일원이라고 판단하는 경우에 자격이 될 수 있다. 미군이며 전투 지역 또는 기타 위험 지역에서의 군 복무로 인한 외상성 뇌 손상(TBI), 외상 후 스트레스장애(PTSD) 또는 기타 정신질환 또는 장애로 인해 문제가 되는 범죄 행위에 영향을 미쳤다고 법원이 판단하는 경우, 피고가 재향군인법원 프로그램을 성공적으로 이수하면 법원은 형사 소송을 기각한다."라고 설명했다.

해럴(2016, p. 1)은 「재향군인 치료법원이란 무엇인가?」라는 글에서 "재향군인 치료법원 모델은 정기적인 법원 출석(프로그램 초기 단계에서 최소 격주 출석) 및 치료 회기에 의무적으로 참석해야 하고 무작위적이고 빈번한 약물 및 알코올 남용 검사도 받아야 한다."라고 명시하고 있다.

이 법원의 장점은 재향군인들이 문제의 원인을 잘 이해하는, 즉 군 복무 경험과 현재의 문제, 그리고 범죄 사이의 연관성을 잘 이해하는 판사 앞에서 재판을 받는다는 점이다. 재향군인 치료법원의 판사와 직원들은 재향군인 보건국(Veterans Health Administration), 재향군인 보상국(Veterans Benefits Administration) 그리고 주 정부의 보훈 지원기관과 협력 관계를 맺고 있어 법원에 회부된 재향군인이 신체적 치료나 심리상담이 필요할 경우 이 기관들에 적절히 연계될 수 있으며 필요한 상담 및 심리치료를 보장할 수 있다.

재향군인 치료 법원에서 진행되는 절차의 예가 [글상자 6-4]에 제시되어 있다.

글상자 6-4 스타크 지방 명예(재향군인) 법원

스타크 지방 명예법원은 스타크 지방 일반법원 특별 재판부의 군 재향군인 전용 재판부에 설치되어 있다.

- 절차: "명예법원은 치료팀과 함께 정기적으로 법정에 출석하도록 개별화된 사법 감독을 제공하며, 지역사회 자원봉사 재향군인 멘토링 프로그램을 통해 피고인과 지역사회 재향군인 자원봉사를 연결한다."

피고인은 범죄 사실에 대해 유죄를 인정하고, 최소 12개월에서 최대 24개월 동안 명예법원 프로그램에 참여하겠다는 협약서에 서명한다.

피고인은 유죄를 인정한 범죄 유형에 따라 세 가지 과정 중 하나에 배정된다.

- **제1과정**: 폭력성이 없는 4급 및 5급 중범죄 혐의자에 대한 선도 프로그램. 이 경우에 피고인이 프로그램을 이수하면 해당 혐의는 기각되고 기록은 봉인된다.
- **제2과정**: 명예법원 참여 대상에서 제외되지 않은 그 외의 중범죄 혐의로 기소된 피고인. 이들은 집중감독 보호관찰(Intensive Supervision Probation: ISP)을 받게 되며 프로그램을 성공적으로 마치면 보호관찰에서 해제된다.
- **제3과정**: 사법적 석방, ISP 또는 출소 후 관리 요건에 해당하는 피고인. 명예법원 프로그램을 완료하면 보호관찰에서 해제된다.
- **자격**: 명예법원에 출석하기 위해서는 피고인이 미군의 재향군인이거나 현역 복무 중일 것, 해당 범죄에 대해 유죄를 인정할 것, 면책·동의서 및 협약서에 서명할 것, 스타크 지방 거주자일 것, 미군에서 불명예 제대나 불량행위로 제대를 하지 않았을 것 등의 요건에 충족되어야 한다. 다음의 경우는 명예법원 참여에서 제외된다. 즉, 폭력 관련 중범죄 전과가 있는 경우, 이전에 선도 프로그램에 참여한 경험이 있는 경우, 성범죄 전과가 있는 경우, 현재 범죄와 관련해 압수되었거나 사용된 총기를 영구적으로 포기하기를 거부하는 경우 등이다.
- **심리치료 프로그램**: 스타크 지방 일반법원은 여러 기관 및 지원단체와 협력하여 프로그램을 운영하고 필요한 치료 지원을 제공한다. 협력기관에는 다음 기관들이 포함된다. 연방 재향군인국(Veterans Administration), 스타크 지방 재향군인시설, 법집행기관으로서 캔턴(Canton) 경찰서, 스타크 지방 교도관실, 법률기관으로서 스타크 지방 검사실, 스타크 지방 공공 변호사실, 지역사회 법률지원단체, 법원 운영 프로그램으로서 스타크 지방 재판 전 석방제도, 스타크 지방 주간보고 프로그램, 스타크 지방 ISP, 그 외 의료기관 및 고용·심리상담을 제공하는 지원단체 등이다.
- **기대 효과**: 참가자들에게 제공되는 지원과 감독 및 멘토링을 통해 참가자들이 프로그램을 성공적으로 이수 후 추가적인 범죄 행위에 연루되지 않고 지역사회와 국가의 가치에 부합하는 삶을 지속하는 것을 목표로 한다.

–자료는 스타크 지방 일반법원 산하 일반부 특별 재판부에서 발간한 스타크 지방 명예법원 문서에서 발췌함.

노인 범죄자 프로그램

크랫코스키와 에델베이첼(Kratcoski & Edelbacher, 2016, p. 4)은 미국에서 매년 65세 이상 범죄자가 차지하는 전체 체포 비율은 상대적으로 작지만(5%를 약간 넘는 수준), 이 연령대의 범죄 건수는 매년 증가하고 있으며 더 늘어날 추세라고 경고했다. 연구진은 "보건, 통신, 교육의 개선, 고용상태를 포함한 생활 방식의 변화, 그리고 사회적 관계의 변화로 인해 전 세계 대부분 국가의 평균 수명이 증가했다. 사람들은 더 오래 살고 더 오래 일하며, 전반적으로 주요 사회적 관계 밖의 많은 사람들과 공식 및 비공식 접촉을 더 많이 갖게 되었다."라고 설명했다.

이와 같은 요인들로 노인들이 절도, 사기, 마약 관련 및 성 관련 범죄, 심지어 폭력 범죄와 같은 특정 범죄를 저지를 기회가 더 많아졌다.

이 외 범죄를 저지르는 동기도 고려해야 한다. 생산 연령기에는 안정적인 소득이 있었던 사람들이 절도할 동기가 별로 없었을 수 있지만 노년기에 절도할 동기가 생길 수 있다. 증가하는 생활비를 감당하기에 턱없이 부족한 수입으로 생활하고 비상시를 대비할 여유 자금이 없이 살게 될 경우 음식이나 주거와 같은 기본적 욕구를 충족하기 위해 절도와 같은 범죄에 가담할 동기가 높아질 수 있다. 또한 특정 범죄를 저지를 수 있는 능력 또한 노인의 범죄 행위를 분석할 때 고려해야 할 요소이다. 노인의 연령이 높아질수록 신체적 폭력을 행사하는 능력이 감소하여 개인적 폭력 범죄는 줄어들 것이라고 예상할 수 있다. 그러나 미국에서는 총기 접근이 용이하기 때문에 노인이라도 폭력행위를 저지르는 데 크게 제약받지 않는다.

노인 범죄자들을 위한 특별 법원을 설립하려는 체계적 움직임은 아직 없다. 아데이와 크래빌(Aday & Krabill, 2006, p. 240)은 "노인의 행위에 대한 책임을 묻고 재판을 받게 하고 실형을 선고하는 결정은 신속하거나 쉽게 내릴 수 있는 것이 아니다. 범죄의 복잡성과 가해자의 다양한 특성으로 인해 일률적인 정책을 수립하는 것이 매우 어렵다."라고 설명했다. 이들은 또 일부 연구 결과를 인용하며 판사들이 경미한 범죄를 저지른 노인에게 다른 연령층의 유사 범죄자보다 더 가혹한 형을 내리는 경향이 있는 한편, 다른 연구에서는 판사들이 정상참작 사유를 고려하여 오히려 노인 범죄자에게 덜 가혹한 형을 선고하는 경향도 있다고 지적했다.

판사가 노인 범죄자에게 형을 선고할 때 노인 범죄자의 연령, 건강 상태, 범죄 유형, 인격적 특성 등의 요소 외에도 교정시설을 관리하는 사람들에게 수감으로 인해 발생하는 어려움에 대한 문제도 고려해야 한다. 예를 들어, 노인 범죄자는 만성적인 신체 및 정신

건강 문제를 앓고 있거나 특별한 식단이 필요하거나 교정시설에서 요구하는 정상적인 활동에 참여할 수 없을 수 없는 경우가 많다.

요약

지난 몇 년 동안 특별 관리 대상 범죄에 속하는 범죄자들을 공식적 법정절차에서 선도하려는 체계적 움직임이 진행되어 왔다. 이러한 특별 관리 대상에는 경미한 범죄를 저지른 사람들, 정신건강 문제를 보이는 사람들, 약물 및 알코올 관련 범죄자들, 그리고 범죄의 경미성이나 연령으로 인해 선도되는 성인들이 포함된다. 이와 같은 교도소 수용에서 지역사회 기반 상담 및 심리치료로 방향을 선도되는 것은 철학적 · 법률적 변화를 비롯해 몇 가지 이유 때문이다. 첫째, 해당 범죄자들을 구금하거나 장기 교정시설에 수용하는 비용이 과도하게 높기 때문이며, 둘째, 이들이 받은 처벌은 수용자 본인, 그 가족, 그리고 지역사회에 실제로 이익보다 더 많은 해악들을 끼쳤다는 상당한 증거가 있다는 점, 셋째, 이러한 범죄자에게 필요한 유형의 상담 및 심리치료가 교정시설에서는 제공되기 어렵다는 점, 넷째, 정신건강 문제가 있는 범죄자와 약물 남용자가 지역사회 기반 치료로 선도될 경우 지역사회의 안전에 특별한 위협이 될 것이라는 예측은 현실화되지 않았다는 점이다.

연방 및 주 정부 또는 지방 정부 차원의 재정지원을 통해 사법기관들은 정신건강법원, 마약전담법원, 재향군인법원, 지역사회 법원과 같은 전문 법원들을 설립할 수 있었다. 이 모든 전문 법원은 지역사회 자원과 다양한 지원기관의 협력을 기반으로, 특정한 문제를 가진 범죄자들에게 필요한 상담 및 심리치료를 제공한다. 전문 법원의 효과성에 대한 연구에 따르면, 법원에 연계된 프로그램을 이수한 범죄자의 대다수가 재범하지 않는 것으로 나타났다.

토의 문제

1. 특별 관리 대상 범죄자를 위한 전문 법원이 설립된 이유에 대해 토론해 보자. 이러한 특별 관리 대상 범죄자 유형을 공식적 사법절차에서 선도하는 것이 정당하다고 생각하는가?
2. 정신질환이 있는 사람에게 체포와 구금 과정이 충격적이고 트라우마가 되는 이유는 무엇인가? 경찰은 이러한 과정을 덜 불안하게 만들기 위해 어떻게 행동할 수 있는가?
3. 정신질환자가 지역사회로 다시 출소할 때, 성범죄자의 출소와 마찬가지로 정신질환자 주변에 거주하는 사람들에게도 그 사실을 통보해야 한다고 생각하는가? 찬성 또는 반성의 이유는 무엇인가?
4. 마약전담법원과 주간 보고가 많은 약물 범죄자들을 돕는 데 성공적이었다고 생각하는 이유는 무엇이라고 생각하는가? 그 성공의 핵심을 이루는 프로그램 요소에 대해 토론해 보자.
5. 지방법원을 통해 다루어지는 범죄자의 감독 기간이 일반법원을 통해 보호관찰을 받게 된 유사한 범죄를 저지른 범죄자보다 더 길어야 한다고 생각하는가? 그 이유는 무엇인가?
6. 재향군인법원의 가장 중요한 기능은 무엇이라고 생각하는가? 재향군인기관들은 범죄를 저질러 법원에 출석한 재향군인들을 어떻게 도울 수 있는가? 또한 이들의 상담 및 심리치료가 성공적이라면 이들의 범죄 기록을 법원 기록에서 지워야 한다고 생각하는가?
7. 형사 범죄를 저지른 재향군인이 재향군인법원에 회부될 자격 요건을 충족하지 못하는 경우, 매우 심각한 범죄를 저지른 경우에 일반 형사 법정에서도 특별한 고려를 받아야 한다고 생각하는가?
8. 그렇다면 이들을 돕기 위해 어떤 조치들이 가능하겠는가?
9. 미국인의 수명이 연장되면서 노인 범죄가 증가한 이유에 대해 토론해 보자.
10. 나이가 들면서 감소할 수 있는 범죄 행위의 유형에는 어떤 것이 있다고 생각하는가? 또한 인터넷의 보급이 노인층의 범죄 유형에 어떤 영향을 미쳤다고 생각하는가? 구체적으로 토의해 보자.
11. 노인의 범죄자를 수감하면 교도소 및 교도소 관리자에게 많은 문제들이 발생한다. 어떠한 문제들인가? 노인 범죄자를 별도의 시설에 수용해야 한다고 생각하는가? 혹은 일반 수용자들과 함께 수용해야 한다고 생각하는가? 그 이유는 무엇인가?

참고문헌

Aday, R., & Krabill, J. (2006). Aging offenders in the criminal justice system. *Marquette Elder's Advisor*, *7*(2), 238-258.

American Law Enforcement and Mental Health Project. (2000). Retrieved from https://www.govtrack.us/congress/bills/106/51865

Bratina, M., Carrero, K., Kim, B., & Merlo, A. (2020). Crisis intervention team training: When police encounter persons with mental illness. *Police Practice and Research*, *21*(3), 279-296.

Brownsville Community Justice Center/Center for Court Innovation. (2016). *How it works*. Retrieved September 9, 2016 from http://www.courtinnovation.org/project/brownsville community-justicecenter

Center for Court Innovation. (2016). *Midtown Community Court*. Retrieved September 15, 2016 from http://www.courtinnovation.org

Center for State Government. (2016). *The stepping up initiative*. Retrieved May 11, 2006 from https://www.stepuptogether.org/

Council of State Governments Justice Center. (2005). *Improving responses to people with mental illness: The essential elements of a mental health court*. Retrieved May 11, 2016 from http://www.consensusproject.org/mhep/

Elmore, K. (2016). *Downtown Austin community court: A different kind of justice for those with quality of life offenses*. Retrieved May 13, 2016 from http://www.austin.tx.us/comcourt

Gardiner, C. (2011). Implementing a diversion-to treatment law in California: Orange County's experience. *Federal Probation*, *75*(2), 25-36.

Gomez-Figuera, H., & Camino-Proano, A. (2022). Mental and behavioural disorders in the prison context. *Revista Espanola de Sanidad Penitenciaria, 24*(2), 66-74. Published online Oct 6, 2022. https://doi.org/10.18176/resp.00052. http://www.ncbi/nim.nih.gov/prc/articles/PMC9578298

Harrell, W. (1998). *Justice for vets*. Retrieved May 15, 2016 from http://www.justiceforvets.org/what-isa-veteranstreatmentcourt

Harrell, W. (2016). What is a veterans treatment court? Retrieved May 15, 2016 from http://www.justiceforvets.org/what-is-a-veteranstreatment-court

Jacob, A. (2016, June 30). *Interview conducted by Peter C. Kratcoski.*

Kratcoski, P. (2016). *Personal interview with Alison Jacob*, PCC-S Day Reporting Program Director on 6/30/2016.

Kratcoski, P., & Dahlgren, D. (2004). The CHANCE program: An assessment of a drug court. In P. Kratcoski (Ed.), *Correctional counseling and treatment* (5th ed., pp. 596-613). Waveland Press.

Kratcoski, P., & Edelbacher, M. (2016). Trends in the criminality and victimization of the elderly. *Federal Probation, 80,* 58-63.

Lee, C., Cheesman, F., Rottman, D., Swaner, R., Lambson, S., Rempel, M., & Curtis, R. (2009). *A community court grows in Brooklyn: A comprehensive evaluation of the red hook community justice center (executive summary).* National Center for State Courts.

Lowen, C., Holsinger, A., & Latessa, E. (2005). Are drug courts effective: A meta analysis review. *Journal of Community Corrections, XV, 1,* 5-28.

Marchman, J. (2012). *Veterans courts in Texas.* Texas Bar Association. Retrieved April 26, 2016 from https://www.texasbar.com

McAleer, K. (2016). *Mental health court: What is it?* Retrieved May 11, 2016 from http://www.blogs.psychoentral.com/forensicfocus/20120/04/mentalhealth-courtwhat-isit/

O'Neill, S. (2015). *LA police unit intervenes to get mentally ill treatment, not jail time.* Retrieved May 11, 2016 from http://www.npr.org/sections/healthshots/2015/07/04/4119443253/ia-policeunitintervenestogetmentallyill-treatmentinstead-ofjail

Pence, E., Paymar, M., Wedge, L., Barnes, G., Jones-Schroyer, B., Miller, S., et al. (2011). *Creating a process of change for men who batter* (The Duluth Curriculum 2011 Edition). Domestic Abuse Intervention Programs. Retrieved June 30, 2016 from https://www.newfreedomprograms.com

Portage County Municipal Court. (2023). *Successful treatment and recovery court (STAR): Mental health docket.* https://www.Portagecounty.oh.gov/sites/files/nyhlif3706/f/uploads/starcourt_brochure.pdf

Scherer, R. (2009). *Jail diversion programs for those with mental illness: An emphasis on pre-booking diversion and other early diversion models.* Retrieved from https://www.mhae.org/pdf/Jail%20diversion%20information.pdf

Staton, M., & Lurigio, A. (2015). *A statewide examination of mental health courts.* Retrieved from https://www.iacajournal.ord/index.php/ijca/article/view/URN.NBN.NL

U.S. Department of Justice. (1997). *Drug courts.* U.S. Government Printing Office.

제7장 교정상담 및 심리치료에서 분류 모형 및 평가 모형의 기능

… 서론: 분류 모형의 개발

세이터(Seiter, 2002, p. 138)는 "범죄자 분류는 형사사법 의사결정 과정에서 범죄자에게 요구되는 처우와 교정자원을 연결하기 위한 과정이며, 분류를 통해 범죄자들을 유사한 특성이나 속성을 가진 집단에 배치하게 된다."라고 설명했다. 크랫코스키(Kratcoski, 2004, p. 207)는 "범죄자 분류작업이 적절히 수행되면 교정기관은 인력과 자원을 최대한 활용하여 범죄자에게 적합한 상담 및 심리치료를 제공하게 되고 동시에 다른 이해 관계자들이 갖고 있는 우려의 해결에도 도움이 된다."라고 강조했다.

소년범 및 성인범의 사법처리 첫 단계에서, 그것이 공식 정책에 문서화되어 있지 않더라도, 어떤 형태로든 분류가 이루어지며 이를 통해 해당 범죄자를 교도소나 소년 교정시설로 이송할 것인지, 선도 프로그램으로 이관할지 혹은 사건을 정식 형사처리 절차에 회부할지 결정된다. 범죄가 유죄로 확정된 후에는 사회 기반 제재 대상자와 시설 수용 대상자를 구분하기 위해 분류된다. 사회감독을 받게 되는 경우 범죄자는 지역사회에 줄 수 있는 범죄 위험성 및 범죄 욕구를 기준으로 다시 분류되며, 교도소나 교정시설에 수용될 경우 범죄자는 보안 위험성과 특정 유형의 프로그램 필요성을 기준으로 다시 분류된다.

미국의 교정은 수백 년 전부터 교도소 및 교정시설의 수용자를 통제, 처벌, 재활하기 위한 목적으로 '분류제도'를 활용해 왔다. 예를 들어, 필라델피아에 위치한 월넛 스트리트(Walnut Street) 교도소와 그 인근의 이스턴(Eastern) 교도소는 범죄자의 참회를 중심으로 한 상담 및 심리치료와 동시에 출소 후 생계를 유지할 수 있도록 준비시키는 작업을 병행하는 독방수용 모형을 분류제도로 활용했다.

20세기 후반, 길(Gill, 1970)은 상담 및 심리치료와 훈련 가능성에 따라 수용자를 분리하는 분류제도를 개발했다. 크랫코스키(2004, p. 208)는 "길의 분류제도는 수용자들을 동일한 교정시설 내에서 배치해야 할 수용자 집단과 별도의 시설에 두어야 할 수용자 집단을 명확히 나누도록 되어 있다. 길은 새로운 수용자들을 기존 수용자들과 격리하여 행동을 관찰하고, 재활 가능성을 판단해야 한다고 보았다. 이러한 과정을 거친 후 수용자들은 다음 세 가지로 분류되었다. 상담 및 심리치료와 행동 변화 시도에 반응하는 순응형, 변화에 저항적이며 강력한 통제가 필요한 비순응형, 정신질환, 지적장애 또는 신체장애가 있는 형, 그리고 근로출소나 지역사회시설이 적합한 유형이다."라고 설명했다. 지금도 길의 분류제도는 수정된 형태와 명칭으로 활용되고 있을 가능성이 높다.

분류제도는 점차 수용자의 위험 가능성을 평가하기 위한 여러 기능이 포함되며 개발되었고 교도소 내 수용자들을 서로 다른 건물에 배치하거나, 유죄판결을 받은 범죄자를 보안 등급이 다른 교정시설에 배정하는 데 활용되었다. 또한, 수용자를 교정시설 내 특정 상담 및 심리치료 프로그램에 참여시키기 위한 평가 모형도 점차 개발되어 실제로 적용되기 시작했다. 20세기 후반에는 분류 및 치료 평가도구가 지역사회 교정에도 개발 및 도입되었다.

현재 교정시설과 지역사회 교정에서 활용되는 분류제도는 과거의 모형보다 다목적이며 더 복잡하다. 크랫코스키(2004, p. 213)는 "분류제도는 행정 및 관리 목적에 활용되는 것과 수용자의 상담 및 심리치료와 사회복귀를 위해 설계된 것으로 구분된다. 관리 목적의 분류제도는 통제를 강화하고 수용자가 출소 후 새로운 범죄를 저지를 가능성을 예측하기 위해 고안되었다. 반면, 상담 및 심리치료 및 사회복귀 분류제도는 수용자의 필요, 태도, 동기, 특성을 기준으로 집단을 나눈 다음, 재범을 억제하기 위해 가치관, 태도, 기술의 변화를 이끌어 내는 데 필요한 교정상담 및 심리치료를 제공하는 제도이다."라고 설명했다.

하나의 분류제도나 평가 모형이 한 주 정부 내의 교정시설 전체와 다양한 지역사회 교정 프로그램에서 활용될 수 있다. 이 경우, 해당 주에서는 인구 규모, 감독 대상자 수, 기관이 활용할 수 있는 지역 및 부서 자원, 감독 대상자의 주된 감독 필요 수준, 감독관의 훈련 정도와 역량 등 인구통계학적 차이를 반영하기 위해 약간의 수정을 한다. 그러나 만약 해당 모형이 평가 및 치료 대상자의 필요에 따라 차별화된 평가와 프로그램을 제공하지 못한다면 변화를 기대하는 측면에서 원하는 결과를 얻지 못할 가능성이 높다. 수용자는 자신의 문제와 욕구를 가장 잘 다룰 수 있는 특정 상담 및 심리치료 프로그램과 적절히 연결되어야 한다.

플린(Flynn, 1978, p. 86)은 효과적인 분류제도가 갖추어야 할 핵심 요소로 다음과 같은 항목들을 제시했다.

1. 분류제도의 기능과 목적을 명시적으로 기술할 것
2. 분류제도는 이론적 기반 위에 구축될 것
3. 감독 조건이 변화함에 따라 재범률 감소 방안을 보다 정확하게 예측할 수 있도록, 분류제도는 역동적이어야 할 것
4. 분류의 기초가 되는 가정은 명확하게 제시되어야 할 것
5. 분류 유형에 적용되는 핵심 변수는 구체적으로 설정되어야 하며, 이를 통해 제도의 유용성이 경험적으로 검증될 수 있어야 할 것
6. 분류제도는 효율적인 관리와 가용자원의 최적 활용을 가능하게 할 만큼 실용적이고 실행 가능할 것

스피델 등(Spidell et al., 2021, p. 52)은 "연구에 따르면, 교정 개입의 강도가 감독 대상자의 위험 수준과 일치할 때 재범 위험을 감소시켜 공공안전의 강화가 성공할 가능성이 더 높다. 따라서 범죄자의 위험 수준을 기준으로 삼아야 한다."라고 설명하며 범죄 위험성 평가의 개발과 활용은 위험 원리가 기준이 되어야 한다고 제안했다.

… 미국 보호관찰제도의 분류제도 활용

이글린과 롬발드(Eaglin & Lombard, 1982, p. 1)는 1980년 이전까지 미국 전역의 법원에서 보호관찰 대상자를 감독할 때 통일되지 않은 다양한 사건관리 분류제도가 활용되었다고 지적했다. 분류제도는 보호관찰관의 경험에 의존해 감독의 유형과 강도를 결정하는 주관적 방법부터 통계적 예측 도구에 이르기까지 다양했던 것이다. 1980년 연방 보호관찰제도는 범죄 위험성 예측 척도(Risk Prediction Scale: RPS)를 도입하여 분류제도로 활용해 이를 통해 높은 수준의 감독이 필요한 수용자 집단과 비교적 낮은 수준의 감독이 요구되는 수용자 집단으로 구분했다. 이 분류제도에 활용된 기준은 범죄 전과, 현재 범죄의 성격, 개인적 욕구 요인 등 범죄 유발과 관련된 여러 가지 요소였다.

감독 대상자에 대한 종합 평가제도의 필요성을 기술한 보고서(IBM Business Consulting

Services, 2004)는 평가의 주요 목적이 평가를 통해 보호관찰 감독 대상자의 재범을 줄이는 가장 효과적인 방법을 결정하는 것이라고 명시했다. 코헨과 반벤쇼텐(Cohen & VanBenschoten, 2014, p. 41)은 이전 연구들과 IBM 보고서의 권고를 종합하여 "재범 감소라는 핵심 목표를 달성하기 위해서 세 가지 원칙이 연방 보호관찰의 핵심 지침이 되어야 한다. 즉, 보호관찰관은 고위험 수용자에게 가장 집중적으로 개입해야 하며(위험 원칙), 고위험 수용자의 범죄 유발 욕구에 초점을 맞추고(욕구 원칙), 치료적 개입은 수용자의 능력과 학습 양식에 맞게 제공되어야 한다(반응성 원칙)."라고 밝혔다.

연방 보호관찰소에서 채택한 유죄판결 후 범죄 위험성 평가도구(Post-Conviction Risk Assessment: PCRA)는 보호관찰 대상자의 재범 위험성을 저위험, 중/저위험, 중위험, 고위험 네 개의 범주로 분류했다(Cohen & VanBenschoten, 2014, p. 52). 각 위험 범주의 대상자에게 요구되는 감독 수준과 유형은 과거 범죄 전과, 약물 남용, 가족 불안정성, 분노 조절, 취업 준비의 필요성 등 범죄 유발 요인과 필요한 개입에 따라 결정된다.

코헨과 반벤쇼텐(2014, p. 52)은 2010년 5월부터 2011년 12월까지 연방의 감독하에 배치된 2만 명 이상의 범죄자를 대상으로 한 전국적인 조사를 통해 "연방 감독을 받는 범죄자의 대다수(78%)가 감독기간 시작 시점에서 저위험 또는 중/저위험으로 분류되었다."라고 밝혔다. 연구자들은 "이 연구는 초기에는 높은 범죄 위험성 범주에 배치된 많은 범죄자들이 다음 평가에서 더 낮은 위험 범주로 재분류된다는 것을 발견했다. 이는 고위험 범죄자에게서 특히 두드러졌는데, 약 절반이 두 번째 평가에서 범죄 위험성이 감소했고 거의 3분의 2가 세 번째 평가에서 더 낮은 위험 범주로 이동되었다."라고 보고했다. 또한 초기 저위험 범주에 배치된 이들 중 감독 기간 동안 더 높은 위험 범주로 상향 조정된 경우는 거의 없다는 것도 발견했다.

2014년, 미국 보호관찰소은 사법정책 지침서를 개발하고 유죄판결을 받은 사람들의 감독을 위한 분류에 활용했던 PCRA의 네 가지 위험 범주를 높은 수준의 감독과 낮은 수준의 감독으로 통합하도록 했으며, 통일성 있게 미국 전역의 모든 법원에서 활용되도록 했다(Cohen et al., 2016, p. 3). 특별 관리 대상 범죄자에게 높은 수준의 감독이 필요한지 또는 낮은 수준으로도 감독될 수 있는지를 결정하기 위해 고등학교 교육 이수 여부, 연령, 이전 체포 횟수, 지속적인 고용상태, 그리고 약물 남용 여부 등 범죄자에 대한 정보로 구성된 척도가 활용되었다. 각 항목에 대한 응답에는 가중치가 부여되었으며 보호관찰관은 범죄자를 평가한 후 점수에 따라 높은 감독 또는 낮은 감독 중 하나로 분류했다. 예를 들어, 유죄판결을 받은 범죄자가 대부분의 항목에서 0점을 받았다면 이는 재범 가능

성이 낮다는 의미이며 낮은 감독을 받을 수 있다는 뜻이다. 반면, 대부분의 항목에서 높은 점수를 받은 경우에는 재범 가능성이 훨씬 더 높으므로 높은 수준의 감독이 권고되었다(Cohen et al., 2016, p. 4).

코헨과 반벤쇼텐(2014, p. 4)은 저위험으로 분류된 범죄자에 대한 사법정책 지침서에 처음에는 최소한의 감독 수준을 적용하고 범죄자의 행동이 감독 강화가 필요할 경우 감독 수준을 높일 것을 권고하고 있다고 언급하고 이 새로운 정책이 보호관찰관의 접근 방식에 어떤 영향을 미쳤는지 연구하기 위해 보호관찰관들이 저위험/중위험 범죄자에게 적용한 감독 수준과 감독 유형을 이 정책의 제정 전후로 나누어 조사, 비교했다. 연구 결과, 보호관찰관들은 사법정책 지침서에 따라 저위험 범죄자 감독 지침을 따르고 있는 것으로 나타났다. 연구자들은 "이 연구는 정책 시행 이후 집단의 저위험 및 중/저위험 범죄자들이 정책 시행 이전보다 보호관찰관과 접촉이 더 적었음을 보여 준다. 즉, 문제를 덜 일으켰다."라고 보고했다. 코헨과 반벤쇼텐(2014, p. 9)은 "여기서 중요한 것은 저위험 범죄자에 대한 집중도를 낮춘 감독 정책이 지역사회의 안전을 해치지 않았다는 것이다. 이 정책 시행 이후 저위험 범죄자들은 정책 시행 전 동일 집단에 비해 재범 가능성이 더 높지 않았다."라고 결론지었다.

2010년에 시행된 재판 전 범죄 위험성 평가 도구(Pretrial Risk Assessment Instrument: PTRA)는 연방 제도에서 활용되고 있다. 코헨(2018, p. 23)에 따르면, 연방 경찰이 활용하는 PTRA의 기능은 피고인이 재판 전 석방 중 새로운 범죄를 저지를 가능성, 법정 출석을 하지 않을 가능성, 혹은 재판 전 석방의 취소가 발생할 가능성을 평가하는 것이다. 코헨(2018, pp. 28-29)은 연구 결과를 "PTRA가 부정적인 재판 전 심사 사건과 새로운 재범/재체포 또는 불출석(FTA) 등 피고인의 전반적인 위반을 잘 예측하는 것으로 나타났다."라고 보고했다. 그는(p. 29) "이 연구는 피고인이 재판 전 구금 없이 석방되어야 하는지 혹은 구금되어야 하는지를 위험을 평가하고 권고할 때 경찰관들이 활용해야 하는 주요 도구 중 하나가 PTRA임을 명확히 보여 준다."라고 결론지었다.

… 미국 각 주별 보호관찰 및 가석방 분류제도

1982년, 국립교정연구원(National Institute of Corrections: NIC)은 보호관찰 및 가석방을 위한 주별 분류제도를 개발하도록 각 주에 보조금을 제공했다. 국립교정연구원의 목표는 주별 분류제도가 보호관찰 및 가석방 담당관에게 유용한 도구가 되어 사례관리계획 수립 시 이를 지원할 객관적 기준을 제공하는 것이었다. 또한 주 전체가 표준화된 도구를 활용함으로써 가석방 담당관들의 편견이 결정에 영향을 미칠 가능성을 줄일 수 있을 것으로 기대했다.

개발된 주 정부 차원의 제도는 분류에서 통제와 상담 및 심리치료를 모두 고려했다. 일반적으로 두 가지 도구가 활용되었는데, 하나는 지역사회에 거주하는 범죄자의 위험과 지역사회가 해를 입지 않도록 하기 위해 필요한 감독 수준과 유형을 평가하는 데 활용되었다. 다른 도구는 보호관찰 대상자의 욕구를 평가하는 데 활용되었다. 이 두 도구를 통해 얻은 정보는 사례관리계획을 수립하는 기초로 활용되었다.

… 위스콘신 분류제도

보호관찰을 위한 분류제도를 개발하기 위해 처음으로 보조금 지원받은 주 중 하나는 위스콘신(Wisconsin)주였다. 이 주에서 개발했던 분류 모형의 예측에 대한 평가 기간을 거친 후 1977년에 시행되었다(Eaglin & Lombard, 1982). 위스콘신 모형은 미국 전역에서 큰 주목을 받았으며, 많은 주들이 위스콘신 모형을 기반으로 보호관찰 및 가석방 분류제도를 개발했다.

위스콘신 분류제도에는 다음과 같은 통합 구성 요소들로 이루어져 있었다(Crooks, 2000, p. 251).

- 다중회귀분석을 통해 개발된 범죄 위험성 평가 척도는, 추가 범죄 행위를 가장 잘 예측하는 범죄자 특성과 범죄경력 항목을 확인하고 가중치를 부여하기 위해 활용되었다.
- 감독과정에서의 전반적 적응을 확인할 수 있는 범죄자 항목을 확인하고 가중치를 부여하기 위해 개발된 범죄 위험성 재평가 척도가 있다.
- 범죄 욕구 평가 척도가 포함되어 있다.
- 감독관에 의해 개발된 처우 지침은 위기 상황이 아닌 범죄자의 문제 영역과 필요 영역, 그리고 이를 지원하기 위한 잠재적 전략 및 자원을 확인하는 데 활용되었다.
- 반구조화 면담 형식 및 담당관의 인상을 바탕으로 경험적으로 개발된 대상자 관리

분류(Client Management Classification: CMC)와 치료 전략은 범죄자를 다섯 개의 차별적 치료집단 중 하나에 배치하고 사례관리계획 및 전략을 위한 정보를 제공하는 데 활용되었다.

- 표준화된 분류 및 재분류 과정이 보호관찰 대상자와 가석방 대상자에게 적용되었다. 감독 시작 시 범죄 위험성 및 범죄 욕구를 평가한 척도점수에 따라 범죄자는 세 개의 감독 수준 중 하나에 배정되었다(각 수준별로 해당 담당관의 접촉이 요구됨). 감독 기간 중 6개월 간격으로 범죄 위험성 재평가 척도와 범죄 욕구 척도로 평가하며 점수에 따라 범죄자는 재분류되어 적절한 수준에 재배정되었다.
- 업무량 산정 및 배치체계가 개발되었는데, 이는 담당관들의 수행과 감독 기준을 충족하는 데 소요되는 시간을 측정한 시간조사를 기반으로 하여 예산편성과 담당관 배치에 활용되었다.
- 분류 및 재분류 과정의 결과인 관리정보체계(management information system: MIS)는 평가, 기획 및 운영의 기반으로 활용되었다.

크룩스(Crooks, 2000)는 위스콘신 분류제도가 시행된 후 몇 년 후 실시된 후속평가 결과 이 제도의 활용이 보호관찰 및 가석방의 결과에 상당한 영향을 미친 것으로 나타났다고 밝혔다. 고위험 범주의 보호관찰 대상자와 가석방 대상자는 신규 유죄판결과 보호관찰 및 가석방 취소가 더 적게 발생했다. 또한, 이 제도가 시행되기 이전 시기와 비교했을 때 잠적 사례도 더 적었다. 이에 더하여 낮은 점수를 받은 이들은 상대적으로 밀접한 감독을 받지 않았음에도 불구하고 보호관찰 대상자와 가석방 대상자에게 부정적인 영향이 나타나지 않았다는 점에서 수행된 감독 수준이 적절했다고 판단되었다.

비록 위스콘신 분류제도가 다른 주에서 개발된 보호관찰 및 가석방 분류제도의 모형으로 일반적으로 활용되었지만, 이 모형에 대한 몇 가지 우려도 제기되었다. 이러한 우려는 주로 분류와 사례관리 과정을 각 사건마다 처리하는 데 소요되는 시간과 이를 위한 문서 작업의 양에 관한 것이었다. 예를 들어, 일부 경찰관들은 상황적인 범죄 행위에 연루된 초범자의 경우 이 제도를 활용하여 결과가 예측 가능하지만 이러한 경우까지 분류 작업을 수행하는 데 시간이 많이 소요되어 시간을 낭비하게 되며, 오히려 이 시간을 중범죄자를 감독하는 데 활용하는 것이 더 효과적이라고 주장했다. 또 다른 우려는, 각 주의 법률, 법집행, 그리고 사법절차에 차이가 존재한다는 점이었다. 따라서 전국적 차원은 물론, 심지어 주 정부 차원의 단일 체계가 주 정부 간 또는 심지어 한 주 정부 내에서

조차 이 차이에 적절하게 대응할 수 없다는 것이었다.

… 오하이오주 사례

오하이오 재활 및 교정국(Ohio Department of Rehabilitation and Correction)의 지도 아래, 성인 가석방부는 1979년에 성인 가석방 사례관리제도 개발을 시작했다. 경영진과 현장 직원, 전문자문위원들로 구성된 사례관리개발팀이 구성되었다. 첫 단계는 위스콘신 제도에서 활용된 분류제도와 연방 제도에서 활용된 도구들을 검토하고 여기에서 가장 유용해 보이는 항목들을 선택하고 필요한 경우 해당 항목들을 수정하는 것이었다. 그리고 분류제도가 구성된 후에는 사례관리제도를 본격적으로 시행하기 전에 이 제도에 대한 연구를 완료하는 것이었다. 크룩스(2000, p. 252)는 "완성된 사례관리제도는 일반적으로 성인 가석방 당국이 제공하는 보호관찰 및 가석방 대상자 모두에게 적용 가능한 구성 요소가 포함될 것이었다."라고 언급했다. 완전히 시행될 경우, 이 제도는 중범죄 혐의로 유죄 판결 받은 보호관찰 대상자와 가석방 대상자를 감독하는 오하이오주 정부 내의 지역에서 활용될 예정이었다. 성인 가석방부는 오하이오주 88개 전 지역에서 가석방 대상자들을 감독했으며, 보호관찰 대상자의 경우에는 오하이오주의 3분의 2를 감독했다. 이 외 주로 인구가 많은 지역은 자체 보호관찰소를 운영했다. 개발과정에서 사례관리개발팀에 배정된 지역 및 주 직원들은 자료수집 방식, 각 지역의 보호관찰 대상자 정보 기록 방식, 그리고 사례관리제도를 도입하는 이들이 쉽게 이해하고 활용할 수 있도록 사례관리 도구의 표준화하는 데 방해가 될 수 있는 지역 간 여러 차이들을 해결하는 작업을 했다.

오하이오주 사례관리제도가 시행되기 전, 개발팀의 팀원들은 이 제도를 활용하게 될 모든 주 및 지방 직원을 대상으로 활용교육을 실시했다. 이 교육은 주 및 지역 직원 또는 전문자문위원에 의해 제공되었다. 위스콘신주에서 보호관찰 및 가석방 담당관 교육에 참여했던 인력 중 몇 명이 오하이오주 정부의 보호관찰 및 가석방 담당관들에게 초기 교육을 제공하기 위해 고용되었다.

크룩스(2000, p. 264)는 지역 및 주 직원들이 범죄 위험성 및 범죄 욕구 평가, 재평가 도구의 활용에 대해 새로운 담당관들을 안내하기 위한 목적으로 사례관리제도 입문 교육과정을 공동으로 개발했다고 밝혔다. 그는 또한 "이관 과정 동안 교육에 참여하는 것 외에도, 도시 및 농촌 지역이 함께 모여 동일한 수준의 시행 단계에 도달하면서 공통된 쟁점과 문제들을 논의했다."라고 덧붙였다.

사례관리제도는 1980년과 1981년에 걸쳐 오하이오 전역에서 시행되었다. 사례관리제도 도입은 점진적으로, 즉 한 번에 한 지역씩 진행되어 주 전역으로 확장되었기 때문에 사례관리제도에 대한 연구를 완료하고 필요한 경우 조정할 시간을 충분한 확보할 수 있었다.

이 제도의 범죄 위험성 평가 척도로 최종 선정된 문항은 다음과 같다.

- 과거 중범죄 유죄판결(또는 소년재판 판결) 횟수
- 이번 범죄로 체포되기 전 5년 이내의 체포 여부(교통위반 제외)
- 최근 12개월 동안의 취업기간(가석방 대상자의 경우 수감 이전 기준)
- 알코올 남용 문제(가석방 대상자의 경우 수감 이전 기준)
- 기타 약물 남용 문제(가석방 대상자의 경우 수감 이전 기준)
- 과거 성인 교정시설(연방 및 주립 교정기관) 수감 횟수
- 현재 범죄로 기관 또는 보호관찰에 편입 연령
- 과거 보호관찰/가석방 감독 횟수
- 수감으로 이어진 보호관찰/가석방 취소 횟수(성인 또는 소년)

앞에 열거된 각 항목은 가중치를 두어 점수화되었으며, 0점은 해당 요인이 전혀 문제가 되지 않음을 의미했고, 이는 보호관찰 대상자 또는 가석방 대상자의 재범 가능성이 낮아 높은 수준의 감독이 필요하지 않음을 나타냈다. 반면, 2~6점 사이의 점수는 보호관찰 대상자 또는 가석방 대상자가 재범할 가능성이 더 크다는 것을 보여 주며 이에 따라 더 높은 수준의 감독이 요구되었다. 모든 항목의 점수가 합산되면 보호관찰 대상자 또는 가석방 대상자는 낮은 수준, 중간 수준, 높은 수준의 감독 중 하나에 배정되었다. 각 범주별로 감독관이 감독 대상자에게 수행해야 하는 접촉 횟수와 감독 유형이 표준화된 기준에 따라 정해져 있었다.

최종적으로 감독 대상자의 범죄 욕구 평가는 다음 항목으로 구성되었다.

1. 정서적 및 정신적 안정
2. 가정 내 관계
3. 교우관계

4. 약물 남용
5. 알코올 남용
6. 고용 상태
7. 학업/직업 기술/훈련
8. 재정 관리
9. 태도
10. 거주지
11. 정신 능력(지능)
12. 건강
13. 성적 행동
14. 범죄 욕구에 대한 감독관의 인상

범죄 위험성 평가와 마찬가지로 감독관은 각 항목에 대한 정보를 여러 출처로부터 확보할 수 있었다. 즉, 공식 서류, 선고 전 조사 보고서에서 확인된 정보, 가족, 고용주, 지인과 면담, 그리고 개인 면담을 통해 수집한 정보 등이었다. 범죄 위험성 평가와 동일하게 범죄 욕구 평가도 항목에 따라 가중치가 있었다. 특정 요인에 대한 점수가 낮다는 것은 문제가 없음을 나타내며, 점수가 높은 경우 보호관찰 대상자 또는 가석방 대상자가 약물 남용, 알코올 남용, 가정관계 등 해당 요인에 중대한 문제를 가지고 있음을 의미했다. 총점이 높을수록 감독 대상자에게 있는 문제를 해결하기 위해 더 많은 주의와 조치가 요구되었다.

보호관찰 대상자 또는 가석방 대상자에 대해 범죄 위험성 및 범죄 욕구 평가가 완료된 후 사례관리계획이 수립되었으며 평가 대상자는 다음의 세 가지 감독 수준 중 하나로 분류되었다.

- 최고 감독 수준: 실패 가능성이 높거나 개입과 지원이 필요한 문제/요구되는 사항이 많은 경우
- 중간 감독 수준: 실패 가능성이 낮거나 문제나 요구되는 사항이 많지 않지만 담당관의 개입이 필요한 경우
- 최저 감독 수준: 실패 가능성이 가장 낮거나 심각한 문제/요구 영역이 거의 없는 경우

사례관리계획의 수립은 감독 대상자 개인의 범죄 위험성 및 범죄 욕구 평가를 통해 파악된 정보를 기반으로 이루어졌다. 척도상의 항목, 특히 범죄 욕구 평가에 대한 해석은 일부 감독관들을 곤란하게 했다. 일부 항목은 매우 주관적이기 때문에 신뢰할 수 있는 정보를 얻을 수 없었고, 일부 영역은 감독관이 실행 가능한 판단을 내릴 수 있는 지식기반이 없는 경우도 있었다. 또, 범죄 욕구 평가가 정확하게 이루어졌더라도 감독관이 필요한 개입하거나 지원할 수 있는 역량을 갖추고 있지 않거나 연계할 수 있는 지역사회기관이 존재하지 않는 경우가 자주 발생했다.

사례관리제도에 대한 평가가 완료되었고(Kratcoski, 2004), 이러한 평가 결과에 따라 수정이 이루어졌다. 이후 수년 동안 사례관리제도는 여러 차례 개정되었으며, 2015년 오하이오주 의회에서 통과된 오하이오 하원 법안 86(Ohio House Bill 86)은 사례감독 및 관리 모형을 전 오하이오주에서 시행하도록 승인했다. 이 모델은 형사사법의 다양한 단계에 있는 성인범을 평가할 수 있는 기회를 제공했다. 신시내티(Cincinnati) 대학교 교정연구소에서 발행한 문서(2016, p. 1)는 이 단계에 대해 다음과 같이 설명했다. "구체적으로 오하이오 범죄 위험성 평가제도(Ohio Risk Assessment System: ORAS)는, ① 재판 전, ② 교도소 수용, ③ 사회감독, ④ 장기 수감(4년 이상) 후 사회복귀, ⑤ 단기 수감(4년 미만) 후 사회복귀 단계에 있는 범죄자 평가로 구성된다."

… 증거 기반 분류 모형 비교

여러 주에서 활용되는 종합적인 증거 기반 분류 및 치료 모형들은 그 내용이 매우 유사하다. 이는 분류 모형을 이미 개발하여 시행한 주들로부터 항목을 차용하여 자체 체계를 구축했기 때문일 것이다. 그러나 더 중요한 이유는, 재범이나 특정 형태의 치료의 효과 등을 가장 잘 예측하는 요인을 파악하는 연구가 수행될 때마다 동일한 항목들이 나타나기 때문이다. 다만 각 항목에 부여되는 점수나 그 점수를 근거로 한 대상자 분류 방식은 다르다. 퓨(PEW, 2011, p. 3)는 다음과 같이 설명했다. "연구를 통해 범죄 행위와 관련된 변경 가능한(동적) 위험 요소와 변경 불가능한(정적) 위험 요소가 모두 확인되었다. 효과적인 개입을 통해 평가하고 수정이 가능한, 범죄 행위와 밀접하게 연관된 일곱 가지 동적 위험 요소는 다음과 같다.

- **반사회적 성격 행태:** 충동적, 자극추구적, 안절부절못하며 공격적이거나 과민한 행동
- **범죄친화적 태도:** 범죄를 합리화하거나 법에 대해 부정적인 태도를 표출하는 것
- **범죄지향적 사회적 지지:** 범죄자 친구를 두거나 친사회적 또래로부터 고립되는 것
- **약물 남용:** 알코올 남용
- **열악한 가족/부부 관계:** 열악한 가족관계 및 부적절한 부모의 훈육
- **학교/직업 실패:** 학교나 직장에서의 낮은 수행과 낮은 만족도
- **친사회적 여가 활동의 부족:** 친사회적 여가 및 취미 활동에의 참여 부족

여러 주와 컬럼비아(Columbia) 특별구에서는 종합적인 증거 기반 범죄 위험성 및 범죄 욕구 평가제도의 활용을 의무화하는 법안을 통과시켰다. 예를 들어, 컬럼비아 특별구의 법정지원 및 범죄자 감독기관(Court Services and Offender Supervision Agency: CSOSA)에서는 범죄자가 사회감독에 배정된 후 25일 이내에 종합적인 평가를 받도록 요구하고 있다. AUTO 분류 모형으로 불리는 이 도구는 "범죄자에게 적절한 감독 수준을 결정하고, 대상자의 필요을 파악하여 지원 및 상담 및 심리치료를 위한 권고 사항을 포함하는 개별화된 처방적 감독계획(prescriptive supervision plan: PSP)을 생성하는 '지능형' 범죄 위험성 및 범죄 욕구 평가도구"이다. PSP는 사회감독관이 대상자를 감독하는 데 필요한 중요한 정보를 제공한다. AUTO 분류 모형의 측정 항목에는 다음과 같은 대상자의 특성이 포함된다.

- 교육 수준
- 취업 가능성
- 지역사회 및 사회적 연결망
- 범죄와 권위에 대한 사고 형식
- 태도 및 관계(Court Services and Offender Supervision Agency for the District of Columbia, 2016, p. 1)

다우든과 앤드류스(Dowden & Andrews, 1999)는 범죄 위험성 및 욕구 평가에 따라 서로 다른 수준의 감독을 배정받은 보호관찰 대상자에 대한 감독 및 상담 및 심리치료의 효과를 메타분석으로 분석한 결과, 고위험 범죄자에게 적절한 수준의 감독 및 상담 및 심리치료를 제공하면 재범률이 20%까지 감소할 수 있다는 사실을 발견했다. 그러나 저위

험 대상자에게 과도한 감독을 제공하는 경우 오히려 재범이 증가할 수 있다는 점도 확인되었다. 라테사(Latessa, 2023)는 총 13,221명의 범죄자—37개의 재활 지원시설과 15개의 지역사회 기반 교정시설—를 대상으로 2년간의 추적 조사를 통한 연구를 수행했다. 이 연구에 포함된 감독 대상자들은 오하이오 범죄 위험성 및 욕구 평가도구를 통해 평가되었고 평가 결과에 따라 저위험, 중위험, 고위험 감독 범주로 분류되었다. 재범 측정은 새로운 체포와 주 교정기관 수감을 포함되었다. 연구 결과, 중위험 대상자의 재범률은 평균 4% 감소했고, 고위험 대상자의 재범률은 10% 감소한 것으로 나타났다. 그러나 저위험 대상자의 재범률은 6% 증가했는데, 이는 과도한 감독이 일부 저위험 대상자에게 부정적인 영향을 미칠 수 있음을 시사한다.

연구자들은 재범 가능성을 예측하는 요인에 근거하여 적절한 감독과 처우를 제공하는 것이 성공적인 프로그램의 핵심이라고 결론지었다. 예를 들어, 고위험 대상자는 더 많은 문제들을 가지고 있으며, 과거 범죄 이력에 기여한 요인을 줄이기 위해 중위험 또는 저위험 대상자보다 더 많은 감독과 처우가 필요하다. 변화 가능한 요인, 즉 교육 성취 부족, 재정 관리 미흡, 가족 및 사회적 지지 부족, 지역사회 문제의 원인, 약물 남용 문제, 범죄지향적인 또래 관계, 범죄 행위를 유발하는 태도 및 사고 등 동적 요인은 범죄 태도와 행동 유형을 변화시키기 위해 감독 및 상담 및 심리치료 계획을 준비할 때 가장 중요하다(Latessa 참조).

교정시설 수용자 분류

교정시설에 수용된 사람들의 분류는 수용자 관리를 용이하게 하고 수용자의 사회복귀 과정을 가장 잘 촉진할 수 있는 보안 수준과 자원을 갖춘 교정시설을 결정하는 데 활용된다.

대기 시설이 개발되기 전에는 형을 선고받은 범죄자들이 곧바로 교정시설로 이송되어 보안 및 상담 및 심리치료 전문가로 구성된 분류 담당관들이 수용자의 교정상담 및 심리치료 필요성과 다른 수용자와 교정직원의 안전을 보장하는 선에서 시설 내 수용배치를 평가했다. 현재는 교정시설로 선고된, 유죄판결을 받은 범죄자들은 먼저 대기 시설에서 수용 절차를 밟고 분류될 수 있게 되었다. 접수기관 체류기간은 보통 몇 주 이하로 짧은 경우가 많다. 시설에 머무르는 동안 범죄자들은 면담과 여러 검사를 받게 되며 보안 수준과 상담 및 심리치료 유형 측면에서 어떤 기관 배치가 적합한지 결정한다. 보안 수준은 일반적으로 과거 범죄 이력, 현재 범죄의 성격 및 형기에 따라 결정된다. 초기 분류 시에는 개인면담과 함께 계량적 방법이 활용되어 적절한 위험 수준을 결정한다. 계량적 측정은 보험회사가 활용하는 것과 동일한 원리, 즉 다수의 과거 사례로부터 얻은 정보를 활용하여 미래 사건의 확률을 예측하는 것을 기반으로 한다. 예를 들어, 생명보험을 판매하는 회사는 피보험자의 연령과 보험계약자가 사망할 것으로 예상되는 시기를 기준으로 보험료를 책정한다. 신규 수용자 분류에 활용되는 계량적 도구는 유사한 개인 요인과 범죄 이력을 가진 과거 수용자들의 특성 및 행동 양식을 현재 분류 대상자의 것과 비교하여 신규 수용자의 향후 행동을 예측하는 데 활용된다. 만약 계량점수가 높아 수용자가 문제를 일으키고 높은 수준의 보안이 필요할 가능성이 예측된다면 설사 치료 필요 점수가 높더라도 관리상의 보안문제가 수용자의 상담 및 심리치료 필요성보다 우선시될 수 있다. 예를 들어, 무장 강도나 흉기 사용한 가중 폭행과 같은 강력범죄를 연이어 저질러 장기간의 형을 선고받은 중범죄자는 비록 이 범죄자의 장애를 상담 및 심리치료나 인력이 제공되지 않는 곳이라 하더라도 최고 보안시설에 수용될 가능성이 높다. 이러한 경우 보안이 가장 우선되는 요인이다.

대기 시설을 운영하지 않는 경우, 형을 선고받은 범죄자들은 교정기관에 도착하는 즉시 분류된다. 일반적으로 범죄자가 수용될 교정시설의 보안 수준은 범죄자가 실제로 수용시설에 도착하기 전에 결정된다. 어떤 주에서는 이전 범죄와 현재 범죄의 중대성과 관련된 범죄 위험성 및 욕구 평가 정보가 배치 전에 완료되기도 한다. 유죄가 확정된 중범죄자의 보안 수준에 부합하는 수용설비를 갖추었는지에 따라 수용자가 보내질 교정시설의 유형이 결정된다. 추가적으로 해당 주의 형법이 배치 결정을 좌우하는 요인이 될 수도 있다. 예를 들어, 어떤 주에서는 1급 살인죄로 유죄판결을 받은 범죄자는 반드시 교도소에 수감하는 선고를 하도록 법으로 규정하고 있다.

수용자가 특정 교정시설에 배치되면 내부 분류가 실시되며 이 초기 분류에서 고려되는 두 가지 주요 요인은 시설의 안전과 수용자의 필요이다. 예를 들어, 중간 수준 보안의 교정시설에는 일반적으로 서로 다른 보안 수준의 거주형 교정시설이 존재한다. 어떤 구역은 기숙사 형태일 수 있고, 다른 구역은 다인실 또는 개별 감방으로 구성될 수 있다. 일반적으로 거주형 교정시설 구역에 수용되는 사람들은 보안위험이 더 낮은 등급으로 분류된 수용자들이다. 이러한 구역에는 한두 명의 교도관이 수백 명의 수용자를 감독하는 경우가 많다. 다음으로 수용자의 필요성과 관련하여 수용자에게 정신건강 문제 또는 약

물 남용과 같은 특별한 문제가 있다고 판단되면 상담 및 심리치료 프로그램을 운영하는 구역에 배정될 수 있다. 낮은 보안 수준의 시설에도 시설 내에서 폭력적이거나 극도로 공격적일 수 있는 수용자를 위한 별도의 수용실이 있다.

필립스와 로버츠(Phillips & Roberts, 2000, pp. 73-74)는 교정시설 내 징계 구금 구역, 행정적 격리 구역, 특별 관리 구역으로 구분된 수용구역이 있다고 보고했다. 그들은 다음과 같이 밝혔다. "징계 구금 구역은 징계 심리 담당관이 교정기관의 정책을 심각하게 위반한 것으로 판단한 수용자 중, 일반 수용집단과 분리가 필요하다고 여겨지는 수용자를 일정 기간 동안 구금하는 목적이 있다. 행정적 격리 구역은 보호감호 대상자, 다른 기관으로 이송 중인 수용자, 기관의 안전, 보안 또는 질서 있는 운영을 위해 일반 수용자로부터 격리가 필요한 수용자를 수용하는 데 활용된다. 특별 관리 구역은 보안이 취약한 환경에 수용될 경우 다른 수용자나 시설의 질서 있는 운영에 가장 극단적인 위협이 될 수 있는 수용자만 배치하여 매우 엄격한 보안 수준의 수용환경과 높은 수준의 감독을 제공한다."

관리자가 분류제도를 활용하는 또 다른 방식은 수용자의 시설 내 주거 배치 변경이나 다른 시설로의 이송과 관련된 결정의 근거로 활용하는 것이다. 초기 분류가 이루어진 이후 수용자는 일정한 요인들, 즉 시설 내에서의 행동, 잔여 형기, 가석방 자격 여부, 치료 진행 상황 등을 기준으로 주기적으로 재검토를 받는다. 앞에서 언급된 요인들에 대한 평가에 따라 수용자는 더 낮은 보안 수준의 시설로 이송되거나 가석방 전 준비시설로 보내지거나 다른 교정시설로 이송될 수 있다. 만약 수용자가 시설 내에서 중대한 소란을 일으키거나 다른 수용자 또는 교도관을 공격하거나 탈옥을 시도하거나 일상적으로 감독하기에 어려운 경우, 해당 수용자는 더 높은 수준의 보안시설 또는 현재 시설 내 상위 보안 구역으로 이송될 가능성이 높다. 예를 들어, 최고 보안시설에 수용되어 있는 수용자도 극보안 구역으로 이송될 수 있다. 이 구역에서는 다른 수용자와의 상호작용이 전혀 없으며, 시설 직원과 접촉도 매우 제한적이다. 그들은 아마도 자신의 독방에서 식사를 하고, 독방에서 운동을 하며, 폐쇄회로 TV를 통해 독방에서 상담 및 심리치료 프로그램에 참여할 수도 있다.

초기 분류는 치료과정을 촉진하는 데 매우 유용할 수 있다. 세이터(2002, p. 142)는 분류 과정에서 이루어지는 수용자와 직원 간의 접촉은, 의심이나 불확실성이 있을 수 있는 상황에서 개인적 상호작용의 기회를 제공함으로써 '어색함을 허무는' 역할을 할 수 있다고 말한다. 세이터(2002, p. 142)는 "분류과정은 긍정적인 상호작용의 시작을 촉진한다.

임상적 접근과 계량적 접근을 모두 활용하는 분류제도에서, 수용자와 직원과의 면담과 논의를 통해 수용자의 특정한 배경 요인을 명확히 하고 현재의 필요를 파악하게 된다." 라고 설명했다.

단위(unit) 관리 모형을 중심으로 조직된 시설에서는 약물 및 알코올 남용, 신체 및 정신건강 문제와 같은 특별한 문제가 있는 수용자를 여러 단위에 분산 수용할 가능성이 있다. 이러한 단위의 분류팀은 일반적으로 단위관리자, 사례관리자, 보안직원으로 구성된다. 추가적으로, 교육부서 대표, 심리, 사회복지 담당 직원, 의료 인력, 그리고 여가부서의 직원이 분류팀에 참여할 수 있다. 다른 초기 분류 과정과 마찬가지로 이 팀은 상담 및 심리치료 측면에서 수용자의 필요를 파악하는 데 유용할 수 있는 모든 기록과 기타 정보를 검토한다. 신체 및 정신건강 문제는 특별히 주의를 기울여 다루어지며, 이전의 검사에서 발견되지 않았을 가능성이 있는 문제들이 의심되는 경우 수용자에게 일반적인 절차에서 실시되는 것 이상의 신체검사나 심리검사를 실시할 수 있다.

국립교정연구원이 수행한 '범죄자 범죄 욕구 평가: 모형과 접근법 연구(Clements et al., 2010, p. 98)'에 따르면, 약물 남용에 대한 평가가 수행되어 분류팀이 참조하는 정보로 활용된다. 이 연구는 약물 남용 정도를 세 가지 수준을 문제없음, 중간 정도의 문제, 심각한 문제로 정의한다. 평가 요인에는 약물 남용 동기, 약물 남용 행태, 교육 배경, 직업 이력, 외양, 여가 활동, 그리고 활용 가능한 치료 접근 방식의 파악에 도움이 될 수 있는 기타 요인들이 포함된다. '문제없음' 범주에 속하는 사람은 약물을 전혀 사용한 적이 없거나 매우 드물게 사용한 경우이다. '중간 정도의 문제' 범주에 속하는 자는 약물을 빈번하게 사용하여 고용, 행동, 가족생활에 부정적인 영향을 미친 경우이다. '심각한 문제' 범주에 속하는 사람은 과거에 지속적으로 약물을 사용하여 삶의 거의 모든 측면에 심각한 부정적인 영향을 미친 경우이다. 필요에 관한 평가를 받고 분류팀에 의해 심층면담을 받은 후 수용자는 적절한 단위에 배치되고 사례관리계획이 실행된다.

… 소년범의 분류

왓처(Watcher, 2014)는 소년사법제도에서 활용할 종합적인 범죄 위험성 및 범죄 욕구 평가제도가 개발된다면 절차의 모든 단계에서 평가가 활용될 수 있다고 보았다. 범죄 위험성 평가는 체포 시 경찰관이 청소년을 선도하고자 할 때 초기 면담에서 선도 조치를

할 수 있는지 혹은 공식적으로 사법처리해야 하는지를 결정하고, 공식 심리 전 청소년을 구금해야 하는지를 판단할 때에도 활용된다. 또한 청소년이 비행 판결을 받은 후 처분심리에서 판사가 사회감독, 보호관찰, 거주형 교정시설 배치 또는 소년교정시설(교도소 및 소년원) 위탁 중 어떤 결정을 내려야 할지를 돕는 수단으로 활용된다. 성인범과 마찬가지로 분류 모형과 범죄 위험성 평가는 소년범의 사회복귀를 가장 잘 촉진할 수 있는 보안 수준 및 상담 및 심리치료 계획의 유형에 따라 적절한 교정시설을 결정하기 위해 활용되어 왔다.

청소년의 범죄 위험성 및 범죄 욕구 평가도구는 정적 위험 요소(연령, 성별, 인종, 이전 비행/범죄 전과), 동적 위험 요소(물질 남용, 비행 또래와의 교류, 학교 학교성적 부진, 태도), 그리고 청소년의 일탈 행동에 영향을 미치는 범죄 유발 요인(약물 남용, 비행 집단의 영향)을 고려한다. 이러한 요인들이 제거되거나 수정되면 재범의 위험은 감소할 수 있다. 보호 요인 또한 범죄 위험성 및 범죄 욕구 평가도구에 포함된다. 청소년비행예방국(OJJDP, 2016, p. 4)은 "보호 요인이란 청소년 자신 또는 청소년을 둘러싼 환경의 특성으로서, 위험 요소와 상호작용하여 비행 또는 범죄 활동에 가담할 가능성을 낮추는 요소이다."라고 설명했다. 보호 요인의 몇 가지 예로는 지역사회와 학교에 돌봐 주고 지지해 주는 성인의 존재, 안정적인 가정, 긍정적이고, 회복탄력적인 기질 등이 있다.

소년범에 대한 범죄 위험성 및 범죄 욕구 평가의 개발 및 운영에 사용되는 접근법은 성인에 사용되는 접근법과 유사하다. 청소년비행예방국(OJJDP, p. 4)에 따르면, 계량적 접근은 평가도구에서 재범과 관련된 항목을 점수화한 후 항목별 가중치를 적용하여 합산한다. 이후 통계적 공식을 사용하여 총 위험점수를 계산하고, 이 위험점수는 5년 또는 10년과 같이 지정된 기간 동안의 위험 추정치를 제공하는 보험수리적 표와 대조하여 참조된다. 이 추정치는 평가도구 개발과정에서 동일한 위험점수를 받은 사람들이 재범 비율을 기준으로 산출된다.

객관적 접근법이라고도 하는 구조화된 전문가 판단 접근법에서는 숙련된 실무자가 비행의 원인과 관련된 요인들을 향후의 비행행동을 예측하는 중요도에 따라 평가한다(OJJDP, 2016). 평가도구에 최종적으로 활용되는 범죄 위험성 및 범죄 욕구 평가 요인들은 평가 개발에 참여한 실무자들이 가장 중요하다고 판단한 항목들이다. 각 항목은 중요도에 따라 가중치가 부여된다.

소년법원과 가정법원에서 소년 사법제도에서 활용하는 범죄 위험성 및 범죄 욕구 평가 모형 중 다수는 계량적 접근과 전문가 판단 접근의 통합을 통해 개발되었다. 일반적으로 추가 비행을 예측하는 데 가장 중요하다고 여겨지는 10개 또는 12개 항목이 범죄 위험성 평가에 사용되며, 청소년의 범죄 욕구와 관련하여 가장 중요하다고 여겨지는 10개 또는 12개 항목이 범죄 욕구평가에 포함된다. 위험성 범주는 일반적으로 높음, 중간, 낮음으로 나뉜다. 가중치를 적용한 항목의 특정 점수에 따라 특정 위험 범주에 배정되며, 점수가 높을수록 위험성이 높고 더 많은 감독이 필요함을 의미한다. 욕구 평가 평가도구의 점수화와 범주화 역시 동일한 형식을 따른다.

범죄 위험성 평가도구의 조합(일부 관할 구역에서는 범죄 위험성 및 범죄 욕구 평가를 하나의 도구로 통합하기도 함)은 감독 대상 청소년에 대한 사례관리계획을 개발하는 데 활용된다. 오하이오주의 경우처럼 특정 모형을 주 전체에서 활용할 수 있다. 성인범의 재범 위험과 범죄 욕구를 평가해 적절한 감독 수준과 개입 전략을 결정하는 데 활용하는 LSI-R(Level of Service Inventory-Revised) 모형의 원리와 이론을 기반으로 하여 소년범에게 적합하도록 수정한 동적 범죄 위험성 평가 및 사례관리인 '소년 사례관리 평가'를 주 내에서 사용하는 것을 그 예로 들 수 있다(University of Cincinnati Corrections Institute, 2016, p. 2).

소년관련 사법기관의 경력 전문가들 특히, 보호관찰관이나 특별 프로그램 상담사로 일하는 이들 중 일부는 감독 대상 청소년의 사례관리가 다소 기계적으로 이루어지고 있다는 점에 우려를 표했다. 즉, 개별 사건에 대한 전문가 의사결정과 재량권이 많이 사라지고 기계적으로 범죄 위험성 및 범죄 욕구 평가 모형에서 산출된 계획을 따라야 한다는 것이다. 또한, 이 모형이 주 전역에 채택될 경우 일부 요인의 중요도 차이가 충분히 반영되지 못할 수 있는데, 예를 들어, 대도시 저소득 지역에서 성장한 청소년과 소도시 청소년에게 미치는 또래 집단 영향력은 다를 수 있으며, 규모가 작은 학교에서는 교사가 학생과 그 가족에 대해 더 많은 정보들을 가지고 있어 학교 경험의 영향도 달라질 수 있다. 이러한 문제를 해결하기 위해 범죄 위험성 평가에서 산출된 사례관리계획에는 일반적으로 우회조항이 포함되었다. 감독관이 해당 계획이 소년에게 적합하지 않다고 판단할 경우, 조정 사유를 명확히 제시할 수 있다면 계획을 조정할 수 있다.

요약

유사한 특성을 가진 개인 또는 집단을 범주로 구분하는 과정인 분류는 범죄 행위 유형(개인 범죄, 재산 범죄, 공공질서 범죄)의 분류부터 시작하여 범죄의 심각성(경범죄, 중범죄)과 유죄판결을 받은 사람들에게 주어지는 형의 유형(지역사회 기반, 시설)의 분류에 이르기까지 형사사법절차의 모든 단계에서 활용된다.

교정에서는 다양한 형태의 분류제도를 통해 형사사법절차에서 선도되는 사람과 공식 사법처리 되는 대상자를 결정하고 보호관찰 중인 사람이 받을 수 있는 감독 유형과 감독 수준(최소 감독 수준, 중간 감독 수준 또는 높은 감독수준)을 결정한다. 교정시설에서 교정시설의 보안 수준은 극최고, 최고, 중간, 낮은 보안으로 분류된다. 분류 모형은 내부적으로도 수용자를 다양한 시설 단위(기숙사, 독방, 2인실)와 특정 치료(교육, 분노조절, 약물 남용)에 배치하는 데 활용된다.

현재 보호관찰 대상자와 가석방 대상자를 감독하고 상담 및 심리치료하는 데 활용되는 증거 기반 분류 모형은 보호관찰을 받은 범죄자의 재범 가능성을 높은 정확도로 예측할 수 있는 보험 계량 도구에서 발전했다. 현재 활용되고 있는 평가도구는 과거에 사용되었던 것과 유사하며, 현재 모형은 시행 전에 시험을 거쳐 필요에 따라 수정되고 있다. 현재 평가도구의 각 항목이 예측값을 제공하는 데 활용되는 시험은 과거에 사용된 모형보다 훨씬 더 정교해졌다.

소년범의 감독 및 상담 및 심리치료에 활용하기 위해 범죄 위험성 평가 모형과 사례관리 모형이 개발되었다. 일반적으로 이러한 모형은 성인 모형과 구성이 유사하지만 소년범이 발달과정에 있다는 사실을 고려하기 위해 일부 수정이 이루어진다. 따라서 일부 행동 경향과 태도는 성인범의 경우보다 더 쉽게 변화할 수 있다.

주 전체 평가도구 활용의 또 다른 추세는 형사사법절차의 각 단계에서 범죄자를 분류하는 것이다. 재판 전 단계, 선고 단계, 시설 수용 단계, 출소 이후 단계에서 다양한 도구가 활용된다. 각 단계에서 수집된 정보는 절차의 최종 결과에 따라 이후 단계에 있는 사람들과 공유된다. 예를 들어, 선고 단계에서 수집된 범죄 위험성 및 범죄 욕구 등의 정보는 수용자가 실형을 선고받으면 교정시설로 전송되며, 수감 중에 수집된 정보는 수용자가 출소할 때 가석방 부서로 전송된다.

교정감독 및 치료의 성격이 신체 및 정신건강을 위해 지원기관 직원들의 의견을 포함하여 더욱 복잡해졌기 때문에 교정기관의 직원들이 이러한 다른 기관과 범죄 위험성 및 범죄 욕구, 사례관리계획과 관련된 정보를 공유해야 할 필요성이 있다.

토의 문제

1. 범죄 위험성 평가도구 개발에 사용되는 계량적 접근과 구조화된 전문적 판단 접근을 비교해 보자. 어느 접근법이 미래의 범죄/비행행동을 더 정확하게 예측할 가능성이 높은가?
2. 일부 형사사법 실무자가 범죄 위험성 및 범죄 욕구 평가에서 산출된 사례관리 계획에 대해 다소 비판적인 이유는 무엇인가?
3. 아버지는 해리가 어릴 때 가족을 떠났다. 해리는 고등학교를 졸업하지 못했으며, 안정적인 직업이 없다. 여러 식당에서 근무했으나 근무 태도 불량으로 해고되었다. 해리는 여가시간 대부분을 술집에서 친구들과 어울리며 보내고 있다. 때때로 과음하여 어머니가 아버지와 같이 게으른 무가치한 술주정뱅이라고 꾸짖으면 매우 난폭하게 반응한다. 해리는 재산 절도 및 범행현장 도주 시도 혐의로 체포되었다. 해리는 과거에 소년법원에서 절도 및 재산 파괴로 두 차례 출석한 적이 있으나, 형사입건은 이번이 처음이다.
4. 해리를 위험 범주(높음, 중간, 낮음)에 배치할 때 고려할 가장 중요한 요인을 선택하라는 요청을 받았다. 각 항목의 중요도를 1~3점으로 평가하여 순위를 정해 보자. 해리에게 높은 수준의 감독, 중간 수준의 감독, 낮은 수준의 감독 중 어느 수준을 권고하겠는가?
5. 교정시설에서 관리 목적으로 분류제도가 어떻게 활용되는지 논의하라.
6. 교정시설에서 활용되는 단위관리 행정 모형의 특성을, 시설의 보안과 수용자의 치료 필요 측면에서 설명해 보자.
7. 신규 수용자에 대한 초기 분류 과정을 설명하라. 이 과정이 중요한 이유는 무엇이며, 수용자를 재분류해야 하는 주요 이유는 무엇인가?
8. 본문에서 언급된 교정시설 내 특수 구역이 무엇이 있으며 각 구역의 기능을 논의하라.
9. 새로운 수용자가 약물 및 알코올 남용 단위에 배치될지 결정할 때, 분류 담당관은 어떤 정보를 활용할 것인가? 면담을 진행한다면 약물 및 알코올 문제와 관련하여 어떤 질문을 하겠는가?
10. 형사사법 담당관과 지원 제공자(의료, 정신건강, 심리, 사회복지)가 대상자에 대한 정보를 공유하고 교환하는 것이 왜 필요한가?
11. 정적 위험 요소와 동적 위험 요소의 차이를 논의해 보자. 연구에서 향후 범죄/비행행동을 예측하는 데 매우 중요한 동적 위험 요소를 제시하라.

참고문헌

Clements, C., McKee, J., & Jones, S. (2010). *Offender needs and assessment: Models and approaches*. National Institute of Corrections. Grant #Eq-8.

Cohen, T. (2018). Revalidating the federal pretrial risk assessment instrument (PTRA): A research summary. *Federal Probation*, *82*(2), 23-29.

Cohen, T., & VanBenschoten, S. (2014). Does the risk of recidivism for supervised offenders improve over time? Examining changes in the dynamic risk characteristics for offenders under federal supervision. *Federal Probation*, *78,* 41-56.

Cohen, T., Cook, D., & Lowenkamp, C. (2016). The supervision of low-risk federal offenders: How the low-risk policy has changed federal supervision practices without compromising community safety. *Federal Probation*, *80,* 3-21.

Court Services and Offender Supervision Agency for the District of Columbia (CSOSA). (2016). *Risk and needs assessment* (Vol. 1, p. 1). Retrieved September 14, 2016, from http://www.csosa.gov/supervision/accountability/risk_needs_assessment.aspx

Crooks, C. (2000). The case management system experience in Ohio. In P. Kratcoski (Ed.), *Correctional counseling and treatment* (4th ed., pp. 250-290). Waveland Press, Inc.

Dowden, C ., & Andrews, D. A. (1999). What works for female offenders: A meta-analytic review. *Crime & Delinquency, 45*(4), 438-452.

Eaglin, J., & Lombard, P. (1982). *A validation and comparative evaluation of four predictive devices for classifying federal probation caseloads*. Federal Judicial Center.

Flynn, E. (1978). Classification systems. *In Handbook of correctional classification*. Anderson Publishing Company.

Gill, H. (1970). A new prison discipline: Implementing the declaration of principles of 1870. *Federal Probation*, *34*(3), 31-38.

IBM Business Consulting Services. (2004). *Strategic assessment: Federal probation and pretrial services system*. U.S. Government Printing Office.

Kratcoski, P. (2004). The functions of classification models in probation and parole: Control or treatment-rehabilitation? In P. Kratcoski (Ed.), *Correctional counseling and treatment* (5th ed., pp. 213-237). Waveland Press, Inc.

Latessa, E. (2023). *What works and what doesn't in reducing recidivism: Applying the principles of effective classification*. Presentation by Edward J. Latessa, https://www.ACgov.org/probation/documents/Latessa-WhatWorksinProbation.pdf

Office of Juvenile Justice and Delinquency Prevention. (2016). *Risk/needs assessments for youth* (pp. 1-10). Retrieved September 14, 2016, from https://www.ojjdp.gov/mpg/litreview/ RiskandNeedspdf

Ohio House Bill 86. (2015). Retrieved from http://www.legislature.ohio.gov/legislation/legislationsummary?

Phillips, R., & Roberts, J. (2000). *Correctional administration.* Aspen Publishers, Inc. Seiter, R. (2002). Correctional administration. Prentice Hall.

Spidell, M., La Fratta, J., & Merolla, S. (2021). Considerations for supervision of persons charged with or convicted of sex offenses during the COVID-19 Pandemic. *Federal Probation*, *85*(1), 52-57.

The PEW Center of the States. (2011). *Risk/needs assessment 101: Science reveals new tools to manage offenders* (pp. 1-8). Retrieved September 14, 2016, from http://www.pewtrusts.org/~/ media/legacy/uploadedfiles/pcs-assets/2011pewuskassessmentbriefpdf.pdf

University of Cincinnati Corrections Institute. (2016). *Offender assessment* (pp. 1-3). Retrieved September 14, 2016, from http://www.uc.edu/corrections/services/trainings/offender_assessment.html

Watcher, A. (2014). *Statewide risk assessment in juvenile probation*. National Center for Juvenile Justice. JJGPS StateScan.

제 8 장 지역사회 기반 제재: 보호관찰 및 가석방 후 감독

서론

보호관찰(probation)은 형사 범죄로 유죄판결을 받은 범죄자를 수용시설에 구금하는 대신 법원의 감독하에 일정 준수 사항을 지키는 조건으로 사회생활을 허용하도록 하는 공식적인 제도이다. 유죄판결을 받은 범죄자를 어느 법원이 감독할 것인지는 범죄의 심각성과 위반한 연방 및 주 정부 형법의 정치적 관할권에 따라 결정된다.

미국의 사법제도는 관할권에 따라 크게 연방 및 주 법원으로 분류될 수 있다. 크랫코스키 등(Kratcoski et al., 2015, p. 197)는 "미국은 전 국민을 대상으로 하는 연방법원(federal court)이 있고 또 50개 주에는 해당 주의 고유한 사법제도를 갖고 있는 주(state) 법원이 있다."라고 설명한 것과 같다. 크랫코스키 등은 "연방법원의 재판법원 기능을 하는 법원이 미국 지방법원(The US District Courts)이다. 미국 지방법원은 연방 정부 차원의 사법 구역(judicial districts)에 따라 설치되는데 전국에 총 94개가 있다. 사법 구역은 각 주마다 최소 1개 이상 존재해 워싱턴 D.C. 및 푸에르토리코[1]에도 적어도 하나의 사법 구역이 있고 큰 주에는 여러 사법 구역이 있다."라고 설명했다.

주 법원은 한 주 정부 내에서 운영되는 각 법원으로, 미국의 50개 주가 각각 가진 고유한 법률과 법원제도에 따르며 형법과 그에 따른 절차 또한 해당 주 정부 내에서 운영되는 법원에서 진행된다.

어느 한 주 정부 내에서 지역과 시 단위의 개별 법원이 구성되는 방식도 매우 유사해 지

1) 역자 주: 카리브해에 있는 미국의 자치령.

역마다 최소 하나의 1심 법원이 있다. 경범죄는 일반적으로 시 법원(municipal courts), 즉 도시나 마을과 같은 지역 정치 정부가 관할하는 법원에서 기소되나 중범죄는 명칭은 조금씩 다르지만 일반법원(courts of common pleas)이라 불리는, 지방마다 최소 1개 이상 있는 1심 법원에 기소된다. 법원의 관할권은 해당 법원이 있는 지방 전체이다. 개인이 「연방법」에 대한 형사 범죄로 기소될 경우, 미국 지방법원이 관할권을 갖는다.

이처럼, 각 경우마다 유죄판결을 받은 범죄자에 대한 감독은 범죄자에게 유죄판결을 내린 법원의 관할하에 시행된다. 소년법원 판사나 치안판사에 의해 비행 판결을 받은 소년의 경우 범죄자에 대한 감독은 소년법원이나 가정법원의 책임이다. 보호관찰 업무에 인력을 배치하기 어려운 소규모 지방자치 단체 법원은 보호관찰 대상자를 감독할 권한을 민간기관이나 주 전체 관할권을 가진 공공기관에 위탁할 수 있다.

… 보호관찰의 역사

구금이 아닌 보호관찰로 처분하는 것의 기원은 13세기와 14세기에 영국 및 몇 유럽 국가에서 범죄한 성직자에게 준 혜택에서 찾을 수 있다. 크랫코스키와 워커(Walker, 1978, p. 202)에 따르면, "13세기에 성직자들이 사형이나 가혹한 형을 피하기 위해 교회 법원으로 사건을 이송해 무죄판결을 받는 것은 당시 성직자에게 준 혜택이었다."라고 설명했다. 성직자 혜택을 받기 위한 요건 중 하나는 글을 읽을 수 있는 능력이었기 때문에, 당시 이 관행의 혜택을 받은 사람들은 대부분 성직자와 일부 귀족이었다. 그 후 14세기 들어 피고인이 법정에 다시 출석할 것을 약속하는 서약서를 제출하는 조건으로 이루어지는 서약 조건 석방 관행으로 발전했으며 이것이 보석 출소의 기원이 되었다. 구금에서 풀려난 사람들은 법을 준수해야 했고 혐의에 대한 재판을 받기 위한 소환에 응하여 법정에 반드시 출두하겠다고 선서해야 했다. 풀려난 사람들이 장기간 불법을 행하지 하지 않으면 해당 사건은 재판에 회부되지 않을 가능성이 높았다. 성직자 혜택과 마찬가지로 서약 조건 석방은 대부분 귀족에게만 제한적으로 판결되었다. 대부분의 하층민 범죄자들은 체포 직후에 재판을 받고 신체적인 처벌을 받았다. 이후 여러 세기를 통해 발전한 보호관찰의 또 다른 기원은 유죄판결을 받은 사람의 형을 유예하고 범죄자가 지역사회에 남을 수 있도록 허용하는 사법적 유예였다. 그 후 유죄판결을 받은 범죄자는 국왕에게 사면을 요청할 수 있었고 사면이 승인되면 형이 집행되지 않았다.

미국 보호관찰의 초기 역사는 미국 보호관찰의 아버지라고 불리는 존 어거스터스(John Augustus, 1785~1859)가 보스턴(Boston)에서 1841년 법원에 제출한 청원으로 시작되었다. 번즈(Burns, 1975, p. 229)에 따르면, 구두제조업자이며 '금주협회'라는 개혁 단체의 회원이기도 했던 어거스터스는 많은 주정뱅이들이 무질서한 행위를 하고 공공장소에서 음주하는 등 다양한 혐의로 정기적으로 법정에 출두하는 것을 봤다고 한다. 어거스터스는 판사에게 술에 취해 체포된 한 남성을 3주 동안 석방해 달라고 요청했는데 3주 동안 이 범죄자는 어거스터스의 감독 아래 그의 가게에서 일을 하고, 3주 후 선고를 위해 법정에 다시 출석할 때 술에 취하지 않고 계속 일 할 의사가 있는 것으로 판단되면 징역 판결이 유예되고 벌금형으로 처벌을 내리는 조건이었다. 어거스터스는 1859년 사망할 때까지 15년간 자원봉사로 이러한 종류의 보호관찰을 수행했으며 이 기간 그는 피고인 약 2,000명의 석방을 도왔다.

이로 인해 범죄자를 수감하지 않고 사회 내에서 교정이 가능하다는 개념이 생겼으며 존 어거스터스의 업적은 보스턴뿐 아니라 매사추세츠(Massachusetts)주와 다른 여러 주에서도 인정받았다. 1878년(Kratcoski & Walker, 1978) 보스턴시는 유급 보호관찰관 2명을 정규직으로 고용했고, 2년 후 매사추세츠주 의회는 주 전역에 보호관찰관을 임명하는 법안을 통과시켰다. 1910년경에는 거의 절반의 주에서 보호관찰 제도를 도입했다.

… 보호관찰의 유형

중범죄로 유죄판결을 받은 범죄자는 집행유예를 받을 헌법적 권리가 없다는 공통된 합의가 있다. 미국의 주 법령은 일반적으로 살인 및 납치와 같은 특정 유형의 범죄에 대해 의무적으로 징역형을 선고할 것을 규정하고 있지만, 어떤 범죄는 형을 선고하는 선고 판사에게 집행유예 선고 또는 징역형 선고의 결정 선택권이 있다.

1970년대 후반 연방 및 주 정부가 형법을 개정하고 다양한 형태의 확정형 선고 및 판결 지침을 도입하게 되었는데 이때 선고 판사에게 있던 중범죄에 대한 선고 재량권은 상당 부분 박탈되었다. 그러나 경범죄 및 상대적으로 덜 심각한 중범죄는 여전히 지역사회에 기반한 형을 부과하거나 범죄자를 교도소 또는 교정시설로 송환할 수 있는 재량권이 선고 판사에게 있었다.

선고 판사는 여러 유형의 보호관찰 계획을 선택할 수 있다. 예를 들어, 경범죄 위반으로 유죄판결을 받은 사람은 약식 또는 벤치 보호관찰(bench probation)이라 불리는 선고를 받게 되는데 이 경우 위반자는 벌금을 납부하고 다시는 위반행위를 하지 않겠다는 서약을 하고 보호관찰관의 정기적인 감독은 받지 않으며 다만 경우에 따라 법원에 직접 보고하도록 요청받을 수 있다. 법원에 보호관찰소가 설치되어 있는 경우라면 판사는 범죄자에게 일정 기간 교도소나 구치소에 수감된 후 지역사회에서 보호관찰관이 일정 기간 감독하는 형을 선고할 수 있다. 이를 '분할선고'라고 한다.

지방법원과 중범죄자를 재판하는 법원에서 유죄판결을 받은 사람들 중 상당수는 어떤 식으로든 범죄 행위에 영향을 미친 개인적 특성을 가지고 있다. 그 특성으로 인해 이들 대부분은 법원에 출두하는 것이 일상이다. 따라서 교정상담 및 심리치료가 제공되지 않는 한 그들의 행동이 변화할 가능성은 낮다고 볼 수 있다.

판사가 보호관찰이 허용되는 경범죄 또는 중범죄로 유죄를 선고할 때 사용할 수 있는 조건은 형법에 명시되어 있으며, 법원이 위치한 지역사회에서 이용할 수 있는 프로그램의 범위에 따라 달라진다. 약물 및 알코올 남용, 가정폭력, 아동 방임, 미성년자 폭행, 성 관련 범죄를 비롯한 가족 관련 문제로 유죄판결을 받은 사람들을 위한 다양한 상담 및 심리치료 프로그램을 개발하고 실행할 수 있는 자원이 지역사회에 있다면 범죄자의 행동 교정이라는 법원의 장기적인 목표가 처벌에만 초점을 둔 선고보다 달성될 가능성이 더 높을 것이다.

… 보호관찰관의 역할

앞에서 초기 보호관찰은 범죄자의 재활, 범죄를 촉발하는 불건전한 환경으로부터 분리, 범죄자의 근로나 취업에 초점을 맞추는 형태로 등장했다고 했다. 1970년대 들어서 일부 연구들이 이러한 처치의 효과성에 의문이 제기했고, 이에 따라 주 의회는 보호관찰관의 역할을 치료보다는 집중적인 감시와 엄격한 통제에 두어야 한다는 법안을 통과시키고자 했다. 45개 주의 보호관찰관을 대상으로 한 설문조사에서 스테이너 등(Steiner et al., 2004)은 보호관찰관의 역할을 치료나 재활 등의 지원보다 보호관찰 대상자 감시, 새로운 범죄 조사, 형법 집행과 같은 법 집행 업무로 정의하는 경향이 훨씬 더 높다고 밝혔다. 밀러(Miller, 2015)는 법 집행관과 사회복지사라는 보호관찰관의 서로 다른 역할이 점차 '균형 잡힌' 방식으로 통합되는 경향이 있다고 주장한다. 50개 주와 컬럼비아 특별구

모두에서 성인 보호관찰관의 기능과 역할에 대한 법적 정의를 조사한 시치 등(Hsich et al., 2015)은 이러한 주장을 지지하는데, 이들은 2002년부터 2013년까지 주 법령의 26%가 전통적으로 보호관찰관에게 부여된 법 집행 업무에 사회복귀 관련 업무를 추가했으며 "주 법령이 보호관찰관에게 사회복지사 업무(6개)보다 더 많은 치안 경찰 업무(18개)를 수행하도록 의무화했지만, 보호관찰 기능을 엄격히 법 집행 또는 재활 이분법으로 정의하는 주는 거의 없다."라고 보고했다(Hsich et al., 2015, p. 24).

집중감독 보호관찰

제7장에서 언급한 바와 같이, 각 주와 미국 지방법원은 관할하에 있는 유죄판결을 받은 범죄자에 대해 몇 가지 형태의 분류를 채택하고 있다. 주 전역의 분류제도는 일반적으로 두 가지 분류 평가 기준을 사용한다. 첫 번째 기준은 재범의 위험성, 그리고 감독하에 지역사회에 남았을 경우 지역사회에 미치는 '범죄 위험성'을 판단하는 것이며 위험 수준은 일반적으로 높음, 중간, 낮음으로 분류된다. 두 번째 기준은 사회감독을 받는 범죄자에게 요구되는 제재 수준과 관련이 있는 '범죄 욕구'이다. 이 두 가지 기준, 즉 범죄 위험성 및 범죄 욕구로 평가한 결과 두 가지 기준에서 모두 높은 점수를 받은 범죄자는 고위험에 속하게 되고 이들은 집중감독 보호관찰(Intensive Supervision Probation: ISP)을 받게 된다. 크랫코스키(2023)는 선고 판사가 고위험 유죄판결을 받은 범죄자에게 교정시설에 대한 구금 명령을 내리고 집중감독 보호관찰을 받게 하는 경우가 많다고 보고했다. 집중감독 보호관찰 대상자는 보호관찰관과 자주 접촉해야 하며, 가택 연금, 배상, 다양한 유형의 상담(약물 남용, 폭력, 정신건강, 전자 감시) 또는 범죄 욕구 평가 결과에 따라 거주형 교정시설에 배치되는 등 다양한 지역사회 기반 교정 제재를 받게 된다([글상자 8-1]).

글상자 8-1 오하이오주 스타크 지방 집중감독 프로그램

성인 보호관찰 프로그램 국장 앤드류 세스나(Andrew Cessna) 면담

앤드류는 2012년 오하이오주 디파이언스(Defiance) 대학교에서 형사사법을 전공하여 학사학위를 취득했다. 그는 우드(Wood) 지방 소년법원의 구금 공무원, 지역사회 자원 공무원, 우드 지방 소년법원의 보호관찰관으로 근무한 후 스타크 지방 일반 항소 법원의 집중감독 보호관찰관으로 자리를 옮겼다. 그 후 2021년에 현재 직책인 성인 보호관찰 프로그램 국장으로 승진했다. 앤드류는 2023년 9월 1일에 P. C. 크랫코스키와 전자 방식의 면담을 진행했다.

PCK: 형사사법 분야에서 몇 년 동안 일하셨나요?

AC: 10년입니다.

PCK: 스타크 지방의 집중감독 보호관찰(ISP) 프로그램에 대해 몇 가지 질문하고 싶습니다. 어떤 범죄자가 일반 보호관찰을 받고 어떤 범죄자가 집중감독 보호관찰을 받는지 어떻게 결정되나요?

AC: 결정은 임명된 판사가 내리며, 판사는 결정을 내리는 과정에서 출석 조사와 검사의 추천서를 활용합니다. 그러나 범죄자는 오하이오주 하원 법안 86의 특정 기준을 충족해야만 집중감독 보호관찰 프로그램에 참여할 수 있습니다.

PCK: 보호관찰 대상자가 받을 프로그램 유형에 대한 최종 결정은 누가 내리나요?

AC: 판사가 특별 조건을 부여해 결정합니다. 특별 조건에는 범죄 행위와 관련된 근본적인 원인을 해결하는 데 도움이 되는 화학적 의존성 및 정신건강 평가가 포함될 수 있습니다. 각 범죄자는 오하이오 범죄 위험성 및 범죄 욕구 평가도구를 사용하여 평가됩니다. 보호관찰관은 이 도구를 활용하여 범죄자에게 도움이 될 수 있는 다른 프로그램이 무엇인지 파악합니다.

PCK: 집중감독 대상자를 위한 일반적인 사례관리(감독 및 치료) 계획이 무엇인지 설명해 주세요.

AC: 각 범죄자에게는 오하이오 범죄 위험성 및 범죄 욕구 평가에 따라 고위험 및 중등도 영역을 다루는 개별화된 사례계획이 적용됩니다. ISP 프로그램은 3단계 체계를 따릅니다. 1단계는 평가 및 접수 과정입니다. 2단계는 심리치료 및 프로그램 지원이 포함되며, 3단계에는 단계적 완화 및 선도 과정이 포함됩니다.

PCK: ISP 국장으로서 어떤 업무를 담당하나요?

AC: 스타크 지방 보호관찰소의 모든 측면을 개발하고 조정합니다. 이 외 스타크 지방 보호관찰소를 관리하는 정책 및 절차의 개발, 검토, 갱신 및 유지 관리와 함께 감시 및 주요 업무도 있습니다.

PCK: 스타크 지방의 ISP 프로그램이 효과적이라는 근거가 있는지요?

AC: 네, 저희는 프로그램의 성공률에 대한 통계를 집계하고 있습니다. 2022 및 2023 회계연도에 이 프로그램은 64%의 성공률을 기록했습니다. 이는 오하이오주 평균치인 약

50%를 상회하는 수치입니다. ISP 프로그램에 총 603명의 범죄자가 참여했으며, 이 중 388명이 성공적으로 수료했습니다. 또한 2019년에 스타크 지방 ISP와 주간 보고 프로그램은 클리프 스킨(Cliff Skeen) 어워드를 수상했습니다. 이 상은 오하이오주의 지방 교정 법안을 발의한 고(故) 클리프 스킨 의원을 기리기 위해 제정된 상입니다.

… 주 및 지방 보호관찰 지원

시, 지방 및 주 보호관찰소의 규모는 보호관찰관 한두 명부터 수백 명까지 다양하다. 보호관찰관의 조직 구조와 직무도 역시 다양하다. 규모가 큰 부서에서는 전문교육이 필요한 직무를 수행하는 보호관찰관이 있을 가능성이 높다. 예를 들어, 일부 보호관찰관은 접수 부서에, 다른 보호관찰관은 감독 부서에, 다른 보호관찰관은 피해자 지원이나 벌금 징수 등 전문 부서에 배치될 수 있다. 한 예로 댈러스(Dallas) 지방 사회감독 및 교정국의 구조적 조직에 대해 살펴본다[아래 기고문의 저자–수전 크리텐든(Susan Crittenden)].

텍사스주 댈러스 지방, 사회감독 및 교정국의 구조/조직

이 장에서는 미국의 주 및 지방 보호관찰의 예로 텍사스(Texas)주의 보호관찰 지원을 설명한다. 텍사스주의 성인 보호관찰은 각 사법 지역에서 형사사건을 담당하는 지방법원 판사 또는 복수의 지방법원 판사, 그리고 해당 사법지역 관할 지방에서 형사사건을 담당하는 지방 판사의 관할하에 있다(Texas Government Code 76.002, 2005). 따라서 비록 이 부서의 공식 명칭은 댈러스 지방 사회감독 및 교정국(Dallas County Community Supervision and Corrections Department: DCCSCD)이지만, 이들은 지방 소속 공무원이 아니라 사법지역 공무원이다. 제71대 텍사스주의회는 2003년에 성인 보호관찰이라는 용어를 사회감독으로 변경하여 보호관찰관의 명칭도 사회감독관으로 변경했다. 보호관찰 대상자는 이제 사회감독을 받게 된다.

텍사스 사회감독 및 교정국은 주 전역에 감독 및 교정 지구를 설립했다. 댈러스 지방 사회감독 및 교정국은 텍사스주에서 가장 큰 세 개 부서 중 하나이며, 한 명의 국장과 두 명의 부국장을 두고 있으며, 부국장들은 국장에게 보고하고 동시에 세 명의 지역 관리자, 피해자 지원 부서, 그리고 체포/영장 부서의 감독을 책임지고 있다. 지역 관리자는 17명의 부서장을 감독하며, 부서장은 지역 감독관들의 감독과 부서의 일상적인 운영을 담당한다. 또한 예산, 재무 및 계약 관리자와 인사 및 운영 관리자가 있다. 모든 업무 관리자와 인사 관리자는 DCCSCD 국장에게 직접 보고한다.

CSCD는 댈러스 지방에 거주하는 50,000명 이상의 범죄자들에 대한 감독을 통해 공공 보호를 담당하고 있다. 지역사회 교정국은 법원이 명령한 사회감독 조건을 집행하고 범죄자에게 다양한 재활 지원 및 자원을 제공한다. 댈러스 지방 CSCD에는 530명 이상의 사회감독 공무원, 감독관, 지역 관리자 및 행정관과 100명 이상의 지원 직원이 근무하고 있다. 댈러스 지역 CSCD의 연간 예산 약 5억 달러는 수수료로 징수되는 수백만 달러로 부분적으로 상쇄된다.

댈러스 지방 사법제도

댈러스 지방 형사사법체계에는 17개의 중범죄 전담법원과 14개의 경범죄 전담법원이 있다. 댈러스 지방 전역에는 일곱 개의 주요 현장 감독 사무소가 있으며, 감독관은 범죄자가 법원에서 사회감독을 받는 모든 사람에게 부여하는 감독 조건을 준수하는지 확인할 책임이 있다.

텍사스 판결 지침

유죄판결을 받은 범죄자의 형량에 대한 판사의 결정은 텍사스 판결 지침을 준수해야 한다. 선고 판사는 개별 사건에 따라 감경 및 가중 상황을 고려할 수 있는 재량권을 사용할 수 있지만, 일반적으로 범죄가 심각할수록 판사가 선고 결정을 내릴 때 재량권을 사용할 수 있는 기회는 줄어든다.

텍사스 「형사소송법」 제42.12조 3항(a)에 따르면, 판사는 정의, 공공 및 피고에게 최선의 이익을 위해 유죄판결 또는 유죄 또는 무죄 인정 후 형의 집행을 유예할 수 있다.

피고인에게 사회감독을 받도록 하거나 벌금을 부과하고 피고인에게 사회감독을 받도록 할 수 있다. 경범죄 및 중범죄 범죄자 모두 판사 또는 배심원단에 의해 사회감독을 받을 수 있으며, 중범죄 범죄에 대한 최대 사회감독 기간은 10년(TCCP Art. 42.12 3[b]) 경범

죄에 대한 최대 사회감독 기간은 2년이다(TCCP Art. 42.12 3[c]).

피고인이 10년을 초과하는 징역형을 선고받거나 주 교도소 중범죄 법령에 따라 구금형을 선고받은 경우 피고인은 판사로부터 사회감독을 받을 자격이 없다.

규정에서 사회감독이 허용되지 않는 범죄 행위

피고가 다음 유죄판결을 선고받은 경우 판사는 일반 사회감독을 부여할 수 없다.

1. 살인죄
2. 사형에 해당하는 살인죄
3. 아동에 대한 강제 추행죄
4. 특수 유괴죄
5. 특수 강간죄
6. 특수 강도죄
7. 마약 금지구역 내 특정 마약류 범죄
8. 아동 강간죄
9. 범행 시 흉기 등 위험한 무기를 사용한 경우(TCCP Art. 42.12 3G)

이 외의 형사 범죄에 대한 유죄판결은 이론적으로 사회감독을 받을 자격이 있다. 그러나 범죄자가 배심원단으로부터 사회감독을 받으려면 먼저 피고인이 이전에 중범죄로 유죄판결을 받은 적이 없다는 선서 동의서를 제출해야 하며, 배심원단은 이 동의서가 사실이라고 판단해야 한다. 이 두 가지 조건이 충족되면 배심원은 판사에게 징역형 부과를 유예하고 피고인을 사회봉사 명령을 내릴 것을 권고할 수 있다. 배심원이 사회감독을 권고할 때 제42.12조 3항의 규정은 적용되지 않는다(TCCP Art. 42.12 4).

배심원단은 피고인이 다음과 같은 경우 사회감독을 부여할 수 없다.

- 10년 이상의 징역형을 선고받은 경우
- 피고가 주립 교도소 수형에 해당하는 중범죄로 유죄판결을 받은 경우
- 피고인이 마약 금지 구역 내에서 저지른 특정 마약 관련 범죄에 대해 유죄를 선고받은 경우

사회감독의 유형

텍사스에는, ① 유예판결 및 ② 일반 사회감독이라는 두 가지 유형의 사회감독이 있다. 유예판결은 일반적으로 피고인이 보호관찰 조건을 성공적으로 마치면 기록에 형사 유죄판결이 남지 않기 때문에 일반 사회감독보다 더 나은 것으로 간주된다. 특정 제한 사항이 있는 경우, 판사는 경범죄 또는 중범죄(TCCP Art. 42.12 5)에 대해 유예판결을 선고할 수 있다. 그러나 판사는 피고인이 음주운전 관련 범죄로 기소되었거나, 특정 마약류 범죄로 유죄판결을 받은 경우에는 유예판결을 선고할 수 없다. 피고인이 과거 아동추행, 성폭행, 또는 가중 성폭행 중 하나로 사회감독을 받은 전력이 있는 경우, 해당 범죄에 대해 유예판결을 선고할 수 없다(TCCP Art. 42.12 5[d]). 이들 범죄는 배심원들이 어떠한 상황에서도 유예판결을 부여할 수 없다.

중범죄 사회감독 처벌 범위, 제재 및 대안

텍사스 형법에서 유죄판결을 받은 범죄자에게 제공되는 제재는 교도소 및 징역형뿐만 아니라 다양한 지역사회 기반 제재로 구성된다. 지역사회 제재가 허용되는 중범죄의 심각성 수준에 대한 법의 주요 조항을 요약하면 다음과 같다([그림 8-1]).

사회감독에 배치되면 판사는 사회감독의 표준 조건에 따라 제재를 부과할 수 있다. 피고인이 사회감독의 조건으로 지방 교도소, 주 교도소 또는 시설 부서에서 복역하도록 선고받는 경우, 그 기간은 하루도 감경 없이 전부 복역해야 한다. 이러한 범죄자는 감형 혜택을 받을 수 없다.

1급, 2급 또는 3급 중범죄로 유죄판결을 받은 범죄자는 사회감독을 받는 조건으로 최대 180일의 징역형을 받을 수 있다. 주 교도소 중범죄에 해당하는 범죄로 유죄판결을 받은 사람은 사회감독 제재를 받는 조건으로 최대 90일의 징역형을 받을 수 있다. 모든 중범죄 범죄자는 조건부로 90~180일, 배심원단의 사회감독을 받은 3급 범죄자는 60~120일 동안 기관(주립 교도소)에 수감될 수 있다. 또한, 선고 판사는 유죄판결을 받은 범죄자에게 처음에 부과된 것과 다른 상황이 발생할 경우 사회감독 기간을 변경할 수 있다. 예를 들어, 1급, 2급, 3급 중범죄자는 일정 기간 동안 사회감독을 유예하고 사회감독의 조건으로 최대 180일 동안 구치소에 수감될 수 있다. 주립 교도소 중범죄자는 사회감독 조건으로 주립 교도소에서 90~180일 동안 수감될 수 있다. 또한 상황에 따라 필요하다고 판

단될 경우, 판사는 감독 기간을 최대 10년까지 추가로 연장할 수 있다. 법률은 성범죄자, 약물 남용 치료 의뢰자, 그리고 외래 또는 거주형 교정시설(약물 남용 중범죄 처벌시설 배치 포함)에 대하여 사회 내 처우 기간의 연장을 허용한다. 또한 피고인이 보호관찰 조건을 반복적으로 기술적으로 위반할 경우, 판사는 사회 내 처우 조건을 수정할 수 있다.

중범죄 사회감독 처벌 범위, 제재 및 대안

1급 중범죄: 처벌 범위는 5년에서 99년의 무기징역과 최대 $10,000.00 벌금이다. 사회감독을 받으려면 5년에서 10년 동안 유죄판결을 받아야 하며, 피고인은 최대 10년 동안 사회감독을 받아야 한다.

2급 중범죄: 처벌 범위는 2년에서 20년의 징역형과 최대 $10,000.00 벌금이다. 사회감독을 받으려면 2년에서 10년의 유죄판결이 있어야 하며, 피고는 최대 10년의 사회감독을 받아야 한다.

3급 중범죄: 처벌 범위는 2년에서 10년의 징역형과 최대 $10,000.00 벌금이다. 사회감독을 받으려면 2년에서 10년의 유죄판결이 있어야 하며, 피고는 최대 10년의 사회감독을 받아야 한다.

주 교도소 중범죄: 처벌 범위는 180일에서 2년의 징역형이며, 최대 $10,000.00 벌금이 부과된다. 주 교도소 중범죄자는 A급 경범죄로 감형될 수 있으며, 피고는 경범죄로 형을 선고받게 된다. 사회감독을 받기 위해서는 2~5년 동안 유죄판결을 받아야 하며, 피고는 최대 10년 동안 보호관찰을 받아야 한다. 피고인이 총량(혼합물이나 희석제 포함)이 1그램 미만의 불법 약물을 소지한 경우, 또는 5파운드 이상 50파운드 이하의 대마초를 소지한 경우, 혹은 4온스 이상 5파운드 이하의 대마초를 소지한 경우, 피고인은 이에 대한 소지 혐의로 기소된다.

[그림 8-1] 중범죄자 사회감독 처벌 범위, 제재 및 대안

재판 전 판결 지원

텍사스는 법에서 작성이 의무화된 경우, 보호관찰 선고가 검토되는 피고인을 대상으로 재판 전 조사를 실시한다. 조사 보고서는 평가기관에서 작성하는데 범죄 이력, 이전 보호관찰 및 수감, 현재 범죄의 성격, 교육, 고용, 결혼 여부, 약물 및 알코올 남용과 같은 여러 개인 항목과 관련된 정보가 포함된다. 또한 댈러스 콜로니(Colony) CSCD는 증거 기반 범죄 위험성 및 범죄 욕구 평가도구를 기반으로 한 증거 기반 사례관리 계획을 수립했

텍사스주 범죄 위험성 평가 및 중범죄 선별도구는 일곱 개의 가중 항목으로 구성되어 있다. 그 항목은 다음과 같다.

* 가장 중대한 혐의 또는 16세 또는 그 이하 시기 체포 이력
  0 = 없음
  1 = 있음, 경범죄
  2 = 있음, 중범죄
* 최종 교육
  0 = 고등학교 졸업자 또는 상급 학교 졸업자
  1 = 검정고시 또는 고등학교 졸업장 없음
* 체포 당시 취업 여부
  0 = 예
  1 = 아니요
* 약물 남용으로 인한 문제
  0= 없음
  1 = 과거 2 = 현재
* 범죄 활동
  0 = 친사회적 활동에 강하게 동조
  1 = 친사회적 활동과 반사회적 활동이 혼합
  2 = 범죄 활동에 강하게 동조
* 범죄 태도
  0 = 범죄를 정당화하는 태도가 거의 없음
  1 = 범죄를 정당화하는 태도가 일부 존재
  2 = 범죄를 정당화하는 태도가 강하게 존재
* 싸움을 피하는 경향
  0 = 항상 피함
  1 = 가끔 피함
  2 = 거의 피하지 않음

연구에 따르면, 남성 중 점수가 0~2점(저위험군)인 경우 재체포율은 15.1%였으며, 여성 중 0~2점인 경우는 11.0%였다. 반면, 남성 중 점수가 3점 이상(중간/고위험군)인 경우 재체포율은 36.2%였고, 여성 중 3점 이상인 경우 재체포율은 28.3%였다.

[그림 8-2] 텍사스 범죄 위험성 평가제도: 사회감독을 위한 중범죄 선별 도구

출처: 신시내티 대학교 및 텍사스주 형사사법부, TRAS 점수표-중범죄 선별 도구 [2015년 3월 1일 개정]

다([그림 8-2]).

댈러스 사회감독 및 교정국에서 고용한 보호관찰관의 역할은 텍사스 법령 및 댈러스 지방 CSCD의 정책에 의해 정의된다. 이 역할에는 범죄자에 대한 상담 및 심리치료와 감독 제공이 모두 포함된다. 감독과 관련하여 보호관찰을 받는 사람에게는 준수해야 하는 일반적인 보호관찰 조건과 개인에게 특별히 적용되는 특별 조건이 주어진다. 일반 규칙 또는 특별 규칙을 위반하면 어떤 형태로든 벌금이 부과될 수 있으며 보호관찰이 취소될 수도 있다. 일반 규칙과 특별 규칙은 [그림 8-3]에 제시되어 있다.

다음의 사례는 데니(Denny)라는 25세 남성이 재산 절도($1,500~$2,000)로 유죄판결을 받은 후 사회감독을 받은 상황에서 적용된 일반 및 특별 조건을 보여 준다. 데니는 중간에서 최고 감독수준이 적용되는 일반 보호관찰을 부여받았다.

텍사스주 댈러스 지방의 일반 사회감독 조건은 여러 범주로 나눌 수 있으며, 그 첫 번째 범주는 범죄 활동 및 범죄 관련 인물 회피에 해당하며 내용은 다음과 같다.

(a) 본 주 또는 다른 주 또는 미국의 법률에 위반하지 않으며, 감독 기간 동안 총기를 소지하지 않는다.
(b) 해로운 습관을 피하고, 마리화나, 마약, 위험한 약물, 흡입제 또는 처방약을 면허가 있는 의사로부터 처방전을 받기 전에 복용하지 않는다.
(c) 평판이 나쁘거나 자신에게 해로운 사람이나 장소를 피하고, 연방 및 주 법률에 위배되는 범죄를 저지르는 개인과 연관되지 않아야 한다.

두 번째 범주는 일반 사회감독 규칙으로 다음과 같으며, 사회감독 부서와 보호관찰 대상자 간의 관계와 관련이 있다.

(a) 감독 부서의 모든 규칙과 규정을 준수하고 감독 책임자의 지시에 따라 월간, 월간, 월간, 주간 두 번씩 보고한다.
(b) 감독관이 당신의 집이나 다른 곳을 방문할 수 있도록 허용하고, 감독관에게 최소 24시간 전에 통지해야 한다(집이나 직장 주소가 변경되기 240시간 전).
(c) 적절한 고용 상태를 유지하며 성실하게 일하고, 실직 시 고용을 위해 감독관의 도움을 구해야 한다.
(d) 지정된 장소 내에 머물러야 한다. 텍사스주 댈러스 지역 또는 승인된 감독 지역으로, 법원이나 감독관의 서면 허가를 먼저 받지 않고 댈러스 지역 또는 승인된 감독 지역 밖으로 여행하지 못한다.

이 외 항목은 법원 및 감독 수수료, 지역사회 예방 프로그램 지원, 가족 재정지원과 같은 재정적 문제와 관련 있다. 사회감독을 받는 사람들은 법정 비용, 벌금, 경우에 따라 변호사 비용을 지불해야 한다. 또한 감독 수수료를 지불하고 댈러스 지역 범죄 예방 단체를 지원하기 위한 금전적 기여금 부과도 검토된다.

데니는 120시간의 사회봉사를 마쳐야 했고, 55.00달러의 벌금을 부과받았으며, 피해자에게 거의 3천 달러의 배상금을 지급해야 했다. 데니는 사회감독 및 교정국에서 종합 평가 및 심리치료 프로그램에 보고해야 했으며, 약물 의존자로 판명된 후 법원 승인 프로그램을 통해 집중적인 외래 약물 상담에 참여하고, 해당 프로그램이나 직원이 제공한 지침과 지침을 준수하기 위해 관찰 가능한 신중하고 성실한 노력을 계속하라는 명령을 받았다. 이에 더해, 그는 감독관의 요청에 따라 희석되지 않은 무작위 소변 샘플 및 의료 검사를 제출해야 했다. 또한, 사회감독의 특별 조건의 일환으로 참여해야 하는 특별 치료 프로그램과 관련된 기타 수수료를 부과받았다.

데니의 사례는 댈러스 사회감독 및 교정국의 감독하에 있는 범죄자의 평가와 치료에 증거 기반도구가 어떻게 사용되는지를 명확하게 보여 준다. 이 사례들은 또한 공공기관과 민간기관이 부서의 감독하에 놓인 유죄판결을 받은 범죄자들에 대한 감독과 치료에서 어떻게 협력하는지를 보여 준다.

*(위에서 제공한 사례는 해당 인물의 신원을 보호하기 위해 각색되었음)

[그림 8-3] 보호관찰의 일반 및 특별 조건

댈러스 지방 사회감독과 관련된 문제 및 쟁점

댈러스 지방 사회감독 및 교정국이 정부기관이라는 사실은 때때로 전문 인력과 부서 운영에 때때로 몇 가지 문제를 야기한다. 텍사스 입법예산위원회의 결정은 부서의 예산 맞물려 범죄자의 삶을 실제적으로 변화시키는 데 필요한 자원에 직접적인 영향을 미친다. 입법부가 제공하려는 수준보다 더 많은 재정지원과 자원이 항상 필요하다. 많은 빈곤 범죄자들을 다루기 위한 자원도 계속 필요하다. 그러나 이러한 소득에 따라 차등 적용되는 자원의 부족은 종종 범죄자가 다시 범죄 현장으로 되돌아가는 원인이 되어 범죄의 순환이 다시 시작된다.

두 번째 문제는 사법부가 4년 임기로 선출된다는 점이다. 선거 당시의 정치적 분위기에 따라 경력이 많은 노련한 판사들이 재선되지 않을 수 있어 새로 선출된 판사들의 새로운 학습이 시작된다. 판사의 배경에 따라 전직 변호사나 국선 변호사 출신이 대거 임용

되기도 하고 반대로 전직 검사 출신이 판사직을 맡기도 한다. 많은 경우 '변호인' 경험이 많은 판사들은 보다 관대해지는 경향이 있으며 범죄자가 사회감독의 모든 조건을 준수하지 않아도 되는 분위기를 조성하기도 한다. 실제로 일부 판사는 법정에서 피고인에게 감독 수수료를 전액 납부하지 않아도 되거나 지역사회 봉사를 모두 완료하지 않아도 사회감독 기간을 성공적으로 마치는 데 지장이 없다고 말하기도 한다. 이와 같은 감독 수수료 납부에 대한 미온적인 태도는 사회감독 및 교정국의 재정 운영에 부정적인 영향을 미치며 감독관을 곤란한 입장에 처하게 한다. 감독관이 사회감독 요건대로 집행하려는데 판사가 피고인에게 특별 조건은 신경 쓰지 않아도 된다고 말하면 담당관과 범죄자 사이에 갈등이 발생할 수 있다. 감독관은 피고인이 사회감독 명령을 받을 당시 법정에 있지 않았기 때문에 판사가 실제로 무엇을 말했는지 알 수 없고, 피고인의 말이 진실인지 확인할 방법도 없다.

또 다른 문제는 대규모 부서에서 근무할 때 종종 발생하는 하위직 직원과 상위 감독 직원 간의 의사소통 단절이다. 조직의 하위 직급 직원들은 관리직 상사와 원활한 소통을 할 필요가 있지만 지휘 체계의 여러 계층이 있어 두 직급 간 의사소통이 어려운 경우가 많다. 특히, 지역 사무소에 근무하는 지역사회 부서 직원들은 현장 직원들이 필요로 하는 개방적 의사소통을 확립하는 데 더욱 어려움을 겪는다. 현장 직원과 상위 관리직 간의 직접 대면이 이루어지지 않으면 양측은 전달되는 형식적인 의사소통에만 의존하여 서로에 대해 판단을 내리게 된다. 따라서 하위직 감독관이 부서에서 수년간 근무하더라도, 부서의 대다수 직원들과 직접 만나지 못하는 경우가 발생할 수 있다. 관리직의 이직도 문제가 될 수 있다. 새로운 국장이 임명되면 정책, 관행, 행정 인력, 그리고 부서 구조 전반에 중대한 변화가 뒤따르곤 하는데 구조와 운영의 변화로 인해 많은 직원들은 새로운 운영 지침을 이해해야 하고 그에 맞추어 지역사회 처우 접근 방식을 조정해야 하기 때문이다. 국장이 교체될 때마다 다수의 직원들은 마치 완전히 새로운 부서에서 새로운 정책, 절차, 업무 기대 속에 근무하는 것과 같은 상황에 처하는 것이다. 예를 들어, 최근 감독관들이 더 이상 일부 업무를 재택으로 처리할 수 없도록 정책이 변화되었다. 또한 감독관들이 탄력 근무제를 활용할 수 없도록 되었다. 감독관들이 밤낮으로 언제든 재택근무를 하는 혜택이 있었고 이는 많은 사람들이 CCSCD에서 근무하고자 하는 중요한 동기 요인이었다. 그러나 새로운 지침으로 인해 일부 업무를 자택에서 처리하지 못하게 되면서 특히, 어린 자녀를 둔 감독관들에게 큰 부담이 되었고, 결과적으로 이들의 사기는 저하되었다.

모든 전문직 종사자가 그렇듯이, 자신의 일에 헌신하는 이들은 정책이나 조직 변화를 수용하고 적응할 수 있다. 아마 일부 '오래 근무한 직원들'은 종종 부서에서 새로운 지침이나 운영 절차가 시행될 때 그것들이 실제로 부서 개선으로 이어질 것이라는 근거가 없다는 점에 웃을 수도 있다.

텍사스주 정부기관에 고용되면 많은 혜택들이 있다. CSCD에서 일할 때 누릴 수 있는 혜택 중 하나는 나이와 근속 연수를 합산하여 80이 되면 최소 급여의 90% 수준을 받고 은퇴할 수 있는 것이다. 또한 직원은 10년 근속 후 퇴직금을 적립할 수 있는 자격도 갖게 된다. 만약 사법 지구에서 일을 그만두기로 결정하면 퇴직금을 받거나 퇴직 공제가 200%까지 제공되는 계좌에 넣어놓을 수 있다. 더불어 평생 동안 의료보험 혜택을 보장받는다.

… 미국 보호관찰 및 재판 전 제도

미국 보호관찰 및 재판 전 제도는 재판 전 지원, 출석 조사, 유죄판결 후 감독이라는 세 가지 주요 업무를 담당한다.

역사

캘빈 쿨리지(Calvin Coolidge) 대통령이 1925년 보호관찰법에 서명한 후 연방법원에 보호관찰 제도가 도입되었다. 이 법에 따라 법원은 구금형의 집행 대신 피고인에게 최선이라고 판단되는 조건으로 사회감독을 받을 수 있는 권한을 부여했다. 또한 유급 보호관찰관 한 명과 무보수로 근무할 보호관찰관 한 명 이상을 임명할 수 있는 권한도 부여했다. 미국 최초의 연방 보호관찰관은 1927년 매사추세츠주 지방법원에서 임명된 리처드 맥스위니(Richard McSweeney)였다. 초기 연방 보호관찰 제도의 관리는 미국 법무부 장관 사무국 소관이었다. 그러나 1940년 그 관리 감독이 미국 법원 행정처(AO)로 이관되었다. 의회에 의해 연방 보호관찰 제도가 창설된 이후 연방 보호관 제도의 관할 범위는 지속적으로 확대되었다. 이브젠(Evjen, 2014, pp. 33-34)에 따르면, 연방 보호관찰은 초창기에는 오직 보호관찰 대상자만 감독했다. 그러나 1930년, 1910년 「가석방 법(Parole Act)」이 개정되면서 가석방 대상자에 대한 현장 감독 책임이 추가되었다. 1938년에는 「연방 소년법(Federal Juvenile Delinquency Act)」이 제정되어, 연방 범죄로 유죄판결을 받고 보호관찰 처분을 받은 소년범이 감독 대상에 포함되었다. 이어서 1944년에는 미 육군과 공군의

요청에 따라, 군 교도소에서 석방된 군사 범죄자도 연방 보호관찰관 제도의 감독을 받게 되었다. 이에 따라 이브젠(2014, p. 34)은 "연방 보호관찰관은 다섯 범주의 범죄자를 감독하게 되었다. 즉, 보호관찰 대상자, 가석방 대상자, 조건부 석방자, 군사 범죄자, 그리고 기소유예 처분을 받은 소년범이다."라고 설명했다. 이처럼 연방 보호관찰관 제도의 관할과 역할은 시대의 변화와 함께 점차 확장되었으며, 이후 장에서 이러한 변화와 발전 과정을 구체적으로 설명할 것이다.

지방법원

연방 지방법원은 연방 헌법, 연방 법률 또는 조약에 근거하여 제기되는 모든 사건이 처음으로 다루어지는 법원이다. 이러한 유형을 일반 관할(original jurisdiction)이라고 한다. 때때로 연방 및 주 법원의 관할이 중첩되는 경우가 있어, 일부 사건은 양쪽 법원 모두에서 제기될 수 있다. 이 경우 원고는 사건을 제기할 법원을 연방 및 주 법원 중에서 선택할 수 있다. 그러나 원고가 주 법원을 선택하더라도 피고는 경우에 따라 사건을 연방법원으로 이전하기로 선택할 수 있다. 현재 연방법원 제도하에서는 670명 이상의 지방법원 판사들이 각 지역에서 활동하고 있다(The Federal US Department of Justice, 2023, p. 1 & 2).

연방 재판 전 지원

연방 보호관찰 제도는 약 100년에 가까운 역사 속에서 여러 측면에서 성장하고 발전해 왔다. 1974년, 미국 의회는 「신속재판법(Speedy Trial Act)」을 제정했으며, 이 법은 10개 사법구역에 시범적인 재판 전 지원기관(demonstration pretrial services agencies)을 설치할 수 있도록 승인했다. 이는 1966년 「보석개혁법(Bail Reform Act)」의 연장선상에 있었는데, 해당 법은 피고인의 도주 및 불출석 위험성을 평가하도록 지시하고, 합리적 의사결정을 위해 활용될 정보의 범위를 규정했으며, 또한 조건부 석방 제도를 마련했다. 연방 재판 전 지원의 주요 목적은 보석 결정 과정의 불평등을 완화하고, 불필요한 구속을 줄이며, 재판이 진행되는 동안 석방된 피고인의 범죄 활동을 감소시키는 데 있었다. 이후 1982년 「재판 전 지원법(Pretrial Support Act)」이 제정되면서, 워싱턴 D.C.를 제외한 모든 연방 사법구로 재판 전 지원이 확대되었으며, 각 사법구는 독립적인 재판 전 지원 사무소를 설치하거나 기존 보호관찰소 내에서 재판 전 지원 업무를 수행할지 여부를 자율적

으로 결정할 수 있게 되었다.

2021년 5월 기준, 연방 보호관찰 및 재판 전 지원 제도는 93개의 보호관찰소와 17개의 독립 재판 전 지원 사무소로 구성되어 있다(Fitzgerald, 2021, p. 5).

오늘날에도 연방 재판 전 지원 제도는 정책과 프로그램을 지속적으로 평가하며, 객관적이고 경험적 근거에 기반한 조직으로서 기능하기 위해 노력하고 있다. 또한, 재판 전 석방 시 부과되는 특별 조건은 피고인의 법규 준수와 법정 출석을 보장하는 데 필요한 최소한의 제한 원칙에 따라 설정되어야 한다는 원칙 위에서 운영되고 있다.

한편, 연방 보호관찰 및 재판 전 지원 제도는 사우스캐롤라이나(South Carolina)주 찰스턴(Charleston)에 훈련기관을 운영하고 있다. 이 훈련은 보호관찰관 및 재판 전 지원 담당관의 안전성을 높이고, 형사사법 제도 관련자들 간 상호작용의 질을 향상시키는 데 중요한 역할을 담당하고 있다(Vanbenschoten, 2023, p. 4).

연방 판결 지침

연방 보호관찰관은 그동안 재판 결과 유죄판결을 받거나 유죄인정을 한 후, 선고 이전에 연방 판사에게 재판 전 조사 보고서를 제공해 왔다. 이 보고서에는 범죄 정황, 피고인의 개인 이력, 그리고 비밀이 보장되는 판결 권고 사항이 기록되어 있었다. 1986년, 의회의 형량 공정성 및 판사의 무제한 재량권에 대한 우려를 반영하여 1984년 「판결개혁법(Sentencing Reform Act)」이 통과되었다. 이 법은 연방 판결 방식을 근본적으로 바꾸었으며, 연방 판결위원회(U.S. Sentencing Commission)를 설치하여 이 위원회가 모든 연방 범죄에 대한 판결 지침을 설정하도록 했으며 이는 1987년 11월 1일부터 시행되었다. 또한, 보호관찰관이 작성하는 재판 전 조사 보고서의 양식과 절차도 변경되어 선고 전 변호인과 검찰 측에 제공되어 의견 제출 및 이의 제기가 가능하게 되었고, 선고 공판에서 보호관찰관이 변호해야 하는 경우도 많아졌다. 물론 보고서에는 범죄 행위에 대한 법적 근거와 지침 정보가 모두 포함된다. 재판 전 조사 보고서에 포함되는 정보는 피고인의 범죄 전과, 개인사, 사회적 배경, 가족관계, 심리평가, 범죄 위험성 평가 등이다([그림 8-4]).

이 개혁법은 또한 가석방을 가석방 감독으로 대체했다. 가석방 감독은 형 집행이 끝난 후 범죄자가 일정 기간 사회 내에서 보호관찰을 받도록 하는 제도이다. 1987년 11월 1일 이후 범죄를 저지른 범죄자에 대한 가석방 감독 관할권은 연방 가석방위원회에서 선고 판사에게로 이전되었다. 판결 지침은 의회 입법(예: 2001년 「애국법(Patriot Act)」, 2008년

(1) 범죄의 성격과 정황, 피고인의 이력과 특성

(2) 판결의 주요 목적, 상응하는 형벌, 예방, 격리, 교정 및 사회복귀(재활)

(3) 가능한 판결의 종류(예: 법률에서 의무적 최저 형량을 규정하여 보호관찰 선고가 불가능한 경우 등)

(4) 판결 지침에 따른 형량 범위와 지침에서 허용하는 판결의 종류

(5) 연방 판결위원회가 제정한 관련 정책 성명

(6) 유사한 전과를 가진 피고인들이 유사한 범죄를 저질렀을 때, 불필요한 판결 격차를 피할 필요성

(7) 범죄 피해자에게 적절한 피해배상을 제공할 필요성

[그림 8-4] 연방 판결 지침: 판결 시 고려해야 할 일곱 가지 요소

「보호법(PROTECT Act)」)과 판결위원회의 권고에 따라 매년 개정된다.

1990년대 초, 연방 형사법 사법위원회는 의회에 대해, 다수 범죄에 대해 설정된 의무적 최저 형량, 즉 법적 최저형의 타당성 재고를 촉구하기로 표결했다. 법적 최저형은 살인, 반역과 같은 핵심 중범죄에 대해 규정되었으며, 이후 의회는 수년에 걸쳐 이를 마약, 총기, 신원 도용, 아동 성범죄 등으로 확대했다. 1993년, 사법회의 위원장인 빈센트(Vincent L. Broderick) 판사는 의회에서 "법적 최저형이 공정하고 합리적이며 정직하고 비례적인 연방 형사사법 선고제도 발전에 주요 장애물"이라고 증언했다(Hughes & Henkel, 1997, p. 48).

2005년 미국 대법원은 국가 대 부커(Booker) 사건에서, 당시의 판결 지침 제도가 판사가 증거의 우위에 따라 최대 형량 범위를 높일 수 있도록 허용하고 있고 이는 헌법을 위반한다고 판결했다. 대법원은 이러한 위헌적 결함을 시정하기 위해, 연방 판결 기준을 강제가 아닌 권고적 성격으로 선도하는 방안을 택했다. 이른바 부커 3단계 절차(Booker three-step process)는, ① 판결 지침서에 따라 초기 판결 범위를 산정하고, ② 지침 범위에서 벗어날 수 있는 사유는 지침서의 정책 성명이나 해설을 고려하며, ③ 18개의 연방 판결법(18 U.S.C. 3553[a])이 규정한 모든 요소들을 종합적으로 고려하는 것이다.

대법원은 또한 권고 지침이라 하더라도 여전히 연방 판결 기준이 판결 과정에서 '출발점이자 초기 기준점'으로 존중되어야 하며, 지방법원은 판결 과정 전체에서 이를 항상 인식해야 한다고 강조했다(United States Sentencing Commission, 2015).

부커 사건 판결 이후 미국 연방 판결 위원회는 법적 최저형이 연방 판결에 미친 영향을 조사하여 보고했다. 그 결과, 법적 최저형이 적용되는 범죄로 유죄판결을 받은 피고인의 약 절반(46.7%)은 실제로 이러한 형량 적용에서 면제된 것으로 나타났는데 그 이유는 정부에 실질적인 협조를 제공했거나 법적 예외(safety valve) 조항에 해당했기 때문이다. 이 조항은 범죄 경력이 제한적이거나 폭력이나 총기를 사용하지 않았고, 신체적 상해를 야기하지 않았고 범죄에서 지도자나 조직자 역할을 하지 않고 범죄 행위와 관련된 진실한 정보를 정부에 제공하는 등의 요건을 충족할 경우, 법적 최저 형량의 적용을 면제할 수 있도록 규정하고 있다(18 U.S.C. 3553[f], 2011 Report to the Congress: Mandatory Minimum Penalties in the Federal Criminal Justice System, ussc.gov).

이 보고서에서, 연방 항소법원의 판결에 따른 연방법원의 보호관찰 대상자 감독에 대한 변화와 관련하여 밴스(Vance, 2017, p. 3)는 "정부 관계자들은 보호관찰의 조건을 재검토하고 있고, 법적 요건을 충족하는지 조건을 적용함에 있어 법원 또는 당사자가 더 많은 정보들을 제공하는 방안을 모색하고 있다."라고 밝혔다. 2016년, 미국 사법회의는 형사법 위원회의 권고안을 승인하고, 연방 보호관찰 및 가석방 감독 대상자의 조건과 법적 권리에 대한 여러 개정 사항을 승인했다(Vance, 2017, p. 7). 주요 개정 사항은 표준 조건의 문구 명확화, 연방 및 주 정부의 법률 또는 지방 법을 위반하는 행위 금지 등 의무 조건을 명확히 규정함, 모든 사례에 적용되지 않는 조건(예: '부양가족 부양' 또는 '기타 가족 책임 수행')은 삭제, 조건의 의미의 명확화 및 정보 제공, 보호관찰 대상자 또는 교정시설에서 석방된 피고인에게 자세한 정보 및 의미를 명확히 제공, 조건 문구의 혼동을 줄이고 준수 가능성을 높임, 피고인과 감독관 간 의사소통 규정 강화 등이다. 예를 들어, 피고인이 형량 취소에 해당될 수 있는 범죄 혐의 관련 질문이 있기 전에 제5차 수정헌법 권리(Fifth Amendment rights)를 고지하도록 규정한 것 등이다(Vance, 2017, p. 13).

미국 보호관찰 및 재판 전 지원 제도의 구조

연방 제도의 보호관찰관, 보호관찰관 보조원 및 고위 관리자는 「연방법」 집행관이자 미국 지방법원 공무원이다. 이들은 지역사회를 보호하고, 법원의 공정한 사법 집행을 지원하며, 미국 법에 정의된 대로 미국에 반하는 범죄로 기소되어 유죄판결을 받은 성인을 조사하고 감독하는 임무를 맡고 있다. 이들은 지방법원에서 6주 동안 광범위한 초기 교육을 받고 사우스캐롤라이나주 찰스턴에 있는 「연방법」 집행 훈련기관에서 매년 최소

40시간의 추가 교육을 이수해야 한다(U. S. Courts, 2023).

미국 보호관찰 및 재판 전 지원 제도에는 약 8,000명의 직원이 있으며, 이 중 3분의 2가 법관이다. 절반 이상이 석사 또는 박사학위를 보유하고 있으며, 평균적으로 연방 제도에 합류하기 전에 지역사회 교정, 사회 지원 또는 경찰서에서 7년 이상 근무한 경력이 있는 경찰관이다. 일부 지구는 재판 전 지원과 보호관찰소가 분리되어 있다. 그러나 대부분의 지역은 두 업무가 하나의 사무소로 통합되어 있다. 지방법원장은 사무소를 관리하며 관할 법원에 직접 책임을 진다(US Probation and Pretrial System, 2016).

각 지구는 어느 정도 자율성을 가지고 운영된다. 예를 들어, 지방법원장은 직원을 직접 채용하고, 예산을 관리하며, 사무실을 어떻게 구성할지 결정한다. 미국 사법회의의 형사법 위원회는 이 제도를 감독하며, 미국 법원 행정처는 지방법원에 광범위한 행정, 관리 및 프로그램 지원을 제공한다. 연방 보호관찰관은 법에 따라 총기를 소지할 수 있는 권한이 있다. 각 개별 지방법원은 보호관찰관의 무장 여부를 결정한다.

재판 전 지원

재판 전 지원 담당관은 피고인이 연방 범죄로 기소된 후 재판을 기다리는 동안 피고인과 협력한다. 피고인은 법정에 출석하기 전에 보석 조사를 수행하며 보석 조사관은 피고인을 유죄로 단정하지 않고 무죄 추정 원칙을 준수하며, 면담과정에서 피고인의 범죄 혐의나 유죄·무죄 여부를 논의하지 않으며, 법률 자문을 제공할 수 없다.

보석 조사에는 이전 범죄 기록, 교육, 취업 및 가족 상황, 약물 남용 및 정신건강 문제, 석방 또는 구금에 대한 권고, 해당되는 경우 석방 조건 등의 내용이 포함된다. 재판 전 위험 평가(Pretrial Risk Assessment: PTRA) 도구를 활용해 피고인이 보석으로 석방될 경우 지역사회 위험 수준을 측정하고, 이 결과도 조사관에게 제공한다. 또한 재판 전 지원 담당관은 지역사회로 석방된 피고인이 범죄를 저지르지 않고 필요에 따라 법정으로 복귀할 수 있도록 감독한다. 유죄판결 후 석방된 범죄자와 마찬가지로 판사는 석방 조건(예: 약물 남용 및 정신건강 치료, 사건 피해자와의 접촉 금지 및 위치 감시)을 지시하며, 담당관도 이를 이행하고 감독해야 한다. 감독 과정에서 가정, 지역사회, 주변 인맥 및 관련 기관과 연락을 취하고 담당관은 법정 출석 상황을 관리한다.

또한 연방 제도는 판사가 피고인을 재판 전 선도 프로그램에 배정할 수 있는 권한을 부여한다. 프로그램을 성공적으로 완료되면 혐의가 기각된다. 일부 연방 사법구는 마약전담법원 및 정신건강법원과 같은 전문 법원을 운영한다. 이러한 법원은 주 법원에 운영되는 법원과 구조가 유사하나 피고인이 「연방법」 위반으로 기소되었다는 점이 다르다.

보호관찰

미국 보호관찰관 역할의 핵심 요소는 피고인의 감독이다. 이 역할은 재판 전 조사를 수행하여 법원에 제출할 보고서를 작성하는 것, 피고인에 대한 정보를 수집하고 검증하는 것 등이다. 이러한 조사는 피고인이 유죄판결을 받거나 유죄를 인정한 후 수행되며, 조사 과정은 범죄 행위 검토와 피고인 면담으로 시작된다. 면담 시 피고인이 원하면 변호인이 함께 참석할 수 있다. 범죄 수준과 피의자의 범죄 이력을 바탕으로 지침을 확인하고 판결을 산정하여 보고서에 기록한다. 보고서에는 범죄 등급과 피고인의 범죄 경력을 바탕으로 한 지침에 따른 산정이 포함되며 범죄 등급은 미국 연방 판결위원회의 지침에 정의되어 있다(2015, 개정 2017). 범죄 등급은 I급에서 VI급까지 있으며 I급이 가장 경미하고 VI급이 가장 중대하다. 감독의 수준을 결정하는 요인으로는 범죄의 심각도와 과거 유죄판결 당시 피고인의 나이가 포함된다. 재판 전 조사 보고서는 포괄적으로 작성되며, 가족관계, 취업 상태, 약물 남용 및 정신건강 이력, 현재 상태에 관한 정보도 포함된다. 또한 연방 판결 지침에 따른 판결 선택, 범죄가 피해자에게 미친 영향, 피고인의 벌금 및 피해배상 납부 능력, 그리고 보고서를 작성한 보호관찰관의 구금 또는 보호관찰 선고와 석방 조건에 대한 권고도 기록된다. 이러한 조건은 재산 범죄, 총기 범죄, 폭력 범죄, 성범죄, 이민 범죄, 공공질서 위반, 도주/공무집행방해 또는 기타 범죄 등 범죄 유형에 따라 달라질 수 있다.

감독 수준

사회감독에 배치된 유죄판결을 받은 피고인은 지역사회의 안전을 보장하고 재범을 줄이는 데 필요한 감독 수준을 결정하기 위해 평가를 받는다. 평가도구는 증거 기반 평가 모형인 위험성-필요성-반응성(Risk-Need-Responsivity: RNR) 모형은 21세기 초에 도입되어 이후 여러 차례 수정되었고 현재 사용 중인 모형인 유죄판결 후 범죄 위험성 평가도구(Post-Conviction Risk Assessment: PCRA)는 이것을 수정, 보완된 형태이다(Alexander & Van Benschoten, 2008). 코헨 등(Cohen et al., 2016, p. 4)은 "유죄판결 후 범죄 위험성 평가

도구는 연방 보호관찰관이 범죄자를 네 가지 범죄 위험성 범주(낮음, 낮음/보통, 보통, 높음) 중 하나로 분류하는 데 사용하는 4세대 범죄 위험성 평가도구"라고 설명했다. 보호관찰관은 범죄 위험성 및 범죄 욕구 평가 결과에 따라 자신이 감독하는 보호관찰 대상자에 대한 사례관리 계획을 수립해야 한다. 예를 들어, 저위험 범주에 속하는 보호관찰 대상자는 최소한의 감독과 치료를 받는 반면, 고위험 범주에 속하는 보호관찰 대상자는 면밀히 감시되고 감독 상태에 몇 가지 특별 조건이 부과된다. 피고인은 정기적으로 재평가되며, 평가 결과에 따라 감독 수준을 상향 또는 하향 조정해야 할 필요가 있으면 사례관리 계획이 변경된다. 또한, 정책상 초기 위험 평가를 재조정할 수 있는 조항이 존재한다. 코헨 등(2016, p. 4)은 "특히, 사법정책은 보호관찰관에게 전문적 판단에 따라 낮은 위험도 피고인을 더 높은 감독 수준으로 배치할 재량을 부여한다. 이는 피고인의 재범 성향이 초기 평가에서 과소평가되었다고 판단될 때 적용된다."라고 설명했다. 코헨 등(2016, p. 9)은 2012년에 시행된 '저위험' 정책이 보호관찰관의 행동에 미치는 영향을 연구했으며 이 연구는 보호관찰관이 감독 대상자와의 접촉을 최소화하도록 제언하고 있다. 연구자들은 "이 결과는 저위험 정책이 보호관찰관의 행동에 영향을 미쳐, 위험 수준이 낮은 피보호자와의 상호작용을 줄이도록 장려하고 있다는 것을 보여 준다. 저위험 피고인의 감독을 덜 집중적으로 수행하는 정책이 지역사회 안전을 저해하지는 않았다."라고 보고했다. 연구 결과는 보호관찰관이 저위험 피고인과 보내는 시간을 줄여도 재범률에 유의미한 증가가 없어 지역사회 안전을 유지하면서 효율적인 감독을 가능하게 함을 보여 준다.

다음은 전직 미국 보호관찰관인 데브라 화이트(Debra White)와의 면담으로, 그녀가 30년 동안의 보호관찰 업무를 수행하면서 경험한 연속성과 변화를 잘 보여 준다.

데브라 화이트는 1986년 오하이오주 켄트(Kent) 주립대학교에서 형사사법학으로 전공하여 학사학위 및 석사학위를 취득했다. 연방 보호관찰소에서 보호관찰관으로 근무하기 전에는 웨스트버지니아주 모건타운(Morgantown)에 위치한 연방 교도소에서 교도관 및 사건관리자로 근무했다. 그 후 1989년 연방 교도소를 떠나 오하이오주 영스타운(Youngstown)에 위치한 보호관찰소의 보호관찰관으로 근무를 시작했다. 2015년에 연방 보호관찰소에서 은퇴하고 같은 지역의 지역사회 교정협회에서 사건관리자로 일하고 있다([글상자 8-2]).

글상자 8-2 데브라 화이트, 연방 보호관찰관 면담

면담 진행자: 피터 크랫코스키(PK)

면담 대상자: 데브라 화이트(DW)

면담 완료일: 2015년 8월 13일

QPK: 데브라, 미국 연방 보호관찰관이 되기로 한 계기는 무엇이었나요?

ADW: 학부와 대학원 교육은 사람들과 함께 일하고 도움을 제공할 수 있도록 준비시키는 데 중점을 두었습니다. 졸업 후 연방 교정국에서 경력을 시작했고 교정직원과 사건관리자로 근무하면서 많은 경험들을 쌓았음에도 불구하고 제가 원하는 수준의 자율적 지원을 제공할 수 없다고 느꼈습니다. 연방 보호관찰관 자리가 생기자 지원했고, 그 자리에서 근무하게 되었습니다.

QPK: 정규교육이 진로 선택에 영향을 미쳤나요?

ADW: 물론입니다. 켄트 주립대학교에서의 교육은 교정 관련 어떤 직종에도 도전할 수 있는 폭넓은 지식 기반을 제공했습니다. 수업 내용은 유익했고, 실제 경험을 쌓을 수 있는 기회도 많았습니다. 예를 들어, 학부와 대학원 과정 동안 여러 수습 과정을 수행했는데, 청소년 약물 중독자 거주형 교정시설, 오하이오 성인 가석방 당국(Ohio Adult Parole Authority)에서 가석방 담당관으로, 연방 교정국에서 사건관리자로 근무했습니다. 덕분에 연방 교정국에서 첫 직무를 맡기 전, 지역사회와 기관 내 교정 모두에 대한 경험을 쌓을 수 있었습니다.

QPK: 연방 보호관찰관 근무기간 동안 맡았던 직무를 요약해 주실 수 있나요?

ADW: 처음에는 보호관찰관으로 시작했고, 10년 후 은퇴 시까지 사후관리 전문가(Aftercare Specialist)로 승진했습니다. 이 직무에서는 약물, 정신건강, 성범죄자 등 전문 사례집단을 감독했습니다. 또한 중독 치료, 입원 및 외래 약물치료, 외래 정신건강 치료, 인지행동치료 집단상담, 외래 성범죄자 치료, 거짓말 탐지기 분석 등 치료 계약의 수립과 관리를 담당했습니다. 그 외에도 오하이오주 영스타운에 재활법원을 설립하는 데 참여했으며, 이 법원에 참여하는 범죄자를 감독했습니다.

QPK: 경력을 되돌아보면서 보호관찰소의 감독하에 있는 보호관찰 대상자나 교정시설 출소자들의 특성에 큰 변화가 있었나요?

ADW: 제가 보호관찰관과 재활 전문가로 근무하는 동안, 조직범죄자, 마약 범죄집단(CRIPs), 은행강도, 총기범죄자, 마약 밀수범, 전문 운동선수, 전문직 범죄자, 공무원,

의사, 변호사 등 다양한 피보호자를 감독했습니다. 이를 통해 모든 소득과 직업층에서 범죄가 발생함을 배웠습니다. 최근에는 약물 범죄자와 정신건강 문제가 있는 보호관찰 대상자가 증가한 것 같습니다. 가장 큰 도전 과제는 성범죄자와 사이버 범죄자였습니다.

QPK: 미국 보호관찰소에서 근무하는 동안 법원과 부서의 철학과 사명에 변화가 있었나요?

ADW: 법원의 철학은 법 집행과 사회복지 사이를 오가고 있습니다. 특히, 재활법원이 설립되고 성범죄자와 중증 정신질환이 있는 범죄자를 재활 지원시설로 보내려는 움직임이 활발해지면서 지난 5년 동안 사회복지 또는 재활이라는 단어가 '화두' 떠올랐습니다. 법무부의 사회복지 및 상담 및 심리치료 추진의 또 다른 예는 일부 출소자를 사례관리 계획에 따라 수용시설에서 가택 구금으로 석방되는 것입니다.

QPK: 보호관찰 업무와 피보호자에 대한 개인적 철학이나 관점이 변화했나요?

ADW: 저는 여전히 적절한 지원과 동기부여가 있다면 사람들은 변화할 수 있다고 믿습니다. 제 철학은 변하지 않았지만, 달성 가능한 목표는 좀 더 현실적으로 생각하게 되었습니다. 첫째, 모든 범죄자들이 자신의 삶을 바꾸고자 하는 것은 아니며 범죄 생활을 포기할 준비가 되어 있지 않은 범죄자도 있습니다. 또한 지역사회에 실질적인 위협을 가하고 수감되어야 하는 범죄자들을 돕는 것보다 사회를 보호하는 것이 더 중요하다는 것을 알게 되었습니다. 실제 위협적인 범죄자는 수감되어야 합니다. 마지막으로, 원하는 변화를 이끌어 내기 위해 피고인보다 더 열심히 노력해서는 안 된다는 것을 깨달았습니다.

QPK: 증거 기반 모형(범죄 위험성 및 범죄 욕구 사례관리 전략)을 도입한 것이 부서 성과 개선에 도움이 되었나요?

ADW: 보호관찰 업무는 재정과 인력 자원이 줄어드는 상황에 직면합니다. 증거 기반 모델은 필요한 곳에 자원을 효율적으로 배치할 수 있게 해 줍니다. 또한 지역별 필요에 맞게 프로그램을 조정하고, 피보호자 지원과 감독 요구에 맞춰 개별화할 수 있는 기회를 제공합니다.

QPK: 보호관찰 업무의 본질이 변화했다고 보시나요?

ADW: 부분적으로 그렇습니다. 보호관찰 업무는 여전히 현장 업무가 필수입니다. 오늘날의 보호관찰관은 대법원 판결이 보호관찰 및 가석방에 미치는 영향을 잘 이해해야 하며, 법 집행기관 및 지역사회 자원과 지원체계 구축도 필수적입니다. 안전은 여전히 최우선이며, 현재 대부분의 보호관찰관은 총기를 휴대합니다. 이는 시대 변화의 한 단면이라고 볼 수 있습니다.

QPK: 업무에서 어느 정도의 자율성이 있었나요?

ADW: 보호관찰관은 상당한 자율성을 가집니다. 다만 매뉴얼과 정책을 충분히 이해하고 있어야 전문적인 업무 수행이 가능합니다.

QPK: 미국 보호관찰이 직면하고 있거나 앞으로 직면할 주요 문제는 무엇이라고 보시나요?

ADW: 인력과 예산 문제는 지속될 것으로 보입니다. 사이버 범죄와 성범죄 등 특별 관리 대상 범죄자 유형이 증가해 특수교육을 받아야 하는 보호관찰관들에게 더 많은 특수 사건들이 맡겨질 것이라고 생각합니다. 테러, 혐오 범죄, 심지어 종교적 또는 도덕적 이유로 헌법을 위반하는 단체와 같은 특별 관리 대상 범죄자에 대한 전문화된 기소가 증가될 것입니다.

QPK: 졸업하는 후배에게 사회 교정 분야의 취업을 추천하시겠습니까?

ADW: 네, 추천합니다. 이 분야는 다양한 수준에서 일자리가 제공되고, 끊임없이 변화하며 새로운 경험의 기회가 많습니다. 도전적이고 보람 있으며 지루하지 않은 분야입니다.

유죄판결 후 감독—미국 보호관찰

유죄판결 후 감독관은 법원에서 보호관찰형을 선고받은 범죄자나 연방 교도소에서 출소한 후 가석방 또는 가석방 감독 중인 범죄자를 감독한다. 유죄판결 후 감독의 목적은 법원의 판결 집행, 지역사회 보호, 보호관찰 대상자의 활동 감독, 재통합, 상담 및 심리치료, 지원 제공에 있다. 담당 보호관찰관은 범죄자를 가정, 지역사회, 사무실에서 만나며, 법원이 부과한 석방 조건 준수를 확인하고, 불이행이 발생하면 즉각 개입하여 통제하고 교정한다. 석방 조건은 「연방법」상 의무 사항과 개별화된 조건으로 구성되며, 배상금, 벌금, 상담 및 심리치료, 사회봉사, 위치 추적(home confinement) 등이 포함될 수 있다. 보호관찰관은 범죄자 및 주변 인물, 지역사회 사회복지 및 고용기관, 상담 및 심리치료 제공기관, 법 집행기관과 전문적인 관계를 구축할 책임이 있다. 재판 전 지원 담당관과 마찬가지로 감독 수준과 접촉 빈도는 석방 조건과 범죄 위험성 평가에 따라 결정된다. 범죄 위험성 평가는 석방 초기와 감독기간 동안 주기적으로 실시된다. 감독 기간 동안 위험, 상담 및 심리치료 및 기타 필요 사항을 포함한 사건관리 계획을 작성하며 보호관찰관은 감독관과 함께 이 내용을 검토한다. 일부 보호관찰관은 전문화된 사례집단을 담당하

여 소수의 범죄자를 더 집중적으로 감독하며, 이들을 다루고 공공에 대한 잠재적 위협을 관리하기 위한 특별 교육을 받는다. 심각한 약물 남용자, 정신질환자, 조직폭력 구성원이 이러한 집단이며 이를 감독하는 보호관찰관은 이들만의 고유한 도전 과제가 있다.

존슨과 베이버(Johnson & Baber, 2015)에 따르면, 연방제의 재범률은 다수 주 정부에 비해 절반 수준이다. 3년 내 재체포율은 지속적으로 20~21% 사이로 측정되며, 연방 사건 중 위반으로 종료되는 비율은 연간 30% 미만이다. 보호관찰관은 법원에 위반행위를 보고하며 법원은 위반 청문회를 개최할지 여부를 결정한다. 청문회가 열리면 법원은 감독 위반 여부를 판단하고, 필요시 감독 조건을 계속 유지하거나 변경하고, 위반자가 있다면 수감기간을 선고하거나, 교도소 형 종료 후 다시 감독으로 복귀하도록 결정한다.

문제 및 쟁점

연방법원의 형사 사건은 수년에 걸쳐 증가해 왔으며 그 결과 보호관찰 및 재판 전 지원 사무소의 업무량도 증가했다. 업무량에 인력과 채용을 맞추려는 노력이 계속되고 있지만 예산 제약, 채용 절차의 장기화, 보호관찰관 퇴직, 신규 범죄자 수 등의 변수로 인해 채용을 지속적으로 늘릴 수 있는 지역은 거의 없다. 이 제도는 매년 의회에서 통과되는 연방 예산 내에서 운영되는데 의회는 종종 회계연도 시작 전(10월 1일)에 예산안을 통과시키지 않고 몇 달이 지나서야 통과시킨다. 예산안이 계속 처리되는 동안에는 재판 전 지원이나 보호관찰소의 필수적인 지출만 허용되며, 지역사회 기반 제재의 경우 일반적으로 신규 채용이 포함되지 않는다. 또한, 「연방법」에 따라 보호관찰관과 보조원은 57세에 퇴직해야 한다. 1990년대 초에 많은 보호관찰관들을 채용했고, 이제 많은 보호관찰관들이 은퇴하는 시점이 되었으며, 대체 인력을 즉시 확보하기 어려운 상황이다. 최근 몇 년간 일부 지역은 퇴직 장려금을 제공하여 장기 근무 보호관찰관을 퇴직시키고, 낮은 급여로 신규 보호관찰관을 채용하기도 했다. 기존 직원은 신규 직원이 채용되고 훈련될 때까지 업무를 부담해야 한다.

연방 보호관찰 및 재판 전 지원은 분산형 제도이다. 피츠제럴드(Fitzgerald, 2021, p. 5)는 "보호관찰 및 재판 전 지원 담당관의 업무에 대한 일반적인 정책과 절차는 사법정책 지침과 AO가 발행하는 절차 안내서 포함되어 있지만, 각 지구는 업무 수행 방식에 관한 지역 정책과 절차를 개발할 수 있는 광범위한 재량권이 있다."라고 설명했다. 코로나-19와 같은 세계적인 전염병의 경우처럼 조직의 정상적인 업무 수행 방식이 중단되는 경우 특히, 그것이 전국적인 영향을 미치는 경우에는 조직 운영 방식에 큰 조정이 필요하며 연방 보호관찰 및 재판 전 지원 제도의 많은 구성 요소들이 조정되어야 했다. 모든 보호관찰 및 재판 전 사무소가 세계적인 전염병의 영향을 똑같이 받지는 않았다. 일부 지구에는 예산 감소와 보호관찰관 수 감소에 더 심각한 영향을 미쳤기도 했지만 많은 지구에서 변경이 필요했다. 주요 변경 사항은 다음과 같다.

- 연수원에서 제공하는 대부분의 보호관찰관 교육은 원격으로 진행되어 이수해야 했다.
- 피츠제럴드(p. 7)에 따르면, 교정기관으로 보내진 인원이 감소하고 사회감독에 배치된 인원은 증가했다.
- 수용자와 직원의 안전에 대한 전반적 우려로 인해 법원, 법무부, 연방 교정국은 대면 법정 절차 변경, 수용자 입소 및 이송, 자택 감금 및 인도적 석방 활용 등 운영 방식을 변경하는 조치를 취했다.
- 가석방 감독 대상자 중 일부는 1년 후 감독 종료를 결정할 수 있도록 조정이 이루어졌다.
- 보호관찰관과 범죄자 간의 회의가 대면이 아닌 화상 회의가 채택되었다.

스파이델 등(Spidell et al., 2023, p. 53)은 성범죄자에 대한 감독과 상담 및 심리치료를 제공할 때 보호관찰관이 겪는 문제에 대하여 "성범죄자를 효과적으로 감독하기 위해 보호관찰관들은 비전통적인 수단을 사용하여 재범과 관련된 긴급성 및 동적 위험 요소를 평가하고 해결해야 한다. 보호관찰관들은 성범죄 재범, 법정 불출석, 자해 가능성으로 이어질 수 있는 위험성을 평가하고 해결해야 할 뿐만 아니라 사용 가능한 가상 감독 수단에 따라 적절한 수준의 감독을 결정해야 하는 임무도 맡는다. 유죄판결을 받은 범죄자 중 절반 이상이 성범죄를 저지른 후 이러한 기기 사용이 제한되어 스마트폰이나 컴퓨터에 접근할 수 없었다. 이들에게는 보호관찰관의 가상 회의 진행이 제한적이었고, 위험에도 불구하고 대면 회의가 유일한 대안이었다."라고 지적했다. 스파이델 등(2023, p. 57)은 코로나-19와 같이 세계적인 전염병 기간 동안 성범죄자를 감독하고 상담 및 심리치료하는 데 어려움이 독창적인 해결책 고안, 행정기관의 지시와 지원, 관련 기관의 협력과 지원을 통해 해결되었다고 주장하고, "세계적인 전염병 이후 이 제도를 복구하고 정비하면서 우리는 지난 1년간 배운 것을 바탕으로 성범죄자에 대한 감독을 강화할 수 있는 관행을 유지해야 한다. 예를 들어, 가상 대면 접촉의 사용은 기존 대면 회의에 접촉 계층을

추가함으로써 성범죄자 감독에 도움이 될 수 있다."라고 말했다.

이 제도는 지난 몇 년 동안 특히, 범죄 위험성 판단과 통제에 중점을 둔 증거 기반 실무를 수용해 왔다. 평가도구가 개발되었으며 직원들은 주기적으로 범죄자를 대상으로 실시한다. 유죄판결 후 범죄 위험성 평가도구(PCRA)는 복잡하며, 직원과 범죄자가 모두 작성해야 한다. 보호관찰관 작성 부분에는 출석 보고서 검토, 산정, 면담, 용어에 대한 구체적인 이해가 필요하다. 작성하는 데 상당한 시간이 걸리며 보호관찰관도 이 도구의 가치를 이해하지만 바쁜 일정 속에서 또 하나의 업무로 부담이 된다. 결과 점수와 사례계획에 따라 감독 수준, 의뢰 및 접촉 빈도가 결정된다. 범죄자는 위험 수준에 따라 감독을 받아야 한다. 그러나 일부 지역에서는 지역 정책에 따라 필요한 접촉 횟수를 증가시켜 위험성이 낮은 사례는 국가 지침에 명시된 것보다 더 자주 만나도록 하고 있다.

행정 사무소와 지역 책임자들의 책임 문제는 감독관들에게도 영향을 미쳤다. 그 결과 지역별로 비전통적 근무시간과 기타 정책이 만들어져 감독관들이 신규 체포 및 기타 위반행위에 대응하고, 관련 법원 보고서를 작성하고, 몇 마일 떨어진 법원 심리에 참석하고, 장시간의 초기 면담 및 위험 평가 면담을 진행하고, 상담 및 심리치료 의뢰를 하고, 사례계획을 작성하고, 24시간 위치 감시 위반 알림에 대응하고, 현장 접촉을 하는 데 필요한 시간 확보가 어렵게 되었다.

재판 전 지원 및 출석 조사에 수행하는 감독관은 대규모 체포 사건, 예를 들어 마약 공모 사건이 발생하면 업무량과 시간 부담이 증가한다. 재판 전 보호관찰관은 여러 범죄자를 면담하고 관련 보고서를 제출하며 체포 당일 초기 법정 출석에 참여해야 한다. 선고 전 보호관찰관은 피고인이 유죄를 인정하거나 유죄판결을 받을 때 여러 조사 사건을 배정받는다. 연방 제도는 직원들에게 신체 및 정신건강의 중요성을 교육했지만, 이 많은 업무들이 주로 보호관찰관에게 맡겨졌다. 감독관은 최근 수년간 증가한 사례 수에 따라 추가 책임을 떠맡았다. 대부분의 지구에 전문화된 사례집단이 존재하지만, 일반 감독관도 약물 남용 및 정신건강 문제, 성범죄자, 전문직 범죄자, 취업 · 가족 등 다양한 문제를 가진 범죄자를 관리해야 한다. 또한 위치 감시가 필요한 범죄자도 있으며 24시간 내내 알림에 응답해야 하므로 한밤중이나 주말에도 전화를 받는 경우가 많다. 실제로 보호관찰관은 쉬는 시간이 거의 없다.

지역사회 교정제도와 마찬가지로 연방 정부의 재판 전 지원 및 보호관찰관은 많은 어려움에 직면해 있다. 이 직업에서 건강과 성공을 위해서는 청렴성, 전문성, 정신적, 신체적 건강, 회복력, 강력한 직업윤리가 필요하다. 보호관찰 제도와 직원의 역량을 유지하려면 법률가, 판사, 고위 관리자의 인정과 지원이 필요하다.

… 보호관찰의 효과

존슨(Johnson, 2017)은 사회감독하에 있는 범죄자의 재범률에 관한 연구를 수행했다. 그는 세 가지 다른 연구에서 나타난 연방 범죄자의 재범률을 비교했는데 미국 연방법원 행정국(Administrative Office of the US Courts: AOUSC), 미국 대법원(United States Supreme Court: USSC), 그리고 법무 통계국(Bureau of Justice Statistics: BJS)이 포함된다. 존슨(2017, p. 53)은 "연방법원 행정국은 감독 시작 후 첫해에 범죄자의 9.3%가 중범죄로 재체포되었다고 보고했다. 이와 비교해 미국 대법원은 1년 재범률이 16.6%라고 보고했으며, 법무 통계국은 18.2%라고 보고했다. 세 연구 모두 재범의 대부분은 감독 시작 후 처음 2년 내에 발생함을 보여 준다."라고 밝혔다.

다그로사(DaGrassa, 2017)는 재판 전 지원, 보호관찰, 가석방, 기타 지역사회 교정 프로그램 등 사회감독하에 있는 대상자들이 교정상담 및 심리치료에 저항하는 이유를 제시한다. 이러한 교정상담 및 심리치료 저항의 이유는 넓게 네 가지 범주로 나눌 수 있다.

- **사회적 설명**: 다그로사(2017, p. 22)는 첫 번째 이유로 "많은 연구들은 행동뿐만 아니라 신념과 태도 또한 다른 사람으로부터 학습될 수 있음을 제시하고 있다. 따라서 권위자에 대한 불신은 특정 사회에서 학습될 수 있으며 이러한 불신은 범죄자의 일부는 상담 및 심리치료 지시를 회의적으로 여기게 할 수 있다."라고 설명한다. 두 번째 이유는 개인의 자기효능감과 관련된다. 다그로사(2017, p. 25)는 "효능 있는 행동이 제한된 사회에서 생활하는 사람들에게는 자기효능감의 저하가 발생할 수 있다. 일부 사람들에게 저항은 특히, 교정 환경에서 상담 및 심리치료가 적용될 때, 대상자가 상담사와 그의 동기를 신뢰하지 못하는 데 뿌리를 둘 수 있다. 감독을 받는 일부 사람들이 권위자를 신뢰하기 어려운 이유를 이해하는 것은 어렵지 않다. 특히, 법 집행관에 대한 사회의 역사적 관점이 부정적이었던 환경에서 성장한 경우라면 더욱 그러하다."라고 언급한다.
- **심리학적 설명**: 다그로사(2017, p. 26)는 교정상담에 저항적인 태도를 보이는 이유가 상담 및 심리치료를 받는 개인의 태도와 성격특성과 관련이 있다고 설명한다. 다그

로사는 “일부 사람들은 자신이 처한 상황을 바꿀 수 없다는 태도를 형성해 왔다. 예를 들어, 평생 빈곤 속에서 살아온 사람은 주의 집중 과정을 통해 인지기능에 영향을 받을 수 있다. 빈곤 속에서 살아가는 사람들은 장기적으로 더 큰 이익을 가져올 수 있지만 즉각적으로 보이지 않는 활동보다는, 즉각적이고 단기적인 보상을 주는 활동을 선택하는 경향을 보인다.”라고 설명했다. 교정감독을 받으며 상담에 참여하는 이들 중 ‘현재 지향적이고 즉각적인 만족을 추구하는’ 개인의 예는 약물 남용자이다.

- **생물학적 설명**: 교정상담에 저항하는 이유에 대한 생물학적 설명에는 정신건강 문제와 충동조절 부족이 주로 논의된다. 다그로사(2017, p. 27)는 “충동조절의 부족은 뇌 기능에서 기인하는 것으로, 범죄 및 기타 비순응적 행동에 대한 가장 널리 인용되는 생물학적 설명 가운데 하나이다.”라고 설명했다.
- **생물사회적 설명**: 교정상담에 저항하는 이유에 대한 생물사회적 설명은 행동에 영향을 미치는 생물학적 요인과 환경적 요인의 상호작용에 초점을 둔다. 다그로사(2017, p. 28)는 “생물학적으로 유전된 요인과 범죄 환경 영향을 모두 가진 개인은 단일 요인에 의해서만 영향을 받은 개인보다 범죄 행위에 가담할 가능성이 더 크다.”라고 지적했다.

교정감독을 받고 있는 사람들 가운데 나타나는 상담 및 심리치료 저항 문제를 다루기 위해 DaGrossa(2017, p. 29)는 인지치료를 제안한다. 그는 “인지행동 기법(cognitive behavioural techniques)은 범죄 유발 요인을 해결하기 위해 고안된 다른 지원—예컨대, 교육 및 직업훈련, 또는 약물 남용 상담—과 결합될 때 가장 효과적이다. 범죄자가 사고방식을 바꾸도록 돕는 것은 분명히 가치 있는 일이지만, 사회에는 개인의 변화를 가로막는 매우 현실적인 구조적 장벽이 존재한다는 점을 유념해야 한다.”라고 제언한다.

… 보호관찰관의 전문역량 강화

의료, 법률, 교육 분야와 같은 전문 직종을 규정하는 기준은 일정 수준의 교육과 훈련이 있다는 것이다. 이는 해당 직무를 수행하기 위해 준비하는 과정으로 보통 수련, 보조 기간, 실습 등 현장 경험을 포함한다. 또한 해당 분야와 관련된 윤리 강령을 준수하는 것도 필수이다.

전문화의 뚜렷한 특징 가운데 하나는 전문가가 대상자에 관한 문제에서 판단을 행사할 수 있는 능력이다. 그러나 이러한 재량은 절대적이지 않다. 예를 들어, 의료 분야에서는 특정 의료 시술의 처방에 관한 법적 제한이 존재하며, 법률 분야에서도 판사가 피고인의 형량을 정할 때 법률에 의해 재량이 제한될 수 있다. 독립적으로 활동하는 전문인(예: 의사, 변호사)의 경우, 의료협회나 변호사협회와 같은 전문 단체가 제정한 윤리 강령을 자발적으로 준수해야 한다. 윤리 강령을 위반할 경우, 의료 분야에서는 자격정지나 취소, 법률 분야에서는 변호사 자격 박탈로 이어질 수 있다. 위반이 형사 범죄와 관련 있다면 형사처벌까지도 받을 수 있다. 교도소나 구치소, 지역사회 교정시설, 소년 구금시설 및 상담 및 심리치료 시설에 고용된 심리학자, 상담사, 사회복지사 또는 교사와 같은 전문직 종사자는 해당 조직 운영에 적용되는 규칙과 규정을 반드시 준수해야 한다. 때때로 규정이나 절차가 전문적 훈련과 경험에 따른 직무 수행을 방해할 가능성이 있으며 특히, 교도소나 구치소와 같이 보안이 중시되는 시설에서 이러한 문제가 두드러질 수 있다. 보안상의 이유로 수용자에게 제공할 수 있는 지원이 제한되기 때문이다. 법원, 재활지원시설, 보호관찰소 등 비보안 환경에서 일하는 전문가는 일반적으로 보안과 관련된 규칙 및 규정의 제약을 받지 않지만 일부 지침에 따라 자신이 담당하는 대상자와 관련된 결정에 대해 재량권을 행사하는 데 제한을 받을 수 있다.

일반적인 보호관찰관은 연방 및 주 정부 차원에서 제공하는 교육, 훈련과 경험의 양이 대상자들을 관리하는 개별 사례관리 계획을 수립하고 대상자들에게 필요한 감독과 상담을 제공하여 법을 준수하는 시민으로 변화하도록 돕는 데 충분하다고 자신한다. 그러나 일부 보호관찰관들은 증거 기반 도구—예: 범죄 위험성 및 범죄 욕구 및 사례관리계획—가 자신들의 교육, 경험, 사례 분석을 바탕으로 내린 개인적 판단과 일치하지 않는 경우가 있다고도 보고한다. 난디(Nandi, 2014, p. 21)는 성범죄, 가정폭력, 마약 관련 범죄, 청소년 성범죄, 복합적 정신건강 문제를 가진 고위험 범죄자를 담당하는 보호관찰관들을 대상으로 한 연구를 진행했으며 "이 주(state)의 보호관찰 부분은 상당히 진보적이다. 이들은 3세대 평가 도구를 사용하는 등 여러 증거 기반 실무를 조기에 도입했으며 여러 사법 구역에 범죄 위험성 및 범죄 욕구 원칙을 준수하도록 지원했으며, 리서치 인 브리프(Research-in Brief) 정기간행물을 통해 최신 교정 연구를 공유하고 있다(Nandi, 2014, pp. 21-22)."라고 설명했다. 그러나 그는 보호관찰 대상자의 감독과 상담 및 심리치료를 위한 증거 기반도구 활용을 위한 교육과 지침이 제공되었음에도 불구하고, 다수의 보호관찰관들이 여전히 자신들의 교육과 경험을 바탕으로 최적의 감독 방식과 필요한 상담

및 심리치료 유형을 스스로 판단하고 있다는 사실을 발견했다. 그는 "이 연구는 보호관찰관이 대상자들에 대한 사건 결정을 내릴 때 겪는 감정노동을 탐색한다. 보호관찰관 면담과 그 분석은 보호관찰관이 이러한 감정노동을 수행하기 위해 '자기 자신'과 동료들이 서로에게 어떻게 의존하는지를 보여 준다. 이러한 감정노동에 대한 의존은 현재의 보호관찰 직무 훈련에서 다루어지지 않는 간극을 드러낸다. 이는 의사결정 과정에서 보호관찰관이 수행하는 감정노동에 주목하는 것이 중요함을 시사한다."라고 결론지었다(p. 25).

리 등(Lee et al., 2009)이 연방 보호관찰관들의 직무 만족도, 내부 스트레스, 그리고 이직률에 대한 참여적 관리의 효과를 연구한 결과는 교정 분야에서 근무하는 전문직 종사자들, 특히 보호관찰관들과 관련된 시사점을 준다. 참여적 관리 이론의 기본 전제는 직원들이 자신들의 업무와 직접적으로 관련된 의사결정에 참여할 기회를 가질 때 직무 만족도가 더 높아진다는 것이고 또한 직원들이 더 나은 결정을 내릴 수 있도록 상급자들은 직무와 관련된 정보를 공유해야 한다는 것이다. 리 등(2009, p. 35)은 조직적 변인(참여적 관리 분위기, 내부 스트레스, 전반적인 직무 만족도)이 개인적 변인(연령, 성별, 근속 기간)보다 보호관찰관들의 이직 의도를 예측하는 데 더 중요한 요인일 것이라고 가정했다. 연구자들은 보호관찰관들의 관리층이 조직적 요인의 중요성 특히, 참여적 분위기가 보호관찰관의 이직의 핵심적 원인이 된다는 점을 인식해야 한다고 결론지었다. 이 연구의 결과와 같이 의사결정 과정에 참여하는 것은 내부 스트레스를 줄이고 직원들의 직무 만족도를 높이는 데 중요한 역할을 하며, 궁극적으로 이직 의도를 낮추는 결과로 이어진다.

··· 조건부 석방, 가석방 및 수감 후 감독

크랫코스키와 워커(1984, p. 357)는 가석방을 "형기가 모두 만료되기 전에 범죄자를 교정시설의 수감에서 석방하여 사회에서 감독을 받으며 남은 형기를 복역하도록 하는 관행"으로 정의했다. 가석방의 역사는 대영제국의 죄수들이 호주의 노퍽(Norfolk) 섬으로 보내졌던 19세기 중반으로 거슬러 올라간다. 형기가 거의 끝나갈 무렵, 그들은 다른 범죄를 저지르지 않는다는 조건으로 사회에서 자유인으로서 일하고 생활할 수 있었다. 이러한 조건부 석방의 관행은 다른 나라들로 확산되었고, 미국에도 도입되었다.

현대 가석방의 뿌리는 19세기 후반의 교정개혁 특히, 뉴욕주 엘미라(Elmira)에 위치한 엘미라 교도소에서 찾을 수 있다. 16세에서 25세 사이의 젊은 남성을 수용하던 이 교정시설에서는 1876년에 가석방 제도를 도입했다. 크랫코스키와 워커(1984, p. 358)는 "엘미라 교도소에서 출소한 수용자는 6개월 동안 감독을 받아야 했으며, 그 기간 동안 석방 조건을 위반할 경우 가석방이 취소될 수 있었다. 경찰이 아닌 민간 인력이 사회에서 가석방 대상자를 감독하고 가석방 대상자의 고용과 임금을 매월 확인하는 책임이 있었다."라고 설명했다. 엘미라 교도소의 가석방 모델은 미국 전역에 도입된 가석방 제도의 원형이 되었다.

가석방 또는 수감 후 감독에 대한 강조점은 20세기부터 현재까지 수시로 바뀌었지만 가석방 및 수감 후 석방의 목적과 그 운영 방식은 크게 변하지 않았다. 가석방의 목적은 동일하다. 즉, 형기를 모두 채우기 전에 석방된 수용자에게 사회로 복귀하고, 취업하며, 새로운 삶을 구축할 기회를 주는 것이다. 동시에 여전히 감독 하에 있으며 위반이 있을 경우 교도소로 복귀될 수 있다는 사실은 전 수용자로부터 사회를 보호한다는 점에서 안전장치가 된다.

가석방(출소 후 석방)의 조건과 가석방 취소 절차는 미국 「연방법」에 의해 정의되며, 이는 「연방법」 위반으로 유죄판결을 받은 후 연방 정부의 감독을 받는 범죄자에게 적용된다. 그러나 시대가 지나면서 변화해 온 것은, 출소 후 석방 자격을 가진 이들을 선정하는 과정, 자격 선정에 사용되는 기준, 그리고 일부 경우에는 가석방(조건부 석방)을 부여할 권한을 가진 주체나 집행기관, 그리고 형기 종료 이전에 석방된 이들을 감독, 교정상담 및 심리치료하는 기관이다.

캐플란(Caplan, 2007, p. 18)은 가석방 허가 또는 거부 여부를 결정하는 기관(가석방위원회)의 판단과 가장 큰 관련이 있는 요인들에 대한 실증 연구를 분석했다. 그는 연구들이 대체로 "가석방 대상 수용자의 가석방에 가장 큰 영향을 미치는 요인을 시설 내 행동, 수감 기간, 범죄의 심각성, 범죄 이력, 정신질환 및 피해자 의견 등으로 꼽는다."라고 보고했다. 특히, 피해자가 가석방위원회 심리에 참석한 경우 피해자의 의견이 가석방에 가장 큰 영향을 미치는 것으로 나타났다.

… 국가가 감독하는 사회복귀 계획

오하이오 범죄 위험성 및 범죄 욕구 평가제도(ORAS)의 보충 사회복귀 도구(supplemental reentry tool: SRT)는 범죄자가 석방되기 전에 감독 및 상담 및 심리치료 계획을 수립하는 데 사용된다. 오하이오주는 1987년에 형법을 개정했으며 이후에도 몇 차례 개정을

단행했다. 현재 오하이오주 교정시설의 수용자들은 가석방/협약 가석방(risk reduction release: RRR) 및 사법적 석방 제도에 따라 출소 자격을 얻을 수 있다. 이는 형기의 6개월 미만을 복역한 수용자들에게 적용된다. 오하이오 교정시설에서 수감 생활을 마치고 지역사회로 복귀하는 수용자들에게 적용되는 감독 수준과 구체적인 상담 및 심리치료 계획은 여러 요인에 근거하여 결정되는데 기록 검토, 자기보고 면담, 구조화된 면담 등이 포함된다. 신시내티(Cincinnati) 대학교 형사사법 연구기관에서 개발한 범죄 위험성 평가(2011, p. 1)는 수용자의 현재 연령과 더불어 네 가지 영역, 즉 ① 범죄 전과 ② 교육, 고용, 사회적 지원 ③ 약물 남용 및 정신건강 ④ 범죄적 생활양식과 31개의 추가 항목으로 항목으로 구성된다.

오하이오 성인 가석방부(APA)는 교도소에서 6개월에서 4년 사이의 형을 선고받은 수용자에 대해, 출소 후 30일 이내에 사례계획을 수립해야 한다. 수용자가 사회로 출소하여 성인 가석방부의 감독을 받게 되면, 출소 후 12개월 이내에 사례계획을 갱신해야 하며, 이후 감독이 종료될 때까지 매 12개월마다 갱신이 요구된다. 만약 수용자의 형기가 4년을 초과하고 가석방 담당관이 복귀 도구(RT) 평가를 완료한 경우, 출소 후 30일 이내에 사례계획을 수립해야 하며, 출소 후 90일 이내에 한 차례 갱신하고, 이후 감독이 종료될 때까지 매 12개월마다 갱신해야 한다. 성인 가석방 담당관은 형기의 6개월 미만을 복역하고 사법적 석방을 고려 중인 수용자에게 출소 후 30일 이내에 보충 사회복귀 도구를 활용한 평가를 완료해야 하며, 초기 작성일로부터 12개월 이내에 사례계획을 갱신해야 한다.

보충 사회복귀 도구는 자기보고식 검사와 구조화된 면담, 두 부분으로 구성된다. 감독 석방을 고려하는 모든 수용자가 자기보고식 질문지를 반드시 작성해야 하는 것은 아니다. 석방을 앞둔 수용자는 자신의 교육, 직업, 친구, 가족, 신념 등에 관한 정보를 제공하도록 요청받는다. 이 중 일부 정보는 유죄판결과 형을 선고받기 전인 초기 평가 시점에 이미 확보되었을 수도 있지만, 수감 기간의 길이나 수감 중의 경험에 따라 많은 요인들이 변했을 수 있다.

평가의 두 번째 부분은 오하이오 성인 가석방 담당관과 석방 대상 범죄자 간 대면 면담으로 구성되며 이는 교정시설 내에서 진행된다. 자기보고식 평가도구와 달리 오하이오 범죄 위험성 평가제도-보충 사회복귀 도구는 주로 과거 범죄 이력, 범죄 태도, 행동 양식, 그리고 직간접적으로 범죄 행위에 기여했을 수 있는 약물 남용이나 알코올 중독, 정신건강 문제와 같은 요인들에 초점을 둔다. 또한 교육 수준, 수감 전 직업, 가족관계와 같은 기타 요인들도 함께 고려된다. 성인 가석방 담당관은 수용자가 제공한 상당수의 정보를 공식 기록에 근거해 진위 여부를 확인할 수 있다.

이 도구에서 받은 점수를 바탕으로, 수용자가 지역사회로 석방될 경우 저위험 감독, 중위험 감독 또는 고위험 감독 중 하나로 분류된다. 사례계획에는 요구한 감독 수준뿐만 아니라 개별화된 상담 및 심리치료 계획도 포함된다.

오하이오 재활 및 교정국의 성인 보호관찰 및 가석방 부는 각 지역 성인 가석방 부서에 사회복귀 담당관을 배치한다. 지역 본부는 주 전역 여러 곳에 위치해 있으며, 사회복귀 담당관들은 해당 지역 내 사회복지 제공자들과 연락망을 구축하고 수용자들이 교정시설에서 사회로 복귀하는 과정에서 지역 보호관찰관들을 지원한다.

수용자가 교정시설에서의 석방 자격을 얻게 되면, 가석방 또는 석방 후 감독 여부를 결정하기 위해 가석방위원회 소속 직원의 심사가 진행된다. 이 심사 과정에서 수용자의 예정된 거주지, 취업 가능성, 사회복귀와 관련된 여러 사항들이 논의되고 계획된다. 그러나 석방된 수용자에게 적절한 주거지를 찾는 일은 매우 어려운 문제일 수 있다. 클락(Clark, 2007, p. 24)은 집주인들이 잠재적 임차인을 선정할 때 일반적으로 사용하는 기준과 최근에 교도소에서 석방된 사람에게 임대할 수 있는 조건에 대해 연구했다. 그는 "많은 출소자들에게 주거지를 확보하는 것은 상당한 장애물이라는 것은 분명하지만, 이번 조사 결과에 따르면 범죄 경력이 임대인에게 가장 중요한 문제가 되는 것은 아니다."라고 밝혔다. 집주인이 특정인에게 임대할지 여부는 신용, 소득, 고용, 임대 이력, 범죄 경력 등의 요소를 포함하되 이에 국한되지 않는다. 이러한 각 요소는 임대 신청자가 임대 조건과 일정한 행동 기준을 준수할 수 있는 능력과 의지가 있는지를 판단할 수 있는 신뢰의 근거가 된다. 신청자의 범죄 전과와 관련하여, 특정 유형의 범죄(중범죄 관련 약물, 성 관련, 아동 관련)는 임대인에게 신청이 받아들여질 가능성을 낮추는 요인으로 작용한다. 또한 출소 수용자에게 부과되는 제한 및 요구 사항(학교 근처 거주 금지, 보호관찰관의 출입 허용 등) 역시 출소자가 거주지를 확보하는 어려움을 가중시킬 수 있다.

사회복귀 계획이 수립되면, 수용자가 거주하게 될 지역의 가석방 부서로 전달되고, 그 부서의 담당 직원이 해당 계획이 실행 가능한지 여부를 확인하기 위한 조사를 실시한다.

수용자가 오하이오 위험성 평가에서 높은 점수를 받은 경우, 가석방위원회는 수용자가 사회복귀를 위해 재활 지원시설이나 지역사회 치료시설에 거주할 것을 요구할 수 있으며, 이는 해당 시설에서 제공되는 구조적 환경, 감독, 교정상담 및 심리치료가 필요하다고 판단될 때 적용된다. 가석방 또는 석방 후 감독 상태로 풀려난 수용자들은 가석방 담당관과 거주형 교정시설 사례관리자의 공동 감독을 받게 된다. 일부 수용자는 '선도적

통제(transitional control)' 대상자로서 사회복귀 지원시설에 배치되는데, 이는 다양한 사유로 형기의 마지막 기간을 교도소가 아닌 시설에서 복역할 수 있도록 하는 조기 석방 프로그램에 해당한다. 또한 보호관찰 중이던 수용자가 새로운 범죄를 저질러 교도소에 수감되었다가 다시 사회복귀 시점에 이른 경우, 이들은 가석방 담당관의 감독을 받는 동시에 지역 보호관찰소의 감독 아래에서 이전에 부과된 보호관찰 기간을 이행해야 한다.

수용자들이 지역사회에 성공적으로 재통합하는 과정에서 직면하는 장애물들은 과거와 크게 다르지 않다. 적절한 주거지 확보, 직계가족 가족과의 관계 회복(특히, 가족 구성원에게 학대나 폭력을 행사했던 경우), 안정적 취업, 전과자로서의 낙인 극복, 지역사회 구성원들의 신뢰 회복 등이 대표적인 과제이다. 일부 사회복귀 대상자들은 심각한 정신건강 문제나 중독 문제를 가지고 있으며, 이 경우 관련 기관의 지속적인 지원과 상담 및 심리치료가 필요하다. 사회복귀 담당관과 보호관찰 및 가석방 담당관들은 이러한 문제들을 모두 고려하여 내담자들이 성공적으로 지역사회에 정착할 수 있도록 최선의 노력을 기울여야 한다.

 … 가석방 및 출소 후 사회감독의 효과에 관한 연구

최근에 석방된 수용자들을 대상으로 한 종단 연구인 '보스턴 사회복귀 연구'는 매사추세츠 교정국 관계자의 지원을 받아 여러 교수진에 의해 수행되었다. 웨스턴 등(Western et al., 2017)은 매사추세츠주 교도소에서 석방되어 보스턴 지역으로 돌아오는 수용자들을 대상으로 종단적 설문조사를 실시했다. 이 연구는 교정시설에서 석방된 수용자들이 재범(범죄 활동 지속)에 실패하는 높은 비율의 원인을 규명하기 위해 설계되었다. 연구 대상자는 매사추세츠 교정국이 관리하는 18개 교정시설 중 15개 시설에서 선정되었다. 연구 기간 동안 웨스턴 등(2017, p. 33)은 "응답자는 1년 동안 총 5회의 추적 면담을 하도록 계획되었으며, 재수감된 경우 추가 면담도 진행되었다. 가족 구성원 또한 응답자의 보고를 보완하기 위해 참여했다."라고 설명했다. 최종 표본은 보스턴 지역에 거주하는 교정시설(거주형 교정시설) 석방자의 약 4분의 1에 해당한다. 응답자들은 자신의 범죄 활동을 포함한 생활 경험과 관련된 질문을 받았다. 자기보고식 질문에는 부모에게 폭행을 당한 경험, 정신질환이나 자살, 약물 중독 문제가 있는 가족 구성원과 함께 성장한 경험, 청소년기 이전 및 기간 중 폭력 사건에 연루된 경험 등 범죄 성향에 영향을 줄 수 있는 경험과 관련된 항목이 포함되었다. 또 다른 질문들은 범죄 활동과 관련하여 범죄사법제도에 연루된 경험을 다루었으며, 여기에는 불법 약물 남용, 교도소 수감 경험, 보호관찰 또는 가석방 감독 상태 등이 포함되었다. 연구 참여자들은 1년 동안 여러 차례 범죄 활동과 관련한 질문을 받았으며, 연구자들은 공식적으로 수집된 자료에도 접근할 수 있었다.

연구 결과, 범죄 활동, 불법 수입, 약물 남용, 절도, 폭행, 공공장소 소란 등 자기보고식 범죄 지표와 교정시설에서 가석방된 후 1년 내 범죄 활동에 참여한 수용자들의 공식 보고 간에는 적절한 상관관계가 나타났다. 대부분의 다른 연구와 마찬가지로, 가석방 상태에서 범죄 활동에 참여한 비율은 높았다. 웨스턴 등(2017, p. 39)은 "자기보고식 지표에 따르면, 표본의 86%가 석방 후 1년 동안 범죄 활동에 연루되었다. 이와 유사한 비율의 응답자가 석방 후 12개월 내 체포되었다."라고 보고했다. 결론에서 연구자들은(p. 39) "이 연구는 4회 추적 면담에서 약 90%에 달하는 매우 높은 응답률을 기록했다. 높은 연구 참여율과 적합한 설문 도구는 수용 종료 경험과 수용자의 전체 생활사를 이해하는 데 풍부한 정보를 제공한다. 고용, 가족관계, 가계 운영과 같은 복합적 행태를 측정하는 설문은, 빈곤 지역에서 매우 높은 수용률 발생이라는 새로운 조건하에서 교도소 석방 과정을 이해하도록 기여한다."라고 밝혔다.

… 자원봉사 및 자조 단체

연방 및 주 정부, 또는 지방 정부 차원의 가석방, 사후관리, 감독 석방 담당관들이 제공하는 프로그램과 지원 외에도 많은 사회복지기관들과 자원봉사 단체들이 교도소 및 교정시설에서 수용된 후 지역사회로 석방된 수용자들에게 지도, 상담 및 심리치료 및 지원을 제공한다.

이러한 민간기관들은 익명의 약물 중독자 자조 모임(drug addiction anonymous: DAA) 또는 익명의 알코올 중독자 자조 모임(alcoholics anonymous: AA) 등과 같은 자조집단에서 사례 성공률에 대한 통계 자료를 제공할 가능성은 낮지만 이들 자조집단에 참여하는 사람들은 공통의 문제를 공유하고 있기 때문에 서로의 경험에서 배워 문제를 대처하는 방법을 습득한다. 집단 구성원들은 일반적으로 사회경제적 배경과 직업이 다양하며 거주 지역도 다양하지만, 공통적으로 약물 및 알코올, 도박과 관련된 중독이나 학대 행동 등 특정 문제를 가지고 있다는 점에서 동일하다.

요약

범죄로 유죄판결을 받은 사람들에게 교도소나 감옥에 수용되는 대신 사회에서 감독을 받으며 생활할 기회를 제공하는 관행은 미국에서 오랜 역사를 가지고 있다. 존 어거스터스의 활동은, 기회를 제공하고 감독과 지도를 제공하면, 상습 범죄자조차도 지역사회에서 존경받고 생산적인 사람이 될 수 있음을 보여 주었다. 이러한 보호관찰 관행은 미국 전역으로 빠르게 확산되었으며, 보호관찰소는 연방 및 주 또는 지방법원에 속하게 되었고 보호관찰은 유죄판결을 받은 범죄자를 형벌할 때 선택할 수 있는 또 하나의 선택이 되었다.

초기의 보호관찰관이 자원봉사자였던 것과 달리, 보호관찰관은 이제 공무원이 되어 자신의 임무를 수행하도록 훈련받았다. 이들의 임무는 감독하에 있는 범죄자들을 감시하고 지원하는 것으로 광범위하게 정의되었다. 보호관찰의 일반적인 목표는 설립 초기부터 크게 변화하지 않았다. 다만, 새로운 법률, 정책, 지시가 시행될 때에는 보호관찰 업무에서 감독(통제)에 더 중점을 두는 경우가 있었고, 때로는 지원과 상담 및 심리치료 측면에 더 큰 비중이 두어지기도 했다. 변화한 점은 보호관찰 대상자를 선별하는 방법으로, 현재는 유죄판결을 받은 범죄자의 재범 위험을 평가하고, 보호관찰 시 재범 위험을 줄이기 위해 필요한 감독의 정도와 유형을 결정하는 데 증거 기반 평가제도를 활용한다는 것이다.

보호관찰관의 역할도 변화했다. 특히, 대규모 부서에서는 약물 남용, 성범죄자, 정신질환자 등 특정 유형의 범죄자를 감독하거나, 보호관찰 대상자 평가와 심사에 특화된 전문가로 훈련받는 경우가 많아졌다.

유죄판결 후 감독(가석방) 또한 미국에서 오랜 역사를 가진 제도이다. 그 기원은 19세기 후반으로 거슬러 올라간다. 초기에는 형기를 마치기 전에 출소한 수용자들이 가석방관의 엄격한 감독 아래 지역사회로 복귀했다. 가석방 조건을 위반하면 남은 형기를 마치기 위해 다시 수용될 수 있었다. 가석방관의 역할은 보호관찰관과 유사했다. 교도소 및 교정기관과 마찬가지로 가석방 부서도 일반적으로 연방 및 주 정부 관할하에 있다. 보호관찰과 마찬가지로, 가석방관 역할의 감독과 상담 및 심리치료 측면에 대한 강조는 연방 및 주 정부의 법률, 주 가석방 부서의 새로운 정책, 지역사회 분위기에 따라 달라졌다. 현재 많은 주와 연방 정부는 '가석방'이라는 용어를 폐지하고 '사회 감독' 또는 '유죄판결 후 감독'과 같은 용어를 사용하고 있다.

보호관찰과 마찬가지로, 출소 수용자에게 제공할 감독의 정도와 유형을 결정하는 데 증거 기반 평가도구가 활용된다. 또한, 주 정부는 출소 이전부터 수용자를 대상으로 사회복귀 준비를 돕는 재활 전문가를 배치하여, 출소 후 지역사회 적응을 지원하고 있다.

토의 문제

1. 재판 전 지원이란 무엇인가? 형사사법절차와 어떤 관련이 있는가?
2. 미국 보호관찰 및 재판 전 지원 사무소의 기원에 대해 토론해 보자.
3. 보호관찰관의 역할을 정의해 보고 본문에 인용된 보호관찰관 중 몇몇은 보호관찰 업무가 지난 수십 년 동안 변화했다고 지적했는데 이러한 변화에 대해 토론해 보자.
4. 보호관찰관의 직무 성향에 영향을 미치는 요인을 토론해 보자.
5. 재활 담당관의 역할과 가석방 담당관(수감 후 감독관)의 역할을 비교해 보자.
6. 미국 가석방의 발전 역사를 추적해 보자. 가석방 감독이 19세기 후반에 처음 시행된 이후 변화가 있었는가?
7. 미국 보호관찰제도와 텍사스 사회감독 제도를 관할권, 감독 대상 범죄자 유형, 보호관찰관의 역할, 부서의 조직 측면에서 비교해 보자.
8. 텍사스주, 댈러스 지방 등에서 사용되는 증거 기반 범죄 위험성 및 범죄 욕구 평가도구가 보호관찰 대상자 감독에 어떻게 도움이 되는지 토론해 보자.
9. 보호관찰의 일반 조건과 특별 조건을 구분해 보자. 40대 남성 토니(Tony)는 배우자와 자녀를 신체적으로 학대한 혐의로 폭행죄 유죄판결을 받았다. 그는 분노할 때마다 언어적 또는 신체적 폭력을 행사하는 것으로 보인다. 법원은 토니에게 특별 조건이 부과된 보호관찰 처분을 내렸다. 이 경우, 토니에게 어떤 종류의 특별 조건이 적절하겠는가?
10. 선고 지침이란 무엇이며, 선고 지침이 판사의 형량 결정에 어떤 영향을 미치는가?

참고문헌

Alexander, M., & Van Benschoten, S. (2008). The evolution of supervision in the federal probation system. *Federal Probation*, *72*(2), 15-21.

Burns, H., Jr. (1975). *Corrections organization and administration*. West Publishing Company.

Caplan, J. (2007). What factors affect parole: A review of the research. *Federal Probation*, *71*, 16-19.

Center for Criminal Justice Research. (2011). *Ohio risk assessment system-supplemental reentry tool (ORAS-SRT) scoring guide* (pp. 5-15). School of Criminal Justice, University of Cincinnati.

Clark, L. (2007). Landlords attitudes toward renting to released offenders. *Federal Probation*, *71*(1), 20-30.

Cohen, T., Cook, D., & Lowenkamp, C. (2016). The supervision of low-risk federal offenders: How the low-risk policy has changed federal supervision practices without compromising community safety. *Federal Probation*, *2016*, 3-11.

DaGrossa, S. (2017). Understanding resistance in correctional therapy: Why some clients don't do what they should what to do about it. *Federal Probation*, *81*(1), 24-33.

Evjen, V. (2014). The federal probation system: The struggle to achieve it and its first 25 years. *Federal Probation*, *78*(3), 27-36.

Fitzgerald, J. (2021). A national response to a global pandemic in a decentralized system. *Federal Probation*, *85*(1), 5-8.

Hsich, M., Hafoka, M., Woo, Y., Van Wormer, J., Stohr, M., & Hemmens, C. (2015). Probation officer roles: A statutory analysis. *Federal Probation*, *79*, 20-37.

Hughes, J. M., & Henkel, K. S. (1997). The federal probation and pretrial services system since 1975: An era of growth and change. *Federal Probation*, *79*(3), 48-52.

Johnson, J. (2017). Comparison of recidivism studies: AOUSC, USSC, and BJS. *Federal Probation*, *83*(1), 52-54.

Johnson, J., & Baber, L. (2015). State of the system: Federal probation and pretrial services. *Federal Probation*, *79*(2), 34-40.

Kratcoski, P. (2023). *Juvenile justice administration* (6th ed.). Springer.

Kratcoski, P., & Walker, D. (1978). *Criminal justice in America: Process and issues*. Scott-Foresman and Company.

Kratcoski, P., & Walker, D. (1984). *Criminal justice in America: Process and issues* (2nd ed.). Random House, Inc.

Kratcoski, P., Randol, B., & Block, L. (2015). United States legal system. In D. Low & D. Das (Eds.), *Trends in the judiciary* (pp. 177-200). CRC Press.

Lee, W.-J., Joo, H.-J., & Johnson, W. (2009). The effect of participatory management on internal stress, overall job satisfaction, and turnover intention among federal probation officers. *Federal Probation*, *73*(1), 33-40.

Miller, J. (2015). Contemporary modes of probation officer supervision: The triumph of the "synthetic" officer? *Justice Quarterly*, *32*(2), 314-336.

Nandi, A. (2014). Getting to the heart of the matter: How probation officers make decisions. *Federal Probation*, *78*(3), 21-26.

Spidell, M., LaFratta, J, & Merolla, S. (2023). Considerations for supervision of persons charged with or convicted of sex offenses during the COVID-19 pandemic. *Federal Probation*, *85*(1), 52-57.

Steiner, B., Purkiss, M., Kifer, M., Roberts, E., & Hemmens, C. (2004). Legally prescribed functions of adult and juvenile probation officers: Worlds apart? *Journal of Offender Rehabilitation*, *39*(4), 47-67.

Texas Government Code 76.002. (2005). Retrieved October 15, 2016, from www.codes.findlaw.com/tx/government-code/govt-ect76002.hlml

United States Courts. (2023). *Probation and pretrial*. Services-Supervision.uscourts.gov/servicesforms/probation-andpretrialservicesd/probationandpretrial-services-supervision

United States Department of Justice (2023). *Introduction to the federal court system*. Justice.gov/uacs-101/federalcourts

United States Probation and Pretrial System. (2016). Retrieved October 15, 2016, from www.njpt.uscourts.gov/psaprobsystem.pdf

United States Sentencing Commission. (2015). *Federal sentencing: The basics*. U.S. Government Printing Office.

United States Sentencing Commission Guideline Manual. (2015). Retrieved October 15, 2016, from www.ussc.gov/guidelines/2015-guidelinesmanual/archive

Vanbenschoten, S. (2023). Introduction to special issue on the COVID-19 pandemic and federal probation and pretrial services: Reflecting on a year of upheaval. *Federal Probation*, *85*(1), 3-4.

Vance, S. (2017). Conditions of supervision in federal criminal sentencing: A review of recent changes. *Federal Probation, 81*(1), 3-14.

Western, B., Braga, A., & Kohl, R. (2017). A longitudinal survey of newly releases prisoners: Methods and design of the Boston reentry study. *Federal Probation*, *81*(1), 32-40.

제 9 장 지역사회 거주형 교정시설 및 치료

 … 서론: 범죄자들을 위한 지역사회 거주형 교정시설의 발전

대부분의 주 정부에서 가석방 제도가 발전했고, 출소한 수용자들은 가석방 담당관의 감독을 받게 되었다. 이러한 변화는 초기 재활 지원시설이 감소하게 된 요인이 되기도 했는데, 이는 주거가 필요한 일부 출소자를 제외하면 더 이상 재활 지원시설이 필요하지 않게 되었기 때문이었다.

지역사회 교정의 기원은 오래전 범죄자를 감독하고 치료하는 역할을 맡았던 민간인이나 민간단체의 참여에서 찾을 수 있다. 일부 단체는 자선 활동이라는 동기가 있었고 일부 단체는 종교적 의무와 동기가 있었으며 영리가 목적인 단체들도 있었다. 19세기 중반 이전까지 미국에는 교도소를 제외한 지역사회 내 거주형 교정시설은 없었으나 1845년 퀘이커 교도들의 신우회는 뉴욕시에 T. 호퍼(T. Hopper)의 집을 설립했으며, 미국 자원봉사단은 19세기 후반과 20세기 초에 여러 도시에서 희망의 집(Hope Halls)으로 알려진 시설을 설립했다(Ohio Division of Parole and Community Services, 1974, p. 6). 이러한 초기 시설의 주요 기능은 교도소에서 출소한 사람들에게 숙소를 제공하는 것이었으며, 하숙집처럼 방과 식사가 제공되었다. 전문 치료 인력은 없었고, 직원들이 일자리를 찾는 입소자들에게 약간의 도움을 주거나 최근 출소자들에게 가끔 금전적 지원을 하기도 했지만, 직원의 수용적인 태도와 시설 거주자들이 서로에게 제공하는 도움이 전부였다.

재활 지원시설 운동은 1930년대 대공황으로 침체를 겪었다(Seiter et al., 1974, p. 11). 이러한 시설들은 민간 주도로 운영되어 자금을 기부금에 의존하고 있었는데, 경제가 어려워지면서 시설을 운영할 자금이 충분히 마련되지 않아 많은 시설이 문을 닫아야 했다. 또한 대부분의 주에서 가석방 제도를 시행하게 되어 출소자들이 가석방 담당관의 감독하에 놓이게 되면서 초기 재활 지원시설의 쇠퇴에 영향을 미쳤다. 출소자들을 지역사회로 복귀시키는 일에 대한 민간 부문 의존이 줄었기 때문이었다.

1950년대에 들어서면서 여러 가지 이유로 범죄자 거주형 교정시설에 대한 공무원들의 관심이 다시 고조되기 시작했다. 1959년 미주리(Missouri)주 세인트루이스(St. Louis)에서 '디스마스 하우스(Dismas House)'라는 시설이 문을 열었는데(Dismas House.org, 2016), 이 시설은 처벌보다는 재활을 지향하는 프로그램을 운영했기 때문에 긍정적으로 보는 시선과 관심을 많이 받았다. 이는 1950년대와 1960년대에 교정 분야에서 수용된 '의료 모델' 철학에 부합하는 것이었다. 세인트루이스의 디스마스 하우스는 오늘날에도 여전히 대상자들 특히, 약물 및 알코올 남용 문제를 가진 사람들을 지원하고 있다.

디스마스 하우스 연합(Dismas House of St. Louis, 2016)은 5,000명 이상의 범죄자들에게 취업 및 주거, 학업 및 직업 교육, 약물 남용 상담, 개인 재정 문제, 공중보건 문제 등에 대한 지원을 제공하고 있다. 한 간행물은 '미국 최초의 재활 지원시설' 기사에서 "디스마스 하우스는 인간이 개혁될 수 있다는 믿음, 용서받을 수 있다는 믿음, 자신의 범죄의 진실과 처벌의 필요성을 받아들이면서도 삶에는 약속이 존재한다고 믿는 희망 위에 세워졌다……. 디스마스 하우스는 10,000명 이상의 사람들에게 쉼터가 되어 왔다."라고 소개했다.

디스마스 하우스와 그 뒤를 이은 다른 재활 지원시설에 대한 긍정적인 보도들과 더불어 교도소에서 곧바로 지역사회로 복귀한 사람들 중 상당수가 추가 범죄를 저지르고 재수감된다는 연구 결과는 많은 출소자들이 지역사회에 완전히 복귀할 준비가 되기 전에 보호관찰관이 제공할 수 있는 범위를 넘어서는 지도와 감독 아래 재적응할 수 있는 일정 기간이 필요하다는 결론에 이르게 되었다.

이처럼 미국의 초기 범죄자 대상 지역사회 거주형 교정시설은 민간에서 관리했으며, 흔히 재활 지원시설 또는 사회복귀 지원시설로 불렸다. 교도소에 수감 중인 범죄자를 교도소 형기 대신 이러한 시설에서 거주하도록 하면 사회복귀를 목표로 형기의 중간 지점에 있는 의미가 되고, 교도소에서 이러한 시설로 석방된 범죄자를 지역사회로 다시 복귀시키면 교도소와 사회의 중간에서 사회복귀를 위해 있는 것으로 간주되었기 때문이다.

일반적으로 교도소에서 출소하여 재활 지원시설로 보내진 사람들은 형식적으로는 여전히 수용자이며, 시설 관리자나 보호관찰 및 가석방 담당관의 감독 아래 있는 동안 규정을 위반하면 언제든 다시 교도소로 송환될 수 있었다.

… 재활 지원시설의 현재 운영 현황

초기의 재활 지원시설은 다양한 유형의 범죄자를 수용하고 주거와 상담 및 심리치료를 제공하기 위해 설립되었다. 이 시설의 프로그램은 비교적 포괄적이었으며 안정적인 생활환경을 제공하고 거주자가 지역사회에서 독립적으로 생활할 수 있도록 준비시키는 데 중점을 두었다. 거주자 중 약물 남용이나 정신건강 문제와 같은 특수 치료가 필요한 사람이 있을 경우, 지역사회 내 공공 또는 민간기관에 소속된 치료 전문가에게 의뢰하거나 해당 치료를 제공할 수 있는 다른 시설로 이송되었다.

시간이 지남에 따라 일부 거주형 교정시설은 점차 두 가지 방향으로 변화했는데, 하나는 거주자의 필요에 맞춰 자체적으로 치료 영역을 확대하는 방식이었고, 다른 하나는 특정 분야—예를 들어, 약물 남용 치료—의 전문화된 시설로 전환하는 방식이었다. 지역사회 교정시설의 일반적인 목적은 거주자에 대한 일정 수준의 감독을 제공하는 것이었으며, 이는 보호관찰 및 가석방 담당관과 같은 지역 소속 감독 인력과 연계하여 운영되는 경우가 많았다. 예를 들어, 오리아나 하우스(Oriana House Community Corrections, 2016)는 1981년 보호관찰 처분을 받은 범죄자들을 수용하는 단일 시설로 시작했다. 현재 이 비영리기관은 여러 도시에서 여러 건물을 운영하며, 40개 이상의 프로그램을 통해 다양한 유형의 대상자에게 감독과 지원을 제공하고 있다.

일반적으로 재활 지원시설은 다음과 같은 대상자들을 수용한다.

1. 형사사법절차에서 처리되지 않고 범죄와 관련된 문제에 대한 치료를 받는다는 조건으로 보호관찰을 받도록 판결받은 범죄자
2. 보호관찰을 받는 저위험 범죄자로 생활의 일관성이 필요한 사람들로서 주거와 식사가 안정적으로 제공될 필요가 있는 경우
3. 집중감독을 받고 있으며 추가 법 위반을 저지를 경우 교도소에 수감될 위험이 높은 보호관찰 대상자
4. 교정시설에서 출소 전 상태로 지역사회에 재적응하는 데 시간이 필요한 경우. 특히, 장기간 수감되었던 수용자의 경우 해당됨
5. 가석방으로 출소했거나 출소 후 감독이 필요한 경우
6. 보호관찰 조건으로 약물 중독 및 알코올 중독 또는 정신건강과 같은 범죄 행위와 관

런된 문제에 대해 기관에 거주하며 전문치료를 받아야 하는 보호관찰 대상자

7. 유죄판결을 받은 범죄자가 형을 선고받기 전에 출석 조사를 받는 동안 거주형 교정시설에 수용된 경우

… 전문적 치료과정

랩 하우스(Rap House)는 1980년 워싱턴 주 터코마에 설립되어 발달장애가 있는 범죄자에게 거주형 교정을 제공했다(Lippold, 1985). 또 다른 재활 지원시설인 링컨의 집(Lincoln Park House)은 정신질환 관련 문제를 가진 범죄자에게 상담 및 심리치료를 제공하기 위해 1981년에 설립되었다. 초기 입소자들은 보호관찰관, 가석방 담당관, 그리고 워싱턴 주 교정기관 내에서 정신 및 학습장애가 있는 수용자를 위해 마련된 특수 과정을 운영하던 교정직원들에 의해 의뢰되었다. 입소를 위한 기준은, 랩 하우스는 IQ 69 이하의 검사 결과가 있어야 했고, 링컨의 집은 정신질환의 심각성에 대한 정신건강의학과 의사 또는 임상심리학자의 평가가 요구되었다.

두 시설은 각각의 입소자의 특성에 맞추어 치료의 초점을 달리했지만 치료과정의 구조는 비슷했다. 리폴드(Lippold, 1985, p. 46)는 "교정국(Department of Corrections: DOC)은 타코마 기반의 민간기관들과 계약을 맺어 주택, 교정직원, 상담사와 조리사를 포함한 다양한 지원을 제공하도록 했다. 주 감독관과 세 명의 가석방관이 지속적인 치료과정 감독을 수행하며, 발달장애 전문가는 지역사회 연계 역할을 담당하고 지역자원을 개발한다. 또한, 자문 정신건강의학과 의사와 간호사가 약물치료를 제공한다."라고 설명했다.

워싱턴 주는 "랩 하우스와 링컨의 집은 타코마에 위치한 사회복귀 지원시설로 분류되며, 재활 지원시설로도 불린다. 이 거주형 교정시설은 형기의 길이에 따라 마지막 3개월에서 12개월 이내에 출소를 앞둔 수용자에게 지원을 제공한다. 시설은 자체 규칙 준수를 기반으로 하며 엄격한 규율이 적용된다. 입소자는 무작위 약물 및 알코올 검사를 받으며 경우에 따라 매일 검사가 실시되기도 한다. 재활 지원시설은 구조화된 감독환경으로서 취업상담, 직업알선, 재정관리 지원 등 다양한 처우 및 지원을 제공하며, 수용자가 공식적으로 구금 상태에서 해제될 때까지 이를 유지한다."라고 소개하고 있다.

랩 하우스나 링컨의 집에 입소가 승인되면, 대상자는 5단계 프로그램 중 1단계에 배치된다. 이 단계는 입소자가 시설의 직원 및 일상적 활동절차에 익숙해지며 안정화되는 기

간으로 구성된다. 이후 단계는 점진적으로 치료와 감독의 수준을 변화시키는 과정이며, 단계가 올라갈수록 감독은 줄어들고 보상이나 권리는 늘어나며, 최종적으로는 입소자가 지역사회로 복귀할 수 있는 수준에 이르게 된다. 시설의 규칙이나 가석방 조건을 위반한 입소자는 위반의 심각성에 따라 제재를 받게 된다. 현재 랩 하우스와 링컨의 집은 워싱턴 교정국의 관할 아래 재활 지원시설로 운영되고 있다. 랩 하우스는 발달장애나 정신건강 문제를 가진 대상자 20명(남성 17명, 여성 3명)을, 링컨의 집은 30명(남성 24명, 여성 6명)을 수용한다(WA DOC, 2023).

… 옥스퍼드 하우스

옥스퍼드 하우스 법인(Oxford House, Inc.: OHI)는 약물 및 알코올 중독에서 회복 중인 사람들에게 거주 공간을 제공하는 것을 목표로 하는 민간 소유, 운영기관의 대표적인 사례이다. 첫 번째 옥스퍼드 하우스는 약 50년 전 메릴랜드(Maryland)주 실버 스프링스(Silver Springs)에 설립되었다. 2015년 말 기준으로 OHI는 22개 주와 계약을 체결했으며, 각 주의 치료기관 및 마약전담법원 행정기관과 협력관계를 구축했다. 같은 해 기준, 옥스퍼드 하우스 네트워크는 총 1,959개의 개별 거주형 교정시설로 구성되어 있었고, 전체 15,389개의 회복 지원용 침상을 보유하고 있었다(Oxford House, Inc., 2015, p. 3)([글상자 9-1]).

글상자 9-1 옥스퍼드 하우스 실험

옥스퍼드 하우스 설립자 폴 말로이(Paul Molloy)의 이야기

1973년, 폴 말로이는 가족과 함께 크리스마스를 보내던 중 술에 취해 크리스마스 장식을 넘어뜨려 뒤집고 아내의 레코드 음반을 부수는 등 난동을 부렸다. 이후 며칠간 계속된 음주 행각 끝에 결국 그는 병원에 입원하게 되었고, 두 곳의 병원에서 몇 달을 보낸 후에도 다시 폭음을 반복했다. 이러한 과정에서 그는 자신이 알코올 중독자임을 깨닫게 되어 익명의 알코올 중독자 자조 모임(alcoholics anonymous: AA)에 참석했고, 알코올 중독자를 위한 재활 지원시설에 입소했으며, 결국 정상적인 생활로 복귀하여 직장을 얻었다. 그러나 여전히 알코올 문제에 대한 도움이 필요하다고 느낀 그는 다시 약물 및 알코올 중독자를 위한 재활 지원시설에 입소하게 되었다.

그가 머물던 재활 지원시설이 운영자금 부족으로 곧 문을 닫게 되었다는 사실이 알려지면서 옥스퍼드 하우스에 대한 발상이 시작되었다. 6명의 입소자들은 거리로 내몰리기보다 새로 7명의 입소자를 모집해 함께 집을 임차하고 직접 운영하기로 결정했다. 그들은 대표를 선출하고, 현재와 미래의 모든 거주자에게 적용될 규칙과 운영 원칙을 세웠다. 가장 기본적인 두 가지 규칙은 모든 거주자는 반드시 일을 하며 집세를 내야한다는 것과 약물을 사용하거나 술을 먹는 사람은 즉시 퇴거된다는 것이었다.

이들은 당시 전문가들이 이들 스스로는 절대 해낼 수 없다고 단정하는 현실에 대한 반발심으로 오히려 더욱 강한 동기를 갖게 되었다. 운영 6개월 후, 옥스퍼드 하우스는 1,200달러의 비용을 남겼고 이들은 이 비용을 기존 시설을 위해 쓰기보다 새로운 거주형 교정시설을 설립하는 데 사용하기로 투표로 결정했다. 이후 수십 년 동안 약 2,000개의 옥스퍼드 하우스가 설립된 것에서 볼 수 있듯이 옥스퍼드 하우스 실험은 그 효과가 입증되었다.

옥스퍼드 하우스의 사명은 약물 및 알코올 중독으로부터 회복 중인 사람들에게 생활공간과 조직적 구조를 제공하여 회복을 지원하는 것이다. 거주자들은 법원의 판결로 보호관찰 조건에 따라 옥스퍼드 하우스 입소를 추천받을 수 있으나 모든 입주는 자발적으로 이루어지며 거주 기간에는 어떠한 제한도 없다. 거주자는 자신이 더 이상 옥스퍼드 하우스에서 제공되는 지원이나 도움을 필요로 하지 않는다고 느낄 때 자유롭게 떠날 수 있다. 일부 거주자들은 몇 달 이내의 짧은 기간만 머물기도 하고, 어떤 사람들은 몇 년 동안 거주하기도 한다. 그러나 약물 및 알코올 남용을 재개한 경우 해당 거주자는 규칙에 따라 퇴거 조치를 받게 된다.

–피터 칼슨(Peter Carlson)이 기고한 워싱턴 포스트 매거진(Washington Post Magazine)의 옥스퍼드 하우스의 실험(1989년 11월 12일, pp. 44-47)에서 발췌.

모든 옥스퍼드 하우스는 임대 형태로 운영되며, 양호한 주거 지역 내 단독주택으로 구성되어 있다. 옥스퍼드 하우스 거주자들에게 적용되는 규칙과 제한은 옥스퍼드 하우스 헌장에 근거하고 있다. 옥스퍼드 하우스 간행물은 헌장의 조건은 다음이 명시하며 설명하고 있다(Oxford House, Inc., 2016, p. 1). "① 각 하우스는 옥스퍼드 하우스 규정 정책과 절차에 따라 민주적으로 자치 운영되어야 하며 ② 각 하우스는 재정적으로 자립해야 하고 ③ 알코올이나 불법약물을 다시 사용하는 거주자는 즉시 퇴거시켜야 한다. 옥스퍼드 하우스 헌장은 약물 및 알코올 중독자들이 장기적인 금주를 유지하는 데 필요한 요소를

제공한다. 장기적인 행동 변화가 일어나는 데 필요한 시간, 동료들의 지지, 그리고 구조화된 생활환경 등이다."

옥스퍼드 하우스 연합의 운영자금은 연방 및 주 정부 보조금, 재단의 지원금, 그리고 개인 기부금으로 충당된다. 메릴랜드주 실버스프링에 위치한 중앙사무소는 미국 전역 및 몇몇 해외 국가에서 활동하는 현장 직원들을 교육하고 감독하는 역할을 수행하고 있다.

… 지역사회 교정협회

오하이오주 영스타운(Yongstown)에 위치한 지역사회 교정협회(Community Corrections Association: CCA)는 오하이오주 정부 내 19개 이상의 재활 지원시설 중 하나로 1974년에 설립된 비영리 민간기관이다. 총 217개의 침상 규모인 이 시설은 행정 인력, 가택구금 담당관, 보호관찰관이 근무하는 행정실과 입소자에게 색채인쇄 현장직업훈련을 제공하는 색채실, 경범죄 및 중범죄자 대상 8주간 과정을 운영하는 주간보고시설, 지역 보호관찰 대상자를 위한 지역사회 기반 교정시설(CBCF), 연방 및 주 남성 수용자 거주하는 구역 I, 재활 중인 남성 수용자가 거주하는 구역 II, 모든 관할의 여성 수용자 거주하는 구역 III 등으로 구성되어 있다. 입소자의 평균 거주 기간은 3~6개월이며, 이는 관할 당국의 결정과 입소자의 필요에 따라 달라질 수 있다.

CCA의 사명은 다음과 같다(Community Corrections Association, 2016, p. 1).

- 유죄판결을 받은 범죄자의 재범을 방지하고 범죄자의 성장과 발전을 최대화하도록 지원한다.
- 연방 및 주, 또는 지방 교정제도에 대안적 처우 과정을 위한 자원을 제공한다.
- 지역사회 내 최고 수준의 전문성을 유지하며 이러한 지원을 안정하게 제공한다.
- 기관의 전문 분야와 부합하는 영역에서 지역사회의 요구를 충족한다.

CCA는 입소자들을 위해 인지 기반 상담과정을 제공한다. 상담과정에는 분노 조절(분노 다스리기), 재정관리 및 예산 수립(빈곤 탈출의 다리), 범죄적 인지 왜곡 식별(변화를 위한 사고), 부모역할 훈련, 직업훈련(직업 준비 및 유지), 동료관계(입소자 협회) 등이 포함된다. 모든 입소자는 입소 중 1개월간의 예비교육 프로그램과 출소 6주 전 재판 전 출소 프로그램에 반드시 참여해야 한다. 이 기관은 개인 및 집단상담, 재발방지, 사후관리, 내부 회복모임 형태의 약물 남용치료 과정을 운영한다. 영스타운 시내 지역을 가꾸는 환경미화 활동을 포함한 체계적 지역사회봉사도 제공한다. 입소자는 성인 기초 교육(Adult Basic Eduction: ABE) 및 고등학교 졸업학력 인정(General Equivalency Diploma: GED) 과정을 이수할 수 있으며, 수료 시 수료식이 열린다. 또한 AIDS 및 HIV 관련 교육이 제공되며, 입소자는 주당 40시간의 프로그램을 이수해야 한다.

CCA는 최고경영자와 운영 책임자, 규정준수 책임자, 인사 책임자, 재무 책임자와 이를 담당하는 부서로 구성되어 있으며, 급식 및 운송 인력도 두고 있다. 각 구역은 책임자가 총괄하며, 운영 책임자, 사례관리자, 직업훈련 책임자, 생활 감독자가 보조한다. 운영 책임자는 시설 및 부지, 안전, 위생, 생활 인력을 관리하며, 사례관리자는 입소자의 개인적 필요를 충족하는 과정의 참여를 보장한다. 직업훈련 책임자는 지역사회와 원격에서 구직활동을 할 수 있도록 준비하고 잠재적 고용주와의 관계를 구축한다. 생활 감독자는 입소자에 대한 책임감을 갖고 규율 여부를 감독하며, 각 구역에는 약물 남용 상담사가 배정된다. 직원들은 매주 회의를 열어 입소자 및 운영 현황을 논의하며, 각 부서는 월 1회 이상 회의를 진행하고, 매달 전체 회의가 열린다. 급식팀은 모든 식사를 직접 준비하며, CCA 직원은 심폐소생술, 응급처치 및 직무별 전문교육으로 구성된 연간 40시간의 교육을 이수해야 한다.

CCA 입소자들은 마약, 재산, 컴퓨터, 사기, 총기 관련 범죄 등 다양한 범죄 전과자들로 구성되어 있다. 또한 일부 성범죄자는 신중한 심사를 거쳐 사건에 따라 수용할 수 있지만, 조현병 진단을 받은 수용자는 허용하지 않는다. 지역사회 교정협회의 사례관리자인 데브라 화이트(Debra White)와의 면담 내용이 [글상자 9-2]에 제시되어 있다.

글상자 9-2 데브라 화이트와의 면담

[전자 방식으로 완료, 2023년 10월 26일/면담 진행자: P. C. 크랫코스키]

데브라 화이트는 2014년에 지역사회 교정협회에 사건관리자로 입사했다.

QPK: 데브라, 당신의 직책은 무엇입니까?

ADW: 연방 사건관리자입니다.

QPK: 주요 업무를 요약해 주세요.

ADW: 제 업무는 신규 입소자 접수, 치료집단 운영, 출소 계획 수립, 미국 보호관찰소 및 지역사회기관들과의 연계 등입니다. 또한 보고서 작성과 평가도 담당합니다.

QPK: 근무하시는 구역의 구조가 어떠한지 설명 부탁드립니다.

ADW: 우리 구역은 3층 건물입니다. 정문은 2층에 있으며 2층에 직원 사무실과 강의실이 있고 카페와 TV를 시청할 수 있는 휴게실이 있습니다. 1층과 3층은 기숙사가 있으며 욕실과 세탁시설을 갖추고 있습니다. 4~6명의 남성이 단독 침대와 개인 사물함이 있는 한 방에서 생활합니다. 3층에는 식당이 있습니다.

QPK: 입소자들의 법적 신분은 어떻습니까?

ADW: 이들은 모두 연방법원에서 유죄판결을 받았거나 보호관찰소의 결정에 따라 지역사회 감독 조건으로 CCA에 배치된 사람들입니다. 이들은 일반적으로 정신건강 또는 약물 남용 치료가 필요하며, 일부는 성적인 문제 치료도 필요합니다. 성범죄자는 마호닝(Mahoning) 지방에 있는 CCA의 주소를 등록해야 합니다.

QPK: 입소자들의 특성을 설명해 주세요.

ADW: 구역 III는 56명의 남성 수용시설입니다. 입소자들은 다양한 범죄로 유죄판결을 받았으며, 가장 흔한 범죄는 마약, 사기, 총기, 성범죄입니다. 연령은 22~78세까지 다양하며(현재 70세 이상이 4명 있음), 평균 연령은 약 40세입니다. 교육 수준은 문맹에서 대학 학위 소지자까지 다양합니다. 인종, 민족, 결혼 상태, 배경도 다양합니다. 다수는 전과가 있으며, 이전에 수감된 경험이 있습니다. 일부는 직업 경험이 없지만, 의사, 변호사, 기업가 등 전문직 출신도 있습니다. 대부분 결혼 경험이 있고 자녀가 있습니다. 이들에게 필요한 상담 및 심리치료는 정신건강 약물치료, 교정상담, 그리고 약물 남용을 위한 상담 및 심리치료가 포함됩니다.

QPK: 입소자들의 하루 일과를 설명해 주세요.

ADW: 기본적인 일정은 정해져 있으나, 각자의 고용상태에 따라 개별적으로 조정됩니다. 입소자들은 다양한 위치, 교대 근무 상황, 주 근무 요일 등에 따라 근무합니다. 식사는 물론 주 7일 제공되며, 아침 7시, 점심 11시 30분, 저녁 4시 30분입니다. 단, 주말 및 공휴일에는 아침과 점심을 겸하여 오전 10시에, 저녁은 4시 30분에 제공됩니다. 치료 수업은 주 7일 오전 10시부터 오후 7시 사이에 열리며, 각 수업시간은 다릅니다. 입소자들은 업무 목적 또는 사회적 목적으로 외출 허가를 받을 수 있습니다. 정신건강, 성범죄, 약물치료 과정에 참여하는 입소자는 월요일-금요일 오전 8시-오후 4시 사이에 치료 제공자의 일정에 맞춰 참여합니다.

소등 시간은 오후 11시이며, 휴대전화 사용은 오전 10시부터 오후 10시까지 가능합니다.

QPK: 연방기관에서 입소자들을 감독합니까?

ADW: 네. 보호관찰 상태의 입소자는 미국 보호관찰관이 감독합니다. 보호관찰소에는 주거가 필요하거나 보호관찰을 받는 사람들을 수용하기 위해 다섯 개의 침대가 마련되어 있습니다.

QPK: 당신의 구역에 있는 입소자들에게 특별한 치료 방식이 제공됩니까?

ADW: CCA 직원이 운영하는 치료 수업은 모두 모두 인지 기반(사고 변화 및 행동 변화)입니다. 수업 주제는 취업 준비, 양육, 또래 집단 관계, 분노 조절, 재정관리, 범죄적 사고 수정 등입니다.

QPK: 자원봉사 단체들이 상담이나 교육, 멘토링을 제공합니까?

ADW: 입소자들은 매주 열리는 익명의 약물 중독자 자조 모임 또는 익명의 알코올 중독자 자조 모임에 참석합니다. 지역사회 내 종교 예배에도 참여할 수 있습니다. 또한 보호관찰관, 재향군인회 회원, 가톨릭 자선단체에서 사례별로 거주자를 방문합니다.

QPK: 지역사회기관들과의 협력 수준은 어떻습니까?

ADW: 직업훈련 책임자가 오하이오 북동부 전역의 고용주들과 협력합니다. 일부 입소자는 영스타운 외 지역 출신입니다. 직업훈련 담당관은 파견업체나 지역 제조업협회와 협력합니다. CCA내에서는 ABE/GED 과정이 제공되며, 입소자들은 지역 대학이나 교육기관에도 다닐 수 있습니다. 연방 교정국과 보호관찰소는 다양한 치료 제공업체와 계약을 맺고 있으며 교정국은 지역 의료기관과도 협력해 입소자들의 의료 필요를 지원합니다. 영어를 구사하지 못하는 입소자들을 위해 지역사회기관과 협력하며, 주거 지원을 위해서도 여러 기관과 협력합니다.

QPK: 업무에서 가장 힘들거나 답답한 점은 무엇입니까?

ADW: 입소자들은 복합적인 필요를 가지고 있습니다. 체류 기간은 30일에서 12개월까지 다양합니다. 체류 기간이 짧으면 그들의 필요를 충분히 충족시키기 어렵습니다. 지역사회 지원 자원이 부족하고, 재정적 제약도 많습니다. 또한 동일한 입소자들이 새로운 범죄나 규칙 위반으로 다시 돌아오는 것을 볼 때 매우 안타깝습니다.

QPK: 가장 만족스럽고 보람을 느끼는 것은 무엇입니까?

ADW: 지역 경찰, 교정국, 보호관찰소 등과 협력하는 점이 즐겁습니다. 입소자들이 안정된 주거지로 복귀하고, 단주 상태를 유지하며, 직업을 얻고, 저축을 하는 모습을 볼 때 보

람을 느낍니다. 치료 수업을 진행하며 입소자들을 개인적으로 이해하며 친분을 갖는 기회를 갖는 것도 좋습니다.

QPK: 혹시 추가로 언급하고 싶은 주제가 있을까요?

ADW: 거의 다 말씀드린 것 같네요.

QPK: 감사합니다. 마지막으로 교정 분야에 취업을 희망하는 사람들에게 지역사회 거주형 교정시설에서 일하는 것을 추천하시겠어요?

ADW: 네, 추천합니다. 거주형 교정시설에서 일하면 많은 것을 접하며 배울 수 있기 때문입니다. 법률제도, 지역사회, 그리고 시설 입소자들에 대해 폭넓게 배울 수 있습니다. 매일 입소자들과 밀접하게 교류하면서 그들을 한 사람 한 사람 알아가고 이해하는 기회를 갖게 됩니다. 이러한 경험은 한 사람의 직업적 목표를 발전시킬 수도, 반대로 포기하게 만들 수도 있습니다. 업무는 매일 다르고, 승진 기회나 사례관리자나 직업전문가와 같은 전문직으로 발전시킬 수도 있습니다. 또한 근무 형태는 전일제뿐 아니라 시간제 근무도 가능하고, 이러한 환경에서는 다중역할과 업무를 하며 즉각적으로 판단하는 능력을 키울 수 있습니다.

 … 오리아나 하우스 역사 및 프로그램

오하이오주 애크런(Akron)의 노스 찰스 스트리트(North Charles Street)에 첫 번째 오리아나 하우스가 설립되었다. 이 시설은 오하이오 교정제도에서 최근 출소한 수용자들을 위한 사회복귀 지원시설로 설계되었다. 현재 오리아나 하우스 법인은 오하이오 전역에서 40개의 거주형 및 비거주형 교정과정을 운영하고 있다. 이 과정들은 다음과 같다(orianahouse.org/locations, 2023, p. 1).

- 음주운전 학교
- 전자 감시
- 가족상담
- 연방 재입소 과정
- 사회복귀 지원시설

- 비거주형 교정감독
- 외래 약물 남용/정신건강 치료
- 회복 지원
- 거주형 약물 남용/정신건강 치료
- 회복을 위한 거주형 교정시설
- 재입소 지원
- 보호관찰 지원(세네카 지역 한정)
- 출금 관리
- 법원 연계

[글상자 9-3]에 오리아나 하우스 대표 제임스 로런스(James Lawrence)와의 면담이 있다.

글상자 9-3 제임스 로런스 오리아나 하우스 대표 면담

제임스 J. 로런스는 오리아나 하우스의 대표이자 최고경영자이다. 현재 오리아나 하우스는 총 40개의 거주형 및 비거주형 교정과정을 운영하고 있다. 로런스는 1970년대 초 켄트 주립대학교에서 학사학위와 석사학위를 취득했다. 그는 소년범을 위한 사회복귀 지원시설 상담사로 짧은 기간 근무한 후, 서밋(Summit) 지방 보호관찰소에서 근무했다. 이후 오리아나 하우스의 관리자로 이직하여 현재까지 근무하고 있다. 그는 켄트 주립대학교 겸임교수로 재직했으며, 여러 전문 단체에서 활동하고 다수의 지역사회 및 전문 회의에서 연사로 초청받기도 했다.

면담 진행자: 피터 크랫코스키

면담 일자: 2016년 8월 4일(일부 내용은 2023년 10월 10일 및 10월 20일에 갱신됨)

QPK: 오리아나 하우스가 처음 운영을 시작한 시기에 대해 간략히 말씀해 주시겠습니까?

AJL: 1976년, YMCA와 YWCA가 연방 보조금을 받아 YWCA 건물에서 성인 여성 범죄자를 위한 일반 사회복귀 지원시설을 운영했습니다. 그러나 연방 보조금이 중단되자 기관 운영진은 운영을 지속할 수 없어 문을 닫을 수밖에 없었습니다. 그때 저를 포함한 몇몇 사람들이 시설을 계속 운영하기 위해 주 정부 및 지방 정부 등 여러 기관에 자금 지원을 요청했고 범죄자들을 위한 지원을 계속 제공하기 위해 오리아나 하우스를 독립기관으로 설립하기로 했습니다. 그래서 YWCA에 오리아나 하우스라는 이름을 계

속 사용할 수 있는 허락을 받았고, 이후 비영리기관으로 법인 등록했습니다. 초기의 목표는 지역사회 교정과 약물 의존 치료과정을 제공하는 것이었습니다. 우리가 처음으로 운영할 수 있었던 프로그램은 음주운전 범죄자를 위한 3일간의 거주형 과정이었습니다. 이후 우리는 YWCA 건물에서 애크런에 있는 브라이언 초등학교로 이전했습니다. 당시 학생 수가 감소해 학교가 폐교되었는데, 우리는 새 건물 소유주를 설득하여 음주운전 범죄자 과정을 위해 그곳을 임대할 수 있었습니다. 오리아나 하우스가 확장되면서 다양한 거주형 및 비거주형 과정을 운영하게 되었고, 더 많은 공간들이 필요했고, 결국 학교 건물 전체를 매입하고 이후 교회, 학교 등 여러 건물을 구입하거나 신축했습니다.

QPK: 어떤 이유로 지역사회 거주형 교정 분야에 헌신하기로 결심하셨습니까?

AJL: 저에게는 흥미와 기회 두 가지가 모두 이유였습니다. 대학에서 교정학 관련 교과목을 여러 개 수강했었는데, 교도소 중심의 교정보다 지역사회 교정이 더 매력적으로 느껴졌습니다. 이전에 청소년 재활 지원시설에서 일했지만, 성인 대상 프로그램에 더 관심이 있었습니다. 또한 보호관찰소에서 연구를 수행하며, 보호관찰 업무는 수용자와의 일상적이고 직접적인 접촉이 부족하다는 점을 느꼈습니다. 반면, 거주형 교정시설에서는 매일같이 사람들과 접촉하며 변화를 지원할 수 있었기 때문에 관리자로 일할 기회를 잡았습니다.

QPK: 현재 오리아나 하우스가 운영하는 시설과 과정은 몇 개입니까?

AJL: (2023년 9월 15일 기준) 현재 오하이오 북동부, 북중부, 남동부 여러 지역에 총 40개의 거주형 및 비거주형 과정을 운영 중입니다. 이 중 22개는 서밋 지역에 위치해 있습니다.

QPK: 주요 재원은 어디에서 나옵니까?

AJL: 연방 및 주, 또는 지방, 시 등의 일반기금에서 지원받고 있습니다. 또한 정부 각 기관과 지원 이용 계약을 맺고 있으며, 일부는 자가 부담으로 운영됩니다.

특히, 「건강보험개혁법(Affordable Care Act: ACA)」이 통과된 후 대부분의 입소자들이 메디케이드(Medicaid)[1] 자격을 갖게 되면서, 이는 오리아나 하우스의 정신건강 및 행동치료 지원의 주요 재원이 되었습니다.

QPK: 직원들의 자격과 역할은 어떻게 구성되어 있습니까?

1) 역자 주: 미국 정부가 운영하는 저소득층 및 취약계층을 위한 공공 의료보험 제도.

AJL: 오리아나 하우스는 운영 부문과 행정 부문으로 나뉩니다. 대부분의 감독직은 학사학위가 필요하고, 거주형 교정시설의 일선 직원은 고등학교 졸업이 요구됩니다. 심리학자, 간호사, 사회복지사, 중독상담사 등 치료 및 의료 인력은 모두 주 정부 자격증이나 면허를 취득해야 합니다. 면허가 없는 치료 영역에서 일하는 직원의 경우, 해당 주제에 대한 교육을 받고 시험을 통과해야 하며 지속적인 임상 슈퍼비전에도 참여해야 합니다. 사례관리 책임자는 오하이오 범죄 위험성 평가제도(ORAS)와 효과적 지역사회 감독(EPICS)에 대한 교육을 받고, 분기별 평가를 통해 숙련도를 유지해야 합니다. 그 외 직원들도 지역사회 교정실무에 대한 교육과 멘토링을 받고, 숙련도 평가를 받습니다.

심리치료에서의 지원은 입소자의 문제 유형과 필요에 따라 다양하게 제공됩니다. 모든 입소자는 사례관리계획을 수립하며, 네 가지 교육과정이 활용됩니다. 입소자의 위험 수준에 따라 적용되는 치료계획이 결정됩니다. 여성 시설에는 특화된 프로그램도 운영됩니다. 전반적으로 모든 프로그램은 인지행동치료, 행동수정, 기본생활기술 개발에 기초합니다. 사용되는 주요 치료도구로는 변화를 위한 사고, 좋은 의도와 나쁜 선택, 인지 왜곡, 교육, 직업상담, 분노 조절, 위기상담, 트라우마 회복, 여성의 여정 등이 있습니다. 일부 프로그램은 범위가 좁고 특정 집단에게만 적용됩니다. 검정고시 준비나 시험은 고등학교 졸업장이 없는 입소자만을 대상으로 하며, 모든 입소자가 생활기술 교육을 반드시 수강해야 하는 것은 아닙니다.

QPK: 신입 직원들은 근무를 시작하기 전에 특별 교육을 받습니까? 프로그램의 성격에 따라 전문화된 훈련이 제공됩니까?

AJL: 모든 신입 직원은 훈련 아카데미에서 40시간의 교육을 받습니다. 이후 40시간 동안 현장 감독자의 지도하에 현장 실무교육(OJT)을 받습니다. 3~4주 차에는 실무를 직접 수행하되, 감독자의 관찰과 평가를 받습니다. 상담 및 심리치료 및 인지행동치료를 담당하는 임상가도 자신의 직위에 맞는 교육과정을 반드시 이수해야 하며, 약 45~60일간의 구조화된 훈련을 거칩니다. 숙련도 평가에서 적합 판정을 받은 후에야 집단치료를 진행할 수 있으며, 일정 기간 동안 상급자의 지속적인 관찰과 평가를 받습니다.

QPK: 거주형 교정시설의 입소자와 함께 일하는 데 가장 적합한 성격 유형이 있습니까?

AJL: 있습니다. 공감 능력이 있으면서도 내담자의 행동에 대해 책임을 물을 수 있는 사람이 적합합니다. 사람은 변화할 수 있다는 신념이 필요합니다. 강압적이거나 권위적인 성향을 가진 사람은 거주형 교정시설에서는 잘 맞지 않습니다. 직원과 입소자는 매일 협력하고 상호 존중하는 관계를 유지해야 하기 때문입니다.

QPK: 오랜 기간 대표로 재직하시면서 교정 관련 법이나 정책, 요구 사항의 변화가 있었습니까?

AJL: 네. 과거에는 의무적 형량제도, 가혹한 마약법, 대규모 수감 정책 등이 시행되면서 소수집단 특히, 소수인종 공동체에 심각하고 장기적인 피해를 초래했습니다. 그러나 최근에는 세컨드 찬스(Second Chance)[2]와 같은 형사사법 개혁이 도입되어, 수감 대신 지역사회 복귀를 촉진하는 제도가 확산되고 있습니다. 제가 보기에, 약물 중독은 처음부터 공중보건 문제로 다루어졌어야 하며, 형사 문제로 접근한 것이 큰 실수였습니다. 오하이오주에서 진행 중인 약물 중독을 공중보건 관점에서 다루는 정책 변화가 미국 전역으로 확산된다면, 대규모 수감 정책으로 인해 초래된 사회적 피해를 되돌릴 수 있는 가장 효과적인 방안이 될 것입니다.

QPK: 오리아나 하우스에서 새로운 프로그램을 개발할 때, 관리자로서 어느 정도의 권한을 갖고 있습니까?

AJL: 우리는 프로그램을 설계하고 시행할 전적인 권한을 가지고 있습니다. 물론 지원을 받는 경우에는 주 또는 연방의 지침을 따라야 합니다. 지침은 제안된 프로그램의 기존 연구 근거, 인지 기반 접근, 측정 가능한 성과, 증거 기반 실천 등을 요구합니다. 저는 재직 기간 동안 여러 가족 프로그램과 약물치료 프로그램을 새로 개발했습니다.

QPK: 오리아나 하우스의 거주형 교정시설에서 제공되는 상담 및 심리치료의 유형을 설명해 주시겠습니까?

AJL: 오리아나 하우스에는 15개의 거주형 교정시설이 있으며, 모든 입소자가 동일한 문제나 치료 필요를 갖고 있는 것은 아닙니다. 하지만 거주자의 80~85% 정도가 약물 및 알코올 남용에 문제가 있는 것으로 파악되고 있기 때문에 이 부분에 초점을 맞춘 개인 및 집단상담 프로그램을 중심으로 설명 드리겠습니다.

예로 들면, 클리프 스킨(Cliff Skeen) 여성시설은 약물 및 알코올 문제를 가진 여성을 위한 대표적인 프로그램입니다. 입소자는 ORAS 점수와 사전 평가를 바탕으로 구성된 일과표를 따릅니다. 모든 입소자는 주당 50시간의 구조화된 프로그램에 참여해야 합니다. 상담 및 심리치료는 네 가지의 체험적 치료교육을 중심으로 이루어지며 다음과 같이 구성됩니다.

---

2) 역자 주: 전과자, 수용자, 약물 중독자 등 사회에서 실패를 경험한 사람들에게 재사회화의 기회를 제공하는 프로그램이나 기관.

1) 성공을 위한 동기부여 치료 프로그램: 이 프로그램은 프로그램이 시작하자마자 입소자가 자신의 목표를 인식하고 달성하도록 하기 위해 사전 집단치료 과정입니다. 성공에 대한 동기를 유지하거나 강화하는 데 도움이 되는 역할극, 변화동기 구축, 변화의 장애 요인, 사고와 행동의 관계, 사고 기록지 등 직접 참여하고 실천하는 내용으로 구성되어 있으며 참여자는 5개 수업을 모두 이수해야 합니다. 이 외 필수로 이수해야 하는 또 하나의 치료 프로그램은 가족집단입니다. 이 집단에서는 가족의 지원과 책임을 다루고 지역사회로 선도되는 내용을 가족과 함께 다룹니다. 또한 약물 및 알코올 사용의 재발 징후 인식과 재발 시 가족이 어떻게 대처해야 하는지도 훈련합니다. 입소자의 요구 사항과 감독에 대한 기대치도 논의하며 입소자에게 결혼이나 가족에 대한 특별 지원이 필요한 경우 지원 가능한 기관에 의뢰합니다.

2) 가족 교육 프로그램: 가족교육은 프로그램에 대한 가족의 상호작용과 참여를 촉진하기 위해 구성됩니다. 교육의 목적은 지역사회 교정 및 형사사법체계와 오리아나 하우스에 대한 이해를 도와 입소자에 대한 가족의 지원과 참여를 강화하고 장려하는 것입니다. 대상은 입소 후 30일 이내의 입소자입니다.

2-1) 가족 사례계획 회의: 이 회의는 입소자와 관련 있거나 입소자를 지원하는 사람, 보통 가족 중 법을 준수하고 약물 및 알코올 남용에 관여하지 않는 사람이 입소자에 대한 사례관리계획에 참여하는 것입니다. 이 회의를 통해 가족은 사례 치료계획의 수립 과정에 참여하며, 입소자가 거주형 교정시설의 감독에서 퇴소할 준비를 할 수 있도록 돕는 역할을 수행합니다.

3) 약물 남용 치료: 이 치료는 오피오이드(opiates)[3]에 일정 수준의 의존이 있는 남성과 여성 모두에게 적용됩니다. 오피오이드 대상 집단은 집중 외래치료(Intensive Outpatient Program: IOP)를 받는데, 다른 IOP 집단과 교육과정은 비슷하나 치료 강도나 시간에는 차이가 있습니다. 치료 2단계로 넘어가기 전에 개인상담, 병합상담(conjoint sessions), 가족 사례계획 등을 반드시 하게 되어 있으며 2단계 치료에서는 더욱 집중적인 치료를 받습니다. 3단계는 치료 강도가 보다 높아지며 가족의 참여가 강화되어 가족지원 및 회복 코칭으로 확대됩니다.

3-1) 병합상담: 병합상담은 약물 남용 프로그램 중 하나로 입소자의 회복과정에 가족이 참여하여 긍정적으로 상호작용하도록 촉진하는 목적으로 프로그램에 통합되었습니다. 병합상담은 치료 준비 단계, 집중 외래치료, 사후관리 단계에서 각각 실시되며 이때 입소자는 자신에게 긍정적인 지원을 하는 가족이나 지인을 참여시킵니다.

3-2) '가족이 중요합니다(Family Matters)' 집단: 오리아나 하우스는 치료과정에서 가족의 비

3) 역자 주: 마약성 진통제.

중을 매우 크게 두고 있습니다. 많은 연구에서 가족의 지원은 범죄자들이 다시 범행을 저지르거나 교도소로 돌아가지 않도록 하는 가장 중요한 요인으로 확인되었기 때문에 입소자들의 가족이 신체적·정신적·정서적 어려움을 입소자들과 함께 극복하고 입소자가 출소 후 가정으로 복귀할 때 겪게 되는 문제들을 지원할 수 있도록 가능한 모든 노력을 기울이고 있습니다.

이 프로그램에서 사용되는 교육과정은 미국 약물 남용 및 정신건강 지원청(SAMHSA)의 가족교육 치료 안내서를 기반으로 하고 있습니다. '가족이 중요합니다' 집단은 입소자의 가족을 대상으로 9주 동안 주 1회, 회당 2시간씩 진행됩니다. 각 회기는 오리아나 하우스의 상담사가 진행하며 가족들이 중독의 특성을 이해하고 약물 의존 가족을 어떻게 지원할 수 있는지 학습하도록 돕는 것을 목표로 합니다. 여기에는 가족을 격려하는 방법, 약물에 대한 갈망 증상을 인식하는 방법, 어려운 시기에 효과적으로 의사소통하는 방법 등을 다룹니다. 또한 출소 후 가정으로 복귀할 때 발생할 수 있는 적응 문제를 상황 역할극으로 꾸려 실제적인 대응을 연습합니다. 또한 가족들은 사회적 기술을 배우고 중독에서의 회복을 돕는 능력을 키우게 됩니다.

3-3) 회복 코칭: 회복 코칭 역시 약물 남용 프로그램 중 하나입니다. 경험적 지식은 자신의 회복 경험을 통해 얻은 중독 회복에 대한 정보나 이해, 또는 회복 과정에서 집단 모임을 통해 다른 사람들과의 상호작용에서 습득한 정보입니다. 입소자는 상담사나 사례관리자의 추천을 통해 이러한 경험적 지식이 있는 회복 코치와 연결되며, 주 1회 진행되는 회복 코칭 집단 회기에 참여할 기회도 갖습니다.

4) 주거, 건강, 고용 관련 상담: 사례관리자는 주거, 건강, 고용, 재정 예산과 관련된 다양한 지원을 제공할 뿐만 아니라 사회적으로 수용 가능한 여가 활동에 참여할 수 있는 기회도 제공합니다. 모든 오리아나 하우스 거주형 교정시설에 의류 은행(Clothing Bank)[4]이 설치되어 있습니다. 입소자들은 메디케이드 신청 방법, 사회복지기관 이용절차, 취업 면접 준비 방법 등에 대한 교육을 받습니다. 오리아나 하우스에서 제공되지 않는 지원은 적절한 외부 기관으로 연계됩니다. 또한 퇴소 후 유용한 기관 목록을 입소자에게 제공합니다. 지역사회 내 기관을 연결해 주는 정보 연결망은 1,100개 이상의 보건 및 인적 지원기관과 프로그램 정보를 담은 데이터베이스를 운영하고 있으며, 입소자는 전화번호 211번을 통해 이에 접근할 수 있습니다.

4) 역자 주: 의류 은행은 입소자 또는 출소자가 기본적인 생활 여건을 갖추고 사회에 안정적으로 복귀할 수 있도록 돕는 복지 지원 제도.

사례관리자는 또한 사례회의 시 일대일 상호작용을 통해 입소자의 지역사회 기능 향상을 지원합니다. EPICS II(Evidence-Based Practices in Correctional Settings II) 기법을 활용하여, 사례관리자는 입소자가 과거 문제를 일으킨 사람, 상황, 성격특성, 사고, 감정, 신념 등 구체적인 위험 요소를 파악합니다. 입소자는 자신의 거주 환경, 개인 예산, 여가 활동과 관련된 위험 요소를 다루며, 이를 예방하고 대처하기 위한 구체적인 회피 및 대처 기술을 배우게 됩니다. 이러한 기술은 입소자가 프로그램을 성공적으로 마치고 지역사회로 복귀한 후 범죄 행위에 다시 빠지지 않고 기능적으로 생활할 수 있도록 돕는 것을 목표로 합니다.

4-1) 대처 기술: 대처 기술 프로그램은 총 13회기로 구성되어 있습니다. 각 회기는 자존감, 감정인식, 의사결정, 분노 조절, 자기 주장/공격성, 갈등 해결, 스트레스 관리와 같은 개인적, 정서적 필요를 다룹니다. 이 집단은 개방집단으로 모든 입소자가 13회기를 모두 이수할 필요는 없으며 입소자가 필요한 개인적·정서적 문제만을 다루는 것도 가능합니다. 또한, 위기개입 상담사가 상주하여, 자살 위험 또는 자해 사고가 있는 것으로 확인된 입소자를 평가하고 필요한 지원을 제공합니다.

4-2) 왜곡된 사고 집단: 왜곡된 사고 수업은 『범죄자의 성격(The Criminal Personality)』을 저술한 스탠턴 새메노우(Stanton Samenow) 박사의 변화를 위한 헌신(Commitment to Change) 교육과정을 기반으로 만들어졌습니다. 이 집단에서는 강의와 인지 재구성을 통해 여섯 가지 인지 왜곡, 즉 로빈 후드(Robin Hood),[5] 차단, 겉보기에 사소한 결정, 누구도 피해를 입지 않았다는 사고, 닫힌 사고, 빠르고 쉬운 결정 등을 교정하는 데 초점을 맞춥니다.

QPK: 향후 교정 분야의 동향은 어떻게 될 것으로 보십니까?

AJL: (오하이오에서는 이미 시행 중이지만) 앞으로 수용자의 치료, 사회복귀, 지역사회 재통합에 더욱 중점을 두게 될 것입니다. 또한 범죄자를 교도소로 보내지 않고 지역사회에서 관리하는 지역사회 교정 프로그램의 확대와 교도소에서 지역사회로 복귀하는 범죄자의 재통합 확대가 이루어질 것입니다. 특히, 경범죄 또는 약물 관련 범죄자들은 교도소로 보내지 않고 자신이 속한 지역사회에서 상담 및 심리치료 및 기타 사회복귀 지원을 제공받게 될 것입니다. 오하이오주 의회는 이미, 교도소에 수감된 많은 범죄자들이 지역사회에서 훨씬 낮은 비용으로, 재범률 감소라는 더 나은 결과를 얻으며 치료될 수 있었다는 사실을 인정했습니다.

5) 역자 주: 다른 사람을 위해 훔치거나 잘못을 정당화하는 사고.

QPK: 오리아나 하우스 시설 및 프로그램의 운영과 관련하여 가장 큰 문제(우려 사항)는 무엇이라고 보십니까?

AJL: 주요 문제 두 가지는 충분한 자격을 갖춘 인력 확보의 어려움과 조직 운영 비용 증가를 충당할 적절한 재원 부족입니다. 예를 들어, 약물 및 알코올 분야에서 요구되는 자격을 갖춘 인력이 수요를 충족할 만큼 충분하지 않습니다. 「건강보험개혁법」 덕분에 많은 약물 남용 범죄자들이 치료 대상이 되지만, 프로그램 참여를 위해서는 대기자 명단에 올려야 합니다. 이들이 대기하는 동안 이전의 중독 환경으로 돌아가지 않도록 여러 사전 치료시설을 운영하고 싶지만, 운영할 자금과 인력이 부족합니다.

또 다른 문제는, 기금을 통해 받는 생활비 증가분이 프로그램 운영비 상승을 따라가지 못하는 것입니다. 입사 초기 직원(일선 직원과 사례관리자 모두)의 이직률이 비교적 높은 편인데, 이는 급여와 복리후생에서 경쟁력을 유지하지 못하기 때문입니다. 우리는 비영리기관으로서 다양한 정부지원금과 보조금에 의존하여 운영을 유지하고 있습니다. 또한 직원들이 최신 분야 발전 동향을 반영한 고급 교육을 지속적으로 받을 수 있도록 해야 합니다.

QPK: 오리아나 하우스 운영에 대한 변화 계획이 있습니까?

AJL: 신규 시설 개설이나 새로운 프로그램 제공 요청이 있을 때마다 지속적으로 확장하고 있습니다. 예를 들어, 서밋 지역에서 한 가지의 프로그램으로 시작했으며, 현재는 오하이오 내 여러 지역에서 총 40개의 프로그램과 시설을 운영하고 있습니다. 지역사회 교정이 더욱 강조되는 추세를 고려할 때 수요는 계속 증가하고 있습니다. 그러나 신규 사업을 시작하기 전에는 필요한 인력과 자원을 확보할 수 있도록 충분한 전략적 계획을 세워야 합니다.

… 교정시설 내 프로그램 운영

최근 통계(2019년)에 따르면, 미국의 연방 및 주, 또는 지방 교도소나 구치소에 매일 200만 명 이상의 사람들이 수감되어 있는 것으로 나타났다. 이들 중 대부분은 주에서 관리하는 교정시설에 있으며, 약 4분의 3이 교도소에 있다(Zeng, 2021, p. 1). 약 140만 명의 범죄자가 주 및 연방 교정시설에 수용되어 있다. 젱(2021)은 법무부 통계를 인용하여

2008년부터 2019년까지 교도소 수감률이 13% 감소했다고 보고했다. 2008년부터 2019년까지 입소자 수가 24% 감소했음에도 불구하고 2019년 교도소 입소 건수는 1,030만 건에 달했다.

수용자들의 특성도 변하고 있는데 예를 들면, 고령 수용자의 비율이 증가하고 있는 것을 들 수 있다. 2014년(Carson, 2015, p. 1) 기준으로, 55세 이상 수용자가 전체의 10%, 65세 이상은 2%를 차지했다. 또한, 수용자 중 약 3분의 1은 신체장애 및 정신질환을 가지고 있어, 특별한 형태의 상담 및 심리치료가 필요했다.

교도소의 목적은 항상 범죄자에 대한 처벌, 범죄자의 격리로 지역사회 보호, 그리고 수용자가 지역사회로 복귀할 준비를 할 수 있는 경험 제공에 초점을 맞춰 왔다. 다른 교정제도와 마찬가지로 교정시설의 정책이나 운영 방향, 행정구조는 시대에 따라 변했으며 그 결과 시설 내 프로그램의 주요 내용도 변화해 왔다. 모든 교정시설의 필수 요구 사항은 수용자에게 의식주 측면에서 기본적인 생활 여건을 제공하는 것이다. 그러나 이러한 기본 사항이 구체적으로 무엇을 포함하는지는 명확하게 규정되지 않았으며, 미국 대법원의 여러 판결을 통해 교정시설의 최소 기준이 설정되기 전까지는 수용자의 안전과 복지, 허용되는 처벌의 종류와 범위, 의료 정책, 노동, 교육, 여가 프로그램 참여 기회 등 대부분의 사항이 교도소장의 재량에 의해 결정되었다. 시기마다 교도소 행정의 주요 초점은 달랐는데, 어떤 시기에는 보안에 중점을 두었고 또 어떤 시기에는 사회복귀 프로그램에 더 큰 비중을 두었다.

19세기 후반 개혁 운동이 시작된 이래 현재까지 교정시설의 구조와 운영에는 많은 변화들이 있었다. 구조 측면에서 보면, 시설은 연방 및 주 정부에 따라 다양한 명칭을 사용하지만 일반적으로 초고위험에서 저위험까지 다양한 보안 범위로 분류되었다. 시설 내 상담 및 심리치료 프로그램의 수는 보안 수준과 상관관계가 있다. 예를 들어, 초고위험 교도소에서는 수용자가 하루 최대 23시간 동안 독방에 갇히며 식사도 독방에서 하도록 요구된다. 경우에 따라 짧은 운동이나 여가활동도 독방 내에서 이루어진다. 반면, 저위험 시설에서는 수용자를 위한 작업, 교육, 여가, 치료 프로그램에 더 큰 비중을 두는 경향이 있다.

일부 시설은 신체장애 및 정신건강 문제가 있는 수용자, 약물 남용자, 고령 수용자 등 특별한 도움이 필요한 범죄자를 수용하도록 설계되기도 한다. 이러한 수용자들이 별도 시설에 수용되지 않는 경우는 일반적으로 교정시설 내 별도 구역에 배치된다.

특수 요구 수용자를 위한 치료 프로그램은 이들의 특수한 문제를 해결하도록 설계되

며, 사회복지사, 심리학자 등 치료 인력은 이들을 지원할 수 있도록 특별 훈련을 받는다.

유죄판결을 받은 범죄자가 교정시설로 보내지기 전에 다양한 평가가 이루어진다. 이 평가는 선고 시점이나, 범죄자가 진단기관으로 보내져 관찰 및 분류될 때 수행될 수 있다. 신체장애 및 정신건강 문제가 진단되면 해당 정보는 범죄자가 배정된 교정시설로 전달된다. 교정시설에 적절한 인력과 프로그램이 갖춰져 있다면 수용자는 필요한 상담 및 심리치료를 받게 될 가능성이 높다. 예를 들어, 오하이오 사회복귀 및 교정국은 오하이오 범죄 위험성 평가제도(Ohio Risk Assessment System)를 활용한다(2016, p. 1). 이 제도는 일곱 가지 평가도구가 포함되어 있다.

- 재판 전 평가(Pretrial Tool: PAT)
- 사회감독 선별 평가(Community Supervision Screening Tool: CSST)
- 사회감독 평가(Community Supervision Tool: CST)
- 교도소 선별 평가(Prison Screening Tool: PST)
- 교도소 수용 초기 평가(Prison Intake Tool: PIT)
- 사회복귀 준비 평가(Reentry Tool: RT)
- 보충 사회복귀 평가(Supplemental Reentry Tool: SRT)

잠재적 수용자는 다양한 시점에 여러 담당관에 의해 평가를 받기 때문에 고의적으로 문제를 숨기지 않는 한 신체 및 정신건강 문제는 대부분 인식된다. 그러나 「연방법」 및 주 법이 별도 시설 또는 교정시설 내 별도 구역에서의 특별 치료를 명시하지 않는 경우, 특수 요구 수용자는 일반 수용자와 같은 구역에 배치되는 경우가 많다. 이들은 일상생활을 방해하거나 다른 수용자나 교도관을 공격하거나 자살 또는 자해를 시도하는 등의 행동으로 주목을 받은 후에야 일반 수용자와 분리하기 위한 조치가 취해진다. 예를 들어, 청각장애 수용자는 실제로 명령을 듣지 못했음에도 불구하고 교도관의 명령을 일부러 거부하는 것으로 보일 수 있다. 심각한 학습장애를 가진 수용자는 일부 지시 사항의 의미를 이해하지 못할 수 있으며, 고령 수용자는 식당으로 이동하거나 방을 청소하거나 운동을 하는 등의 기본 활동 수행이 어려울 정도로 신체적 문제가 심각할 수 있다. 또한, 입원 치료가 필요하지 않은 경우라도 정신건강 문제로 인해 교도소 일상에 참여하는 데 제한이 있는 수용자도 있다. 필요한 치료를 받지 못하면 정신건강 상태가 악화되어 결국 정신병원으로 이송될 필요가 생기기도 한다.

많은 주 교정국과 미국 연방 교정국은 연구와 계획을 통해 특별 관리 대상 수용자를 위한 시설과 상담 및 심리치료 프로그램을 운영하고 있다.

… 미국 연방 교정국

연방 교정국(Federal Bureau of Prisons: BOP)은 1930년 미국 법무부 산하에 설립되었다(Federal Bureau of Prisons, 2016a, b, c, p. 1). 당시 연방 교도소는 11개였으며, 수용자는 약 10,000명이었다. 1930년 말에는 교도소 수가 14개, 수용자 수가 13,000명으로 증가했다. 연방 교정국 제도는 1980년대까지 크게 성장하지 않았으며 당시 수용자는 25,000명 미만이었다. 그러나 1984년 「판결개혁법(Sentencing Reform Act)」이 시행되면서, 확정형 형량 도입, 가석방 폐지, 선처감형 축소 등이 이루어졌고 이로 인해 수용자 수와 시설 수가 지속적으로 증가하게 되었다. 2016년 8월 기준(Federal Bureau of Prisons, 2016a, b, c, 1), 연방 교정국 관할 수용자는 193,461명이었으며, 이 중 81%는 연방 시설, 11%는 민간 시설, 8%는 접수기관, 이송기관, 의료기관 등 기타 시설에 수용되어 있었다. 교정국은 미국 최대 교정기관으로, 약 44만 명의 직원을 고용하고 있으며 연간 수십억 달러 규모의 예산을 운용하고 있다.

미국 교정시설은 초고위험부터 저위험까지 다양한 보안 수준을 갖추고 있다. 2023년 기준, 교정국은 미국 전역 132개 시설에서 157,919명의 수용자와 34,547명의 직원이 있다고 보고했다(FBP, 2023a, b, c, p. 1). 2016년과 비교하여 수용자와 직원 수가 줄어든 것은 대부분 주 교정제도에서 수용자 수가 감소한 추세와 일치한다. 주 교정제도와 마찬가지로 교정국은 「연방법」 위반 수용자와 관련된 입법 변화 및 대법원 판결에 따른 요구사항에 따라 수용자 보안과 치료정책을 지속적으로 조정해 왔다. 교정국은 특별한 도움이 필요한 범죄자를 위한 프로그램과 시설을 구축하는 데 앞장서 왔다. 예를 들어(Toch, 1992, p. 15), 1966년 국립소년훈련학교에서 처음으로 구역별 관리가 도입되었고 1970년에 웨스트버지니아(West Virginia)주 모건타운(Morgantown)에 위치한 소년범을 위한 로버트 케네디(Robert F. Kennedy) 교정시설에서 전면적으로 시행되었다. 이 시설에서 적용된 구역별 관리 모형은 허버트 키(Herbert Quay)가 개발한 분류 모형을 기반으로 했으며 국립비행소년훈련학교에서 처음 사용되었다. 제라드(Gerard, 1970, pp. 37-40)에 따르면, 상담사는 각 구역 내 수용자의 특성에 맞게 배치되었다. 예를 들어, '부적절하고 미성

숙한' 청소년에게는 '교육적이고 인내심을 갖고 안심시키고 지지하는' 상담사가 배정되었고, '사회화되지 않은 공격적(사이코패스)' 청소년에게는 '강인하고 직설적이며 조종당하지 않을 수 있는' 상담사를, '사회화되고 하위 문화적인' 및 '하위 문화–미성숙한' 비행 청소년에게는 확고한 통제력을 행사하고 그들을 조종하려는 시도에 현명하게 대처하는 상담사를 배정했다. 로버트 케네디 시설의 수용자 구성은 소년범이 아닌 다른 유형의 젊은 수용자를 수용하면서 변화했지만 구역관리 모형은 계속 유지되고 있다. 토치(Toch, 1992, p. 15)는 "구역관리 발상은 단순했다. 교도소를 작은 수용자 · 직원 단위로 나누는 것이다."라고 설명했다. 1970년 기준, 각 수용자 집단(약 50~100명)은 자체 전담 직원이 있다. 수용자는 해당 구역에 머물며 개별화된 프로그램에 참여한다. 각 구역은 대규모 교도소 내의 '작은 교도소'로 기능하며, 다른 구역과 교정시설을 공유한다. 연방 교정국(BOP, 1977, p. 6)은 구역을 '자체 운영' 구조로 설명했다. 즉, 각 구역은 자체 관리, 전문 직원, 약물 남용 상담, 정신건강 상담과 같은 특수 기능을 수행하며 반자율적으로 운영되었지만 교도소 중앙 행정과 협력하고 있다.

구역관리 모형은 이후 많은 연방 교도소들의 표준 조직구조가 되었으며, 일부 세부 사항만 변경되었다. 각 구역은 특정 문제나 요구에 맞춘 상담 및 심리치료를 제공하며 구역 관리자, 1명 이상의 구역 상담사, 여러 명의 교도관이 전담한다. 구역 내 수용자 수는 100~200명으로, 초창기 구역보다는 상당히 많다. 이 구역관리 모형은 주 교정시설에도 도입되었다. 이러한 특수 수용 구역은 약물 남용 치료 대상 수용자, 신체 및 정신건강 문제를 가진 수용자, 특수 요구가 있는 고령 수용자, 외상 후 스트레스장애(PTSD)를 겪는 재향군인 등 수용자의 특성과 필요에 맞춘 전문적 치료와 관리를 가능하게 하는 조직구조이다.

연방 교정국(BOP, 2023, p. 1)은 다음과 같은 다양한 수용자 상담 및 심리치료 프로그램과 지원을 제공하고 있다.

- 교육 프로그램
- 의료 지원
- 종교 프로그램
- 성폭력 예방
- 약물 남용 치료
- 사회복귀 프로그램

- 구직 프로그램
- UNICOR[6)]
- 투표 관련 지원

또한, "각 교정시설은 수용자 특성과 요구를 기반으로 프로그램과 지원을 제공하며, 여기에는 성 전환 수용자의 성별 확인 관리 및 치료도 포함된다."라고 명시하고 있다. 특별 지원이 필요한 범죄자 범주는 다음이 포함된다.

- 여성 범죄자
- 청소년
- 성범죄자
- 부족(Tribal) 범죄자
- 조약(Treaty) 이송자(BOP, 2023, p. 1)

… 재향군인을 위한 구역

오하이오주의 몇몇 교정시설은 재향군인을 위한 특수 구역을 운영하고 있다. 오하이오 사회복귀 및 교정국의 노블(Noble) 교정기관에서 수습과정을 마친 블레이닝거(Bleininger, 2016, p. 10)는 재향군인 수용 구역인 E1에 수용자들에 대해 "E1 구역은 웨스트 베이(West Bay) 내 재향군인 영역으로 여러 재향군인을 수용하며, 이 구역은 다른 수용동보다 더 많은 공간들을 확보하고 있다. 이들은 하나의 하위 문화로 자부심, 자신과 다른 사람에 대한 존중, 자기 규율이 강한 것으로 보인다. 이들은 E1 내 다른 수용자들에게 긍정적인 모범을 보이며 비공식적 멘토 역할을 한다. 재향군인 조직(National Institute for Veterans' Organizations: NIVO)을 통해 교도소 내부 모금 활동으로 외부 지역사회에 기여하기도 한다. 나와 대화할 기회가 있었던 재향군인 수용자 중 다수는 자신의 범죄에 대해 반성하며 속죄하려 노력하고 미래에 대해 긍정적인 시각을 가지고 있었다."라고 설명했다.

6) 역자 주: 수용자의 직업 능력 향상과 사회복귀를 지원하는 프로그램.

… 교도소 경험

맥컬럼(McCollum, 1992, p. 34)은 교도소와 교정시설에 수용된 수용자들의 장기적 삶에 미치는 영향을 연구했는데 "출소 후 결과는 어느 한 교도소 프로그램이나 상황과만 연관 지어서는 안 된다……. 중요한 것은 수용자가 경험한 총체적 생활, 복귀하는 가족과 지역사회, 출소 시의 경제 상황, 그리고 사회 전반의 전과자에 대한 태도 등이 출소 후 성공과 실패에 유의미하게 영향을 미친다."라고 밝혔다. 교도소 내 사회복귀 프로그램은 교육, 작업, 여가, 상담에 중점을 두고 운영되었다. 교도소 생활과 관련한 일반 원칙 중 하나는 활동적 생활이 무료함보다 긍정적인 적응에 더 유리하다는 것이다. 대부분 연방 및 주립 교정시설이 불확정 형량 지침을 따르던 시기에는, 교육 프로그램 참여, 치료, 산업 근로 또는 교도소 유지관리와 같은 근로 등이 가석방 고려 기준으로 사용되었다. 그러나 확정형 집행을 적용할 경우, 교육, 근로, 치료 참여는 의무 사항이 아니며 이론적으로 조기석방이나 가석방 기준으로 사용되지 않아야 한다.

문해력이 부족한 수용자가 출소 후 삶을 안정적으로 구축하기 어렵다는 점이 인식되어 많은 주 교정제도와 교정국은 조기석방 조건으로 의무적인 문해력 요건을 정하고 있다. 여러 연구에 따르면, 수용자의 50% 이상이 고등학교 졸업장이나 이에 상응하는 검정고시 학력이 없는 것으로 나타났다(McCollum, 1992, 35). 보안 교정시설에 수용된 수용자들은 읽기와 쓰기 능력이 매우 부족하여, 신문 기본 정보를 읽지 못하거나 자신의 이름조차 제대로 쓰지 못하는 경우가 많다. 교정국은 1982년부터 표준 문해력 의무화(Mandatory Literacy Standard) 제도를 도입했다(McCollum, 1992). 이 제도를 도입한 중요한 이유는 문해력을 위한 교육 프로그램 참여로 수용자의 무료한 시간을 감소시킬 수 있었고 또한 교도소 내 수용자 근로의 질을 향상시킬 수 있었다. 맥컬럼(1992, p. 35)은 "읽기 · 쓰기 능력이 없는 근로자는 작업 지시를 이해하지 못하고 직무 관련 양식을 작성하지 못하며 보고서를 준비하거나 근로 관련 수학을 수행할 수 없으므로 이미 많은 자원들을 사용하는 교정제도에 불필요한 부담을 준다."라고 지적한 바와 같이 수용자의 문해력 향상은 교정제도에 큰 도움이 되었다. 문해력 표준 요건은 몇 차례 개정되었으며, 맥컬럼(1992, p. 33)에 따르면, 1991년에는 고등학교 졸업장 또는 검정고시를 새로운 문해력 기준으로 설정하고 더 높은 기준을 달성하는 데 필요한 시간을 확보하는 차원에서 필요한 등록 기간이 120일로 연장했다. 칼슨(Carson, 2021, p. 2)에 따르면, 2019년 한 해 동안

3,791명의 수용자가 검정고시 또는 이에 상응하는 학위나 자격을 취득했다. 또한 2019년 말 기준, 교도소 수용자의 18%는 미국 외 거주자, 13%는 영어를 제2언어로 사용하는 수용자였다.

교정국은 문해력 요건을 취업 프로그램과 연계했다. 교도소 내 일자리는 교도소 관리직과 산업직 모두 경쟁이 치열하고 일반적으로 고임금 일자리는 교도소 산업에 속하기 때문에 교정국은 수용자가 초급직 이상의 일자리를 얻으려면 문해력 기준을 충족해야 한다는 기준을 세웠다. 이 규정으로 인해 학교에 재학 중인 수용자의 수가 급격히 증가했으며, 고등학교 졸업장이 없는 교정시설의 수용자 중 검정고시로 자격을 취득하는 비율이 크게 증가했다.

··· 고령 수용자를 위한 특별 프로그램

미국의 인권감시단(Human Rights Watch, 2012, p. 1)이 발표한 보고서에 따르면, 2007년부터 2010년 사이에 65세 이상 연방 및 주립 교정시설 수용자의 수가 전체 수용자보다 94배 빠른 속도로 증가했다. 같은 기간 동안 전체 교정 인구가 0.7% 증가한 데 비해, 고령 수용자 인구는 635% 증가했다. 또한 보고서는 2004년부터 2007년까지 55세 이상 수용자 8,486명이 교정시설 내에서 사망했다고 밝혔다. 교정시설 내 고령 수용자의 비율이 증가할 것으로 예상되는 주요 이유 중 하나는, 이들 중 다수가 인명 범죄로 유죄판결을 받아 장기형을 선고받았기 때문이다.

크랫코스키(2004, p. 558)는 "연방 및 주립 교정시설에서 고령 수용자의 수가 꾸준히 증가함에 따라 교정행정과 기획 부서에 여러 가지 난제가 발생하고 있다."라고 지적하며 "고령 수용자는 신체적 · 사회적 · 정서적 측면에서 독특한 요구가 있다. 특히, 50세 이상 수용자의 신체 건강이 점차 악화됨에 따라 일부는 계단이나 경사로를 오르내리기 어렵고 휠체어가 가능한 시설 개보수가 필요할 수 있다. 또한 고령 수용자를 위한 의료 및 정신건강 지원, 여가, 교육, 사회적 프로그램의 확대도 필요하다."라고 언급했다. 고령 수용자에 대한 연구 보고서(Vito & Wilson, 1985, p. 18)에 따르면, 일반 수용실에 수용된 고령 수용자들은 지속적인 소음, 친구 부족, 젊은 수용자들로부터 피해를 입을 것에 대한 두려움을 호소했다. 사바스와 코울스(Sabath & Cowles, 1988)와 크랫코스키와 포우널(1989)도 고령 수용자들은 교도소 생활에 소극적으로 적응하며, 건강 악화로 인해 노동

이나 여가 활동에 참여하기 어렵고, 친구나 면회인의 부족으로 인한 정서적 우울감과 고립감을 경험한다고 보고했다.

크랫코스키(2004, p. 559)는 교정기관들이 이러한 고령 수용자 문제에 대해 여러 방식으로 대응해 왔다고 설명했다. 일부 기관은 문제를 무시하고 고령 수용자를 일반 수용자들과 함께 수용하며 특별 조치를 취하지 않았다. 반면, 일부 주에서는 고령 수용자 전용시설을 새로 건립하거나 기존 시설을 개보수했고, 또 다른 주에서는 고령 수용자를 위한 특별 수용 구역과 노동, 교육, 상담 및 심리치료 프로그램을 신설했다.

크랫코스키(2004)가 연방 및 주립 교정시설의 고령 수용자를 대상으로 수행한 연구의 요약에 따르면, 일부 고령 수용자는 고령 수용자 전용시설이나 별도의 생활 구역에 수용되어 있었다. 별도 구역이나 전용시설에 수용된 소수의 고령 수용자들과 일반 구역에 수용된 고령 수용자들은 젊은 수용자들로부터 위협이나 폭행을 당한 사례가 있기는 했지만 그 비율에는 큰 차이가 없었다고 보고되었다. 즉, 젊은 수용자들로부터 위협, 착취, 학대를 경험했다고 응답한 비율은 별도 구역에 있든 일반 구역에 있든 유사한 수준이었다. 다른 연구에서도 밝혀진 바와 같이, 일반 구역에 수용된 고령 수용자들은 소음, 호흡에 영향을 미치는 나쁜 공기(현재는 많은 교정시설들에서 수용 구역 내 흡연을 금지함), 음식의 질 저하, 전반적인 교도소 생활의 질 저하 등에 대해 더 자주 불만을 제기했다. 반면, 별도 구역에 수용된 고령 수용자들은 건강 문제를 더 많이 가지고 있었으며, 다른 수용자들보다 여가, 교육, 사회활동이나 시설에서 가끔 제공되는 오락 프로그램 등에 참여할 가능성이 낮았다고 보고되었다.

크랫코스키(2004, p. 562)는 "전문시설에 수용된 고령 수용자 중 상당수가 교정시설에 들어온 이후 건강이 악화되었다고 주장했다. 이 고령 수용자들이 언급한 가장 지속적인 건강 문제는 걱정, 우울, 불안 등 정신적 요인과 관련된 것이었다."라고 보고했다. 고령 수용자 중 상당수는 처음으로 수감된 사람들이었으며, 이들 중 다수는 성범죄, 살인, 성폭행, 아동 성추행 등의 혐의로 유죄판결을 받았으며 이러한 요인들이 걱정, 우울, 불안에 영향을 미친 것으로 보인다. 이들 고령 수용자의 거의 절반은 교도소 병원에서 어떤 형태로든 치료를 받은 것으로 나타났다.

크랫코스키(2004)가 연구한 주 교정시설 중 하나는 고령 수용자와 신체장애가 있는 수용자를 수용할 수 있도록 설계되어 있었다. 이 시설의 고령 수용자들은 일반적으로 작업 활동(최소한의 육체 노동이 필요한 교도소 산업 일자리), 교육 프로그램(기초 문해력이 부족한 수용자는 지역사회 복귀를 준비할 수 있도록 학업 참여를 권장함), 그리고 신체 운동 및 여가 프로그램(걷는 길을 짧게 조정하고, 소프트볼 경기장의 베이스 간 거리를 줄임)에 참여했다.

또한 별도의 시설에 수용된 고령 수용자들은 일반 구역에 수용된 고령 수용자보다 집단치료 프로그램에 더 적극적으로 참여했으며, 특히 익명의 약물 중독자 모임 또는 익명의 알코올 중독자 모임 같은 자조집단 프로그램 참여율에서 그 차이가 두드러졌다.

이 연구에 포함된 교정시설 중 세 곳은 여성 수용자를 수용하고 있었다. 설문을 완료했거나 면담에 참여한 여성 고령 수용자 중 상당수가 남성 수용자보다 교정시설 생활에 적응하는 데 더 큰 어려움을 겪고 있다고 밝혔다. 여성 고령 수용자들은 남성 고령 수용자에 비해 근로활동에 참여하거나 면회를 하거나 여가나 교육 활동에 참여하거나, 다른 수용자들과 친밀한 관계를 맺는 비율이 훨씬 낮았다. 또한 건강 상태가 좋지 않다고 보고한 여성 고령의 비율이 남성보다 높았다.

요약하면, 고령 수용자를 일반 수용자 집단과 함께 생활하게 하는 데에는 타당한 이유가 있다. 이들은 일반적으로 다른 수용자들보다 교정생활에 적응하는 데 더 많은 문제들을 겪지 않으며, 특히, 과거 수용 경험이 있는 경우 그러하다. 또한 고령 수용자들은 교정시설 내 분위기를 안정시키는 역할을 하며, 종종 '아버지 같은 존재'로 인식된다. 건강이 크게 나쁘지 않다면 다른 수용자에게 제공되는 근로, 교육, 치료 프로그램에도 참여할 수 있다. 반면, 교정시설 내 수용 인구가 고령화됨에 따라 고령 수용자에 대한 의료 지원은 주요한 관심사가 될 것이다. 특수 식단이 필요한 수용자를 위한 급식 준비, 고령 수용자의 특수한 요구에 맞춘 프로그램 및 치료 지원, 그리고 이를 담당할 전문 인력의 확보가 필요하다는 점에서, 고령 수용자를 위한 별도의 시설이나 독립된 거주 구역을 마련하는 것도 타당한 방안이 될 수 있다.

요약

현재 하루 평균 200만 명이 넘는 인원이 사법기관의 감독 아래 있으며, 이들은 연방 및 주립 교정시설(교도소나 구치소, 병원, 거주형 교정시설 또는 민간시설)에 수용되어 있다. 이 중 대다수는 보안이 강화된 교정시설에 있다. 감독 대상자의 특성을 살펴보면, 다양한 범죄유형과 복합적인 필요가 드러난다. 교정시설 내 수용자 구성은 변화해 왔으며, 약물 남용, 신체 및 정신건강 문제를 가진 수용자의 비율이 증가했고, 폭력 범죄자의 증가 및 노인 범죄자의 비중도 높아지고 있다. 이러한 다양성과 복잡성은 교정행정이 법적으로 요구되는 치료 및 건강지원 제공에 있어 큰 도전이 되고 있다.

특별 치료가 필요한 수용자가 적절한 지원을 받을 수 있도록 하기 위해 교정시설에서는 전문화된 구역관리 방식을 활용해 왔다. 그러나 많은 교정시설들이 과밀수용 상태에 있으며, 특별 프로그램을 운영하기 위한 예산이 부족해 필요한 지원을 충분히 제공하지 못하고 있다. 이러한 한계와 더불어, 최근 저위험 및 중위험 범죄자에 대한 의무적 수감 기간을 완화하는 정책적 변화로 인해, 지역사회 거주형 교정시설의 활용이 다시 증가하고 있다. 미국에서 범죄자에게 거주형 교정시설을 사용하도록 하기 시작한 것은 19세기 중반이었다. 초기의 재활 지원시설은 주로 가석방된 사람들을 수용했으며, 자선단체나 종교단체가 설립했다. 이들은 수익 창출보다 사회적 목적에 집중했으며, 운영비를 충당하기 위해 매달 재정적 어려움을 겪었다. 수용자는 법적으로 여전히 교도소 소속이었으며, 지역사회복귀를 준비하기 위해 사회복귀 지원시설에서 생활할 수 있었다. 이곳은 숙식은 제공했지만 치료적 지원은 거의 없었고, 규칙 위반 시에는 사소한 사유로도 재수감될 수 있었다.

1950년대 이후 설립되어 현재까지 운영 중인 일부 지역사회 거주형 교정시설은 범죄자와 비행 청소년을 동시에 수용하는 종합형 시설로 발전했다. 이들은 거주자에게 취업, 학업 지속, 지역사회 적응의 기회를 제공한다. 한편, 다른 형태의 지역사회 거주형 교정시설은 약물 남용, 정신건강 등 특정 문제를 가진 범죄자에게 전문적인 치료를 제공한다.

최근 교정정책의 변화와 더불어, 일부 범죄(특히, 마약 관련 범죄)의 비범죄화 및 시설수용 중심 정책의 약화는 지역사회 교정시설과 프로그램의 필요성을 더욱 확대시키고 있다.

토의 문제

1. 최초의 재활 지원시설이 만들어지게 된 동기는 무엇이었는가?
2. 1950년대에 재활 지원시설에 대한 관심이 다시 높아진 이유는 무엇인가?
3. 수용자들이 옥스퍼드 하우스를 스스로 운영하겠다고 했을 때 전문가들이 실패할 것이라 예측한 이유는 무엇인가?

4. 재활 지원시설이 교정행정가들에게 매력적인 이유는 무엇인가?
5. 감독하에 지역사회에 수용자를 배치하는 것이 시설 내 치료보다 더 효과적이라고 생각하는가? 그 이유를 논하라.
6. 보호관찰관의 일반적인 역할은 무엇인가? 보호관찰 목표를 달성하기 위해 보호관찰관이 내담자를 지역사회 지원기관에 연계해야 하는 이유는 무엇인가?
7. 수용자를 사회감독하에 둘 때 지역사회가 직면할 수 있는 위험에는 어떤 것이 있는가?
8. 증거 기반 프로그램이 보호관찰 및 가석방 목표 달성에 어떻게 기여했는지 논하라.
9. 연구자들이 고령 수용자를 별도의 시설이 아니라 일반 교정시설 내에 두는 것이 더 바람직하다고 결론 내린 이유는 무엇인가?
10. 사회복귀 지원시설이 특정 지역사회에 설치될 때, 주민들의 불안을 줄이기 위해 어떤 조치를 취할 수 있는가?

참고문헌

Bleininger, M. (2016). *The role of correctional program specialists in the Ohio Department of Rehabilitation and Corrections at Noble Correctional Institution* (pp. 1-17). Unpublished Paper.

Bureau of prisons. (2023) We are an agency like no other https://www.bop.gov/about/agency

Carson, E. (2015). Prisoners in 2014 (NCJ 248955). *In Bureau of justice statistics: U.S. prison population*. Bureau of Justice. Retrieved August 7, 2016.

Carson, E. (2021). *Federal prisoner statistics collected under the First Step Act 2020* (pp. 1-4). https://www.bjs.ojp.gov/libtary/publications/federal-prisoner-statistics-collected-under-firststep-act-2020

Community Corrections Association. (2016). Ohio: *Community Corrections Association of Youngstown*. Retrieved October 15, 2016, from http://www.yellowpages.com/youngstownoh/mip/communitycorrections

Dismas House of St. Louis. (2016). (2023). *History of Dismas House*. Retrieved April 9, 2023, from http://www.yellowpages.com/saint-louis-mo/mp/dismas-house-ofst-louis-6100174andhistory/dismashouseofSt.Louis

Federal Bureau of Prisons. (2016a). About us, history. Retrieved August 4, 2016, from https://

www.bop.gov/about/history

Federal Bureau of Prisons. (2016b). *About us statistics*. Retrieved August 4, 2016, from https://www.bop.cog/about/statistocs-staffethnicityrace.jsp

Federal Bureau of Prisons. (2016c). *About us: Facilities*. Retrieved August 4, 2016, from https://www.bop.gov/about/facilities.jsp

Federal Bureau of Prisons. (2023a). *We are an agency like no other*. https://www.bop.gov/about/agency/p.1

Federal Bureau of Prisons. (2023b). *Inmate custody* & care. https://www.bop.gov/inmates/custody_and_care/pp1-2

Gerard, R. (1970). Institutional innovations in juvenile corrections. *Federal Probation*, *34*(4), 37-44.

Human Rights Watch. (2012). *Old behind bars: The aging prison population in the United States*. U.S. Bureau of Justice Statistics. Retrieved August 10, 2016, from https://www.hrw.organreport/2012/27/old-behind-bars/agingprison-population-unitedstates

Kratcoski, P. (2004). Older inmates: Special programming concerns. In P. Kratcoski (Ed.), *Correctional counseling and treatment* (5th ed., pp. 558-595). Waveland Press, Inc

Kratcoski, P., & Pownall, G. (1989). Federal Bureau of Prison programming for older inmates. *Federal Probation, 53*(2), 28-35.

Lippold, R. (1985). Halfway houses: Meeting special needs. *Corrections Today, 47*(6), 46, 82, 112.(Reprinted in *Correctional counseling and treatment*, 2nd ed., pp. 343-347, by P. Kratcoski, 1989, Prospect Heights, IL: Waveland Press, Inc.)

McCollum, S. (1992). Mandatory literacy: Evaluating the Bureau of Prisons' long standing commitment. *Federal Prison Journal*, *3*(2), 33-36.

Ohio Division of Parole and Community Services. (1974). *Ohio's halfway house program: Standards and specifications*. National Graphics.

Ohio Risk Assessment System. (2016). Retrieved July 31, 2016, from http://www.drc.ohio.gov/web/oras.htm

Oriana House, Inc. Community Corrections (2016) (pp. 1-8) https://www.orianahouse.org/services/community-corrections/

Oriana House, Community Corre ctions. (2023). https://www.orianahouse.org/services/community-corrections/.com/orianahouserecruitment/info/?Entrypointnav-aboutitems&tab+nav-aboutitems&tab+pageinfo

Oxford House, Inc. (2015). *Annual report FY2015: Celebrating 40 years*. Oxford House Inc. Retrieved from http://www.oxfordhouse.org/userfiles/file/doc

Oxford House, Inc. (2016). *About Oxford House*, Inc. Retrieved July 15, 2016, from https://www.Oxfordhouse.org/userfiles/file/oxford_house_history.php

Sabath, M., & Cowles. (1988). Factors affecting the adjustment of older inmates in prison. In B. McCarthy & R. Langworthy (Eds.), *Older offender* (pp. 178-196). Praeger.

Seiter, R., Petersilla, J., & Allen, H. (1974). *Evaluation of adult halfway houses in Ohio* (Vol. 1). Program for the Study of Crime and Delinquency.

Toch, H. (1992). Functional unit management: An unsung achievement. *Federal Prison Journal*, *2*(4), 15-19.

United States Bureau of Prisons. (1977). *Unit management manual*. US Bureau of Prisons.

Vito, G., & Wilson, D. (1985). Forgotten people: Elderly inmates. *Federal Probation*, *49*(1), 18.

WA Doc. (2023) *RapHouse/Lincoln Park Work Release* (pp. 1-3). https://www.inmateaid.com/prisons/wa-docraphouselincolnpark-work-release/security-info#prison-typeinfo

Zeng, Z. (2021). *Jail inmates in 2019* (pp. 1-3). https://www.Zeng.Zhenbjs/ojp.gov/library/publications/jailinmates2019

제 3 부

교정상담에서 활용되는 치료 모델

제3부 '교정상담에서 활용되는 치료 모델'에서는 소년범 및 성인범을 대상으로 상담 및 심리치료를 제공하는 데 활용되는 도구와 방법에 중점을 두고자 했다. 제10장에서는 면담에 초점이 맞추어졌다. 흔히 형사사법기관 근무자가 정보를 얻기 위해 활용하는 기본 도구로 불리는 면담은 면접관이 면담 대상자로부터 얻고자 하는 정보의 유형에 따라 다양한 접근 방식이 활용된다. 이 장에는 면담의 유형 및 주기에 대한 설명이 있다. 면담 방법에는 직접 만나서 하는 대면 면담, 전화로 하는 면담, 컴퓨터나 인터넷을 통해서 하는 전자 면담, 그리고 혼자서 질문에 답하는 자기 완성형 방식(예: 설문지 작성)의 면담이 있다. 이 장에서는 이러한 다양한 면담 방법들이 어떻게 이루어지는지 설명하고, 각 방법의 긍정적인 측면과 단점 및 제한점들도 함께 다루고자 했다. 또한, 면접관들이 활용하는 다양한 면담 방식들도 살펴보았다.

제11장에서는 교정에서 행동수정 프로그램의 활용에 중점을 맞추었다. 행동수정은 상담 및 심리치료를 위한 방법 제시뿐만 아니라 문제행동을 관리하기 위한 도구로도 활용되어 왔고, 앞으로도 계속 활용될 것이다. 소년범 및 성인범 교정상담에 활용되는 구체적인 행동수정 프로그램에는 많은 변형된 기법들이 존재하지만, 모든 행동수정 프로그램의 기본 원칙은 같으며, 그것은 바람직한 행동을 하면 보상을 주고, 바람직하지 않은 행동을 하면 불이익을 주는 방식, 즉 비용과 보상의 원리이다. 이러한 행동수정 프로그램은 보호관찰 조건 계약에 예시된 바와 같이 지역사회 보호관찰 감독을 받는 범죄자의 교정시설 및 지역사회 주거 환경이나 안전시설에서 활용되는 치료 프로그램에서 교정에 적용된다. 치료 프로그램이 어디에서 이루어지든, 또 범죄자들의 특징이 어떻든 간에 이 프로그램에 참여한 사람들은 바람직한 행동은 보상을 받고, 바람직하지 않은 행동은 제재를 받게 된다. 이 장에는 그러한 행동수정 프로그램의 예시들이 소개되었다.

제12장에서는 집단상담의 활용에 대해 다루고, 여러 가지 구체적인 집단상담 방법들을 설명했다. 집단상담은 약물 남용자, 성범죄자, 공격적인 성향을 가진 사람, 정서적으로 낙담한 사람들을 포함하여 특별한 문제가 있는 소년범 및 성인범에게 상담 및 심리치료를 제공하는 데 선호되는 방법이다. 집단상담은 다양한 장소에서 진행될 수 있는데 지역사회 내의 공공시설, 개인상담실, 지역사회 거주형 교정시설, 교도소 같은 기관 등에서 이루어질 수 있다. 청소년이나 성인을 대상으로 활용되는 특정 유형의 집단상담에는 지도적 집단 상호작용(guided group interaction), 교류분석 치료, 긍정적인 또래 문화, 가족치료 및 다양한 형태의 자조집단 상담이 있다.

제13장에서는 단기 치료 및 위기개입 접근 방식을 어떻게 상담 및 심리치료에 활용하는지 예시를 통해 설명했다. 단기 치료 및 위기개입 상담은 트라우마 상태에 있는 사람에게 어느 정도 도움을 주기 위해 상담사가 상담 대상자와 매우 빠르게 신뢰관계(rapport)를 형성해야 한다는 점에서 유사하다. 그래야 그 사람이 겪고 있는 심한 충격이나 고통을 조금이라도 덜어줄 수 있기 때문이다. 위기개입에서 상담사의 주요 기능은 내담자의 감정을 진정시키고, 트라우마의 원인을 다룬 후에 상담 및 심리치료를 할 수 있는 상태가 되도록 돕는 것이다. 상담사는 상담 대상자의 행동과 심리상태가 어느 정도 안정되면 짧게 진행되는 여러 회기의 단기 치료를 시작할 수 있다. 이 장에서는 상담사가 위기 상황에 어떻게 접근하고, 상담을 통해 그 위기를 어떻게 진정시키는지를 보여 주는 사례 연구들도 소개되고 있다.

제14장에서는 사람의 인지(생각) 및 행동(활동) 측면을 모두 탐구하는 인지행동치료(cognitive behavioral therapy)에 중점을 두었다. 인지행동치료는 다양한 방식으로 적용될 수 있는 다양한 접근 방식이 있다. 이 상담 및 심리치료를 소년범 및 성인범에게 적용할 경우, 범죄자의 특성(나이: 청소년 또는 성인), 환경(지역사회에 있는지, 교정시설에 있는지), 치료 방식(개인상담 또는 집단상담), 상담사의 훈련 및 선호도 등이 어떤 유형의 인지행동치료 접근 방식을 활용할지 결정하는 요인이 된다. 이 장에서는 상담 및 심리치료 방법들 가운데 몇 가지 접근 방식을 설명하였다. 제15장에서는 교정상담 및 심리치료의 동향을 다루었다. 정신질환이 있는 범죄자를 수용시설에 보내지 않는 대신, 정신건강 상담 및 심리치료를 제공하는 공공 보건 모델의 활용이 확대되고 있는 추세이며, 이러한 방향은 앞으로도 계속될 것으로 예상된다. 또한, 지역사회 교정(범죄자가 지역사회에서 생활하며 교정받는 방식: 보호관찰)을 향한 움직임과 형사사법기관과 의료, 교육, 복지기관 같은 공공 및 민간 지원기관 간의 광범위한 협력도 계속될 것으로 예상된다. 교정 관련 직종에 종사하는 인원의 전문화 및 특성화도 계속 추진될 것으로 보인다. 예를 들어, 특별 관리 대상 범죄자를 대상으로 상담 및 심리치료를 제공하는 거주형 치료시설의 종사자들은 자격증이나 면허를 취득해야 할 것이다.

제 10 장 면담: 교정상담 및 심리치료에 활용되는 기본 도구

 … 서론

면담은 다양한 목적으로 활용되며, 다양한 교정 상황에 적용할 수 있다. 고든(Gorden, 1992, p. 342)은 면담을 "두 사람 사이의 대화로, 한 사람이 어떤 특정한 목적으로 정보를 얻기 위해 대화를 유도하는 것이다."라고 정의했다.

정보를 얻고자 하는 목적에 따라 면담이 어떻게 구성될지가 상당 부분 결정된다. 예를 들어, 경찰관이 방금 범죄를 목격한 사람을 면담하는 경우에 경찰관은 목격자에 대한 개인정보를 많이 묻지 않는다. 목격자의 이름, 주소, 전화번호 정도면 충분할 수 있다.

… 면담의 다섯 가지 W

면담은 어떤 면담에서든지 다음의 중요한 다섯 가지 'W'라는 단어와 관련된 질문에 초점을 맞춰야 한다. 그 다섯 가지는 다음과 같은 것들이다.

- 대상(who): 경찰관은 목격자에게 범죄 용의자로 추정되는 사람에 대해 자세히 묘사해 달라고 요청한다. 여기에는 대략적인 나이, 성별, 인상착의, 기타 신원확인 특징들이 포함된다. 또한, 경찰관은 목격자가 그 용의자를 아는 사람인지도 물어볼 것이다.
- 언제(when): 경찰관은 사건이 발생한 정확한 시간을 알고 싶어 한다. 정확한 시간을 확인할 수 없는 경우, 경찰관은 가능하면 근접한 추정 시간이라도 파악하고 싶어 한

다. 경찰관의 즉각적인 조치는 사건 발생 시간에 따라 달라지는 경우가 많다. 누군가 강도를 당한 후, 몇 분 만에 경찰관이 현장에 도착했다면 범인이 여전히 근처에 있을 수 있으며, 다른 경찰관이 신속하게 해당 지역으로 출동하여 수색을 실시할 것이다.

- 내용(what): 경찰관은 목격자에게 "무엇을 보셨습니까?"라고 질문할 수 있다. 경찰관은 목격자에게 사건에 대해 가능한 한 자세하게 설명해 달라고 요청할 것이다.
- 장소(when): 경찰관이 범죄 현장에 출동하면 일반적으로 '장소'가 드러나게 된다. 그러나 아동 신체적 학대나 성적 학대와 같은 특정 범죄 혐의에 대한 신고를 경찰이 접수한 경우에는 사건이 실제로 발생한 장소는 면담이 끝난 후에야 알게 될 수도 있다.
- 이유(why): 범죄 현장에 출동한 경찰관은 범죄가 발생한 이유를 파악하려고 노력한다. 어떤 경우에는 그 이유를 알아내는 것이 비교적 쉬울 수 있다. 범죄가 강도 사건이라면, 경찰관은 돈을 탈취하고자 하는 욕구가 범죄 동기가 되었을 것이라고 추정할 수 있다. 하지만 경찰관은 범인이 왜 돈을 원했는지 또는 왜 돈이 필요했는지는 관심이 없기 때문에 그러한 질문을 하지 않는다. 범죄를 저지른 동기는 범죄에 대응하는 가능한 방법만큼이나 다양할 수 있다. 예를 들어, 목격자가 교통사고를 목격한 후, 잘못이 없는 운전자가 차에서 내려 잘못이 있는 운전자의 얼굴을 주먹으로 때리는 것을 목격했을 수 있다. 폭행 동기는 분노나 좌절감 또는 다른 감정적인 이유 때문이었을 수도 있고, 또 다른 이유 때문일 수도 있다.

만일, 면담 대상자가 범죄 피해자인 경우라면, 경찰관은 여전히 동일한 정보를 얻고자 하겠지만, 이제는 피해자로부터 훨씬 더 많은 개인정보들을 수집해야 할 필요가 생긴다. 폭력 범죄의 경우, 경찰관은 피해자의 부상 여부, 가해자와 피해자가 어떤 관계인지, 그리고 그 밖의 개인적인 정보들에 대해 질문할 것이다. 성폭행 또는 기타 유형의 성범죄가 발생한 경우, 경찰관은 피해자 조사를 도와줄 전문가를 불러 면담에 도움을 얻을 수 있다. 경찰관이 면담하는 대상이 범죄 용의자인 경우, 면담의 성격이 달라지고 질문은 범죄 사건에 집중된다. 용의자는 대체로 비협조적으로 나올 수도 있고, 질문에 답변하지 않을 가능성이 높다. 그러면 경찰관은 원하는 정보를 얻기 위해서 때로 속임수를 포함한 다양한 기술을 활용해야 한다.

⋯ 형사사법체계 상황에서의 면담

이제 검찰과 사법부와 관련된 면담의 기능에 집중해 보면, 면담에서 어떤 질문이 나올지는 주로 누구를 어떤 목적으로 면담하느냐에 따라 달라진다. 예를 들어, 범죄 피해자를 직접 조사하는 검찰(검사)은 피해자에게 이전에 경찰이 질문한 것과 동일한 질문을 많이 할 것이며, 그 답변은 이미 최초 경찰 보고서에 기록되어 있는 것이다. 그러나 변호인은 반대 심문에서 피해자 진술의 신빙성을 떨어뜨리기 위해 경찰에 진술한 내용과 모순되거나 약점을 드러낼 수 있는 질문들을 할 수 있다. 범죄 혐의자가 유죄판결을 받는 경우, 판사는 형을 선고하기 전에 피의자에게 몇 가지 질문을 할 수 있다. 이러한 질문들은 범죄를 저지른 동기나 범행 당시의 상황에 대한 것과 관련될 수 있다. 이러한 정보는 피의자의 나이, 범죄 이력(전과), 직업, 가족 상황 등 다른 요소들과 함께 판사가 정당한 형량을 결정하는 데 도움이 된다.

판사는 피해자 진술서(victim impact statement)의 일부로 피해자에게 질문을 할 수도 있다. 이러한 질문은 피해자에게 해당 범죄가 피해자의 삶에 어떤 영향을 미쳤는지에 대해 묻는 내용이다. 만일, 피고인이 강도, 성폭행, 심각한 상해 또는 살인과 같은 중범죄로 유죄판결을 받은 경우, 판사는 형을 선고하기 전에 선고를 연기하고 피고인에 대한 더 많은 추가 정보들을 수집하도록 명령한다.

선고 전 조사(presentence investigation)와 범죄 위험성 및 범죄 욕구 평가(risk/needs assessment)를 위해 정보수집을 담당하는 사람들은 일반적으로 지역 보호관찰관이다. 선고 전 조사의 주요 기능은 유죄판결을 받은 사람이 교도소에 수감되지 않고 지역사회에 남아 있게 된다면, 지역사회에 큰 위협이 되는지, 유죄판결을 받은 사람이 지역사회에 남아 있을 기회를 가짐으로써 그 사람에게 이익이 될 가능성이 있는지 여부를 판단하는 것이다. 일부 법원에서는 선고 전 조사에서 범죄 위험성 및 범죄 욕구 평가도구를 함께 사용한다. 일반적으로 면담에 숙련된 보호관찰관들이 면담 대상자로부터 정보를 수집하는 것이 주된 목적이다. 일반적으로, 이들은 고도로 구조화되고 신뢰성이 검증된 다양한 정보수집 도구들을 사용한다. 면담은 매우 목표지향적으로 진행된다. 면접관은 가능한 한, 제공되는 정보의 진실성을 확인하려고 노력한다. 이러한 형태의 면담의 주된 목적은 판사가 형량을 결정할 때 도움이 될 정보를 수집하고 유죄판결을 받은 사람을 지역사회나 교정시설에서 감독할 교정직원들에게 필요한 정보를 제공하기 위한 것이다.

보호관찰관, 약물 및 알코올 남용 상담사, 사회복지 상담사 등 교정시설에서 형을 선고받은 수용자와 직접 접촉하고, 감독하는 교정직원은 단순히 정보 수집에 필요한 기술을 훨씬 뛰어넘는 더 고차원적인 면담 기술을 갖추고 개발해야 한다. 샤러(Shearer, 1993, p. 15)는 상담사 및 기타 상담 및 심리치료 담당관이 효과적인 면담을 하기 위해 필요한 일곱 가지 주요 면담 기술을 제안했다. 그 내용은 다음과 같다.

1. 면접관은 공감 능력을 가져야 한다. 즉, 상담 대상자의 복지에 관심을 가져야 한다.
2. 면접관은 상담 대상자가 적응할 수 있도록 도울 수 있는 구체적인 경험, 필요, 변화에 집중해야 한다.
3. 면접관은 적절한 시점에 상담이 이루어질 수 있도록 면담의 속도와 흐름을 조절하는 방법을 알고 있어야 한다.
4. 면접관은 면담 대상자가 제공한 정보뿐만 아니라 상담사가 제공한 정보도 요약하는 방법을 알고 있어야 한다.
5. 면접관은 위기 상황과 같이 즉각적인 대응이 필요한 경우를 알고 있어야 하며, 그러한 상황에서 반응을 이끌어 낼 수 있는 기술을 갖추고 있어야 한다.
6. 면접관은 특히, 면담 대상자가 '장난'을 치고 있거나 상담을 진지하게 받아들이지 않는 것이 명백할 때, 언제 직면시켜야 할지에 대한 시점을 알아야 한다.
7. 면접관은 단호함이 필요한 상황에서는 단호한 태도를 보여야 한다.

면접관의 첫 번째 목표는 목적에 관계없이 면담 대상자에 대해 최대한 많은 정보들을 얻는 것이다. 나세리와 나세리, 크랫코스키 등(Nasheri, Nasheri, & Kratcoski, 1996, p. 45)은 "면접관은 처음에는 대화를 유도하기 위해 개방형 질문을 할 수 있다."라고 말했다. 이러한 질문들은 다소 광범위할 수 있으며, 주로 면담 대상자가 협조하고, 반응하며, 긴장을 풀고, 친밀감을 형성하도록 돕는 데 주로 활용된다. 또한, 면접관은 응답자의 신체언어(비언어적 표현)를 관찰할 수 있어야 한다. 예를 들어, 상담 면담에서 면접관은 면담 대상자에 대한 자료를 이미 검토하고 정보를 알고 있더라도 대상자의 자신, 가족, 친구 또는 습관과 관련된 개인적 질문을 할 수 있다. 형사사법기관 근무자와 범죄로 기소되었거나 유죄판결을 받은 사람이 처음 나누는 면담은 그 사람의 인생에서 가장 중요한 상호작용 가운데 하나일 수 있다. 일반적으로 당사자는 불안해하고 당황하고, 앞으로 무슨 일이 일어날지 확신할 수 없으며, 면접관에 대한 불신을 가질 수도 있다. 초기 면담은 주

로 이후에 감독하거나 상담을 맡게 될 전문가 또는 그 담당관에게 전달할 정보를 얻는 데 활용되지만, 초기 면담은 일반적인 분위기를 조성하고, 이후 사법기관 근무자와의 상호작용에서 어떤 일이 일어날지에 대한 학습 경험을 제공한다는 점에서 중요하다. 마우어(Mauer, 2005)는 면접관이 면담의 목적, 면담 대상자에게 기대하는 것, 그리고 왜 이 면담이 중요한지를 설명해 주는 것이 매우 중요하다는 점도 강조했다. 또한, 마우어는 방해요소를 최소화할 수 있는 환경에서 면담을 진행하는 것이 중요하다고 강조했다.

마우어(Mauer, 2005, pp. 31-32)에 따르면, 초기 면담의 목표는 다음과 같다.

- 내담자와 좋은 상담 관계를 구축하는 것
- 내담자의 배경에 대한 정보를 얻기 위한 것
- 면담 중 발생할 수 있는 일에 대하여 미리 설명해 주는 것
- 내담자가 겪고 있는 문제의 일반적인 성격을 파악하기 위한 것
- 현재 문제에 이르게 된 사건의 구체적인 경위와 그 문제에 영향을 준 여러 가지 요인들에 대한 자세한 정보를 수집하는 것
- 제공된 정보가 불충분하거나 완전히 이해되지 않는 부분에 대해 추가 질문을 하고 필요한 경우 더 깊이 탐색하는 것

… 기술 학습 주기

고든(Gorden, 1992)은 그의 저서 『면담의 본질(The Nature of Interviewing)』에서 기술 학습 주기를 소개했다. 이 주기는 계획하기, 실행하기, 분석하기, 반성하기 등 네 가지 기본 단계로 구성된다.

계획하기

계획 단계는 면접관이 사전에 준비된 질문지를 가지고 있지 않고, 완전히 처음부터 시작해야 하는 경우에 아주 중요하다. 계획 단계에서 면접관은 원래 다루어야 할 주제 또는 문제와 일련의 목표, 즉 면담을 통해 달성할 것으로 예상되는 목표를 정해야 한다. 고든에 따르면, 계획 단계에는 여러 가지 준비 단계들이 포함되어 있으며, 그 구체적인 내

용들은 다음과 같다.

관련 질문 공식화하기

관련성 있는 질문을 만들기 위해 면접관은, ① 면담의 목적을 명확하게 정하고, ② 그 목표를 필요한 정보 항목들로 변환한 다음, ③ 이러한 정보들을 실제로 물어볼 질문으로 변환해야 한다.

선고 전 조사를 시작점으로 하여 면접관은 선고를 기다리는 피의자를 통해 달성해야 할 여러 가지 목표를 가지고 있다. 면접관은 피의자가 교정시설에 수감되지 않고 지역사회 선도를 선고받을 경우, 피의자가 지역사회에 미칠 위험에 대해 판사에게 도움이 될 정보를 제공해야 한다. 면담의 또 다른 주요 목적은 피의자가 지역사회에서 치료를 잘 받을 수 있는지(잘 적응할 수 있는지)를 판단하는 것이다. 이를 위해 면접관은 약물 및 알코올 남용, 가족을 포함한 다른 사람에 대한 폭력, 직장생활을 유지하지 못하는 문제, 기타 여러 가지 문제 등 범죄 행위의 주요 원인이나 근원에 대한 정보를 확보해야 한다. 따라서 면접관은 이러한 영역의 문제들을 파악하기 위해 구체적인 질문을 개발해야 한다.

동기부여 질문 구성하기

유용한 질문의 또 다른 특성은 응답자가 질문에 더 잘 대답하거나 대답에 더 잘 응할 수 있도록 동기를 부여하는 데 도움이 된다는 것이다.

자발적으로 출석하지 않은 사람들을 면담을 하는 것은 쉬운 일이 아니다. 법원의 명령에 따라 면접관들의 경우, 면담 대상자의 행동이 한쪽에서는 노골적인 적대감을 나타낼 수 있고, 다른 한쪽에서는 매우 협조적인 태도를 보일 수도 있음을 경험하게 된다. 또한, 면접관은 면담 대상자가 거짓말을 하거나 회피적인 태도를 보일 가능성도 염두에 두어야 한다. 면담 경험이 많은 사람이라도 응답자의 협조적인 태도를 유도할 수 있는 적절한 질문을 찾는 데 어려움을 겪을 수 있다.

소통하는 분위기 조성하기

면접관은 첫 질문을 하기 전에 면담과정에 도움이 되는 물리적 · 언어적 환경을 잘 조

성함으로써 필요한 정보를 얻을 수 있는 기회를 늘릴 수 있다.

피고인이거나 형사사법기관의 감독을 받는 범죄자 면담은 어려운 경우가 많다. 예를 들어, 범죄 혐의로 기소되어 재판 전 석방(pretrial release) 여부를 심사받는 피의자는 종종 교도소 안이나 그러한 활동을 위해 마련된 작은 방에서 면담을 하는 경우가 많다. 교도소나 구치소에 수감된 수용자들이 상담사 및 심리학자나 사회복지사가 면담을 하는 경우에도 보안이 강조되는 환경은 분위기를 긴장시키고, 그로 인해 지원 제공자와 면담 대상자 간의 신뢰관계 형성에 방해가 될 수 있다. 면담 과정을 방해할 수 있는 상황적·환경적 요인에도 불구하고 숙련된 면접관은 일반적으로 의사소통이 가능한 분위기를 조성하는 데 필요한 조정을 할 수 있다.

실행 단계

기술 학습 주기(skill learning cycle)에서 실행 단계는 면담 과정의 핵심이다. 이 단계에서는 면접관이 다양한 기술들을 동시에 활용해야 한다. 여기에는 구체적으로 질문을 제시하고, 응답을 경청하고, 응답자의 행동을 관찰하고, 응답을 평가하고, 응답을 더 깊이 있게 탐색하며, 정보를 기록하고 분류하는 일이 포함된다.

질문 제시하기

면담에서 질문을 구성하는 방식은 면담의 목적에 따라 다양한 형태들을 취할 수 있다. 예를 들어, 다가오는 선거에서 누구에게 투표할 것인지에 대한 사람들의 정치적 의견을 조사하기 위한 면담을 할 때는 질문이 매우 구조화되어 있으며, 각 응답자에게 똑같은 방식으로 똑같은 질문을 던진다. 질문은 일반적으로 폐쇄형 질문(closed-ended)으로, 응답자는 한정된 범주에서 답변을 선택해야 한다. 면담이 전자적으로 또는 전화로 진행되는 경우에는 면접관의 질문 전달이 크게 중요하지는 않다. 그러나 대면 면담 상황에서는 질문에 수반되는 비언어적 요소들이 훨씬 더 중요해진다. 비언어적 요인이란 "면접관의 신체 자세, 눈맞춤, 얼굴 표정, 목소리의 억양 및 말의 속도 등"이 포함된다(Gorden, 1992, pp. 304-305).

응답자 경청하기

일반적으로 좋은 경청자가 되기 위해서는 훈련을 받아야 한다. 대부분의 사람들은 다른 사람의 말을 듣는 것보다 자신의 이야기를 하는 것을 선호한다. 비공식적인 환경에서 사람 간의 대화를 관찰해 보면 질문하는 사람이 응답자의 말을 끝까지 듣지 않고 중간에 끊고 자기 이야기를 시작하는 경우가 많다. 고든(Gorden, 1992, p. 305)은 "경청이란 다른 사람의 말에서 의미를 찾는 적극적이고 지적인 과정이며, 목적을 가지고 듣는 것이다. 훌륭한 면접관은 말하는 사람이 사용한 단어들이 그에게 어떤 의미가 있는지, 그리고 그 의미가 면접의 목적과 어떻게 연관되어 있는지를 이해하려고 노력한다."라고 말했다.

다음은 좋은 경청자가 되는 방법에 대한 몇 가지 요령이다. 질문에 대한 응답자의 대답을 미리 예측하지 말아야 한다. 질문에 대한 전체 답변을 다 마치기도 전에 응답자의 말을 섣불리 해석하지 말아야 한다. 답변의 의미를 완전히 이해하지 못한 경우에는 답변을 명확하게 하기 위해 설명을 요구해야 한다. 응답자가 질문에 제대로 답변하지 않는 것이 분명한 경우라면 질문을 반복하거나 다른 방식으로 질문해야 한다. 얼굴 표정과 신체 언어를 활용하여 응답자의 질문에 대한 답변에 진심으로 관심이 있다는 것을 보여 준다.

응답자 관찰하기

면담 중에는 응답자의 신체 표현을 관찰하는 것이 중요하다. 고든(Gorden, 1992, p. 305)은 "몸의 자세, 손과 발의 움직임, 얼굴 표정, 눈동자의 움직임과 같은 단서들은 모두 비언어적 맥락을 이루며, 이는 말로 표현된 메시지의 의미와 타당성뿐만 아니라 응답자의 에너지 수준, 기분, 태도에 대한 단서를 제공해 준다."라고 분석했다. 이러한 비언어적 신체 표현을 해석하면 숙련된 면접관은 응답자가 회피하고 있는지, 지지가 필요한지, 도전이 필요한지 혹은 격려가 필요한지 등에 대한 사려 깊은 정보를 얻을 수 있다.

응답 평가하기

고든(Gorden, 1992, p. 305)은 면담 대상자의 반응을 평가할 때 면접관이 항상 염두에 두어야 할 다음과 같은 세 가지 평가 질문이 있다고 말했다. "응답이 질문의 목적과 관련이 있는가? 정보가 타당한가(사실인가)? 정보가 충분한가?" 형사사법기관 근무자들은 일

반적으로 응답의 충분성과 응답의 진실성에 대해 면담 대상자의 응답을 평가할 때 참고할 수 있는 다른 정보 출처가 있다. 예를 들어, 사건에 관한 경찰 보고서, 이전 전과 기록, 이전 수감 이력, 학교생활 기록부, 고용 기록 및 개인의 건강 기록 등은 일반적으로 실무자들이 접근할 수 있는 자료들이다.

가족생활, 약물 및 알코올 남용, 공격적인 성향 등 개인의 사생활과 관련된 질문은 진실한 답변을 얻기가 더 어려울 수 있으며, 이러한 경우에 면접관은 다양한 방법을 활용하여 응답자로부터 진솔한 답변을 이끌어야 한다. 또한, 일부 면담 대상자는 자신이 분노 조절이나 알코올 의존에 문제가 있다는 사실조차 인지하지 못할 수도 있다. 면담 대상자 중 일부는 부적절한 행동에 대해 다른 사람을 탓하는 경향이 있을 수 있다. 예를 들어, 배우자를 폭행한 혐의로 기소된 응답자는 아내가 항상 잔소리를 해서 그랬다고 아내에게 책임을 돌리는 경우가 있을 수 있다.

응답 탐색하기

면담 중에 면접관의 질문에 대한 응답이 불충분하거나 회피적이거나 면접관이 해당 문제에 대하여 사전에 알고 있던 정보와 일치하지 않는다는 것을 알게 되면, 면접관은 보다 신뢰할 수 있고 충분한 정보를 얻기 위해 추가적으로 질문(probing)해야 한다. 고든(Gorden, 1992, p. 305)은 "효과적으로 질문하려면 면접관은 응답자가 미묘한 암시나 가정으로 응답을 편향시키지 않고 정교하고 명확하게 설명하도록 유도할 수 있는 다양한 질문 양식에 대한 통제력이 있어야 한다."라고 지적했다.

응답 기록하기

면담 대상자의 응답을 기록하는 적절한 방법은 기술 학습 주기의 계획 단계에서 미리 결정되었을 수 있다. 고든(Gorden, 1992, p. 305)은 "면접관이 응답을 어떤 분석 체계로 분류하기 위해 미리 수집된 범주를 확인하여 응답을 기록하는 경우, 기록과 분석이 동시에 이루어진다. 반면, 면접관이 응답을 그대로 인용하거나 면담을 녹음하는 경우에는 정보 기록이 기술 학습 주기의 분석 단계와 분리되어 진행된다."라고 말했다.

분석 및 반영

면담을 통해 수집한 정보를 활용하기에 앞서, 면담 결과에 대한 비판적인 분석이 반드시 필요하다. 예를 들어, 정신건강 문제에 대한 응답자의 상담 및 심리치료 필요성을 판단하기 위해 면담을 실시한 경우, 수집된 정보가 정확하고 관련성이 있으며 충분한지 반드시 확인해야 한다. 고든(Gorden, 1992, p. 305)은 "동일한 주제로 두 번째 면담을 실시하기 전에 면접관은 첫 번째 면담에서 얻은 결과를 비평적으로 분석해야 한다. 이러한 비평적 분석에는 두 가지 주요 측면이 있다. 자신의 면담 행동을 객관적으로 분석하는 것과 얻은 정보의 총량을 평가하는 것이다."라고 했다. 면담의 타당성, 관련성, 충분성을 최대한 판단하기 위한 면담 분석은 형사사법기관에서 피의자에 대한 면담이 완료될 때 특히 중요하다. 예를 들어, 유죄판결을 받은 피고인이 보호관찰을 고려 중인 경우, 출석 조사를 전문으로 하는 보호관찰관이 면담을 할 수 있다. 출석 조사에 대한 정보는 선고 판사에게 제공되며, 판사는 이를 통해 형량을 결정하는 데 도움을 받는다. 보호관찰이 허가되면 피고인에 대한 정보는 보호관찰 감독을 전문으로 하는 다른 담당관에게 제공된다. 이 정보는 보호관찰의 특별한 조건과 상담 및 심리치료에 대한 특별한 필요성을 결정하는 데 활용된다. 따라서 여러 형사사법기관 근무자들이 첫 번째 면담에서 얻은 원본 정보를 바탕으로 결정을 내린다.

… 정보 기록과 코딩

기술 학습 주기로 다시 돌아가 보면, 수집된 정보를 기록하는 방식은 면담의 목적에 따라 달라진다. 면담의 목적이 개인에 대한 기본 정보를 수집하는 것이라면 면담의 대부분이 폐쇄형 질문들로 이루어질 가능성이 높다. 정보가 범죄 위험성 평가 또는 분류를 위한 목적으로 활용되는 경우라면, 질문의 형식은 주로 폐쇄형 응답 범주로 구성되며, 면담이 진행되기 전에도 답변에 대한 코딩 형식을 설정할 수 있다. 반면, 면담의 목적이 면담 대상자에게 제공할 적절한 상담 및 심리치료 유형을 선택하기 위한 정보의 원천이 되는 경우, 면담 질문은 주관적인 사항과 객관적인 사항을 모두 포함할 수 있으며, 많은 응답들이 면담 대상자에게 장문의 설명을 요구할 수 있다. 응답을 코딩할 때, 훈련된 상담사 및 심리학자, 사회복지사 등 면접관은 응답을 해석하고 요약하며, 이를 분류하여 면담 대상자의 일탈적 행동의 원인을 다루는 데 필요한 상담 및 심리치료 유형을 제시하는 범주에 배치한다.

… 면담의 유형

면담에 활용되는 자료수집 도구는 특정 문제나 주제에 대하여 응답자가 가지고 있는 문제, 태도, 의견 및 신념 등을 다룰 수 있도록 설계되어야 한다. 질문은 정보를 얻기 위해 제시된다. 얻고자 하는 정보의 유형은 면담의 목적, 면담 대상, 면담을 통해 수집된 자료를 어떻게 활용할 것인지에 따라 달라진다. 응답자에게 요청하는 정보는 행동과 관련된 것일 수 있다. 이를테면 이전에 체포된 적이 있는지, 고등학교 졸업 후 대학 진학계획이 있는지 등 개인이 앞으로 할 일이 무엇인지 또는 주 정부에서 학생들의 대학교 교정 내 총기소지 허용 여부와 같은 문제가 여기에 해당된다. 또는 느낌, 정서, 태도와 같은 내용이 해당되는데, 예를 들면 "당신을 총으로 위협하며 지갑을 훔친 사람에 대해 어떤 감정을 느꼈나요?" "당신은 미국이 또 다른 테러 공격의 대상이 될까 두렵나요?" 등과 같은 질문들이다. 또는 다음과 같은 지식과 관련된 질문도 있다. "당신이 거주하고 있는 주(state)의 주지사가 누구입니까?" 등의 질문을 할 수도 있다. 질문의 형식은 개방형일 수도 있고, 폐쇄형일 수도 있다. 예를 들어, 응답자에게 "당신의 나이는 몇 살입니까?"라는 질문을 하는 경우는 개방형 질문 형식이 활용된 것이다. 반면, 응답자에게 "다음 중 해당되는 연령대를 선택하십시오: 18세 미만, 18~35세, 36~65세, 66세 이상" 등과 같이 제시된 선택지에서 고르도록 하는 질문을 할 수 있는데 이러한 경우는 폐쇄형 형식이다.

대부분의 면담 도구들은 개방형 질문과 폐쇄형 질문의 조합으로 구성된다. 면담의 목적이 개인에 대한 평가 또는 사례계획을 위한 정보수집이라면, 대부분의 질문들은 개방형 질문일 가능성이 높을 것이다. 왜냐하면 이러한 형태의 질문은 면접관이 보다 심층적인 답변을 얻어낼 수 있게 하고, 응답자가 피하고 싶어 하는 영역에 대해 탐색할 수 있게 해 주며, 동시에 응답자의 신체 언어를 관찰할 수 있는 기회를 제공하기 때문이다. 그러나 면접관이 숙련되지 않은 경우라면, 응답자가 주제에 집중하기 어렵고, 면담 시간이 많이 소요될 수 있고, 제공되는 정보의 대부분이 문제와 관련이 없을 수 있으며, 질문에 대한 응답을 해석하기 어려울 수 있는 등 이러한 형태의 질문과 관련된 몇 가지 단점이 있을 수 있다. 일반적으로 여론조사를 실시할 때와 같이 면담 일정이 주로 폐쇄형 질

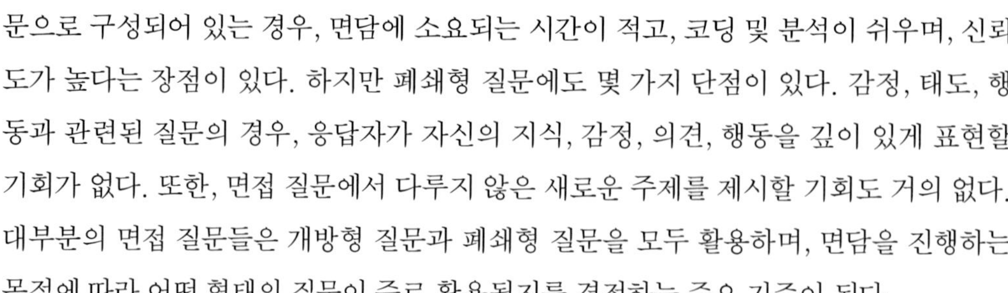
문으로 구성되어 있는 경우, 면담에 소요되는 시간이 적고, 코딩 및 분석이 쉬우며, 신뢰도가 높다는 장점이 있다. 하지만 폐쇄형 질문에도 몇 가지 단점이 있다. 감정, 태도, 행동과 관련된 질문의 경우, 응답자가 자신의 지식, 감정, 의견, 행동을 깊이 있게 표현할 기회가 없다. 또한, 면접 질문에서 다루지 않은 새로운 주제를 제시할 기회도 거의 없다. 대부분의 면접 질문들은 개방형 질문과 폐쇄형 질문을 모두 활용하며, 면담을 진행하는 목적에 따라 어떤 형태의 질문이 주로 활용될지를 결정하는 주요 기준이 된다.

조사 면담

상황에 관계없이 경찰관이나 관련 지원 제공자가 범죄 용의자, 목격자 또는 범죄 피해자와 처음 접촉할 때는 반드시 조사 면담(investigative interview)이 필요하다. 각 상황이 다를 수 있으므로 초기 질문의 목적에 따라 개방형 질문을 활용해야 한다. 각 사건이 다르기 때문에 초기 질문의 목적은 개방형 질문을 활용하는 것을 필요로 한다. 예를 들면, 면접관은 범죄 현장에서 폭력 범죄 피해자를 면담할 때의 상황 또는 면담 대상자의 연령, 정신상태 등 개인적 특성을 고려해야 한다. 또 성폭행 사건에서 피해자의 수치심, 분노발작으로 가족을 살해한 가해자의 수치심, 혹은 성적 학대를 당한 아동의 연령 등 다양한 요인에 따라서 질문의 표현 방식, 질문의 용어 사용, 질문 제시 방식 등이 달라질 수 있기 때문에 면접관은 면담을 진행할 때 이러한 점들을 반드시 고려해야 한다. 벌켐프트 등(Verkempt et al., 2021, p. 1130)이 아동 목격자를 대상으로 한 연구에 따르면, "연령이 많은 아동일수록 개방형 질문에 더 상세한 답변을 제공했다는 사실을 발견했다. 그러나 면접관들은 적절한 질문을 통해 아이들의 기억을 유도하기보다는 폐쇄형 질문과 유도 질문을 활용했다. 우리의 연구 결과는 목격자의 연령에 따라 부적절한 질문에 서로 다른 전략적인 요인이 작용하고 있음을 시사한다."는 사실을 발견했다.

인지적 면담

헤스(Hess, 1997, p. 19)는 면담 대상자의 사건, 경험, 생각, 감정에 대한 기억을 강화하기 위해 특정 기억 강화 기술을 활용하는 인지적 면담(cognitive interview)은 사안에 대해 보다 심층적인 정보를 얻으려 할 때 효과적일 수 있다고 제안했다. 인지적 면담에 활용되는 구체적인 기억력 향상 기법들은 다음과 같다.

- 사건이 발생했을 때의 상황을 다시 말해 주는 것
- 사건을 다른 순서로 회상하게 하는 것
- 사건을 다른 시각에서 바라보게 하는 것

면담의 목적이 나중에 응답자를 상담하는 데 유용한 정보를 수집하는 것이라면, 인지적 면담 형식은 매우 유용할 수 있다. 왜냐하면 면접관은 면담 대상자가 혼란스러워하거나, 기억하지 못하거나, 말하기를 주저했던 정보들을 얻을 수 있기 때문이다.

헤스(1997, p. 20)는 맥락을 다시 진술한다는 것(restating the context)은 단순히 면접관이 특정한 분위기를 조성하여 면담 대상자, 피해자, 목격자 또는 내담자가 사건이 발생하기 전, 도중, 후의 상황을 마음속으로 다시 경험하며, 면접관에게 정보를 보다 정확하게 제공할 수 있도록 한다는 것을 의미한다고 말했다.

인지적 면담에서는 면담 대상자에게 종종 원하는 정보를 시간 순서를 바꿔서 말해달라고 요청하는 경우가 있다. 사건의 시작부터 중요한 사건들을 순서대로 설명하다가 결정적인 사건(예: 피해, 범죄, 정신적으로 붕괴된)이 발생한 시점에 도달할 때까지 중요하다고 생각되는 모든 정보를 제공하도록 요청하는 대신, 면접관은 사건이 끝나는 지점부터 시작하여, 그 전으로 기억을 거슬러 올라가며 설명해 달라고 요청할 수 있다. 이 과정에서 면접관은 면담 대상자가 주제에서 벗어나지 않도록 안내하고, 필요할 때에는 탐색 질문을 하거나 설명을 요청해야 한다.

인지적 면담에서 면접관은 면담 대상자, 피해자 또는 가해자에게 사건을 처음과는 다른 관점에서 바라보도록 유도한다. 헤스(1997, p. 22)는 "면접관은 목격자에게 기억 속의 위치를 물리적으로 바꾸도록 유도함으로써 목격자가 자신의 경험을 더 많이 회상할 수 있는 기회를 제공한다. 면접관은 다른 목격자나 피해자 또는 벽에 붙어 있는 보이지 않는 눈의 관점에서 생각해 보라고 요청함으로써 목격자의 관점을 바꿀 수 있다."라고 말했다.

헤스(1997, p. 23)는 "인지적 면담은 면접관이 일반적인 면접에서 흔히 빠지기 쉬운 함정을 피하는 데 도움을 준다. 특히, 목격자를 다그치거나 그의 진술을 중간에 끊는 행동을 피하게 하는 데 도움이 되는 경우가 많다. 목격자들은 조급한 면접관을 신경 쓰지 않고, 생각하고, 말하고, 되돌아보고, 다시 말할 수 있는 시간과 여유가 자신에게 주어졌다고 느껴야 한다."라고 말했다. 또한, 헤스는 "경험적으로 볼 때, 인지적 면담 기법들을 활용하면 면접관이 반복적이거나 지루하게 느껴지지 않고 사건에 대한 대화를 계속 이어갈 수 있게 해 준다. 이러한 대화를 계속하면 종종 추가 기억을 불러일으키는 데 도움이 될 수 있다."라고 말했다.

동기강화 면담

동기강화 면담(motivational interviewing)은 정보를 얻기 위해 활용하는 몇 가지 기법에서 인지적 면담과 유사하다. 그러나 동기강화 면담의 주요 목적은 내담자가 자신의 삶에 변화를 이루도록 돕는 데 있다. 국제 회복적 실천 연구소(International Institute for Restorative Practices, 2016, pp. 1-2)는 "동기강화 면담은 사람들이 자신의 목표를 파악하고 삶의 긍정적인 변화를 이루도록 지원하는 협력적 대화 과정이다. 소년 사법, 약물 및 알코올 중독 회복, 보건의료, 교육, 직장 등 다양한 분야의 실무자들이 동기강화 면담을 활용하여 사람들이 스스로 변화의 걸림돌을 인식하고 앞으로 나아가도록 돕고 있다."라고 설명했다. 이아러시와 파워스(Iarussi & Powers, 2018, p. 28)는 "동기강화 면담은 동기가 낮거나 변화에 대한 동기 수준이나 준비도가 낮은 내담자에게 특히 유용하다고 생각된다. 동기강화 면담은 변화에 대해 양가적인 태도를 보이거나 도움을 주려는 전문가들과 관계 맺기를 꺼리는 내담자들을 위해 고안된 기법이다. 도움을 주는 사람은 내담자의 현재 변화 준비 수준에 맞추어 접근함으로써 내담자 관계에서 불화를 유발하는 것(일반적으로 '저항'이라고 불리는 현상)을 피하고, 결과적으로 내담자가 자신의 문제를 인정하지 않으려는 태도를 더 강화하지 않도록 한다."라고 설명했다.

클라크와 챈들러(Clark & Chandler, 2022, p. 19)는 "동기강화 면담은 임산부, 청소년, 동반 정신질환(co-occurring psychiatric disorders)이 있는 사람들, 그리고 체포 후 형사사법 체계 아래 놓여 있는 사람들 등 다양한 특별 관리 대상 범죄자들에게 적용할 것을 권장한다."라고 명시했다. 약물 및 알코올 남용 문제, 그리고 이에 연관된 의료적 문제와 형사범으로 체포되어 구금된 사람들에 대한 초기 면담에서 동기강화 면담의 활용과 관련하여 클라크와 챈들러(2020)는 위기개입이 필요한 사람들에게 동기강화 면담이 효과적일 수 있다고 제안했다. 즉, 약물 남용과 관련된 혐의로 오피오이드(opioid: 마약성 진통제) 중독 문제를 다루는 법원에 출석하는 피의자들처럼 매우 단기간에 문제에 대한 중대한 결정을 내려야 하는 상황에서 동기강화 면담이 효과적일 수 있다고 제안했다. 이들은 "오피오이드 중독 문제를 다루는 법원은 내담자의 참여, 양가적 태도의 해결, 건강한 의사결정을 유도하는 안내적 접근이라는 동기강화 면담의 핵심 원칙을 중심으로 조직되어야 한다."라고 주장했다(Clark & Chandler, 2022, p. 200).

보호관찰 대상자와 가석방 대상자의 자살 및 자살 시도율이 일반 인구보다 훨씬 높다는 점을 감안할 때, 스트리드필드 등(Strdifield et al., 2020) 및 트위첼과 홀먼(Twitchell & Holman, 2021)은 보호관찰관 및 가석방 담당관이 동기강화 면담을 활용하는 것이 그들이 감독하는 많은 보호관찰 대상자들과 가석방 대상자들의 자살 위험성을 인식하는 데 매우 유용할 수 있다고 제안했다. 이들은 특히, '자살을 시도했거나 자살 생각(죽음에 대해 생각하거나 죽고 싶다는 생각 또는 실제로 자살을 준비한 경험)을 한 적이 있는 일부 보호관찰 대상자 및 가석방 대상자들이 보호관찰관에게 자신의 생각을 표현하고 삶의 지속적인 변화를 가져올 수 있는 조치를 취하기를 꺼리는 경우가 많다는 점에 주목한다. 자살을 시도했거나 자살을 생각했거나 자살을 준비했던 내담자의 자살을 예방하기 위한 하나의 방법으로 동기강화 면담을 활용하는 것과 관련하여 트위첼과 홀먼(2021, p. 41)은 "지속적인 변화를 촉진할 가능성이 높은 내적 동기를 끌어내는 방식으로 약물 남용, 건강문제, 친사회적 행동 등과 관련하여 동기강화 면담이 활용되어 왔으며, 최근에는 자살 위험성이 있는 내담자들에게도 유용한 방법으로 시험되고 있다."라고 설명했다.

클라크(Clark, 2005, p. 22)는 보호관찰관이 동기강화 면담을 통해 보호관찰 대상자의 변화 의지를 자극하는 방법에 대해 설명하면서 "동기강화 면담은 단순히 범죄자에게 적용할 수 있는 기법의 집합에 그치지 않는다. 동기부여 수준을 높이고 범죄자의 변화 준비도를 높이려면 특정 '분위기,' 즉 범죄자에게 도움을 주려는 태도와 지지적인 접근 방식이 필요하다. 이러한 분위기는 도움을 주는 관계를 형성하기에 적합한 환경을 만들어 주며, 이 관계는 반드시 보호관찰관과 보호관찰 대상자 사이에 형성되어야만 변화가 일어날 수 있다."라고 분석했다.

다음은 마이클 불럭(Michael Bullock)과의 면담 내용이다. 그는 애크론(Akron) 대학교에서 기술 교육-지역사회 지원 전공으로 학사학위를 취득했고, 오하이오주 클리블랜드의 케이스 웨스턴 리저브(Case Western Reserve) 대학교에서 사회행정학을 전공하여 석사학위를 취득했다. 그는 1984년부터 행동 건강 분야에서 일해 왔으며, 이 기간의 대부분을 직접 지원을 제공하는 준전문가와 공인 사회복지사(24년 경력)로 활동해 왔다. 그는 교정시설(교도소나 구치소)에 근무한 경험도 있으며, 개인 상담실도 운영하고 있다. 그는 업무에서 동기강화 면담을 광범위하게 활용하고 있다. 다음은 마이클 불록의 면담에서 그가 업무에서 동기강화 면담을 어떻게 활용하고 있는지에 대해 집중적으로 다룬 것이다([글상자 10-1]).

글상자 10-1 마이클 블록 면담

[2023년 10월 15일에 전자적으로 완료됨]

QPK: 마이크, 사회복지 분야에서 일한 지는 얼마나 되셨나요?

AMB: 1984년부터 일해 왔고, 24년 동안 공인 사회복지사로 활동했습니다.

QPK: 개업한 지는 몇 년이나 되셨나요?

AMB: 저는 2000년부터 공인 독립 사회복지사로서 지역사회 행동 건강기관에서 개인상담 및 집단상담을 해 왔고, 약 1년 동안 개인 상담실을 운영하고 있습니다.

QPK: 동기강화 면담의 활용에 대해 집중적으로 질문하고 싶습니다. 개인상담에서나 기관에서 대부분의 내담자들에게 가장 효과적이라고 생각되는 면담의 유형은 무엇인가요?

AMB: 저는 대학원에서 주로 인지행동치료에 대한 교육을 받았지만, 약 5년 전에 동기강화 면담 워크숍에 참석했고, 그 후로 저의 상담에서는 동기강화 면담을 활용하고 있습니다. 저는 심각한 문제행동 및 만성 정신질환이 있는 사람들뿐만 아니라 덜 심각한 행동, 건강 문제를 가진 내담자를 개인상담할 때도 동기강화 면담을 활용해 왔습니다. 모든 경우에서 핵심은 관계 형성입니다. 내담자는 상담사를 신뢰해야 상담 및 심리치료 결과가 개선될 수 있습니다. 그래서 저는 초반에는 긍정적인 반응, 공감, 반영적 경청을 많이 활용합니다. 대부분의 사람들은 동기강화 면담이 변화를 고려하는 것에서 출발한다는 점을 설명받으면, 작은 변화를 통해 삶을 개선하는 접근 방식을 긍정적으로 받아들이고 좋아합니다. 제가 운영하는 비영리 행동 건강기관에서는 모든 교정직원과 내담자들에게 동기강화 면담의 활용 방법에 대한 현장 교육을 실시했습니다. 이는 내담자가 의사의 약물치료 계획을 수용하도록 돕거나, 중증 정신질환의 부정적인 증상을 완화하기 위해 대인관계 능력 향상, 위생관리 개선 등을 유도하는 데 활용됩니다.

QPK: 동기강화 면담이 효과적이라고 생각하는 이유는 무엇인가요?

AMB: 동기강화 면담은 내담자가 스스로 변화를 시도하도록 격려합니다. 상담사의 도움으로 지지적인 관계가 형성되면 내담자는 상담에 대한 양가감정을 줄이고, 중독 행동을 해결하거나 정신건강을 개선하거나 두 가지를 함께 개선하는 등 필요한 변화를 위해 긍정적인 목표를 설정하고 긍정적인 행동을 취할 수 있습니다. 동기강화 면담의 주도권은 내담자에게 넘겨줍니다. 때때로 상담 전문가로서 우리는 목표를 설정하고, 내담자에게 필요한 것이 무엇인지 결정하고, 강점이 아닌 어려움에 지나치게 집중합니다. 동기강화 면담은 상담사가 내담자가 진정으로 원하는 변화에 집중하도록 장려합니다. 물론 상담사의 지도와 경험도 중요한 역할을 하지만, 모든 연구에서 공통적으로 나타나는 사실은 내담자가 스스로 설정한 목표에 대해 주도권을 가질 때 상담이 더 성공적인 결과가 나타난다는 것입니다.

QPK: 동기강화 면담을 활용하기 위해 특별 교육을 받으신 적이 있었나요?

AMB: 예, 서밋 지방 약물 및 알코올 중독, 정신건강 지원위원회(County of Summit Alcohol, Drug Addiction and Mental Health Services Board)는 케이스 웨스턴 리저브(Case Western Reserve) 대학교의 증거 기반 실천 동기강화 면담기관과 계약을 맺고 교육을 실시했습니다. 직접 실무 현장에서 수십 년간 동기강화 면담을 활용하여 감독, 교육 및 자문해 온 위원들과 훈련자들이, ADM 위원회의 재정을 지원받는 다양한 기관에서 근무하는 임상 전문가들에게 이 교육을 제공하고 있습니다. 처음에는 하루 종일 진행되는 집중 교육이 있었고, 이 후에는 2시간 길이의 다양한 교육들로 구성된 교육과정이 있습니다. 교육에 참여한 사람들은 과제를 수행해야 합니다. 내담자의 동의를 받아 참가자들은 동기강화 면담이 활용된 상담을 녹음했습니다. 이 녹음 파일들은 자문위원들과 훈련자들이 전문적으로 검토하고, 교육생이 활용한 동기강화 면담의 효과성에 대한 평가를 제공했습니다. 교육은 매우 집중도 높고, 강도 높은 과정이었지만, 분명히 가치 있는 훈련시간이었습니다.

QPK: 동기강화 면담이 모든 내담자에게 효과적이라고 보시나요? 아니면 특정 사례에만 적용되는 건가요?

AMB: 동기강화 면담은 모든 내담자에게 적용됩니다. 연구에 따르면, 동기강화 면담은 다양한 환경에서 효과를 보이고 있으며, 정신건강의학과 의사부터 보호관찰관 및 가석방 담당관, 직접 지원을 하는 준전문가에 이르기까지 많은 실무자들에 의해 성공적으로 활용되고 있습니다. 개인적으로는, 조현병(schizophrenia)과 같은 심각하고 만성적인 정신질환이 있는 사람들에게도 효과가 나타나고 있고, 중독, 불안, 우울증, 대인관계에 어려움을 겪고 있는 개인 상담실 방문 내담자들과 함께 거주하는 치료환경에서 효과를 보였습니다. 또한, 부부상담에도 동기강화 면담을 활용하기 시작했는데, 이건 저에게도 새로운 시도였습니다. 앞으로 어떻게 될지는 지켜봐야 하겠지만, 저는 긍정적인 결과를 기대하고 있습니다. 그러나 궁극적인 치유는 내담자 자신에게 달려 있습니다.

QPK: 가상의 사례를 들어 첫 면담부터 시작하여 동기강화 면담을 어떻게 진행하는지 설명해 주실 수 있겠습니까?.

AMB: 동기강화 면담을 비롯한 모든 상담기법을 활용하는 첫 번째 상담은 일반적으로 병력 수집, 잠재적인 의학적 문제 배제, 초기 평가 수행, 신뢰관계 구축의 조합으로 이루어집니다. 다시 말하지만, 저는 공감과 긍정적이고 반영적인 경청을 통해 제가 상담하는 모든 내담자들에게 가정에서 해 볼 수 있는 과제를 부여합니다. 종종 내담자의 삶에서 가장 큰 고통을 유발하는 영역에 대해 글을 써 보는 과제를 줄 수 있습니다. 즉, 내담자가 상담을 받게 된 이유가 된 고통과 어려움에 대해 일기를 쓰는 것만으로도 충분할 수 있습니다.

두 번째 상담에서는 첫 번째 상담에서 논의된 내용과 성과를 검토하고 과제에 대해 이야기하며, 궁금한 점이 있으면 질문하거나 시급한 문제가 있는지 확인하는 것부터 시작합니다. 그다음에는 본격적으로 변화의 개념을 도입합니다. 이때 저는 동기강화 면담의 기본 원칙들에 대해 간단하게 설명해 주기도 합니다. 그리고 내담자가 자신의 삶에서 어떤 변화를 원하고 있는지 질문해 봅니다. 저는 때때로 내담자가 완전히 치유되어 항상 원하던 삶을 살고 있다면 어떤 모습일지, 내담자가 스스로 통찰을 얻도록 하기 위해 기적 질문(miracle question)을 활용하기도 합니다.

다음 상담은 내담자가 수용하고자 하는 변화에 초점을 맞추게 됩니다. 저의 역할은 공감적으로 경청하고, 저항을 부드럽게 다루며, 변화와 치유를 향한 발걸음을 내딛도록 돕고, 결국 자기효능감을 갖도록 지원하는 것입니다. 과제 점검은 모든 상담에서 반드시 포함됩니다.

저는 내담자에게 문제를 해결하기 위해 무엇을 했는지, 왜 그렇게 했는지, 그 행동이 원하는 효과를 가져오는 데 도움이 되었는지를 물어봄으로써 내담자의 노력을 다룹니다. 저는 긍정적인 면에 초점을 맞추려고 하고, 아주 작은 긍정적인 변화라도 찾아내려고 노력합니다. 저는 내담자를 격려하고, 지도하지만 필요할 때는 단호하게 맞서기도 합니다.

상담은 내담자가 긍정적인 변화를 수용하고 증상이 완화되어 회복의 올바른 방향으로 나아가고 있다고 판단되면 종료됩니다. 필요하다고 판단되는 경우, 상담은 내담자는 언제든지 다시 상담을 받도록 권장합니다.

QPK: 동기강화 면담의 혜택을 받지 못하는 내담자도 있나요?

AMB: 저는 동기강화 면담이 정신질환이나 중독으로 어려움을 겪는 모든 내담자와 삶의 질을 개선하고자 하는 사람들에게 긍정적인 결과를 가져올 수 있다고 굳게 믿고 있습니다. 하지만 변화할 필요가 없다고 믿는다면 성공이나 성장은 없을 겁니다. 일반적으로 모든 상담 및 심리치료 기법과 마찬가지로, 내담자가 스스로 변화의 주체가 되려는 의지가 없다면, 상담은 일반적으로 성공하지 못합니다.

내담자와의 상담에서 동기강화 면담을 효과적으로 활용하려면 상담사가 반드시 교육을 받아야 한다. 의료 및 사법 분야의 여러 기관들은 동기강화 면담 활용에 관한 교육 프로그램을 개발하여 운영 중이다(Iarussi & Powers, 2018, p. 30). 동기강화 면담 교육의 효과성에 대한 실험 연구에서는 동기강화 면담 교육을 이수한 보호관찰관 및 가석방 담당관과 동기강화 면담 교육을 이수하지 않은 보호관찰관 및 가석방 담당관을 비교했다. '이 연구는 "동기강화 면담 교육 워크숍이 자발적 참여가 아닌 경우임에도 불구하고, 동기강화 면담 활용에 대한 담당관의 지식, 기술 및 자기효능감을 높이는 데 대체로 성공적이었다고 보고한다. 또한, 이러한 결과는 훈련생들이 폐쇄형 질문보다 개방형 질문과 반영적 질문을 더 많이 활용할 수 있도록 추가적인 실습이 필요하다는 사실도 시사한다."라고 결론지었다.

상담 면담

상담사는 내담자에게 적절한 상담을 제공하기 위해 필요한 정보를 얻고자 면담을 진행하게 된다. 이때 그러한 목표를 달성하기 위해 다양한 방법과 기술을 활용할 수 있다. 교정상담 분야에서의 상담 면담은 수용자에 대한 사례별 지원계획을 수립하고, 실제 상담과정에 활용할 수 있는 정보를 수집하는 데 활용된다. 내담자의 개인적 특성, 환경적 조건, 필요한 정보의 종류, 그리고 상담을 통해 기대하는 내담자의 변화에 따라 면담의 구체적 접근 방식은 달라질 수 있다. 예를 들어, 아동 성추행 혐의로 유죄판결을 받은 피고인을 면담할 때, 가해자는 자신의 잘못을 인정하기를 매우 꺼려 하고 피해자에게 책임을 전가하려고 할 수 있다. 이러한 상황에서는 가해자가 피할 기회를 갖지 않도록 면접관의 직접적이고 사실 중심적 접근 방식이 효과적일 수 있다. 즉, 주제를 회피할 여지를 주지 않고, 면접관이 명확하고 객관적인 방식으로 사건을 진술하도록 요구하는 접근은 결국 가해자가 자신의 책임을 부인할 수 없음을 자각하도록 만들 수 있다. 입각한 질문을 통해 사건에 대해 솔직하고 객관적인 방식으로 보고하도록 강요하면 가해자가 자신의 행위에 대한 책임을 부인하는 것이 불가능하다는 것을 깨닫게 될 수 있다. 그 이후에는 상담 및 심리치료 계획 수립이 가능해진다. 면접관은 정신적으로 불안하거나 약물 및 알코올 중독으로 보이는 다른 내담자들에게는 보다 비지시적 접근 방식을 활용할 수 있다.

국립알코올교육센터(1978, pp. 1-2)에서는 알코올 중독 내담자 상담에 필요한 다음과 같은 여덟 가지 기본 의사소통 기술을 나열하고 있다.

1. 응대하기: 시선 맞춤, 몸의 자세, 정확한 언어적 반응을 통해 상담사가 내담자에게 관심과 배려를 갖고 있음을 보여 주는 행동
2. 반복하여 말하기: 내담자의 진술을 그대로 또는 유사한 표현으로 반복하여 말하는 상담사의 언어적 반응
3. 감정 반영하기: 내담자가 표현하거나 암시한 감정의 본질을 상담사가 정확하게 언어로 표현하는 것
4. 요약하기: 상담에서 논의된 주요 사항을 간략하게 정리하여 상담의 초점과 흐름을 유지하는 기술
5. 심층 탐색하기: 내면을 바라보게 하는 질문을 통해 상담사와 내담자 모두가 내담자의 상황을 더 깊이 이해할 수 있도록 돕는 상담사의 반응
6. 상담사의 자기 노출하기: 내담자의 유익을 위해 상담사가 자신의 감정, 태도, 의견, 경험 등을 적절히 공유하는 것
7. 해석 제시하기: 내담자가 자신의 상황을 다른 관점에서 볼 수 있도록 새로운 해석을 제시하는 상담사의 시도
8. 직면시키기: 내담자의 행동이나 경험에서 나타나는 모순을 지적함으로써 내담자가 자신의 문제를 더 분명하게 인식하게 하는 발언이나 질문

이러한 기본적인 의사소통 기술을 숙달하는 것은 내담자의 유형에 관계없이 상담 면담을 수행하는 모든 상담사에게 필수적이다.

… 면담의 구조화 및 진행 과정

일반적으로 상담 면담은 다음과 같은 네 단계의 과정을 따라 이루어진다.

서론

면접관은 응답자에게 면담에 응해야 하는 이유를 설명하고 협조와 도움을 요청하는 발언으로 시작한다. 응답자에게 얼마나 많은 설명이 필요한지는 상황에 따라 달라진다. 유죄판결을 받은 피고인이 보호관찰 심사 대상이 되어 판사가 사전 조사를 명령한 경우,

피고인은 면접의 이유를 알고 있기 때문에 비교적 협조적일 가능성이 높다. 반면, 범죄 피해자를 면담할 때, 검사나 피해자 지원 담당관은 면담의 목적과 제공된 정보의 중요성에 대해 설명하는 데 상당한 시간을 할애할 가능성이 높다.

인구통계학적 질문

인구통계학적 질문은 연령, 성별, 교육, 고용 상태 및 직업 등에 관한 질문이다. 이러한 정보는 항상 필요한 것은 아니며, 많은 경우 공공 기록과 같은 다른 출처를 통해 얻을 수 있다.

본론

이 부분의 질문들은 면담 주제와 직접적으로 관련된 정보를 다룬다. 주로, 면담 대상자의 행동, 의견, 감정, 지식 등에 대한 정보를 이끌어 내는 데 중점을 둔다.

마무리 진술

마무리 진술 단계에서는 응답자에게 추가하고 싶은 다른 정보가 있는지 묻고, 협조해 준 것에 대한 감사 인사를 전하며, 추후 연락 가능성에 대한 진술이 포함된다.

실제 면담은 가능한 한 자연스러운 대화처럼 흘러가야 한다. 형사사법집행과 관련된 면담에서는 면접관이 질문의 흐름을 주도할 수 있지만, 면접관은 특정 질문을 하는 목적에 대한 정보를 제공하고 설명해 주기, 민감하거나 당황스러울 수 있는 질문은 정서적으로 배려하여 묻기, 한 주제에서 다른 주제로 전환할 때 연결 문장을 활용하기, 유도 질문을 피하기, 적절한 경우 개방형 질문을 활용하기 등의 방식으로 면담 과정을 원활하게 이끌 수 있다.

… 면담을 완료하는 방법

많은 응답자들을 대상으로 면담을 실시할 때, 방문 면담을 하는 방식은 점점 시대에

뒤떨어진 방식이 되어 가고 있다. 이는 숙련된 면접관을 고용하는 데 드는 비용, 설문조사를 완료하는 데 필요한 시간, 높은 거부율 등 여러 가지 이유 때문이다. 하지만 대면 면담의 장점으로는 응답률이 높고, 질문에 대한 응답이 만족스럽지 않은 경우 재질문을 할 수 있고, 응답자가 질문을 이해하지 못한 경우에 명확하게 설명할 수 있으며, 응답자의 신체 움직임을 관찰할 수 있으며, 응답자와 보다 개인적 상호작용을 할 수 있는 기회를 가질 수 있다는 점 등을 들 수 있다. 주제가 매우 전문적이거나 민감한 경우와 같이 반드시 대면 면담이 필요한 상황도 있다. 예를 들어, 성폭행 피해자는 전화 또는 전자 면담으로는 응답을 잘하지 않을 가능성이 높다. 대면 면담의 경우라도, 면접자가 컴퓨터에 정보를 입력하는 데만 집중하고, 응답을 경청하거나 이해하려는 태도가 부족하다면 응답자는 빠르게 불만을 느끼게 될 수 있다.

앞에서 언급한 여러 요인들로 인해 많은 인원들을 대상으로 대면 면담을 수행하는 것이 점점 더 어려워지고 있지만, 만일, 면접관이 응답자들을 한 장소에 모이게 할 수 있고, 면담을 시행할 수 있는 시간이 충분하다면 여전히 대면 면담은 가능하다. 예를 들어, 필자는 여러 연방 및 주립 교정시설에서 고령 수용자들을 대상으로 면담할 수 있는 허가를 받았다. 고령 수용자들은 교도소 내 사생활이 보장되는 공간에서 면담을 진행했다. 면담 참여는 자발적으로 이루어졌으며, 수용자들은 교도소에서의 일상적인 생활에서 벗어나 몇 시간을 보낼 수 있다는 것을 제외하고는 참여에 대한 특별한 보상을 받지 않았다. 질문들은 교정시설에서의 적응과 그들이 겪고 있는 몇 가지 주요 문제들과 관련된 것이었다.

대면 면담이 선호될 수는 있지만, 형사사법 관련 당사자 및 인사와 관련된 대부분의 사건들에서는 다른 정보수집 방법들을 활용할 수도 있다. 대면 면담보다 전자 면담(면담 대상자가 컴퓨터를 통해 질문지를 받는 방식)이 매우 적합하고 실제로 선호되는 경우도 있다. 예를 들어, 교정시설 관리자, 법원 판사, 전문직 종사자 또는 검사와의 전자 면담은 피면담자가 질문에 답변할 시간을 확보할 수 있는 유일한 방법일 수 있다. 또한, 질문에 대해 생각하고 답변을 준비할 수 있는 시간이 주어진다는 면에서는 분명한 이점이다. 면담 기록을 사전에 검토하고 면접관이 잘못 이해하거나 잘못 기록한 정보들을 수정할 수 있는 기회를 갖는 것도 대중에게 주는 인상에 민감한 관리자나 공무원에게는 면담에 협조하도록 동기를 부여하는 긍정적인 요소가 될 수도 있다.

… 면담 일정

면담 일정은 다양한 목적을 위해 설계된다. 정신건강 문제가 있는 것으로 보이는 유죄판결을 받은 중범죄자와 같이 특정 개인으로부터 심층적인 정보를 얻고자 할 때는 사례연구 접근 방식을 활용한다. 이를 위해서는 구조화된 폐쇄형 질문뿐만 아니라 개방형 질문도 혼합하여 많이 활용해야 한다. 또한, 작업집단이 어떻게 운영되는지 알고 싶을 수도 있는데, 이를 위해서는 집단 내 개인에 대한 질문뿐만 아니라 집단 구성원들의 상호작용에 대한 질문도 필요하다. 또한, 면담은 더 큰 모집단의 의견, 감정, 행동에 대한 정보를 얻기 위해 구조화될 수도 있으며, 이 경우 모집단의 대표 표본(representative sample)이 선정되며, 면담 도구는 일반적으로 주로 폐쇄형 질문으로 구성된다. 면담 일정은 대부분 폐쇄형 질문들로 구성되어 있으면 응답을 적절한 범주에 쉽게 분류할 수 있고, 각 범주에 대한 응답자 수를 쉽게 집계할 수 있어 정보 분석에 소요되는 시간을 줄일 수 있다.

성적 학대 피해 아동을 면담하고 상담을 제공하는 팀의 일원으로 활동한 법의학 면담 전문가 크리스타 크로스(Crista Cross)와의 대화를 통해 이 팀이 아동으로부터 정보를 이끌어 내기 위해 활용하는 과정을 알 수 있다.

아동과의 면담 준비는 어떻게 이루어지느냐는 질문에 크리스타는 다음과 같이 대답했다. "아동 지원 긴급전화를 통해 신고가 접수되면, 해당 사건이 발생한 관할 구역의 사회복지사 또는 수사관에게 배정됩니다. 그다음, 피해 아동의 보호자와 연락을 취하게 되고, 아동이 내 사무실로 오도록 면담 일정을 잡습니다"(Kratcoski, 2016, p. 252). 피해 아동의 실제 면담에 앞서, 보호자와의 사전 면담이 먼저 이루어진다. "피해 아동의 보호자와 아동 관련 여러 분야 팀의 구성원들이 모여, 아동 면담 중에 어떤 일이 일어날지 정확히 논의하고, 보호자의 질문에 답합니다. 면접관은 보호자에게 면담이 비디오로 녹화될 것임을 알리지만 아동은 녹화되고 있다는 사실을 인지하지 못하도록 합니다. 아동 면담을 진행하기 전에 가족 옹호자가 보호자를 자신의 사무실로 데려가 전체 과정을 설명하는 동안 저는 면담을 위해 아동을 데리러 갑니다. 보통 어린 아동의 경우, 면접실로 가는 길에 멈춰서 복도에 있는 모든 정글 동물에 대해 이야기하는데, 이렇게 하면 아동들이 긴장감을 풀고 일상적인 이야기를 하게 되며 신체 표현, 눈맞춤, 전반적인 태도를 관찰할 수 있게 됩니다. 그다음, 아동을 면접실로 데리고 들어가서 외벽에 있는 스위치를 누르면 비디오 녹화가 시작됩니다. 면담 중에는 가족, 친구, 학교, 운동, 취미 등 아동의 일상적인 생활 전반에 대한 일반적인 질문부터 시작하여 점차 두려움, 걱정, 비밀, 안전한 접촉과 안전하지 않은 접촉과 같은 민감한 주제로 넘어갑니다"(Kratcoski, 2016, p. 252). 크리스타는 면담을 받는 아동에게 '항상 진실만 말하면 되고, 진실을 말한다고 해서 혼나는 일은 없을 것'이라고 알려 준다. 만일, 면담 과정에서 아동에게 건강검진이 필요한 것으로 판단되면 이를 보호자에게 알리고 여러 분야의 팀에 배정된 간호사들이 검진을 시행하게 된다.

아동 법의학 면접관은 면담 중에 발생할 수 있는 범위를 넘어서는 상담은 수행하지 않는다. 예를 들어, 아동이 히스테리 반응을 일으켜 위기개입 상담이 필요한 상황이 발생할 수 있지만, 일반적으로 아동의 필요에 따라 사례별 지원관리자나 심리학자에게 사건이 이관된다.

요약

면담은 교정 분야에서 상담 및 심리치료를 제공하는 전문가가 활용하는 기본적인 도구이다. 형사사법체계를 통해 수용자를 면담하는 데는 여러 가지 목적이 있으며, 면접관들이 모두 동일한 수준의 기술과 숙련도를 갖출 필요는 없다. 모든 면접관은 효과적인 경청자, 정보를 명확히 파악하고, 보다 심층적인 답변을 유도하고, 면담 대상자가 거짓말을 할 때 이를 인지하고, 어느 정도 친밀감을 형성하며, 요약이 필요한 경우 자료를 요약할 수 있는 의사소통 및 대인관계 기술에 대한 충분한 숙련도를 갖추어야 한다. 접수절차에 관여하는 면접관처럼 단순히 내담자에 대한 정보만 수집하는 면접관은 상담면담을 진행할 때 요구되는 수준과 동일한 면접 기술을 갖출 필요가 없다. 그러나 약물남용자, 성범죄자, 정신건강 문제가 있는 사람 등 특별한 문제가 있는 내담자를 상담하는 면접관은 상담뿐만 아니라 면접에 대한 전문교육이 필요하다.

토의 문제

1. 교정시설에서 대면 면담을 수행할 때, 어떤 이점이 있는가?
2. 성적 피해를 입은 아동을 면담한다고 가정해 보자. 아동의 기억을 되살리는 과정에서 재외상(re-traumatization)을 방지하면서도 신뢰할 수 있고 유효한 정보를 얻기 위해 어떤 절차를 따를 것인지에 대하여 토의해 보자.
3. 면담을 진행할 때 좋은 경청자가 되는 것이 왜 그렇게 중요한가?
4. 당신은 지방 성인 보호관찰소에서 근무하고 있다. 당신의 임무는 보호관찰을 고려 중인 범죄자들과 면담을 담당하고 있다. 당신은 출석 선고 전 조사(presentence investigation)와 범죄 위험성 및 범죄 욕구 평가를 수행해야 한다. 언제 개방형 질문을 활용하는 것이 적절한지, 언제 폐쇄형 질문을 활용하는 것이 적절한 경우인지에 대해, 그리고 질문을 언제 지시적(공격적)으로 해야 하고, 언제 비지시적(수용적)으로 접근하는 것이 적절한지에 대하여 토의해 보자.
5. 교정 프로그램에서 증거 기반 접근 방식이란 무엇인가? 범죄 위험성 및 범죄 욕구 평가가 교정에 활용되는 증거 기반 도구로 간주되는 이유에 대하여 토의해 보자.
6. 구조화된 면담의 네 가지 주요 구성 요소를 설명해 보자. 아내와의 말다툼 중 아내를 폭행한 혐의로 유죄판결을 받은 성인 남성을 면담한다고 가정해 볼 때, 질문의 순서를 바꾸는 것이 적절한 경우는 언제인가?
7. 효과적인 면접관이 되기 위해 필요한 의사소통 기술의 유형에 어떤 것들이 있는지 토의해 보자. 수용자를 면담하는 데 있어 효과적이려면 특정 유형의 성격을 가져야 하는가?
8. 정보수집 면담과 상담 면담의 차이점은 무엇인가? 사회복귀 프로그램에 참여 중인 약물 남용자와의 상담 면담을 수행하려면 어떤 자격이 필요한가?
9. 신체 및 정신건강, 약물 및 알코올 남용과 관련된 여러 문제들을 가진 고령 수용자를 수용하는 보안 수준이 낮은 교정시설에서 사회복지사나 상담사로 근무하고 있다고 가정해 볼 때, 언제 설득적 면담을 사용하는 것이 적절한가? 당신이 맡은 수용자 가운데 한 명이 우울증에 걸렸고 다른 수용자를 두려워하며 여가활동 및 사회활동에 참여하지 않는다고 가정해 보자. 그 수용자가 더 많이 참여하도록 설득하기 위해 어떻게 면담을 진행하겠는가?
10. 면담을 수행하는 데 활용할 수 있는 주요 방법은 무엇인가? 면접관이 전자 면접을 사용하는 이유는 무엇인가? 고도로 구조화된 질문지를 사용하는 것이 적절한 경우는 언제인가? 수용자를 면담할 때 동기강화 면담은 효과적인 경우는 언제인가?

참고문헌

Clark, M. (2005). Motivational interviewing for probation staff: Increasing the readiness for change. *Federal Probation, 69*(2), 22-26.

Clark, M., & Chandler, T. (2020). Motivational interviewing for community corrections. Expanding a relationship-based approach with exemplar implementation. *Federal Probation, 84*(35), 35-43.

Clark, M., & Chandler, T. (2022). There may not be a tomorrow: Immediacy, motivational interviewing, and opioid intervention courts. *Federal Probation, 86*(2), 18-22.

Gorden, R. (1992). *The nature of interviewing: Basic interviewing skills*. Waveland Press. (Reprinted in Kratcoski, P. (2000). *Correctional counseling and treatment* (4th ed., pp. 342-349). Waveland Press.

Hess, J. (1997). *Interviewing and interrogation*. Anderson Publishing Co.

Iarussi, M., & Powers, D. (2018). Outcomes of motivational interviewing training with probation and parole officers: Findings and lessons learned. *Federal Probation, 82*(3), 28-35.

International Institute for Restorative Practices. (2016). *Motivational interviewing: People helping themselves*. Restorative Practices Forum.

Kratcoski, P. (2016). Perspectives on the professional practitioner in criminal justice. In P. Kratcoski & M. Edelbacher (Eds.), *Collaborative policing: Police, academics, professionals, and communities working together for education, training and program implementation* (pp. 247-291). CRC Press.

Mauer, T. (2005). *Pretrial* (6th ed.). Aspen Publishers.

Nasheri, N., & Kratcoski, P. C. (1996). *A guide to a successful legal internship*. Anderson Publishing Co.

National Center for Alcohol Education. (1978). *Counseling alcoholic clients*. U.S. Government Printing Office.

Shearer, R. (1993). *Interviewing in criminal justice* (2nd ed.). Copley Publishing.

Strdifield, C., Brooker, C., & Marples, R. (2020). Suicide and probation: A systematic review of the literature. *Forensic Science International Mind and the Law, 1*(100012).

Twitchell, G., & Holman, M. (2021). Making the conversion a little easier for probation officers: Using motivational interviewing to discuss client suicidal ideation and attempts. *Federal Probation, 85*(3), 42-48.

제 11 장 교정에 사용되는 행동수정 프로그램

서론

브라운 등(Brown et al., 1976, p. 2)은 "행동수정은 인간의 고통을 완화하고 인간의 기능을 향상시키기 위해 실험심리학 연구에서 도출된 원리를 주로 적용하는 특수한 형태의 행동 영향력이다. 행동수정은 이러한 적용의 효과에 대한 체계적인 관찰과 평가를 강조한다."라고 기술했다.

행동수정 프로그램의 초점은 행동의 변화이기는 하지만 간과해서 안 되는 합리적인 요소도 있다. 예를 들어, 대부분의 아동들은 경험을 통해 긍정적인 보상을 받을 수 있는 특정 행동과 처벌을 받을 수 있고 피해야 하는 행동이 있다는 것을 배운다. 어른들이 있을 때 웃으며 '귀여운 행동'을 하면 장난감을 주거나 안아 주는 등의 긍정적인 보상을 받는다는 것을 배운 아이는 다음에 같은 상황이 발생했을 때 같은 방식으로 행동하면 같은 종류의 보상을 받을 수 있다는 것을 깨닫게 된다. 길거리에서 뛰어다니다가 가벼운 매를 맞고 벌을 받은 아이는 매를 맞은 이유를 이해하지 못하더라도 다시는 길거리로 뛰어다니지 않을 것이다. 그러나 아이와 어른 모두 지성보다는 감정이 행동에 영향을 미치는 경우가 많다. 이러한 경우, 아동의 행동은 종종 비합리적이고 '상식'에 반하는 것처럼 보인다. 브라운(1976, p. 3)은 행동수정 원리와 상식의 차이에 대해 "행동수정은 (상식과는 달리) 다른 과학적 접근 방식과 마찬가지로 연구의 대상을 체계적으로 정리한다."라고 설명했다. 상식은 종종 모순되는 조언(눈앞에서 멀어지면 마음에서도 멀어진다는 말과 멀리 있어도 사랑은 더 깊어진다는 말처럼 서로 모순되는 조언들)을 포함하기도 한다. 반면, 행동수정의 원리는 '상식'의 어떤 측면이 어떤 조건과 상황에서 적용되어야 하는지 보여 주면서 상식을 체계화한다."라고 설명했다. 저자는 이어서 상식을 활용하여 보상과 훈육을 하는 엄마들을 "자녀의 행동에 대해 긍정적인 보상과 부정적인 제재를 일관되게 적용하지 않을 수 있다(어떤 경우에는 자녀의 행동을 처벌하고 다른 경우에는 그 행동을 무시하는 경우)."라고 설명했다.

행동수정 이론의 기본 개념은 조작적 조건화(operant conditioning)이다. 체리(Cherry, 2016, p. 1)는 "조작적 조건화(경우에 따라서는 '도구적 조건화'라고도 함)는 행동에 대한 보상과 처벌을 통해 발생하는 학습 방법이다. 조작적 조건화를 통해 행동과 그 행동에 대한 결과 사이에 연관성이 형성된다."라고 정의했다. 행동수정 개념은 원인과 결과의 기본 과학 원리를 따른다. 피험자는 경험을 통해 특정 행동이 긍정적인 또는 부정적인 결과로 이어진다는 것을 학습한다. 체리(2016, p. 2)는 "조작적 조건화는 매우 단순한 전제, 즉 강화가 뒤따르는 행동은 강화되고 미래에 다시 발생할 가능성이 높다는 전제에 의존한다."라고 주장했다. 반대로 처벌이나 바람직하지 않은 결과를 초래하는 행동은 약화되고 향후에 다시 발생할 가능성이 낮아진다.

체리(2016, pp. 5-6)는 "스키너는 반응적 행동과 조작적 행동이라는 두 가지 유형의 행동을 구분했다. 반응적 행동은 자동적이고 반사적으로 발생하는 행동이다. 이러한 행동은 학습할 필요 없이 자동적이고 무의식적으로 발생한다. 반면, 조작적 행동은 우리가 의식적으로 통제할 수 있는 행동이다. 어떤 행동은 자발적으로 일어나기도 하고 어떤 행동은 의도적으로 일어나기도 하지만, 이러한 행동의 결과는 나중에 다시 일어날지 여부에 영향을 미친다."라고 진술했다.

이를 설명하기 위해 격투 상황을 예로 들 수 있다. 예기치 않은 몸싸움에 휘말린 사람은 누구든 상대방의 공격을 막기 위해 자동적으로 반사 행동(반응적 행동)을 하게 된다. 이는 그 사람이 격투 훈련이나 이전 경험 여부와 관계없이 나타난다. 그러나 프로 권투선수는 자신을 보호하는 최선의 방법을 개발하는 훈련(조작 행동)을 받았을 것이며, 원하는 결과를 얻는 한 이러한 방법을 계속 사용할 것이다. 이러한 행동은 사용된 방법이 보상을 가져올 때마다 강화된다. 물론 상황은 변하고, 상대는 새로운 공격 방법을 개발하며, 권투선수는 새로운 방어 방법을 개발해야 한다.

크랫코스키 등(Kratcoski et al., 2020, p. 415)은 "행동수정의 기본 원리는 종을 울리고 개에게 간식을 반복적으로 제공한 파블로프(Pavlov)의 조건반사 실험(conditioned reflex experiment)에서 유래한 것으로, 개가 간식이 없는 상황에서도 종소리를 들으면, 침을 흘릴 때까지 반복적으로 간식을 제공했다. …… 이후 이 기법은 정서장애 및 자폐 아동의 행동수정에 적용되었으며, 비행, 범죄 또는 정신질환 아동의 행동을 변화시키는 기법으

로서 행동수정은 1960년대부터 널리 사용되었다."라고 말했다.

 … 행동수정 프로그램의 구현

기본적인 행동수정 원리는 동물을 대상으로 한 실험을 통해 개발되었지만, 이후 심각한 정신질환이 있는 사람이나 자폐 아동을 대상으로 하는 작업으로 확장되었다(Lindsley & Skinner, 1954). 브라운(1976, pp. 8-9)은 이 개념의 적용 범위가 '재활 지원시설에 있는 소년범, 정신질환 아동, 미취학 아동 및 청각장애 아동, 약물 남용자'까지 확대된 과정으로 설명했다. 그들은 또한, "천식, 불면증, 고혈압을 치료하기 위해 더 나은 행동치료 기법을 개발하고 새로운 아동 양육 기술과 학급 운영 방식을 평가하기 위해 노력하고 있다. 약물 및 알코올 중독, 청소년 비행 문제에 대한 행동치료 기법도 연구 중에 있다."라고 덧붙였다.

크랫코스키 등(2020, p. 415)은 "행동수정에는 긍정적인 강화 또는 혐오 자극의 사용이 포함될 수 있다. 긍정적인 강화에서는 피험자가 원하는 행동을 할 때마다 어떤 종류의 보상이 주어진다. 교육환경에서는 특정 점수에 따라 특권을 부여하는 점수제를 사용할 수 있다. 무단결석 학생의 경우, 매주 학교에 정시에 출석하는 날마다 일정 금액을 지급할 수 있다. 제공되는 보상(강화)은 행동을 수정하려는 사람의 연령과 욕구에 맞게 선택된다. 일부 혐오 자극을 사용하면 부적절한 행동과 관련된 불쾌한 사건이 발생할 수 있다. 제도적 환경에서는 단기간 격리, 흡연 특권 거부 또는 텔레비전 시청이나 운동 참여와 같은 특권 제한의 형태를 취할 수 있다."라고 지적했다.

1960년대와 1970년대에 지역사회 기반 및 시설 기반 소년범을 위한 여러 행동수정 프로그램들이 시행되었다(Kratcoski, 2023). 이러한 프로그램 중 일부는 프로그램을 이수한 소년범의 재범률이 크게 감소할 것이라는 프로그램의 높은 기대가 실현되지 않았다는 평가가 나온 후 폐기되었다. 하지만, 일부 프로그램은 약간의 수정을 거쳐 여전히 운영되고 있다. 상담이 필요한 청소년에게는 전문 상담 및 심리치료가 제공되며, 이는 행동수정 프로그램의 일반적인 활동에 통합되어 있다.

웨스트버지니아(West Virginia)주 모건타운(Morgantown)에 위치한 전 로버트 F. 케네디(Robert F. Kennedy) 교정시설은 근본적으로 행동수정 원리에 입각한 소년범을 위한 기관의 한 예이다. 수용자들은 이전 행동평가를 바탕으로 하여 각기 다른 별도의 장소

(cottage)에 배정되었다. 치료 담당부서의 관리 직원들은 연구 결과 바람직한 행동을 유발할 가능성이 높은 감독 및 치료 유형에 대한 훈련과 경험이 얼마나 부합되는지를 기준으로 보안이 유지된 각 장소를 배정했다.

긍정적인 행동으로 얻은 점수의 적립을 기반으로 한 일종의 토큰 경제법(token economy)이 각 별도의 장소에서 시행되었다. 입소자들은 생활 공간을 깨끗하게 유지하고, 모든 식사 및 여러 행사에 정시 참석하고, 학업 및 직업학교에 출석하는 동안 긍정적인 태도를 보이며, 규칙과 규정을 준수하는 등의 행동으로 점수를 얻을 수 있었다. 일정량의 토큰(포인트, 점수)을 적립한 사람들은 토큰을 사용하여 매점에서 상품을 구매하고, 특별 오락 행사에 참석하며, 심지어 더 나은 숙소를 확보할 수도 있었다. (일부 숙소는 기숙사 형태였고, 다른 숙소는 방이 분리되어 있었다.) 아마도 석방을 제외한 최고의 보상은 명예 별장으로의 전출이었을 것이다.

연방 교정국이 범죄로 유죄판결을 받은 소년범의 감독에 관한 정책을 변경한 후, 해당 시설의 명칭이 모던타운 연방 교정시설로 변경되었다. 모건타운에 위치한 연방 교정시설에서 사용하기 위해 개발된 원래의 시설관리 조직 모델이 수정되었고, 많은 연방 및 주립 교정시설에서 다양한 시설관리 방식이 채택되었다.

크랫코스키 등(2004, p. 377)은 "대중의 상당한 관심을 불러일으킨 또 다른 집단상담 방법은 부트 캠프(boot camp)를 만든 것이었는데, 이것은 군대에서 신병들을 훈련할 때 사용하는 신체적 · 정서적 도전 프로그램을 모방하여 만든 것이었다."라고 말했다. 피터스 등(Peters et al., 1997)은 소년범을 위한 부트 캠프 프로그램의 규칙과 규정을 위반하고 다른 형태의 일탈행위를 한 청소년에게 충분한 처벌을 제공하고 다양한 상담 및 교육 프로그램을 제공함으로써 '응보적 정의 모델'과 '의료 모델'을 결합하려는 시도였다고 제안했다.[1)]

헨게시(Hengesh, 1991)는 부트 캠프 프로그램을 '엄격한 규율'과 고도로 구조화된 활동(신체, 교육, 레크리에이션)으로 구성되며, 규칙 및 규정을 엄격히 준수해야 한다고 설명했다. 소년범들은 주 정부에서 운영하는 소년 교정시설(소년교도소 또는 소년원)에 수용되는 대신 부트 캠프에 위탁되었다. 수용기간은 일반적으로 60~90일로, 군대 신병훈련소와 비슷했다. 캠프 책임자와 담당관들은 군복 형태의 제목을 입고 조직 내에서 자신의 직위

1) 역자 주: 응보적 정의 모델(just desert model)은 형사 정의 이론에서 주로 사용되는 개념으로 범죄자에게 가해지는 형벌은 예방이나 교정 등 '사회적 유용성'을 목적으로 하기보다는, 그가 저지른 행위에 상응하는 만큼만 부과되어야 한다는 사상에 기초, 즉 범죄자가 '받아 마땅한 몫'으로서의 형벌을 부과받는다는 의미.

를 식별하기 위해 계급장도 달았다. 수용자와 교정직원 간의 상호작용은 격식을 요구했으며, 남성직원을 부를 때는 "선생님(sir)", 여성직원을 부를 때는 반드시 "○○○ 님"이라고 부르는 것이 의무였다. 대부분의 부트 캠프는 입소한 청소년들이 거주하는 지역사회에 위치했으며, 정해진 면회시간 동안 부모 등 자격을 갖춘 다른 사람들의 면회가 권장되었다.

'부트 캠프'의 목표는 캠프에 보내진 소년범의 긍정적인 행동 변화를 촉진하는 데 도움이 되는 것이었다. 청소년의 행동을 면밀히 관찰하여 긍정적인 행동, 즉 교정직원의 기대에 부합하는 행동을 한 경우에는 추가 특권을 부여하고, 부적합한 행동을 한 경우에는 일반적으로 특권 박탈이라는 처벌이 가해졌다.

청소년을 대상으로 한 부트 캠프의 효과에 대한 후속 연구에 따르면, 몇 가지 엇갈린 결과를 보여 주고 있다(Hengesh, 1991, p. 108). 긍정적인 변화로는 긍정적인 자아상과 자존감의 향상, 고도로 구조화된 환경에 적응하는 법 배우기, 자제력 개발, 신체 발달, 집단과 함께 일하는 법 배우기, 일부의 경우 '엄격하지만 공정하고 그들의 복지에 진심으로 관심이 있는' 교정직원과 공감대가 형성되었다고 언급했다. 재범률이 상당히 높다는 점 외에도 부트 캠프의 부정적인 점은 청소년들이 지역사회 환경으로 돌아가서 다시 이전 또래 집단과 어울리기 시작하면 프로그램 기간 동안 나타났던 행동 변화가 지속되지 않는다는 점이다. 일반적으로 청소년이 지역사회로 돌아간 후에는 법원에서 명령한 감독을 받지 않았다. 헨게시(1991)는 초기 부트 캠프 경험이 일반적으로 청소년의 행동에 긍정적인 변화를 가져왔지만, 프로그램 퇴소 후, 지역사회에서 집중적인 보호관찰 감독 기간이 필요하다는 결론을 내렸다. 버튼 등(Burton et al., 1993)의 연구에 따르면, 부트 캠프 참가자들의 태도, 미래 기회에 대한 인식, 자신의 능력에 대한 생각이 부트 캠프에 있는 동안 변화했으며, 출소 후에도 잘 짜여진 감독 및 치료 프로그램이 제공되면 이러한 변화가 지속될 수 있을 것으로 확인되었다.

1990년대에 운영되던 대부분의 부트 캠프 프로그램은 결국 예산 삭감으로 인해 중단되었다. 대부분의 프로그램은 연방 및 주 정부의 보조금을 통해 재정지원을 받았는데, 이 재정지원이 중단되자 지방 정부는 프로그램 운영을 계속할 재정적 자원을 확보하지 못했다. 부트 캠프의 쇠퇴에 영향을 미친 또 다른 요인은 주 정부가 소년범들을 위한 지방 교정시설에 재정을 지원하는 방향으로 전환한 것이다. 이러한 시설에서 시행되는 프로그램은 부트 캠프에서 제공하는 일반화된 프로그램보다는 특별한 도움이 필요한 청소년을 위한 상담 및 심리치료 제공에 중점을 두는 경향이 있었다.

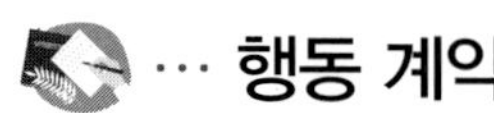

… 행동 계약

알렉산더(Alexander, 2000, p. 78)는 "행동 계약(Behavioral Contracting)은 상담사와 내담자 간에 원하는 행동과 원하는 행동에 대해 주어질 재강화자(re-enforcer)를 명시하는 서명된 계약이다. 계약의 장점은 구체적이고 독특하다는 것이다. 또한, 달성하고자 하는 행동에 대한 새로운 기준을 만들기 위해 계약서를 수정할 수도 있다."라고 진술했다.

범죄 혐의자 및 유죄판결을 받은 범죄자, 소년범에 대한 형사사법절차를 면밀히 살펴보면, 모든 단계에서 형사사법기관 근무자와 소년범 및 성인범 사이에 어떤 형태의 행동 계약이 이루어지고 있음이 분명하다. 예를 들어, 소년범이 소년사법기관에서 선도(diversion) 프로그램에 배치되는 경우, 청소년의 행동과 관련하여 반드시 지켜야 하는 조항이 설정된다. 선도 프로그램에 배치되기 전에 청소년 또는 보호자에게 선도 프로그램 배치 수락 여부는 선택 사항이며, 청소년이 공식적 사법절차를 선택할 수 있다는 사실을 안내한다.

체포되어 보석금이 마련될 때까지 구치소에 수감된 성인범은 정해진 일정에 따라 법정 및 재판에 출석할 것에 동의하는 계약을 체결해야 한다. 마찬가지로 집행유예나 보호관찰을 받은 범죄자는 행동과 관련된 일련의 일반 및 특별 규칙을 준수하는 데 동의해야 한다. 실형을 선고받은 범죄자는 수감 기간 동안 준수해야 하는 규칙 목록과 규칙을 따르지 않을 경우 발생할 수 있는 결과에 대한 설명이 제공된다. 모든 행동 계약은 범죄자의 유형과 행동 계약이 성립된 상황에 관계없이 사법제도의 권한 아래 있는 당사자에게 명시된 방식의 행동 변화를 요구한다. 또한, 행동 계약('조건부 계약'이라고도 함)에는 정해진 방식으로 행동을 바꾸지 않거나 허용되지 않는 행동으로 회귀하는 경우에 받게 될 부정적인 제재(명시적으로 나열되거나 묵시적으로 포함된 것)가 구체적으로 명시되어 있다. 예를 들어, 선도(diversion) 대상자에 대한 부정적인 제재는 위반자를 법원을 통해 실형이 집행될 수 있으며, 교정시설에 수감된 수용자는 특혜를 상실하거나 교도소 내 더 엄격한 구역으로 재배치되거나, 심지어 더 엄격한 시설로 이송될 수도 있다.

긍정적인 강화 조치(보상)는 즉각적인 것일 수도 있고, 장기적인 것일 수 있다. 지역사회에서 소년법원의 감독을 받는 청소년은 보호관찰 규칙에서 처음 계약한 시간보다 1시간 더 연장된 외출을 할 수 있는 즉각적인 보상을 받을 수 있고, 지역사회 거주형 교정시설에 있는 사람은 가정방문이 허용되는 중간 수준의 보상을 받을 수 있으며, 수용자는

동행자 없이 도서관에 가거나 더 유리한 업무 배정을 받을 수 있는 추가 특권을 부여받을 수 있다. 앞에서 언급한 모든 사례에서 중간 보상은 장기적인 목표, 즉 사법제도의 권한에서 벗어나 석방이라는 목표를 달성하기 위한 강화제 역할을 한다.

… 상담 및 심리치료 기법으로서 행동수정

행동수정 프로그램은 교정 현장에서 상담 및 심리치료의 한 기법이자 통제 장치로도 사용되어 왔다. 일반적으로 행동수정은 소년범 및 성인범에게 적용될 때 다른 상담 및 심리치료 기법과 함께 활용된다.

모든 행동수정 치료의 기본 이론적 근거는 조작적 조건화를 적용하는 것이다. 오밀리에(Aumilier, 2016, p. 1)는 "조작적 조건화는 긍정적인 결과가 뒤따를 경우에 반응이 증가하고 부정적인 결과가 뒤따를 경우에는 반응이 감소한다는 효과의 법칙(law of effect)에 의존한다."라고 설명했다. 이어서 그는 "원하는 방식으로 반응할 확률을 높이는 결과인 강화와 반응 확률을 낮추는 결과인 처벌이라는 두 가지 주요 '결과'가 있다. 이 두 가지 모두 긍정적(자극 추가) 및 부정적(자극 제거) 선택지를 포함하므로 실제로는 긍정적인 강화, 부정적인 강화, 긍정적인 처벌, 부정적인 처벌의 네 가지 가능성이 있다."라고 설명했다.

오밀리에(2016, p. 2)는 강화 방법에 대해 "강화에는 두 가지 주요 방법이 있다. 첫 번째는 원하는 활동을 할 때마다 보상을 주는 지속적인 강화이다. 다른 강화 방법은 간헐적 강화이다. 간헐적 강화에는 네 가지 구체적인 방법이 더 있다. 고정 비율은 강화를 받는 데 필요한 반응의 수가 동일하게 유지되는 경우이다. 예를 들어, 경찰관이 교통 위반 티켓 10장을 발부하거나 음주운전 5건을 적발할 때마다 보상을 주는 경우, 고정 간격은 일정 기간이 지난 후에도 강화를 받는 시간이 동일하게 유지되는 경우, 가변 비율은 강화를 받는 데 필요한 응답 횟수가 변하지만 전체적으로 평균이 되는 경우, 마지막 강화 방법은 가변 간격이다. 이것은 강화를 받는 시간이 변경되지만 결국에는 평균이 되는 경우이다."라고 설명했다.

행동수정 원리는 형사사법절차의 모든 측면에서 어떤 식으로든 사용된다. 사법기관의 관할하에 있는 범죄자에 대한 초기 평가부터 시작하여 과학적으로 도출된 증거 기반 지침을 사용하여 범죄자에게 필요한 자극의 양(감독, 그리고 형사사법기관 근무자의 지시)을 통해 원하는 변화를 이끌어 낸다. 지역사회 기반 감독 하에 놓인 유죄판결을 받은 범죄자는 저위험, 중위험, 고위험으로 분류되며, 범죄자가 새로운 범죄를 저지를 위험에 따라 적절한 감독 접촉 횟수(대면 접촉 횟수, 약물 검사 시행 빈도, 가정 방문 횟수)가 설정된다. 동반 도구인 범죄 욕구 평가의 결과는 범죄자가 원하는 변화를 일으키기 위해 어떤 형태의 상담 및 심리치료가 필요한지에 대한 정보를 제공한다. 이러한 평가 지침을 사용하여 감독 대상 범죄자에 대한 사건별 지원계획을 개발하는 데 지원과 지침을 제공하는 교정직원은 긍정적인 강화 및 부정적인 강화와 같은 행동수정 원리와 행동수정 기법 사용 방법을 설명하는 데 사용되는 기타 개념을 이해하지 못할 수도 있다. 그럼에도 불구하고 감독 모델의 기초와 범죄 위험성 및 범죄 욕구에 따라 감독 대상 범죄자를 다르게 분류하고 다양한 긍정적인 또는 부정적인 강화를 제공하는 이유에 대해 이해해야 한다.

경험이 많은 교정직원일수록 모든 범죄자는 어떤 면에서 다른 범죄자와 매우 유사하지만 많은 면에서는 상당히 다르다는 것을 깨닫게 된다. 평가도구는 원하는 방식으로 행동을 변화시키는 데 성공할 가능성이 높은 사람과 실패할 가능성이 큰 사람을 높은 확률로 예측할 수 있지만, 가족 지지, 개인적 가치관, 다른 사람을 기쁘게 하려는 욕구, 변화 동기 등 개인의 행동에 영향을 미칠 수 있는 일부 개별 요소는 사례별 지원계획을 수립할 때 고려하기 훨씬 어렵고 확실하지 않다([글상자 11-1]).

글상자 11-1 행동수정 프로그램의 예시

[마약전담법원에서 시드의 경험]

시드(Sid)는 32세의 고등학교 청소부로 학교 사무실 장비를 자신의 트럭에 싣고 가던 중에 경찰에 체포되었다. 그는 또한, 마리화나와 마약 도구를 소지하고 있었다. 시드는 지방 교도소로 이송되었다. 다음 날 그는 자기 보증(own recognizance)으로 석방되었다. 학교 관리자는 그의 체포 사실을 통보받은 즉시 추가 조사가 이루어질 때까지 그를 업무에서 배제했다. 시드의 사건은 지방 검찰에 송치되어 그가 마약전담법원에 회부될지의 여부를 결정하기 위해 검찰로 이송되었다. 법원의 재판 전 심리부서는 시드의 범죄 전과 기록을 검토하여 그가 마약전담법원의 심사를 받을 자격이 되는 요소와 마약전담법원 참여에서 제외될 수 있는 요소에 중점을 두었다. 마약전담법원 수용 권고와 함께 사건을 검찰에 송치하기로 결정할 때 고려된 요소는 다음과 같다.

1. 해당 범죄들은 낮은 수준의 중범죄였다.
2. 이전 범죄 전과 기록에는 단 한 건의 풍기문란 행동에 대한 경범죄 기록만 있었다.

3. 그가 유죄판결을 받더라도 강제적인 구금이나 징역형을 선고할 필요가 없는 범죄였다.
4. 해당 범죄는 약물 및 알코올 관련 범죄였다. (이전의 풍기문란 행동 혐의는 공공장소에서의 음주로 인한 것이었으며, 학교 교장은 시드가 근무 중 알코올 사용으로 두 차례에 걸쳐 견책을 받았다고 밝혔다.)
5. 시드는 약물치료 프로그램에 참여함으로써 혜택을 받을 가능성이 높다.

시드는 변호사를 통해 마약전담법원에 대한 정보를 이미 받았기 때문에 법원에 출석하여 탄원서를 제출했다. 판사는 그에게 자신의 권리와 이용 가능한 선택지에 대해 알려 주었다. 그는 혐의에 대해 유죄를 인정하고 마약전담법원 프로그램을 선택하겠다고 법원에 알려 주었다. 마약전담법원 프로그램 참여와 관련된 조건을 검토한 후, 그는 자신의 조건과 프로그램을 성공적으로 완료할 경우의 보상(긍정적인 강화)이 명시된 문서(조건부 계약서)에 서명했다. 그는 추가 형사 기소 없이 프로그램을 성공적으로 마치면 기소가 취하되고 범죄 전과 기록이 남지 않을 것이라는 통보를 받았다.

시드는 현재 실직 상태였기 때문에 법원의 관할 아래 주간 치료 프로그램에 참석해야 했다. 몇 가지 구체적인 요구 사항은 150시간의 사회봉사(회복적 정의) 이수, 집단 약물치료, 상담 및 심리치료 프로그램 참여, 정기적인 약물 선별 검사, 보호관찰관과의 면담, 정기적으로 예정된 마약전담법원 프로그램에 참석하는 것 등이었다. 그의 이행 사항은 주간 치료 프로그램 담당 교정직원과 보호관찰관이 면밀히 감독하게 된다.

시드의 마약전담법원 프로그램 참여 약정기간은 1년이었다. 그러나 프로그램의 성과에 따라 그 기간은 단축될 수도 있고, 연장될 수 있다. 또한, 시드는 사유(새로운 범죄를 저지르거나 계약 조건을 준수하지 않는 경우)가 발생하면 프로그램에서 해지될 수 있음을 이해하고 있었다.

매주 열리는 마약전담법원 프로그램에 참석하는 모든 마약 참가자는 판사 앞에서 자신의 사건 심사를 받게 된다. 담당 보호관찰관은 각 참가자의 긍정적인 행동과 부정적인 행동에 대해 진술했다. 부정적인 보고에 대해 판사가 처벌을 내리게 되는데, 특권을 박탈당하거나 심한 경우, 며칠 동안 구치소에 수감될 수도 있다(부정적인 강화). 부정적인 강화 조치를 받는 이유에는 주간 치료센터에 출석하지 않거나, 사회봉사를 완료하지 않거나, 약물 및 알코올 남용이 재발한 경우 등이 포함되었다. 이러한 마약전담법원 프로그램 일정이 끝날 때마다 판사는 참가자에게 일종의 음식을 제공했다(지속적인 강화).

마약전담법원 프로그램에 참여한 첫 몇 달 동안 시드의 성과는 매우 놀라웠다. 그가 마약전담법원 프로그램에서 판사 앞에 출두할 때마다 보호관찰관은 훌륭한 보고서를 제출했고 판사는 그의 진전(지속적인 강화)에 대해 칭찬했다. 그는 사회봉사 의무를 마쳤고, 학교 관리자는 그를 예전

직장이었던 학교 청소부로 복귀시키는 방안을 검토하겠다고 약속했다. 2개월 후, 매주 마약전담법원 프로그램에 참석해야 하는 시드의 의무가 2주마다 변경되었다(간헐적 강화). 판사는 그가 약물 남용 상담을 완료하고 보호관찰관으로부터 긍정적인 평가를 계속 받으면 법정 출석 의무가 한 달에 한 번으로 줄어들 것이라고 알려 주었다(형성-원하는 목표를 향한 지속적인 강화).

프로그램에 참여한 지 5개월이 지난 후에도 시드의 수행은 만족할 만한 수준을 유지했고, 마약전담법원 판사는 시드의 의무 출석 횟수를 한 달에 한 번으로 낮췄다. 그러나 얼마 지나지 않아 예정에 없던 약물 검사에서 양성 반응이 나왔다. 보호관찰관은 이를 마약전담법원 판사에게 보고했고, 시드는 다음 예정된 법정에 출석하라는 명령을 받았다. 그는 출석하지 않았고 판사는 체포영장을 발부했다. 그는 체포되어 구치소에 수감되었다(부정적인 강화).

시드는 마약전담법원 판사에게 출두하여 자신의 행동, 특히 재발 이유에 대해 설명할 기회를 부여받았다. 시드는 가족 관련 문제로 인해 많은 불안감을 느꼈다고 진술하자 판사는 마약전담법원 프로그램에 계속 참여하도록 결정했지만, 수료 전 시간을 2개월 늘리고 매주 마약전담법원 프로그램에 참석하도록 하는 등 계약 조건을 변경했다(부정적인 강화).

그 후 몇 달 동안 시드는 더 이상 재발하지 않았다. 그는 합리적 행동 이론에 근거한 약물치료 프로그램에 참여함으로써 혜택을 받은 것 같았다. 결국 그는 잃었던 특권을 회복했고, 판사는 시드가 프로그램을 이수하는 데 필요한 기간을 2개월 단축했다(간헐적 강화).

프로그램 수료 후(수료식에서 판사는 프로그램을 성공적으로 이수하려는 그의 동기에 대해 칭찬을 아끼지 않았다) 몇 번의 좌절에도 불구하고 형사 기소가 취하되었고, 시드에게는 이제 범죄 전과 기록이 남지 않게 되었다. 그는 이전 직장을 되찾지는 못했지만 지역 사업체의 청소부로 취업하는 데 성공했다. 판사가 그에게 마약전담법원 프로그램에 대한 의견을 묻는 질문에 그는 판사, 보호관찰관, 주간 치료 담당관과의 긍정적인 상호작용과 자신을 포기하지 않으려는 의지가 성공의 주된 이유였다고 말했다.

… 특별 상담 및 심리치료를 위한 행동수정

크랫코스키(2012, p. 429)는 소년범을 대상으로 한 상담 및 심리치료와 관련하여 "청소년 교정에 사용되는 상담방식은 일반적으로 인지치료 및 행동치료를 중심으로 이루어진다. 거주형 치료시설에서 사용되는 많은 프로그램들은 이 두 가지 상담 방식을 결합한

것이다."라고 설명한 바 있다. 사례별 지원계획을 수립할 때 상담사(감독관, 보호관찰관)는 청소년에게 필요한 변화의 유형을 명시하고 청소년이 계획에 명시된 조항을 준수할 책임을 지는 계약을 체결한다. 대부분의 계약과 마찬가지로, 어떤 이유로 청소년이 원래 조항에 명시된 요건을 충족할 수 없는 경우에 수정할 수 있는 조항이 있다.

사법기관의 감독을 받는 성인에게도 유사한 치료 방식이 적용된다. 마약관련 범죄로 유죄판결을 받은 여성 범죄자를 수용하는 보안시설인 클리프 스킨(Cliff Skeen) 지역사회 기반 교정시설에서는 행동수정 프로그램이 약물 남용자들을 위한 특별 치료와 혼합되어 시행되고 있다([글상자 11-2]).

글상자 11-2 클리프 스킨 지역사회 기반 교정시설

클리프 스킨 교정시설은 오하이오주 애크런에 본부를 둔 비영리 단체인 오리애나 하우스(Oriana House, Inc.)가 운영하는 여러 거주형 교정시설들 가운데 하나로, 성인범에게 지역사회 기반 지원을 제공한다. 이곳에는 서밋 지방과 주변 여러 지방판사들이 이 시설에 의뢰한 86명의 여성이 입소하고 있다. 여성 중 일부는 일반법원에서 유죄판결을 받은 후 형을 선고받았고, 다른 일부는 마약전담법원에서, 다른 일부는 전문 가정법원에서 재판을 받았다. 프로그램에 들어가기 전에 여성들은 평가도구로 사용되는 오하이오 범죄 위험성 평가제도(ORAS)를 통해 범죄 위험성 및 범죄 욕구 평가를 받았다. 시설에 입소하면 여성들은 오하이오 범죄 위험성 평가제도에서 받은 점수에 따라 각기 다른 주거 구역에 배정된다. 고위험군으로 분류된 여성은 시설 내 별도의 공간에 수용된다. 이 주거 구역에는 20명의 여성이 4개의 주택에 입소하고 있다. 입소자는 180일 동안 거주할 수 있다. 그러나 입소자는 180일 이내에 프로그램을 완료할 수 있다. 필수 프로그램을 이수할 동기 부족, 규칙 미준수 또는 기타 사유로 180일 이내에 프로그램을 이수하지 않은 입소자는 지방 구치소에 수감된다.

범죄 위험성 수준에 따라 출소 자격을 얻기 전에 이수해야 하는 프로그램의 유형과 양이 결정된다. 저위험 범주에 속하는 사람은 1~100시간, 저/중등도 및 보통 범주는 100~200시간, 중등도 범주는 200~300시간, 고위험 범주는 200~300시간을 이수해야 한다.

범죄 위험성 평가 외에도 각 입소자는 화학적 의존도 평가, 고용 평가, 교육 요구 평가, 정신건강 평가, 의료 평가, 행동 평가 등을 받게 된다. 이러한 평가는 입소자를 위한 개별화된 사례별 지원계획을 수립하는 데 사용된다.

교정시설에 수용된 모든 여성은 사례별 문제해결 지원 담당관에게 배정된다. 첫 만남에서 입소자에게는 시설에서 제공하는 프로그램 목록이 제공된다. 입소자는 다양한 프로그램에 의무적으로 참여해야 할 수도 있고, 의무가 아닌 다른 프로그램에도 참여할 수 있다. 일반적으로 요구되는 '투여 시간(dosage hours)'이 많을수록 더 많은 치료 프로그램의 참여가 요구된다. 일주일 동안의 특정 프로그램 성과에 대한 계획이 수립되고 입소자가 이에 동의한다.

사회복지사는 매주 또는 격주로 입소자와 만나 이전 면담 이후 입소자가 어떤 활동을 했는지, 필수 프로그램은 얼마나 잘 이해되고 있는지, 프로그램을 변경할 필요가 있는지, 보상받을 일은 없는지, 징계를 받은 사실은 없는지 등을 검토한다.

- 상담 및 심리치료 프로그램: 제공되는 상담 및 심리치료 프로그램은 분노 조절, 계획된 부모역할, 성공을 위한 동기부여 등 행동 변화와 관련된 기술 개발, 인격 형성, 자기 성찰, 건강한 배출 및 해소 마련책 등 태도 및 가치관 변화, 영양, 여가 활동, HIV/AIDS 정보 제공 등 신체 및 정신 발달에 초점을 맞춘 프로그램과 변화를 위한 사고, 인지 왜곡 등 인지 기술 발달에 초점을 맞춘 프로그램 등이 있다. 일부 프로그램은 상담 회기를 진행할 수 있는 전문지식과 자격을 갖춘 교정직원이 진행한다. 정신질환자 상담 및 심리치료나 약물치료에 대한 전문지식이 필요한 경우 등 보다 전문적인 상담 및 심리치료 문제는 다른 기관에 고용되어 있지만 시설에 와서 개인상담 또는 집단상담을 진행하는 전문 상담사가 제공한다. 모든 치료 프로그램의 목표는 내담자가 프로그램 참여로 인해 발생한 삶의 변화에 대해 이야기할 수 있도록 하는 것이다.
- 단계 진행: 클리프 스킨(Cliff Skeen) 시설의 프로그램은 세 단계로 구성된다. 예비교육 단계인 1단계에서는 여성들이 최소 30일 동안 시설에 수용된다. 이들은 처음 시설에 입소할 때 실시한 범죄 욕구 평가를 통해 결정된 프로그램에 참여해야 한다. 또한, 시설 유지관리에 참여하고 시설의 규칙을 준수해야 한다. 1단계 요건을 모두 충족한 여성은 2단계 입소를 신청할 수 있다. 그러나 입소가 자동으로 이루어지는 것은 아니며, 규칙을 준수하지 않는 경우, 필수 프로그램을 완료하지 못했거나 탈출 시도 등의 사유로 입소가 보류될 수 있다.

2단계는 치료 단계라고 한다. 2단계에서는 여성들에게 더 많은 자유와 함께 더 많은 특권이 주어진다. 체계적인 지역사회 봉사와 교육/직업훈련, 구직 등을 위해 시설을 떠날 수 있다. 입소자가 핵심 프로그램의 50% 이상을 이수하면 3단계로 올라갈 수 있다. 이 단계에서는 격주로 시설 외부에서 사회활동 시간을 얻을 수 있는 자격과 같은 추가 보상이 제공된다. 그러나 3단계로의 이동은 자동으로 이루어지는 것이 아니며, 이러한 추가 보상을 받으려면 적절한 행동을 보여 주고 주간 프로그램 목표를 완료해야 한다.

전환적 지원. 일부 입소자들은 시설에서 퇴소할 때 전환적인 지원에 참여해야 한다. 이러한 지원은 프로그램의 비거주 구성 요소이며, 필요한 지원은 지속적인 사례 프로그램, 의무적인 소변검사, 보호관찰관에게 보고, 치료와 관련된 기타 활동 참여 등으로 구성될 수 있다.

-[글상자 11-2]의 정보는 클리프 스킨 지역사회 기반 교정시설 신규 수용자 예비교육 지침서 (가장 최근 개정판)에서 발췌한 것이다.

 … 보호관찰/사후 관리 감독에서 조작적 조건 형성 적용

보호관찰 감독의 기본 원칙은 조작적 조건 형성에 기반을 두고 있다. 그러나 부서 정책과 개별 보호관찰관들은 보호관찰 감독과 관련된 과제를 완수할 때 부정적인 강화(처벌)보다 긍정적인 강화(보상)를 강조할 수 있다.

집중적인 감독을 받는 범죄자를 대상으로 한 우다얼 등(Wodahl et al., 2011)의 연구에 따르면, 처벌에 대한 보상 비율이 높아질수록 범죄자가 프로그램을 성공적으로 이수할 가능성이 높아지는 것으로 나타났다. 카터와 산코비츠(Carter & Sankovitz, 2014)는 사례별 지원계획에서 대상자와 감독자 간의 대면 접촉을 적극적으로 권장하는 국립교정연구소와 효과적인 공공정책 센터에서 개발한 사례별 지원계획 감독 모델이 감독 결과에 긍정적인 영향을 미칠 수 있다고 주장한다.

로버슨 등(Roberson et al., 2015, p. 4)의 연구에 따르면, 내담자의 감독에서 긍정적인 강화에 중점을 두는 것이 부정적인 강화(제재)에 중점을 두는 것보다 더 긍정적인 결과를 가져올 가능성이 높지만, 일반적인 지역사회 보호관찰관들은 부정적인 제재를 사용하는 것 외에는 보호관찰 규칙 위반에 대응하는 방법을 알지 못한다고 보고했다.

로버슨 등(2015, p. 4)은 "지역사회 보호관찰관들은 여전히 조작적 조건화를 사용하여 내담자를 감독하려는 시도에서 지식의 공백에 직면해 있다. 특히, 몇 가지 예외를 제외하고는 범죄자들이 일반적으로 사용되는 지역사회 보호관찰 감독 반응에 대해 어떻게 인식하는지에 대한 이해가 부족하다. 범죄자의 생각과 인식은 바람직하지 않은 행동을 소멸시키고 더 바람직한 대체 행동의 반복을 장려하는 데 필요한 종류와 강도, 그리고 내담자의 가능한 반응을 더 잘 이해하는 데 도움이 되기 때문에 유인책의 제공과 제재를 적용할 때 중요하다. 즉, 한 사람이 강한 강화라고 생각하는 것을 다른 사람은 약한 강화 또는 심지어 처벌이라고 생각할 수도 있다."라고 설명했다. 로버슨 등(2015, p. 10)은 지역사회 보호관찰 감독을 받는 대상자들에게 설문조사를 실시하여 지역사회 기반 감독자가 대상자 관리 시 사용하는 총 45가지 행동의 각 항목에 대해 '좋아요' 또는 '싫어요'로 응답하도록 대상자에게 요청했다. 이러한 조치 항목은 개념적으로 강화(구두 칭찬, 감독 수수료 면제, 판사 표창장) 또는 처벌(징역형, 운전면허 취소, 구두 질책, 통행금지 시간 증가, 입원 치료 또는 상담 의뢰)로 분류할 수 있다. 연구진은 많은 항목에서 보호관찰관이 보호관찰 대상자를 감독하고 치료하는 데 사용하는 조치에 대해 대상자들이 호불호를 크게 구분하지 않는다는 결론을 내렸다. 또한, 수감시설이나 교도소에 가는 것과 같은 가장 가혹한 처벌을 제외하고 대상자들은 강화 조치, 중립적 조치, 처벌을 구분하지 않는 경우가 많았다.

연구 결과를 바탕으로 한 권장 사항은 다음과 같다(Roberson et al., 2015, pp. 7-8).

- 효과적인 사례별 지원계획을 수립하기 위해서는 계량적 범죄 위험성 및 범죄 욕구 평가도구가 기초되어야 한다.
- 사례별 지원계획을 수립할 때, 감독관은 자신이 하는 지도행동이 어떤 것은 처벌이고, 어떤 것은 강화인지, 그리고 어떤 것이 치료에 해당하는지를 명확히 구분할 줄 알아야 한다.
- 지역사회 보호관찰관들은 개인의 동기부여 요인을 충분히 이해해야 하며, 사례별 지원계획에 필요한 조치 및 프로그램 선택에 범죄자가 참여할 수 있는 기회를 제공해야 한다(어느 정도 의견을 제시할 수 있어야 함).
- 대상자와의 원활한 의사소통을 확립하는 것은 필수적이다. 감독관은 처벌을 내릴 때에도 취해진 조치에 대한 대상자의 인식을 이해하고 대상자에게 요구되는 행동 변화를 달성하는 데 왜 필요한지 설명하려고 노력해야 한다.

… 즉결 집행이 수반된 기회 보호관찰

HOPE(Honest Opportunity Probation with Enforcement),[2] 모델이라 불리는 HOPE 프로그램은 2004년에 시작되었다. 이 프로그램은 지역사회 보호관찰 감독하에 있는 보호관찰 대상자에 대한 면밀한 관찰, 빈번한 약물 남용 검사, 그리고 보호관찰 규칙을 위반한

사람에 대한 즉각적이고 일관된 제재가 이루어진다. 이는 분명히 처벌 중심 모델이다. 자작 등(Zajac et al., 2015, p. 31)에 따르면, "HOPE 모델은 여러 차례의 조건 위반과 약물 검사 양성 반응으로 보호관찰을 종료하는 보다 전통적 접근 방식과 대조된다."라고 말했다. 자작 등(2015, p. 34)은 "HOPE의 기본 전제는 보호관찰 대상자가 자신의 행동과 공식 대응 사이의 관계를 이해하고, 제재의 심각성이 낮더라도 위반 시 제재를 받게 된다는 것을 학습할 수 있는 틀을 제공한다는 것이다."라고 설명했다. HOPE 프로그램의 핵심적인 특징은 지역사회 보호관찰 감독을 받는 범죄자에게 조건을 위반할 경우 예상되는 결과(부정적인 강화)에 대한 정보를 제공하는 것이다. 선고 판사는 심리를 열어 보호관찰 대상자들에게 자신들의 행동이 면밀히 관찰될 것이며, 보호관찰 조건을 준수하지 않으면 체포될 수 있고, 짧은 구금형을 선고받을 수 있음을 알린다. 위반이 발생할 때마다 수감 기간이 길어지고 새로운 보호관찰 조건이 추가된다. 보호관찰 대상자가 여러 차례 위반을 저지르면 보호관찰이 취소된다.

HOPE 프로그램은 미국 전역에서 운영 중인 많은 보호관찰 프로그램들과 크게 다르지 않다. 즉, 보호관찰 조건 위반 시 제재를 가하고 위반이 심각하고 빈번한 경우 보호관찰이 취소된다는 점에서는 차이가 없다. 가장 큰 차이점은 보호관찰 대상자에게 제재 유형, 제재 사유, 제재의 확실성에 대한 정보가 제공된다는 점이다.

HOPE의 효과에 대한 연구(Zajac & Dawes, 2021)에 따르면, HOPE가 모든 보호관찰 대상자에게 효과가 없을 수 있다고 한다. 천 명 이상의 참가자를 대상으로 한 연구에서 연구자들은 "범죄적 사고와 태도에 덜 사로잡혀 있고 반사회적 행동의 지속적인 결과를 피하려는 동기가 더 강한 보호관찰 대상자에게는 HOPE가 더 잘 받아들여졌을 수 있고, HOPE가 제공하는 엄격한 제재 전략에 무관심하거나 무시하는 보호관찰 대상자들로 인해 어려움을 겪었을 수도 있다."라고 결론지었다(Zajac & Dawes, 2021, p. 643).

… 지역사회 치료 교정시설에서의 행동수정 프로그램

세들락과 맥퍼슨(Sedlak & McPherson, 2010)이 실시한 거주형 교정시설에 수용된 청소

2) 역자 주: 즉결 집행이 수반된 기회 보호관찰, 규칙을 지키면 다시 설 수 있는 기회를 주되, 위반하면 즉시 제재가 집행되는 보호관찰제도.

년들에 대한 연구에 따르면, 지역사회 기반 보호시설과 개방시설은 기본적으로 시설에 수용된 청소년에게 치료를 제공하는 것을 목표로 하며, 치료 프로그램에서 다양한 치료 모델들을 활용한다고 밝혔다. 세들락과 맥퍼슨(2010, p. 3)은 "일반적으로 이러한 시설에서 활용되는 치료 프로그램은 전문화되어 있으며 전문교육을 받은 전문 인력을 필요로 한다."라고 말했다. 치료 프로그램은 일반적으로 성범죄자, 약물 남용자, 폭력 범죄자 등에게 상담 및 기타 형태의 치료를 제공하는 방향으로 진행되었다, 크랫코스키(2012, p. 452)는 치료시설에 수용된 청소년들이 그들의 문제와 필요에 따라 개인상담 및 집단상담을 제공받는 경우, 모두 수용시설의 규칙과 정책을 준수할 것을 기대한다고 관찰했다. 관리/치료 모델은 일반적으로 규칙 준수를 유도하고 청소년에게 긍정적인 변화를 위한 동기를 부여하기 위해 사용된다. 이러한 계획은 일반적으로 운영자의 행동수정에 기반을 두고 있다([글상자 11-3]).

글상자 11-3 복합 도시 지역사회 교정시설

오하이오주 캔턴(Canton)에 위치한 복합 지역사회 교정시설은 복합 지역사회 청소년 보호관찰 제도의 여러 시설들 가운데 하나이다. 이 제도는 해당 도시의 소년법원 판사, 여러 정부 관계자 및 해당 지역에서 선정된 시민으로 구성된 이사회에서 관리한다.

교정시설에 수용되는 청소년은 현재 및 또는 과거 범죄의 심각성을 기준으로 선정된다. 지역사회 교정시설에 수용되는 청소년들은 이 제도에 포함된 해당 지방법원의 판사들이 국가가 운영하는 소년 교정시설에 수용되는 대신 선택한 대안이다.

청소년의 하루 일과는 오전 6시에 시작하여 청소년의 프로그램 수준에 따라 오후 10시 또는 11시에 종료된다. 일반적인 활동은 다음과 같다.

1. 기상
2. 아침식사
3. 오전 일과: 개인위생, 잠자리 정리 등
4. 학교 수업
5. 점심식사
6. 학교 수업 복귀
7. 오후, 개인상담 및 집단상담 지원
8. 주중 면회 또는 전화통화

9. 근육 활동(운동)
10. 저녁식사 후 간식
11. 취침(오후 9시)
12. 휴식 시간(독서, 비디오 게임 등)

주말에는 학교 수업을 제외하고 모든 일정이 동일하다. 주말에는 생활관 대청소를 하고, 희망하는 학생들을 위한 신앙 기반의 예배가 열린다.

평일에는 식사, 학교 수업 참석, 개인상담 및 집단상담, 여가 활동, 생활관 내 자유시간 등으로 시간을 보내게 된다. 일과는 다음과 같은 경우를 제외하고는 일상에 큰 변화는 없다. 가끔 자원봉사 단체가 시설에 들어와 종교 봉사, 학교 과목 멘토링, 게임 참여 등을 제공한다. 이러한 행사 참석은 선택 사항이다. 수준별 제도(level system)에 따라 입소자가 어떤 위치에 있느냐에 따라서 받는 특권(긍정적인 강화)의 수와 종류가 달라진다.

지역사회 교정시설은 인지행동치료 모델을 따른다. 인지행동치료 모델의 주요 초점은 청소년의 범죄 유발 위험 요소를 겨냥하고, 제공되는 교육, 상담 및 심리치료를 통해 새로운 기술을 습득하게 하는 데 있다.

여러 지방이 함께 운영하는 청소년 보호시설(Multi-county Juvenile Attention facilities: MCJAS)에서 가장 중점을 두는 부분은 시설에서 퇴소 후 정규학교로 돌아갈 가능성이 없는 청소년에게 교육의 기회를 제공하는 것이다. 이 시설에서는 모든 청소년에게 GED(고등학교 졸업 자격시험)[3] 프로그램은 구금시설, 치료시설(지역사회 교정시설) 또는 공동생활가정 중 한 곳에 수용된 모든 청소년에게 제공된다. 검정고시를 치른 모든 청소년은 지역사회 교정시설(Community Corrections Facility: CCF) 또는 구금시설 중 한 곳에 수용되어 있었다. 청소년 보호시설은 학점이 부족한 청소년을 위한 시험 장소 역할을 하며, 캔톤공립학교 교직원과 협력하여 자격을 갖춘 청소년이 프로그램을 이수할 수 있도록 교육을 제공하고 있다(Director of MCJAS, James Mc Kenzie II가 제공한 정보).

인지행동치료 모델의 구현

모든 신규 입소자는 1단계부터 시작하는데, 이 단계는 추가 특전이 가장 적은 단계이다. 청소년의 행동은 매일 평가되며, 매일 획득한 긍정적인 점수(명예 점수)에 따라 등급이 결정된다. 청소년은 규칙을 준수하고, 학교, 여가 활동, 상담 및 심리치료 프로그램에서 협조적이며, 일반적으로 변

3) 역자 주: 우리나라의 검정고시와 동일.

화하려는 동기가 있음을 보여 줌으로써 점수를 얻을 수 있다. 일정 기간이 지나고 긍정적인 평가를 받으면 청소년은 더 많은 특권을 제공하는 2단계로 이동하고, 3단계 청소년에게는 시설 외부 활동에 참여할 수 있는 특권과 짧은 가정방문이 주어질 수 있다. 결국 청소년은 특별한 문제가 없는 한 4단계에 배치된다. 심각한 규칙 위반, 소란을 일으키거나 물건을 훔치거나 다른 입소자와 싸우거나 교정직원을 신체적으로 공격하는 등의 경우, 해당 청소년은 더 낮은 단계로 돌아가거나 시설에서 퇴소하게 된다.

4단계 입소자에게는 가장 많은 특전이 주어진다. 이 단계에는 오후 10시 취침 시간, 추가 자유시간, 가정방문, 외부 공연(음악회, 미술관 등) 및 운동 경기 관람 입장권 등이 포함된다. 4단계에 해당하는 입소자들은 석방 후 가족과 지역사회로 복귀할 준비를 하고 있다. 따라서 가정방문은 치료 프로그램의 중요한 부분이다.

요약

행동수정 프로그램은 소년범 및 성인범 교정상담에서 관리 도구이자 치료 방식으로 사용된다. 교정감독에서 행동수정의 사용은 보호관찰 대상자 및 가석방 대상자에 대한 지역사회 기반 감독, 청소년 및 성인 교정시설, 지역사회 기반 거주형 교정시설에서 가장 잘 설명할 수 있다. 행동수정 원리(조작적 조건화)에 기반한 프로그램은 다양한 제목이 부여되고 다양한 방식으로 구성된다. 일반적으로 제공되는 행동수정 치료는 인지행동치료와 관련된 치료 방식과 다른 형태의 치료와 결합된다. 이러한 상담 및 심리치료는 상담 및 심리치료를 받는 사람이 자신의 비정상적인 행동의 원인과 지역사회에서 기능하기 위해 행동 변화가 필요한 이유에 대해 생각하도록 요구한다.

'부트 캠프'와 같이 행동수정을 강조하는 프로그램과 다른 형태의 개인상담 및 집단상담이 제공되지 않는 기관 프로그램에 대한 연구에 따르면, 참가자가 프로그램에 참여하는 동안 발생한 행동 변화가 참가자가 더 이상 감독을 받지 않은 후에도 지속되지 않아 행동이 습관화되지 않고, 뿌리내리지 않았음을 나타낸다.

토의 문제

1. 인간의 행동은 '반응 행동'과 '조작 행동'의 두 가지 유형으로 나뉜다. 이 두 가지 유형의 행동의 차이점에 대해 토의해 보자. 행동수정 프로그램을 사용하여 어떤 유형의 행동을 변화시킬 수 있는가?
2. 행동수정 프로그램의 기본 원칙은 무엇인가? 학교에 자주 지각하거나 무단결석하는 14세 소년에게 행동수정 접근 방식을 어떻게 사용할 수 있는지 예를 들어 보자.
3. 로버트 F. 케네디 연방 소년원에서 비행 소년을 위해 사용한 '단위 관리 조직 모델(unit management organizational model)'은 시설에 수용된 소년범을 행동 유형에 따라 다른 수용 시설에 배치하는 분류제도를 사용했다. 이 시설에서는 일종의 토큰 경제법이 사용되었다. 토큰 경제법이 행동수정 프로그램으로 사용된 이유는 무엇인가? 시설에 수용된 청소년 중 어떤 유형의 청소년에게 토큰 경제법이 긍정적인 행동 변화를 유도하는 데 효과적인가? 어떤 유형의 청소년이 다른 유형의 강화에 더 잘 반응하는가?
4. 소년범을 수용하기 위해 설계된 '부트 캠프'의 특징에 대해 토의해 보자. 캠프에 있는 동안 청소년의 행동에 긍정적인 변화를 가져온 청소년이 '부트 캠프'에서 석방된 후, 지역사회에서의 행동으로 이어지지 않은 이유에 대해 토의해 보자.
5. 행동 계약이란 무엇인가? 지역사회 보호관찰에 사용되는 행동 계약의 한 유형을 예로 들어 설명해 보자.
6. 이 장에서 오밀러(Aumiller)가 언급한 네 가지 강화는 무엇인가? 약물 남용과 관련된 범죄로 유죄판결을 받은 범죄자 집단에게 행동 변화를 일으키려고 할 때, 긍정적인 강화와 부정적인 강화 중 어떤 것이 원하는 행동 변화를 일으킬 가능성이 더 높다고 생각하는가? 마약전담법원의 감독하에 있는 약물 남용자에게 부정적인 강화를 사용하는 것이 적절한 시기는 언제인가? 어떤 유형의 부정적인 강화를 사용할 수 있는가?
7. 클리프 스킨 지역사회 기반 여성 교정시설에서 사용하는 행동수정 프로그램에 대해 토의해 보자.
8. 하와이에서 시행되고 있는 즉결 집행이 수반된 기회 보호관찰(HOPE)은 이 프로그램에서 석방된 후, 새로운 범죄를 저지르는 범죄자의 비율을 줄이는 데 매우 효과적인 것으로 간주되어 다른 여러 주에서도 채택되었다. HOPE 프로그램의 주요 특징은 무엇인가? 일부 비평가들이 HOPE 접근 방식에 회의적인 이유는 무엇인가?

9. 오하이오에 위치한 비행 소년을 위한 복합 도시 지역사회 보호관찰시설에 수용된 소년범을 위해 사용되는 행동수정 프로그램을 간략히 설명해 보자. 이 프로그램에서 사용되는 긍정적인 강화에는 어떤 것이 있는가?
10. 자신이 중요한 다른 사람(아내, 여자 친구)을 학대한 혐의로 유죄판결을 받고 법원으로부터 보호관찰의 조건으로 행동수정 프로그램을 이수하라는 명령을 받은 성인 남성을 위한 집단 행동수정 프로그램의 상담사라고 가정해 보자. 집단상담 회기를 진행할 때 물질적 강화와 비물질적 강화를 모두 사용하기로 결정했다. 어떤 유형의 물질적 강화와 비물질적 강화를 사용할 것인지 몇 가지 예를 들어 보자.

참고문헌

Alexander, R. (2000). *Counseling, treatment and intervention: Methods with juvenile and adult offenders*. Brooks/Cole.

Aumilier, G. (2016). *Police psychology/the schedule is the key* (pp. 1-5). Marworth. Retrieved August 25, 2016, from http://www.policepsychologyblog.com/?tag+police-stress

Brown, B., Wienckowski, L., & Stolz, S. (1976). *Behavior modification: Perspectives on a current issue. National Institute of Mental Health, U.S. Department of Health, Education and Welfare, U.S. Government Printing Office*. Reprinted in Kratcoski, P. (2004). *Correctional counseling and treatment* (5th ed., pp. 367-404). Waveland Press.

Burton, V., Marquart, W., Cuvelier, S., Malarid, F., & Hunter, R. (1993). A study of attitudinal change among boot camp participants. *Federal Probation*, *57*(3), 46.

Carter, M., & Sankovitz, R. (2014). *Dosage probation: Rethinking the structure of probation sentences*. Center for Effective Public Policy.

Cherry, K. (2016). What is operant conditioning and how does it work? *Psychology, Very Well*. Retrieved August 28, 2016, from https://www.verywell.com/operant-conditioning-a2-2794863

Hengesh, D. (1991). Think of boot camps as a foundation for change, not as an instant cure. *Corrections Today*, *53*(6), 106-108.

Kratcoski, P. (2012). *Juvenile justice administration*. CRC Press/Taylor & Francis Group.

Kratcoski, P. (2023). *Juvenile justice administration* (2nd ed.). Springer.

Kratcoski, P., & Kratcoski, L. (2004). *Juvenile delinquency* (5th ed.). Prentice-Hall.

Kratcoski, P., Kratcoski, L., & Kratcoski, P. (2020). *Juvenile delinquency: Theory, process and the juvenile justice process* (6th ed.). Springer.

Lindsley, O., & Skinner, B. (1954). A method for the experimental analysis of behavior of psychotic patients. *American Psychologist, 9,* 419-420.

Peters, M., Thomas, D., & Zamberian, C. (1997). *Boot camps for juvenile offenders. Office of Juvenile Justice and Delinquency Prevention.*

Roberson, C., Lowenkamp, M., Lowenkamp, C., & Lowenkamp, M. (2015). Toward an empirical and theoretical understanding of offender reinforcement and punishment. *Federal Probation, 79,* 3-10.

Sedlak, A., & McPherson, J. (2010). *Conditions of confinement: Findings from the survey of youth in residential placement (OJJDP Juvenile Justice Bulletin).* U.S. Department of Justice.

Wodahl, E., Garland, B., Culhane, S., & McCarty, W. (2011). Utilizing behavioral interventions to improve supervision outcomes in community based corrections. *Criminal Justice and Behavior, 38*(4), 386-405.

Zajac, G., & Dawes, D. (2021). HOPE is a good thing?: Probationers perceptions of and experiences with the honest opportunity probation with enforcement demonstration field experiment. *Journal of Crime and Justice*, *44*(5), 643-650.

Zajac, G., Lattimore, P., Dawes, D., & Winger, L. (2015). All implementation is local: Initial findings from the process evaluations of the Honest Opportunity Probation with Enforcement (HOPE) demonstration field experiment. *Federal Probation*, *79,* 31-36.

제 12 장 교정에서의 집단상담

 … 집단상담의 정의

실스(Sills, 2023, p. 1)는 "집단상담은 한 명 또는 두 명의 정신건강 전문가의 지도 아래 2~15명의 참여자가 얼굴을 맞대고 자신의 문제와 걱정거리를 해결하는 상담 및 심리치료의 한 형태이다. 이러한 집단은 혼자서 어려움을 겪고 있는 개인에게 지지와 관점, 그리고 종종 변화를 위한 제안과 모델을 제공할 수 있다. 집단상담은 단독 형태의 치료 형태로도 도움이 될 수 있고, 개인상담을 보완하는 방식으로도 도움이 될 수 있다. 대부분의 집단은 매주 1~2회 정기적으로 만나 1~2시간 정도의 회기로 진행된다."라고 했다. 체리(Cherry, 2022)는 집단상담의 다섯 가지 유형을 다음과 같이 나열했다.

- 인지행동 집단: 비합리적이거나 인지 왜곡의 유형, 정서적 반응 및 행동을 파악하고 변화시키는 데 중점을 둔다.
- 대인관계 집단: 대인관계와 사회적 상호작용에 초점을 맞춘 집단으로, 다른 사람으로부터 얼마나 많은 지원을 받고 있는지, 그리고 이러한 관계가 정신건강에 미치는 영향 등에 중점을 둔다.
- 심리교육 집단: 인지행동치료(cognitive behavior therapy: CBT)의 원리를 기반으로 내담자의 심리정서적 장애와 대처 방법에 대해 교육하는 데 중점을 두는 집단이다.
- 기술 개발 집단: 정신질환 또는 발달장애가 있는 사람들의 사회적 기술 향상에 중점을 둔 집단이다.
- 지지 집단: 다양한 정신건강 문제를 가진 사람들과 그 가족에게 다양한 상담 및 심리치료의 기회를 포함한 광범위한 혜택을 제공하는 집단이다.

형사사법체계를 통해 처리되는 범죄자들 가운데 상당수는 어떤 형태로든 상담 및 심리치료에 참여해야 하며, 개인상담 및 집단상담 모두 참여할 수도 있다. 어떤 형태의 상담 및 심리치료가 가장 좋은 결과를 가져올 수 있는지에 대한 결정은 범죄의 성격, 감독이 제공될 환경, 참여자의 개인적 특성, 그리고 상담 및 심리치료 기회의 범위 등 여러 가지 요인들에 따라 달라진다. 예를 들어, 일부 지역사회에서 보호관찰 교정을 받는 범죄자는 해당 프로그램을 이용할 수 없기 때문에 집단상담에 참여할 기회가 없을 수 있다. 다른 지역사회에서는 판사가 약물 남용, 성범죄, 가정폭력 또는 분노 조절과 관련된 범죄로 기소된 범죄자에게 집단상담을 의무화할 수 있으며, 상담을 제공하는 기관이 법원으로부터 상담 및 심리치료 프로그램 참여를 명령받은 사람들을 받아들일 것을 알기 때문에 판사는 집단상담을 의무화할 수 있다. 교정시설과 같은 보안시설에 수감된 수용자들을 위한 집단상담 프로그램은 상담 대상자들이 모두 한 지붕 아래에 있어 접근성이 높기 때문에 프로그램을 구성하고 실행하기가 어렵지 않은 편이다. 그러나 숙련된 상담사가 부족하거나, 프로그램이 불필요한 보안 위험을 초래할 수 있다는 생각 또는 시설에서 상담 및 심리치료를 제공하는 것이 관리의 주요 목표가 아니라는 사실 때문에 집단상담 프로그램을 시행하지 않을 수도 있다.

… 집단상담의 기원

크랫코스키(Kratcoski, 2017, p. 226)는 "집단상담과 집단상담 기술은 제2차 세계 대전 전후 몇 년 동안 발전했다. 맥코클과 울프(McCorkle & Wolf)는 군인 범죄자들을 상담 및 심리치료하기 위한 방법으로 '지도적 집단 상호작용(Guided Group Interaction)'이라고 불리는 집단상담 기법을 개발했다. 이 기법은 제2차 세계 대전 이후에 수정되어 민간기관에 도입되었다."라고 분석했다. 1950년대에 맥코클과 빅스비(McCorkle & Bixby)는 하이필드(Highfield)라고 불리는 소년범을 위한 재활 지원시설에서 '지도적 집단상담' 프로그램을 시행했다. 하이필즈의 집단 상호작용 프로그램의 핵심은 집단 구성원들이 특정 목표를 향해 함께 일하고 긍정적인 목표를 향해 나아갈 때 서로를 격려하는 것이었다. 전문 상담사는 집단 구성원들이 달성해야 할 목표와 달성 방법을 지시하기보다는 목표를 정의하고 달성하도록 도와주었다. 맥코클(1958)에 따르면, 지도적 집단 상호작용의 핵심 요소는 집단 상황에서 이루어지는 문제해결 활동이다.

크랫코스키(2017, p. 226)는 다음과 같이 주장한다.

> 집단상담은 1940년대 후반과 1950년대에 수용자 처리의 효율성을 높이기 위한 이유보다는 개인상담보다 집단상담이 더 효과적이라는 강한 신념을 가지고 있었기 때문에 교정제도에 도입되었다. 초기에 집단상담은 교육이나 훈련에 중점을 두었으며 범죄자의 정서적 문제해결을 돕기 위한 노력은 부수적인 개념에 포함되었다.

점차적으로 수용자의 정서적, 정신건강 문제에 초점을 맞춘 집단상담이 많은 교정시설의 상담 및 심리치료 프로그램에 도입되었다.

모레노(1957)는 '심리극(사이코드라마: psychodrama)'이라는 치료 기법을 개발했다. 이것은 피험자가 자신의 문제를 연기하는 일종의 집단상담이었다. 이 상담 및 심리치료 기법은 다른 집단 구성원이 주연 배우의 삶과 문제에 어느 정도 관련이 있는 피험자의 삶에서 사람들을 대변하는 성격 배우 역할을 한다. 상담 및 심리치료가 진행되는 동안 집단 구성원들은 주연을 맡을 수 있는 기회를 갖게 된다.

1960년대에는 두 가지 다른 형태의 집단상담이 등장하여 지역사회와 교정시설의 많은 상담 및 심리치료 프로그램들에 도입되었다. 1965년 윌리엄 글래서(William Glasser)가 개발한 현실치료와 1961년 에릭 번(Eric Berne)이 개발한 행동분석이 바로 그것이다.

크랫코스키(2017, p. 227)는 다음과 같이 말했다.

> 현실치료(reality therapy)는 교정 내담자가 자신의 절실한 욕구와 행동 요구 사항이 무엇인지 파악하고 그에 대한 책임을 받아들이도록 하는 것이다. 집단은 내담자가 자신의 행동이 다른 사람들에게 어떻게 인식되는지 배우고, 다른 사람들이 자신에게 일어나는 일에 관심을 갖고 있다는 사실을 깨닫고, 앞으로 더 나은 행동을 위한 계획을 개발하는 데 이상적인 환경이 될 수 있다.

현실치료는 소년범 및 성인범 모두를 위한 시설 교정 프로그램일 뿐만 아니라 지역사회 교정에서도 활용되고 있다는 지지를 얻었다. 현실치료의 가장 큰 긍정적인 측면은 집단상담사가 훈련된 정신건강의학과 전문의나 사회복지사가 아니어도 상담 및 심리치료 과정을 이해하는 훈련만 받으면 된다는 점이다. 보호관찰관은 소수의 보호관찰 대상자와 함께 현실치료 상담을 진행할 수 있으며, 집단상담사는 지역사회 치료시설에서 현실치료를 실시할 수 있다. 어떤 형태의 현실치료 또는 본래 과정을 수정한 방식이 현재에도 여전히 널리 사용되고 있다. 특히, 소년 교정의 경우에 더욱 그렇다.

교류분석(Transactional Analysis)은 에릭 번(Eric Berne, 1961, p. 19)에 의해 시작되었는데, 그는 자신의 행동이 합리적이고 성숙하며 책임감 있는 행동을 특징으로 하는 성인 자아 상태, 다른 사람의 행동을 판단하는 부모 자아 상태, 감정적이고 자기중심적 행동을 포함하는 아동 자아 상태 중 하나에 의해 지시된다고 믿었다. 교류분석에서는 집단 상황에서 일어나는 대화를 지속적으로 분석하고 집단과 집단상담사가 자아 상태 중 하나를 대표하는 것으로 분류한다. 집단상담 현장에서 가장 중요한 초점은 참여하는 구성원들이 성인 자아 수준에서 상호작용하는 방법을 배우는 것이다.

현실치료와 마찬가지로 교류분석도 교정시설과 지역사회 환경에서 모두 시행되었지만 주로 보안이 강화된 소년 교정시설과 지역사회 치료시설에서 주로 사용되는 경향이 있었다. 교류분석 집단이 효과적으로 영향을 발휘하려면 집단상담사가 상담의 기초가 되는 이론을 완전히 이해하고 집단에 참여하는 사람들의 행동을 정확하게 해석할 수 있어야 한다.

1974년 보라스와 브렌트롬(Vorrath & Brendtrom)이 개발한 긍정적인 또래 문화(Positive Peer Culture: PPC)는 지도적 집단 상호작용 원칙을 기반으로 하지만 훨씬 더 구조화되어 있다. 크랫코스키(Kratcoski, 2017, pp. 227-228)는 "청소년에게 사용되는 이 접근 방식은 집단상담사의 지도 아래 소집단(약 9명)의 청소년이 상호작용하는 방식을 포함한다. 집단의 영향력은 문제를 파악하고, 문제를 해결하는 방법을 결정하고, 집단의 모든 구성원에 대한 관심과 배려심을 키우고, 다른 사람의 성공에 자신도 함께 책임이 있다는 감각을 촉진하는 데 발휘된다."라고 말했다.

긍정적인 또래 문화 집단에 참여한 사람들은 집단상담이 시작될 때 정의된 일반적이고 구체적인 문제 목록을 통해 자신의 어려움을 정의하고 그것을 해결하기 위해 노력한다. 집단의 도움을 받아 어떤 문제가 자신에게 구체적으로 적용되는지를 판단한다. 상담이 끝나면 문제가 해결되었는지 여부를 논의한다. 집단과 집단상담사는 긍정적인 또래 문화 문제해결 목록과 긍정적인 또래 문화 집단상담이 성공적으로 이루어졌을 때 일어날 수 있는 변화를 검토한다.

보라스와 브렌트롬(1974, pp. 36-37)은 또래가 서로에게 강한 영향을 미친다는 연구 결과를 바탕으로 집단상담 방법을 개발하고자 했다. 또래의 영향력은 집단의 행동에 긍정적인 영향뿐만 아니라 부정적인 영향도 미칠 수 있다. 긍정적인 또래 문화 접근 방식은

집단상담 과정에서 사용되는 일련의 특징(label)을 중심으로 한다. 이러한 특징은 청소년이 이해하기 쉽도록 개인이 겪을 수 있는 문제를 설명하는 데 사용된다. 상담 현장에서는 12가지 문제 영역을 고려한다. 문제 영역은 일반 문제와 특정 문제로 분류된다.

첫 번째 일반적인 문제는 낮은 자아상, 즉 자신에 대한 부정적인 의견을 갖는 것이다. 이 문제가 해결되면 자신감이 생기고 문제를 해결하고, 결정을 내리며 다른 사람에게 긍정적인 기여를 할 수 있게 된다. 다음으로 일반적인 문제는 다른 사람에 대한 배려의 부족이다. 이는 다른 사람에게 피해를 주는 행동을 하는 사람을 중심으로 한다. 문제가 해결되면 상대방이 마음에 들지 않더라도 다른 사람을 배려하는 모습을 보인다. 자기 자신에 대해 불신하는 청소년은 자신에게 해를 끼치는 행동을 하는 경향이 있다. 문제가 해결되면 자기 자신에 대한 관심을 보이고, 실수를 바로잡고 자신을 개선하려고 노력하며, 다른 사람들과 문제를 기꺼이 논의하게 된다. 권위에 대한 일반적인 문제를 가진 청소년은 누구에게도 관리받는 것을 원하지 않는다. 이 문제가 해결되면 권위 있는 사람들과 잘 지낼 수 있는 능력을 갖게 된다. 일부 청소년의 또 다른 일반적인 문제는 다른 사람을 잘못된 길로 이끄는 것과 관련이 있다. 이 사람은 다른 사람을 부정적인 행동으로 끌어들인다. 문제가 해결되면 자신의 행동이 자신을 따르는 다른 사람에게 미치는 영향에 대한 책임을 받아들이고 다른 사람을 부정적인 행동으로 이끌지 않게 된다. 쉽게 현혹되는 일반적인 문제를 가진 청소년은 다른 사람으로부터 부정적인 행동에 이끌린다. 문제가 해결되면 자신을 해치지 않을 만큼 배려하는 친구를 찾고, 단순히 친구를 사귀기 위해 다른 사람을 따르지 않는다.

긍정적인 또래 문화 상담에서 다루는 특정 문제는 다른 사람을 괴롭히는 청소년과 관련이 있다. 이러한 청소년들은 사람들을 부정적이고 적대적인 방식으로 대한다. 문제가 해결되면 다른 사람들과 잘 어울리고 다른 사람을 짜증나게 하거나 성가시게 하여 관심을 끌 필요가 없어진다. 쉽게 화를 내는 특정 문제를 가진 청소년들은 종종 짜증을 내거나 자극을 받거나 화를 낸다. 문제가 해결되면 쉽게 좌절하지 않고 분노를 조절하고 발산하는 방법을 알게 되며, 분노가 자신의 행동을 통제하지 못하도록 한다. 일부 청소년들이 겪는 또 다른 구체적인 문제는 도벽(stealing)이다. 이 문제가 해결되면 이 청소년들은 도둑질이 다른 사람에게 상처를 주는 행위로 인식하게 된다. 더 이상 도둑질을 통해 잘못된 행동을 하지 않고, 그것으로 자신을 증명할 필요를 느끼지 않게 된다. 약물 및 알코올 등 자신을 해칠 수 있는 물질의 오남용 문제는 청소년들에게 흔한 문제이다. 이 문제가 해결되면 친구를 사귀고 인생을 즐기기 위해 약에 취하지 않아도 된다는 것을 깨닫게 된다. 다른 사람들이 자신의 진실을 믿지 못하는 거짓말이라는 구체적인 문제도 긍정적인 또래 문화 집단상담에서 다루는 또 다른 영역이다. 끊임없이 거짓말을 하던 사람들은 이 문제가 해결되면 다른 사람들이 자신을 믿지 않을까 걱정하게 되고, 실수와 실패를 은폐하려 하지 않고 직면할 수 있는 힘을 얻게 된다. 특히, 가식(fronting), 즉 진실되게 행동하지 않고, 연기하는 태도는 불안한 청소년들에게 흔히 나타나는 구체적인 문제이다. 이 문제가 해결되면 이들은 자신을 증명하기 위해 끊임없이 노력할 필요가 없다. 긍정적인 또래문화 상담 동안 집단은 구성원의 문제를 파악하고 문제해결을 돕는다.

… 집단상담의 장단점

교정 현장에서 개인상담보다 집단상담을 활용할 때 얻을 수 있는 몇 가지 이점은 다음과 같다.

1. 집단상담은 한 명의 상담사가 한 번에 동일 환경에서 많은 내담자들을 대상으로 상담 및 심리치료할 수 있기 때문에 비용 효율성이 더 높다.
2. 교정시설에서 이루어지는 집단상담은 수용자 하위 문화의 영향을 줄이는 데 도움이 되는 것으로 알려져 있는데, 집단에 참여한 사람들은 교정직원이 수용하고 격려하는 방식으로 다른 수용자들로부터 지지와 도움, 심지어 우정을 얻기 때문이다. 상담이 성공적으로 이루어지면 수용자들은 집단에 대한 충성심을 키우고 집단에 속해 있다는 자부심까지 갖게 된다.
3. 집단 구성원들 사이에서 형성되는 개방성과 변화에 대한 의지는 집단상담사의 의견보다 집단 구성원들의 격려의 결과일 수 있다.
4. 아이디어의 집중적이고 자유로운 토론(brainstorming)을 통해 구성원 각자가 겪고 있는 문제에 대한 가능한 해결책이 집단 토의를 통해 도출되는 경우가 많다. 같은 문제를 경험한 집단 구성원이 자신의 문제해결 방법에 대한 정보를 제공한다.
5. 모든 집단에 훈련된 상담사가 필요한 것은 아니다. 일부 집단은 자조집단(self-help)이고 다른 집단은 일반 담당관들이 진행할 수 있다. 일부 집단은 집단상담 기법에 대한 교육을 받은 범죄자가 집단을 이끌 수도 있다.

집단상담은 장점뿐만 아니라 단점도 있을 수 있다. 집단상담사가 경험이 없고 집단의 목표 달성을 향해 나아갈 수 있는 기술이 없는 경우, 집단상담은 '잡담상담'에 지나지 않을 수 있다. 집단에 참여하는 구성원들의 주된 동기는 일반적인 교도소 일상을 회피하는 것일 수 있다. 집단상담이 교도소 환경에서 진행되는 경우, 일부 구성원은 다른 구성원의 기분을 상하게 할 수 있는 발언을 두려워하여 집단경험에 기여하지 못하거나 이득을 얻지 못할 수도 있다. 때때로 범죄자의 성격특성 때문에 개인이 집단환경에서 편안함을 느끼기 어려워 토의에 참여하지 않거나 집단에 가치 있는 기여를 하지 못하는 결과를 낳기도 한다.

… 집단상담에서 활용되는 상담 및 심리치료 유형

크랫코스키(2017, p. 230)는 "집단 환경에서 활용되는 특정 상담 및 심리치료 기법의 선택은 집단상담사의 훈련, 선호도, 집단의 요구 사항 평가, 집단 활동의 목표 설정 등에 따라 달라진다. 주로 교훈적이거나 특정 문제(약물 및 알코올 남용, 분노 조절)를 다루기 위해 고안된 집단을 활용한 상담 및 심리치료 가능성은 교정 환경 내에서 범죄자의 적응력 향상이라는 보다 일반적인 목적을 위해 구성된 집단보다 더 제한적일 수밖에 없다. 모든 사람이 참여하고 기여해야 하는 현실치료 및 유도된 집단 상호작용과 같은 문제해결형 집단 작업에는 집단을 이끄는 데 활용되는 방법과 기술에 대한 특정 교육을 받은 집단상담사가 필요하지만, 생활 적응과 같은 보다 일반적인 목표에 초점을 맞춘 집단상담에는 상담 자격과 경험이 있지만 특정 상담 및 심리치료 방식에 대한 전문교육을 받지 않은 집단상담사가 있을 수 있다."라고 설명했다.

… 집단상담 과정

트로처(Trotzer, 1972, p. 10)는 문제해결 집단을 위한 집단과정의 단계를 설명했다. 이 과정은 다양한 연령층과 다양한 행동 특성을 가진 여러 환경의 내담자들과 상담한 그의 폭넓은 경험에서 비롯된 것이다. 그는 초등학생, 중고등학생, 교도소 수용자들과도 집단상담을 진행했다. 그가 개발한 집단상담 과정은 그의 집단작업에 대한 그의 관찰과 경험을 바탕으로 개발되었다. 트로처(1977; Kratcoski, 2017, p. 230)는 "여기서 설명된 모델은 집단상담의 발달적 관점을 제시하며, 이는 집단과정을 이해하고 지도하는 데 도움이 되고, 다양한 이론적 접근과 기법을 위한 틀로 활용하도록 고안되었다."라고 말했다.

… 집단 발달과정

트로처(1977; Kratcoski, 2017, p. 230)에 따르면, 집단상담 과정은 5단계로 나뉜다. 그러나 각 단계는 서로 독립적이지 않으며, 숙련된 상담사라도 한 단계가 완료되고 다른 단계가 시작되는 시점을 판단하기 어려울 수 있다.

트로처의 집단상담 과정의 5단계는 다음과 같다.

안전 단계

집단상담 상황의 첫 번째 단계는 구성원들이 주저하고, 서로에 대해 불안해하고, 저항하며, 심지어 서로와 집단상담사를 의심하는 특징을 보이는 시기일 수 있다. 예를 들어, 어떤 형태의 교육에 참여한 전문가, 관리자, 실무자들조차도 자신이 한 말이나 행동이 훗날 어떤 식으로든 자신에게 불리하게 작용할 것이라는 두려움 때문에 자신의 감정과 느낌을 표현하거나 다른 집단 구성원들과 신뢰관계를 형성하는 데 주저할 수 있다. 문제해결 상담집단에서는 많은 참여자들이 다른 구성원들과 공유하는 것은 상상할 수 없을 정도로 깊은 문제를 가지고 있을 수 있다. 따라서 집단상담사는 첫 회기 동안 집단의 목적, 집단상담을 하는 동안의 행동 규칙, 각 회기마다 따라야 할 형식, 성취할 것으로 기대되는 것 등 객관적인 사항에 집중하여 구성원들 간에 신뢰관계를 구축하는 것이 필요하다. 트로처(1977; Kratcoski, 2017, p. 231)는 "안전 단계는 집단 구성원들을 시험하는 시기이며, 대부분의 시험은 저항, 철수 또는 적대감의 형태로 이루어진다."라고 말했다. 집단상담사는 상담 초기에 이러한 요소를 고려해야 설명했다. 집단상담사는 의사소통의 물꼬를 트기 위해 각 구성원에게 개인적인 문제에서 벗어나 자신의 직업이나 관심사에 대해 설명해 달라고 요청할 수 있다. 또한, 집단상담사는 문제해결 과정에 참여할 준비가 되어 있는 구성원과 주저하는 구성원을 구분할 수 있어야 한다. 주저하는 구성원은 집단이 상호 신뢰를 쌓고 집단 문제해결 과정의 토대를 구축하는 첫 단계에서는 일정 기간 동

안 준참여자(quasi-participants)로 남을 수 있도록 허용해야 한다.

트로처(1977; Kratcoski, 2017, p. 231)는 다음과 같이 말했다.

> 안전 단계에서 집단상담사는 집단 구성원들이 안전하다고 느끼도록 하는 데 중요한 역할을 해야 한다. 집단상담사는 구성원들의 신뢰를 얻고, 따뜻함과 이해심을 보여 주며, 구성원들의 다양한 요구를 충족시키고, 집단 내에서 친근하고 안전한 분위기를 조성하고 유지할 수 있어야 한다. 민감성, 인식력, 집단을 지배하지 않고 자신의 감정과 관찰을 집단에 전달할 수 있는 능력은 이 단계의 집단 지도력에서 중요한 자질이다.

모든 구성원들이 자신이 겪고 있는 불만과 문제를 중심으로 집단 토의에 참여할 준비가 되었다고 느끼면 집단은 상담과정의 두 번째 단계로 넘어갈 준비가 된 것이다.

수용 단계

트로처(1977; Kratcoski, 2017, pp. 231-232)는 다음과 같이 말했다.

> 일반적으로 이 단계는 집단 구성원들이 저항에서 벗어나 협력으로 나아가는 것이 특징이다. 구성원들이 집단의 불편함과 위협을 극복하기 시작하면 두려움의 근거가 사라지고 집단 상황을 더 수용하게 된다. 집단의 분위기, 절차, 집단상담사 및 집단 구성원에게 익숙해지면 집단환경에서 더욱 편안하고 안정감을 느끼게 된다. 그들은 집단구조와 집단상담사의 역할을 받아들인다.

트로처(1977; Kratcoski, 2017, p. 232)에 따르면, "수용 단계에서는 자아 수용(acceptance of self)도 발달해야 한다고 한다. 각 구성원이 좋은 것이든 나쁜 것이든 감정, 생각, 행동을 자신의 일부로 받아들이고 여전히 가치 있는 사람으로 받아들여지고 존중받는다고 느낄 수 있다면 집단의 도움 과정에서 커다란 진전이 이루어진 것이다."라고 주장했다.

책임 단계

이 단계에서 구성원은 자신과 다른 사람에 대한 수용에서 자신에 대한 책임 수용으로 나아간다. 이를 위해서는 문제를 일으키는 자신의 행동에 대한 책임을 받아들이고, 자신의 삶에 긍정적인 변화를 가져오기 위해 무언가를 해야 한다는 책임을 수용하는 것을 필요로 한다.

책임 단계에서 집단은 과정을 진전시킬 책임을 받아들이기 시작하고, 집단 구성원들이 직면한 문제를 해결하기 시작한다. 트로처(1977; Kratcoski, 2017, pp. 231-232)는 "이 단계에서 집단상담사의 역할은 구성원들이 자기 책임을 깨닫도록 돕는 데 중점을 둔다. 집단상담사는 구성원들이 이 시점에서 집단 외부의 사건, 사람, 상황과 같이 집단의 영향력을 행사할 수 없는 상황보다는 자신과 자신의 문제에 집중할 수 있도록 도와야 한다." 라고 주장했다. 책임 단계는 이후에 진행된 집단상담 상황의 분위기를 조성한다.

작업 단계

트로처(1972; Kratcoski, pp. 232-233)에 따르면, "작업 단계의 기본 목적은 집단 구성원에게, ① 위협이 없는 환경에서 개인의 문제를 면밀히 살펴볼 기회를 제공하고, ② 문제해결을 위한 대안과 제안을 탐색하며, ③ 집단 외부의 변화를 감수하기 전에 안전한 환경에서 새로운 행동이나 태도를 시도할 기회를 주는 것"이다. 이 단계에서 집단 구성원과 집단상담사는 서로 피드백을 주고, 문제해결 방안에 대한 설명, 문제해결 방법에 대한 제안, 상호 지지를 제공한다. 이 단계에서는 집단상담사의 역할이 매우 중요한데, 집단상담사는 작업과정을 원활하게 진행하고 구성원들이 겪고 있는 문제에 대한 대안을 모색하도록 조언을 제공하고 집단을 이끌 수 있기 때문이다. 때때로 집단은 합리적이고 실행하기 쉬워 보이는 문제에 대한 해결책을 추천할 수 있지만, 집단이 선택한 문제의 해결책과 연결될 수 있는 부정적인 측면을 탐색하지 못할 수 있다. 집단상담사는 집단이 이러한 부정적인 결과를 탐색하도록 이끌 수 있으며, 만약 그것이 도출된 긍정적인 결과보다 부정적인 결과가 더 큰 경우, 집단상담사는 문제해결을 위해 선택한 행동과정에서 문제에 대한 원초적인 해결책을 제안할 수 있다.

작업 단계에서 예상대로 진행되면, 집단 구성원은 집단 내 다른 구성원을 돕는 데 도움이 되었기 때문에 자신에 대해 긍정적인 감정을 경험하고 다른 구성원의 도움을 더 잘 받아들일 수 있게 된다. 마지막으로, 집단 구성원들이 스스로 문제를 해결하는 데 필요한 자신감, 자원 및 기술을 개발했다고 확신할 때 작업단계가 완료된다.

마무리 단계

집단상담 과정의 마지막 단계에서 상담사의 역할은 지지하고, 격려와 피드백을 제공하며, 집단상담 기간 동안 집단 구성원들이 성취한 것을 평가하는 데 도움을 주는 것으로 구성된다. 또한, 상담사와 집단은 집단상담에서 도출된 문제에 대한 해결 방안이 집단을 떠나 더 이상 집단의 지원을 받지 않는 상태에서 집단 구성원들의 삶에 어떻게 적용될 수 있는지 탐색해 본다. 집단상담사와 집단은 문제가 계획대로 해결되지 않을 때 상황을 처리하는 방법에 대해 서로 준비할 수 있도록 도울 수 있다.

언젠가는 집단을 종료해야 한다는 것이 분명해지면 종료 날짜를 정해야 한다. 종결의 적절한 시기는 집단 구성원이 자신의 문제를 처리할 수 있는 능력에 자신감이 생겨 더 이상 집단에 의존할 필요가 없을 때이다.

… 집단상담의 지도력 유형

집단상담에서 집단상담사의 역할은 집단의 목적과 목표, 집단 구성원의 특성에 따라 달라진다. 자조집단과 같은 일부 집단에서는 집단상담사가 매우 수동적이다. 일단 상담이 시작되면 집단상담사는 주로 집단에서 정보제공을 요청할 때 정보를 제공하는 역할을 하며, 집단이 조직된 주된 목적에서 벗어난 경우 집단이 목표에 다시 집중할 수 있도록 가끔씩 도움을 주기도 한다. 다른 집단, 특히 약물 남용, 아동 성추행, 배우자에 대한 폭행 등 특정 문제에 대한 상담 및 심리치료를 받으라는 법원 명령을 받은 집단에서는 집단상담사의 유형은 지시적이다.

스토더와 스틸(Stordeur & Stille, 1989, p. 439)은 공격적 남성 집단상담에서 상담사의 지도력 유형을 논의하면서, 자기 성찰과 자기 동기부여 능력이 부족하고 일반적으로 공격행동의 원인으로 다른 사람을 비난하는 경향이 있는 공격적 남성의 경우 비지시적 상담유형은 적절하지 않다고 제안한다. 이러한 집단상담은 공격적인 남성에게 집중하는 경우, 지시적 접근 방식을 따라야 한다.

스토더와 스틸(1989, p. 439)은 다음과 같이 주장했다.

> 지시적 상담사는 집단과정에 적극적으로 참여한다. 상담사는 말뿐만 아니라 모델링

이나 기술 시연을 통해서도 가르친다. 구성원 간의 상호작용은 구조화된 활동을 통해 촉진된다. 상담사는 숙제를 내주고, 과제를 수행하며, 개인과 집단이 생각과 행동의 변화에 대한 저항에 직면하게 한다. 적절한 경우 상담사는 구성원들에게 해야 할 일과 하지 말아야 할 일을 알려 준다. 또한, 집단상담사는 행동에 대한 명확한 제한을 설정하고 이러한 제한을 위반할 경우 처벌을 시행한다.

… 성범죄자 집단상담

성범죄자 집단상담은 지역사회 거주형 교정시설에서 활용할 수 있다. 일반적으로 집단상담 참여자는 성 관련 범죄로 유죄판결을 받았으며, 법원에서 지역사회 기반 처분을 받는 조건으로 상담을 이수하라는 명령을 받은 사람들이다. 병원이나 교정시설 등 거주형 교정시설에서 성범죄자를 위한 집단상담은 시설의 보안 수준과 집단상담사의 자격에 따라 다소 다른 형식을 따를 수 있다. 청소년 성범죄자 집단상담에는 범죄자와 범죄자의 부모가 모두 참여할 수 있다.

상담을 받는 특정 집단에 관계없이 첫 번째 상담은 일반적으로 집단역학 및 집단과정에 중점을 둔다. 토의는 모든 사람이 같은 생각을 갖도록 하는 데 활용되며, 문제행동을 인식하고, 상담 및 심리치료 목표를 이해하며, 집단 내에서 구성원 각자의 역할을 파악하는 데 포함된다. 집단에 어느 정도 응집력이 생기면 구성원들은 더 개방적이 되고, 서로의 건설적인 비판을 받아들이고, 자신의 비정상적인 행동에 대한 책임을 받아들이기 시작하며, 자신의 행동을 바꾸기 위한 책임을 받아들이게 된다. 자주 활용되는 기법들 가운데 하나는 역할극(role-playing)이다. 집단 구성원들은 서로 다양한 상황을 연기하며, 일부 집단 구성원은 가해자 역할을, 다른 집단 구성원은 피해자 역할을 맡는다.

개인상담과 달리 성범죄자를 위한 집단상담의 주요 이점은 성범죄자의 동기와 문제를 이해할 수 있는 다른 성범죄자들과 관계를 맺을 수 있는 기회를 제공한다는 점이다. 집단환경에서는 조롱, 비웃음, 비난에 대한 두려움 없이 내면의 갈등, 감정, 비정상적인 행동을 한 이유에 대해 이야기할 수 있다. 이 과정이 계획대로 진행되면 집단 구성원들은 변화의 책임이 자신에게 있다는 것을 깨닫고 자발적으로 행동을 바꾸고자 하는 욕구를 갖게 된다.

… 가족을 위한 집단상담

비행 및 범죄 예방과 소년범 및 성인범의 사회복귀에 있어서 가족의 중요성이 인식되고 있다. 범죄자를 위한 종합적인 상담 및 심리치료 계획에는 일반적으로 상담 대상자의 가족이 포함된다. 사티어(Satir, 1972)는 가족이 복잡한 역동적 체계를 구성한다는 개념을 설명하기 위해 공동 가족치료(conjoint family therapy)라는 개념을 사용했다. 모든 제도와 마찬가지로 가족은 여러 부분으로 구성되어 있으며, 각 가족 구성원은 어떤 식으로든 가족의 긍정적인 기능에 기여한다. 한 명 이상의 가족 구성원의 부적절한 행동은 가족을 역기능으로 이끌 수 있다. 사티어(1972, pp. 59-79)는 모든 가족에 존재할 수 있는 다섯 가지 의사소통 유형을 확인했다. 이는 "비난하는 사람, 희생하는 사람, 분석하는 사람, 회피하는 사람, 균형 잡힌 사람"으로 구성된다. 비난하는 사람(blamer)은 가족 내에 무언가 잘못되었을 때 가족 구성원 중 다른 사람을 손가락질한다. 희생하는 사람(placater)은 가족의 이익을 위해 자신의 욕구를 희생하며, 자신의 욕구가 충족되지 않더라도 다른 모든 사람을 행복하게 만들려는 목표를 가지고 있다. 분석하는 사람(computer)은 모든 상황에 대해 이성적인 접근 방식을 따르며, 문제에 대한 자신의 감정이나 느낌을 거의 표현하지 않는다. 회피하는 사람(distracter)은 가족의 문제나 관심사를 다루기보다는 주제를 바꾸려고 한다. 균형 잡힌 사람(leveler)은 가족 상황에 합리적이면서도 사려 깊은 태도로 대응하며, 가족 구성원 모두의 필요를 지원하려고 노력한다.

가족상담사가 가족 구성원이 수행할 수 있는 다양한 역할을 알고 있으면 상담사가 가족 역학을 이해하는 데 도움이 된다. 일부 가족은 위에 제시된 다섯 가지 역할 중 일부만 수행하는 구성원이 있을 수 있다. 일부 가족에서는 두 명 이상의 구성원이 비난자 역할을 맡을 수도 있다. 이러한 가족은 갈등으로 가득 차 역기능을 일으킬 가능성이 높다. 구성원 중 한 명 이상이 범죄자인 가족을 상담할 때, 비난자는 자신이 약물 및 알코올 중독자 또는 가족 구성원 학대자가 된 이유가 배우자나 자녀 때문이라고 합리화하는 범죄자일 수 있다. 배우자는 비난하는 사람을 행복하게 하기 위해 비난과 신체적 · 정서적 학대까지 기꺼이 받아들이는 중재자 역할을 할 수 있다.

가족상담사는 가족 구성원이 가족 과정의 역학을 이해하도록 돕기 위해 다양한 접근 방식들을 활용할 수 있다. 한 가지 방법은 가족 구성원에게 가족 내에서 발생하는 일반적인 상황을 '역할극'을 하도록 하는 것인데, 가족 구성원에게 실제 생활에서 일반적으로 하는 역할을 맡기지 않고 다른 역할을 맡게 하는 것이다. 예를 들어, 희생하는 사람에게는 비난하는 사람의 역할이 주어지고, 비난하는 사람에게는 희생하는 사람의 역할이 주어진다. 역할을 바꾸어 가족 구성원에게 다른 역할을 맡김으로써 자신이 다른 가족 구성원에게 긍정적인 또는 부정적으로 어떤 영향을 미치는지 경험할 수 있는 기회를 갖게 된다. 역할극 시나리오가 완료되면 가족상담사는 가족 구성원들이 가족 상호작용의 역학을 이해하고 서로에 대한 지원을 늘리거나 갈등을 줄임으로써 가족을 더 기능적으로 만들기 위해 어떤 변화가 필요한지 이해하도록 돕는다.

다른 형태의 가족상담은 주로 한 명 또는 여러 명의 구성원이 자신의 필요를 충족하는 데 도움을 주기 위해 진행된다.

… 집단상담과 관련된 문제

집단상담을 시작하기 전에 다양한 문제들을 해결해야 한다. 여기에는 최대 참가자 수 결정, 집단을 비공개로 진행할지 공개로 진행할지, 집단 구성원 자격을 얻기 위해 충족해야 하는 기준이 있는지, 각 집단상담에 할당된 시간, 최대 상담회기의 수, 집단상담사의 성별, 동질집단으로 진행할 것인지 여부, 각 집단상담에서 제공되는 정보의 기밀성 문제 등이 포함된다.

이러한 문제를 어떻게 처리해야 하는지에 대한 정답은 없다. 집단 구성원의 특성, 집단의 의무적 또는 자발적 참여 여부, 집단상담의 장소, 집단에 제공되는 예산의 출처와 금액, 집단상담에서 다루는 문제의 성격은 모두 집단을 어떻게 구성할지, 누가 참여할 수 있는지, 집단이 해체되기까지 얼마나 많은 시간이 필요한지 등에 영향을 미친다. 예를 들어, 스토더와 스틸(Stordeur & Stille, 1989)은 공격적인 남성의 집단상담과 관련하여 집단이 처음 구성된 후에는 집단을 폐쇄하고 새로운 구성원을 추가하지 말아야 한다고 주장한다. 이 지침의 예외는 구성원 중 몇 명이 어떤 이유로 중도탈락하여 집단 규모가 너무 작아 집단이 기능할 수 없는 경우일 수 있다. 가해 남성의 집단상담에는 최대 12명의 인원을 권장하며, 각 회기의 시간은 2시간 반을 넘지 않아야 하고, 회기의 수는 집단 구성원의 문제해결 정도에 따라 결정되어야 한다고 제안한다. 집단상담이 감정적으로 격렬하고 때로는 대립적일 수 있으며, 때때로 다른 집단 구성원과 집단상담사를 향한 분노가 폭발할 수 있기 때문에 2시간 30분은 집단 구성원들이 자신의 문제에 집중하기에 충분한 시간이다. 물론 각 회기에 할당된 시간을 결정하는 다른 요인이 있을 수 있다. 상담이 법원의 명령에 따라 진행되며 법원에서 집단상담사에게 보수를 지급하는 경우에는 각 회기의 시간과 회기의 수가 명시된 계약서가 작성된다. 집단상담이 보안 교정시설에서 진행되는 경우, 각 회기에 할당된 시간과 회기의 수는 교정시설의 관리자가 정한다. 집단상담사가 계약을 맺은 경우 이러한 사항은 계약서에 명시된다.

요약

교정 현장에서 집단상담 및 심리치료는 여러 가지 이유로 활용되고 있다. 집단상담은 개인상담 및 심리치료보다 더 많은 내담자들을 동시에 도울 수 있고, 비용도 적게 들고, 다양한 환경이나 상황에서 적용할 수 있다는 장점이 있다. 또한, 많은 경우, 집단상담을 이끄는 지도자는 심리학자나 상담사처럼 고급 전문훈련을 받지 않아도 된다. 이를테면, 익명의 약물 중독자 모임 또는 익명의 알코올 중독자 모임과 같은 자조집단의 상담사들은 자신의 회복 경험 자체를 자격으로 삼아 집단을 이끈다.

집단상담이 자주 활용되는 또 다른 이유는 집단상담 참여자들이 다른 집단 구성원과의 상호작용을 통해 도움을 받을 수 있기 때문이다. 집단이 기대하는 방식으로 기능하고 있다면 집단의 각 구성원은 상담사이며, 다른 집단 구성원의 필요를 충족시키는 데 기여한다.

집단 모임의 목적, 구성원들의 특성, 집단의 규모, 특별한 상담 방식은 서로 다를 수 있지만 집단 진행되는 기본적인 과정은 모든 집단에서 본질적으로 동일하다고 보아야 한다.

토의 문제

1. 개인상담과 집단상담 중에서 어떤 것을 선택할지 결정할 때 범죄자의 어떤 개인적 특성을 고려해야 하는가?
2. 개인상담이나 집단상담 모두 별 효과가 없을 수도 있는 범죄자 유형이 있는가?
3. 집단상담사는 집단 구성원이 실제로 변화하고 있는지, 아니면 단지 집단상담사가 듣고 싶어 하는 말만을 하고 있는지 어떻게 판단할 수 있는가?
4. 어떤 유형의 집단상담이 성인범보다 소년범에게 더 적합한 이유는 무엇인가?
5. 집단상담사가 집단과정이 효과가 없어 집단 해체를 결정하게 만드는 요인은 무엇인가?
6. 집단상담사가 지역사회 환경에서 시행된 경우, 집단상담이 끝난 후 범죄자가 집단에서 배운 내용을 활용하도록 돕기 위해 집단상담사는 어떤 조치를 취할 수 있는가?
7. 집단상담사는 특정 범죄자에게 가족상담이 적절한지 또는 부적절한지 어떻게 판단해야 하는가?
8. 집단상담사는 특정 집단에 어떤 집단 지도력 유형을 채택할지 어떻게 결정하는가?
9. 집단상담사는 집단상담 중에 집단 구성원이 '마음을 열도록' 이끌고 당황스럽고 다른 집단 구성원이 싫어할 수 있는 정보를 공개하도록 어떻게 유도할 수 있는가?
10. 집단상담이 법원에 의해 의무화되었고, 범죄자가 집단상담 중에 법원에 알려지지 않은 심각한 이전 범죄를 드러내는 경우, 이 정보를 법원에 공개하는 것이 집단상담사의 책임인가? 아니면 약속된 비밀보장이 그러한 폭로를 방지하는가?

참고문헌

Berne, E. (1961). *Transactional analysis*. Grove Press.

Cerry, K. (2022). *What is group Therapy?* Verywellmind https//www.verywellmind.com/what-is-group-therapy-2795760?print

Kratcoski, P. (2017). *Correctional counseling and treatment* (6th ed.). Springer.

McCorkle, L. (1958). *The Highfields story*. Holt Rinehart and Winston.

Moreno, J. (1957). *The first book of group psychotherapy*. Beacon House.

Satir, V. (1972). *People making*. Science and Behavior Books.

Sills, D. (2023). *What is group counselling?* https://www.psychologytoday.com/us/basics/

therapy/what-is-group-counseling

Stordeur, R., & Stille, R. (1989). *Ending men's violence against their partners*. Sage Publications.

Trotzer, J. (1972). *Group counseling: Process and perspectives: Guidelines for pupil services*. Wisconsin Department of Public Instruction.

Trotzer, J. (1977). *The counselor and the group: Integrating theory, training and practice*. Wadsworth/Brooks/Cole Publishing Company. (Reprinted in The process of group counseling, correctional counseling and treatment, 5th ed., pp. 410-432, Chapter 23 by P. Kratcoski, 2004, Long Grove, IL: Waveland Press.).

Vorrath, H., & Brendtro, L. (1974). *Positive peer culture*. Aldine.

제 13 장 단기 치료와 위기개입

 … 위기개입 및 단기 치료

미국 국립보건원(National Institutes of Health, Center for Substance Abuse Treatment, 1999a, b, 제3장, p. 1)에 따르면, 단기 치료는 "평가, 내담자 참여, 변화 전략의 신속한 실행에 의존하는 체계적이고 집중적인 과정"이라고 정의했다. 단기 치료는 상담사가 인지행동치료, 단기 전략 및 상호작용치료, 단기 인본주의 및 실존주의 상담 및 심리치료, 단기 정신역동치료, 단기 가족치료, 시간제한 집단상담 등 다양한 상담 및 심리치료 기법들 가운데 하나 또는 그 조합을 따를 때 단기 치료 기법을 적용할 수 있다. 교정상담에 활용되는 경우, 소년범 및 성인범 모두에게 적합하다. 로버츠와 오텐스(Roberts & Ottens, 2005, p. 2)는 위기를 "개인의 안정성과 대처 능력 또는 기능을 저해하는 스트레스가 많은 생활 경험에 대한 주관적인 반응이다. 위기의 주된 원인은 극심한 스트레스, 외상 또는 위험한 사건이지만, (① 해당 사건을 상당한 혼란 및 또는 장애의 원인으로 인식하는 개인, ② 개인이 이전에 활용했던 대처 방법으로 혼란을 해결할 수 없는) 두 가지 다른 조건도 필요하다."라고 정의했다.

사람이 위기를 겪는 이유에 따라 장기상담이 필요한지 아니면 단기상담만으로도 충분한지 결정되는 경우가 많다. 예를 들어, 자연재해 피해자를 위한 지원을 제공하는 것과 관련하여 크랫코스키(Kratcoski, 2016, p. 299)는 "재난 피해자의 안전과 구호 지원을 책임지는 기관의 수와 유형이 크게 증가했다. 식량, 의복, 쉼터와 같은 기본 생활필수품 배급에 대한 직접적인 지원과 같이 과거에는 경찰이 수행했을 수도 있는 많은 구호 지원을 이제는 공식적으로 조직된 기관과 돌봄을 제공하는 자원봉사자들이 수행하고 있지만, 조정 및 의사소통, 최초 대응자 보호, 범죄자로부터 재난 피해 지역을 보호하는 측면에서 경찰의 기여는 여전히 매우 중요하다."라고 말했다. 자연재해에 관련된 사람들의 위기, 둘 다 자연재해가 발생한 후에도 발생할 수 있다. 홍수 중 익사자를 구하려다 실패한 응급 구조대원은 구조 시도에서 취한 조치를 검토한 후. 심각한 실수가 있었다는 결론을 내리고 그 상황에서 계속 활동하는 것에 대해 심각한 의구심을 갖게 될 수 있다. 자연재해의 많은 피해자들은 자신의 삶에 미치는 즉각적인 영향과 생존을 위해 취해야 하는 조치에는 대처할 수 있지만, 재난이 삶에 미치는 장기적인 영향에 대처하려고 노력하다 보면 우울증에 빠지는 경우가 많다. '인위적인' 위기 상황과 관련하여, 자녀가 약물 과다복용으로 사망하거나 자살을 시도하는 것을 경험한 부모는 상황에 대처하는 방법을 몰라 위기를 겪을 수 있다. 경미한 범죄라 할지라도 형사사법체계에 처음 연루된 사람은 이전의 대처방식을 활용할 수 없는 새로운 경험이기 때문에 위기를 경험할 수 있다.

… 단기 치료: 정의

미국 국립보건원(Center for Substance Abuse Treatment, 1999a, b, 제3장)의 설명에 따르면, 단기 치료(brief therapy)라는 용어는 현실치료(reality therapy), 위기개입(crisis intervention) 등 다양한 이름으로 불려 왔다고 한다. 그리고 단기 치료는 내담자와의 상담 및 심리치료 회기가 매우 다양할 수 있고, 어떤 경우에는 아주 짧거나 1회기 상담으로 끝날 수도 있는데 많은 위기개입 상담이 그렇다고 볼 수 있다. 또 다른 경우에는 몇 회기 또는 20회기 이상 진행되기도 한다고 덧붙였다. 그러나 단기 치료와의 차이는 단기 치료가 처음부터 미리 계획된 회기 내에서 진행되는 치료인 반면, 위기상담은 갑작스러운, 예기치 않은 비극적 상황에서 즉각적으로 제공되는 상담이라는 면에서 가장 큰 차이가 있다. 미국 국립보건원(CSAT, 1999a, b, 제1장, pp. 1-2)은 약물 남용 상담에서 단기 치료의 활용을 언급하면서 단기 개입과 단기 치료의 차이에 대하여 구분했는데, "단기 개입은 일반적으로 내담자가 특정 행동을 수행하도록 동기를 부여하는 데 목적이 있다(예를 들면, 치료에 참여하도록 하거나, 행동을 바꾸거나, 어떤 상황을 다르게 생각하게 만드는 것)"라고 명시했다. 그런가 하면, 단기 치료는 더 큰 문제(예를 들면, 성격을 변화시키거나, 금주를 유지하게 하거나, 약물 남용을 악화시키는 오랜 문제를 해결하는 것)를 다루는 데 활용된다고 설명했다. 그 외에도 단기 개입과 단기 치료의 차이점은 여러 가지가 있다.

1. **상담 기간**(위기개입의 경우는 5분 정도의 짧은 상담일 수도 있지만, 단기 치료는 1시간 정도의 상담을 6회기 이상 진행할 수도 있다.).
2. **평가의 범위**(단기 치료는 단기 개입보다 더 자세하고, 폭넓은 평가과정이 필요하다.).
3. **상담 장소**(단기 개입은 주로 사회복지기관이나 일반 병원 진료실 같은 비전통적 치료 환경에서 이루어지는 반면, 단기 치료는 전문적인 중독치료 기관처럼, 상담 및 심리치료가 함께 이루어지는 전통적 치료환경에서 시행된다.).
4. **상담 제공 인력**(단기 개입은 다양한 직종의 전문가들, 예를 들면, 의사, 간호사, 사회복지사 등도 진행할 수 있지만 단기 치료는 특정한 상담 및 심리치료 기법에 대하여 훈련받은 전문 상담사만이 실시할 수 있다.).
5. **활용 자료 및 도구**(단기 개입에서는 소책자나 컴퓨터 프로그램과 같은 간단한 자료들을 사용할 수 있지만 단기 치료에서는 이러한 단순한 자료 사용 대신에 대화를 중심으로 하며, 상담 및 심리치료 기법 중심의 접근이 이루어진다.).

소년범에 대한 상담 및 심리치료를 하는 데 있어서 단기 치료를 활용하는 접근 방식과 유사한 다양한 접근 방식이 지지되고 시행되고 있다.

버사니(Bersani, 1989, p. 179)는 현실치료를 창안한 윌리엄 글래서(William Glasser)의 개념에 대하여 "현실치료와 기존 상담 및 심리치료적 개념의 큰 차이점은 현실치료에서 상담사와 내담자 간의 참여관계가 어떻게 형성되기를 원하는가에 있다. 정도의 차이는 있지만 기존 상담사나 심리치료사들은 대체로 개인적 감정을 드러내지 않고, 객관적인 태도를 유지하는 것이 일반적이다. 그러나 글래서의 관점에서 '참된 관계 형성'은 단순히 내담자를 이해하고 공감하는 수준을 넘어서, 상담사와 내담자 간 특별한 관계를 맺는 데서 시작된다. 상호 신뢰와 존중은 상담사와 내담자 모두가 서로를 독특한 인격체로 인식하고, 진심으로 인정하고, 존중하며, 진정성 있게 대하는 과정 속에서 형성된다."라고 설명했다.

클락(Clark, 1996, p. 57)은 "미국의 많은 대학교들에서 쏟아져 나오는 형사사법 관련 학술논문들을 포함하여 다양한 출판물들 가운데, 범죄자 교정/교화의 '효과적인 방법'으로서 범죄자의 강점을 활용하는 것을 언급하는 연구는 거의 없다고 분석했다. 즉, 클락은 대부분의 교정학 연구가 범죄자의 문제 또는 결함만을 강조하고, 그 사람이 지닌 강점을 회복하는 자원으로 보는 시각이 부족하다고 지적했다. 반면, 단기 치료는 상담을 받는 내담자의 강점에 초점을 둔다. 즉, 문제보다는 그 사람이 가진 긍정적인 자원과 가능성을 중심으로 접근한다. 단기 치료는 때로 역량 기반 단기 치료, 또는 단기 가족치료 등으로도 불리기도 한다. 그리고 단기 치료는 현실치료와 마찬가지로 내담자의 강점, 상담사와 내담자 간의 상호 존중, 협력 및 목표 설정에 중점을 둔다."라고 분석했다.

미국 국립보건원(CSAT, 1999a, b, p. 1)에서 제공하는 단기 치료에 대한 정의에 따르면, "단기 치료는 장기 치료와 달리, 현재의 문제에 더 초점을 맞추고, 심리적 인과관계를 덜 강조하고, 단기간에 활용할 수 있는 효과적인 치료 기법을 강조하며, 전반적인 변화이거나 포괄적인 성격 변화보다는 구체적인 행동 변화에 초점을 맞춘다는 점에서 장기 치료와 다르다."라고 명시되어 있다. 이 설명은 글래서가 현실치료를 설명할 때 제시한 설명과 유사하다.

… 가족상담 및 소년범에 대한 단기 치료의 활용

클락(1996, p. 58)은 단기 해결 중심 작업이라는 개념을 활용하여 강점 기반 방법의 기본 원칙을 다음과 같이 설명했다.

- **강점에 초점을 맞추기**: 클락은 "모든 범죄자와 가족들은 어떤 형태로든 자원을 가지고 있다. 이를테면, 기술, 능력, 관심사, 긍정적인 성격특성, 심지어 인내와 희망과 같은 자원을 가지고 있으며, 이러한 자원들을 활용하여 우리의 교정 체계에서 벗어나도록 하는 데 도움이 될 수 있다."라고 말했다. 또 그는 "해결책은 범죄자의 약점과 실패가 아니라 범죄자의 강점과 건강한 행동 양식을 통해 이루어진다는 것은 단순하지만 심오한 진리이다."라고 진술했다.
- **활용**: 범죄자(가족)가 상담 현장에 가져오는 기술, 성격특성 및 재능을 활용해야 한다. 클락(1996, p. 58)은 "문제해결 능력은 과거의 경험 속에서 불러내어 현재에 활용되도록 요청된다. 물론, 상담 분야에서는 교육이나 기술훈련이 언제나 필요하다. 하지만, 우리가 함께 일하는 사람들에게 생소한 어휘, 방법 또는 전략을 새로 가르치는 것보다 그들이 이미 가지고 있거나 과거에 성공적으로 활용했던 것을 다시 활용하는 것이 훨씬 쉽다는 점을 고려해야 한다. 이미 존재하는 것을 찾아내서 활용하는 것은 단기 치료를 짧고도 효과적이게 만드는 핵심 요소 가운데 하나이다."라고 말했다.
- **협력**: 클락(1996, p. 59)은 "단기 치료에서 변화에 가장 영향력 있는 요인은 상담 및

심리치료나 기법, 상담사가 아니라 바로 내담자 자신"이라고 결론지었다. 청소년과 가족에게 단기 치료를 적용하려면, 그들 스스로가 현재 가장 시급한 필요와 목표가 무엇인지 결정하도록 적극적인 참여와 의견 제시가 필요하다. 부모의 입장에서는 자녀를 일탈적인 또래 집단으로부터 격리하고, 자녀가 가족이 정한 규칙을 따르도록 하는 방법을 찾는 것이 시급한 과제일 수 있다. 청소년의 입장에서는 부모의 간섭에서 벗어나는 방법이나 부모의 통제에서 좀 더 자유로워지는 방법과 같은 자기중심적이고 즉각적인 요구가 우선일 수 있다. 협력은 내담자가 당면한 문제를 해결하기 위해 어떤 방법이 좋을지 스스로 제안하게 하고 그 과정에서 자신의 기술과 성격적 강점을 활용하도록 함으로써 얻어진다.

- **과제지향**: 클락(1996, p. 59)은 "해결 중심적 접근 방식은 과거를 지나치게 파헤치지 않으며, 문제를 완벽하게 이해해야만 해결 작업을 시작할 수 있다고 보지는 않는다."라고 지적했다. 예를 들어, 청소년이 사법기관(소년법원 등)에 송치되면, 그의 문제행동이 이미 밝혀진 것이다. 경찰관 등 법 집행자나 소년법원 접수 담당관의 초기 면담에서 일탈 행동의 원인 중 일부가 드러날 수 있다. 이 시점에서 현재 상황과 앞으로 어떤 변화가 필요한지에 초점을 맞춰 단기 해결 중심적 상담을 적용할 수 있다. 만약, 청소년의 문제행동이 가정환경과 관련이 있다면, 청소년과 부모 모두 바람직한 행동 변화를 가져올 방법을 찾아야 할 책임이 있으며, 둘 다 결과에 책임을 져야 한다. 클락(1996, p. 59)은 "범죄자가 상담 및 심리치료에 적극적으로 참여하고, 협력 관계를 발전시키는 것만으로도 행동 변화를 가져올 수 있다고 믿는 것은 오류이다. 진정한 변화가 일어나려면 범죄자와 가족이 문제에 대해 생각하고 인식하는 방식을 바꾸며, 이전과는 다른 행동을 취해야 한다."라고 경고했다.
- **목표 설정**: 클락(1996, p. 60)은 상담사가 소년범 및 그 가족과 함께 목표를 설정할 때 따라야 할 두 가지 기본 원칙을 제시했다. 첫째, 목표는 청소년과 부모에게 모두 의미가 있어야 하며, 가정, 학교, 경찰, 소년법원 또는 지역사회 등에서 청소년이 겪는 실제 문제 상황에 비추어 볼 때 현실적이어야 한다. 예를 들어, 통금 시간 위반으로 경찰 선도 프로그램에 회부된 청소년은 일반적으로 선도 상담사와 부모가 수용할 수 있는 행동 변화 계획을 수립하는 데 직접 의견을 제시할 기회를 갖게 된다. 그러나 청소년이 미성년자를 성추행한 혐의로 소년법원에 회부되는 경우, 소년범이 문제해결 방법에 대해 제시할 수 있는 의견의 폭은 매우 제한적일 것이다. 상담사와 내담자가 목표를 설정할 때 지켜야 할 두 번째 원칙은 목표는 거창하지 않고 상호작

용적이어야 한다는 것이다. 상담사들은 종종 단기 목표, 중간 목표, 장기 목표를 구분해서 말한다. 예를 들어, 소년범의 경우에 장기 목표는 비행행동을 하지 않고 가족 및 학교 관리자와 좋은 관계를 맺는 것이 될 수 있다. 단기 해결 중심 상담사는 장기 목표를 무시하지 않지만, 지금 당장 실행할 수 있는 구체적인 행동 변화에 더 집중한다. 만약, 한 청소년이 화를 자주 내고, 화가 날 때마다 동생을 때리는 문제가 있다면, 단기 목표는 그 문제에 맞게 분노를 조절하고, 신체적 폭력을 멈추는 구체적인 행동 변화 방법에 초점을 두어야 한다.

… 약물 남용의 단기 치료

미국 국립보건원의 약물 남용 치료를 위한 단기 치료의 활용에 대한 보고서에서 저자들은 "단기 치료가 다른 모든 치료 방식보다 더 우수하다."라고 주장하지는 않는다. 어떤 치료가 적용될지는 여러 가지 조건 및 상황에 따라 달라진다. 이를테면, 치료가 법원 명령에 의해 강제된 것인지 아니면 자발적인 것인지 여부, 치료비를 지불할 수 있는 개인의 경제적 능력이 있는지 여부, 약물 및 알코올에 대한 의존의 정도가 얼마나 심한지 등이 치료 방식 결정의 주요 요인이 될 수 있다. 예를 들어, 가끔 폭음을 하는 사람처럼 알코올 중독 정도가 심하지 않은 경우에는 상담사와 몇 차례의 단기 상담만으로도 충분할 수 있다. 반면, 평가를 통해 장기 치료가 가장 도움이 될 것으로 판단되는 남용자도 있지만, 그 사람이 가진 개인보험이 상담을 몇 회기만 보장한다면 실제로 필요한 만큼의 상담 및 심리치료를 받기는 어렵게 될 것이다. 만약 상담사가 개인 상담기관에 고용된 상태이고, 장기 치료 모델을 따르기로 결정한 경우라면, 보험 적용이 끝나는 시점에서 상담 및 심리치료가 중단될 가능성이 높다. 교정시설에 수감 중인 수용자라면, 교도소 안에서 약물 및 알코올 상담에 대한 수요가 높을 가능성이 있으며, 전문 인력과 자원이 매우 제한적이기 때문에 단기 치료가 사실상 유일한 선택지일 수 있다. 또 다른 경우에는 한 사람이 서로 다른 여러 가지 문제들을 동시에 가지고 있을 수 있는데, 이럴 경우에는 각 문제마다 별도의 단기 치료를 적용하기도 한다.

미국 국립보건원 보고서(CSAT, 1999a, b, 제3장, p. 5)에 따르면, "어떤 구체적인 단기 치료 방법을 사용하든지 간에, 모든 단기 치료에는 공통적인 특징이 있다. 또한, 단기 치료에는 선별 및 평가, 치료 목표를 설정하는 첫 상담 회기, 후속 상담 회기, 변화를 유지하기 위한 전략, 치료의 종결, 그리고 사후 점검 및 후속 상담 단계들을 통합해야 한다."라고 명시했다. 앞에 나열된 단계들에 대한 간략한 설명은 다음과 같다.

… 선별 및 평가

선별 검사는 내담자가 약물 남용의 가능성이 있는지를 그 사람의 특성에 따라 식별하는 과정이다(CSAT, 1999a, b, 제5장). 선별 검사는 개인이 약물 남용자일 가능성을 밝혀내기는 하지만, 의존의 심각성이나 남용의 정도까지는 식별하지 못한다. 선별 검사 과정에 활용되는 정보는 공식 문서, 이를테면, 체포 기록서나 건강 보고서 등에 포함되어 있는 경우가 많다. 선별 검사와 평가가 끝난 후에는 그 사람이 왜 약물 문제를 갖게 되었는지를 심층적으로 분석하고 문제의 심각한 정도를 평가하게 된다. 이 과정의 정보는 대면 면접과 표준화된 검사도구의 작성을 통해 수집되며, 내담자의 상담에 도움이 될 수 있는 자원도 평가 중에 수집한다. 예를 들어, 해당 개인의 문제가 단기간에 그칠 가능성이 높고 가족, 직장, 지역사회에서 강력한 지지를 받고 있다고 판단되는 경우, 단기 치료를 통해 긍정적인 결과를 기대할 수 있다. 또한, 내담자의 재정 상황도 단기 치료 여부를 결정하는 요인이 될 수 있다.

… 초기 상담

상담사는 일반적으로 첫 상담을 시작하기 전에 내담자에 대한 어느 정도의 정보를 가지고 있는 경우가 많다. "이 정보는 선별 검사 및 평가를 마친 초기 접수 담당관 또는 상담이 법원 명령으로 이루어진 경우 의뢰기관, 사회복지기관 또는 법원으로부터 얻을 수 있다. 그 밖에도 정보를 수집하는 방법으로는 초기 접수 담당관에게 질문지를 시행하게 하거나, 컴퓨터 기반의 평가를 사용하거나, 첫 번째 상담 전에 내담자에게 평가 양식을 직접 작성하도록 요청하는 방법이 있다. 첫 번째 상담 회기에서 상담사의 주요 목표는 세 가지이다. 즉, 내담자의 현재 문제에 대한 폭넓은 이해를 얻고, 신뢰와 효과적인 상담 관계를 형성하는 것이고, 초기 개입을 실행하는 것이다(CSAT, 1999a, b, 제3장, p. 6)."

첫 번째 상담에서 수행해야 할 몇 가지 중요한 과제는 다음과 같다.

- 신속한 신뢰관계 형성
- 문제 파악, 집중 및 우선순위 설정
- 내담자와 협력하여 약물 문제의 가능한 해결 방안을 모색하고, 내담자의 적극적인 참여가 필요한 치료 계획 수립
- 내담자와 함께 변화의 방향을 협의하고, 그 경로 합의(상담사와 내담자 간의 협의가 필요할 수 있음)
- 문제와 해결책에 대한 내담자의 관심 유도
- 내담자가 상담에 기대하는 내용 이해
- 단치치료의 구조적 틀과 한계 설명
- 상담기관에서 해결할 수 없는 긴급한 문제를 다른 기관에 연계하는 내용

… 상담 및 심리치료의 목표

내담자는 상담 및 심리치료의 목표 설정에 반드시 참여해야 한다. 상담사는 내담자가 원하는 변화의 방향을 향해 나아갈 수 있도록 길잡이 역할을 하고, 문제를 해결하기 위해 내담자가 실제로 바꾸어야 할 부분을 중심으로 구체적인 제안을 권장한다. 예를 들어, 목표는 측정 가능한 행동 변화, 내담자가 문제 그리고 그 문제와 관련된 여러 가지 것들을 더 잘 이해하도록 돕기, 가족, 친구 및 직장 동료와의 개인적 관계 개선, 고용, 분노조절 및 적대감과 관련된 문제와 같은 기타 문제해결 등으로 구성될 수 있다.

… 후속 상담

첫 번째 상담이 끝나면, 추가적인 단기 치료들은 다음과 같은 목표를 중심으로 진행된다.

- 내담자와 협력하여 동기를 유지하도록 돕고, 이미 확인된 문제를 해결하며, 상담 및 심리치료 계획과 내담자의 기대에 부합하는 성과를 달성했는지를 지속적으로 점검한다.
- 치료 계획과 내담자의 기대를 반복적으로 점검하면서, 내담자가 단기 치료 과정에

꾸준히 참여하고 문제의 초점을 유지하도록 강화한다.

- 해로운 문제가 발생하면, 신속하게 파악하고 해결할 수 있도록 준비 상태를 유지한다.
- 내담자가 이미 가지고 있고, 현재 사용할 수 있는 기술, 강점, 자원에 중점을 둔다.
- 내담자의 문제를 해결하기 위해 즉각적으로 할 수 있는 일에 집중한다.
- 진행 상황에 대한 지속적인 평가의 일환으로 내담자에게 추가 치료 또는 다른 지원이 필요한지 여부와 이러한 지원을 가장 잘 제공할 수 있는 방법을 고려한다.
- 또한, 내담자가 치료를 중단하려는 이유(예: 의학적 문제, 수감, 심각한 정신병리의 발현, 치료 불이행)가 있다면, 그 원인을 함께 검토하고 필요한 조치를 취한다.

… 유지관리 전략

상담사는 단기 치료 전 과정에서 내담자의 진행 상황에 대한 피드백을 지속적으로 제공하고, 목표 달성에 방해가 될 수 있는 문제를 파악하며, 필요한 경우 새로운 전략을 개발해야 한다. 또 내담자가 개인의 강점과 기술을 최대한 활용할 수 있도록 돕고, 자급자족을 강조하며, 다른 지지 집단, 가족 및 지역사회의 향후 지원을 위한 계획을 수립하고 지속적인 지원과 도움을 제공해야 한다.

… 치료 종료(CSAT, 1999a, b, 제3장, p. 9)

치료 종료 시점은 실제 종료일보다 훨씬 전에 계획하는 것이 좋다. 상담사는 치료 종료를 계획할 때 다음과 같은 사항을 고려해야 한다.

1. 내담자와 좋은 관계를 유지하며, 지속적인 변화와 이미 달성한 변화의 유지에 대한 희망을 갖게 한다.
2. 내담자의 다른 문제를 다루는 향후 상담에 대한 가능성을 열어 둔다.
3. 내담자가 상담에서 배운 내용이나 성취한 것들을 계속 실천하겠다는 다짐을 이끌어 낸다.
4. 내담자가 앞으로 기대할 수 있는 변화나 결과를 함께 검토한다.

5. 내담자가 앞으로 겪을 수 있는 잠재적 위험 요소(예: 사회적 상황, 오랜 친구, 관계 문제)들을 함께 검토하고, 좋은 결과의 가능성과 나쁜 결과의 징후에 대해 논의해야 한다.
6. 재발의 초기 징후(예: 우울증, 스트레스, 분노)를 검토한다.

… 교도소, 정신건강시설, 지역사회 치료시설 및 교정시설에서의 단기 치료

미국에서 어떤 형태의 형사사법기관의 감독을 받는 소년범 및 성인범들은 다양한 형태의 정신건강 문제를 겪고 있다. 우울증, 불안증, 극심한 스트레스, 두려움, 적대감 등 이러한 정신건강 문제는 약물 남용, 음주운전, 아동 학대, 폭력행위 등이 원인이 되어 사법기관과 접촉하게 된 것일 수 있다. 또한, 범죄로 기소되거나 유죄판결을 받은 후에 직면하게 된 현재 상황과 불투명한 미래로 인해 문제가 발생했을 수도 있다. 사법기관의 감독을 받는 사람들 가운데 상당수는 법과 사법기관에 대한 경험이 처음이기 때문에 새로운 상황에 대응할 준비가 되어 있지 않은 경우가 많다. 특히, 구치소에 구금되어 재판(심리)을 기다리는 미결수에게서 더욱 두드러진다. 가족 및 기타 지지 집단과 분리된 경우, 신변 안전에 대한 두려움이나 적발 또는 노출 후 낙담과 수치심을 느끼고 도움을 청할 지지자가 없는 사람들은 극단적인 조치를 취하고 자살로 모든 것을 끝내기로 결심할 수 있다. 바른 등(Byrne et al., 2009, p. 40)은 "구금자들 사이에서 자살 위험성 증가는 일반 인구의 위험보다 상당히 높다. 위험성 증가는 다양한 성향 및 상황적 요인에서 비롯된다. 전자의 경우, 구치소에 구금된 사람들 가운데 정신질환, 약물 남용 및 성격장애를 가진 비율이 불균형적으로 높을 뿐만 아니라 실직, 사회적 유대감 약화, 노숙인이라는 이력이 있으며, 이 모든 요인이 자살 위험성을 높인다."라고 지적했다.

범죄 혐의로 기소된 사람 중 절반 미만이 재판 전 상태에서 장기간 구금되지만(Kyuckelhahn & Cohen, 2008), 보석 또는 재판 전 감독을 통해 지역사회로 석방된 사람 중 상당수는 어떤 형태의 개입이나 전문 상담사의 상담이 필요할 수 있다. 자살과 관련하여 바른 외 연구진(2009, p. 41)은 범죄에 대한 재판을 기다리며 지역사회로 석방된 사람들의 경우 "한편으로는 구금된 사람들보다 자살 위험성이 낮을 수 있다. 그들은 구금된 사람들보다 덜 심각한 범죄 전과가 있고, 재정적 자원과 가족 지원 수준이 높을 수 있다. 반면, 자살 위험성은 구금된 사람들보다 높을 수 있다. 이들은 자살 위험성에 대한 평가를

받고 자살 위험성을 낮추기 위한 지원을 받을 가능성이 낮을 수 있다. 또한, 지역사회에 있는 재판 전 피의자들은 자살 수단에 더 쉽게 접근할 수 있고, 자살 시도를 예방하거나 대응하기 위해 감시를 받지 않을 수 있다."라는 것을 발견했다.

토마스 아누스키에비츠(Thomas Anuszkiewicz) 박사는 '마리온 심리연구소(Marion Psychological, Inc.)'의 대표이자 임상심리학자로서 현재 오하이오주 동북부 교도소의 심리학자로 재직 중이며, 소년범 및 문제행동 청소년을 위한 학교, 대안교육학교 관리자, 여러 교도소의 심리학자로 근무한 경력이 있다. 따라서 그는 지역사회 또는 교육기관에서 감독을 받는 소년범 및 성인범과 함께 일한 다양한 경험을 가지고 있다([글상자 13-1]).

글상자 13-1 토마스 아누슈키에비츠와의 면담

면담은 2016년 4월 30일 피터 크랫코스키(Peter C. Kratcoski)가 완료하고, 2023년 9월 30일에 수정했다.

QPK: '마리온 심리연구소'의 대표로서 주요 업무는 무엇인가요?

ATA: 마리온은 소규모 조직입니다. 1987년에 법인으로 설립되었고, 저는 제 사업을 통해 저의 내담자를 확보하고, 그들에게 심리적 지원을 제공하는 다른 민간 및 공공기관과 계약을 맺을 수 있는 기회를 갖고 싶었습니다. 저는 이를 도전으로 생각했고, 제 경험 대부분과 관련된 유형의 상담이 필요한 사람들에게 지원을 제공할 수 있기를 원했습니다. 그래서 저는 스타크 지방 교도소의 수석 심리학자로 일하면서 사건의 상당 부분을 처리하고 있습니다.

PCK: 사법제도와 관련하여 어떤 유형의 지원을 제공하시나요?

ATA: 저와 다른 마리온 심리학자들은 교도소나 구치소, 경찰 및 수사기관, 그리고 법원과 협력하고 있습니다. 우리는 위기개입, 상담, 사례별 지원계획과 같은 지원을 제공하고, 24시간 대기하여 지원을 제공하며, 교정시설의 수용자와 교정직원들에게 심리평가와 취업 전 상담을 제공합니다. 교도관들을 대상으로 인간관계 및 정신건강 문제 증상을 인지하는 방법에 대한 교육을 제공하기도 합니다. 또한, 교정시설의 정책 및 프로그램 개발과 관련하여 교정시설의 행정 담당관에게 자문을 제공하기도 했습니다. 법원과의 업무는 주로 법원에서 명령한 법의학 평가, 정신 능력 평가, 성범죄자 평가, 현재 상태 평가, 폭력 범죄자에 대한 범죄 위험성 평가 작성 등으로 이루어지며, 피고인뿐만 아니라 검사의 전문가 증인으로도 활동한 적이 있습니다. 가끔 저는 '고위급 경찰관'이 상황에 연루되어 해결되지 않으면 경찰서에 문제가 될 수 있는 상황에서 심리평가를 제공해 달라는 요청을 받기도 했습니다.

PCK: 교도소에서 당신을 도와주는 다른 심리학자가 있나요?

ATA: 네, 하지만 시간제 직원으로만 근무하고 있습니다. 교도소에서 저를 도와줄 정규직 심리학자를 고용하는 것도 고려해 봤지만, 교정시설에서 일할 때 전문가가 처리해야 하는 결정에 대한 부담과 책임을 기꺼이 감당할 자격을 갖춘 사람을 찾기가 어려웠습니다. 수용자 중 상당수는 위협적인 태도를 보이기도 하고, 일부 수용자는 교정직원을 존중하지 않기도 합니다. 이동의 자유가 없는 폐쇄된 건물에서 일한다는 사실은 많은 전문가들이 원하는 근무 환경이 아닙니다. 또한, 직업적 태도 문제도 있습니다. 심리상담사는 어떤 유형의 범죄를 저질렀는지에 상관없이 상담 대상자 개개인이 지원을 제공받을 자격이 있다고 인식해야 합니다. 교도소에서 시간제로 근무하는 심리학자들은 교정시설에서 일한 경험이 있고, 수용자들과 교정직원들로부터 친밀감과 상호 존중을 얻을 수 있는 사람들을 선발했습니다.

QPCK: 위기개입과 단기 치료를 구분하나요?

ATA: 위기개입은 즉각적인 심리적(인지적 · 정서적 · 행동적) 안정에 중점을 둡니다. 단기 치료는 현재의 관심사, 욕구 또는 문제를 해결하는 데 중점을 둡니다. 여기에는 토의, 성찰 또는 교육을 통해 내담자가 제기된 우려 사항이나 문제에 대한 통찰력을 얻도록 돕는 것도 포함될 수 있습니다.

QPCK: 교도소 환경이나 다른 내담자와 함께 단기 치료를 사용하나요?

ATA: 예. 교도소에서의 단기적인 문제해결을 돕고, 가정이나 사건 상황과 관련된 문제를 상담하기 위해 활용합니다.

QPCK: 교도소 수용자들에게 단기 치료를 어떻게 사용했는지 예를 들어 주시겠어요?

ATA: 문제는 어떤 수용자가 자신에게 배정된 교도관이 자신에게 부당하고 괴롭히는 대우를 하고 있다고 인식하는 데서 비롯되었습니다. 저는 수용자에게 이 문제에 대한 자신의 감정과 생각을 표현할 수 있도록 허용해 주었습니다. 저는 수용자에게 당장 필요하다고 생각하는 것이 무엇인지 물었습니다. 수용자는 교도관의 괴롭힘 혐의가 미치는 영향을 줄일 수 있는 방법에 대해 몇 가지 제안을 할 수 있었습니다. 또한, 교도관의 행동이 정말 괴롭힘인지, 아니면 그의 업무 수행 방식에 불과한 것인지에 논의했습니다. 또한, 상급자에게 연락을 취해 보거나 고충을 제기하는 등 취할 수 있는 조치에 대해 몇 가지 제안을 했습니다.

QPCK: 교도소 환경에서 일할 때 얼마나 자주 위기개입 상담을 진행해야 하나요?

ATA: 상황에 따라 다릅니다. 어떤 날은 조용하지만 어떤 날은 개입이 자주 필요합니다. 예를 들어, 한 수용자가 다른 수용자를 해치겠다고 위협하거나 자해를 하겠다고 위협하는 경우가 있었습니다. 위기개입이 필요한 또 다른 상황은 무언가에 자극을 받아 흥분하여 히스테리를 일으키는 경우입니다. 종종 가족과 함께 집에서 일어난 일과 관련이 있는 경우가 많습니다.

PCK: 교도소 내 위기 상황과 관련된 요인은 무엇인가요?

ATA: 여러 가지가 있지만 가장 빈번한 것은 다음과 같은 것들입니다.

- 무거운 형을 선고받음으로 인한 정서적 불안정, 급성 정신병적 에피소드(환각/망상)
- 교정직원과 수용자 간의 갈등
- 약물 및 알코올 해독
- 언론에 자주 보도되어 다른 수용자로부터 위협을 받는 유명 수용자
- 수용자 간 성적 학대 사건
- 자해하는 경계성 성격장애 수용자

QPCK: 처리했던 위기 상황의 구체적인 예를 들어주시고, 그 위기를 어떻게 해결했는지 단계별로 설명해 주세요.

ATA: 어떤 사람이 자신을 위해 1인실을 요구한 감방 동료가 있었습니다. 그는 독방에 배정될 이유가 없었습니다(건강상의 이유, 장애, 정신건강 병력 없음). 수용자의 요청이 거부되자 그는 자해와 파괴행위(자신의 성기와 항문 구멍에 물건을 넣고, 모든 문을 두드리고, 감방 문 아래에서 소변을 보는 등)를 반복했습니다. 저는 그 상황과 그가 인지하는 필요성에 대해 그와 여러 차례 이야기했습니다. 마지막으로, 행동이 바뀌지 않자 저는 그에게 음식은 제한된 것만 제공하고, 특수 안전 담요(special psychiatric blanket),[1]를 제외하고는 옷도 입히지 않은 채 격리했습니다. 만약 그의 파괴적인 행동이 다시 시작되면, 그는 구속 의자에 앉혀야 했습니다. 저는 그 수용자와 계속 대화를 나누며 그를 진정시키고, 수감 생활에 대처할 수 있는 방법을 알려 주었습니다. 마침내 그의 행동은 안정되었고, 그는 감방 동료와 함께 수용된 일반 수용자로 돌아갈 수 있었습니다.

1) 역자 주: 교정시설에서 사용하는 특수한 담요로서 일반 담요와 달리 찢어지거나 끈처럼 변형하여 자해, 자살에 사용되지 않도록 특별히 제작된 안전 담요.

베일라전 외 연구진(Baillargeon et al., 2009)은 6년 동안 75,000명 이상의 범죄자를 분석한 결과, 우울증, 양극성장애, 조현병 및 기타 정신병적 장애와 같은 주요 정신질환이 있는 범죄자는 정신건강 문제가 없는 범죄자보다 재수감될 위험이 상당히 높다는 사실을 발견했다. 스튜어트와 윌슨(Stewart & Wilson, 2014, p. 79)은 캐나다의 한 교정시설에 수감된 수용자를 대상으로 한 연구에서 "본 연구에 따르면, 범죄와 관련된 다른 요인을 통제하더라도 정신질환이 있는 범죄자는 비정신질환 범죄자보다 시설 및 지역사회 결과가 더 나쁘다는 사실이 밝혀졌다. 이 결과는 정신질환 범죄자의 복잡한 요구와 교정시설이 정신건강과 범죄 유발 요구를 모두 해결할 수 있는 전문적인 개입을 제공할 준비가 되어 있어야 함을 보여 준다."라고 설명했다.

안노(Anno, 2001)에 따르면, 미국 대법원은 경찰의 추적이 시작되는 시점부터 교정시설에서 석방될 때까지 형사사법체계가 건강관리에 대한 책임이 있다는 판결을 언급했다. 그러나 수용자가 출소하면, 주 또는 지방 사법기관은 교도소나 구치소에서 출소한 사람에게 건강관리를 제공할 의무가 없다. 포터(Potter, 2014, p. 92)의 연구에 따르면, 형사사법체계에 속해 지역사회 거주형 교정시설에 있는 사람들을 위한 공공 의료지원 제공자와 사회적 지원 제공자의 역할을 밝히기 위해 시도한 결과, 지역사회에서 형사사법체계의 감독을 받는 남성 가운데 일부만이 건강 및 보건 지원, 그밖에 다른 사회적 지원을 이용하고 있는 것으로 나타났다. 지역사회 보호관찰 감독을 받고 있는 범죄자가 정신건강 및 사회적 지원을 이용하지 않는 데에는 여러 가지 이유들이 있을 수 있다. 필요한 지원을 지역사회에서 이용할 수 없거나, 지원을 이용할 수 있더라도 의료보험이 없거나 의료지원 비용을 지불할 재정이 부족하여 범죄자는 지원을 이용하지 못할 수 있다. 상담 및 심리치료가 필요한데도 치료를 받지 않는 또 다른 이유는 동기부여가 부족하기 때문이다. 포터는 "많은 형사사법 관련자들이 자신에게 권장된 교육, 건강, 사회복지 활동을 제대로 이행하지 않은 전력이 있는 상태에서 제도를 찾는다."라고 지적했다(Potter, 2014, p. 92).

… 위기개입

로버츠(Roberts, 1991, p. 3)는 개인적 위기를 "평소의 대처 기능작용이 실패하고 고통과 기능장애가 나타나는 심리적 항상성의 급격한 붕괴"로 정의했다. 개인의 삶에서 '위

기'가 발생하는 데는 여러 가지 이유들이 있을 수 있지만 일반적으로 위기의 원인은 외상성 스트레스 상황, 위험한 사건에 연루되거나 결과를 통제할 수 없거나 결과를 판단할 기술이 없다고 느끼는 상황에 연루되는 것과 관련이 있다. 로버츠(1991, p. 3)는 "위기에는 위험하거나 충격적인 사건, 취약하거나 불균형적인 상태, 촉발 요인, 개인의 지각에 근거한 능동적 위기 상황, 위기의 해결이라는 다섯 가지 구성 요소가 있다."라고 말했다. 개인적 위기는 홍수, 화재, 지진으로 인한 재난이나 경제 불황과 같은 위기 상황과 구별되어야 한다. 개인의 강점에 따라 어떤 사람들은 빠르게 적응하고 삶을 재건하며 미래를 계획할 수 있다. 그러나 다른 사람들이 이러한 상황을 경험하면 상황에 대처할 수 없다고 느끼고 약물 및 알코올, 심지어 자살을 통해 상황에서 벗어나려고 할 수 있다. 수습과정을 마치고 지방 교도소 운영을 관찰한 한 학생은 개인적 위기를 겪고 있는 사람을 다음과 같이 관찰했다(Pollard, 2016, p. 3).

"저는 특히, 한 여성이 아편제에서 벗어나는 것을 보았습니다. 학교와 교육과정에서 아편 금단과 그것이 신체에 미치는 영향에 대해 많이 읽었습니다. 이 여성은 거의 모든 전형적인 금단 증상을 보였습니다. 추위에 떨고, 설사를 하고, 건강이 좋지 않았고, 기숙사 여기 저기에 구토를 하고, 오한을 느끼며 몸이 매우 쇠약해졌습니다. 간호사가 그녀를 위해 할 수 있는 것은 수분 보충제를 주고 메스꺼움을 완화하기 위해 펩토비졸(Pepto Bismol)을 주는 것뿐이었습니다. 그녀는 중독과 금단 증상에 완전히 사로잡힌 것처럼 보였는데, 정말 끔찍한 광경이었죠. 저는 여러 강좌에서 약물 중독에 대해 많이 배웠습니다. 이러한 수업은 마약의 영향에 대해 가르치지만, 실제로 보기 전까지는 이해할 수 없는 것이죠. 실제로 누군가의 삶이 무너지는 것을 보기 전까지는 이해하지 못할 겁니다."

위기의 초기 원인이었던 대처 기능을 사용하여 위기에 대처할 수 있다는 점에 유의해야 한다. 예를 들어, 여가를 즐기기 위해 약물 및 알코올을 과도하게 사용하면 실직, 배우자 및 가족으로부터의 소외, 친구들로부터의 거부를 초래할 수 있다. 거부감과 고립감을 느끼는 사람이 대처할 수 있는 유일한 방법은 약물 및 알코올 섭취를 계속하고 심지어 더 늘리는 것이라고 생각할 수 있다.

경찰관, 상담사, 사회복지사, 응급의료요원(EMI), 교정직원 등 업무 중 위기 상황에 대응할 가능성이 높은 사법기관에 종사하는 전문가들은 위기 상황에 대응하는 방법에 대한 적절한 교육이 필요하다. 위기개입은 다양한 상황과 다양한 장소에서 필요할 수 있다. 경찰관은 가정폭력과 관련된 위기 상황에서 가장 먼저 대응하는 사람이 될 가능성이 높다. 예를 들어, 필자는 순찰 중인 경찰관과 함께 동승하여 다음과 같은 상황을 관찰할 기회를 가졌다.

제대로 대처하지 않았다면 재앙으로 이어질 수 있었던 가정폭력 상황을 처리하는 경찰관의 절차. 가정폭력 신고를 받고 출동한 경찰관들은 현장에 도착하자마자 신속하게 상황을 파악했다. 집 안에는 성인 남성 7명과 성인 여성 여러 명이 부엌에 모여 있었다. 성인 남성 한 명은 어린아이를 안고 있었다. 성인 남성 중 한 명은 아이를 안고 있는 남성을 때리겠다고 위협하고 있었고, 한 여성은 깨진 병으로 남성을 찌르려고 위협하고 있었다. 경찰관은 재빨리 행동에 나섰다. 한 경찰관은 어른들을 모두 다른 방으로 대피시키고, 다른 경찰관은 아이를 안고 있는 남성을 방패 삼아 구타당하지 않도록 보호했다. 다른 사람들이 다른 방으로 분리된 후, 아이를 안고 있던 남성과 대치한 경찰관은 남성에게 아이를 포기하라고 요구하면서 천천히 남성 쪽으로 나아가기 시작했다. 결국 그 남성은 방 벽으로 밀려났다. 그는 다른 사람들에게 구타당하지 않기 위해 아이를 데리고 나가겠다고 말했다. 그가 방에서 나가려고 움직이기 시작하자 경찰관은 아이와 함께 나갈 수 없다고 대답했다. 경찰관은 이 남성에게 안전하게 집 밖으로 안내해 주겠다고 약속했고, 남성은 마침내 아이를 경찰관에게 넘겼다. 약속대로 남성은 경찰차로 호송되었다. 현장을 떠나기 전에 남성에게 폭행을 당한 여성에게 고소를 해야 한다는 사실을 알렸고, 경찰은 해당 주소에 거주하지 않는 모든 사람에게 각자의 집으로 가라고 요청했다. (작성자의 개인적 관찰)

공공장소에서 발생한 폭동, 시위에서의 군중 통제, 약탈 및 기물파손 등 경찰의 위기개입이 필요한 사건은 제대로 처리하지 않으면 위기 상황의 확대로 이어질 수 있다. 사람을 인질로 잡고 총기를 난사하거나 체포에 저항하는 등 위기 상황에 가장 먼저 대응하는 경찰이 그 사람이 정신질환자일 가능성을 인지하지 못하는 경우, 자신이나 다른 사람의 생명이 위험하다고 인식하면 극단적인 조치를 취할 수 있다. 로저스 등(Rogers et al., 2019, p. 414)은 "지난 20년 동안 지역사회에서 정신적, 정서적 또는 발달적 문제를 가진 사람과 관련된 위기 상황에서 경찰의 상호작용을 위한 위기개입팀(CIT) 모델인 선도 프로그램이 미국에서 경찰-정신질환자 또는 심리, 정서, 발달장애를 가진 사람들과 상호작용의 지배적인 형태 가운데 하나가 되었다."라고 언급했다. 위기개입팀을 구상한 많은 경찰서들에서 멤피스 위기개입팀 모델을 따르고 있다. 이 모델의 구성 요소에는 자체적으로 선발된 경찰관이 지역사회 보건 종사자, 정신질환자 또는 심리, 정서, 발달장애를 가진 사람들 및 그 가족, 위기개입팀에 익숙한 경찰관이 실시하는 40시간의 교육을 받는 것(Rogers et al., 2019)이 포함된다. 두 번째 단계는 지원 요청을 통해 받은 정보를 바탕으

로 정신질환자의 개입 가능성을 인지할 수 있도록 출동 요원을 교육하는 것이다. 세 번째 단계는 자동 수용 정책을 수용할 수 있는 입소 정신건강시설을 파악하는 것이다. 정신질환이 의심되는 경우, 위기에 처한 사람을 구치소에 수감하지 않고 이 시설에 배치할 수 있다.

… 위기개입 상담

국제 위기개입 아카데미가 발간한 교재(2023, pp. 1-10)에 보면, 6단계 위기개입 모델에 대한 설명이 나와 있다. 1단계에서는 문제를 정의하고 위기상담사와 내담자 간의 관계를 설정해야 한다. 위기상담사는 적극적으로 경청하고 공감을 형성해야 하며, 진정성을 가지고 문제를 이해할 수 있어야 한다. 2단계에서 위기상담사는 내담자의 안전은 물론 위기를 초래한 상황에 연루되었을 수 있는 다른 사람들의 안전을 보장해야 한다. 3단계에서 위기상담사는 내담자가 위기를 끝내기 위해 선택할 수 있는 선택지가 무엇인지 이해하도록 도와줌으로써 내담자에게 정서적, 도구적, 정보적 지원을 제공한다. 4단계에서는 위기를 해결할 수 있는 대안적인 방법을 모색한다. 5단계(ICA 참고 사항, p. 4)에서는 "개인과 위기상담사가 계속 협력하여 내담자가 통제력을 회복하는 데 도움이 되는 명확하고 구체적인 단계가 포함된 계획을 수립"해야 한다. 6단계는 "내담자가 계획에 헌신하도록 하고 그 헌신에 대해 책임을 지도록 하는 것"을 포함한다.

위기개입 상담은 다양한 환경에서 적용할 수 있다. 위기의 구체적인 상황과 성격에 따라 상담사나 돌봄 제공자가 취할 즉각적인 위기대응 유형이 결정된다. 여러 모델 가운데 하나를 따를 수 있다. 예를 들어, 미시간(Michigan)주 지방 보건소에서 작성한 위기개입 훈련 지침서(1985, p. 2)에 따르면, 정신병원에서 위기개입을 사용할 수 있다고 명시되어 있다.

- 자기 방어 또는 다른 사람의 방어를 위한 경우
- 개인이 자해를 하는 것을 방지하기 위해
- 다른 사람의 신체적 상해를 위협하는 소란을 막기 위해
- 위기를 초래한 개인이 소지하고 있는 무기 또는 위험한 물건의 소유권을 확보하기 위해

- '심각한' 재산 파괴를 방지하기 위해

교육 문서에서는 물리적 개입은 필요하다고 판단되는 경우에만, 그리고 위기 상황이 스스로 통제될 때까지 필요한 만큼만 사용해야 한다고 강조하고 있다. 즉각적인 위기 상황이 통제되면 재활적 개입을 따라야 한다.

… 위기 상황 대응을 위한 교육

교정 분야에 종사하는 보호관찰관, 상담사 및 심리학자, 사회복지사 등 전문직 종사자와 감독 대상자와 직접 접촉하는 일선 직원 모두 일반적으로 위기 상황에 대처하는 방법에 대한 교육을 받는다. 위기 상황에 대응하는 방법을 아는 것은 부적절한 대응이 더 큰 위기로 이어질 수 있는 보안시설에서 특히 중요하다. 일반적으로 공무원들을 위한 지침서는 교도소나 구치소 등 교정시설 및 비보안시설(예: 재활 지원시설, 거주형 교정시설 등)에서 그들이 따라야 할 규칙, 규정 및 절차가 제시되어 있다.

오텐스와 로버츠(Ottens & Roberts, 2020, p. 4)는 위기 상황에 대비할 때 "체계적 위기개입 모델은 실제 도로, 고속도로, 여행할 방향을 모델로 로드맵을 그리는 것과 유사하다. 따라서 관련 의사나 상담 및 심리치료사는 모델의 적용 과정 및 사건 순서에서 제안된 각 위기개입 지침과 기법의 의미를 시각화하고 프로그램이 완전히 작동하기 전에 필요한 조정을 할 수 있다. 관련 의사나 상담 및 심리치료사는 모델의 각 구성 요소 또는 단계에 대해 학습함으로써 각 구성 요소가 서로 어떻게 관련되어 있는지 더 잘 이해하고 목표달성, 문제해결 및 위기해결을 용이하게 할 수 있다."라고 분석했다.

위기개입은 다양한 환경에 적용할 수 있으며, 위기의 구체적인 환경과 성격에 따라 상담사나 돌봄 제공자가 취할 위기대응 유형이 결정되며, 여러 모델들 가운데 하나를 따를 수 있다.

로버츠와 오텐스(Roberts & Ottens)는 7단계 개입 모델을 완성하기 위해 제공되는 상담 유형과 소요되는 시간은 내담자의 상황, 위기에 처한 사람이 가진 지원의 양과 유형, 위기를 초래한 구체적인 상황에 따라 달라지는 경향이 있다고 강조했다. 예를 들어, 신체적 또는 성폭행으로 인해 위기가 발생한 경우, 위기의 당사자가 정상적인 정신상태로 돌아가기 위해 따르는 행동 계획은 신체적 피해를 입지 않은 위기 상황보다 훨씬 더 오랜

시간이 걸릴 수 있다.

교육지침서(Michigan Department of Community Health, 1985, pp. 3-4)에는 위기개입 상황에서 사용할 수 있는 다양한 대응 방법이 나와 있다. 가장 많이 활용되는 몇 가지 대응 방법으로는 불쾌한 자극을 제공하고 차단하는 혐오 기법, 던져지는 물건으로부터 교정직원을 보호하는 방어 기법, 통제 불능 상태로 보이는 사람이나 다른 사람을 다치게 할 가능성이 있는 사람을 제지하는 데 사용되는 가벼운 접촉 기법인 손 내리기, 개인 공간의 신체적 온전성을 침해하는 침투 기법, 그리고 위기 상황에 처한 사람을 진정시키는 부드러운 접근 방식인 비물리적 개입 등이 있다. 신체적 관리는 사람의 움직임을 제한하는 데 사용되는 기법으로, 묶어 두거나, 엎드린 채로 못 움직이게 하거나, 특별히 감싸는 방법, 그리고 격리(따로 두기) 같은 건데 이러한 방법들은 아주 심한 경우에만 사용하도록 권장한다.

앞에서 위기개입을 시작하는 이유로 언급한 요인은 장기 교정시설과 교도소뿐만 아니라 교도소, 지역사회 교정시설, 소년분류심사원, 공동생활가정(group home), 거주형 교정시설 등 모든 지역사회 교정시설에 적용할 수 있다. 또한, 위기대응에 사용되는 대부분의 기술은 앞에서 언급한 대부분의 교정시설에 적용할 수 있다. 예외는 비보안 청소년 시설 또는 성인 거주형 치료시설에서 거주자의 행동이 자신이나 다른 사람에게 매우 위협적이어서 안전한 시설로 이송해야 할 수 있는 경우이다.

스레이큐(Slaikeu, 1983)는 위기개입이 즉각적인 위기에 대한 대응으로 간주되어서는 안 된다고 말했다. 재활적 위기개입은 당사자를 돕는 데 초점을 맞춰야 한다. 개인이 집중력을 유지하고 문제해결에 성공함으로써 삶의 모든 영역에 적용할 수 있는 기술을 배우고 향후 위기를 해결하는 데 사용할 수 있다. 현재의 문제에 초점을 맞추고 있지만, 많은 내담자들은 과거의 해결되지 않은 트라우마가 현재의 위기를 해결하려는 부적응적인 시도에 어떻게 기여했는지 이해하지 못한다.

스레이큐(1983)는 정신질환자, 약물 및 알코올 남용자, 도박 중독자 및 가족에 대한 위기개입의 목표와 단계를 논의하면서 상담 지원을 제공하는 데 다양한 기술과 방법을 사용할 수 있을 뿐만 아니라 다양한 인력이 유용한 지원을 제공할 수 있다고 지적했다. 모든 인력이 상담사 자격증을 소지하고 상담에 대한 교육을 받은 사람이어야 하는 것은 아니다. 다른 교정직원과 자원봉사자들도 위기를 경험했거나 부적응 행동을 통해 위기에 대응한 적이 있고, 현재 자신의 생활 상황에 새롭게 적응하려고 노력하는 사람들을 지원하고 봉사할 수 있다. 지원은 여러 방면에서 이루어질 수 있다.

스레이큐(1983, p. 2)는 가족에 대한 다학제적 위기개입 팀 접근 방식을 논의하면서 "일부 위기상담사는 구체적인 지원을 제공하기 위해 지역사회 자원을 활용하는 데 탁월한 능력을 발휘한다. 문제를 평가하고, 가족이 더 잘 소통할 수 있도록 돕거나, 가족이 기꺼이 터놓고 이야기할 수 있도록 경청하는 데 탁월한 능력을 발휘하는 사람도 있다. 일부 위기상담사는 특히 내담자를 산부인과, 병원, 고용주, 심지어 식료품점까지 안내하여 내담자가 과제를 성공적으로 완수했다고 느끼도록 돕는 데 능숙하다. 일부 위기관리 담당관은 부적절한 행동에 대한 지원이나 제한을 두는 데 더 능숙하다. 각 팀원의 강점을 활용하고, 이를 지원하면 크게 향상된다."라고 밝혔다. 로버츠와 오텐스(Roberts & Ottens, 2005, p. 334)는 다음과 같은 여러 단계로 구성된 위기개입 모델을 개발했다.

- 철저한 생물심리사회적 및 치사율/임박한 범죄 위험성 평가를 계획하고 수행한다.
- 대인 접촉을 설정하고 신속하게 협력 관계를 구축한다.
- 주요 문제 영역과 위기를 촉발하는 요인을 파악한다.
- 위기 상황에 처한 사람이 자신의 감정을 표현하도록 격려한다.
- 위기에 대처할 수 있는 새로운 방법을 창출하고 모색한다.
- 내담자가 궁극적으로 정상 상태로 회복하는 데 도움이 되는 실행 계획을 실천한다.
- 후속 계획도 제안되며, 필요한 경우라면 추가 보충 상담도 제안한다.

요약

단기 치료 방식과 위기개입 상담은 개인이 더 이상 정상적인 방식으로 기능할 수 없을 정도로 삶에 영향을 미친 당면 문제 또는 문제를 처리하는 데 도움을 주기 위해 고안되었다. 위기개입 및 단기 치료는 정신건강 문제를 겪고 있는 사람에게 자주 사용된다. 건강 문제, 자살을 시도한 적이 있거나 약물 및 알코올에 중독된 사람, 최근 폭력 범죄의 피해자나 가족의 죽음과 같은 충격적인 경험을 한 사람에게도 위기개입이 필요하다. 위기개입은 문제를 어느 정도 완화하고 부적응 행동의 원인을 가능한 한 빨리 파악하기 위해 사용된다. 전문가의 위기대응 방식은 상황과 나타나는 행동 유형에 따라 달라진다. 당사자가 자신이나 다른 사람에게 위험하거나 생명을 위협하는 것으로 보이는 행동을 보이는 경우, 위험을 제거하거나 줄일 수 있는 즉각적인 대응이 필요하다. 당면 문제가 제거되거나 감소되면 상담사는 문제의 원인을 제거하기 위한 작업을 시작할 수

있다. 상황을 바꿀 수 없는 경우, 상담사는 개인이 상황을 받아들이고, 삶을 안정시키며, 개인이 겪고 있는 다른 문제에 적응할 수 있도록 도울 수 있다. 많은 내담자들에게 위기개입과 단기 치료는 자신의 생활 상황에 적응하기 위한 첫 번째 단계이다. 내담자가 일생동안 발생할 수 있는 문제에 집중하고 자신의 자원을 사용하거나 다른 사람에게 도움을 요청할 때를 알아서 문제에 대한 해결책을 찾는 방법을 배운다면 위기개입 및 단기 치료가 성공적으로 이루어진 것으로 간주할 수 있다.

토의 문제

1. 단기 치료와 위기개입의 유사점과 차이점에 대해 토의해 보자.
2. 교도소에서 교정 공무원(교도관)으로 일하고 있는데, 한 수용자가 소리를 지르고 옷을 찢으며 발작을 일으키기 시작했다면, 그 사람을 진정시키고 통제하기 위해 어떤 위기개입 방법을 사용하겠는가?
3. 단기 치료가 다른 형태의 치료와 어떻게 다른지 토의해 보자.
4. 개인적 위기와 위기 상황의 차이점에 대해 토의해 보자. 각각의 예를 제시하고, 제공된 예에서 상담사가 어떻게 상담을 진행할 수 있을지 토의해 보자.
5. 수용자들에게 교도소 수감이 종종 위기가 되는 이유는 무엇인가? 정신질환자가 위기 상황을 만들지 않도록 교정직원이 취할 수 있는 조치는 무엇인가?
6. 지하철역에서 테러가 발생했을 때, 일반인이 위기 상황에 어떻게 반응할지 토의해 보자.
7. 현실치료의 특징은 무엇인가? 여러분이 백화점에서 절도 혐의로 체포된 15세 소년 제임스에게 현실치료를 제공하는 상담사라고 가정해 보자. 제임스와의 상담관계에 어떻게 접근하겠는가?
8. 16세 소녀 앨리스의 행동으로 인해 앨리스의 가족은 큰 갈등을 겪고 있다. 앨리스는 밤에 몰래 외출했다가 집에 돌아올 때면 이른 새벽 시간대이다. 그녀는 성적으로 난잡하다는 평판을 얻었고 쌍둥이 오빠를 당황하게 만들었다. 하지만 여동생은 앨리스의 옷차림과 아버지에 대한 반항심을 좋아한다. 앨리스의 아버지는 가족 내 모든 갈등의 원인이 앨리스 탓이라며 엄격한 행동 규칙을 정하고 규칙을 지키지 않으면 가족을 떠나야 한다는 최후통첩을 내린다. 하지만 어머니는 앨리스의 편을 들어주고 앨리스가 단지 성장을 위한 한 단계를 거치고 있다고 남편을 설득하려 한다. 앨리스는 통금시간을 어기고 술을 마신 일 때문에 소년법원에 회부되자 법원 선도 담당관은 그에게 가족상담을 권유했다. 여러분이 가족상담사라고 가정해 보자.

가족상담을 어떻게 진행하겠는가? 이 가족을 상담하는 데 어떤 상담 기법이 효과적일 수 있겠는가?

9. 남편에게 구타를 당하는 등 외상성 위기를 경험한 개인의 사례에서 재활적 위기개입이 어떻게 적용될 수 있을지 토의해 보자.
10. 위기개입에 대한 다학제적 접근 방식에 대해 토의해 보자. 형사사법체계가 위기에 대응하는 상황에서 이 접근 방식이 필요한 이유는 무엇인가?

참고문헌

Anno, B. (2001). *Correctional health care: Guidelines for the management of an adequate delivery system.* U.S. Department of Justice, National Institute of Corrections.

Baillargeon, J., Penn, I., Williams, J., & Murray, A. (2009). Psychiatric disorders and repeat incarcerations: The revolving prison door. *American Journal of Psychiatry, 166,* 103-109.

Bersani, C. (1989). Reality therapy: Issues and a review of research. In P. Kratcoski (Ed.), *Correctional counseling and treatment* (2nd ed.). Waveland Press.

Byrne, J., Lurigio, A., & Pimentel, R. (2009). New defendants, new responsibilities: Preventing suicide among alleged sex offenders in the federal pretrial system. *Federal Probation, 72*(2), 40-55.

Center for Substance Abuse Treatment. (1999a). *Chapter 1: Introduction to brief intervention and therapies* (pp. 1-10). National Institute of Health. Retrieved April 18, 2016, from http://www. ncbi.nim.nih.gov/books/NBK6-4943

Center for Substance Abuse Treatment. (1999b). *Chapter 3: Brief therapy in substance abuse treatment* (pp. 1-11). *National Institute of Health.* Retrieved April 15, 2016, from http:// www. ncbi.nim.nih.gov/books/NBK6-4943

Clark, M. (1996). Brief solution-focused work: A strength-based method for juvenile justice practice. *Juvenile and Family Court Journal, 47*(1), 57-65.

ICA Notes. (2023). *What is the six-step crisis intervention model?* (pp. 1-10). https://www. icanotes.com/2022/o4/19/6-step-crisis-intervention-model-explined/

Kratcoski, P. (2016). *Police, academic, professional, community collaboration: Past, present, and future. Collaborative policing: Police, academics, professionals, and communities working together for education, training, and program implementation* (pp. 293-305). CRC Press/ Taylor & Francis group.

Kyuckelhahn, T., & Cohen, T. (2008). *Felony defendants in large urban counties, 2004.* Bureau of Justice Statistics.

Michigan Department of Community Health. (1985). *Crisis intervention: Providing residential services in a community setting.* Retrieved April 25, 2016, from http://www.michigan.gov/mdch

Ottens, A., & Roberts, A. (2020). *The seven-stage crisis intervention model: A systematic blueprint for intentional crisis response* (pp. 1-110). https://www.researchgate.net/publication/341314549_The_Seven_Stage_Crisis_Intevention_Model_A_Systematic_Blueprint_for_Intentional_Crisis_

Pollard, A. (2016). *Unpublished internship journal* (pp. 1-12). Kent State University.

Potter, R. (2014). Service utilization in a cohort of criminal justice-involved men: Implications for case management and justice systems. *Criminal Justice Studies*, *27*(1), 82-95.

Roberts, A., (1991). Conceptualizing crisis theory and the crisis intervention model. In Roberts, A. (Ed.) *Contempory perspectives on crisis intervention and prevention* (pp 3-17). Englewood Cliffs, NJ: Prentice-Hall.

Roberts, A., & Ottens, A. (2005). *The seven-stage crisis intervention model: A road map to goal attainment, problem solving, and crisis resolution.* Oxford University Press.

Rogers, M., McNiel, D., & Binder, R. (2019). Effectiveness of police crisis intervention training programs. *The Journal of the American Academy of Psychiatry and the Law, 47*(Sept. 24), 414-421.

Slaikeu, K. (1983). *Crisis intervention: A handbook for practice and research.* Allyn and Bacon. Retrieved June 15, 2016, from http://www.calib.com/nccanch/pug/usermanuals/crisis/notes. htm#items19

Stewart, L., & Wilson, G. (2014). Correctional outcomes of offenders with mental disorders. *Criminal Justice Studies, 27*(1), 63-81.

제 14 장 교정상담에 활용되는 인지행동치료

 … 서론

홀론과 벡(Hollon & Beck, 2013, p. 393)은 인지행동치료를 하나의 개입적인 접근으로 정의했다. 그것은 성격의 심리적 · 사회적 측면을 활용하여 현재의 문제를 해결하기 위한 전략을 개발하도록 돕고, 인지(생각) 유형과 행동(행위)을 변화시키며, 만족스럽고 사회적으로 수용 가능한 생활 방식을 갖는 데 도움이 되지 않는 것들을 바꾸는 것을 목표로 한다.

새크터 등(Schacter et al., 2010, p. 600)은 인지행동치료를 "'문제 중심적'이며, '행동지향적' 치료"라고 정의했다. 인지행동치료는 개인이 경험하는 구체적인 문제, 즉 그 사람의 인지(사고) 왜곡과 그러한 왜곡이 그 사람의 행동에 미치는 영향과 관련된 문제들을 상담 및 심리치료를 하는 데 활용된다. 상담사의 역할은 내담자(또는 환자)가 인지 왜곡을 변화시킬 수 있는 전략을 개발하도록 돕는 것이며, 이를 통해 그러한 사고가 일반적으로 받아들여지는 '현실 세계'에 대한 신념에 더 가깝게 일치하도록 변화의 전략을 개발하도록 돕는 것이다.

인지행동치료는 약물 남용자, 심한 우울증, 불안, 외상 후 스트레스장애, 경계성 성격장애, 조울증, 공격행동, 품행장애 등 다양한 형태의 정신질환이 있는 환자들을 상담 및 심리치료를 하는 데 사용되어 왔다.

인지행동치료의 이론적 토대는 주로 학습과 행동에 관한 다양한 사회심리학적 이론들에서 찾을 수 있다. 프리맨(Freeman, 1983)에 따르면, 모든 사람은 어느 정도 현실에 대하여 인지 왜곡을 하는 현상이 있다. 하지만, 조현병 환자처럼 현실과의 접촉을 잃을 정도로 극단적인 경우도 있고, 경계성 성격장애자처럼 그 정도가 덜한 경우도 있다. 때로는 인지 왜곡이 건강하게 작용하기도 하는데, 예를 들면 아동 · 청소년이 운동팀에 뽑히지 못한 이유나 어떤 모임에 초대받지 못한 이유를 합리화하는 경우가 그렇다. 프리맨(1983)은 교정하지 않으면 부적응 행동으로 이어질 수 있는 일반적인 인지 왜곡의 예를 제시했다. 예를 들어, 어떤 사람의 인지가 '전부 아니면 전무'로 특징지어지는 경우, 그 사람은 모든 것을 극단적으로 인식한다. 이러한 사람들은 생각하기를 사람은 선한 존재이거나 악한 존재로 보며, 행동은 도덕적이거나 비도덕적일 뿐이라고 여긴다. '과잉 일반화(overgeneralization)'를 하는 사람은 어떤 활동에서 한 번 부정적인 경험을 했다는 이유로, 그 활동을 할 때마다 언제나 부정적인 결과가 나타날 것이라고 생각한다. 다른 인지 왜곡으로는 '정서적 추론,' 즉 어떤 문제에 대한 자신의 정서를 사실로 해석하는 것이다. 예를 들면, "나는 그 사람이 악하다고 느낀다. 따라서 그 사람은 악하다."라는 식이다. 또한, '개인화(personalization)'가 있는데 이것은 부정적인 사건을 정당한 이유 없이 자신의 탓으로 돌리거나 자신과 아무 관련이 없는데도 어떤 불행한 일에 대해 책임을 지려는 사고방식이다.

… 합리적 정서행동치료

합리적 정서행동치료(Rational Emotive Behavioral Therapy: REBT)는 "합리적 행동치료라고도 불리며, 행동주의에서 나온 상담 및 심리치료의 한 형태이다. 이성과 합리성을 활용하여 자기 패배적인 인지과정을 인식하고 보다 적절하게 감정을 표현하는 방법을 배우도록 시도한다"(Psychological Issues-Psychologist World, 2016, p. 1). 합리적 정서행동치료 학파는 인지, 정서, 행동 사이에 필수적인 연관성이 있다고 믿은 행동심리학자 알버트 엘리스(Albert Ellis)에 의해 확립되었다. 멀하우저(Mulhauser, 2016, p. 1)는 "합리적 정서행동치료는 인간이 생존을 유지하고 어느 정도의 행복을 달성하기 위해 노력한다는 의미에서 인간을 '책임감 있는 쾌락주의자'로 본다. 그러나 인간은 자신의 목표와 목적을 달성하는 데 방해가 되는 비합리적인 신념과 행동을 채택하는 경향이 있다고도 주장한다. 이러한 비합리적인 태도와 철학은 종종 극단적이거나 독단적인 '해야 한다', '해야만 한다', '반드시 해야만 한다'의 형태를 취하며, 합리적이고 유연한 욕망, 소망, 선호도, 바람과는 대조를 이룬다."라고 했다.

합리적 정서행동치료는 ABC 모델을 따르며, A는 실제 사건과 그 사건에 대한 내담자

의 즉각적인 해석을 의미한다. B는 그 사건에 대한 합리적인 평가와 비합리적인 평가를 모두 포함한다. C는 정서, 행동 및 다른 생각과 같은 결과를 나타낸다(Mulhauser, 2016, p. 2).

REBT는 사람이 사건을 해석할 때 의식적 또는 무의식적으로 비합리적인 신념을 선택하는 방식에 초점을 맞추는 경향이 있다고 본다. 개인의 과거와 현재의 삶의 조건에서 발생한 사건은 그 사건이 발생한 이유를 해석하는 방식에 큰 영향을 미칠 수 있다. 내담자가 사건을 해석할 때 비합리적 신념을 지속적으로 사용하고 이러한 비합리적 신념이 내담자의 행동에 부정적인 영향을 미치는 경우, 상담사의 역할은 내담자에게 문제가 있음을 이해하고 다양한 상담 기법을 활용하여 원하는 변화를 가져올 수 있도록 도와주는 것이다.

멀하우저(2016, pp. 6-7)는 개인상담이나 집단상담에서 사용할 수 있는 합리적 정서행동치료의 과정은 내담자에게 문제가 있음을 인정하고 문제의 일부 영향(우울, 분노, 슬픔)을 파악하는 것으로 시작한다고 설명했다. 다음으로 내담자는 상담사의 도움을 받아 원래 문제를 일으킨 비합리적인 신념을 파악하고, 그 이유를 이해하기 시작한다. 신념이 비합리적이며 왜 문제의 원인에 대한 보다 합리적인 신념이 더 바람직한지, 마지막으로 "내담자는 비합리적 신념에 도전하고 다양한 인지, 정서, 행동 및 심상 기법을 활용하여 합리적인 대안에 대한 확신을 강화한다."라고 설명했다.

합리적 정서행동치료는 다양한 이유들로 소년범 및 성인범의 상담 및 심리치료에 활용된다. 그 이유들은 다음과 같다.

① 개인상담 및 집단상담에 사용할 수 있다.
② 비교적 단기간에 변화를 가져올 수 있도록 설계되었다.
③ 시설 및 외래환자 치료시설을 포함한 다양한 환경에서 사용할 수 있다.
④ 상담의 결과를 경험적으로 측정할 수 있다.
⑤ 중독행동, 정신질환 또는 성격장애를 보이는 사람, 스트레스, 불안 또는 소진으로 고통받는 사람, 비정상적인 행동을 하는 사람의 상담 및 심리치료에 효과적인 것으로 나타났다.
⑥ 상담사의 훈련은 상담받는 개인이나 집단의 특성과 필요에 맞게 조정할 수 있다.

신경정신과 의사 요첼슨(Yochelson)과 심리학자 새메노우(Samenow)가 공동 저술한

책 『범죄자의 성격: 변화를 위한 프로필(Criminal Personality: A Profile for Change)』(1976)과 새메노우가 쓴 또 다른 저서 『범죄의 내면(Inside the Criminal Mind)』(1984)은 범죄자의 인지 유형이 '정상인'과 다르다는 개념에 초점을 맞추어졌다. 이 책의 결론은 정신질환이 있는 범죄자들을 수감하는 워싱턴(Washington) D.C.의 성 엘리자베스(Saint Elizabeth)에서 16년 동안 근무한 경험을 바탕으로 한 것이다. 매우 심각한 범죄를 저지른 수백 명의 정신질환자들을 치료한 후 새메노우(1984, p. 26, p. 39, p. 42)는 환자들이 정신질환은 아니더라도 그들 모두에게 특정 인지에서 극도의 비정상적인 유형이 존재한다는 결론을 내렸다. 그들의 연구를 통해 대다수 범죄자들의 인지 유형 가운데 일부인 52가지 '인지 왜곡'을 발견할 수 있었다. 이러한 인지 왜곡은 범죄 생활 방식(자신의 목표를 방해하는 사람을 해치는 것은 괜찮다, 잡히지만 않는다면 범죄 행위는 괜찮다)에 영향을 미칠 뿐만 아니라 가족, 친구 또는 동료들과 일상적인 상호작용(거짓말, 속임수, 도적질을 해도 즐거움이나 다른 보상을 얻을 수 있다면 괜찮다)에도 영향을 미쳤다.

요첼슨과 새메노우는 집단환경에서 잘 적용되고 효과적인 치료적 접근 방식을 개발했다. 상담사는 집단의 지지를 받아 집단 구성원들의 이야기를 경청하고, 토의하는 동안 범죄 행위를 저지른 사람이 제시한 이유를 '반박'하거나 이의를 제기하는 경향이 있다. 예를 들어, 한 가지 일반적인 인지 왜곡은 성공하지 못한 범죄의 결과에 대해 피해자를 비난하는 것이다(내가 강도질을 하려고 할 때 피해자가 저항했기 때문에 총을 쏠 수밖에 없었다). 많은 상담 상황에서 대립적인 분위기였다. 그러나 상담은 어느 정도 내담자들의 인지유형을 변화시키는 데 중요한 역할을 했다.

재활 지원시설인 '오리아나 하우스(Oriana House)'의 운영 책임자인 로런스(Kratcoski, 2016)에 따르면, 이 시설의 상담사들은 다음과 같이 상담을 활용한다. 오리아나 하우스 프로그램에 참여하는 내담자들이 경험하는 행동 문제에 대한 상담의 기초로 '인지 왜곡'이라는 개념에 어느 정도 기반을 둔 도구를 사용한다. 오리아나 하우스에서 사용되는 치료 프로그램에 대한 질문에 대해 로런스는 "일반적으로 모든 프로그램은 인지 기반 치료, 행동수정 및 기본 생활 기술 개발에 기반을 두고 있다. 구체적인 치료도구로는 변화를 위한 사고, 좋은 의도, 나쁜 선택, 인지 왜곡, 교육, 취업 상담, 분노 조절, 위기상담, 트라우마 회복, 그리고 프로그램에 참여한 여성들을 위한 여성의 여정이라는 제목의 프로그램이 있다."(Kratcoski, 2016)라고 답했다.

글상자 14-1 브라이언의 사례: 약물 남용자의 합리적 정서행동치료

16세 남성인 브라이언(Bryon)은 경찰에 체포되어 무단침입, 불법 약물소지, 가중 폭행, 범죄 현장에서의 도주 미수 등의 혐의로 기소되었다. 그가 체포되기까지의 사건은 다음과 같다. 브라이언의 아버지는 미 육군 원사로서 거의 20년 동안 군에 복무했다. 대부분의 직업군인들과 마찬가지로 그는 자주 다른 근무지로 전출되었다. 브라이언이 16세가 될 때까지 가족은 6번 이상 이사를 다녔다.

가족이 다른 지역으로 이사할 때마다 브라이언과 그의 여동생은 새로운 학교에 다니고, 새로운 친구를 사귀고, 지역사회에서 적응해야 했다. 브라이언은 대체로 이러한 삶의 전환기를 잘 견뎌냈다. 외향적인 성격과 다양한 관심사, 평균 이상의 운동 실력을 갖춘 그는 가족들이 새로운 지역사회로 이사할 때마다 호감을 얻었고 빠르게 친구를 사귀었다.

하지만, 가족이 새로운 지역으로 이사하는 과정에서 브라이언에게 변화가 찾아왔다. 브라이언의 아버지는 중서부의 한 도시에서 모병 담당관으로 발령받았다. 근무 기간이 20년이 넘었기 때문에 브라이언의 아버지는 이 근무를 끝으로 은퇴하고 중서부 도시를 영구적인 거주지로 삼겠다고 말했다. 브라이언의 어머니와 여동생은 내 집 마련의 가능성에 기대에 부풀어 있었다. 브라이언의 아버지는 교외에 중산층들이 사는 지역에 주택을 구입했다.

브라이언은 새로운 학교와 지역사회에 적응하는 것이 과거만큼 쉽지 않았다. 친구를 사귀기 위한 노력에도 불구하고 그는 이방인 취급을 받았다. 브라이언의 어머니와 누나 역시 '적응'에 어려움을 겪고 있었다. 어느 날 저녁, 그들은 새로운 사람들을 만나고 친구를 사귀는 것이 왜 그렇게 어려운지 이해하려고 노력하면서 자신들의 상황에 대해 이야기를 나누다가 이 지역이 과거에 살았던 다른 지역과 다르기 때문일 수 있다는 결론을 내렸다. 군부대도 없었고, 주민들 가운데는 군인들도 거의 없었으며, 전에 살던 지역에는 군 관련 활동들이 많이 있었는데, 이 지역에서는 그러한 활동도 없고, 관심도 없고, 그러한 활동에 참여하는 사람들도 거의 없었다.

브라이언은 계속 노력했다. 그는 학교에서 적극적으로 활동했고, 학교 축구팀에 지원했다. 팀에 뽑히지는 못했고, 실망과 거절당한 기분이 들었으며, 학교에서 최선을 다하고 새로운 친구를 사귀기 위해 계속 노력했지만 제대로 되는 것이 없었다. 결국 브라이언은 학교에 대한 열정과 수업에 대한 의욕을 많이 잃었다. 어느 날 점심시간에 브라이언에게 로드(Rod)라는 학생이 다가와 "너는 친구가 없는 것 같아"라고 말하며, 자기 친구들과 어울리고 싶지 않느냐고 물어왔다. 브라이언은 그 집단에 속한 다른 일행들을 소개받았다. 처음에 그들은 브라이언에게 다소 냉담했지만, 집단의 지도자 로드가 브라이언을 좋아했기 때문에 다른 친구들도 그에게 점점 더 친절해졌다.

집단 구성원들, 특히, 로드는 많은 교사들과 동료 학생들로부터 '루저(losers: 실패자)'로 규정되었다. 로드의 일당은 대부분의 학생들이 일반적으로 추구하는 목표, 즉 좋은 성적을 받거나 학교 과외활동에 참여하는 등을 경멸하는 것처럼 보였다. 실제로 로드 일당은 학교의 규정을 많이 위반하고 있으며, 여러 과목에서 낮은 성적을 받고, 문제아로 평판이 나 있었는데 이러한 사실을 그들은 자랑스러워했다. 로드는 때때로 몇몇 교사들의 권위에 도전하기도 하면서 자신은 권위자인 모든 사람을 싫어한다고 공개적으로 말하기도 했다. 로드는 자신의 아버지가 항상 "자신의 권위를 내세우며, 다른 사람들 위에 군림한다."라고 불평했다.

브라이언은 학교에서 뿐만 아니라 저녁시간에도 이 일당과 어울리기 시작했다. 그는 곧 이 집단에 다양한 종류의 처방약과 '크랙'과 같은 다른 약물을 실험하고 있다는 사실을 알게 되었다. 일반적으로 이러한 약물들은 대부분 부모님의 약장에서 훔쳐 온 것들이었다.

처음에 브라이언은 친구들이 마약을 할 때 거기에 참여하지 않았지만, '겁쟁이'라는 놀림을 받은 후, 점차 마약을 복용하기 시작했다. 그는 약물이 주는 '느낌'이 좋다는 것을 알게 되었고, 집단이 모였을 때 약물 남용에 대한 거부감은 완전히 사라졌다. 이 일당은 계속해서 더 다양한 약물을 투약했고, 더 많은 양의 약물을 구하기 위해 여러 약국에 침입하여 일반 의약품을 닥치는 대로 훔쳤다.

브라이언은 순종적이고, 열정적이며 의욕이 넘치는 학생이었는데, 짧은 기간에 반항적이고, 의욕이 없는 학생으로 변했다. 그는 이 일당과 함께 있지 않을 때에도 정기적으로 마약을 사용하기 시작했다. 그는 학교에서 문제를 일으키고, 다른 학생과 싸움을 벌인 로드가 일으킨 학교 소란 사건에 가담했다는 이유로 징계를 받은 적이 있었다. 한번은 어머니가 '문제를 일으키는' 친구들과 어울리지 말고 집에 얌전히 있으라고 강요하자, 그는 어머니를 밀치고 바닥에 넘어뜨린 적도 있었다.

어느 날 저녁, 일행이 다른 약국에 침입하기로 결정하면서 문제가 불거졌다. 그날 저녁, 약국의 관리자는 (아마도 침입을 의심했던 듯) 늦게까지 매장에 남아 있다가 이들을 붙잡았다. 이들은 주머니에 여러 가지 일반 의약품들을 가득 채워 넣고, 약국 관리자가 이를 막으려 하자 나가려던 중이었다. 약국 관리자는 이 일을 경찰에 신고했다. 로드는 약국 관리자를 여러 차례 주먹으로 때리고 바닥에 쓰러뜨렸다. 경찰이 도착하기 전에 이 일당은 도망쳤지만, 이들은 모두 체포되어 소년분류심사원으로 이송되었다.

네 명의 소년은 다음 날 아침 소년법원 판사 앞에 출두했다. 이들을 체포한 경찰관은 각 소년에게 무단침입, 폭행, 도주 미수 등 여러 가지 범죄 행위를 적용했다.

소년들은 각각 개별적으로 정식 심리를 받았다. 가중 폭행혐의는 로드를 제외한 소년들에 대해

기각되었다. 모든 소년들은 혐의에 대해 사실대로 진술했다. 판사가 처분 선고를 내리기 전에 각 소년들에 대한 성향 보고서와 범죄 위험성 및 범죄 욕구 평가가 완료되었다. 브라이언과 다른 두 소년은 보호관찰을 받았다. 소년법원에 출두한 적이 있고, 가중 폭행혐의에 대해 사실대로 진술한 로드는 안전한 지역사회 교정시설에 위탁되었다. 브라이언의 보호관찰의 특별 조건 중 하나는 약물 남용 상담지원을 제공하는 민간기관에서 약물에 대한 상담을 받는 것이었다.

브라이언에 대한 범죄 위험성 및 범죄 욕구 평가에 따르면, 약물 남용은 해결해야 할 주요 문제였지만, 브라이언은 약물이 자신에게 즐거움을 줄 뿐만 아니라 약물을 사용하지 않을 때는 경험하지 못했던 자신에 대한 좋은 감정을 느끼게 해 준다고 인정했기 때문에 약물 남용의 원인이 되는 다른 문제들, 즉 낮은 자아상, 외로움, 차별받는 느낌, 자기 연민 및 다소 우울한 경향도 약물 남용의 요인으로 지목되었다.

첫 상담을 받으러 갔을 때, 브라이언은 '정신건강의학과'에 방문하는 것이 어떤 도움이 될지에 대해 다소 회의적인 반응을 보였다. 그는 자신이 정신적으로 문제가 있다고 생각하지 않았고 심리학자들은 정신이 완전히 나간 미친 사람이나 치료하는 사람이라고 생각했다. 그러나 그는 상담사/심리치료사와 대화하기가 쉬웠고, 자신에게 정말 관심이 있어 보이는 사람이라는 것을 알게 되었다. 30분 정도 지나자 브라이언은 자신의 문제에 대해 이야기할 수 있을 만큼 편안함을 느꼈다.

상담사는 브라이언이 겪고 있는 각 문제, 그리고 그가 제시한 이유에 대해 자세히 설명하기 시작했다. 예를 들어, 브라이언은 자신이 축구팀에 들지 못한 이유는 코치가 주정뱅이였고, 군인 가족을 좋아하지 않았기 때문일 것이라고 말했다. 그는 자신이 다녔던 다른 학교에서는 항상 팀에 들었다고 상담사에게 말했다. 상담사는 브라이언에게 자신이 팀에 들지 못한 다른 이유에 대해 생각해 보라고 했다. 또한, 브라이언에게 팀에 선발된 다른 남학생들 중 군대 연줄이 있는 친구들이 있는지 물었고, 브라이언은 몇 명 있었다고 인정했다. 코치에게 왜 그 소년들이 차별을 받지 않았느냐는 질문에 브라이언은 자신보다 더 뛰어난 선수였을 것이라고 인정해야 했다. 브라이언에게 자신이 정말 잘할 수 있다고 생각하는 운동이 있는지 묻자, 브라이언은 자신이 달리기를 매우 잘하기 때문에 축구를 언급했다. 축구팀에 들지 못한 멍청한 아이들이 모두 축구팀에서 뛰었기 때문에 축구를 하기 싫다고 말했다. 축구팀 아이들이 왜 멍청한지에 대해 질문과 대답을 주고받은 후, 그는 축구팀원 중 몇몇은 학교의 리더였고 축구선수들에게도 인기가 많았다는 사실을 인정했다. 브라이언은 자신의 생각이 잘못되었음을 깨닫고 축구팀에 들어가는 것이 새로운 친구들을 만날 수 있는 방법이라는 결론을 내렸다.

결국 브라이언의 약물 남용과 다른 문제, 특히 우울 경향성, 그리고 대인관계와 관련된 문제 사이의 연관성이 밝혀졌다. 브라이언은 학교에서 '문제아'라는 꼬리표가 붙는 것에 큰 즐거움을 느끼지 못했으며, 대부분의 학생들이 참여하는 정규학교 활동에 참여하는 것을 훨씬 더 선호한다고 인정했다. 그러나 그는 로드와 그 친구들의 우정을 잃고 싶지 않았기 때문에 그들이 하는 대로 따라갔다. 처음에는 마약 사용이 로드와 친구들 간의 교류로 인한 우정의 지속을 위한 방법이었지만, 점차 마약 사용은 쾌락과는 별개로 '좋은 느낌'을 가져다주었다.

상담에서 상담사의 목표는 브라이언이 마약을 사용하지 않고도, 로드나 같은 가치관과 행동 유형을 가진 그 친구들과 상호작용하지 않고도, 비슷한 즐거움을 경험할 수 있다는 것을 깨닫게 하는 것이었다. 상담사가 사용한 방법은 브라이언이 자신의 인생에서 가장 행복했던 순간과 그 행복에 기여한 요인에 대해 생각하게 하는 것이었다. 브라이언이 가장 행복했던 몇 가지 경험을 이야기한 후, 상담사는 현재 삶에서 동일한 수준의 행복을 달성하는 데 방해가 되는 요인이 있다면 무엇인지, 방해 요인이 있다면 그것을 어떻게 극복할 수 있는지 질문했다.

브라이언은 분명히 상담 및 심리치료의 혜택을 받았다. 그는 자신의 '인지 왜곡'이 학교에서의 대인관계와 가족관계에서 겪은 몇 가지 문제에 어떻게 영향을 미쳤는지, 그리고 올바른 길로 돌아가기 위해 어떤 행동 변화를 해야 하는지 깨달았다. 상담 및 심리치료와 성숙해지는 과정이 병행되었을 수도 있지만, 브라이언은 자신의 삶에도 기복이 있다는 것을 깨닫기 시작했다. 우울한 시기는 힘들 수 있지만 극복할 수 있으며, 포기해야 할 정도로 어렵다고 생각해서는 안 된다.

로드는 브라이언과는 다소 다른 대우를 받았다. 그는 지역사회 교정시설에 배치되었다. 다른 모든 신규 입소자들과 마찬가지로 로드는 행동수정 프로그램에서 가장 낮은 단계에 배치되는 것으로 입소를 시작했다. 이 단계의 입소자들은 다른 단계의 입소자들에 비해 가장 적은 특권을 누리고 일상생활에 가장 많은 제약들을 받는다. 로드는 교정시설에 있는 동안 두 개의 특별 치료 프로그램에 배치되었다. 그는 권위자에게 계속 반항하고, 규칙을 자주 위반했기 때문에 분노 조절에 중점을 둔 인지행동치료 집단에 배치되었다. 그는 또한, 약물 남용 문제가 있는 사람들을 위한 인지행동치료 집단에도 배치되었다.

분노 조절 집단의 상담사는 공격적인 지시적 접근 방식을 따랐다. 새메노우(Samenow)가 권장하는 기법을 사용하여 집단 구성원들의 '인지 왜곡'에 도전하고 '폭로'함으로써 집단 구성원들이 문제를 보다 객관적으로 바라보고, 일탈 행동의 원인으로 다른 사람을 탓하기보다는 자신의 행동에 책임을 지게 하는 것을 목표로 삼았다.

약물 남용에 초점을 맞춘 인지행동치료 집단상담사는 분노조절 집단과 동일한 인지행동 형식을 따랐지만, 비지시적 접근 방식, 즉 집단 구성원들이 자신의 인지 왜곡이 행동에 어떤 영향을 미치는지 분석하여 자신의 일탈 행동에 대해 더 성찰하게 하는 방식을 사용했다.

집단상담은 로드에게 효과가 있었던 것 같다. 그의 지도력은 집단 구성원뿐만 아니라 상담사들

에게도 빠르게 인정받았다. 집단상담에서 로드는 파괴적이고 비협조적인 태도로 주도권을 잡으려 했지만, 이러한 행동이 원하는 결과를 가져오지 않자 행동이 바뀌었고, 집단의 목표뿐만 아니라 계층 체계에서 승급하고 교정시설에서 출소하는 개인적 목표 달성에 더욱 적극적으로 임하게 되었다. 집단상담사, 집단 구성원 및 교정시설 내 다른 사람들로부터 받은 긍정적인 피드백은 로드가 용인 가능한 행동을 하도록 동기를 부여한 것 같다.

로드는 6개월간의 지역사회 교정시설에서 석방되어 집중감독 보호관찰을 받게 되었다. 교정시설에 있는 동안 그는 두 가지 치료 프로그램을 모두 이수하고 학교에서도 좋은 성적을 거두었으며, 최고 등급(1등급)으로 승격되었다.

출처: 미공개 사례.

 … 약물 남용자를 위한 인지행동치료

토네토(Toneatto, 1995, p. 93)가 개발한 인지상태 조절 모델은 인지, 지각, 감각, 기억, 감정과 관련하여 바람직하지 않거나 왜곡된 인지상태가 약물 남용 및 알코올 섭취 후, 경험하는 정신상태에 대한 심리적 욕구를 유발하는 데 중요한 역할을 한다는 이론에 기반한다. 그는 메타인지(metacognition)를 '다른 인지상태에 대한 개인의 신념'이라고 정의했다. 따라서 실직, 우울증, 자신이 패배자라는 인식 때문에 술을 마시는 사람이 있다. 알코올의 사용은 열등감을 완화시킬 수 있지만, 알코올을 계속 과도하게 사용하면 다른 문제, 다른 실패, 알코올 사용으로 인한 느낌에 대한 욕구가 강화될 수 있다. 토네토(1995, p. 93)는 상담사는 내담자가 자신의 바람직하고, 즐겁고, 불안하고, 바람직하지 않은 생각, 감정, 기억 및 지각을 인식하도록 도와줌으로써 내담자를 지원한다고 말했다. 상담사는 또한, 내담자가 인지의 본질, 즉 다음과 같은 신념을 이해하도록 돕는다. 사물, 사람, 자신에 대한 잘못된 정보에 근거할 수 있으며, 분노, 슬픔 등의 감정과 기타 심리상태와 같은 감정은 일시적인 것임을 알려 준다. 또한, 상담사는 내담자가 인지상태와 개인의 환경이 약물 남용과 어떤 관련이 있는지 배우고, 불쾌한 기억, 절망, 불안 또는 슬픔을 없애기 위한 방법으로 약물 남용에 의지하지 않고, 불쾌한 정신상태에 대처하는 방법을 배우도록 돕는다.

 … 중독 회복: 자조 방법

스프링거(Springer, 2016, p. 1)는 '자유롭고 유연한 심리학(Free-range psychology)'을 "특정 치료 방식을 고수하는 것보다 유연성과 반응의 범위를 우선시하는 치료적 접근 방식"이라고 정의했다. 상담사는 다양한 배경, 훈련 및 치료적 접근 방식에 대한 선호도를 가지고 있기 때문에 내담자 역시 다양한 요구와 개성을 가지고 있으며, 특정 상담 및 심리치료에 모두 같은 방식으로 반응하지 않을 수 있음을 인식해야 한다. '자유롭고 유연한 심리학'은 심리학자들이 사용하는 다양한 방식들을 유연하게 사용할 것을 강조하며, 내담자의 특정 문제에 가장 효과적인 치료방법이 무엇인지에 대한 연구를 바탕으로 결정을 내릴 뿐만 아니라, 따라야 할 치료 기법에 대한 의사결정에 내담자를 참여시키는 것이 중요하다는 점을 강조했다. 내담자는 상담 및 심리치료의 동반자가 된다.

익명의 약물 중독자 모임 또는 익명의 알코올 중독자 모임, 그리고 다양한 약물 및 알코올 중독 자조집단(self-help)과 단체에서는 행동수정과 합리적 정서행동치료를 함께 활용한다. 참가자들은 이성을 사용하여 자신의 행동(약물 및 알코올 남용)이 원하는 행복감을 만들어내는 것이 아니라 자신의 삶을 어떻게 파괴하는지, 그리고 행복감을 회복하기 위해 어떤 행동을 변화시켜야 하는지를 인식한다. 알렉산더(Alexander, 2010, p. 281)는 약물 및 알코올 중독자 모임에 참석하는 중독자들이 재발을 막기 위해 집단에 속해 있다는 긍정적인 자극이 필요하다는 것을 깨닫는다고 말했다. 알렉산더(2010, p. 281)는 "행동 전략에는 자신의 행동을 형성하는 것이 포함된다. 행동 형성의 한 예로 중요한 목표와 관련된 달성 가능한 몇 가지 목표를 설정하는 것이 있다. 회복은 목표이지만 한 번에 달성할 수 있는 것은 아니다. 일련의 작은 단계를 거쳐야 한다. 또 다른 전략은 경쟁적인 대응을 개발하는 것이다. 여기에는 과거에 일반적으로 부정적인 행동을 했던 사람에게 긍정적인 행동을 하는 것이 포함된다."라고 말했다.

SMART Recovery(2016, p. 1)[1]는 전 세계 중독 회복기관들을 위한 선도적인 자기 관리 프로그램 중 하나라고 주장한다. SMART 조직은 "SMART 회복의 네 가지 프로그램은 약물 남용, 약물 중독 및 알코올 중독, 도박 중독, 코카인 중독, 처방 약물 남용, 기타 물질

1) 역자 주: 약물, 알코올 등 모든 형태의 중독으로부터 회복을 돕는 과학 기반의 자기 관리 회복 프로그램.

및 활동에 대한 문제 중 중독을 포함한 모든 유형의 중독과 중독성 행동으로부터 회복하도록 돕는다."라고 설명했다.

네 가지 항목은 다음과 같이 구성된다(SMART Recovery, 2016, p. 1).

- 동기부여 구축 및 유지
- 충동에 대처하기
- 인지, 정서, 행동 관리하기
- 균형 잡힌 삶 살기

SMART 회복 상담은 원격으로 진행되며, 대면 집단상담은 다양한 후원자들에 의해 조직된다.

약물 및 알코올에 의존하는 경찰관, 소방관 등 제복을 입은 전문가를 위해 상담 및 심리치료를 제공하는 거주형 교정시설인 마워스센터(Marworth Center, Marworth Treatment Center 2011, p. 3)는 '12단계 지원 구성원으로서 전문 직원을 돕고 연락 역할을 하는 회복 중인 제복을 입은 전문가 네트워크'를 활용한다.

… 청소년 성범죄자를 위한 인지행동치료

대부분의 경우, 청소년 성범죄자는 성 관련 범죄가 아닌 다른 범죄로 사법기관에 연행된다. 전형적인 성범죄자는 일탈 행동과 관련된 여러 문제들을 안고 있다. 다중 비행 소년범은 일반적으로 특정범죄를 저질러 소년 사법기관에 연루된다. 범죄의 성격이 심각하고 청소년이 사법기관 밖으로 전환되지 않는 경우, 소년법원 근무자는 청소년에 대한 정보를 철저하게 조사하여 청소년이 받게 될 제재 및 처벌에 관한 결정을 내리게 된다. 청소년의 과거력과 현재 생활 상황을 조사하는 과정에서 성적인 문제를 포함한 청소년의 많은 비행들이 발견될 수 있다. 주요 범죄가 심각한 성 관련 범죄인 경우, 피해자 정보, 범죄 발생 시기, 사건 당시 다른 범죄가 있었는지 여부, 청소년의 범죄 동기 등 현재 범죄를 둘러싼 상황에 대한 광범위한 조사가 이루어진다. 또한, 법원 관계자들은 현재 성 관련 범죄가 해당 청소년이 저지른 유일한 성범죄인지, 아니면 신고되지 않아 사법당국에 알려지지 않은 많은 범죄들이 있었는지 확인하려고 노력할 것이다. 예를 들어,

14세 소년이 처음에 같은 학교에 다니는 학생을 폭행한 혐의로 기소된 사건을 조사하던 중 부모가 모두 직장에 있을 때 8세 여동생을 성추행한 혐의로 청소년에 대한 중내 성추행 혐의가 적용되었다는 정보를 입수했다. 조사 결과, 소년은 여러 차례 이러한 범죄를 저질렀지만 여동생은 부모에게 이 사실을 알리지 않았고, 소년이 비디오 게임기를 숨겼다는 이유로 여동생을 때려 화를 낸 후, 부모에게 무슨 일이 있었는지 말하기 전까지는 여동생이 부모에게 이 사실을 알리지 않았다. 이 경우에 소년은 지역사회 거주형 교정시설에 배치되어 성범죄자 집단상담을 포함한 여러 유형의 상담 및 심리치료를 받았다.

런드리건(Lundrigan, 2001, p. 300)은 "성범죄 치료는 여러 가지 다양한 상담 및 심리치료 방식을 통해 이루어질 수 있다."라고 말했다. 가장 일반적인 것은 성범죄 관련 개인상담 및 집단상담, 그리고 가족치료이다. 인지행동 집단상담은 정신질환이나 심각한 학습장애가 없는 대부분의 사춘기 소년에게 효과적인 것으로 나타났다. 사용되는 방법에는 여러 가지 변형된 것들이 있지만, 인지행동치료는 성범죄자의 '인지 왜곡'에 초점을 맞춘다. 예를 들어, 남자 청소년은 "다들 그러는데 왜 내가 잘못했어?"라고 주장하며, 피해자를 비난할 수 있다. "TV에서 그 행동을 봤어요," "여자애가 성관계를 부추겼는데 '그만하라'고 했을 때는 이미 제 자신을 통제할 수가 없었어요." 또는 일탈 행동에 대해 자신을 탓하지 않는 다른 합리화를 할 수 있다.

런드리건(2001, p. 106)은 "집단상담에 대한 지시적이고 구조화된 접근 방식은 성범죄자에게 더 효과적이다. 종종 우리는 매우 교활하고, 치료에 대한 진정한 투자가 부족하고, 혼란스럽고, 집단환경에서 적절하게 상호작용할 준비가 되어 있지 않으며, 매우 당황스럽고 고통스러운 주제에 대해 논의하는 것을 피하고 싶어 하는 사람들을 다루고 있다."라고 설명했다.

런드리건(2001, p. 106)이 언급한 집단상담의 구조화 요소에는 계약, 집단행동에 대한 확고한 규칙 수립, 집단상담 중 행동에 대한 명확한 기대치, 상담사의 지시적 접근 방식 사용, 시각적 보조자료, 워크북, 개념 모델 사용 등이 있다. 다른 저자들은 성범죄자를 위한 인지행동 집단의 최종 결과물로서 집단과 상담사가 고려해야 할 목표를 나열했다. 그린(Green, 1995, pp. 1–9)은 다섯 가지 주요 목표를 나열했는데 여기에는 죄책감 인정, 책임 수용, 역학 이해, 일탈 주기 파악, 보상 등이다. 지시적 접근 방식과 교육적 접근 방식을 결합하는 상담사들은 사회적 능력 향상, 분노 조절, 적절한 낭만적 관계 유형 및 자신의 성적 관심을 적절한 방식으로 표현하는 방법에 대해 배우도록 제안한다.

 … 노인 범죄자 상담 및 심리치료

크랫코스키와 에델바허(Kratcoski & Edelbacher, 2016, p. 60)는 2000년과 2013년의 노인(65세 이상) 체포 건수를 비교한 결과, 폭력 범죄와 재산 범죄를 포함한 거의 모든 유형의 범죄에서 노인 체포가 크게 증가했음을 발견했다. 지역사회 또는 교정시설에서 보호관찰 감독을 받는 노인 범죄자의 수는 급격히 증가했으며, 앞으로도 계속 증가할 것으로 예상된다. 법무부 문서(미국 법무부 통계국, 2012, p. 1)에 따르면, "2007년과 2010년 사이에 65세 이상의 연방 및 주립 교정시설 수용자 수가 전체 수용자 인구보다 94배나 빠른 놀라운 속도로 증가했다."라고 보고되었다. 크랫코스키(2018, p. 150)는 "2000년에 노인들이 저지른 것으로 알려진 범죄(FBI 2014)와 2013년에 노인(65세 이상)에 의한 범죄를 비교한 결과, 강도를 제외한 모든 중대 범죄의 총 체포 비율이 크게 증가했으며, 사기, 위조, 횡령, 마약 관련 범죄, 장물 수수, 주류법 위반, 가족 관련 범죄는 크게 증가한 것으로 나타났다."라고 밝혔다.

지역사회 교정시설에 수감된 노인 범죄뿐만 아니라 교정시설에서 노인 범죄를 감독하고 상담 및 심리치료하는 감독관이나 상담사는 일반적으로 사용하지 않는 상담 및 심리치료 기법을 사용해야 할 수도 있다. 인지행동적 요소가 있는 노인 범죄자 상담에 사용되는 몇 가지 방법으로는 의미요법(logotherapy)과 실존주의 상담 및 심리치료가 있다. 빅토르 프랭클(Viktor Frankl)에 따르면(Viktor Frankl Institute of Logotherapy, 2016, p. 1), 의미요법은 "인간이 '의미에 대한 의지,' 즉 삶의 의미를 찾으려는 내적 동기에 의해 동기부여된다는 전제에 기초한다."라고 한다. 프랭클은 "우리는, ① 일을 하거나 행동을 함으로써, ② 무언가를 경험하거나 누군가를 만남으로써, ③ 피할 수 없는 고통에 대해 우리가 취하는 태도를 통해 …… 주어진 상황에서 자신의 태도를 선택하는 세 가지 방식으로 삶에서 이러한 의미를 발견할 수 있다."라고 말했다.

다이아몬드(Diamond, 2016, p. 2)는 실존주의 상담 및 심리치료가 '삶의 실존적 사실'을 다루는 구체적이고 긍정적이며 실용적인 접근 방식이라고 말했다. 그는 "실존주의 상담 및 심리치료는 과도한 불안, 무관심, 소외, 허무주의, 회피와 같은 만연한 후기 현대주의 증상을 가능한 한 깊이 이해하고 (현실과 인간의 조건을 순진하게 부정하지 않고) 가능한 한 많이 극복하는 데 관심이 있다, 수치심, 중독, 절망, 우울증, 죄책감, 분노, 공격성, 분개, 허무, 무목적성, 광기(정신질환) 및 폭력뿐만 아니라 관계, 사랑, 배려, 헌신, 용기, 정신건강 등의 의미 있고 삶을 향상시키는 경험을 촉진한다."라고 진술했다.

노인 범죄자는 위에서 언급한 많은 감정, 생각, 정서로 어려움을 겪고 있을 가능성이 높기 때문에, 알렉산더(Alexander, 2000, p. 317)는 내담자를 자신의 문제에 대해 합리적으로 인지하고 이러한 문제에 대한 가능한 해결책을 생각하고 선택할 수 있는 능력을 가진 인간으로 보는 것을 강조하는 실존주의 상담 및 심리치료와 의미요법이 노인 상담에 적합하다고 제안했다. 알렉산더(2000, p. 317)는 "사회복지사와 내담자 간의 관계는 실존주의 상담 및 심리치료의 본질이다. 또한, 사람들은 자연, 대인관계, 사적이고 개인적 환경이라는 세 가지 세계에 살고 있다는 인식이 배경에 깔려 있다. 이 세 가지 삶의 영역은 서로 연결되어 있다. 노인을 대상으로 한 의미요법의 목표는 노인이 책임을 받아들이고 자신에게 직면한 상황에 대해 결정을 내릴 수 있는 능력을 활성화하는 것이다."라고 진술했다.

… 교정직원의 치료방법으로서 인지행동치료 활용

형사사법기관 근무자를 포함하여 공공지원 분야에서 근무하는 사람들은 스트레스를 유발하는 직업의 요구 사항을 잘 알고 있다. 모리스(Morris, 1988, p. 123)는 "교정직무에서 발견되는 일부 스트레스 요인은 다른 직업에서도 발견된다. 업무 배정, 절차 및 정책에 관한 교정행정가, 정책입안자, 교정직원과 감독관 간의 관계 및 신뢰 형성을 포함한 행정적 지원 및 지원 부족 등)을 포함한 다른 직종에서도 발견된다. 직장에서의 다른 일반적인 스트레스 요인으로는 비활동성, 신체적, 정신적 업무 과중, 나태, 교대근무, 정상근무 일정 이외의 근무시간, 다른 사람의 생명과 복지에 대한 책임, 급여 또는 직위 불평등, 업무에서 저임금 및 저인정을 받는 것 등이 있다."라고 분석했다.

교정직무(다른 많은 직종들과 마찬가지로)에서 스트레스의 주요 원인 중 하나는 많은 근로자들이 자신이 자신에게 스스로 부과한 성과 기준에 따라 업무를 수행할 수 있는 능력에 대해 갖는 의구심이다. 지역사회와 기관을 막론하고 교정 분야 근무자들은 업무수행에 있어서 상사의 기대를 충족시키거나, 상사로부터 긍정적인 피드백을 받는 경우가 드물고, 때로는 아예 존재하지 않는다는 사실을 곧 깨닫게 될 것이다. 성과에 대한 기대가 현실적이지 않은 경우, 교정 분야 종사하는 인원은 그 불일치가 자신의 잘못이라고 생각하게 될 수 있다. 예를 들어, 보호관찰 대상자와 함께 일하며 필요 이상의 시간과 노력을

기울인 보호관찰관이 보호관찰 대상자가 다른 범죄를 저지르거나 약물 남용의 재발을 발견하면, 보호관찰관은 실패의 책임을 대상자에게 돌리지 않고 자신의 탓으로 받아들일 수 있다. 교정시설에서 두 수용자 간의 싸움과 같은 문제 상황을 처리하지 못한 것은 담당 교정직원이 업무를 처리할 능력이 없는 것으로 해석될 수 있지만, 객관적으로 해석하면 그러한 상황에 대처할 수 있는 적절한 교육을 받지 못한 것이 실패의 원인으로 더 잘 설명될 수 있다.

정신 기능장애를 초래할 수 있는 또 다른 요인은 수용자에게 폭행을 당하거나 신체적 구타를 당한 경우, 교도소 내 분란을 막지 못한 경우, 자신이 감시하는 동안 자살자가 발생한 경우, 자신이 감독하는 보호관찰 대상자 또는 가석방 대상자가 아동 성폭행 및 살인 같은 극악한 범죄를 저지른 경우와 같은 트라우마적 경험에 대한 반응이 정신 기능장애를 초래할 수 있다. 이러한 사건의 결과로 외상 후 스트레스장애(PTSD)가 발생할 수 있다. 미국 정신의학회(APA, 2013, p. 3)에서는 외상 후 스트레스장애를 "직접 노출되거나, 목격하거나, 혹은 외상 후에도 지속적으로 재경험되는 외상에 간접적으로 노출될 수 있다."라고 묘사했다.

폴라드(Pollard, 2016, pp. 6-7)는 사법 연구 프로그램 수습과정의 일환으로 경찰 순찰대와 함께 출동하던 중 이 사건을 "걱정스러운 아내로부터 자살을 위협하는 남성이 있다는 전화를 받았다. 그는 술집에 가서 술에 취해 차도로 걸어 나가겠다고 했어요. 우리가 마침내 술에 취한 채 걸어가는 남성을 찾아냈을 때, 그는 경찰관들의 이름을 부르며 '꺼져!'라고 말했어요. 그는 또한, 저에게 쇼가 재미있었는지 물었습니다. 그는 체포와 신체적 제압에 저항하다가 마침내 진정하고 자리에 앉았습니다. 응급구조대가 출동했는데, 대부분의 도시에서는 자살 상담 후에 병원으로 데려갈 수 있지만, 이 경우에는 병원으로 데려가기 전에 '위기상담 전화(Mobile Crisis)'에 전화해 통보를 받아야 했습니다. 그와 이야기를 나누는 동안 그는 자신이 해외 파병을 5번이나 다녀온 참전용사라고 말했습니다. 제가 학교에서 배운 지식을 통해 그는 외상 후 스트레스장애를 겪고 있다는 것을 알 수 있었습니다. 제가 대학에서 수강한 '범죄 속의 여성', '정신질환의 사회학', '치료 방법' 등 여러 교과목에서 외상 후 스트레스장애의 원인과 징후를 살펴봤습니다. 이 남성은 파병 기간 동안 여러 가지 충격적인 경험들에 노출되었고, 사랑하는 사람과 분리, 자살 충동 등 외상 후 스트레스장애의 징후를 많이 보였습니다. 그는 또한, 오늘 자살을 시도하기 전에도 자살에 대한 생각이 있었다고 밝혔습니다. 오늘은 잊지 못할 경험이었습니다."라고 설명했다.

경찰관, 소방관, 군인, 교정직원 등이 스트레스와 트라우마를 경험했을 때, 어떻게 대응하는지에 대한 연구에 따르면, 가장 일반적인 대응 방식은 가족, 친구, 동료와 상의하거나 약물 및 알코올 남용으로 기억을 지우려 하거나 트라우마가 삶에 영향을 미친다는 사실을 인정하지 않거나 극단적인 경우, 자살을 시도하는 것으로 나타났다. 헤프렌과 하우스도르프(Heffren & Hausdorf, 2014, p. 429)는 "경찰관들은 외상성 사건에 자주 노출되며, 많은 경찰관들이 외상을 인정하지 않거나 스스로 해결하려고 시도하지 않는다. 도움을 구하는 경찰관들의 경우, 가장 일반적인 출처는 전문적인 지원보다는 직장 밖의 친구나 가족이었다. 또한, 경찰관이 다른 사람들과 고통스러운 정보를 편안하게 공유할 수 있을 때 도움을 더 자주 구했다."라고 지적했다. 모리스(Morris, 1988, p. 123)는 "스트레스는 직원 결근, 직원 이직, 초과근무 및 조기퇴직 비용 증가의 주요 요인이 될 수 있다. 또한, 연구에 따르면, 특히, 형사사법기관, 경찰 및 교정기관의 경우에 약물 및 알코올 중독, 심장마비, 이혼 및 기타 가족 문제가 평균보다 높은 비율로 발생한다는 사실이 밝혀졌다."라고 분석했다.

모리스(1988, p. 125)는 "대부분의 스트레스 관리 프로그램에는 세 가지 공통 요소가 있다. 첫째, 스트레스의 구성 요소가 정의된다. 둘째, 경고 신호와 스트레스의 영향에 대해 설명했다. 셋째, 프로그램 참가자에게 스트레스를 극복, 감소 및 또는 처리하는 방법을 가르친다."라고 말했다.

인지처리 치료(cognitive processing therapy: CPT)(Center for Deployment Psychology, 2016, p. 1)은 PTSD 및 외상 사건 후 기타 동반 증상 치료에 효과적인 것으로 밝혀진 증거기반의 공식화된 치료 기법이다. 이 치료 기법은 외상성 사건을 어떻게 해석하고 자신의 삶에 대한 통제력을 되찾으려는 사람에게 적용하는 데 초점을 맞추고 있다.

인지처리 치료는 개인상담 또는 집단상담으로 진행할 수 있다. 인지처리 치료과정에는 여러 단계들이 포함된다. 초기 단계에서는 인지행동치료 이론에 대해 논의하고, 트라우마 사건에서 회복하려고 할 때 자신에 대한 잘못된 생각이 어떻게 과정을 방해할 수 있는지 보여 주기 위해 인지치료 기법을 사용한다. 배치 심리센터(2016, p. 2)에 따르면, "트라우마 처리에는 트라우마와 관련된 자연스러운 감정을 식별하고 해소하는 것뿐만 아니라 회복을 방해하는 생각을 식별하는 것이 포함된다……. 이러한 인지 재구조화 과정은 안전, 신뢰, 권력, 통제, 자존감, 친밀감에 대한 믿음과 같은 큰 트라우마 주제에서 영향을 받은 지점을 식별하는 인지기술을 연마하면서 계속된다. 이 치료 단계에서는 환자가 상담의 주도권을 쥐고 스스로 상담사가 되며 임상의는 자문 역할을 더 많이 수행한다."라고 제안했다.

요약

인지행동 프로그램은 다양한 이유로 소년범 및 성인범의 상담 및 심리치료에 광범위하게 사용되어 왔다. 인지행동치료는 재범률을 낮추는 데 성공적인 것으로 밝혀졌으며, 다른 치료 방식과도 호환이 가능하며, 다른 행동치료 및 학습이론과 함께 사용할 수 있는 경우가 많다. 치료 상황에는 역할극, 모델링 등 다양한 기법이 사용될 수 있다. 이 치료기법은 지역사회 및 기관, 교정시설을 포함한 다양한 환경에서 사용할 수 있다. 성범죄자, 약물 및 약물 남용 범죄자, 정신질환이 있는 범죄자 등 다양한 특수 문제 범죄자에게 효과적인 것으로 나타났다. 인지행동치료 상담사가 되기 위해 필요한 교육은 일부 정신건강의학과 기반 치료기법처럼 광범위하고 어렵지 않으며, 상담 대상자나 집단의 특성에 따라 상담사의 유형이 달라질 수 있다. 예를 들어, 분노 조절을 위해 집단상담을 할 때 집단상담사는 다른 사람을 신체적으로 해친 것에 대한 집단 구성원의 비난을 반박하면서 대립적인 역할을 할 수 있으며, '소진'되거나 외상 후 스트레스로 고통받는 교정직원을 상담할 때는 상담 회기를 진행하는 동안 상담사가 보다 지지적인 역할을 맡을 수 있다. 인지행동 원칙과 기법은 많은 자조집단들에서 활용되고 있다.

토의 문제

1. 배우자에 대한 가중 폭행으로 유죄판결을 받은 성인 남성을 수용하는 지역사회 치료시설에서 일하는 상담사는 거주자들과 인지행동 집단상담을 진행할 책임이 있다. 상담사가 집단상담을 준비할 때 취해야 할 단계에 대해 논의한다. 상담사는 지도적 접근 방식을 취해야 하는가? 아니면 비지시적 역할을 해야 하는가? 설명해 보자.
2. 인지 왜곡의 의미에 대해 토의해 보자. 무장 강도를 저지른 범죄자들을 상담할 때 어떤 유형의 인지 왜곡이 나타날 수 있는가?
3. 교도소 폭동 중에 인질로 잡힌 교도관을 상담할 때 인지행동치료가 어떻게 사용되는지 토의해 보자.
4. 합리적 정서행동치료와 실존주의 상담 및 심리치료의 유사점과 차이점에 대해 토의해 보자.

5. 조안은 38세의 여성으로 지난 15년 동안 남성전용 최고 보안 교도소에서 교도관으로 근무하고 있다. 그녀는 늦은 오후(오후 4시부터 자정까지) 교대 근무조에 배정되었다. 교대 근무의 직속 상관인 상급자 레로이(Leroy)는 조안이 '소진(burnout)'을 겪고 있는 것 같다는 메시지를 교도소장에게 보냈다. 메시지를 받은 교도소장은 레로이를 자신의 사무실로 불러서 조안의 어떤 행동이 '소진'으로 의심되는 증상인지 설명해 달라고 요청했다. 조안의 어떤 행동이 '소진'의 증상인가?
6. 교도소장은 레로이의 의견에 동의하고, 조안을 상담사에게 상담을 의뢰한다. 상담사는 조안을 상담 및 심리치료하기 위해 (인지행동치료를 활용하여) 어떤 조치를 취해야 하는가?
7. 합리적 정서행동치료가 소년범 및 성인범들을 상담 및 심리치료하는 상담사들이 사용하는 주요 치료기법 중 하나인 주요 이유에 대해 토의해 보자.
8. 인지행동치료를 활용하는 상담사는 성범죄로 치료를 받는 청소년으로부터 어떤 유형의 정보를 얻으려고 하는가? 상담사의 지시적 또는 비지시적 접근 방식이 청소년이 원하는 긍정적인 행동 변화로 이어질 가능성이 더 높은가?
9. '자유롭고 유연한 심리학'을 정의하고, 이 심리학이 소년범 및 성인범의 상담 및 심리치료에 적용될 수 있는 이유를 토의해 보자.
10. 이 장에 인용된 브라이언의 사례를 참고하고, 브라이언을 다중 문제 범죄자라고 생각하는가? 그렇다면 브라이언을 상담할 때 어떤 문제를 먼저 해결해야 하는지 토의해 보자.
11. 약물 및 알코올 중독자, 기타 중독자의 인지행동치료에 SMART가 사용하는 네 가지 프로그램에 대해 토의해 보자.

참고문헌

Alexander, R. (2000). *Counseling, treatment, and intervention: Methods with juvenile and adult offenders*. Brooks/Cole.

Alexander, R. (2010). *Counseling, treatment and intervention methods with juvenile and adult offenders*. Brooks/Cole.

American Psychiatric Association. (2013). *Diagnostic and statistical manual of mental disorders* (5th ed.). American Psychiatric Association.

Center for Deployment Psychology. (2016). *Cognitive processing therapy(CPT)* (pp. 1-2).

Retrieved September 3, 2016, from http://deploymentpsych.org/treatments/cognitive-processing-therapy-cpt

Diamond, S. (2016). *What is existential psychotherapy? Psychology Today*, 1-2, 1-8. Retrieved September 4, 2016, from https://www.psychologytoday.com/blog/evil-deeds/20/what-is-existential-psychotherapy

Freeman, A. (1983). *Cognitive therapy: An overview*. In A. Freeman (Ed.), *Cognitive therapy with couples and groups* (pp. 1-9). Plenum Press.

Green, R. (1995). *Comprehensive treatment planning for sex offenders*. In B. Schwartz & H. Cellini (Eds.), *The sex offender: Corrections, treatment and legal practice* (pp. 1-10). Civic Research Institute, Inc.

Heffren, C., & Hausdorf, P. (2014). Post-traumatic effects in policing: Perceptions, stigma and help seeking behaviours. *Police Practice and Research, 17*(5), 420-433.

Hollon, S., & Beck, A. (2013). *Cognitive and cognitive-behavioral therapies*. In M. Lambert-Bergin & H. Garfield (Eds.), *Handbook of psychotherapy and behavior change* (6th ed., pp. 393-394). John Wiley & Sons.

Kratcoski, P. (2016). *Interview with James Lawrence about Oriana house*. Unpublished document (Oriana House Brochure), 80, no. 1.

Kratcoski, P. (2018). In P. Kratcoski & M. Edelbacher (Eds.), *Trends in types of crimes committed by the elderly in the United States. Perspectives on elderly crime and victimization* (pp. 5-24). Boca raton/CRC Press/Taylor& Francis Group.

Kratcoski, P., & Edelbacher, M. (2016). Trends in the criminality and victimization of the elderly. *Federal Probation, 80*(1), 58-263.

Lundrigan, P. (2001). *Treating youth who sexually abuse*. Haworth Press.

Marworth Treatment Center. (2011). *Alcohol and chemical dependency treatment program for uniformed professionals*. Marworth Treatment Center.

Morris, R. (1988). Burnout: Avoiding the consequences of on-the-job stress. In C. Bartollas & L. J. Siegel (Eds.), *Corrections today* (pp. 122-126). American Correctional Association.

Mulhauser, G. (2016). *An introduction to rational emotive behavior therapy*. Counseling resource. Retrieved August 15, 2016, from http://counsellingresource.com/therapy/types/rational-emotive/

Pollard, A. (2016). *Unpublished internship journal* (pp. 1-12). Kent State University.

Psychological Issues-Psychologist World. (2016). *Rational emotive therapy*. Retrieved August 15, 2016, from http://www.psychologistworld.com/treatment/rational-emotive- therapy.php

Samenow, S. (1984). *Inside the criminal mind*. Times Books.

Schacter, D., Gilbert, D., & Weger, D. (2010). *Psychology* (2nd ed.). Worth Publishers.

Self Help Addiction Recovery/Smart Recovery. (2016). *Smart recovery—self management for addiction recovery* (pp. 1-22). Retrieved September 3, 2016, from http://www.smartrecovery.org/

Springer, S. (2016). *Free-range psychology* (pp. 1-24). Psychology Today. Retrieved September 4, 2016, from https://www.psychologytoday.com/blog/free-range-psychology/201607/free-range-psychology

Toneatto, T. (1995). The regulation of cognitive states: A cognitive model of psychoactive United States substance abuse. *Journal of Cognitive Psychotherapy, 9*, 93-104.

United States Bureau of Justice Statistics. (2012). *Old behind bars: The aging prison population in the U.S.* Human Rights Watch, Department of Justice. Retrieved August 4, 2016, from https://www.hrw.orgreport/2012/27/old-behind-bars/aging-prison-population-United-States

Victor Frankl Institute of Logotherapy. (2016). *Logotherapy* (pp. 1-3). Viktor Frankl Institute of Logotherapy. Retrieved September 4, 2016, from http://logotherapyinstitute.org/About_Logotherapy.htmi

Yochelson, S., & Samenow, S. (1976). *The criminal personality* (Vol. 1). Jason Aronson.

제 15 장 범죄자 상담 및 심리치료에 대한 미래 관점 및 비행 범죄자

서론

교정의 치료적 기능이 아닌 처벌을 강조하는 경향은 20세기 후반부터 여러 시기에 걸쳐 변화해 왔다. 범죄 행위는 범죄자가 경험한 신체적 · 사회적 조건으로 인해 야기된 질병과 유사하다는 개념에 기반한 의료 모델은 사회적 공학(빈민가 정비, 더 나은 교육과 고용기회 제공, 빈곤 퇴치)을 통해 범죄자를 재활시킬 수 있고, 범죄자에 대한 치료적 접근이 가치관과 행동의 변화로 이어질 수 있다는 개념을 강조했다. 그러나 크랫코스키(Kratcoski, 2000, p. 663)는 "1970년대의 범죄율 증가는 다양한 요인에 의해 발생했을 수 있지만, 많은 사람들은 교정치료의 실패, 범죄자에 대한 관용, 처벌에 대한 소홀함이 직접적인 결과라고 해석했다. 정치인들과 교정행정가들은 범죄에 대해 '강경한' 접근 방식을 취해야만 안전하다는 사실을 금방 깨달았다. 1980년대에는 범죄에 대한 시민들의 두려움과 범죄자에 대한 '강경 대응'에 대한 요구가 커지면서 연방 및 주 정부 차원에서 새로운 법안이 제정되었다. 정의 모델을 지지하는 이 법안은 범죄의 억제 수단으로서 처벌을 강조하고, 사회복귀를 위한 수단으로서 치료는 덜 강조했다."라고 지적했다. 범죄자 처리방식에서 가장 두드러진 변화는 불확정형 대신 확정형을 채택하고, 양형기준과 의무적 징역형, 가석방과 감형 폐지, 판사의 양형 재량권의 축소 등이었다.

이러한 변화들이 시행된 이후, 수년간 비교적 안정적으로 유지되던 미국의 교도소나 구치소의 수감 인원은 급격히 증가했고, 수십 개의 새로운 교정시설을 건설해야 할 정도로 수용자 폭증 현상이 나타났다. 예를 들어, 미국에서 지역사회 교정시설에서 보호관찰 감독을 받는 성인 수용자 수는 5,444,900명으로 추산되었다. 이는 2021년 말 수치와 비교해 볼 때, 61,000명 이상 감소한 수치이다(Carson & Kluckow, 2023, pp. 1-2). 2020년 말에서

2021년 말까지 전체 인원을 분석해 보면, 지역사회 보호관찰 감독 대상자는 4% 감소한 반면, 지방 교도소에 수감된 수용자 수는 16% 증가하여 전체 수용자 수는 5% 증가했다.

새로운 교정시설이 건설되었음에도 불구하고 많은 교도소나 구치소들에서는 수용인원을 초과하여 운영되고 있었다. 너무 많은 수용자들과 너무 적은 교정직원들로 인해 교도소에서는 규율 위반, 혼란, 폭력 사건들이 증가했다. 미국 법무부 통계 간행물(2021년 2월, p. 2)에 따르면, "2019년 한 해 동안 연방 교정국(Bureau of Prison: BOP)이 운영하는 시설에서 총 89,369건의 규율 위반행위들이 발생했으며, 이 중 63,025건(71%)이 중급 또는 고급 보안시설에서 발생했다."라고 보고했다. 연방 교정국 산하 122개 교정시설에서 감독을 받는 수용자들에 의해 발생된 교정직원에 대한 살인, 신체 및 성폭행, 절도, 무기 및 밀수품 소지, 폭동 등 주 및 지방 교정시설을 포함할 경우, 교정감독을 받는 수용자에 의한 다양한 유형의 규율 위반행위는 전체 위반 건수의 일부에 지나지 않을 것이다. 이러한 문제에 직면한 교정행정가와 정책입안자들은 수감 대신 다른 대안을 모색하기 시작했다.

크랫코스키(2000, p. 64)는 "1990년대에 교정행정가와 정책입안자들이 수용시설의 대안으로 지역사회 기반의 치료에 눈을 돌리기 시작했다. 이러한 새로운 변화에는 경제적 요인이 중요한 역할을 했다. 교도소 과밀화와 새로운 시설 건설을 위한 재정 부족으로 인해 많은 범죄자들을 지역사회에서 관리하는 것이 현실적으로 필요하게 되었다."라고 설명했다.

1990년대와 21세기 초반에 보호관찰을 포함한 지역사회 교정을 장려하는 법률 개정과 범죄 발생 건수의 감소에도 불구하고 연방 및 주립 교정시설의 수용자 수는 21세기 첫 10년이 끝날 때까지 계속 증가했다. 증가의 주된 이유는 매우 많은 수용자들이 장기 징역형을 선고받아 새로 형을 받은 수용자들을 수용할 공간이 거의 남지 않았기 때문이다. 특히, 살인, 무장 강도, 가중 폭행과 같은 중범죄의 증가로 인해 범죄자들이 지역사회 기반의 형을 선고받을 가능성이 낮아졌고, 이로 인해 교도소나 구치소의 수용자 수가 증가하게 되었다. 또 다른 중요한 요인은 수용자 구성의 변화인데, 즉 오늘날의 교도소 인구는 과거보다 훨씬 더 다양화되었다는 점이다. 수용자의 상당수가 55세 이상의 고령자이고, 경제사범이나 전문직 범죄자들이 증가했으며, 신체 및 정신건강 문제를 가진 수용자들도 많아졌다.

양형 기준에 명시된 대로 여러 유형의 중범죄로 유죄판결을 받은 사람들에게 의무적으로 징역형을 선고하는 것이 도입되면서 교도소에서 제공되는 다양한 치료 프로그램에

도 영향을 미치게 되었다. 수용자들이 다양한 치료 프로그램에 의무적으로 참여할 필요가 없어지고, 형량이 확정되면 수용자는 교정시설에서 제공하는 치료 프로그램에 참여하지 않아도 되는 선택할 수 있게 되었다. 현재 교정시설에서 강조되는 사회복귀 프로그램은 주로 노동 또는 교육과 관련된 프로그램이다. 노동 참여[1]는 교도소 내 적응 및 출소 후 사회 적응과 밀접한 관련이 있는 것으로 밝혀졌지만, 실제로는 그러한 노동 경험이 제공되지 않을 수 있다. 또한, 특별 치료나 지원이 필요한 많은 수용자들 가운데 상당수는 자신에게 필요한 치료를 제대로 받지 못하고 있다.

… 지역사회 교정시설

미국 오하이오주를 비롯한 여러 주에서 지역사회 교정시설 설립을 승인하는 법안을 통과시켰다. 이러한 시설의 목적은 과밀 수용과 인력 부족에 시달리는 교정시설의 부담을 완화하고 선별된 범죄자의 관리와 치료를 지역사회가 더 많이 맡도록 하는 것이었다. 오하이오주(Ohio Department of Rehabilitation and Correction, 2016)에서는 주 전역의 여러 지방(county)에 새로운 지역사회 교정시설을 건설했다. 일반적으로 새로운 시설은 해당 지역에서 가장 큰 도시에 위치해 있다. 교정시설의 건설과 운영을 위한 비용은 주 정부에서 지원했지만, 시설을 담당하는 교정직원 배치와 관리는 해당 지방에서 직접 담당했다. 운영위원회는 유죄판결을 받은 중범죄자에게 지역사회 치료시설에 수감할 것을 선고하는 여러 지방의 보통법원 판사들로 구성되었다. 이 시설이 운영비로 받는 비용은, 원래 주 정부에서 관리하는 교정시설로 가야 했지만 대신 지역사회 교정시설에 수감된 중범죄자마다 일정 금액을 지급하는 방식으로 결정되었다.

스타크 지방(Stark County) 교정시설은 네 개 지역을 관할한다. 이곳은 남성과 여성을 모두 수용하며, 124개의 침대를 갖추고 있다. 입소 심사는 오하이오주 개정 형법에 따라 시설관리위원회에서 진행한다. 이 시설에 입소하는 사람들은 예비교육(오리엔테이션)을 받은 후, 범죄 욕구 평가 점수에 따라 한 가지 이상의 치료집단에 배정된다. 치료 프로그램에는 개인상담, 성인 기초 및 문해 교육, 지역사회 정의 교육, 취업준비 교육 및 구직활

1) 역자 주: 우리나라 교도소에서는 이를 이른바 '출력'이라고 표현함.

동, 정신건강 상담, 약물 남용 상담 및 재발 방지, 예산 및 재정관리와 같은 사회적 생활 기술 개발 등이 포함된다. 성격장애와 관련된 치료 프로그램에는 분노 조절 및 인지 기술 개발이 포함된다(Ohio Department of Rehabilitation and Corrections, 2016).

스타크 지방 교정시설은 1992년에 처음 개소되었다. 그 후로 수용인원이 증가하기는 했지만, 여전히 규모가 비교적 작아 교정직원들이 수용자들에게 치료 및 감독을 하는 측면에서 개별적인 관심을 제공할 수 있는 수준이다. 교정직원과 수용자의 안전은 큰 문제로 떠오른 적은 없다. 자살, 업무방해, 다른 수용자나 교정직원에 대한 폭력적인 공격은 드물게 발생한다. 일부 수용자는 집행유예를 선고받고 시설에서 석방된 후에도 계속 보호관찰을 받고 있다. 규칙이나 정책을 심각하게 위반하면 지방 교정시설에서 주 교정시설로 이송될 수 있다.

앞에서 설명한 것과 같은 형태의 교정시설은 앞으로도 계속 건설될 것으로 예상된다. 이러한 시설은 일반적인 중간 자립시설보다 더 보안이 강화된 높은 단계의 치료시설로 생각할 수 있다. 이 시설들은 지역사회에 위치하기 때문에 시설에 입소한 사람들은 가족 및 지역사회와 유대를 유지할 수 있는 기회를 갖게 된다. 대부분의 치료 프로그램(AA, NA)은 지역사회기관 및 단체의 전문가 또는 자원봉사자가 진행한다.

… 시설 치료

교도소 및 교정시설에서 치료를 제공하는 것이 강조되고, '의료 모델'이 유행하던 시기만큼 강하지는 않지만, 여전히 수용자들의 신체 및 정신건강, 그리고 다양한 복지적 필요를 지원하기 위한 자원이 투입되고 있다. 이는 특히, 보안 수준이 낮거나 중간 정도인 시설에 수용된 수용자와 특별한 도움이 필요한 수용자에게 해당된다. 하지만 상담의 성격은 과거와 달라졌다. 이제 교육개발, 취업준비, 사회적응과 같은 프로그램에 훨씬 더 중점을 두고 있다. 위기개입 상담이 필요한 수용자를 위한 치료를 제외하고는 개인상담은 덜 강조되고 있다.

크랫코스키(2000, pp. 664-665)는 "요즘 교도소에서 중점적으로 실시되고 있는 사회복귀를 위한 활동은 대부분 직업 또는 교육과 관련된 것으로, 이러한 프로그램은 수용자들이 출소 후 지역사회에 성공적으로 적응할 수 있도록 준비하는 데 큰 도움이 되는 것으로 나타났기 때문이다. 교정행정가나 교정직원에 이르기까지 교정에 직접 관여하는 사

람들은 교도소 경험에 처벌 이외의 요소가 포함되어야 한다는 것을 알고 있다. 비활동성과 권태는 교도소 내 혼란과 소요의 주요 원인이 된다. 따라서 수용자들을 교도소 기업(prison industry)이나 교육 프로그램과 같은 생산적인 활동에 참여시키는 것은 교정제도와 수용자 모두에게 이득이 된다."라고 설명했다.

'연방 교도소 기업(federal industry)'이라는 제목의 정부간행물에서 오코너(O'Conner, 2023, p. 1)는 "연방 교도소 기업은 교정국에서 운영하는 가장 큰 수용자 교육 프로그램이자 법무부에서 가장 중요한 교정 프로그램 중 하나이다."라고 명시했다. 1934년 「연방법」에 의해 설립된 연방 교도소 기업은 유니코(UNICOR)라는 상호로 운영되는, 100% 정부 소유의 자립형 정부 법인으로 운영되고 있다. 연방 교도소 기업은 다양한 공장 환경에서 연방 교도소 수용자들을 고용하여 기술교육을 제공하고 있으며, 수용자들이 건설적인 직업을 유지함으로써 교정시설의 안전과 보안에 기여하고 있다."라고 설명했다.

세이터(Seiter, 1990, p. 2)는 연방 교정국에서 교도소 기업의 중요성을 강조했다. 그는 연방 교도소 기업이 고품질 제품을 생산하고 수익을 극대화하며 비용을 최소화하기 위해 기업과 유사한 방식으로 운영된다고 언급했다. 유일한 예외는 수익이 교도소 기업을 개선하는 데 다시 투입된다는 점이다. 연방 교도소 기업의 근로자들은 출소 후에도 교도소에서와 유사한 업무 경험을 쌓고 노동의 대가로 임금을 받고 있다. 연방 교도소 기업의 목표는 사회를 보호하고, 범죄를 줄이고, 교도소의 보안을 지원하고, 수용자들이 사회에 복귀한 후 사용할 수 있는 업무 기술을 개발할 기회를 제공함으로써 납세자의 부담을 줄이며, 양질의 상품 생산과 그에 다른 지원을 목표로 한다는 교정국의 목표와 일치한다. 질 높은 상품 생산과 지원 제공은 농업, 의류 및 섬유, 전자 제품, 사무용 가구, 자재 재활용 분야에 집중되어 있다. 연방 교정국의 2015년 회계보고서에 따르면, 교도소 기업의 성장이 계속될 것이라고 믿을 만한 충분한 근거가 있다고 분석했다. 미국 법무부(2015, p. 4)의 출소 후 취업 프로젝트에서 작성한 UNICOR 평가에 따르면, "출소 후 취업 프로젝트는 연방 교도소 기업에서 일한 수용자들이 일하지 않은 수용자들보다 재범 가능성이 현저히 낮다."라고 분석했다. 대부분의 주 교정시설의 문제이기도 하지만, 연방 교정국의 노동 프로그램이 직면한 가장 큰 주요 문제는 교도소 기업에서 일할 자격이 있는 수용자들에게 일자리를 충분히 제공하지 못하고 있다는 것이다. 보고서(미국 법무부, 2015, p. 4)는 "UNICOR에서 일하기 위해 대기 중인 수용자가 25,000명에 달하지만, 근로자격이 있는 수용자 가운데 8%만이 이 프로그램에 참여하고 있으며, 이들은 일반적으로 시간당 23센트에서 1.15달러를 받고 있다."라고 설명했다.

거의 모든 주 교정시설에서 교도소 기업 프로그램을 운영하고 있다. 주 경계를 넘어 교도소에서 만든 제품을 판매할 수 있는 규제가 완화되면서, 연방 및 주립 교정시설의 교도소 기업이 확장되었다. 앞으로도 교도소 기업의 성장은 계속될 것으로 보인다. 그러나 수용자 중 고령과 신체 및 정신질환이 있는 수용자들의 비율이 높아지는 등 교도소 수용자의 특성이 계속 변화하고 있기 때문에 이러한 특별한 도움이 필요한 수용자들에게도 일자리를 제공할 수 있어야 한다.

도시 연구소(2016)의 보고서 제목 '교도소의 변화, 회복된 삶(Transforming Prisons, Restoring Lives)'에는 연방 교도소의 변화를 위한 여러 가지 권고사항들이 포함되어 있다. 권고된 많은 변화들이 여러 주에서 이루어졌으며, 이미 연방 교정국 내에서 계획 단계 또는 초기 실행 단계에 있다. 주요 권장 사항은 다음과 같다.

① 가장 중대한 연방 범죄로 유죄판결을 받은 범죄자들을 위해서만 교도소가 활용되어야 한다. 이 목표를 달성하려면 판사가 덜 심각한 범죄(특히, 마약 관련 범죄)에 대한 형을 선고할 때, 더 많은 재량을 발휘해서 판단해야 한다.

② 연방 교정국은 교도소 안에서 안전 및 사회복귀를 중시하는 문화를 장려하고, 수용자 개인의 범죄 위험성 및 범죄 욕구에 따라 적절한 프로그램이 제공되어야 한다. 전반적으로 볼 때, 연방 교정국은 안전하면서도 사회복귀에 도움이 되는 환경을 제공하는 데 상당히 성공적이었다. 수용자들은 범죄 위험성 및 범죄 욕구를 기준으로 분류, 평가되며, 일반적으로 그에 따라 치료를 받게 된다. 특히, 극심한 신체 및 정신건강 문제가 있는 수용자는 교도소 병원이나 정신건강 전문시설[2)]로 이송된다. 하지만 가장 큰 문제는 치료 프로그램을 운영할 수 있는 충분한 인력과 자원을 확보하는 것이 어렵다는 점이다.

③ 연방 교정국의 정책은 증거 기반 연구를 통해 효과가 입증된 범죄 위험성 감소 프로그램에 참여하도록 수용자에게 보상을 제공해야 한다. 이 권고안은 수용자가 치료 프로그램에 참여하는 것이 형량 감면과 연계될 경우, 치료 프로그램에 참여하도록 동기부여를 하여 더 빨리 출소할 수 있다는 생각을 가지고 적극적으로 참여하게 될 것이라고 제안한다.

2) 역자 주: 우리나라에는 국립법무병원이 정신건강 전문시설임.

④ 권장되는 증거 기반 프로그램에는 인지행동치료, 교육 수업, 신앙 기반의 프로그램 및 기타 자조 프로그램 등이다.

⑤ 증거 기반 실천 방법들은 범죄자가 출소를 준비하는 출소 전 단계뿐만 아니라 출소 후 단계에서도 활용되어야 한다. 보호관찰을 받는 기간 동안 제공되는 감독 및 치료에 관여할 가능성이 있는 모든 형사사법기관 및 지원기관과 협력해야 한다.

⑥ 연방 형사사법체계는 성과를 높이고 책임성을 강화하기 위해서 여러 기관 간 조율과 투명성 강화를 향상시켜야 한다. 연방기관과 지방 법 집행기관은 범죄 예방 노력과 특정 유형의 범죄자를 수사하고 추적하는 데 있어 정보와 자원을 공유하기 위한 목적으로 합동수사팀을 구성해 왔다. 예를 들어, 연방수사국(FBI), 연방보안국, 주류, 담배, 화기 단속국(ATF) 등의 연방기관은 마약 밀매상, 테러 조직, 범죄 조직, 도주범 등을 대상으로 하는 합동수사에서 주 및 지방 법 집행기관, 때로는 보호관찰관들과 협력해 왔다. 연방 및 주 교정국은 일반적으로 이러한 활동에 참여하지 않아 왔으며, 보고서는 향후에 이러한 형태의 협력과 조정이 적극적으로 추진되어야 한다고 권고하고 있다.

⑦ 연방 의회는 (이 보고서의 권고안이 시행되어 연방 교도소 수용자가 크게 감소하고 상당 비용이 감소된다면) 절감된 비용을 필요한 프로그램, 감독 및 치료의 확대를 위해 재투자해야 한다. 이 보고서는 적절한 계획과 정책 및 실행 방식의 변화가 뒷받침된다면, 연방 교정국이 범죄를 줄이고 더 많은 사람들이 지역사회에서 만족스럽고 범죄 없는 삶을 살도록 돕는 효과적인 기관이 될 수 있다고 말했다.

… 특별 관리 대상 범죄자

과거에는 마약 및 알코올 관련 범죄를 저지른 범죄자나 정신건강 문제가 있는 범죄자는 다른 범죄자와 동일한 방식으로 처리되거나 때때로 특별 치료를 위해 선별되기도 했다. 정신질환자 및 약물 남용자, 노인 등 기타 특별 관리 대상 범죄자를 공식적 형사절차에서 제외하고 선도하는 현재의 관행은 정치적 환경이 크게 변하지 않는 한, 앞으로도 계속될 가능성이 높다. 현재 연방 의회 및 주 의회 모두 특별 관리 대상 범죄자들을 교도소에 수감하거나 형사절차에서 선도하는 방안에 긍정적인 입장을 보이고 있다. 마약전담법원, 정신건강법원, 가정법원, 재향군인법원, 지방법원과 같은 특별 법원의 설립과 지역사회 교정시설, 집중감독 보호관찰, 다양한 지역사회 거주형 교정시설과 같은 프로그램 및 시설의 개발은 부분적으로는 이러한 접근 방식이 재범률 측면에서 더 나은 결과를 가져올 것이라는 연구에 근거하고, 부분적으로는 입법자들이 연방 및 주 정부가 그러한 범죄자를 지역사회에서 치료하는 데 드는 비용이 훨씬 적다는 확신을 가지고 있기 때문이다.

크랫코스키(2017, p. 278)는 1990년대에 지역사회 보호관찰 교정에 대한 강조가 증가한 이유는 과밀 교정시설에 수용된 수용자 수를 줄여야 할 필요성에 의해 촉진되었다고 언급했다. 그는 "단기 교정(shock incarceration), 전자 감시(electronic monitoring), 마약전담법원(drug court), 집중감독 보호관찰(intensive probation supervision), 출석 보고형 교정시설(day reporting center), 지역사회 치료시설 등과 같은 중간 처벌(intermediate sanction) 제도들이 개발되어 있다고 분석하면서 원래라면, 교정시설에 수감되었을 일부 범죄자들을 지역사회에서 관리하기 위해 개발되었다."라고 주장했다. 이러한 범죄자들에게 필요한 강화된 감독과 특수 문제에 대한 의무적 치료는 지역사회 치료에 대한 새로운 관심과 확장을 불러일으켰고, 이러한 프로그램에 대한 재정지원도 증가했다."라고 주장했다.

소년범과 관련하여 크랫코스키(2023, p. 191)는 "촉법소년 또는 형사범 혐의와 관련된 고소로 인해 소년법원에 출두하는 청소년의 처리 방식은 일반적으로 기소된 범죄의 심각성에 따라 결정된다. 촉법소년 및 경범죄로 기소된 청소년의 대다수는 정식 재판절차에서 제외되지만 여전히 소년법원의 감독과 상담을 받는다."라고 설명했다.

최근 인신매매 사건을 전담하는 특별 법원(dockets)이 신설되었다. 이 특별 법원은 일반적으로 성매매와 마약 중독에 연루되어 피해자가 된 젊은 여성과 남성들의 문제를 다룬다. 워즈미스(Warsmith, 2016a, p. A1)는 "인신매매는 흔히 현대판 노예제도라고 불린다. 이 범죄는 사람들이 다른 사람을 통제하고 착취하여 이익을 얻는 것으로 정의된다. 미국 국토안보부에 따르면, 인신매매범들은 강압, 사기 또는 협박 등의 방법으로 피해자를 유인한 후에 노동이나 성매매를 강요한다."라고 분석했다. 오하이오주 서밋지방 소년법원의 재활 프로그램은 인신매매에 대한 법원의 대표적인 선도 사례이다. 워즈미스(2016a, p. A1)에 따르면, "이 프로그램은 참가자들에게 지원, 보상, 처벌을 함께 제공하여 올바른 길로 인도하는 것을 목표로 노력한다."라고 설명했다. 재활법원 프로그램의 또 다른 목표는 인신매매범에 의해 피해를 입은 사람들이 수사기관과 협력하여 인신매매범을 파악하여 문제의 근원을 제거하도록 설득하는 데 있다.

성인범을 위한 인신매매 전담법원은 오하이오주 콜럼버스(Columbus)와 오하이오주 클리블랜드(Cleveland)에 설치되었다. 프랭클린(Franklin) 지방법원(오하이오주 콜럼버스)

은 CATCH 법원이라고 불린다. 워즈미스(2016b, p. A4)는 "대부분의 참여자들은 이 프로그램에 참여하기 전에 성매매 알선혐의로 기소되었으며, 많은 참여자들이 마약 문제도 가지고 있다."라고 설명했다.

앞서 언급된 대부분의 지역사회 교정 프로그램은 현재까지도 계속 운영되고 있지만, '부트 캠프'와 같은 일부 프로그램은 더 이상 인기를 끌지 못하고 있다. '의료 모델'이 유행하던 시기와 1990년대 이후 치료 중심 접근이 다시 주목받게 된 시기의 가장 큰 차이점은 이제 교정치료 프로그램의 효과성이 반드시 경험적 연구 결과를 통해 입증되어야 한다는 것이다. 프로그램이 계속 운영되려면 평가가 이루어지고, 그 평가 결과가 프로그램의 지속을 보장할 만큼 충분히 긍정적인 결과로 나타나야 하며, 그렇지 않으면 재정지원은 제공되지 않는다. 과거에는 연방 및 주 정부의 재정지원기관, 주 의회, 그리고 지역 정치 지도자들이 해당 프로그램이 타당하고, 지역사회 대표자들의 지지를 받는다면 경험적 근거가 부족하더라도 기꺼이 프로그램 운영을 위해 재정지원을 했었다. 하지만 일부 프로그램은 기대치가 다소 비현실적이었고, 다른 프로그램의 경우는 결과를 경험적으로 측정하는 것이 불가능했다. 증거 기반 프로그램만을 지원하는 현재의 접근 방식은 앞으로도 지속될 가능성이 높다.

… 정신질환자의 교도소 수용

2019년 중반을 기준으로 미국의 지방 교도소에 수감된 정신질환자의 수는 734,500명으로 추산된다. 이 중 약 3분의 2 정도는 현재 기소된 혐의로 법원의 판결을 기다리고 있었고, 나머지 3분의 1 정도는 유죄판결을 받고 교도소에 수감되어 형을 살고 있거나 형의 선고를 기다리는 상태이다. 2019년 한 해 동안 지방 교도소에 새로 입소한 수용자는 1,030만 명이었으며, 이는 2008년의 1,360만 건보다 24% 감소한 수치이다(Zeng & Minton, 2021).

스테드먼(Steadman, 1990, p. 1)은 "교도소는 지역사회의 교정시설이다. 수용자는 영장에 의해 또는 범죄수사 결과, 경찰관에 의해 현행범으로 목격되었을 때 체포되어 수감된다. 이러한 법 집행 단계에 관여하는 경찰들은 일반적으로 체포된 범죄 용의자와 같은 지역사회 또는 인근 지역에 거주한다. 따라서 범죄 용의자가 구금되는 경우, 해당 시설은 낯선 사람들이 근무하는 외딴 교도소가 아니며, 범죄자를 수년 동안 가두어 두는 곳이 아니다. 범죄 피의자가 살고 있는 같은 지역사회에 거주하는 사람들이 교정직원으로 근무하게 된다. 마지막으로, 교도소 운영비는 지방 및 지방자치단체 예산에서 충당된다. 이는 곧 교도소 운영비용의 증가는 주민의 재산세 고지서에 직접 반영될 수 있음을 의미한다. 교도소는 모호한 기관이거나 멀게 느껴지는 기관이 아니며, 문제가 발생하면 지역에 즉각적인 영향을 미치는 가시성이 높은 시설이다."라고 설명했다.

정신질환자를 위한 교도소 수용에 관한 종합 보고서(Steadman, 1990, p. 4)에 따르면, 다음과 같은 사실이 밝혀졌다.

- 정신질환자에 대한 수용 및 구금시설 내 정신건강 지원이 모두 절실히 필요하다.
- 부족한 자원도 문제이지만, 더 큰 문제는 기존 자원을 제대로 활용하지 못하고 정신건강과 형사사법 프로그램이 통합되지 않는 경우가 많다는 것이다.
- 정신질환이 있는 범죄자에게는 다양한 형태의 지원이 필요하지만, 그 우선순위는 그들이 형사사법체계의 어느 단계에 있는지에 따라 달라진다.
- 지역사회 안전과 개인의 치료받을 권리를 동시에 보장할 수 있다. 정신건강체계와 형사사법체계가 적절히 조정되고 충분한 재정지원이 이루어진다면 모두 해결될 수 있다.
- 적절한 정신건강 치료는 보안상의 문제와 충돌하지 않는다.
- 교도소 수용자의 정신건강 문제는 지역사회 전체의 문제로 인식되어야 한다.

스테드먼의 보고서가 발표된 지 30년이 넘은 현재, 정신질환이 있는 범죄자에 대한 사법처리와 치료의 측면에서 상당한 진전이 이루어졌다. 특히, 정신건강법원, 마약전담법원, 가정법원 등의 전문 법원들이 설립되면서 형사사법절차의 초기 단계에서 정신질환이 있는 많은 범죄자들이 선별 검사를 받고 적절한 프로그램을 통해 치료받게 되었다.

이제는 교도소 내 정신건강 지원이 더욱 보편화되었다. 심리학자와 사회복지사가 정규직 직원으로 고용되거나 계약직 형태로도 근무하고 있다. 그 결과, 수감 당시 정신질환이 있던 수용자뿐만 아니라 수감 후 극심한 불안, 우울 또는 자해나 자살 기도와 같은 형태의 정신질환을 새로 겪게 된 수용자들도 수감된 후에는 정신건강 전문가로부터 위기개입 상담과 정서적 지원을 직접 받을 수 있게 되었다.

정신질환이 있는 범죄자를 치료하기 위한 자원의 부족과 전문 인력 부족 문제는 여전히 심각한 과제로 남아 있다. 비록 연방 및 주 정부의 법률에 따라 정신건강 문제가 있는

범죄자의 치료와 보호를 위한 예산지원이 크게 증가했음에도 불구하고 정신질환이 있는 범죄자를 치료할 수 있는 충분한 전문 인력이 부족하고 자원이 부족하다는 문제는 여전히 큰 문제이다. 현재 국민건강보험 제도는 일반적으로 보험에 가입하지 않아 필요한 의료지원을 받을 수 없는 사람들에게까지도 보장 범위를 확대하여 혜택을 제공하고 있다.

… 약물 남용자, 성범죄자, 정신질환 범죄자 치료에 있어서 민간 부문의 역할

교도소 및 교정시설의 수용자 가운데 상당수가 어떤 형태로든 약물 남용 문제를 가지고 있다(Bureau of Justice Statistics, 2016, p. 4). 이들 가운데 수감기간 동안 약물 남용 문제로 인해 치료를 받은 수용자의 수는 기간에 따라 다양했다. 머몰라(Mumola, 1999)의 조사에 따르면, 연방 교도소 수용자의 4분의 1 이상과 주립 교도소 수용자의 절반 이상이 어떤 형태로든 약물 남용 프로그램에 참여한 적이 있는 것으로 나타났다. 그러나 이 연구에서는 그 참여가 수감 기간 중에 이루어진 것인지, 수감 전이나 수감 후에 이루어진 것인지를 명확하게 밝히지는 않고 있으며, 또한 참여한 치료 프로그램의 질적 수준에 대한 정보도 제공하지 않았다.

세크레스트와 로비(Sechrest & Robby, 2001)는 교정시설에서 제공되는 약물 남용 치료의 질적 수준과 지역사회 교정 프로그램에서 제공되는 치료의 질적 수준에 대해 우려를 표명했다. 러켄(Lucken, 1997, p. 248)은 약물 남용자, 정신건강 문제가 있는 범죄자, 성범죄자 등 특별 관리 대상 범죄자에 대한 치료를 제공하기 위해 민간 부문의 활용이 증가하고 있다는 점에 주목했다. 그는 "이러한 민간 프로그램은 필요한 중간 처벌을 제공함으로써 공공 교정직원(보호관찰관, 가석방 담당관, 지역사회 봉사 담당관)의 부담을 줄여 주고, 교정개입 및 치료의 종합적인 모델에 더 초점을 맞추고 있다."라고 지적했다.

세크레스트와 로비(2001, p. 616)는 특별 관리 대상 범죄자를 위한 프로그램과 치료를 제공하는 데 있어 민간 부문의 중요성을 인정하면서도 범죄자 감독과 치료에 있어 공공기관과 민간기관 간의 '새로운 동반자 관계'에 대해 우려를 표명했다. 이들은 "범죄자를 위한 민간 프로그램의 활용에 대해 몇 가지 철학적, 운영상의 의문이 제기될 수 있다. 이러한 문제에는 도덕적 반대부터 민간기관의 치료 개입, 운영상의 문제까지 다양하다. 특히, 민간업체가 공공기관에 영향을 미쳐 자신들의 지원 수요를 창출해 내려고 할 때, 그 과정에서 정치적 고려가 개입된다는 점이 우려된다."라고 설명했다.

공공기관이 민간기관과 지원계약을 체결할 때는 항상 이윤 추구를 고려해야 한다. 몇몇 영리를 목적으로 하는 대기업들은 교정시설에 지원을 제공함으로써 수억 달러를 벌어들일 수 있다. 교도소에 수감된 수용자의 수가 계속 감소함에 따라 연방 및 주립 교정시설을 관리하기 위해 민간기업과 계약해야 할 필요성도 점차 줄어들 것이다. 예를 들어, AP통신의 보도(Akron Beacon Journal 2016, p. A5)에 따르면, "오바마 행정부는 목요일 일부 민영 교도소 사용을 단계적으로 중단할 것이며, 이는 수천 명의 연방 교도소 수용자에게 영향을 미칠 것이다."라고 발표했다. 당시 샐리 예이츠(Sally Yates) 법무부 차관은 연방교정국에 보낸 공문에서 "법무부는 민영 교도소 사용을 점차 줄이고, 궁극적으로 완전히 중단할 것이다."라고 밝혔다. 이 내용이 발표될 당시, 연방 교도소에 수감되어야 할 수용자의 약 12%가 민영 교도소에 수감되어 있었다(Akron Beacon Journal, 2016, p. A5).

그러나 민영 교도소의 사용이 감소할 것으로 예상되더라도 민간이 운영하는 영리 및 비영리 형태의 지역사회 교정시설과 치료 프로그램의 사용에는 영향을 미치지 않을 것이다. 때때로 부패가 발생하고, 때때로 부실한 지원이 제공되더라도 민간과 공공 부문 간의 동반자 관계는 21세기 초반에 성장해 왔으며, 부족한 인력과 자원으로 인해 다른 대안이 없기 때문에 앞으로도 계속 증가할 것이다. 이 방식은 감독하에 있는 범죄자에게 필요한 지원과 치료를 제공할 수 있는 사실상 유일한 방법이다. 주 교정국과 지방 사법당국 간의 협력 구조, 즉 주 정부가 재정지원을 하고, 지방 정부가 운영하는 지역사회 교정시설은 앞으로 더욱 확대될 가능성이 높다. 이러한 시설은 보안과 함께 지역사회 기반 치료를 동시에 제공하기 때문이다. 또 하나의 긍정적인 요인은 지역사회에 위치한 교정시설에 수감될 경우에 범죄자가 그 가족 및 지역사회와의 유대관계를 더 쉽게 유지할 수 있다는 점이다.

형사사법절차의 모든 단계에서 범죄자의 범죄 위험성 및 범죄 욕구 평가와 같은 과학 기반의 진단 도구를 사용하면 가능한 가장 효율적이고 저렴한 방식으로 소년범 및 범죄자의 감독 및 치료에서 긍정적인 결과를 보장하는 데 많은 긍정적인 효과들을 가져왔다. 앞으로도 형사 및 비행 범죄자에 대한 양형과 사건관리의 기초가 될 주 정부 차원의 제도 도입과 확산 추세는 계속될 것이다.

많은 교정직원들이 우려하는 것 중 하나는 교정직원과 교정 대상자 간의 개인적 상호작용이 너무 일상화되어 더 이상 범죄 및 소년범의 사회복귀에 큰 도움이 되지 않을 것이라는 점이다.

요약

엄중한 교정시설이 아닌 지역사회에서 범죄자를 치료하는 현재의 추세는 21세기에도 계속될 것으로 보이며, 이는 정치적 분위기가 이러한 변화를 지지하는 것으로 보이기 때문이다. 가장 심각한 범죄로 유죄판결을 받은 범죄자를 제외하고는 범죄자 처벌에 있어서도 마찬가지이다. 연구 결과에 따르면, 지역사회 보호관찰 교정이 기관교정보다 비용 대비 효율성이 높고 교정의 전반적인 목표, 즉 재사회화와 재범 방지에 더 부합하는 성과를 내는 것으로 나타났다.

지역사회 교정기관의 목표 자체는 변하지 않았지만 그 목표를 달성하기 위해 사용되는 일부 방법과 도구는 달라지고 있다. 보호관찰관, 가석방 담당관, 교도관, 사회복지사, 교사, 상담사 및 심리학자 등의 교정직원은 여전히 교정 대상자들과 대면하여 소통하지만, 대부분의 감독과 치료는 전자 기기를 사용하여 이루어질 것이다. 경찰, 법원, 교정시설과 같은 공공 사법기관이 정보, 자원, 심지어 인력까지 협력하고 공유하는 현재의 추세는 계속될 것이다. 보호관찰 및 가석방 부서의 감독을 받는 특수 문제나 복합적인 문제를 가진 다양한 범죄자들을 감독하게 되면서 이러한 부서들은 필요한 전문적 치료를 직접 제공할 만큼의 전문성을 갖춘 인력을 충분히 확보하지 못한 상태이다. 따라서 공공 교정기관의 역할을 계속해서 수행하게 될 것이며, 공공 보건기관 또는 민간 전문기관으로 연계하여 그곳에서 범죄자에게 필요한 전문 치료를 제공받을 수 있도록 할 것이다.

연방법원 및 주 법원의 법률과 정책이 의무적 확정형에서 보다 재량적인 선고 정책으로 전환됨에 따라 모든 지역사회 기반 교정기관, 특히 지역사회 거주형 교정시설의 확대가 요구될 것이다. 이러한 시설들은 주로 민간에서 운영하지만 상당 부분 공공 재정으로 지원되어 운영될 것이고, 전통적으로 연방 및 주 정부 또는 여러 지방 자치단체들이 함께 활용하여 보호관찰 대상자, 가석방 대상자, 심지어 공식 사법절차에서 전환된 사람들에게 주거와 치료를 제공하는 데 사용되어 왔다. 그러나 최근에는 약물 남용 치료와 같이 특수한 요구를 가진 입소자를 위한 전문 치료시설의 개발이 확대되는 추세이며, 이러한 전문화 경향은 앞으로도 계속될 것이다. 따라서 지역사회 거주형 교정시설에 근무하는 치료 인력은 해당 치료 프로그램을 수행할 수 있음을 증명하는 전문 자격을 갖추어야 한다.

마지막으로, 형사사법체계의 교정 분야에서 근무하는 교정 행정가와 교정직원들은 변화가 필요한 시점을 인식하고, 그러한 변화에 적응할 수 있어야 한다. 주 정부의 정치적 환경이 변화하면 새로운 법률이 제정되어 교정 분야 근무자들의 행정 및 운영 방식에 급격한 변화를 요구하는 경우가 많다. 또한, 코로나-19(COVID-19)와 같이 세계적인 전염병(팬데믹: pandemic)과 같은 요인으로 인해 교정직원은 적응하고 업무를 수행하는 새로운 방법을 찾아야 하는 경우도 있다.

토의 문제

1. 범죄자 치료를 위한 '의료 모델'이 호응을 잃게 된 요인은 무엇인가? 이 모델이 다시 완전한 호감을 얻을 수 있을 가능성이 있다고 생각하는가? 그 이유는 무엇인가?
2. 1990년대 교도소 과밀수용과 폭력 문제가 심화되었을 때, 교도소 관리자들이 지역사회 교정을 해결책으로 선택한 이유는 무엇인가?
3. 처벌(punishment)보다 치료(treatment)를 강조하는 새로운 교정정책은 사법제도가 더 이상 범죄에 단호하게 대응(tough on crime)할 수 없다는 뜻인가?
4. 만약 범죄자가 교도소에서 제공되는 치료에 참여하기를 거부하는 경우, 교도소에서 징계를 가하여 참여를 강제하는 것이 타당한가?
5. 범죄자가 '가석방 가능성 없는 종신형'을 선고받은 경우, 그러한 범죄자에게 어떤 유형의 치료를 제공해야 하는가?
6. 지역사회 교정의 성공을 위해 지역 통제가 그토록 중요한 이유는 무엇인가?
7. 교정시설에서 치료가 제공될 때, 상담사는 수용자가 치료에 참여하도록 동기를 부여하려면 어떻게 해야 하는가?
8. 지역사회에서 적용되는 중간 처벌을 받는 범죄자들이 공공의 안전에 위협이 되지 않도록 효과적으로 감독하려면 어떻게 해야 하는가?
9. 부트 캠프 프로그램의 효과에 대한 연구에 따르면, 부트 캠프에 참가한 청소년들의 행동 변화에는 매우 효과적이었지만, 부트 캠프에 참가한 청소년들의 행동에 장기적으로 미치는 영향은 거의 없는 것으로 나타났는데, 그 '치명적인 결함'이 무엇이었다고 생각하는가?
10. 정신질환이 있는 수용자가 교도소 수감 대신 치료를 받게 될 때, 그들이 출소 후에도 지속적으로 적절한 치료와 감독을 받을 수 있도록 하기 위해 무엇이 필요한가?

참고문헌

Akron Beacon Journal. (2016, August 19). *Feds ending private prison use*. Associated Press item, A5.

Bureau of Justice Statistics. (2016). *Local jail inmates-1980-2004*. Retrieved from http://www.bjs.gov/index.cfm?ty=kfdetail&iid=487

Bureau of Justice Statistics. (February 2021). *Federal prisoner statistics collected under the First Step Act, 2020.*

Bureau of Prisons. (2023). UNICOR. https://www.bop/gov/inmates/custody_andcare/unicorn_ about.jsp

Carson, E. & Kluckow, R. (2023). Correctional populations in the United States, 2021-statistical tables. https://gjs.ojp.gov/documents/cpus21/st.pdf rateat which persons.810 per 100%2C.

Kratcoski, P. (2000). Correctional counseling and treatment, fourth edition: Prospect Heights, III. Waveland Press, Inc.

Kratcoski, P. (2017). *Correctional counseling and treatment* (6th ed.). Springer Natural.

Kratcoski, P. (2023). *Juvenile justice administration: Process and issues* (2nd ed.). Springer.

Lucken, K. (1997). Privatizing discretion: Rehabilitating treatment in community corrections. *Crime and Delinquency*, *43*(3), 243-260.

Mumola, C. (1999). *Substance abuse and treatment: State and federal prisoners, 1997*. Department of Justice, Bureau of Statistics. Special Report.

O'Conner, P. (2023). *Federal prison industries*. http://www.bop.gov/about/agency/org_fpi.jap

Ohio Department of Rehabilitation and Correction. (2016). *Bureau of Community Sanctions overview*. Retrieved October 11, 2016, from http://www.drc.ohio.go/community

Sechrest, D., & Robby, M. (2001). *Public and private substance abuse programs in corrections. In Privatization in criminal justice*. Mathew Bender & Company, Inc., Lexis Nexis Group. (Reprinted in Correctional counseling and treatment, 5th ed., pp. 614-624, by P. Kratcoski, 2004, Long Grove, IL: Waveland Press, Inc.).

Seiter. (1990). Federal prison industries, meeting the challenges of growth. *Federal Prison Journal, 1*(3), 11-15.

Steadman, H. (1990). *Effectively addressing the mental health needs of jail detainees in jail diversion for the mentally ill* (pp. 1-8). National Institute of Corrections.

U.S. Department of Justice. (2015). *UNICOR Federal Prison Industries, Inc. annual management report: Fiscal year 2015*. Department of Justice, Bureau of Prisons. Retrieved August 14, 2016.

Urban Institute. (2016). *Transforming prisons, saving lives*. U.S. Government Printing Office.

Warsmith, S. (2016a, September 28). *Court to help young victims of trafficking*. Akron Beacon Journal, A1.

Warsmith, S. (2016b, September 28). *Trafficking program for adults sees success*. Akron Beacon Journal, A4.

Zeng, Z., & Minton, T. (2021, March). *Jail inmates in 2019*. ttps://bjs.ojp.gov/library/publications/jail-inmates-2019

찾아보기

인명

A

Adams, S. 27

Anuszkiewicz, T. 107, 363

Augustus, J. 211

B

Bentham, J. 36

Berne, E. 337

Bullock, M. 301

C

Can, E. A. 168

Carosello, R. 136

Cessna, A. 213

Christ, K. 132

Cool, R. 74

Crittenden, S. K. 111, 215

Crowl, K. 136

Crowley, J. 65

Culler, A. 33

E

Ellis, A. 378

F

Fogel, D. 29

Frankl, V. 389

G

Gendreau, P. 28

Gill, H. 187

Glasser, W. 337

Gorden, R. 291

Graham, L. D. 76

H

Hubbard, D. 38

K

Kenny, Jr. M. A. 69

L

Latessa, E. 39

Lawrence, J. 262

M

Martinson, R. 26

Molloy, P. 255

P

Pence, E. 175

R

Ross, R. R. 28

S

Samenow, S. 268, 379, 380

Satir, V. 347
Skeen, C. 215
Skinner, B. F. 314
Stanley, K. 77
Sutherland, E. 64

W

Watkins, S. 145
White, D. 231, 258

Y

Yochelson, S. 379

내용

ABC 모델 378
ALICE 훈련 138

B.A.S.I.C.S. 81

HOPE 프로그램 326

PEACE 모형 67
SMART 회복 상담 387

STAR 프로젝트 170

T. 호퍼의 집 251

ㄱ

가석방 감독 226
가석방위원회 32
가정폭력 상황 368
가정폭력 피해자 71
가정형 약물치료 모델 87
가족상담사 347
간접적 피해 64
감독 수수료 223
감독 수준 190
감정노동 241
강점 356
강화 315
개방형 질문 290
개별화된 사례계획 33
거주형 교정 32
거주형 교정시설 32
경계성 성격장애 377
경찰 정신건강 평가단 164
경찰 주관 청소년 선도 131
경청 294
계량적 측정 200
고령 수용자 276
공감 304
공감 능력 290
공개 법정 출석 172
공동 가족치료 347
공동생활가정 112
공동체 배상 47
공동체 의식 57
공동체의 합의 57
과밀수용 279
과잉 일반화 378
관계 형성 302
괴롭힘 136
교도소 기업 401
교도소 기업활동 31
교류분석 338
교육 프로그램 31
교정 23
교정 모델 24
교정 철학 26
교정상담 담당자 34
교정상담 및 심리치료 25
교정시설의 안전 106
교정을 위한 정의 모델 29
교정직무 23
교정직원 26
교정철학 102

교정치료의 효과 27
교정학 104
균형적 접근 45
긍정적인 강화 319
긍정적인 또래 문화(PPC) 338
긍정적인 처벌 319
기관연계망 34
기적 질문 304
긴급전화 73

ㄴ
낙관적 입장 28
낙인 53
내담자 옹호자 34
노동 참여 399
노인 범죄자 182
노인 피해자 92

ㄷ
다문화 사회 68
다요인적 접근 모델 150
단기 거주형 교정시설 154
단기 교정 37
단기 치료 353
단위 관리 모형 202
대표 표본 309
독방수용 모형 187
동기강화 면담 34, 300
동적 위험 요소 197
등학교 졸업학력 인정(GED) 258
디스마스 하우스 252
또래 법정 144, 148

ㄹ
라 보데가 데 라 파밀리아 90
랩 하우스 254
레드 위크 137
로버트 케네디 교정시설 272
링컨의 집 254

ㅁ
마무리 단계 345
마시 법 73
마틴슨 보고서 27
메디케이드 263
메타인지 385
멤피스 모형 165
면담 287
면담 도구 297
면접관 290
명예법원 180
무관용 원칙 54
무죄 추정 원칙 229
문해력 부족 31
미결수 362
미시체계 118
민영 교도소 408

ㅂ
반사 행동 314
반영적인 경청 304
반응성 원칙 39, 190
배심원단 217
범죄 등급 230
범죄 예방 46
범죄 예방 프로그램 143
범죄 욕구 평가 195
범죄 위험성 및 범죄 욕구 평가 149
범죄 위험성 및 범죄 욕구 평가 도구 34
범죄 위험성 예측 척도(RPS) 189
범죄 위험성 평가 척도 195
범죄 통제 및 안전한 거리법 135
범죄 피해자법 65
범죄자 분류 187
범죄학 104
법정지원견 69
벤치 보호관찰 212
보상 315
보안 수준 200
보충 사회복귀 도구(SRT) 242
보호 요인 203
보호관찰 209
보호관찰 부담금 113
보호관찰관 32, 111
보호관찰관 교육 프로그램 122

보호시설 86
봉사활동 47
부분적 선도 54
부정적인 강화 319
부정적인 처벌 319
부족 치유 법원 130
부커 사건 227
부트 캠프 316
분노 조절 집단 프로그램 134
분노조절 프로그램 175
분할선고 212
비공식적 보호관찰 131, 132
비범죄화 162
비언어적 표현 290
비합리적 신념 379
비행 청소년 112
비행행동 54

ㅅ
사과 편지 쓰기 56
사례관리계획 196
사례관리제도 194
사례관리제도 입문 교육과정 194
사전 교육 34
사전조사 보고서 112
사회감독관 215
사회기반 처분 161
사회복귀 계획 244
사회복귀과 112
사회복지사 78, 213
사회봉사 178
사회적 배상 148
사회적응훈련 25
상담 24
선고 재량권 211
선도 37, 129
선도 프로그램 53
선도적 통제 244
선별 검사 359
선행 점수 30
성범죄 66
성범죄자 집단상담 346
성인 가석방부 194
성인 기초 교육(ABE) 258
성인범 362
성폭행 사건 298
세계 소년사법 단체 143
소년 마약전담법원 152
소년 사례관리 평가 204
소년범 362
소년법원 143
소년보호과 55
소년분류심사원 153
소년사법 및 비행예방법(JJDP) 130
소년사법기관 118
수수료 징수 117
수용 단계 343
신고전화 141
신빈곤층 103
심리극 337

ㅇ
아동 법의학 면접관 310
아동 보호운동 65
안전 단계 342
약물 남용 문제 407
양가감정 302
여성 쉼터 75
여성인권운동 65
역할 갈등 123
역할극 346
연방 교도소 기업(FPI) 31
연방 피해자 및 증인보호법 65
오리아나 하우스 253
옥스퍼드 하우스 255
외상 후 스트레스장애(PTSD) 180, 391
욕구 원칙 190
우리는 살아 있는 증거이다 29
위기 상황 76
위기개입팀(CIT) 165, 364, 368
위기상담사 369
위스콘신 분류제도 192
위험 수준 189
위험 원칙 190

위험성 기반 감독 40
위험성-필요성-반응성 모형 230
유니코(UNICOR) 401
유예판결 218
유죄판결 후 감독 234
유죄판결 후 범죄 위험성 평가 도구(PCRA) 39, 190
윤리 강령 107, 239
응보적 정의 모델 102
의료 모델 101, 102
의류 은행 267
의미요법 389
익명의 알코올 중독자 자조 모임(AA) 246, 255
익명의 약물 중독자 자조 모임(DAA) 246
인권운동 64
인도적 개혁 36
인신매매 404
인종차별 103
인지 왜곡 380
인지적 면담 298
인지처리 치료 392
인지행동 집단상담 388
인지행동치료 34, 264, 329, 377
일반 관할 225
일반 사회감독 218
일반적 반응성 39
임상 슈퍼비전 264
임상전문팀 178

ㅈ

자기보고식 검사 243
자살 위험성 362
자살 위험성에 대한 평가 362
자원봉사자 74
자유의 버스 64
자조집단 345
작업 단계 344
재범률 26
재사법 처리과정 28
재판 전 감독 48
재판 전 범죄 위험성 평가 도구(PTRA) 191
재판 전 선도 프로그램 50
재판 전 조사 219
재판 전 지원 225
재판 전 지원 담당관 229
재향군인법원 179
재활 25
재활 지원시설 32, 155
재활적 위기개입 371
저항 238
전면적 선도 54
전문 상담사 131
전문 인력 부족 406
전자 감시 37, 404
전자 면담 308
점심식당 점거 시위 64
정신 능력 평가 363
정신건강법원 166
정신이상으로 인한 무죄(NGRI) 166
정신질환의 진단 및 통계 편람(DSM-IV-TR) 167
정의 모델 30
정의의 집 88
조기 석방 162
조사 면담 298
조작적 조건화 314
조현병 377
주간 보호시설 175
중범죄 교살죄 80
중재 56
중재 요약서 58
증거 기반 분류 197
증거 기반 프로그램 28
지도적 집단 상호작용 336
지도적 집단상담 336
지속 법률 교육(CLE) 169
지역사회 거주형 교정시설 155
지역사회 교정시설 155, 399
지역사회 교정협회(CCA) 257
지역사회 연결망 87
지원 연결 담당관 34
지위비행 130

지적 및 발달장애 93
직접적 피해 64
진단 도구 101
집단상담 335
집단상담 과정의 5단계 342
집단상담사의 역할 345
집중감독 보호관찰관(ISP) 33
징계 구금 구역 201

ㅊ

책임 단계 343
처방적 감독계획(PSP) 198
첨단 기술 103
청소년 감독관 133
청소년 법정 144
청소년 성범죄자 150
청소년 지원 전문가 134
초기 면담 291
초동 대응자 66
촉법소년 404
치료 24
치료적 개입 172

ㅋ

쾌락과 고통의 원리 36
클리프 스킨 여성시설 265

ㅌ

테트라하이드로카나비놀(THC) 134
토큰 경제법 316
통역사 68
통제집단 38
트라우마 380
특별 관리 구역 201
특별 관리 대상 범죄자 161
특수 반응성 39
특수 안전 담요 365

ㅍ

판결 지침 216
편향문제 38
폐쇄형 질문 293
표준 문해력 의무화 275
풀뿌리 참여 65
피해자 권리운동 64
피해자 의견 진술서 48
피해자 지원 담당관 67
피해자 지원 전담부서 69
피해자 지원 전담팀 48
피해자 지원 프로그램 74
피해자 지원기관 73
피해자 진술서 289
피해자/증인 프로그램 77

ㅎ

학교 전담 경찰관 120, 135
합리적 정서 치료(RET) 109
합리적 정서행동치료(REBT) 378
해결 중심적 접근 방식 357
행동 계약 318
행동수정 109, 264, 313
행정적 격리 구역 201
현실치료 337
형사사법 교육 최소 기준 105
회복적 정의 30, 45
회복적 정의 대면 회의 51
회복적 정의 모델 102
회의적 입장 28
효과적인 개입의 원칙 39
후속 상담 360
희망의 집 251

저자 소개

피터 C. 크랫코스키(Peter C. Kratcoski)는 펜실베이니아(Pennsylvania) 주립대학교에서 사회학 박사학위(Ph.D.)를, 인디애나주 노트르담(Notre Dame) 대학교에서 사회학 전공 석사학위(MA)를, 펜실베이니아주 윌크스배리(Wilkes-Barre) 소재 킹스 칼리지에서 사회학 전공 학사학위(B.A.)를 취득했다. 그는 미국 국립과학재단(National Science Foundation)의 박사 후 연구비 지원 대상자로 여러 차례 선정되었다. 크랫코스키는 미네소타주 세인트폴(St. Paul) 대학교와 펜실베이니아 주립대학교에서 강의한 후, 1969년 켄트(Kent) 주립대학교 사회학과 조교수로 부임했다. 그는 1997년 켄트 주립대학교에서 형사사법학과 교수 및 학과장으로 은퇴했으며, 현재는 명예교수이자 겸임교수로 재직 중이다.

그는 청소년 비행, 소년사법, 국제치안, 범죄 예방, 교정, 피해자학 분야에서 다수의 저서, 공동 저술서 및 학술 논문을 발표했다. 그의 최근 연구와 저술은 소년사법, 협력적 치안, 교정상담, 금융범죄, 부패와 사기, 노인 피해자, 그리고 사법 직종 취업을 위한 경험적 교육 등에 중점을 두고 있다.

기고자 소개

수전 크리텐든(Susan Crittenden)은 오하이오주 로디(Lodi)에서 태어나고 자랐다. 고등학교를 졸업한 후 켄트(Kent) 주립대학교에서 사회복지학 전공 학사학위와 교정학 전공 석사학위를 취득했다. 1981년부터 텍사스주 댈러스 지방 성인 보호관찰소에서 근무를 시작했으며, 2014년 퇴직할 때까지 해당 부서에서 근무했다. 근무 기간 동안 그녀는 현장 보호관찰관과 여러 부서에서 감독관으로 활동했다. 또한 텍사스주를 대상으로 자문가/훈련가로 활동했으며, 다양한 행사에서 강연자로도 참여했다. 전문학회에서 논문을 발표하고, 여러 출판물의 공동 저자로 활동한 바 있다.

데브라 화이트(Debra White)는 켄트 주립대학교에서 형사사법학 전공 학사학위와 석사학위를 취득했다. 미국 보호관찰소(US Probation Office)에서 보호관찰관으로 근무하기 전, 웨스트버지니아주 모건타운(Morgantown)에 위치한 연방 교정기관에서 교도관 및 사례관리자로 근무했다. 이후 연방 교정국에서 퇴직하고, 1989년 오하이오주 영스타운(Youngstown) 보호관찰소에 합류했다. 30년간의 보호관찰 업무를 마친 후 퇴직했으며, 현재는 오하이오주 영스타운에 위치한 지역사회 교정협회에서 사례관리자 근무하고 있다.

수전 워스톨(Susan Worstall)은 켄트 주립대학교에서 교정학 전공 학사학위와 석사학위를 취득했다. 1981년부터 1991년까지 오하이오주 서밋(Summit) 지방 성인 보호관찰소에서 보호관찰관으로 근무했다. 1991년부터 2014년 8월 퇴직 시까지 미국 재판 전 부서 및 보호관찰소에서 근무했으며, 오하이오주 애크런(Akron) 위치한 본부에서 보호관찰관과 보호관찰 감독관으로 활동했다.

역자 소개

전요섭(Joseph Jeon)

총신대학교 대학원 기독교교육학 전공(석사)
연세대학교 교육대학원 상담학 전공(석사)
단국대학교 대학원 교육학과 상담심리학 전공(박사)
미국, Oral Roberts University 대학원 상담학 전공(박사)
캐나다, Trinity Western University 상담학 방문교수
한양대학교병원 CPE임상인턴 수련, 국립 암센터 정신종양전문가 수련
법무부장관위촉 보호관찰위원, 교육부장관 표창(학술진흥유공)
현 성결대학교 교양대학 학장 · 상담심리학 교수

저서: 『구조화 집단상담』 외 45권, 역서 『기독교 가족치료』 외 30권

박안나(Anna Park)

영국, Leeds University 대학원 마케팅 전공(석사)
총신대학교 상담대학원 기독교상담학 전공(석사)
총신대학교 대학원 성경적 상담학 전공(박사)
법무부 안양보호관찰소 보호관찰위원
사) 한국상담학회 교정상담학회 저술출판위원장
사) 한국상담학회 1급 전문상담사/한국상담심리학회 1급 상담심리사
전 총신대학교 상담대학원 객원교수
현 헤세드상담센터 센터장 · 성결대학교 교양대학 겸임교수

역서: 『성경적 상담의 길잡이』

박성은(Sungeun Park)

미국, Oral Roberts University 대학원 부부가족치료 전공(석사)
연세대학교 대학원 상담학(박사 수료)
마음애심리상담센터 수석상담사(보호관찰 대상자 전담상담)
사) 한국상담학회 교정상담학회 학술위원장
여성가족부장관 청소년상담사 2급, 보건복지부 임상심리사 1급
현 베라심리상담센터 센터장 · 성결대학교 교양대학 외래교수

역서: 『죄와 은혜의 상담학』

범죄교정상담학

Correctional Counseling and Treatment (7th ed.)

2026년 2월 5일 1판 1쇄 인쇄
2026년 2월 12일 1판 1쇄 발행

지은이 • Peter C. Kratcoski
옮긴이 • 사) 한국상담학회 교정상담학회
전요섭 · 박안나 · 박성은
펴낸이 • 김진환
펴낸곳 • ㈜학지사
04031 서울특별시 마포구 양화로 15길 20 마인드월드빌딩
대표전화 • 02-330-5114 팩스 • 02-324-2345
등록번호 • 제313-2006-000265호

홈페이지 • http://www.hakjisa.co.kr
인스타그램 • https://www.instagram.com/hakjisabook

ISBN 978-89-997-3627-8 93180

정가 26,000원

역자와의 협약으로 인지는 생략합니다.
파본은 구입처에서 교환해 드립니다.